U0451620

同济法学先哲文存

吴岐集

吴 岐 著
杨镕藩 编

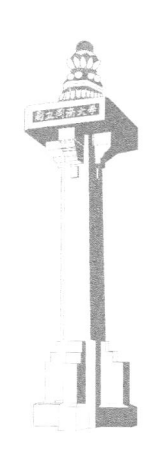

商务印书馆
The Commercial Press

编 委 会

顾　　问： 吕培明　吴广明　雷星晖

策　　划： 吴为民

主　　编： 蒋惠岭

执 行 主 编： 徐　钢　陈　颐

编委会成员：（按姓氏笔画排序）

刘志坚　严桂珍　吴为民　陈　颐　金泽刚

夏　凌　徐　钢　高旭军　黄丽勤　曹伊清

蒋晓伟　蒋惠岭

吴岐教授

(1894—1957)

总　序

同济大学的法科教育,可溯至1914年11月同济大学接收青岛特别高等专门学堂法政科9名学生。1945年9月13日,国民政府教育部训令同济大学:"兹为积极培植法律人才,该校自本学年度起成立法学院,并先设法律学系开始招生,仰迅筹办具报,此令。"同月,同济大学发布增设法学院并先添设法律学系布告,筹办法学院,并于当年12月正式开学。

自清末修律以来,近代中国法制变革以日本(清末)、德国(南京国民政府时期)为宗。但在法律教育领域,介绍德国法学者独付阙如。同济大学之外国语文向以德文为主,教育部训令同济大学增设法学院,应是基于上述考量。故此,同济大学法学院之课程及一切设施参照德国法律教育制度,是近代中国法律教育史上唯一一所以德国法为特色的法学院。

同济大学法学院能在近代中国法律教育史上留有一席之地,除了德国法特色外,与法学院在短时期内汇聚了一批国内名家,有莫大的关联。法学院首任院长胡元义教授为国民政府教育部第一届部聘教授(第一届部聘教授中唯一的法科教授),民法造诣深厚;继任院长徐道隣教授为德国柏林大学法学博士、一代法学大家;代理院长薛祀光教授为中山大学法学院创始院长,精研债法;代理院长张企泰教授为法国巴黎大学博士,并曾任德国波恩大学及柏林大学法学院研究员。范扬、余群宗、吴岐、俞叔平、顾福漕、刘笃、钱实甫、萧作梁、何远岫、叶叔良、左仍彦、陈盛清、谢怀栻、丘日庆、余鑫如、林诚毅、胡继纯、曹茂良、朱伯康诸教授皆学养深厚、术有专攻、著述不辍，堪称一时之盛。

值此学习贯彻习近平法治思想，开启法治中国建设新征程之际，同济大学法学院奉"同舟共济"之校训，怀"继往"之心，全面整理同济法学先哲著述，纪念同济法学先哲；秉"开来"之愿，勇担"立时代潮头，育法治英才，发思想先声"的历史使命。"同济法学先哲文存"的编辑出版，为同济大学法学院"四分之三世纪再出发"构筑了历史底色，也为全面推进"新法科"建设提供了丰富的先哲智慧。

同济法学先哲，执教同济之先，大抵皆曾掌各名校教席有著誉者；1949年院系调整后，虽散落各方，亦皆曾为新中国法制、法学与法律教育的创建著有功勋。"同济法学先哲文存"的编辑出版，非仅以存同济法学院一院之学，亦拟为中国法学涵化百廿年传统、再创新章略尽绵薄之力。

谨此为序。

"同济法学先哲文存"编委会
二〇二〇年十二月

凡　例

一、"同济法学先哲文存"收录近代同济法学先哲所著,成就斐然、泽被学林的法学文存。入选作品以名作为主,或选录名篇合集。

二、入选著作内容、编次一仍其旧,率以原刊或作者修订、校阅本为底本,参校他本,正其讹误。前人引书,时有省略更改,倘不失原意,则不以原书文字改动引文;如确需校改,则出脚注说明版本依据,以"编者注"或"校者注"形式说明。

三、作者自有其文字风格,各时代均有其语言习惯,可不按现行用法、写法及表现手法改动原文;原书专名(人名、地名、术语)及译名与今不统一者,亦不作改动。如确系作者笔误、排印舛误、数据计算与外文拼写错误等,则予径改。

四、原书为直排繁体,除个别特殊情况,均改作横排简体。原书无标点或仅有简单断句者,增加新式标点;专名号从略。

五、原书篇后注原则上移作脚注,双行夹注改为单行夹注。文献著录则从其原貌,稍加统一。

六、原书因年代久远而字迹模糊或纸页残缺者,据所缺字数用"□"表示;字数难以确定者,则用"(下缺)"表示。

目　录

中国亲属法原理 …………………………………………… 1

民法继承编讲义 …………………………………………… 301

劳工法讲义 ………………………………………………… 399

地方自治纲要 ……………………………………………… 507

论　文 ……………………………………………………… 685

  推行新政与法律教育 …………………………………… 687

  国防与宪法 ……………………………………………… 702

编后记 ……………………………………………………… 723

中国亲属法原理

例　言

（一）本著系就著者自民国二十年起至二十七年秋止，八年间继续在国立中山大学、武汉大学讲授亲属法之讲义稿，加以整理增订而成。

（二）亲属法多以民族性习传统为其基础，故各国亲属法，各有特殊地方色彩，未易为国际性的统一。我国亲属社会，数千年来受历经演变的宗法思想之惰性的规律，在民法施行时，仍以男系承家，父权夫权为中心之宗族组织为其最高指导原则。故旧律在并世亲属法中为最具民族特性而自成一独立体系之法律。考现行亲属法之立法原则，如废止男系本位之宗族组织；铲除男尊女卑之规范观念；变更家制性质，改为带民主性的共同生活团体等等，对我国原有亲属生活，予以革命的改革。而此革命的改革之指导原理，盖又多为流贯于欧美亲属法中的个人主义之思想。对数千年来男系中心的宗族组织之亲属生活，骤加以个人主义的法律之规律，其在法律与现实生活之间，盖有相当距离，殆为不容讳言之事实。著者有鉴于此，于研究亲属法，必分就（1）现实生活，即受宗法影响之亲属生活，穷究其发展演变之原委，以明其根本观念之所在。（2）对现行法，则推溯欧美先进国立法例之沿革，以明其立法指导原理之为何。然后，于根本观念与指导原理之间，研求可能统合两者之最高理论观念。而整个亲属法典，及其中每个制度，以至每条规定，即以此种最高理念，为阐明法意诠释律义之基准。亦冀以此而谋现实生活与亲属法所以衔接之道也。本著之所以名为原理者，亦不外聊以表明著者研究本法所取之方针而已。

（三）本书文中括弧内亚拉伯序列数字：如（一〇四七，Ⅰ，2）者，谓《民法》第一千另四十七条第一项第二款。如（一〇二〇，Ⅰ，但）者，谓《民法》第一千另二十条第一项但书。如（同条Ⅱ）者，谓上出括弧内条文之第二项。余类推。书中凡引用民法条文，多未注明民法字样，因亲属法固为民法法典之一部分故也。

如于条文序数之上冠有《民诉》《刑诉》或《刑》等等字样者，系为《民事诉讼法》《刑事诉讼法》或《刑法》等之略语。余类推。

如于条文序数上冠有《德民》《瑞民》或《日民》等字样者，谓《德国民法》《瑞士民法》《日本民法》，余类推。

如（大上字九五号）者，谓前大理院判决上字第九五号，余类推。

（四）本著脱稿远在民国廿三年，当时同类著作，尚不多睹，著者未能广得观摩之益，因而难免孤陋武断之处。兹者接受中国文化服务社社长刘百闵先生之要约，付诸刊行者，亦无非抛砖引玉，以求海内贤达之指正云尔。

（五）凡当于我国亲属法各种术语之西文名词，系由武汉大学法学士王燮荃君广为参考各国亲属法典及关此之著作，认为涵义相当者，为补附于各该术语之后，以供比较研究外国法者之助，为本著生色不少，谨附此致谢。

中华民国三十六年一月廿二日慈母忌日著者谨识

目　次

绪　论
 第一节　亲属法之概念
 第二节　亲属法之性质
 第三节　亲属法与民法总则及其他法律之关系
  第一款　亲属法与民法总则之关系
  第二款　其他与亲属法有直接关系之法律
本　论
 第一章　通则
  第一节　亲属之定义
  第二节　亲属之分类
   第一款　血亲
    第一项　自然血亲
    第二项　法定血亲
   第二款　配偶
   第三款　姻亲
  第三节　亲系、亲等
   第一款　亲系
    第一项　直系及旁系

第二项　父系及母系

　　　第三项　尊亲属与卑亲属

　　第二款　亲等

　第四节　亲属之范围

　第五节　亲属关系之发生及消灭

　　第一款　自然血亲

　　第二款　法定血亲

　　第三款　配偶

　　第四款　姻亲

第二章　婚姻

　第一节　婚姻之意义

　第二节　婚姻之沿革

　　第一款　结婚方法之沿革

　　第二款　婚姻配偶数之沿革

　第三节　婚姻之种类

　第四节　婚约

　　第一款　婚约之意义及性质

　　第二款　婚约之缔结

　　　第一项　缔结之要件

　　　第二项　缔结之方式

　　第三款　婚约之效果

　　第四款　婚约之解除

　　　第一项　解除之原因

　　　第二项　解除权之行使

　　　第三项　解除之效果

第一目　普通效果
　　　第二目　损害赔偿
第五节　结婚
　第一款　结婚之要件
　　第一项　实质条件
　　第二项　形式条件
　第二款　结婚之无效及撤销
　　第一项　结婚之无效
　　第二项　结婚之撤销
　　　第一目　公益上之撤销
　　　第二目　私益上之撤销
　　　第三目　撤销之研究
　　第三项　无效之结果及撤销之效力
　　　第一目　无效之结果
　　　第二目　撤销之效力
　　　第三目　无效及撤销之损害赔偿
第六节　婚姻之普通效力
第七节　夫妻财产制
　第一款　总说
　　第一项　夫妻财产制之意义
　　第二项　夫妻财产制之立法例
　　第三项　民法之法定制及约定制
　　　第一目　法定财产制
　　　第二目　约定财产制
　　　第三目　法定善后制

第四目　法定制与约定制之关系
　第四项　财产制中之财产种类
　　　第一目　特有财产
　　　第二目　原有财产
　　　第三目　婚姻财产团
第二款　分说
　第一项　联合财产制——法定财产制
　　　第一目　婚姻财产团之组织
　　　第二目　婚姻财产团之管理
　　　第三目　夫之使用收益权
　　　第四目　妻对联合财产之权利义务
　　　第五目　家庭生活费用
　　　第六目　夫妻之债务
　　　第七目　联合财产之解散
　第二项　共同财产制——约定制
　　　第一目　婚姻财产团
　　　第二目　共同财产之管理
　　　第三目　共同财产之使用
　　　第四目　共同财产之处分
　　　第五目　妻对共同财产之权利义务
　　　第六目　家庭生活费用
　　　第七目　债务
　　　第八目　共同财产团之解散
　第三项　所得共同财产制——约定制
　　　第一目　婚姻财产团

第二目　婚姻财产团之管理

　　　第三目　婚姻财产团之处分

　　　第四目　妻对婚姻财产团之权利义务

　　　第五目　家庭生活费用

　　　第六目　债务

　　　第七目　婚姻财产团之解散

　第四项　统一财产制——约定制

　　　第一目　婚姻财产团

　　　第二目　婚姻财产团之管理使用收益处分等

　　　第三目　妻对婚姻财产团之权利义务

　　　第四目　家庭生活费用

　　　第五目　债务

　　　第六目　解散

　第五项　分别财产制——约定制兼法定善后制

　　　第一目　本制之意义

　　　第二目　家庭生活费用

　　　第三目　夫妻相互代理权

　　　第四目　妻财产之委任管理

　　　第五目　债务

第八节　离婚

　第一款　离婚之意义

　第二款　离婚法之立法主义

　　第一项　欧洲离婚法立法主义之变迁通观

　　第二项　我国古来离婚立法主义

　第三款　两愿离婚——和离

第一项　意义
　　　第二项　和离之要件
　　　第三项　和离之无效及撤销
　　第四款　判决离婚
　　　第一项　意义
　　　第二项　判离之法定原因
　　　第三项　离婚之诉
　　第五款　离婚之效果
　　　第一项　关于身分上之效力
　　　第二项　关于共同子女之效力
　　　第三项　关于夫妻财产关系之效力
　　　第四项　离婚之损害赔偿及赡养费
　　　　第一目　损害赔偿
　　　　第二目　赡养费
第三章　父母子女
　第一节　亲生子女
　　第一款　婚生子女
　　　第一项　意义
　　　第二项　婚生子女之推定
　　　　第一目　受胎期间之推定
　　　　第二目　夫之血统之推定
　　　　第三目　推定之冲突
　　　第三项　婚生子女之否认
　　　第四项　婚生子女之权利
　　第二款　准婚生子女

第三款　非婚生子女

　　第一项　意义

　　第二项　分娩

　　第三项　认领

　　　　第一目　任意认领

　　　　第二目　强制认领

　　　　第三目　认领之效果

　　　　第四目　认领之撤销

　　第四项　非婚生子女之权利

第二节　收养子女

　第一款　意义

　第二款　养子制度之利弊

　第三款　我国旧有养子制度

　第四款　收养

　　第一项　收养之意义

　　第二项　收养行为之要件

　　　　第一目　实质要件

　　　　第二目　形式要件

　　第三项　收养之无效及撤销

　第五款　收养之效力

　　第一项　积极效力

　　第二项　消极效力

　第六款　收养关系之终止

　　第一项　同意终止

　　第二项　判决终止

　　　　第一目　判决终止之法定原因

　　　　第二目　终止收养之诉

　　第七款　收养终止之效力

第三节　遗继子女

　　第一款　意义

　　第二款　遗嘱立继

　　第三款　遗继之效力

第四节　亲权

　　第一款　绪说

　　第二款　亲权之意义

　　第三款　亲权人

　　第四款　亲权之内容

　　　　第一项　关于子女身上者

　　　　第二项　关于子女财产者

　　第五款　亲权行使之纠正及停止

第四章　监护

　第一节　监护之意义

　第二节　监护制度变迁之概略

　第三节　监护之开始

　第四节　监护之机关

　　第一款　监护人

　　　第一项　监护人之种类

　　　　第一目　未成年人之监护人

　　　　第二目　禁治产人之监护人

　　　第二项　监护人之免除、缺格、撤退

第二款　监护之监督机关——亲属会议

第五节　监护事务

　　第一款　总说

　　第二款　监护职务之内容

　　　　第一项　关于受监护人身上之监护事务

　　　　第二项　关于受监护人财产之监护职务

　　　　第三项　关于法律行为之监护职务

　　第三款　监护之报酬

　　第四款　亲属会议之监督职务

第六节　监护之终止

　　第一款　终止之原因

　　第二款　监护终止后监护人之义务

　　第三款　关于监护上请求权之特别时效

第五章　扶养

第一节　扶养义务之意义

第二节　扶养当事者

　　第一款　总说

　　第二款　扶养义务人

　　第三款　扶养权利人

第三节　扶养义务之要件

第四节　扶养权利之性质

第五节　扶养之程度及方法

　　第一款　程度

　　第二款　方法

　　第三款　程度方法之变更

第六章　家
　第一节　家之意义
　第二节　家之组织
　　第一款　家属
　　　第一项　家属身分之得丧
　　　　第一目　家属身分之取得
　　　　第二目　家属身分之丧失
　　　第二项　家属之权利义务
　　第二款　家长
　　　第一项　家长之选任及免罢
　　　　第一目　家长之选任
　　　　第二目　家长之免罢
　　　第二项　家长之权利义务
　第三节　家之成立、废灭及分离
　　第一款　家之成立
　　第二款　家之解散及废灭
　　第三款　分家
第七章　亲属会议
　第一节　总说
　　第一款　意义
　　第二款　沿革
　第二节　亲属会议之组织
　　第一款　会员之人数
　　第二款　会员之资格
　　第三款　会员之种类

　　　　第四款　会员之辞任
　　　第三节　亲属会议之开会
　　　　第一款　亲属会议之召集
　　　　　第一项　召集之议题事项
　　　　　第二项　召集权人
　　　　　第三项　召集之程序
　　　　第二款　亲属会议之议事
　　　第四节　对亲属会议之决议不服之诉
附录一
　服制(附服制图)
附录二
　出征抗敌军人婚姻保障条例

绪 论

第一节 亲属法之概念

　　人类在可用历史的资料或根据蛮族生活之调查报告而推断之上古社会,其生活式样中必已有男女间因异性的合作关系,父母对子女之哺育关系,以及二者并存之混合关系,盖可无疑。因此种生活关系,乃为人类之遗保种族本能,即生殖本能、育儿本能及社会的本能三者之自然发露,而人类种族固赖此以繁荣至今故也。洎人文进化后,对此等由本能而发展及发达之复杂的生活关系,乃予以法律的规律及维持。此种生活关系一经法律规律及维持者,即成为亲属法(德:Familienrecht. 法:Droit de famille. 英:Law of domestic relations)基本对象之夫妻间关系,亲子间关系,及由二者延长或扩大之亲属家属间关系。此类法律关系之内容及范围,虽各随时代及地域而变异,然必以人类性能的差异,或血统连续的自然事实,为其发展及维持之基本要件,乃为亘古不变者。故亲属法所规律之对象关系,与其他私法之规律财产关系者不同,而以各人之特殊身分为其成立要件。从而亲属法者乃为规定亲属间身分及其关系之法规也,故可别称之为身分法。例如夫妻父母子女之身分,及此类身分上之权利义务,均依此而确定是也。

　　夫妇父母子女之集团,在人类社会中盖为最密切最自然的共同生活团体——所谓亲属团体,故夫妇父母子女各人财产相互间,必发生复杂关系,或必变更其参加团体以前固有的产权状态。例如,父母对子女之特有财产,得行使某种权利(如一〇八八),又男女结婚后,于其婚前所原有之产权,互生伸缩(如一〇一七、一〇一八、一〇一九、一〇二〇、一〇四七、一〇四八等)等是。亲属间之产权关系,既有此特殊情形,凡关于普通私有财产关系之制度,自不能无条件适用。而亲属关系,又不能离财产关系而独立,故凡关于特殊亲属财产关系者,同时亦有规定于亲属法中之必要。近世各国立法通例,于亲属身分关系之外,同时并规定其特殊财产关系,职此故也。《民法》亦仿通例,将特殊财产关系,均特为较详之规定。此外如为管理无能力人之财产而设之监护制度,及为监察监护人之职务,及监督父母对子女所行使之亲权等而设之亲属会议,虽均不能归属于上述二者之中,然或为亲权之延长,或为避免国家权力遇事干涉家庭生活之补充机关,均与亲属关系及家属关系有密切关系,故亦规定于本法之中。最后应注意者,我国社会组织均曾经受宗法制度之支配,宗法制度虽与封建制度同时废灭已久,但受宗法制度之影响,蜕化而成今日之家庭制度。此种家庭制度实为我国数千年来社会之基础组织。且在个人主义与家族主义之孰得孰失,尚待研究之今日,自不能遽将家庭制度摧毁,而易以个人主义的社会组织。所以亲属法规所应规定之范围,自不能如欧美各国仅以父母子女夫妇等亲属关系而止,对于实际上存在之"家",非有相当的规定不可。故现行法为特设"家"之专章以规定之。综上所述,我国亲属法之概念,可简约之而为下之定义:

"亲属法云者,规定亲属关系、家属关系及由此等关系而生之各种权利义务之法规也。"

第二节　亲属法之性质

亲属法之性质，根据上述定义，可演绎之如下：

第一　亲属法为私法

因其所规律者为私人间之身分及其关系故也。

第二　亲属法为普通法

凡中华民国人民均有适用，中华民国领土内一律施行。非专施于特殊一部分人民，或偏行于特殊一个地方，故为普通法。

第三　亲属法为实体法

以规定身分及其权义关系之本体，为其主要内容，故非程序法。

第四　亲属法之强行性

亲属团体为社会之基础组织，规律亲属关系之法律如何，可直接影响于社会秩序及风俗。一旦其所规律之法律立定后，首应强制的确保其必适用，以维社会基础组织之有定型的安定，乃为其社会机能上之必要。故亲属法之规定，其大部分为有强行性之法规。

第五　亲属法之习俗性

亲属法上之法律关系，多以人类自然性习，为其维持及发展之基底。然人之性习，多受其时其地之一般习俗影响而变化。故亲属间之法律关系，多以习俗之转移，为其进展之根据。从而在亲属法之立法，若对自身绝无崩溃破绽之习俗，而予以革命的指导规律，常不能收立法者所期待之效果。

第六　亲属法之伦理性

夫妻、父母、子女等相互间之关系，就其内容之性质言之，如爱慈孝悌等多为道德规范所命令的本分。此等本分之实践，以法律保障时，于是始转变为相互之权义关系。如"虐待"必以"不堪同居",及"遗弃"之必以"恶意"为标准(一〇五二 3.4.5.)。"纵无过失亦应给相当之赡养费"(一〇五七),"惩戒"之"必要范围"(一〇八五),亲权之"滥用"(一〇九〇)等,均为由道德规范而成为法律规范之过程也。

第三节　亲属法与民法总则及其他法律之关系

第一款　亲属法与民法总则之关系

《民法》分五编,债编物权为财产法;继承编为以亲属身分为基础之财产继承法;总则形式上应为包罗各编所共通之原则规定。亲属编既为《民法》之一部分,则凡应于总则中规定事项,如行为能力、意思表示等等,原则上应直接适用总则之规定。然实际上则不然。现在总则所规定者,多以财产交易为对象,直接为亲属法设立原则规定者极少。换言之,总则规定多不能直接无条件适用于亲属法。今试举二者不同之主要点,以为解释之助焉。

第一　行为能力

在财产法关系,是以当事人自己之行为,引起财产上之复杂利害关系者,故必以行为人之对利害关系有判断能力即法律行为能力为要件。在亲属法关系则不然,其行为之内容,仅为直接使自己身分之变动。故行为人对身分变动,能有认识能力——意思能力为已足,不必俱有法律行为能力。身分行为既仅须意思能力,则如已有完全意思能力者之行为,无论为单独行为,双方行为或共同行为,均可发生亲属法的效果。从而纵为需要其他法律要件——如法定代理人之同意(九七四、九八一)等——之行为,其要件亦仅为对行为主体的当事人之意思,立于补助的关系,而非当事人行为效力之发生要件。故在亲属法法定代理人之同意与总则中法定代理人之允许,亦不可同日而语。

第二　意思表示

在财产法关系,相对人之意思,及与第三人之关系,均为决定其意思表示之效果时,所应顾虑之条件(如八六、八七、九二),在亲属法关系之契约行为——如结婚收养等,以双方之意思完全合致,为最主要要件,至与第三人间之交易安全关系如何,则全无考虑之必要。如撤销因被诈欺或被胁迫之结婚,及其撤销权之时效等,不适用总则规定,而特为第九百九十七条之规定者是。

第三　代理

亲属法之身分行为,原则上既以当事者自身之意思为要素,故除法定之代理外,不适用总则关于代理之规定。亲属法代理之法定者为:收养之代诺(一○七二),认领之代请求(一○六七),家长权之代理(一一二四),亲权之代理(一○九二)以及日常家务之代理(一○○三)等。其代理权之行使,一以被代理人之利益为前提。如有不利于被代理人之情形时,应可以代理权之滥用为理由,使其行为归于无效。

第四　其他

如撤销之效果,在亲属法例无溯及效,且并非仅对特定当事人间,而对一切第三人均发生身分关系变更之效果。其撤销权之行使,例须对法院为之。

总之,亲属法上之行为,以自然的行为能力为原则,而极端注重行为主体之意思者也。此即为与总则之财产法规定,根本不同之特质,亦即解释亲属法时,首应体会之原则也。

第二款　其他与亲属法有直接关系之法律

亲属法在其运用上,除上述《民法》之其余部分外,有赖其他特别法之援助者颇多。如《国籍法》《法律适用条例》《户籍法》《人事诉讼程序》等，均为其运用上有密切关系之法规也。

《国籍法》云者，为规定国民资格丧得之法规也。例如外国人之与中国人有亲属关系者与无亲属关系者，在归化条件上发生差异等之规定，均直接与亲属法有密切关系者是。

《法律适用条例》者，关于规定身分法律行为的内外法规相抵触时，用以为解决之准则法规也。例如，国籍不同之两造当事人因离婚而涉讼，各造本国法律关于离婚原因之规定，适相抵触时，依据是法解决之者是。

《户籍法》者，规定以公证各人身分关系为目的的户籍及其登记程序之法规也。

《人事诉讼程序》者，规定亲属关系中所发生之身分上争讼，而为普通民事诉讼程序所不能应付的特别程序之法规也。

上述各种法律，均为直接或间接有助成亲属法运用之任务。亲属法对此等法律的关系，系在于主法对助法的地位。研究亲属法，对此等助法之研究，自不能忽诸。

本　论

第一章　通则

第一节　亲属之定义

亲、属二语,据《尔雅》《礼记》及《说文》等解释,前者为恩爱狎近不疏远之意,后者为骨肉连续之意。二语联用合解,则正为骨肉恩爱相连续之义也。故自《礼记》以来历朝律例,遂沿为术语,用为表示骨肉恩爱相连续者之名词①。《民法》仍袭用之。然一朝律例之亲属概念,不尽与现行法相同者,例如清律之"亲属相为容隐律"律文"凡同居若大功以上

---

① 按"亲"字之意义,在《尔雅注疏》之《释亲》中,苍颉曰:"亲,爱也,近也,然则亲者恩爱狎近不疏远之称也。"书曰:"克明峻德,以亲九族。"盖亲者,爱之近之之谓也。《礼记·大传》有曰"服术有六,一曰亲亲",郑玄注曰"亲亲父母为首",言第一可亲者厥惟父母,而后世遂以亲字为父母之代词。故在《说文解字》"亲,至也,从见,亲声",而段氏即注曰:"情意恳到曰至。父母者,情之最至者也。"又"属"字,在《礼记·丧服小记》中,"属从者,所从虽没也服"之疏曰:"属者,骨肉连续以为亲。"《仪礼·丧服》之疏亦曰:"属,犹续也。"《说文解字》亦曰:"属,连也,从尾,蜀声。"则属字者为连续之义也。而亲属二字联用,在文献上始见于《礼记大传集说》,曰:"同姓,父族也(中略)合聚其族之亲属,则无离散陵犯之事。"又《唐律疏义》中,各例之疏义曰:"视品稍异正官,故不许荫其亲属。"又曰:"应取议请减荫亲属者,虽死亡皆同存日,故曰存亡同。"故亲属者,骨肉恩爱连续者之义也。

亲,及外祖父母、外孙、妻之父母、女婿、孙之妇、夫之兄弟、兄弟妻,有罪相为容隐……皆勿论"。及"亲属相盗律"律文"凡各居亲属相盗,期亲减凡人五等,大功减四等,小功减三等,缌麻减二等,无服减一等"之律文中,其所指为亲属者,系不分同姓异姓,包括宗亲、外亲,及妻亲之全体而言。而《民法》所定为亲属之种类及内容者,为血亲、配偶及姻亲(九六七、九六九),二者关于亲属之名称及范围均各不同。前者因受宗法制度影响,重男轻女,一以男子为本位。凡男系及得与男子同族者,谓之宗亲(或宗族)。女系及不能与男子同族者,谓之外亲(外姻)。而对于妻之亲党,特名之为妻亲。《民法》既废除宗法的亲属组织,而代以男女平等原则,关于亲属之种类内容及范围等,均予以更革。兹就《民法》所规定为亲属者,试为之定义如下:

"亲属云者,以血统或因配偶而连续,其相互间发生一定法定效果者之谓也。个人间此种连续关系,即谓之亲属关系。"

第二节 亲属之分类

《民法》亲属既包含血亲配偶姻亲之三者,则此三者实为亲属之种类。今就此三者之意义,分款说明之。

第一款 血亲(德:Verwandtschaft;法:parenté;英:consanguinity or kindred)

血亲依现行法之规定,可分为自然血亲及法定血亲之二者。

第一项 自然血亲

血亲者,为血统连续之亲属,即出生于共同始祖者之谓也。如父母子女、兄弟姊妹等所谓骨肉亲者是也。血亲之发生,基于男女性的结合之自然事实,故谓之自然血亲。发生血亲之男女结合,是否基于婚姻关系,对于所发生之血亲,不生任何影响(一〇六五)。外国法律中,有完全否认非由婚姻而生之血亲关系者(如英国)。又如法国,其血亲关系仅止于父母子女之间者。此等法意,固为出于禁遏私通风习之政策。而私通乃为父母之不德,而使无辜的非婚生子女受此不德之制裁,实为不宜。我国律例对此项非婚生子女问题,例如清律犯奸律"奸生男女责付奸夫收养"。又亲属相奸律"惟同宗奸生男女不得混入宗谱,听随便安插"。前者由生父收养,乃公认其血亲关系。后者同宗奸生男女,虽听生父母随便安插,承认其血亲关系。然以墨守男系血统的宗法主义之法则,不许其混入宗谱,继承宗祧,即不许使其血亲亲属关系扩张至同宗宗族之间,其结果似近于法法。《民法》凡非婚生子女(即奸生男女),对于生父母之关系,视与婚生子女相同,除父须经认领之手续外,无任何限制(一〇六五)。

第二项 法定血亲

本非血统上的连续,依法律上的拟制,而生与自然血亲相同之关系者,谓之法定血亲。《民法》中养父母养子女之关系(一〇七七),继承人与被继承人之关系(一〇七一)即属此种法定血亲。养子女与养父母之间,虽无血统之连续,然一经收养后,法律上即取得婚生子女之地位,有与婚生子女同样之权义。此种拟制血亲制度,自古尚之。且拟制者不仅限于所谓"过房"(同宗)、"乞养"(异姓)之关系,对于夫之妾生子女,夫、妻之子女,亦发生拟制的母子关系①。《民法》关于妻对夫前妻之子女,后夫对

---

① 养子对养父关系,见于文献者为《仪礼·丧服》章"为人后者"之《子夏传》曰:"何以三年也,受重者(谓继承宗祧)必以尊服服之。"又曰:"为所后者(养父)之祖父母、妻(养父之妻)、妻之父母(养父岳父母)、昆弟(养父之妻舅)、昆弟之子(养父妻舅之子)若子。"又曰"为人后者,于兄弟(生父也子)降一等,报于所为后(养父)之兄弟之子若(转下页)

妻前夫之子女，及夫妻一方对他方之非婚生子女间，仅认为配偶之血亲，即止于姻亲，而无血亲关系之拟制。

第二款　配偶（德：Ehegatte；法：époux；英：spouse）

配偶云者，因婚姻与己身成立夫妻关系者之谓也。即妻为夫之配偶，夫为妻之配偶是也。配偶原非血统的连续，故其成立必经具备法律要件的结婚。否则，在法律上即不得谓之配偶。例如，男女同居者，亲友邻舍均认其为夫妇，而彼等实际上亦俨行其同居之爱，苟未正式结婚，具备法律要件，自不能发生亲属关系者是。

配偶是否亲属，立法例颇不一致，欧美诸国之法制，有谓夫妇乃为同心一体之特别关系，并非亲属。有谓配偶为亲属关系之源泉，既非血亲，又非姻亲，所以不是亲属。然我国自古即认夫妻为亲属。老子《道德经》中有曰："大道废有仁义，智慧出有大伪，六亲不和有孝慈。"王弼注曰："六亲，父子、兄弟、夫妇也。"《左传》六亲注曰："父子、兄弟、姑姊、甥舅、昏媾、姻亚。"又《汉书·礼乐志》中"六亲和睦"句，应劭注曰："六亲：父母、兄弟、妻子也。"又《仪礼·丧服》斩衰章"为夫"，《子夏传》曰："夫至尊也。"齐衰杖期章"为妻"，《子夏传》曰："为妻，何以期也，妻至亲也。"观上诸文献，可知夫妻彼此互为亲属。不过因宗法主义之影响，致夫妻间丧服互有等差耳。然丧服者正所以表示亲属关系之有无也。现

（接上页）子"。又《夏传》之疏曰："不言死者（养父）缌麻小功大功及期之骨肉亲者，子夏作传，举疏以见亲，言外以包内，骨肉亲者如亲子可知也。"据上传疏，养子对养父母之关系，与亲子虽微有不同，然大概与亲子同一待遇。又拟制母子血亲关系，见于清律者为"其嫡母继母慈母养母（有犯）与亲母律同（改嫁义绝及殴杀子孙不与亲母同）"（清律称期亲祖父母律文）。妾所生之子女（《民法》所谓非婚生子女）称父之正妻曰嫡母。前妻所生之子女，称父所娶后妻曰继母（或曰后母）。自幼过房与人者，称其抚养之母曰养母。生母死亡，父令别妾抚育者，称抚育之母曰慈母。为子女者对此四母，应与亲生之母同其关系。因其仅为拟制而无自然血亲关系，故此四母若改嫁、义绝或殴杀子孙，即可终止母子关系。

行法对于配偶是否亲属无直接明文规定,解释上不无问题①。从其规定配偶为一切姻亲关系联结之枢纽观之(九六九),其为亲属,盖无容疑。

《民法》根据男女平等原则,采取一夫一妻制,不承认妾之存在。然在实际社会上,所谓妾者比比皆是。妾与其夫之关系,自非配偶关系。故现在之妾,除入夫之家同居为共同生活者,仅取得家属身分之外(一一二三Ⅱ),在法律上别无其他地位。

又如配偶者而为重婚时,其重婚,并非无效,仅得向法院请求撤销(九九二)。然婚姻之撤销,其效力不溯及既往(九九八)。在撤销以前,仍为有效婚姻。故重婚者一时得有二人之配偶,盖亦法律上之一奇态也。

第三款 姻亲(德:Verschwägerschaft;法:alliance;英:affinity)

姻亲云者,己身与血亲之配偶,配偶之血亲,及配偶之血亲之配偶间所生之亲属关系之谓也(九六九)。有此关系者之相互间谓之姻亲。血亲出于自然(拟制血亲在外),姻亲出于人为,盖姻亲之发生,完全基于人为的婚姻故也。所以婚姻为姻亲关系之枢纽,已如前述。

一 血亲之配偶 例如兄弟、姊妹、子女、叔、伯、舅、姑、姨、侄、甥等为己身之血亲,其配之嫂、娣妇、姊妹夫、媳婿、伯叔母、舅母、姑姨夫、侄媳婿、甥媳婿等,对己身均互为姻亲是。余此类推。(附图一)

---

① 中央政治会议之亲属法继承法立法原则中,首定亲属为配偶、血亲、姻亲三类(见参照同上原则)。《日本民法》,认夫妻为亲属,并在其《亲族法》第一条首先明确规定之。(《日本民法》第七百二十五条:"下列者为亲族:一、六亲等内之血族;二、配偶者;三、三亲等内之姻族。")

（注意）｛实线表示血亲　双线表示配偶　虚线表示姻亲｝

```
                  外祖父母        祖父母
                     │              │
    ┌────────┬───────┼──────┬───────┼────────┬────────┐
  ┌─姨舅─┐ 姨舅    母 ══════ 父    姑伯叔  ┌─姑伯叔─┐
  │父母 │ 母父                     母父   │叔父母 │
  └─────┘                                  └───────┘
                     │
           ┌─────────┼─────────┐
    ┌─姊嫂─┐ 姊兄              己身
    │妹娣 │ 妹弟
    │夫妇 │
    └─────┘
              │                 │
        ┌─侄媳─┐  侄        子女  ┌─媳─┐
        │媳婿甥│ 甥             │婿 │
        │ 婿  │                 └───┘
        └─────┘
```

血亲之配偶之姻亲图（附图一）

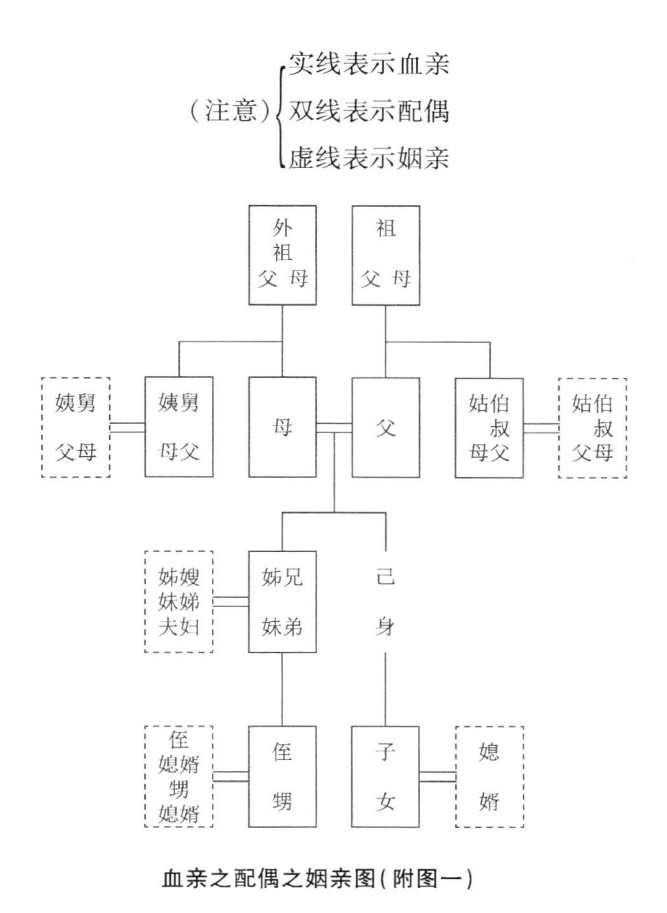

二　配偶之血亲　夫妇之一方对他方之血亲间之关系，亦为姻亲关系。例如妻（或夫）对夫（或妻）之祖父母、父母、兄弟姊妹、伯叔姑、舅姨等，均为姻亲是。

三　配偶之血亲之配偶　夫（或妻）对妻（或夫）之血亲，既为姻亲，则对此等姻亲之配偶，亦自非认为姻亲不可。盖夫妻为同心齐体之结合，对一方之姻亲，自不可独见疏远也。例如妻（或夫）对夫（或妻）之嫂

娣妇、姊妹夫、伯叔母、舅母、姑姨父、侄媳婿、甥媳婿等,均为姻亲是。(附图二)

然应注意者,《民法》所定为姻亲者,限此三种,此外即不为姻亲。例如血亲之配偶之血亲,及配偶之血亲之配偶之血亲,苟与己身原无血亲关系者,均非姻亲。对于嫂、娣妇、姊妹夫、媳、婿等(姻亲)之父母兄弟姊妹等(姻亲之血亲),在习俗上虽往往认为姻戚,而法律上则非姻亲也。

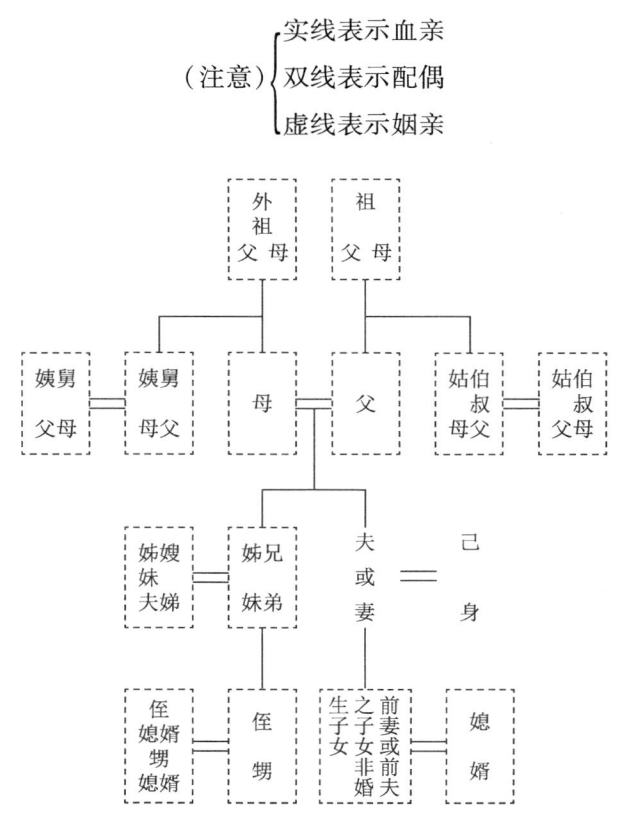

(注意) { 实线表示血亲 / 双线表示配偶 / 虚线表示姻亲 }

配偶之血亲及配偶之血亲之配偶之姻亲图(附图二)

第三节 亲系、亲等

第一款 亲系（法:ligne de la parenté）

亲系云者,血属姻属相互间所连系之系统也。亲属名色不一,所以其相互间所连系系统,亦随之而异。今为分项说明之:

第一项 直系（德:Geradelinie;法:ligne directe）及旁系（德:Seitenlinie;法:ligne collatérale）

直系云者,由己身直上或直下者间之关系,换言之,即从同一祖先垂直而下者间之相互关系之谓也。在此垂直线上之亲属,谓之直系亲。父母、祖父母、曾祖父母、高祖父母等,为由己身直上之直系亲。子女、孙、曾孙、玄孙等,为由己身直下之直系亲。旁系云者,己身与由同一祖先分歧傍下者间之关系也。此等分歧傍下亲属,谓之旁系亲(九六七)。如兄弟姊妹由父母分歧,伯叔姑由祖父母分歧,对己身均为旁系亲。以上系就血亲而言者。

其在姻亲,亦可分为直系姻亲与旁系姻亲。即以配偶或所与配偶为中心而定其亲系之旁直。即己身之直系血亲,在配偶即为直系姻亲。己身旁系血亲,在配偶即为旁系姻亲。旁系血亲之配偶,则为己身及配偶之旁系姻亲。例如父母、祖父母等,在配偶为直系姻亲。伯叔舅姑姨兄弟姊妹,为配偶之旁系姻亲。至其配偶之伯叔母舅母姑姨父嫂娣妇姊妹夫等,则并为己身及配偶之旁系姻亲是。

第二项 父系（德:Vater-Linie）及母系（德:Mutter-Linie）

亲系又可分父系及母系。父系母系与所谓男系（英:kinship through male only）女系（英:kinship through females only）之意义不同,后者为仅依男子或女子而连续之血属关系。即旧律所谓宗亲与外亲及妻亲是也。由祖父子孙连系者,谓之宗亲。凡由女子连系,如姑之族、女之族及母之族,均为外亲。由妻连系者,特谓之妻亲是。前者,不问其为直系旁系男系女系,由父或母之一方所联结之亲属关系,谓之父系或母系亲属。现既废以宗法制度为基础之旧律,男系女系宗亲外亲以及妻亲之区分,失其效用。《民法》采取男女平等之原则,对父系及母系亲属,原则上不分轻重差异。惟亲属会议会员之资格,遇亲等相同者时,父系亲属优先于母系亲属(一一三—Ⅱ)。但此种例外,盖仅为立法政策上之从权规定,无特殊理由也。

第三项　尊亲属(德:Aszendent;法:ascendant;英:ascendant)与卑亲属(德:Deszendent;法:descendant;英:descendant)

亲属关系又可分为尊亲属与卑亲属。尊亲属云者,不问直系旁系,亲属关系上,在己身或配偶之上位者之谓也。己身之父母、祖父母等,直系血亲尊亲属也。在配偶方面言之,则直系姻亲尊亲属也。伯叔姑舅姨,旁系血亲尊亲属也。在配偶则为旁系姻亲尊亲属也。伯叔母舅母姑夫姨夫,亦旁系姻亲尊亲属也。卑亲属云者,不问直系旁系,亲属关系上,在己身或配偶之下位者之谓也。己身之子女孙曾,直系血亲卑亲属也。子女孙曾之配偶,乃直系姻亲卑亲属也。前夫或前妻之子女孙曾,对现配偶之关系,按《民法》规定,为姻亲关系(即配偶之血亲之一种)。则亦系直系姻亲卑亲属也。侄甥等为旁系血亲卑亲属,侄媳侄婿甥媳甥婿乃旁系姻亲卑亲属也。

尊亲属与卑亲属之区别,在法律上有种种实用。例如,妻对或受夫之直系尊亲属之虐待,均为妻方离婚之原因(一〇五三)。受扶养权利,除配偶外,直系尊亲属有优先权(一一六)。遗产继承之顺位,直系尊亲属后于直系卑亲属(一一三八)。此外如辈分不同之亲属间禁婚(九八三)等是。

第二款　亲等（德：Verwandtschaftsgrad；法：degré de parenté；英：degree of consanguinity）

亲等云者，为测度系统上亲属关系之亲疏远近之法定标准单位也。亲属关系之效果，一随亲等之远近而异。而测度之方法①，若非预有定规，亲属关系之亲疏将无由确定。故《民法》特以第九百六十八条及第九百七十条规定之。

第一　血亲亲等之计算法

---

① 测度亲属亲疏远近之方法，大别之有三。一、罗马法主义。即为《民法》所采取者。二、寺院法主义。其法计算直系亲等与罗马法同。亦以一世为一亲等。至旁系则否。由共同祖先至计算亲等之二人间之世数，各别计算，若二方相同，以一方之世数为亲等数。如二方不同，则以较多一方之世数，为亲等数。罗马法之计算，依血统之远近，定亲等之多寡，为合乎情理，世界各国均采用之。至寺院法，其计算不尽依亲疏之比例，例如，己身与祖父为三亲等，与曾祖父之他子即伯叔祖，及伯叔祖之子即堂伯叔，亦均为三亲等，其间不分尊卑远近，为不合于理。其与罗马法之不同点，试以阐明之如下：

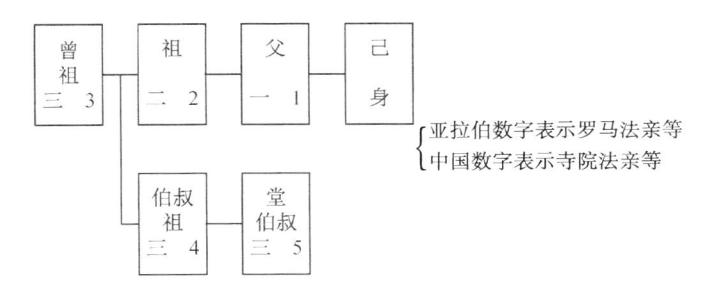

```
┌──┐ ┌──┐ ┌──┐ ┌──┐
│曾│ │祖│ │父│ │己│
│祖│ │  │ │  │ │身│
│三3│ │二2│ │一1│ │  │
└──┘ └──┘ └──┘ └──┘
      ┌──┐ ┌──┐      ⎰亚拉伯数字表示罗马法亲等
      │伯│ │堂│       ⎱中国数字表示寺院法亲等
      │叔│ │伯│
      │祖│ │叔│
      │三4│ │三5│
      └──┘ └──┘
```

采用是法者，现仅英国。耶稣教会中宗教上婚姻，亦用此法。三、中国服制。我国丧服，本所以表示亲属关系之亲疏远近。其原则初为一世服期，二世大功，三世小功，四世缌麻。自仪礼以后，历朝厘订，迭有更动。于世次之远近而外，并参酌地位之尊卑，恩情之厚薄，与夫男女之别，名义之微。于是各亲属间，各有其特殊亲等。而律例且以丧服而名亲属，曰期亲，曰大功亲，曰小功亲，曰缌麻亲，曰无服亲。而亲属之亲疏远近，亦借此而定焉。其定亲属之远近，既无一定计算标准，又非纯以世数为依准，故可名之为法定列举主义，宗奉此制者为日本之《大宝令》《仪制令》及明治《新律纲领》之五等亲图。今将清之服制录于附录，以供参考。

一　直系血亲　从己身上下数，以一世为一亲等。例如，己身与父（或与子）间为一世，故为一亲等。己身与祖父（或与孙）间为二世，故为二亲等。

二　旁系血亲　从己身数至同源之直系血亲，再由同源之直系血亲数至与之计算亲等之血亲，以其总世数为其亲等之数。例如，己身与兄弟系出同源血亲之父，己身与父间为一亲等，父与兄弟间亦为一亲等，合之为二亲等。故己身与兄弟为二亲等旁系血亲。余类推。

第二　姻亲亲等之计算，准据血亲亲等之计算法

一　血亲之配偶　从其配偶之亲等。例如，姻亲嫂、娣妇，为旁系血亲之配偶。计算嫂、娣妇，与己身之亲等，以嫂、娣妇之配偶即兄弟与己身之亲等为准。兄弟与己身为二亲等血亲，则嫂、娣妇，与己身为二亲等姻亲。

二　配偶之血亲　从其与配偶之亲等。例如，妻为己身所与配偶者，妻之祖父母，即为配偶之血亲。计算己身与妻之祖父母间亲等，则以妻与其祖父母间之亲等为准。妻与其祖父母为二亲等之血亲，其与己身即为二亲等之姻亲。

三　配偶之血亲之配偶　从其与配偶之亲等。例如，妻之嫂、娣妇，为己身之配偶（妻）之血亲（妻之兄弟）之配偶。计算己身与妻之嫂、娣妇间之亲等，以与配偶者（妻）与其嫂、娣妇间之亲等为准。妻与其嫂、娣妇为旁系二亲等姻亲，则与己身亦为旁系二亲等姻亲者是。余可类推。总之姻亲亲等之计算，一以配偶者或与配偶者之亲等为依准。从而配偶与己身相互间之不发生亲等，亦于此可见。为附亲系亲等图于后，以资参照。

第四节　亲属之范围

论理举凡与己身有血统之连续者，均为血亲。则由父母而祖而曾

高，推而上之，以至无穷高之始祖。由子女而孙而曾玄，推而下之，以至亿万世之末孙，何莫非己身之血亲。直系如此，旁系亦然。所以举四万万五千万人无非同胞，均为黄帝之子孙也。又血亲之配偶，配偶之血亲之配偶，对己身均为姻亲，则凡配偶及血亲之所至，盖即姻亲所有之范围也。然在实际上人情所咸认为血亲姻亲者，其范围决不如斯其广泛。族兄弟不若堂兄弟之亲爱，更不若胞兄弟之亲爱。世数渐隔，情谊渐疏。至远亲末戚，则相遇如路人，已不咸认其为亲属矣。法律若对此等如同陌路之亲属，亦课以法律上亲属关系之权利义务之效果，是不徒无益，且违于人情。论理应有标准亲属范围之规定，如《日本民法》及我国旧律者。《日本民法》以六亲等内血亲及三亲等内姻亲为范围。我国旧律以服制定亲属之远近，服所不及者，在礼制上固不认为亲属，所谓"绝族无移服"是也。所以旧亲属之范围原为：（1）四世以内之宗亲，（2）二世以内之外亲，（3）一世以内之妻亲，（4）夫妻。然清律在用律之必要上，于外亲妻亲两图内，各加入所谓无服亲者一世（参照附录服制图5、6二图）。所以其亲属范围为：（1）四世以内之宗亲，（2）三世以内之外亲，（3）二世以内之妻亲，（4）夫妻。此为原则的亲属范围。至于婚姻继承二项，其范围往往扩大至全体宗族①。《民法》关于亲属之范围，未为概括的原则规定。其理由为"各种法律关系，其情形各有不同，即规定之范

---

① 例如1. 娶亲属妻妾条律："凡属同宗无服之亲及无服亲之妻者，处罚。"同宗无服之亲，系在服图之外者。又尊卑为婚条律："娶同母异父姊妹若妻前夫之女者，各以亲属相奸论。其父母之姑舅两姨姊妹及姨表堂姨，母之姑堂姑，己之堂姨及再从姨，（己之）堂外甥女若女婿及子孙妇之姊妹，（虽无服）并不得为婚姻，违者（男女）各处十等罚并异离（妇女归宗财礼入官）。"此律所列者多为无服者也。2. 立嫡子违法律："若立嗣虽系同宗，而尊卑失序者，罪亦如之。""无子者须令同宗昭穆相当之侄承继，先尽同父周亲，次及大功小功缌麻，如俱无，方许择立远房及同姓为嗣。"二律表明关于继承者，如服内无人应继，服外同宗昭穆相当者有权继承。如无同宗者即同姓者亦可。同姓者盖推定其为同出于父系之同一始祖也。

围亦应随之而异,则虽为概括之规定,而遇有特种法律关系,例如民事上之亲属禁止结婚,亲属之扶养义务,及继承权利等类,仍以分别规定其范围,为合于实用。故亲属之范围,毋庸为概括之规定"(中央政治会议亲属法继承法立法原则)。今将现行民刑事法所规定,因特种法律关系,发生法律效果之亲属范围,摘举于下:

(一) 本法

甲 亲属禁婚之范围

一 直系血亲及直系姻亲。

二 旁系血亲及旁系姻亲之辈分不相同者。但旁系血亲在八亲等之外,旁系姻亲在五亲等之外者,不在此限。

三 旁系血亲之辈分相同,而在八亲等以内者。但表兄弟姊妹,不在此限(九八三3)。

乙 亲属间家属间有扶养权义者之范围

一 直系血亲相互间。

二 夫妻之一方与他方之父母同居者,其相互间。

三 兄弟姊妹相互间(一一一四)。

丙 得为未成年人及禁治产人之监护人之亲属

一 与未成年人同居之祖父母。

二 不与未成年人同居之祖父母。

三 伯父或叔父。

(二) 继承法

甲 得为遗产继承人之亲属

一 直系血亲卑亲属。

二 父母。

三 兄弟姊妹。

四　祖父母(一一三八)。

乙　不能为遗嘱见证人之亲属

一　继承人及其配偶或其直系血亲。

二　受遗赠人及其配偶或其直系血亲(一一九八)。

(三)民事诉讼法

甲　法院职员如与当事人有亲属关系者,应为回避,其应回避之亲属范围

一　推事或其配偶、前配偶,或未婚配偶,为诉讼事件之当事人者。

二　推事为该诉讼事件当事人七亲等内之血亲,或五亲等内之姻亲,或曾有此亲属关系者。

三　推事或其配偶、前配偶,或未婚配偶,就该诉讼事件与当事人有共同权利人共同义务人或偿还义务人之关系者(三二—23,三九)。

乙　得拒绝证言之当事人之亲属

证人为当事人之配偶、前配偶、未婚配偶或四亲等内之血亲、三亲等内之姻亲,或曾有此亲属关系者(三〇七)。

(四)刑法

亲属犯罪,亲属关系往往为加重或减免本刑,或告诉乃论之原因,或亲属为保护管束之责任人等。

甲　保安处分

保护管束交由警察官署、自治团体、慈善团体、本人之最近亲属,或其他适当之人行之(九四)。

乙　妨害风化罪

一　对于因亲属监护教养救济公务或业务关系,服从自己监督之人,利用权势而奸淫,或猥亵之行为者,处五年以下有期徒刑(二二八)。

二　直系或三亲等内旁系血亲相和奸者,处五年以下有期徒刑(二三

〇、二三六)。

丙　妨害婚姻及家庭罪

一　有配偶而重婚姻,或同时与二人以上结婚者,处五年以下有期徒刑。其相婚者亦同(二三七)。

二　有配偶而与人通奸者,处一年以下有期徒刑。其奸者,亦同(二三九、二四五)。

丁　亵渎祀典及侵害坟墓尸体罪

对于直系血亲尊亲属犯第二百四十七条至第二百四十九条之罪者,加重其刑至二分之一(二五〇)。

戊　杀人罪

一　杀直系血亲尊亲属者,处死刑或无期徒刑(二七二)。

二　母于生产时或甫生产后,杀其子女者,处六月以上五年以下有期徒刑(二七四)。

己　伤害罪

对直系血亲尊亲属犯第二百七十七条或第二百七十八条之罪者,加重其刑至二分之一(二八〇)。

庚　遗弃罪

对于无自救力之人,依法令或契约应扶助养育或保护而遗弃之;或不为其生存所必要之扶助养育或保护者,处六月以上五年以下有期徒刑(二九四)。

对于直系血亲尊亲属犯前条之罪者,加重其刑至二分之一(二九五)。

辛　妨害自由罪

对于直系血亲尊亲属,犯前条第一项或第二项之罪者,加重其刑至二分之一(三〇三)。

壬　窃盗罪

于直系血亲配偶或同财共居亲属之间,犯本章之罪者,得免除其刑。

前项亲属或其他五亲等内血亲,或三亲等内姻亲之间,犯本章之罪者,须告诉乃论(三二四)。

癸　赃物罪

于直系血亲配偶或同财共居亲属之间,犯本章之罪者,得免除其刑(三五一)。

(五)刑事诉讼法

甲　法院职员如为被告或被害人之亲属者,应为回避,其应回避之亲属范围

一　推事现为或曾为被告或被害人之配偶,七亲等内之血亲,五亲等内之姻亲,或家长家属者。

二　推事与被告或被害人订有婚约者(一七、二六)。

乙　得为被告独立选任辩护人之亲属

被告之法定代理人配偶直系或三亲等内旁系血亲或家长家属得独立为被告选任辩护人(二七)。

丙　被告或自诉人有亲属法上之关系者,得拒绝证言

一　现为或曾为被告或自诉人之配偶,五亲等内之血亲,三亲等内之姻亲或家长家属者。

二　被告或自诉人订有婚约者(一六七)。

第五节　亲属关系之发生及消灭

第一款　自然血亲

血亲关系发生于"出生"的自然现象。其发生既非基于人的行为,

则其消灭,除仍为自然现象的"死亡"以外,亦决非人的行为所能左右。然依"死亡"所消灭的血亲关系,仅限于现实的生活关系。至血统之连续,虽有"死亡"的现象,仍不受任何影响。譬如,孙祖间血统,虽由父为之连续,然不因父之死亡,而祖孙血统关系遂而中绝。祖孙间之血属关系自仍如故。不过父祖及子父之间,现实的血亲关系消灭而已。故血统关系一旦依出生而成立后即永远不致消灭。

第二款　法定血亲

一　收养关系

养父母与养子女间法定血亲关系之发生,基于所谓"收养"的法律行为。收养行为完成时,即为法定血亲关系开始期。养子女于此时对养父母取得与婚生子女同样之地位(一〇七)。收养关系既以法律行为而创生,自仍得以法律行为消灭之。即收养关系得由养父母与养子女之双方同意或由一方之诉请终止之(一〇八〇、一〇八一)。养子女在收养期内所生子女,对养父母所发生之祖孙关系,于收养终止时,应如何处遇,法无明文。依理亦应同时消灭其关系。盖收养关系纯出于法律拟制,而养子女与其所生子女则为血统之连续故也。设养子女于收养期内亦收养子女,于收养终止时,其养祖孙关系如何,依理亦与养子女之亲生子女的场合同断。盖养祖孙间之发生关系,系养祖与养父母间收养关系之效果,非直接与养祖成立收养契约故也。

二　继承关系

被继承人以遗嘱指定继承人者,则被继承人与继承人间,亦发生法定血亲关系(一〇七一)。此法定血亲关系以继承开始,即被继承人死亡之时,为发生之期(一一四七)。自此时起,继承人除依法应丧失其继承权(一一四五),或为继承之抛弃(一一七四)外,永久取得法定血亲之地位,与自然血亲相同。

第三款　配偶

夫妻之关系,既因结婚而发生,自仍依婚姻之解消而消灭。婚姻之解消有三:(1)离婚,(2)夫妻一方之死亡,(3)婚姻之撤销。故此三者,均为消灭夫妻亲属关系之原因。然夫妻间除配偶关系外,如尚有其他亲属关系者,则此亲属关系,不因婚姻之解消而消灭。例如表姊妹为婚者,一旦因离婚,虽消灭其夫妻关系,而表姊妹之旁系血亲关系,仍自存在者是。

第四款　姻亲

姻亲完全以配偶关系为其发生之枢纽,故仍由配偶之离婚而消灭(九七一前段),婚姻之撤销,为自撤销后失去婚姻效力(九九八),其为姻亲消灭之原因,与离婚同断。

夫妻一方之死亡,虽夫妻之亲属关系因此消灭,然对于死亡方亲属间之姻亲关系,是否亦随之尽行消灭,不能作概括的断语。缘《民法》所规定,因夫妻一方之死亡而消灭姻亲关系者仅为(1)夫死妻再婚,(2)妻死赘夫再婚(九七一后段)之二种。其对于

甲　(1)妻死夫再娶,

　　(2)赘夫死妻再招赘,

乙　(1)妻死夫出赘,

　　(2)赘夫死妻出嫁,

丙　(1)夫死妻不再婚,

　　(2)妻死赘夫不再婚,

　　(3)赘夫死妻不再婚,

(4)妻死夫不再婚。

等八种场合,则无明文规定故也。今为分说于下:

先就第九百七十一条后段所规定,因生存配偶之再婚,而消灭其姻亲关系之内容,分析研究时,吾人可得所以消灭姻亲关系之要因有二,一曰再婚,二曰因再婚而脱离与已故配偶所组织的家。从而可知《民法》对于夫妻一方之死亡而消灭其姻亲关系者,必其生存配偶之具备此二要件者也。否则,固不必为第九百七十一条后段之例示规定。惟其特提示二种场合者,盖即示其所以消灭姻亲关系之法因,以备例示以外场合之类推或反面解释也。故生存配偶虽再婚,若不脱离其与已故配偶所组成之家,是生存配偶者不但对此家未断绝其情义,且将与新配偶共同努力以谋家之发展。故对此家所有之姻亲关系,自可毋庸消灭。《民法》不规定甲之(1)(2)场合消灭姻亲关系,盖职此故也。

若乙之(1)(2)场合,则不尽然。妻死而夫出赘,或赘夫死妻他嫁,是夫或妻均为入新配偶(之妻或夫)之家,与已故配偶所组织之家完全脱离关系。既与老家脱离关系,则以老家为中心之姻亲关系,盖有非消灭不可之势矣。推其性质正与第九百七十一条后段之夫死妻再婚,妻死赘夫再婚相同。盖夫死妻再婚(无论其出嫁或招赘),妻死赘夫再婚(无论其再娶或出赘),其结果均为舍却其与故配偶夫或妻所组织之家,则相同。故乙之(1)(2),依类推解释,应与《民法》所规定者同断,以消灭其姻亲关系者为妥。

丙之(1)(2)(3)(4)场合,其性质完全与乙之场合及《民法》规定者不同。《民法》规定者为(一)再婚及(二)脱离已故配偶之家。而此则既不脱离其已故配偶之家,又不再婚,是完全相反。故从《民法》之规定,而为反面解释,则丙之四种场合,其不能为消灭姻亲关系之原因也甚明。盖保持公共秩序善良风俗,为民法理想之一。对于个人不但不以所谓

"再婚"的行为,表示脱离之意。且以缠绵之情,爱着恋守其与已故配偶所组织之家之间,法律固无强制干涉其原有关系,即消灭其由已故配偶而来之姻亲关系之必要及理由也。

姻亲关系之积极效果,虽因离婚或后死配偶者之再婚而消灭。然经一度发生姻亲关系后,其消极效果,不即因此消灭。例如,姻亲结婚,在离婚后,仍受已经消灭的姻亲关系之限制是(九八三Ⅱ)。婚姻之撤销亦同。

第二章　婚姻
(德:Ehe;法:mariage;英:marriage)

第一节　婚姻之意义

婚姻二字之语义,据《礼记·昏仪》孔颖达注:"按郑氏昏礼目录云,娶妻之礼,以昏为期,因名焉。必以昏者,取其阳往阴来之义。日入后二刻半为昏。婿曰昏,妻曰姻(同姻),谓婿以昏时来,妻则因之而去也。"又《白虎通德论》嫁娶项亦曰"婚姻者,何谓也,昏时行礼,故谓之婚也。妇人因夫而成,故曰姻"等之释名,以及郑氏《昏礼》注"女氏称昏,婿氏称姻",《尔雅》"婿之父为姻,妇之父为昏,又婿之党为姻兄弟,妇之党为婚兄弟"等。综合观之,则婚姻者,系包括订婚、结婚、及由夫妻所生关系之总称也。故历代律例,如唐、明、清律之婚姻律中所规定者,关于嫁娶上各种准则外,复包罗婚姻成立后之夫妇关系,盖根据礼制也。《民法》关于婚姻规定之编制,虽仍同旧律,于婚姻章中包括婚约、结婚等等。然其涵义,仅为结婚后之夫妻关系,与礼制对于婚姻命名之原意不同。何以见之,盖(一)在婚约,结婚各节中之男女关系,不混称婚姻。对于当事男女,亦只称当事人,不名夫妻。(二)至结婚后,对当事人始称夫妻,其关系则名为婚姻关系(本章第三节以及一〇一二、一〇一六、一〇一七、一〇二二、一〇二六、一〇二四、一〇四一、一〇四六、一〇四七、一〇六一、一〇六三各条)。又(三)从第一千零六十四条之非婚生子女,至其生父生母结婚后,始得婚生子女之地位等推论,则在订婚后结婚前固不认为婚姻也。盖婚约为结婚之豫约,而结婚又为所以发生婚姻关系之原因契约,皆非婚姻关系之本体故也。故民法之所谓婚姻者,仅指夫妻关系而言,复何疑耶。兹就《民法》规定,试为婚姻之定义如下:

"婚姻云者,一男一女两愿以终身共同生活为目的,依法结合(结婚)之夫妻关系也。"[①]

就此定义,更为分项说明之。

第一　婚姻者,一男一女之结合也

婚姻以男女两性的生理差异,为其结合之一基础,故二当事人间必为异性。反之,若二同性间,纵令依法履行结婚仪式,亦不能谓之婚姻。又一夫多妻、一妻多夫,虽在时代过程中,亦曾认为婚姻者矣。然在今日文化程度,则以一夫一妻为婚姻之天经地义。社会主义者及恋爱至上主义者对此一夫一妻主义虽肆加攻击责难,然在今日社会观念上均为不足取之主张。又我国历来礼律上亦均严守一夫一妻之铁则。有妻再娶,通古至今悬为禁例。《唐律疏义》所谓"一夫一妻不刊之制"是也。然其所

[①] 各国立法例,关于婚姻之意义,例不设定养的规定。然多以罗马五大法学者中一人摩台斯蒂奴斯(Modestinus)氏所创唱"婚姻者,以男女终身共同生活为目的的结合关系也"(Nuptiae suut conjunctiomaris et feminae et consortium omnisvitae, divini et humani juris communicatio)之婚姻观念,为婚姻立法之根据。如《德民法》《瑞士民法》之 Ehe,《法民法》之 Mariage,均基此也。

谓"一妻"者,于夫之诸异性的结合者中,可称为妻者,只限于一人之意。此外与夫为"如夫人"的结合者,礼律上不许称妻,而特名之为妾媵。则在实际仍认一夫多妇为制度也。《民法》由于婚姻外与异性结合时,即为离婚之原因(一〇五二条1,2)观之,则为不许于妻外可有类似妾媵者之存在者。故《民法》法意在革除妾媵制度,而贯彻真正一夫一妻主义。然亦非绝对一夫一妻主义,故不禁再婚。

第二 婚姻者,以终身共同生活为目的

婚姻一经成立,则男女终身系之。即易恒卦所谓"夫妇之道,不可以不久也"。然其理由及目的何在乎?据《礼记·昏仪》:"婚姻者,所以合二姓之好,上以事宗庙,下以继后世也。"易咸卦程传:"男先以诚感,则女说而应也。"同恒卦:"男动乎外,女顺乎内,人道之常。"又《白虎通》"夫妇者,何谓也。夫者扶也,扶以人道者也。妇者,服也,服于家事事人也"等观之。我国古来对于婚姻目的之见解,不难窥知。释言之,则其目的不外为情爱之感说也,性欲之满足也,生育子女也,夫唱妇随以谋子孙之繁荣,以期祖先祭祀之绵绵不绝也。《民法》关于婚姻之目的,虽不尽同于此,要亦未加否认。然众目的竞存,而不确定其主要者,以为统率,其结果将致婚姻本身之法律秩序,亦随之浮动,此岂法之本意。故《民法》于婚姻之诸目的中,特以共同生活为其主要目的,其余则从属焉。由第九百九十五条当事人一方之不能人道非结婚之绝对的缺格要件,以及第三节婚姻之普通效力,第四节夫妻财产制关于夫妻共同生活之规定,又第一千零五十二条之离婚原因,多以不堪或破坏共同生活为前提者等观之,其意固甚明了也。盖男女性能先天的各有差异,互有长短,必互为补充,共同合作,而后各人方可遂其社会生活上之职能。性能之差异为终身间所不变者,故欲达此项目的,必期终身合作,然后可也。职是之故,婚姻不能预定存续期间,或附解除条件,或终止期限。违者无效。然此种终身共同生活，乃为结婚时之预期。如事实上中途偶因变故而终止（如一方死亡或离异），固仍无害于婚姻为终身结合之性质也。

第三　婚姻，必出男女之两愿

婚姻既为男女之终身结合，自非出于男女两愿不可。苟男女两方或一方本无白首自期之决心，偶因环境之诱迫，被动的而为结合，则不但已背婚姻本旨，且势必中途仳离，不能维系以至终身。婚姻之必出于两愿，乃为现代婚姻法之大原则。曩者婚姻专主于家长之意思，本人例属被动。我国旧律及习俗，嫁娶均由父母、祖父母主之。所谓发于"媒妁之言"，成于"父母之命"，本人之意思如何，转非所问①。旧习甚或"指腹""割襟"定于胎儿或襁褓之中，婚于长大之后，其与本人意思，更属风马牛之不相关。《民法》对于未成年人之婚姻，虽仍须经法定代理人之同意，但此所谓同意非主之之意，不过为未成年人智能上之补助而已。而主之者，仍为未成年之本人。未成年人虽未经同意仍能为婚。反之，毫无爱情之二未成年人，断不能以同意权而强使成婚也（见后）。

第四　婚姻为依法律之结合

依法结合云者，婚姻之成立，必备法定要件，履行法定程序——必经结婚者之谓也。若野合姘度，实际上虽亦为男女之结合，然在法律上不生婚姻的效果，亦不能名之为婚姻。婚姻不但于其成立之时须合乎法定要件，即正式成立取得夫妻之身分以后，亦不可离法律之规定，而为身分上之自由更改。

第五　婚姻者，夫妻关系也

---

① 旧现行律男女婚姻条例："嫁娶皆由祖父母、父母主婚。祖父母、父母俱无者，从余亲主婚。其夫亡携女适人者，其女从母主婚。若已定婚未及成亲而男女或有故者，不追财礼。"
同条例："男女婚姻各以其时，或有指腹割衫襟为亲者，并行禁止。"

男女结合,一成为婚姻,即确定夫妻之名分。男者取得夫之身分,负担夫之义务,行使夫之权利。女者取得妻之身分,负担妻之义务,行使妻之权利。故婚姻者,盖为夫妻关系之代词,所以表示夫妻生存结合关系之全体也。

第二节　婚姻之沿革

婚姻殆与人类社会史同时开始,有极悠久复杂之沿革。今为便利计,将其概略分为结婚方法之沿革及婚姻配偶数之沿革述之。

第一款　结婚方法之沿革

人类在元始时代,婚制未立,人尽可妻,亦人尽可夫,男女离合绝对自由,无如今日之男女之离合各有分限。学者名之为乱婚或杂婚(Promiskuität, Gemeinschaftsehe; Promiscuité; Promiscuity, communal marriage)时代。由此时代稍为进化,男女间之结合,渐带固定时间性。然在此时代,各部族各自独立,互相仇视,所谓老死不相往来,欲自外族得一女子长久保持之,非普通和平手段所能企图。故常以暴力掠夺或诈术诱略得之,所以学者名此时代之婚姻为掠夺婚(Raubehe; marriage by capture)。社会再稍进步,向之闭关自守之部族,渐始交通,有无相通,往来交易,逐渐频繁,欲得女性,已无需暴诈。然女子当作货财之一种,有以牛马土地等交换者,有以货币购买者,故学者遂名之为卖买婚(Kaufehe, Frauenkauf, Brautkauf, Madchenverkauf; mariage par achat; marriage by sale; marriage by purchase)或交换婚(Tauschehe; marriage by exchange)。稍后复变卖买为赠与,女子之出嫁,往往以家长名义送赠与娶者之形式行之。此即所谓赠与婚(Schenckehe, marriage by gift)。其以女子为物品之一种,正与卖买婚相同,惟在形式上稍为变更而已。由此再进化,女子始得独立的人格,与男子立于对等地位,而为结婚。此即今日之两愿婚(Gegenseitigeinwilligungehe; marriage by mutual consent),文明诸国所采用者也。过此即社会主义者所主张之妻国有(Nationalization of Women)及夫国有(Nationalization of Husbands)论,以及自由主义者所提倡之自由恋爱(Freie Liebe)、自由离婚(Freie Ehescheidung)等,否认现在婚姻法律制度之过激论是也。此等思想是否适应于人类社会生活,或能否实现,以及此后婚姻制度将如何进展,姑不俱论。总之,男女结合,由乱婚历掠夺交换卖买赠与,以至今日之两愿婚为止,经过四期之演变,虽间多反对学说,要为多数学者所公认者。

男女结合方法既历上述四期以至今日,其间所应注意者,即女子之地位亦随之递相改进者是。在掠夺及卖买婚时代,女子完全为家长及配偶者之所有物,与牛马等家畜,几无区别。留之卖之,均出家长及夫之任意。女子初无独立人格。至后妻之人格渐被尊重,为夫者不能任意将妻卖买,同时国家亦为制定离婚法,以整理男女夫妻之离合。妻在家庭间,亦取得相当地位,可得为自己特有财产之主体。至现在两愿婚时代,法律上夫妻完全立于平等地位,诸文明国法律上虽尚有以妻为限制行为能力者,或无行为能力者,然其理由仅为期夫妻共同生活之圆满,非为夫妻人格上有所差异。且各国新近之立法精神及司法趋向,并此形式上之不平等,亦努力于撤销,以期完全实现"凡自然人有平等的权利能力"之近代法根本原则。

第二款　婚姻配偶数之沿革

结合方法历四变以至两愿婚,已如前述。而配偶结合数,亦经过数次变迁,以至目今之一夫一妻制。在前述乱婚时代,男女离合绝对自由,并无所谓一定结合方式。有一定结合方式,则在乱婚时代以后。在乱婚末期,始稍稍限定相当范围,例如某群之男限与某群之女可以交接,于无制限之中,在男女结合数上,稍稍发生范围。此即学者所谓群婚制或团体婚制（Gruppenehe；group marriage）。为由乱婚而演进至订婚制（Bestimmtehe；individual marriage）之最原始形态。此后渐渐变为一群之女以一男为中心,或一群之男以一女为中心之团体婚,所谓一夫多妻（Polygamie；Polygamische Ehe, Vielweiberei；Polygamy）、一妻多夫（Polyandrie；Polyandrische Ehe, Vielmännerei；Vielmännerehe；Polyandry）者是也。一妻多夫制,多基于祖先崇拜思想,恐祖先祭祀之中绝,纠合亲族数人共娶一女,以为各得子之地。西藏诸地所行之一妻多夫制,其夫多系兄弟者,职此故也。一夫多妻制,一半亦基于祭祖思想,以图子孙之繁殖;一半则由于豪强者利用经济上及家庭上之优势,恣意情欲之结果。此种婚制,在现代文明国法律上已经绝灭,而代以一夫一妻制（Monogamie, monogamische Ehe；monogamie；monogamy）。其所以至此之原因甚夥,其大者为:人民一般知识之开发,道德思想之向上,人格之自觉,独立精神之旺盛,生存竞争之剧烈,为保持家内和平之必要,关于教养子女义务之加重,女子知识能力之增进以及买卖婢妾之禁止等。

我国婚姻制度之沿革在有史以前,是否亦经由上述二种沿革,不得而知。即有史以后,所谓史乘者,多系帝皇为中心之政治史,对实际社会制度变革,少有系统的纪述。在国故未整理之今日,无可据为考论。惟在礼制上关于男女结合之形式,有详密繁琐之定则《仪礼·士昏义》。究其结合之性质,似彷徨于卖买及赠与婚之间,而非今日之两愿婚,殆无疑义如《仪礼·士昏义》夏传曰"阳倡阴和,男行女随,男不自专娶,女不自专嫁,必由父母"。及参照前款第三。故习俗有产阶级间所行者,虽似多已进至所谓赠与婚时代之形式;而在无产阶级,多直以聘金为嫁娶之代价,仍保留卖买婚之原形。然则,我国婚姻结合之方式,盖尚在进化之途中耳。至一妻多夫,为礼制所不许,律例所禁止者。然在实际上,或为特殊部落之族制,或为一部地方之惯行。① 皆为研究我国实际婚制之绝好资料也。一夫多妇,为

---

① 一妻多夫习俗间所通行之最冠冕别称,谓之"招夫养夫"。此外如山西苛岚县之"帮夫",浙江之"典妻",福建光泽县之"半边门",福安县之"襆妻",屏南县之"帮腿"等等,不一而足。此仅见于司法行政部印行之《民商事习惯调查报告录》者。其未曾报告者,盖尚多也。今就上记报告录中所记载者归纳述之,以明此习之概略焉。

1. 通行区域

陕西、甘肃、浙江、福建,殆遍行于全省。湖北、山西,次之。

2. 招夫养夫习惯发生之原因

原夫(指妻之第一夫)因年迈衰弱,或疾病残废,或家贫食繁,或游惰失业,不能自谋生计,以养家属。而妻本身以传统的积习,只有要求扶养之权,而无扶养之义务及能力,致出此献身求活之计。此为原夫及妻方之原因。帮夫(指所招之第二夫)第一亦为图子传后。或因家贫无力正娶,或因妻无子,然悍妒而不许置妾,于是赁典人妻,借肚生子,既于经济上不费,而于家庭和平上亦少龃龉。此盖出于图子之变通办法也。

3. 招夫养夫契约之成立

此种契约由原夫之允诺,妻之愿意招夫入家之意思,与帮夫之愿负担对手方之生活费(一部或全部),入其家与其妻为有期限之夫妻生活之意思,三者合致成立之。大概必书立契据(即所谓招夫养夫据、典妻据、租妻据等各地不同)。

4. 契约之内容

契约必定有存续限期,三五年以至十一二年不等。契约之始,帮夫应付约定之成约金(数十元或百元不等)。此后在期内,应给约定之定期金,或谷食类(有以年计算者以月计算者)。原则上妻不离原夫之家,仍与原夫同居(但亦有离原夫之家,另行同居者。入帮夫家同居者较少)。与帮夫同居之间,妻应尽一切妻之义务,原夫应尽让避,不得为任何干涉,期内生子(无论男女),原则上均归属帮夫,然亦有将次子或三子归原夫者。

5. 契约之消灭

契约约定期限届满时,双方解除一切关系,妻归原夫。期内妻死或帮夫死,亦为消灭契约关系之原因,妻死帮夫应负担妻丧葬之费,往往有以所余年限之定期金总给充之者。妻之遗骨仍归原夫。帮夫死契约固因此消灭,如妻生有子者,随帮夫家之境地感情,有给一次的遗念金者。原夫死对契约本身之存在,不生影响,不过帮夫亦有负葬原夫之费用者。

6. 续约展期

期满可续约展长年期。续约展年例不再缴成约金。往往于续约时,更进而与原夫脱离夫妻关系,与帮夫正式结婚者,帮夫于前已给成约金定期金外,再找原夫妻之身价,行之于原夫死后者,亦同,即照孀妇再嫁例解决。

礼律所共许之制度，其普行于全国，仍示其有牢不可破之存在理由，盖更非无因矣。今就《民法》施行前旧律及判例上实在之妾，略述之：

一　妾之性质及在家属中之地位

妾之别称为侧室、偏房、篷室，如夫人、小星、姨、小老婆等等。若由此等别称之意义推之，其性质盖已可思过半矣。故对于夫之关系，在实际上，如同居侍夜等，与妻不过正侧、正副、大小等名义上之分别而已。然在礼制律例上，则妻与妾为有贵贱之差等。《说文》："妾，言接也。彼闻而奔，得接见君子。"《汇苑》："妾，接也。言得接见君子，而不得伉俪也。"清律妻妾失序律注："妻，齐也，与夫齐体人也。妾，接也，仅与夫接见。贵贱有分，不得紊焉。"同律服制注："妾则称家长，明有别也。"均所以明妾之贱别于妻也。因此等身分上有贵贱之分，故服制上妻妾划然不同。妻对夫之亲属与夫同，而妾则率降杀一等。反之，夫之亲属对妾例无报服（但妾有子者，在家取得庶母身分，嫡子众子对之服期）。其次在刑事法上亦显其贵贱之别，如清律妻妾殴夫律："凡妻殴夫者处十等罚，夫愿离者听（须夫自告乃坐）。若妾殴夫及正妻者，又各加一等。"同律："其夫殴妻，非折伤勿论。至折伤以上，减凡人二等（须妻自告乃坐）。先行审问，夫妇如愿离异者，断罪离异。不愿离异者，验罪收赎（仍听完聚）。殴伤妾至折伤以上，减殴妻二等。"

二　置妾之方法

置妾不复履行娶妻之仪式（六礼或三礼），《礼记·曲礼》所谓"娶则为妻，奔则为妾，六礼不备，谓之奔"是也。奔者非正娶之谓也。其方法最标准者，则为购买，《曲礼》所谓"买妾不知其姓，则卜之"是也。其次，则以赠与形式相授受，所谓以侄娣从媵者是也。又妾家稍有身世，或置妾者系兼祧二房者，亦备婚书聘财等之条件，殆与正娶无别。在此等场合，则所谓"先入为正"，至多以后娶者为妾（妻妾失序律文"若有妻更娶者亦处九等罚[后娶之妻]离异")。

三 《民法》施行前判例上现在一之妾

1. 妾身分之取得

妾身分之取得,系根据家长之纳妾契约。妾身分上一切法律关系,均属纳妾契约之效果。纳妾契约为无名契约之一种。由家长认对手女为自己正妻以外之配偶,而列为家属之意思,与对手女愿入其家长之家,永续同居,为次于正妻地位之眷属之意思,二者合致成立之。此外不须备任何方式。但此契约为妾之所以次于正妻,及所以别于姘度及其他暧昧同居者之关键也。(大理院判例五年上字第一五三四号,六年上字第三一〇号,同年同字第八六号,七年上字第一八六号,八年上字第一〇六号)

2. 妾之权利义务

妾对家长有同居之权义,与妻殆相同,据前述纳妾契约之意义,已可概知。对家长有要求扶养之权,及得为自己特有财产之主体,与其他家属相同(七年上字第九二二号,四年上字第二〇五二号)。妾于家长故后,如不再嫁,或于夫家无义绝之情状(如犯奸之类),仍不致丧失家属身分。家长之承继人或其他管理遗产之人,应对之负养赡之义务,不能逼令改嫁或驱逐不顾(四年上字第一六九一号,六年上字第八五二号)。然亦不能更变其妾之身分(如扶正等)(三年上字第六一〇号)。妾仍应与正妻同居(但有分居已久,又因讼嫌不能同居者之例外,十年上字第四四九号),受正妻之监督(六年上字第八五二号)。妾对家长之遗产,虽无当然承受或分析之权,然为家长于自有财产相当范围(指除特留分外?)内,以遗赠行为授与者,自得保有之(十年上字第五三九号)。

3. 妾家属关系之消灭

凡未生子之妾,无论何时,家长及妾有不得已之事由发生时,当然应认其得请求解除契约,消灭关系。而其不得已之事由,如因家长及其家人之故意或过失而发生者,依妾之请求,即不得不任给与相当慰藉金之责。反是,如该事由妾之故意或过失而发生者,则家长固不应有何责任。若更于契约成立时,可认妾一方为有欺诈情节者,则妾亦不能不负返还财礼之义务。至于当事人间所主张解除之事由,必须有不得已之情形,而其事由之发生,若在契约前者,必结约当时为本人所不知者而后可(四年上字第九五一号)。然纳妾契约之性质及效力,既与婚姻有别,则关于此种契约之解除,自不能适用离婚之规定(五年上字第八四〇号,八年上字第一〇六号)。妾于家长故后,有犯奸情时,为当然丧失家属身分之事由(六年上字第八五二号,七年上字第一三七二号)。

第三节　婚姻之种类

婚姻之意义,虽已如前述,然其形式及内容,依其国之法制及习惯,往往不尽相同,从而法学上常可为各种之分类。兹就《民法》及习惯上所见者,举其类别,以为解释之助焉。

一　族内婚姻　族外婚姻

前者为同族男女间所成立之婚姻,后者为异族男女间之婚姻。我国此前之婚制,不但严禁同宗血属亲间为婚,且亦不能娶同宗血属者之妻妾(或曾为妻妾者为妻),①盖为严格的族外婚制也。其理由无非为保持男系宗族之伦序,及防遏其血统之紊乱。故其结果成为:所谓表姊妹间可以结婚,与此同样近亲之堂姊妹间则严禁之。又如妻死可娶妻之姊妹为继室。反之,夫死不能嫁与夫之兄弟等等不平衡奇态。现行法铲除宗

---

① 参照后述第四节结婚第一款第一项第四"不违亲属结婚之禁"之注。

法遗制,此种严禁族内婚之积习,容可涤除矣。

二　初婚(德:erste Ehe;英:first marriage)(前婚)　再婚(德:Wiederverheiratung;法:remariage;英:remarriage)

再婚云者,男女第二次以后之婚姻也。如夫妻因化离而解消婚姻,其后同一男女间复为结婚,或另与第三人结婚者是。再婚前之婚姻,谓之初婚或前婚(如九九二、九九三、九九四等)。我国古来本不禁男女之再婚惟帝制时代,命妇夫亡,律禁再嫁,盖为帝制行政上必然之例外。然自宋儒以来,讲学家极力鼓励女子之贞节,故律虽不禁,而民间所谓礼义之家,妇女夫亡例不再嫁,殆为一种无文律。

三　嫁娶婚　招赘婚

嫁娶婚云者,妻因结婚而入夫家者之谓,即妻应夫之迎娶而嫁入其家之场合也。我国此前婚姻,以此种形态为常则。反之,夫因结婚而入妻家,换言之,夫应妻之招而入赘其家者,谓之招赘婚。在宗法遗制之社会,此种婚姻未得普行,乃为当然之理。故在此前为婚姻之变则,就婚姻本体之性质而论,本属相同。不过关于婚姻之普通效力——夫妻间基本权义上,颇有出入耳(参照本章第六节等)。

又有所谓"过门守节"者,许婚女未婚而定婚男死亡时,仍入男家为未婚夫守志者之谓也,此盖为前述女子负绝对贞操义务思想之产物。律虽无明文,但惯例上未婚守贞女例取得其未婚夫之嫡妻身分,与未婚夫家发生一切亲属家属关系,初与孀妇守志者无异。盖亦嫁娶婚之一种也。《民法》无此制,过门守节者,其仅能受第一千一百二十三条第三项所规定家属之保护乎。

四　童养媳　养子婿

童养媳云者,稚幼女子预被收养于夫之家,待夫长大后结婚者之谓也。童养媳之法律上身分如何,清律虽无明文。然一经收养过门为媳后，无论其成婚与否，即与其夫之家发生亲属家属关系。洎至前大理院时代，判例对此种收养媳行为，虽仅认为婚约，然同时亦予以养女的身分保护。即"童养媳经两造合意解除婚约者（中略），其解约后之主婚权，自属于母家，与通常解除婚约者无异"（大理院判例八年上字二〇四号）。然"童养媳未及成亲而夫死，虽与孀妇有别，然苟非解除关系回归母家者，其主婚权应先属于养家祖父母、父母"（大上字九五号、上字二九五号）者是。《民法》对此无独立明文，关于童养媳之法律关系，自应加以整理焉。例如童养媳未届法定订婚年龄者，收养媳行为，自不能视作婚约。至是否为普通之收养行为，应随其行为之内容定之。如非普通之收养子女者，则童养媳亦只能受第一千一百二十三条第三项家属之保护而已。

养子婿云者，备为他日长大后与自己女儿结婚，所预抱养他人之稚子也。其形式与招赘婚类似，而其法律性质，盖与童养媳相同也。

五　原婚（德：fruhere Ehe；法：mariage antérieur）　重婚（德：Bigamie, Doppelehe；法：bigamie；英：bigamy）

现有配偶之人，再与第三人结婚时，后结之婚，即谓之重婚。重婚前原存之婚姻，姑名之为原婚，或前婚（九九二）。婚姻为一男一女之结合，一人一时不能有二以上之配偶，为现代婚姻法之大原则，已如前述。故原婚与重婚在理论上应不能并存。然婚姻是否为重婚，一以原婚之存在及是否为正式婚姻定之。若原婚虽具备婚姻之外形，在实际上系无效之婚姻时，则后之结婚即不能谓之重婚。反之，原婚虽为正常无瑕疵之婚姻，而后之婚姻系无效之婚姻者，亦不能谓重婚也（参照第五节第一款第一项第六）。又《民法》规定不以重婚为无效，而仅为可以撤销，故在实际上，于确定其为重婚，予以撤销以前，原婚与重婚常可并存焉。

第四节　婚约（德：Verlöbnis；法：promesse de mariage；英：promise of marriage；拉：Sponsalia）

第一款　婚约之意义及性质

婚约，即旧律之定婚，或谓之订婚。在婚姻法上占绝重要之地位。然其性质与《民法》之婚约，迥不相同。今于说明《民法》婚约之各项，同时附以旧律礼上定婚制之概略，用以明新旧制度之相异点也。《民法》之婚约，可得而定义之如下：

"婚约者，男女俩间所缔结以将来正式结婚为标的之契约也。"今就此定义，为分项说明其性质。

第一　婚约以正式结婚为标的

正式结婚云者，依法定程序，以发生夫妻身分关系为目的之法律行为也。婚约即以此项法律行为为标的，由男女俩意思之合致成立之。如仅约为同居或永久共同生活，而无依法结婚之初意者，即不得谓之婚约。婚约为结婚之预约，与婚姻截为两事，直接与婚姻不生关系。故不能因婚约之成立，即可认为婚姻关系之开始。例如，当事人一方于婚约成立后，与第三人结婚，不成为重婚者是。

第二　婚约为亲属法上之契约

婚约成立后，两方当事人互负结婚之义务，已如前述，因其标的为当事人双方之结婚行为，则其性质，实为双务债契约也。结婚行为之标的为当事人间之夫妻身分，而婚约乃此身分契约之预约，故其性质，又为亲属法上之债契约。因其为债契约，关于普通双务契约原则规定，原则上均可适用。换言之，在其目的之可能，内容之可确定及不违背公序良俗之三大原则之下,如附加条件及期限等,自无不可。又因其为亲属法上之契约,故同时又应受亲属法特殊性质之支配。凡抵触亲属法者,虽为普通契约自由原则所认许者,亦属无效。例如,现有配偶者,或以现配偶之离婚、婚姻之撤销,或其死亡为条件或期限,与第三者缔结婚约,在解释上均为无效者是。① 盖婚约在事实上虽与婚姻截为二事,无直接关系。而其缔结之行为,究以将来之结婚而取得夫妻身分,为其效果意思。则在缔结者有以再行结婚之意思,促进现存婚姻之解消,使其存续受胁迫之嫌,为无可讳言。是不仅违背现行婚姻制度之根本精神,且违反公序良俗矣。关此亲属编虽无明文规定,应作如是解,为合乎法理。

第三　婚约不得请求强迫履行(九七五)

婚约标的之结婚行为,仍以结婚时当事人之两愿——自由意思为成立要件(见后述第五节结婚之要件)。如婚约当事人之一方,不愿履行其结婚义务,若许他方请求现实的强迫履行时,是为失灭结婚出于两愿之根本原则。且亦为蹂躏人格,违反公序良俗。故《民法》于第九百七十五条特为明文禁止之。所谓不得请求强迫履行云者,不得诉请法院为现实的直接强制履行,或请求履行迟延之赔偿金,间接的逼迫其履行之意也。偶有违反本法而为命令履行之判决场合,或在外国法院已得有履行之胜诉判决场合,其不能据此类判决而请求强制执行也,更无待言。

其次婚约上可否附以违约金等约款,法无规定。然依上述理由推论之,则此种附款,亦应无效。盖违约金等附款者,为违约时之消极制裁。使违约者慑于违约金之苛酷,宁违本意,勉为履行。其为违背结婚出于两愿之原则,仍属相同故也。

---

① 《出征抗敌军人婚姻保障条例》第三条第一项"出征抗敌军人在出征期内,其妻与他人订婚者,除婚约无效外……",虽专就出征抗敌军人之妻而为规定,其实普通人民男女现有配偶而另与他人订婚者,其婚约均应解为无效。

近时各国关于本项——不得诉请履行及附违约金——均有明文详密规定之（如《瑞士民》第九一条、《德民》第一二九七条、《奥民》第四五条、《西班牙民》第四三条等）。《日民》虽无婚约之制，然关于婚约之判例及学说，亦均倾向于否定婚约之强制履行及违约金等附款。旧律之定婚与嫁娶（即现行法之结婚）殆属一体，换言之，定婚为嫁娶程序中之前行部分，与现行法婚约与结婚截为二事者不同。定婚后在实际上已发生嫁娶一部分之效力。故两方除有法定解除原因及定婚行为有瑕疵者外（见后），即不能无故悔盟解约。悔盟者除受刑事处分外，仍令履行婚约。即一方于悔约后已另嫁娶者。亦随原定婚夫或妻之意思，仍可完婚。① 是与欧洲教会法及德国普通法之结婚可以诉请履行者较之，盖更为严恪也。②

第二款　婚约之缔结

婚约之缔结可分要件与方法二项说明之。

---

① 男女婚姻律"若再许他人，未成婚者，（女家主婚人）处七等罚。已成婚者，处八等罚。后定娶者（男家）知情（主婚人）与（女家）同罪，财礼入官。不知者不坐，追还财礼（给后定娶之人），女归前夫。前夫不愿者，倍追财礼给还，其女仍从后夫。男家悔（而再聘）者，罪亦如之。（仍令娶前女，后聘听其别嫁），不追财礼"。
　　观此律文，定婚之有强固法效，已不难窥知。但定婚后之聘嫁，虽可诉请强制履行，然对于悔盟之私力救济，仍为法所不许焉。如同律文"凡女家悔盟另许，男家不告官司强抢者，照强娶律，减二等。其告官，断归前夫。而女家与后夫夺回者，照抢夺律徒三年"是。
② 在罗马法之原始观念，将婚约与结婚，视作卖买契约与目的物之交付。甚至认婚约为以嫁娶为目的之权利，后至市民法时代，除婚约者一方不得与他方亲属结婚等二三准亲属关系外，不认有诉权。此等婚约上效力之减削，盖间接影响于后世诸国之立法也。至近世诸国之婚约法，初多传袭中世 Canon 法。Canon 法分婚约为未来约束（Sponsalia de futura）及现在约束（Sponsalis de praesenti）。前者即今之婚约，后者实即结婚也。婚约视为一个单纯债务关系，间亦许可以强制执行。至 Trent 宗教会议确立婚姻宣誓（Sacrament）之制后，婚约遂不为所重视。法国至今仍袭此习，婚约不过为民间惯行而已。德国则反是，严保 Canon 法之遗制。在普通法时代，更进一步，认婚约可以强制执行。追入十八世纪，直接强制执行之制始衰。至一八七七年之帝国民事诉讼法，始将此禁止。现在并诉请履行及违约金亦均行禁止矣。

第一项　缔结之要件

婚约之缔结要件为(一)当事人限于男女本人,(二)须已达法定订婚年龄,(三)法定代理人之同意,分述于下:

第一　当事人限于男女本人(九七二)

婚约之标的为结婚,结婚之标的为当事人间共同生活上之夫妻身分。夫妻间之相得与否,为各人自身一生苦乐祸福之所系。而此终身苦乐祸福之发轫,即在于选定配偶——订立婚约之时。然男女相互间情爱之感发及意趣之投洽,均为两人间主观的特殊灵感作用。决非第三人所能揣拟窥摩,亦非可以越俎代谋,故婚约必由当事人自行订定。近世界各国婚姻法,对于订婚均取绝对男女自由意思主义,盖基此理也。《民法》亦特以明文规定之。在旧律定婚之当事人为男女两方之尊长亲属。男女本身之意思如何,无关于订婚契约之成立。即如男子自行定婚,苟非尊长亲属所许允者,无论其定时之先后如何。一以尊长亲属所定者为主①。至大理院时代,判例上已减削尊长主婚权之效力。即主婚人不能违反订婚当事人本人之意思,而可专断行使其主婚权。(大五年抗字六九号,八年上字二三六号,十五年上字九六二号)其性质殆近于现行法之同意权,所不同者,同意权仅对于未成年之当事人,而主婚权则无年龄上之限制而已。

第二　当事人已达订婚法龄(九七三)

婚约为关系个人终身幸福,故由当事人自行决定,可免怨尤之愆,已如前述。为贯彻此旨起见,对于当事人之意思能力,即不能不有所顾虑。个人能分别是非,熟权利害,自在智能已发育以后。而智能成熟年龄,因

---

① 男女婚姻律:"嫁娶皆由祖父母、父母主婚。祖父母、父母俱无者,从余亲主婚。其夫亡携女适人者。其女从母主婚。""若卑幼或仕宦或价买在外,其祖父母、父母及伯叔父母、姑、兄弟(自卑幼出外之)后为定婚,而卑幼(不知)自娶,已成婚,仍旧为婚(尊长所之女,听其别嫁)。未成婚者,从尊长所定(自定者从其别嫁)。违者处八等罚(仍改正)。"

气候、民族体质及教育关系等,各国不同。我国人民一般体质,男在十七岁前后,女在十五岁前后,普通可臻发育。故《民法》规定男满十七岁,女满十五岁,为自行订婚之最低标准年龄。即男满十七岁,女满十五岁时,始有自行订婚之行为能力。旧律因主婚权在尊长亲属,当事人之年龄问题自无由发生。大理院判例对于成年当事人之订婚能力,仅间接表示其较强于未成年人而已(参照前出注判例)。

第三　法定代理人之同意(九七四)

男满十七岁,女满十五岁,依前述规定,虽取得订婚之行为能力,若未满二十岁者,自仍为未成年人(一三Ⅱ),未成年人——限制行为能力人之订立契约,应得法定代理之允许(七九),婚约为契约,且其要约或承诺等均为非纯获法律上之利益,而为负担结婚义务之行为。其应得法定代理人之同意,为理之当然,故《民法》特为规定之。

然未经同意之婚约,其效力如何,法无直接规定,不无疑问。然推(1)婚约应由当事人自行订定(九七二),(2)未经同意之结婚仍为有效(九九〇),(3)"同意"与总则之"允许"(七九)二者性质不同等法意,盖未经同意之婚约,并非不发生效力①,不过其效力,在同意或拒绝同意以前。系浮动不确定,当事人可于同意与否表示以前撤回之。所撤回者为效力未确定之婚约,故不能解为第九百七十八条之无因解除。然如一方为成年人,复因自己过失构成第九百七十六条之情由,而致对方撤回婚约者,成年当事人应负第九百七十七条之责任。盖因成年当事人之过失,而致婚约毁灭其可以接受同意之适格故也。

同意在现行法为非要式行为,同意权者对婚约当事人为明示的意思

---

① 最高法院判例则以法定代理人之同意,为未成年人订立婚约之效力发生要件。即:"前略故当事人于订定婚约时未成年者,纵已达于同法第九百七十三条所定年龄,亦得法定代理人之同意,始生效力。"(二十三年上字三一八七号)

表示，固为常则。然明知婚约之订立，而不表反对者，盖即可认为暗示的同意——默认也。

第二项　缔结之方式

婚约之缔结，原则上，只须男女当事人自由意思之合致，即可或立，无任何形式之限定。用书面订立，或通信定约均可。即两人暗默契合，亦无不可，以两人名义向亲友宣布，或赠送纪念礼物（如指环等），尤为婚约成立之有力证据。我国旧律及此前欧洲诸国，均曾采要式主义。例如普国等。订立婚约，必须证人为之居中，或在法院若公证人之前行之。及我国旧律以婚书或聘财为婚约成立之法定要件者①是。近今文明各国概改为无式主义，《民法》亦同。

---

① 旧律关于定婚为要式行为，其律文如下：

"凡男女定婚之初，若（或）有残（废或）疾（病）老幼庶出过房（同宗）乞养（异姓）者，务要两家明白通知，各从所愿。（不愿即止。愿者，同媒妁）写立婚书，依礼聘嫁（附注）。若许嫁女报婚书及有私约（谓先已知夫身残疾老幼庶养之类）而辄悔者。（女家主婚人）处五等罚（其女归本夫）。虽无婚书，但曾受聘财者亦是。"

【附注】按"依礼聘嫁"云者，依礼制程序而为嫁娶之谓也。礼制程序本为《仪礼·士昏义》之六礼，即纳采、问名、纳吉、纳征、请期、亲迎是也。先由男家使媒妁往来通言，俟女家许之，然后纳采择之礼以求之，礼用雁，是谓纳采。纳采时随询问女子之年庚等，是为问名。问名后乃为卜婚姻之凶吉，卜得吉，再遣使者于女家致婚书，以表示迎娶为室之意，是谓纳吉。与此同时致聘财于女家，是为纳征。征者成也，先纳聘财而后成婚。在春秋时谓之纳币。向女家询请婚姻之期日，是谓请期。婚期既届，婿于黄昏时往女家亲迎妇，是谓亲迎。迎妇至家。导妇以入，婿妇交拜，就坐，饮食毕，婿出，礼成。宋《朱子家礼》，将问名包括于纳采中，略问名之目，合为纳采一礼。纳吉与纳征本属同时，复将请期亦附于纳征之时行之，三者合而为一。以纳征——纳币一礼总括之。故六礼约为纳采、纳币、亲迎之三礼。明清皆宗之为婚姻礼制。

据上述礼律推论，当于现行法之"婚约"者，仅为纳采礼以前之"媒妁通言，女氏许之"，"各从所愿"一段。礼之"纳采""纳币"，律之"婚书""聘财"者，均为礼律上婚约之定规的形式要件也。故"婚书"——"聘财"，有其一已足以资证明，不必二者俱备。

第三款　婚约之效果

婚约成立后，男女当事人间，第一，当然互负依约履行结婚之义务。因结婚为有排他性及非代替性之行为，故随之又应互负不与第三者另订婚约及结婚之义务。第二，互负贞操义务。如订婚后与人通奸，即为违背此项义务。成破约之原因(九七六)。第三，民刑诉讼上以亲属待遇，得免证言之义务(《民诉》三〇七 I 1、三〇八 1,《刑诉》一六七 I 12)，或为推事回避之情由(《民诉》三二 123,《刑诉》一七 12)。婚约之效果，在现行法上可条举者，盖仅此数端。且此数种之中，除第一种义务外，亦非婚约本身直接所发生者。因其标的之结婚行为，为有特殊性质，致缔约者负契约外之责任耳。

此外如婚约男女之同居共衾，虽为法所不禁，然亦非婚约之效果。婚约男女在结婚前仍非夫妻，共衾仍属和奸。有对于婚约人之共衾，即将婚约变为婚姻之立法例者(如十二三世纪欧洲教会法)。然民法婚约人同居者，仍负结婚义务，不能谓同居即成婚姻。

第四款　婚约之解除

婚姻之解除，可分为有因解除及无因解除之二种。近代婚姻法，关于婚约者均取宽大态度；在可能范围内予婚约之解除，以莫大自由。《民法》所定关于解除婚约之法定情由，较后述离婚原因，大为宽松。然不取绝对无因主义，而仍列举解除原因者：一、使慎重婚约之订解，以防滥用恶用婚约，而为不正当行为之手段，致影响于公序良俗。二、为易于判别解除责任之所在，以免无谓之纷纠。有因解除云者，即此种由法定情由而解约之谓也。无因解除者，无法定情由而解约之谓也，解约方当然负赔偿损害之责任(见后)。今就有因解除之法定情由(九七六)，为分述于下：

第一项　解除之原因①

第一　婚约订定后再与他人订定婚约或结婚者

婚约为结婚之前提事项，其内容为夫妻身分之预定，夫妻身分之有排他性及非代替性，已如前述，若订婚后再与他人订婚或结婚，是为直接破坏上述二性之情事，当然为婚约解除之原因，自不待言，反之，当事人一方于订婚时本有配偶，或与第三人已有婚约而未解除者，虽非本款直接问题，前者为有效无效之问题(参照第一款第二)，后者依本款法意逆推，自成解除之情由，不过在解释上应归入本条第九款，以重大事由推论。② 旧律关于本款者亦同。(参照第一款注一)

第二　故违结婚期约者

期约者，系指婚约上所约定结婚之期日。故违者，谓无正当理由又未经对方同意而违反之意。然约定期日如在婚约人之结婚年龄以前而为双方所未知者，或在成年以前而预期法定代理人能予以同意，届期却拒绝同意，因而致延期者，自不能以故违期约论。所以本款所谓故违期约云者，婚期约定在成年年龄以后，或在结婚年龄以后，成年以前，已得法定代理人之同意，犹故意违背约期，拒不履行结婚义务而言。③ 又在两方所约定之婚期以前，要求结婚，自亦为违约之一种。若一方因被拒绝提前结婚后，即要求解除婚约者，则要求者应负违约之责。若订约而未定婚期者，虽不涉本款，如双方均在成年以后，无故固亦不能迟误佳期。但此应就各种具体事实而为判断，旧律关于提前或迟违期约，均有

---

① 出征抗敌军人之未婚妻不能援用本款解除婚约。(《出征抗敌军人婚姻保障条例》第四条第一项)
② 但据《出征抗敌军人婚姻保障条例》第四条第二项规定，出征抗敌军人在出征期内，其未婚妻另与他人订婚者，其后订婚约为无效。
③ 出征抗敌军人在出征期内，虽故违结婚期约，其未婚妻不能根据本款解除婚约。(《出征抗敌军人婚姻保障条例》第四条第一项)

刑罚制裁。又关于迟后婚期者,对女子有五年之待婚期限之规定,盖亦重男轻女精神之一发露也。①

第三　生死不明已满一年者

生死不明云者,系指自失踪后,无可证明其尚生存,亦无可证明其已死亡之场合而言。若仅因尸体所在不明,其死亡已有不易之铁证;或人的确尚存,但已无生还希望,均非本款之问题。生死不明之状态,只需继续满一年,即成解约之原因。② 定婚者多系情爱之结果,生死不明又多基于突发之不幸事变,为期仅一年,于人情似觉为短。然解除原因,为解除方法律主张之根据,如解除方对生死不明者,不忍经过一年遽行援用本款而为解约,仍属自由。若为期过长,反转背现代法婚约自由之精神。

第四　有重大不治之病者

所谓重大云者,谓有生命之危险,或虽无生命危险,其结果有残废之危险性者均是。所谓不治云者在现在医疗学术,所不易治疗者。虽重大而易治疗,虽不易治疗而非重大者,均非本款之问题。③

第五　有花柳病及其他恶疾者

花柳病,即普通所谓性病。盖为足以妨害婚姻生活的恶疾中之代表也。所谓恶疾云者,系指虽无生命危险,然顽固不易治疗,且有碍于性能或生活活动,或为恒情所嫌恶之疾病而言。此后能否治疗,非所问也。以上二款疾病,无论其发病或发见在订婚前或后,亦非所问。

---

① 律文:"其应为婚者,虽已纳聘财,期约未至,而男家强娶,及期约已至,而女家故违期者,(男女主婚人)并处五等罚。""期约已至,五年无过不娶者,并听经官告给执照,别行改嫁,不追财礼。"
② 出征抗敌军人之未婚妻,除出征抗敌军人生死不明满三年后,得向法院声请为死亡之宣告外,不能援本款解除婚约。(《出征抗敌军人婚姻保障条例》第四条第一项第六条)
③ 出征抗敌军人之未婚妻不能援用本款事由解除婚约。(《出征抗敌军人婚姻保障条例》第四条)

不过发病在订婚以前,于订婚时经对方明白告知。取得此方愿意者,应当别论。

第六 婚约订立后成为残废者

所谓残废云者,系指凡人身五官四肢阴阳等之机能,有一失其作用者而言。① 残废特规定发生于婚约订定后者,其义有二:一、订婚时确已残废,然为对方所明知者,各取所愿,自无妨害。即为阴阳机能之残废,亦不成问题。盖婚姻之结合,在于男女之共同生活,初不专在性欲之满足。二、残废在订婚以前,当订婚时为对方所隐瞒,或仅凭通信而为定婚,未曾觌面认知者,则成为第九款之重大事由,仍为解除婚约之原因。盖法律所以明定订婚后成为残废者,亦以表示订婚时对方所未预期之残废,可为解除之原因也。订婚时对方所未知与对方所未预期者,实质上正复相同,其得据以为解除婚约之理由,自属正当。旧律明定"残(废或)疾(病)等务要两家明白通知各从所愿,不愿即止"②等,而现《民法》反无明文者。盖昔时定婚多凭媒妁之牵引,订婚前虽亦有相看婚约当事人之举,间多倩人代看,绝少如现时先由双方交际,或通信,至情意投合,始行订婚者。故昔时隐瞒残疾,相见时又往往倩人妄冒,致情弊百出,纷纠迭起,旧律特用明文规定之。现时此种情弊自少发生之机会,故仅为规定订婚以后之残废。旧律之"残疾",随解释盖亦可包括以上第四第五第六三款之原因。惟不同者,在旧律以残疾成于订婚以前,而未有私约者为限。订婚以后之残疾,前大理院判例亦解为应通知相对人,如相对人非所甘愿时,应许解约,盖已为旧律新解者乎。③

---

① 前大理院判例七年上字九一〇号。
② 参照第二款第二项注。
③ 前大理院判例四年上字二三五七号。出征抗敌军人因伤成残废后,其未婚妻非取得其同意不得援用本款解除婚约。(《出征抗敌军人婚姻保障条例》第四条第一项第八条)

第七　婚约订定后与人通奸者

婚约订定后，当事人间互负贞操义务，已如前述。故于订婚后，与人通奸，实为不履守贞操之义务，成解除之原因，乃理之当然。至订婚前曾与人通奸，在订婚后为对方所发觉者，非本款之问题。盖贞操系对人之身分义务，即现有夫或有妻，或有夫妻之预约，而后始发生之。如独身者或无夫妻预约者，则此项义务，即无由发生。本款所谓通奸盖统括和奸及强奸而言。强奸他人者同时亦为次款之刑事问题。至被人强奸，均非本款及次款之问题，如必欲据以为解除婚约者，只有归纳于第九款重大事由之内。关于本款问题，旧律亦有明文规定。

第八　婚约订定后受徒刑之宣告者

受徒刑之宣告者，系受徒刑以上刑之宣告之意。拘役罚金之宣告，自不能为解除之原因。又只以刑为标准，只须有徒刑之宣告，其所犯何罪，均非所问。又注重在于宣告，所宣告之刑，有否执行，亦非所问。如刑虽宣告，因同时受缓刑之宣告，或遇大赦特赦等，致未执行等，亦为解约之原因。但订婚后始发觉对曾受刑之宣告者，非本款之问题。旧律关于刑事者，仅为奸盗二类罪犯为解除之原因[①]。

第九　有其他重大事由者

所谓重大事由者，系包括当事人之身上财产上以及名誉上发生或发见不能维持婚约之一切变故而言。《民法》对于婚约极注重当事人之自由意思，苟一方有前列八款以外之事由，于订婚后发生，或在订婚前发生，于订婚时以普通社会观念所不能知或预期者，且认为不能维持婚约乃至进而结婚者，法律自然无勉为维持之必要。例如当事人一方，以对

---

① 律文："其未成婚男女有犯奸盗者（男子有犯，听女别嫁，女子有犯，听男别娶。如定婚未曾过门，私下奸通，男女各处十等罚，免其离异）不用此律。"

方之财产为订婚允许之一动机,订婚后对方突受破产之宣告者。又如于订婚时确为诚实端方之人,订婚后顿变放荡,入为下流①等均是。又其他如订婚出于强暴胁迫、诈欺、妄冒等,或订婚后一方对他方之暴行、侮辱等,盖均为本款之重大事由。总之何者为重大事由,足以为解除婚约之原因者,应就各种具体问题,依照当时社会普通观念,为之判定而已。旧律关于隐瞒妄冒有明文规定。②

第二项　解除权之行使

解除无论其为有因或无因,解除权人原则上应向他方婚约当事人为解除之意思表示。而于此意思表示到达于他方当事人或他方当事人了解时,始发生解除之效力。与普通契约之解除,理无二致(九四、九五、二五八)。然在有因解除场合,如以他方当事人之生死不明等事由,在事实上不能向他方为意思表示时,因婚约之特殊性质,可不必如普通契约解除,用公示送达程序若其他方法而为意思表示。即自得解除之时起,可不受婚约之拘束(九七六Ⅱ)。所谓"得解除时"云者,盖法定情由客观的成立时之谓也。故所谓"事实上"者,由上述法意推考时,有时应解为"情实上"。盖在事实上虽可向他方为意思表示,而人情上有不忍对对方而为解约之意思表示者,自亦可自得解除时起,不受婚约之拘束也。譬如对

---

① 司法院解释例以未婚夫和同被人鸡奸者可为解除婚约之原因(一六年统字第六〇九号)。
② 隐瞒即所谓无私约,无私约云者,定婚男女之一造有残疾老幼庶出过房乞养者,于定婚时,不明白通知对造,取得其愿意之谓。对造发觉其隐蔽欺瞒时,盖即可据以解约也。其详参照第二款第二项注。

　　妄冒云者,定婚时相见之人,而非婚姻男女本人之谓也。此又可分二种:1. 妄冒相见人未成婚者,即以此人为婚姻当事人,强制成婚。2. 如妄冒相见人自己已成婚者,则解除婚约离异。其律文:"若为婚而女家妄冒者,(主婚人)处八等罚。(谓如有残疾,却令姊妹妄冒相见,后却以残疾女成婚之类),追还财礼。男家妄冒者加一等。(谓如与亲男定姻,却与义男成婚。又如男有残疾,却令兄弟妄冒相见,后却以残疾男成婚之类),不追财礼。未成婚者,仍依原定(所妄冒相见之无疾兄弟姊妹及亲生之子为婚。如妄冒相见男女先已聘许他人,或已经配有室家者,不在仍依原定之限)。已成婚者离异。"

方受长期徒刑之宣告,或罹重大不治之病,或成为残废等场合,在本人亦已断念于婚约之继续,而此方复以解约告之,是于不幸之时,复得不幸之消息,在婚约当事人间之情分上,实所不忍也。如解除时尚有其他纠葛者,则自不能同论。

未成年当事人之解除婚约,是否应得法定代理人之同意,或仅向对方之法定代理人而为意思表示,亦生效力,自属疑问。然推婚约既允自行订定,则解除之意思表示,虽未经法定代理人之同意,应为有效(参照本节第二款)。不过未经同意之意思表示,得由法定代理人撤销之而已。又解除既系以一方的意思表示引起法律效果之变动为目的之法律行为,如意思表示仅到达于对方之法定代理人时,依总则第九十六条之规定,其生效力,固无疑义。况婚约之解除有如上述之"无须为意思表示,自得为解除时起"云云之特殊规定者乎。

第三项 解除之效果

第一目 普通效果

婚约解除之普通效果有三:

(1)双方当事人自解除时起,不受婚约之拘束。

(2)回复双方订立婚约前之原状。详言之,不但因解除而消灭解除以后之效果,即未解除以前已发生之效果,依解除溯及效原则,亦因此而消灭。婚约既属契约之一种,与普通契约解除,自无二致。

(3)解除前所授受之婚约证据品(例如指环等)及婚约赠与物等,应互为返还割清。

返还之法律性质如何,换言之,返还系根据何种法理,因《民法》无明文规定,解释上将为议论分歧之基因。证品赠物,均非订婚契约之标的(即有特约,至少亦非主要标的),自不能适用回复原状之原则(二五九)。至其授受行为之本身(无论其动机为出于增加爱情,或基于对方要约用以津贴对方者),系基于婚约之成立,换言之,婚约之成立为其所以授受之原因,乃为不能否认之因果关系。故其外形虽常类似赠与,而其性质,实非无因行为。其不能适用赠与原则。亦无可疑。更就其效用及性质而言,授受品物若非约定者,则为所以具体表示其婚约缔结之表征。若经约定为婚约上之附款者,则为附款之履行,均对于婚约本身为在于从属地位,而有辅佐之作用者。总上考论,吾人以为授受品物行为,为有因行为,为婚约之从契约。一旦主契约婚约解除时,所以授受之原因已不存在;应依第一百七十九条不当得利之规定,受者将其所受之利益返还于授者,授者可请求其返还,以恢复其因授与所受之损害,于解释上最为合理。

然学者有将此项品物分为"一方以为婚约之证所交他方之物(例如聘财)"及"其他赠与之物",前者依不当得利之原则返还,后者依赠与原则解决云云说明之者(余氏要论亲继①第二七面)。现行法之婚约既为非要式行为,解约前所授受之诸品物,均非法定要件,然因婚约之缔结而相授受,则相同。所以除有特约应依其特约外,法律上就不因其习惯上名称之不同,而差异其法律性质。况在实际上所授受诸品物之中,何者为婚约之证物,何者则否,亦往往难于区别。故在法律上均为有因给付,给付原因(婚约)消灭(解除)时,一律成为不当得利,同样应返还于授者。分别解释,在法律上固无根据,亦少实益。《民法》亦如前现行律及欧洲诸国立法例②,将此种返还之法则用明文规定之者,自无议论分歧

---

① 即余棨昌:《民法要论:亲属·继承》,北平朝阳学院 1932 年版。——编者注
② 一、旧律男女婚姻条例"……若已定婚未及成亲而男女或有身故者不追财礼"。
二、《德民》第一三〇一条,婚约解除时,各婚约当事人依不当得利返还之规定,对他方所为之赠与或婚约之证据亦得请求返还之。
婚约因当事人一方之死亡而解消时,如有疑义应视为不能请求返还,《瑞士民》第九四条,婚约当事人间相互之赠与物,婚约解除时得请求返还,如其赠与物不存在时,依不当得利之规定为回复原状。
婚约因当事人一方死亡解消时,不得请求返还。

之余地矣。

第二目　损害赔偿

因婚约解除而生之损害赔偿问题,可分为二项说明之。即赔偿之责任者及损害赔偿之范围是。

第一　赔偿责任者

在有因解除场合,系当事人之一方,向有第九百七十六条所列情由之他方而为解除者。表面上观之,负赔偿责任者,似应为有解除情由之他方。然法律不尽以事实上解除情由之所在方为标准,而以对于解除情由之生成有过失者,为赔偿损害之责任者(九七七)。盖解除情由之生成,有基于情由所在方之过失者,有基于自然现象之结果,为人力所无可如何者,亦有基于无情由方之过失者。如婚约订定后再与他方订定婚约或结婚或与人通奸者,此等解除情由之生成,显系本人之过失,应负赔偿责任。如婚约订定后成为残废者,残废之成系出于事之无可如何者,若他方因此解除婚约,自可不负赔偿责任。又如订婚前已有重大不治之病,而于订婚时为病者所隐瞒,订婚后为他方发觉者,病者似应负赔偿之责。若初为他方所容认,订婚后翻悔者,则他方应有责任。诸如此类,在具体事件上一以解除婚约时,对于解除情由之生成有过失者负赔偿之责。

在无因解除即当事人之一方无第九百七十六条之理由而违反婚约的场合,其无故违反婚约,如出于订婚时之预谋者,则为侵权行为之一种;其非出于订婚时预谋者,则为债务不履行,违约者均应负赔偿他方因此所受之损害,自无待言(九七七)。

如对于解除有过失之一方,或无故违反婚约之人,为限制行为能力人时,其法定代理人应否依第一百八十七条之规定负赔偿责任,亦不无疑义。余意以为如订定婚约已得其同意者,则法定代理人应依法负连带赔偿责任,于情理为妥。若未得其同意者,盖当别论矣。

第二　损害赔偿之范围

损害有二种:(1)因婚约不履行后而生之损害,(2)因婚约之解除而生之损害。例如,如果与资产家某女士结婚后,可取得其财产上莫大收益权。又因与某部长解除婚约之结果,消失为部长太太之扶养等,为属于前者。即所谓履行利益者是。例如,本已与某女士(某先生)约定于明年元旦结婚,故在某大公司定制大宗礼服,并在某酒店预定礼堂筵席。且为预备结婚之故,将月薪若干元之职务辞去等,为当事人之一方信赖婚约之必履行而受之损害,为属于后者。即所谓信赖利益者是。《民法》关于赔偿之范围如何,应就第九百七十七条"因此所受之损害"之文字,而为解释。所谓"因此",其为"因解除"之意,换言之,即因解除所受之损害,甚属明了。则其赔偿之范围,系仅止于信赖利益之损害,似无疑义。第九百七十八条之"因此",其为"因违反婚约",亦可同断。又所谓"所受之损害"系仅婚约当事人本人之所受者而言,抑并包括本人之父母,及其他代替本人或其父母之人,因信赖婚约为代支出之金额或所负担之债务之损害,不无议论余地。依理应包括后者在内。盖其损害之生,究为基于信赖婚约,而成于解除婚约故也。关于此点外国之立法例有用明文规定之者。① 又此种损害之程度,即赔偿责任之范围,无法定标准,盖随当事人两造之身分、地位、财产、年龄及是否初婚,由法院就具体事实量定之耳。

---

① 《德民》第一二九八条:"婚约当事人解除婚约时,对他方及其父母或代替其父母之第三人为预备结婚所支出或因负债所生之损害,应赔偿之。他方因预备结婚所为影响于其财产或职业上地位之处置而受之损害,应赔偿之。

前项之损害仅就其支出负债及其他处置情形之相当限度,负赔偿之责。

婚约之解除有重大事由者,无赔偿之义务。"

《瑞士民法》第九二条:"婚约当事人之一方无重大事由违反婚约,或因归责于自己之事由,由自己或他方解除婚约时,对他方及其父母或代替其父母之第三人善意所为对于结婚之准备,应为相当之赔偿。"

又如上述本定明年元旦与某某结婚,礼服筵席等均已定备,亲友亦已周知,一旦被解除婚约,被解除者种种精神上之痛苦,实有过于物质上之损害。如订定婚约后曾实行同居生活,或曾为性的允许者,为受更大之无形损害。对于财产上损害,既与以求偿权,则对此等非财产上损害,亦应予以赔偿,为理之当然。精神上之损害,多不能回复原状,例以金额填偿之。此即前大理院判例上所谓慰藉费①,《民法》第十八条之所谓慰抚金者是也。但此种损害之赔偿,以受害人对于解除无过失者为限。若对于解除有过失,是自孽自受。即他方有过失,亦属过失相抵,自不得为赔偿之请求。

此地应研究者,第九百七十九条"前条情形虽非财产上之损害云云",所谓"前条",当然指第九百七十八条之无因解除而言。然第九百七十七条之有因解除的场合,亦有发生非财产上损害之问题(例如,乙女与甲男订婚后,与甲男同居,或为性上之允许。未几甲男复与丙女结婚或通奸。乙女知觉后与甲男解除婚约。乙女于请求甲男赔偿财产上之损害外,因乙女对婚约解除并无过失,对于甲男所予精神上之痛苦——无形损害,亦应可要求甲男为非财产上之损害赔偿,自与第九百七十八条场合无别)。而《民法》未为同样规定,殊不解其意之所在。意者第九百七十七条及第九百七十八条之区别,前者为有因解除——法定解除,其损害赔偿之责任者为对于解除原因生成之有过失者。后者为无因解除——违约解除,其损害赔偿之责任专在于违约者。二者注重在于规定损害赔偿之责任者,非对于损害赔偿之内容有若何之区别也。损害赔偿

---

① 慰藉费"固为广义赔偿之性质,究与赔偿物质有形之损害不同。赔偿物质有形之损害,如医药、殡葬、扶养等费皆是。而慰藉费则系以精神上所受无形之苦痛为准据。若仅就被害人或其家属精神上所受无形之苦痛,判给慰藉,自应审核各种情形。例如被告人之地位、家况及与该家属之关系。并加害人或其承继人之地位资力,均应加以斟酌"(大理院判例八年私上字七七号)。

之内容既属相同,则其关于后者赔偿内容之补充规定,依理应可适用于前者。在实际上亦非如此不可,观上例可明也。

非财产上之损害,系侵害被害人之身体健康名誉或自由等人格权时,所生之损害。人格权系专属于主体个人,原则上无移转性。且对于此项损害,请求赔偿与否,应一依被害人之感情及意思决定之,非他人所可干涉(盖由被害人之个人利益着想时,往往有以不请求赔偿者,转为有利益的场合)。故《民法》规定不得将是项请求权让与或继承(九七九Ⅱ)。但赔偿非财产上之损害,多数只能以相当金额为之填偿。如此项损害赔偿,双方已依契约约定赔偿金额或其他赔偿方法,或被害人已起诉者,则前者已变为财产上之请求权或其他约定债权。后者被害人本人已公然表示其请求赔偿之意思,自可以一般债权待遇,许允其让与或继承也(同上但书)。

第五节　结婚(德:Eingehung der Ehe;法:mariage;英:marriage)

结婚云者,正式成立婚姻关系之法律行为也。亦即婚约义务之履行行为。上以结束婚姻豫约,下以开始婚约当事人间正式夫妻关系之契约也,在婚姻法中为最主要之部分。今就《民法》规定,分为结婚之要件,与无效及撤销二款述之。

第一款　结婚之要件

凡法律所定为法律行为之成立要件有欠缺时,其欠缺有使其法律行为全无效者,有仅为其撤销之原因者。前者,为关于法律行为之原因事项,缺此,则其行为之本质全被破坏,无由成立者也。后者,虽欠缺,亦不致全破坏其本质,不过不能认为完全的法律行为而已。又法律行为之成立要件中，有关于实质上者，有关于形式上者。若事关社会公共秩序者，为整理及维持公序计，对于一定法律行为，往往有强课以一定法定形式之必要者，此即所谓形式要件者是也。若事仅关于个人私益者，如已具备其实质上要件时，已可许其成立，不必须法定形式为之绳律也。结婚既为法律行为，其应受此原则之支配，自无待言。且结婚其关系于社会公益之大，绝非他比。故《民法》特设繁复条件，以限制当事人之自由。尤注重于形式要件，如形式要件之欠缺，即使结婚归于无效，有如后述。兹将结婚之实质条件及形式条件，分项述之。

第一项 实质条件

《民法》定为结婚之实质条件者有八。(1)当事人之两愿。(2)已达结婚法定年龄(以后简称结婚法龄)。(3)法定代理人之同意。(4)不违亲属结婚之禁。(5)不违监护关系结婚之禁。(6)非重婚。(7)非相奸者。(8)女子已过待婚期间者。

第一 当事人之两愿

结婚之成立。必基于当事人之两愿，盖非此不足以贯彻两人终身共同生活之目的，已如前述。故《民法》首先明示于第九百七十二条婚约必由男女当事人自行订定之规定。婚约已须两愿，则结婚愈应出于两愿，为理之当然。若订定婚约为两愿，至结婚时而中变者，则已为解除婚约之情由，结婚自无由成立。然实际上虽非当事人之两愿，而结婚有时仍可成立者。此种场合，不外当事人之一方被诈欺或被胁迫而失其结婚意思之自由者。因其未具备法定条件之两愿，故法律认诈欺及胁迫，均为撤销结婚之原因(九九七)也。

第二 已达结婚法龄

法律关于结婚年龄所以设限制规定者，为顾虑生理学上个人卫生之外，且亦为通盘谋民族之繁荣及国家之发达也。若关于年龄，漫不加以限制,则在身心未发育之幼年男女可以结婚,在本人固为蛊毒身体之发育,且其所生子女必羸弱痴呆而多夭亡,不为社会之健全分子。又自身精神智能尚未成熟,其对于子女之教育,更无由期其良好成绩。故各国对于结婚年龄,无不定有限制。各人发育有迟早不同,若法律随各个人发育,而定适合各个人之法龄,固为理想,然为事实上所不可能。然大体因一国风土气候关系,及男女性之差异,对一般人发育之迟早,均大有影响。故各国均依其国之风土气候以及男女之性,为定其国之标准结婚法龄。然法定结婚年龄概为概约的标准,而非确合各个人发育之迟早者。为贯彻上述立法目的起见,似宁较迟于一般的发育年龄,为可多包括迟发育之例外者。然若过迟,势必抑压多数已发育者不可制御之情欲,其结果,适足以助长私通淫奔之风,转为坏乱风化之因。故《民法》斟酌我国男女发育之年龄,及旧行之惯习,定男子满十八岁,女子满十六岁,为法定结婚年龄(九八〇)。① 此为男女结婚之最低年龄。关

---

① 我国古来文献,关于结婚年龄之记录如下。《杜氏通典》曰:"太古男五十而娶,女三十而嫁。中古男三十而有室,女二十而嫁。尧举舜于民间曰:有鳏在人间,妻以其二女,二十而行之。"又《礼记·曲礼》:"(男)二十曰弱冠,三十曰壮,有室。"《内则》:"(女)十有五年而笄,二十而嫁。"又《周礼·媒氏》:"男三十而娶,女二十而嫁。"据上记录,太古时(唐虞以前)结婚年龄男五十女三十。中古(唐虞时)男三十女二十。周时亦同。然此均为结婚之理想年龄,非法龄。盖据《孔子家语》:"哀公问孔子曰,男子十六精通,女子十四血化,是则可以生民。而礼男子必三十而有室,女子必二十而有夫也,岂不晚乎。孔子曰:夫礼言其极,无过是也。男二十而冠,为人父之端。女十五许嫁,有适人之道。于此而往则自婚矣。"及《白虎通》:"男三十而娶,女二十而嫁何,曰,阳数奇阴数偶也。男长女幼何,曰,阳道舒,阴道促。男三十筋骨坚强,任人为父。女二十肌肤充盈,任为人母。"又《周礼·媒氏》王氏注:"度其才品之贤愚,知识之早暮,气体之强弱,则男自二十至三十皆可以娶,女自十有五至二十皆可以嫁,圣人断为中制。惟未成人者,则不可以嫁娶。过期则怨旷矣。"等文视之,其非法定最低年龄可知。唐以来用律令定结婚最低年龄者,为唐开元令,男十五,女十三。宋嘉定令,男十六,女十四。明洪武令,男十六,女十四。清《通礼》承之。清末以来三次民法草案所拟法龄为:第一次,男十八,女十六。第二次,男十六,女十五。第三次,男十八,女十六。

于最高年龄,以及当事人间年龄上相差之间隔比例,均无限制。各国亦同。惟革命前之俄国有对于年龄逾八十岁之男女不得结婚之法例而已。

第三　法定代理人之同意

结婚当事人虽已达前项之法龄,而未满二十岁者,自仍为未成年人。因未成年人智能未全发达,缺少世故经济。结婚为一生大事,关系于一身一家之运否隆替者甚大。故《民法》特规定法定代理人之同意,为未成年人结婚之条件。如未经此项同意者,即为非完固无瑕之结婚,为保护未成年人之利益,可以撤销之。未成年人之法定代理人,第一当然是父母(一〇八六)。父母既平等为法定代理人,对于结婚之同意,自应父母双方意思之合致。如父母赞否各持,不能一致时,由父单独定之(一〇八九)①。如父母只一方生存者,由生存者行使同意权。如父母均已亡故,或均不能行使亲权者,由监护人行之(一〇九八)。如监护人为祖父母,而双方均生存者,应准据第一千零八十九条规定,由祖父母共同行使同意权。总之,于结婚当时为未成年人之法定代理人者,为同意权者,是否未成年人之本生父母非所问也。

第四　不违亲属结婚之禁

血属结婚,所生子女类多羸弱痴呆夭殇不寿,为近世生理学家之通说。我国自古固已阐明此理,例如《左传》"郑叔詹曰,男女同姓,其生不蕃"(僖公二十三年)。又"子产曰,侨又闻之,内官不及同姓,其生不殖,美先尽矣,则相生疾,君子是以恶之"(昭公元年)。盖无不基于生理上

---

① 清律父母、祖父母对于子女嫁娶,有独断主之权,不仅同意而已(参照婚约节)。且无子女年龄上之限制,即不问子女年龄如何长大,均得主。又如祖父母尚在者,父母主婚复应得祖父母之同意,盖基于家政统于一尊之宗法理论也(大理院判例七年上字二九八号)。由此理论推论,如父母双方意见不相同时,其得由父单独决之,自无疑问,大理院即据此裁判(大理院判例九年上字七七六号)。

理由，认血属婚姻为有害者也。又朝为亲子叔侄，暮为齐眉夫妻。不但有紊血统，且与人之所以异于禽兽之伦常观念，大相刺悖。故各国对于亲属结婚，其范围虽有广狭之不同，悬为禁例，如出一辙。详见后述各项之注。我国清律，初为禁同姓结婚①，至光绪末年改为同宗不得为婚。即凡有谱牒可稽之同宗，不问其血统关系之远近，一律在禁止之列，此为偏狃于宗法思意，及误解古人所以禁婚之意所致也。民法取舍旧习，参酌各国法例，于第九百八十三条为新定亲属禁婚之范围焉，兹分述之如下。

一　直系血亲及直系姻亲（同条第一款）

亲子祖孙不得结婚，人非禽兽，自属当然②。所成为问题者，为养父母与养子女间之结婚是。

收养关系成立于人为的身分行为，初非基于血统之连续，依理虽结婚，亦无害生理学上优生目的。然虽非血统的连续，而法律赋以血统连续的待遇（一〇七七），即所谓法定血亲，已如前述。既为法定血亲，其不能结婚，无待辨证。若收养关系终止后，一切拟制关系，随之消灭。可否结婚，又是问题。依理亲子关系虽已消灭，向之尊卑身分观念，依然留存于各人脑中，若允以结婚，不但对人所留存之伦常观念，不无龃龉，且易诱

---

① 我国清律关于亲属禁婚，例以列举规定之，今录律文于后，以资参照。

尊卑为婚律："凡外姻有服（或）尊属（或）卑幼共为婚姻，及娶同母异父姊妹，若妻前夫之女者，各以亲属相为婚。〇其父母之姑舅，两姨，姊妹及姨，若堂姨，母之姑，堂姑，己之堂姨及再从姨，（己之）堂外甥女，若女婿及子孙妇之姊妹（虽无服），并不得为婚姻。违者（男女）各处十等罚，并离（妇女归宗，财礼入官）。"

娶亲属妻妾律文："凡娶同宗无服（姑侄姊妹）之亲（同宗谓同宗共姓，不论支派之远近，籍贯之同异皆是），及无服亲之妻者，（男女）各处十等罚。若娶（同宗）缌麻亲之妻及舅甥妻，各徒一年。小功以上（之妻），及父祖妾者，各以奸论。其（亲之妻）曾被出及已改嫁而为妻妾者，各处八等罚。〇妾各减（妻）二等。〇若娶同宗缌麻以上姑侄姊妹者，亦各以奸论。〇并离异。"

② 同意趣立法例：《德民》一三一〇Ⅰ，《瑞民》一〇〇1，《法民》一六一，《挪威民》七，《丹麦民》十二，《捷克斯洛伐克民》二五，《苏俄》六九，《日民》七六九。

起在收养关系存续中,养父与养女,养母与养子,苟且私通之风。盖一旦恋奸情热,即可由双方合意,变收养关系而为夫妻关系,固甚属便利。而其影响所及,将紊乱一般虔诚的伦常观念。即由《民法》对姻亲结婚之限制,其效力及于姻亲关系消灭后者推之,亦以收养关系终了后,养亲子间仍不能结婚者,于情理为妥。①

直系姻亲为配偶者之直系血亲及己身直系血亲卑亲属之配偶。前者,配偶既与己身为同心齐体之结合,配偶之血亲与己身之血亲,情感上地位上均属相同。后者,己身不得与子女之配偶结婚,自是人伦之当然。②

二　旁系血亲及旁系姻亲(同条第二款第三款及第二项)

血统关系渐疏远,则关于血统结婚之弊害,亦随之减少。至远亲末戚,直无影响之可言矣。《民法》即以此为基准原则。再参酌一般伦常观念,以定旁系亲属禁婚之范围焉。分述于后：

甲　旁系血亲定为八亲等

在八亲等以内之旁系血亲,无论其与己身辈分相同不相同,一概不得结婚。但表兄弟姊妹不在此限(同条第二款但书)。夫中表兄弟姊妹为旁系四亲等血亲,血统甚属切近,其有违于优生学原则,自非例外。法律特设是项例外者,其理由不外积行既久,已牢固不拔,一时遽予禁止,恐亦无效。不如不禁,以免法与社会隔离过远之弊。然同宗不婚,亦为同有悠久历史之法习,可革之于彼者,而谓不能禁之于此乎。不解者一。夫

---

① 《日本民法》关于本问题者为明文禁止之,即"养子,养子之配偶,直系卑属及其配偶与养亲及其直系尊属间,虽依第七百三十条之规定而消灭亲族关系后,仍不得为婚姻"(《日民》七七一)。然欧洲立法例直系法定血亲间之禁婚,多仅限于法定关系存续中。如法定亲属关系消灭后,不复加以禁止,如《德民》一三一一,《瑞民》一〇〇3,《法民》三四八。

② 同意趣立法例：《德民》一三一〇1,《瑞民》一〇〇2,《法民》一六一、一六二。但《苏俄民法》,则无是项禁文。

表者外也,表兄弟姊妹,在宗法社会所以表示其为外亲者也。乃者既撤废宗亲外亲之别,将普行招婿入赘之制,向之中表内外之分,将渐归泯灭,为势之必然。则将谓兄弟之子女与姊妹之子女及姊妹间之子女,可以结婚。而兄弟之子女间结婚,加以严格之禁,不解者二。总之此项但书规定,除于男系与女系,仍加以无谓之差别,稍留保宗法制度之残骸外,实不能发见其他正当理由。八亲等以外旁系血亲,不分辈分同与不同,均可结婚①。

又养子女与养亲之旁系八亲等内血亲,是否亦应受此规定之适用,不无疑问。其与旁系亲既无血统上联络,除辈分不同者有碍上述之伦常观念,似不应结婚者外。同辈之旁系亲,依理应可除外,且实际上养子女与同辈之养亲方旁系血亲结婚,适足增进收养关系之稳固圆满也。收养关系终止后,对于辈分不同之养方旁系血亲,应如何处遇,亦属疑问。从收养关系纯基于养亲子间之合意,而后法律予以拟制的地位推之,一旦关系终止后,其残迹除上述直系亲属以外,自不必多使其他第三人受收养关系之影响也,似以消极解释者为妥。②

---

① 旁系血亲间禁婚之范围,自来各国不同。禁婚范围最广者为教会法。旧教会法禁止七亲等旁系血亲间之结婚。行之不久。新教会法改为四亲等以内之旁系血亲(其亲等依教会法计算)。近世诸国立法例均认教会法禁婚范围为过广,减缩为三亲等内之亲属间禁婚(其亲等依罗马法计算)。即(1)兄弟姊妹间,(2)同父异母或同母异父之兄弟姊妹间,(3)伯叔舅父与侄女甥女间,伯叔母姑与侄间,舅母姨母与甥间禁止结婚。《法民》一六三,《意民》五九3,《葡萄牙一九一〇年婚姻法》八,《瑞民》一〇〇1,《日民》七六九等,均为此种之立法例,至如《德民》一三一〇,《挪威一九一八年婚姻法》七,《丹麦一九二二年婚姻法》十二,《捷克斯洛伐克一九一九年婚姻法》二五,《苏俄一九二一年法典》六九等,则又减缩范围,仅止于兄弟姊妹间禁止结婚,此外旁系血亲间,概不在禁止之例。
② 关于本问题者,《日本民法》有明文规定,即"直系血族间及三亲等内旁系血族间不得为婚姻。但养子与养方之旁系血族间,不在此限"是。
欧洲各国关此无直接禁止明文,其不禁止,盖无容疑。而德瑞二国之学说,亦以养子与养亲方旁系亲结婚为适法。

乙　旁系姻亲在五亲等以内，辈分不同者，禁止结婚

其辈分相同及五亲等以外者，则与普通无姻亲关系者相同，不在禁止之列。此等姻亲结婚之限制，于姻亲关系消灭后，亦仍有效（同条第二项）。即夫妻一方之死亡或离婚，虽依第九百七十一条之规定而消灭其随婚姻而来之姻亲关系。然生存者或离婚之一方，仍不能与已故配偶或离婚之他方之五亲等以内辈分不同之亲属结婚。其理由为纯基于社会伦常观念，自无待言。① 养子女对养亲之旁系姻亲，无论收养关系存续中或废止后，依理应均可与上述养亲之旁系血亲场合同断。

第五　不违监护结婚之禁

监护人于监护关系存续中，不得与受监护人结婚（九八四）。其立法意趣，与上款亲属禁婚之性质不同。前款禁婚之中心理由，在于伦常观念及优生学目的。本款则为保护受监护人之利益，及防制监护人之滥用职权。未成年人在受监护期间，为限制行为能力人，己身之权利义务，均由其法定代理人行之。换言之，财产以及其他利益，均操于监护人之手。而监护人又在亲属会议监督之下。若监护人在监护中，侵占受监护人之财产，或其他有损害受监护人之行为，而不能向亲属会议报销时，正可利用对于受监护人之结婚同意权，诱使与自己结婚。如一结婚，不但即可免亲属会议之监督，且由监护权而变为夫妻财产之使用收益权或管理权。将监护期中一笔糊涂账，可不了而了之。是为大背所以设监护制度之本旨。故《民法》特设明文禁止之。然对于子女之利益，最能顾虑周

---

① 欧洲旧教会法亦曾以四亲等以内之旁系姻亲间禁止结婚。新教会法改为宽大。后《普鲁士邦法》首先尽撤旁系姻亲间之婚禁。瑞典、挪威、丹麦、捷克斯洛伐克，以及日本均起而仿效。法国虽未尽脱教会主义，位亦仅禁娶已离妻之姊妹。若亡妻之姊妹则所不禁。至苏俄婚姻法则直系姻亲间亦可结婚，无论其旁系姻亲矣。其理由为姻亲既无血统关系，于生育子女无恶害故也。

详者,莫如父母。如监护人与受监护人之结婚,已得受监护人父母之同意者,则关系较疏之第三人,自无干涉之必要矣(同条但书)。

第六　非重婚

已有配偶者不得再与他人结婚,犯之者是谓重婚,是为破坏民法一夫一妻制之原则。故结婚以现无配偶即非重婚者为限。成立重婚,以前婚在法律上已经成立正式婚姻者为必要条件。如前婚存有第九百八十八条之无效原因者,后婚可以有效成立,不得谓之重婚。如仅包有可撤销之瑕疵者,则在前婚正式撤销以前,不得再为结婚。否则即为重婚①。

第七　非相奸者

因通奸经判决离婚或受刑之宣告者,不得与相奸者结婚(九八六)。本款专为维持社会风化及公共秩序而设。② 通奸事实,以已经公的确定者为限。所谓公的确定云者,因通奸受离婚之判决者,或因通奸而受刑之宣告(本款亦只需刑之宣告,其因缓刑或大赦特赦而未执行均非所问,与前节婚约解除原因相同)者之谓也。如虽通奸,而不曾受刑之宣告,或虽曾通奸,而非为审判上之直接离婚原因者,即不在此例。盖通奸为一

---

① 清律关于重婚之规定如下:
　　妻妾失序律:"若有妻更娶妻者,亦处九等罚,(后娶之妻)离异(归宗)。"又"妻在以妾为妻者,处九等罚。并改正"。
　　逐婿嫁女律:"凡逐(已入赘之)婿嫁女,或再招婿者,处十等罚。其女不坐(如招赘之女通同父母逐婿改嫁者,亦处十等罚)。(后婚)男家知而娶(或后赘)者,同罪(未成婚者各减五等,财礼入官)。不知者不坐。其女断付前夫出居完聚。"
　　外国立法例:《法民》一八四,《德民》一三二六,《瑞士民》一二1,《瑞典民法》,《日民》七六六。
② 清律关于相奸婚有明文禁止之,且为强制离异之一种。其律文如下:犯奸律,"奸妇给本夫听其离异。若嫁与奸夫者,奸夫主婚之人,各处八等罚,奸妇仍离异,财物入官"。观此律文相奸者结婚之禁,仅及奸妇一方,有妇之夫与人通奸,固不为离异之法因,即离异后,与奸夫结婚(无夫之女)亦属不禁,盖亦重男轻女之一端也。

家之秘事,若未曾经公的确定,而即主张相奸结婚之应撤销,是所定家丑重扬,不但徒滋不名誉之纷纠,且于善良风俗,亦无良好之影响故也。① 又只需因通奸曾受刑之宣告;其刑之宣告,是否直接为前婚解消之原因,非所问也。例如,夫妻之他方因通奸而受刑之宣告,当时不曾因此离异,其后仍以他故,而与他方和离或判离,他方仍不能与相奸者结婚者是。本款规定,在实际上仍难达其立法政策之目的,盖相奸者虽不能结婚,而仍可姘度故也。

第八　女子已过待婚期者

前婚因配偶之死亡或离婚或结婚撤销而消灭后,再婚于理本所不禁(但清律有禁止之场合②)。然《民法》为防血统之混乱起见,如再婚者为女子时,应于前婚解消后,非逾六个月不得再行结婚(九八七)。此六个月期间,即所谓待婚期间,亦即女子单方之待婚义务。待婚期间之起算点为婚姻解消时,即婚姻关系在法律上消灭时也。然此限制纯基于防血统之混乱,非如清律之所谓德义恩情上之义务,故于前婚解消后,再婚前,已分娩者,则即不俟待婚期间之终了,于分娩后,即行再婚,自无妨害(同条但书)。故从此规定推论,如女子于前婚解消时,能证明确无怀胎者(如

---

① 外国立法例,对于相奸结婚之禁,颇不一致,今为略举其大概,以资参考。教会法禁之之严如同清律。至近世法多取宽大或撤禁之方针。例如《普鲁士邦法》,仅以通奸为直接受离异判决之主因者,禁其与相奸者结婚。法国在一八八四年曾将相奸禁婚之规定,插于民法,行之不久,至一九〇四年即将此削除。罗马尼亚于一九〇六年,葡萄牙于一九一〇年,瑞典于一九一五年,挪威于一九一八年,捷克斯洛伐克于一九一九年,丹麦于一九二二年,均先后撤废其禁。德国虽仍留其禁止规定,然能得官厅许可者,可与相奸者结婚(《德民》一三一二)。此外仍严禁者为日本、比利时、荷兰、奥地利、波兰等国。

② 清律有绝不许再婚者,有许再婚而须经过一定期限之二种。如居丧嫁娶律"若命妇夫亡(虽服满),再嫁者罪亦如之",盖"命妇曾受朝庭恩命,非凡妇之比,当守从一而终之义"也。此为绝对禁再婚之例,自不生待婚期之问题。至凡妇虽许再婚,其必俟对夫丧服满后方可。是基于对亡夫应守之德义恩情义务。如同上律"凡妻妾居夫丧而自身嫁娶者,处十等罚,并离异"是。反之,夫居妻丧不受再婚之禁限,盖尊男轻女之又一例也。

在因恶意遗弃,或因三年以上生死不明而离婚场合),应亦可同断。若仍与前夫再婚者,其无待婚之必要,更无待言。法律所以定待婚期间为六个月者,盖基于医学上之理由。若前婚解消后无条件即许再婚,则于再婚后所生之子女,其为前夫所生,抑后夫所生,无由判别,因而难免混乱血统之虞。怀胎期间,通常为三百日。若以三百日为待婚期间,自属万全①。然据医学上之研究,受胎后百二十日以内,决不分娩。所以再婚后百二十日以内,所生子女,其非后夫之种,自易明确。故《民法》由全怀胎期间三百日除去最早分娩期之日数——一百二十日,以为待婚期间。不取三百日怀胎全期者,盖亦以减少女子于长期待婚中,失再婚机会之痛苦也。

第二项　形式条件

《民法》规定结婚之形式条件有二:1. 公开之仪式,2. 二人以上之证人(九八二)。今分述之于下:

第一　公开之仪式

结婚之主要效果,为当事人各取得特殊之身分。即结婚前素无亲属关系之当事人,由结婚各取得夫或妻之身分,发生夫妻及其他复杂亲属关系。此种重大变更身分之行为,应有一定形式,以公示其成立及成立之时期,以便社会周知。即在当事人个人,因事关终身幸福,亦应隆重其仪容,庄严其礼式,使各自感知婚姻之郑重,以隐杀结离随便之观念。此

---

① 旧教会法绝对禁止再婚,犹如清律之命妇,故无待婚之制。罗马法设待婚之期而许再婚。近世诸国多采罗马法主义。德国为十个月,法国、瑞士为三百日,奥地利一百八十日,日本六个月,均自前婚解消或撤销时起算。最近新立法如瑞典、挪威、丹麦等期间为十个月,然以实际上前婚停止同居之日起计算。待婚之理由在于防避血统之混乱,故可以证明无混乱之虞者,即可不遵守此限制,欧洲诸国亦多同时设有此等例外规定者。

《民法》所以定公开仪式为要件也。我国旧习①以及各国法习②,对于婚礼持虔诚态度,举隆重仪式者,亦职此故也。然如何可谓公开,换言之,即如何方能使人周知乎。盖公开云者,在社会普通观念上可认为非秘密者之谓也。换言之,即仪式在普通一般社会人士即不特定之人欲知之者,容易共见之场所行之者之意。此为结婚仪式之唯一要件。至于仪式之内容如何,《民法》未为限定,然考仪者,容也,象也。有仪而可象谓之仪(《左传》)。式者,法也,样也。盖所谓仪式者,在当场之婚约当事人,必有特种态样之举动,而可象征其为结婚行为者之谓也。③

第二　二人以上之证人

法律于上述公开仪式之外,复须二人以上之证人为之作证。证人之

---

① 参照本章第二节第三款注之一"依礼嫁娶"。
② 旧教会法以婚姻必成立于当事人间之要式的合意,故其方式为于当事人一方之住所地所管辖僧侣之前,二人或三人之证人莅场之下,表示两愿结婚之意思。近世诸国大概仍宗奉此项原则,不过将僧侣易以国家行政机关之身分吏(户籍吏或登记吏)而已。即新郎新妇必偕同二人以上之成年证人亲自至身分吏之前,由身分吏顺次向新人之一方,询问愿否与他方结婚,经二人答应后,即向二人宣言,"汝等依法,已成为夫妻"。宣言终了,即将二人之姓名及其他身世等详细登录于婚姻簿,使当事人双方及证人等署名于其上,仪式以此完成。以上为德国、瑞士、瑞典、挪威、丹麦、意大利、荷兰、西班牙等婚仪之概略。日本亦略同。但新郎新妇不必亲到,以面书呈报亦可。苏俄于上述登录婚以外,复许无登录婚。只要当事人有同居,家计共同,相互扶养,共同养育子女,以及对第三人表示二人为夫妻关系之事实时,法律认其为夫妻。
③ 司法院有例示解释:
一、男女二人约证婚人二人及亲友数人,在旅馆之一房间内,举行结婚仪式,其结婚既系在旅馆之房间,自须有足使一般不特定之人,均可知悉之表征,而得共见者,始得认为公开。
二、男女二人约证婚人二人及亲友数人,在旅馆宴会厅,置酒一席,如其情状,无从认为举行结婚仪式,虽其主观以为举行婚礼,仍不得谓有公开仪式。
三、男女二人在某官署内举行婚礼,如无足使一般不特定之人,均可为知悉之表征,而得共见者,纵有该署之长官及证婚人二人在场,仍不得谓有公开之仪式。(二六年七月二四日院字一七○一号)

职能何在,因法无明文,不无疑问。为证明其仪式是否公开耶？然公开云者,为一般社会人士欲知之者,容易共见之意,非仅二证人在场,即可将秘密而证为公开也。然则证人之使命,在于证明当事人之结婚是否出于两愿者,似无容疑。盖举行公开仪式,社会固可周知其结婚之成立矣。然当事人二人间,结婚究竟是否出于两愿者,是在普通社会人士,除善意的推测肯定以外,固不能确知其真相也。必使二人以上之证人为之作证,以确定其结婚之出于两愿,然后结婚之形式的要件,始得完备焉。故证人之任务,在确证当事人之是否出于两愿。依此证人之任务推之,于结婚当时,应首先向当事人双方顺次询问其结婚是否出于愿意,双方各为肯定之报答后,证人应向众宣告,双方两愿结婚之旨。如有结婚证书者,同时签名盖印之。上述虽非《民法》规定,在理论上及惯习上,似以此为妥。盖此等程序,在外国立法例,多规定于户籍吏或登记吏前由户籍吏或登记吏行之者。《民法》既仅以二人以上之证人为形式的要件,证人之有此任务,自属当然。证人必在二人以上,且必须到场,三四人自可,一人不生效力。①

关于证人之资格,外国立法例多同时规定之者。例如未成年人(《德民》一三一八条,《瑞民》一六〇条,《日民》七七五条二项),褫夺公权未复权者,及与结婚当事人有血属或姻属关系者(《德民》同上),均不得为证人是。《民法》虽无规定,但未成年人禁治产人,自不得为证人者为妥。然结婚登记既非婚姻成立要件,故不赘及。

---

① 司法院有列举解释:
一、结婚时之证人,无论是否签名于结婚证书之人,均以曾经到场者为限,若未亲到,虽委他人在结婚证书内代表签名盖章,仍不得认为证人。
二、结婚证书列名之证人二人,仅有一人到场者,其未到场之一人,不得认为证人。
三、前开未到场之一人,虽于事后自称曾经到场证婚,亦不得认为证人。(二六年七月二四日院字第一七〇一号)

第二款　结婚之无效及撤销

关于结婚之无效及撤销,首应注意者,为其无效及撤销之原因,以亲属法中有特别规定者为限(自九八八至九九七)。不适用《民法》总则关于普通法律行为之无效及撤销之规定(自一一一至一一八)。盖结婚为惹起当事人身分上最重要关系之行为,有特殊性质故也。因而此外如撤销请求权人,撤销请求方法,请求权之消灭原因以及撤销之效力等,亦均为异于总则之规定。

第一项　结婚之无效

依第九百八十八条之规定,结婚无效之原因为:(1)不具备第九百八十二条之方式者。(2)违反第九百八十三条所定亲属结婚之限制者。今分述之于下:

第一　不具备第九百八十二条之方式者

婚姻生活之所以异于普通男女私妍同居者,全在于曾否履行法定之形式要件。盖私妍同居,其同为性的生活,亦实行财产上之合作,固与曾结婚之夫妻无异。若法律亦予以与正式结婚者之同样保护,则私妍同居者忽离忽合,甚属自由,而蒙其害者为善意之第三人。盖第三人无由识别其是否正式夫妻,即不能与之安心往来交易。故对于有与婚姻同样之事实,若不曾具备法定之形式要件"公开仪式"者,法律绝不认其为夫妻。虽当事人其他实质的要件完具无缺,且坚决主张自为夫妻,亦属无效。又虽曾举行公开仪式而无二人以上之证人,为之证明者亦同。盖证人为所以证明当事人结婚之出于两愿。若当事人间无结婚意思者,证人自不愿为之证婚。如无二人以上之证人为之证婚者,在形式上即可认作当事人无结婚意思,而法律亦随之不赋予结婚效力。此不但所以保护当事人之利益,亦所以防卫社会公序也。

第二　违反第九百八十三条所规定亲属结婚之限制者

本目之理由,纯基于伦常观念及优生原则,已如前述。不过外国之法例,多作为可撤销之结婚。① 而《民法》独规定为无效者,应为之考察。盖撤销者在法院有撤销判决以前,虽为有瑕疵之婚姻,仍属有效,可以存续。然此种乱伦及优生上有害之结婚,若予以存续之机会,则使社会伦常观念,增长搅乱麻痹之时间,且使多生产羸弱子女之机会,故《民法》取毅决态度,自始不予以结婚之效力。

第二项　结婚之撤销

结婚之撤销云者,使一旦已经成立之结婚意思表示,归于无效之行为也。与前项结婚之无效不同。结婚无效,为自始不发生结婚之效力。本项之撤销,在撤销以前,结婚仍属有效,撤销后始失其效力者也。

兹就其撤销与民法总则不同之原则,条举之如下:

一　撤销之意思表示,必经法院之判决而生效力。

二　结婚除法律有明文规定者外,无其他非法定之撤销。因结婚之撤销,多基于公私益上及风俗上之必要,故法律豫为列举可得撤销之情由,不放任个人之自由专断。

三　结婚之撤销,非由法定撤销权人之诉求,不得为撤销之宣告。盖婚姻之存灭,均关系于社会公序,非对此有利害关系者,固无许其干涉之必要也。

四　结婚撤销之效力,不溯及既往。盖婚姻为变更身分关系之大事,若与以溯及效,则当事人及其所生之子女之身分上及财产上将发生重大影响故也。

五　撤销之原因,必于结婚当时已经存在者为限。盖唯此所以区别

---

① 但一九一八年挪威婚姻法第三一条及英国一八三五年之婚姻法,与我《民法》同意趣。

于后述之离婚也。

结婚之撤销,所以必受上述原则之支配者,其理由统括之不外为防卫社会公序利益,及保护个人之私益。从而其撤销,可分为公益上之撤销(或曰绝对撤销)及私益上之撤销(或曰相对撤销)之二者。分目述之于后。

第一目 公益上之撤销

违反法龄之结婚,监护关系中之结婚,重婚,相奸者间之结婚以及违反待婚期间之结婚,均为在公益见地上可撤销之结婚,其撤销之理由,既出于维持公益上之必要,凡对此结婚有利害关系之人,应有请求撤销之权,固不限于结婚当事人。所谓利害关系云者,仅限于身分上所生之关系而言。盖以财产上之利害关系,而使他人身分关系,受其牵累,非法律秩序之本意故也。而《民法》对结婚之撤销,身分上有利害关系之撤销权人,更为指举于各条,以限定之。①

又撤销之时期,在原则上,无论何时均可为撤销之请求。惟撤销之原因事项本身,仅属一时性,非永久随婚姻之继续而存在者,则撤销权之行使期间,不得不有限制。故《民法》于各种原因,应限制撤销时期者,均为各别规定之。今就上举各种公益上可撤销之结婚,分述于下。

第一 违反法龄之结婚

撤销权人,为结婚当事人及其法定代理人(父母或其他依法设定之监护人)。本件撤销原因在于结婚当事人未达法定结婚年龄。换言之,因当事人精神未充分发达,结婚非出于正确的利害判断,故特予以撤销之机会,以救济之。若一旦而达法定年龄,则结婚时虽违法,而现在存续之婚姻已非违法,自再无撤销之必要。若违反法龄之结婚当事人已怀胎

---

① 《日本民法》第七百八十条第一项,大理院判例七年上字第一五二七条。

者，结婚虽有害于公益而应撤销，但所生子女将不能受婚姻父母之保护，其为害之切急，有愈违法结婚之维持者，故《民法》权衡轻重，予以不得撤销之例外，以拥护无辜子女之利益(九八九)。

第二　监护关系中之结婚

本条撤销理由，在于保护受监护人之利益，及防制监护人监护权之滥用，已如前述。其撤销权人为受监护人及其最近亲属。最近亲属云者，盖为受监护人之现存亲属中之亲等最近者之意，依理自不嫌亲等之多少，同亲等之最近亲属有数人时，一人单独为撤销之请求固可，数人共行之亦可。若结婚已逾一年者，则在此一年之中，最近亲属者为受监护人之利益考虑，尽有机会。若不为行使撤销权者，盖已认其结婚为无害于受监护人者矣。故《民法》即消灭其撤销权。且结婚一年，受监护人亦不为撤销之请求者，是亦已相安无事，法律固亦不必为之延长期限，使结婚为不安定之继续也(九九一)。

第三　重婚

重婚之应撤销，为其违反结婚之实质的要件(参照本节第一款第一项第六)。撤销请求权人为因重婚而身分权上发生利害关系之人。即与重婚者及其亲属，前婚配偶者及其亲属。撤销期间，前婚存续者，无论何时均可。前婚消灭后，重婚之撤销原因已消失(参照第二节婚姻之种类)，自无再许撤销之必要(九九二)。

第四　相奸者之结婚

撤销请求权人为前配偶者。相奸者结婚后已逾一年，而前配偶未为撤销之请求者，是本人亦愿于息事宁人者矣。且社会对此之恶憎观念，亦渐消忘，故不必再长其撤销之期限，多予以丑事重扬之机会也(九九三)。

第五　违反待婚期间之结婚

撤销权者为前夫或其直系血亲。所谓其直系血亲者，自包括前夫之尊亲属卑亲属。盖恐已身血统连续之子女，为他人所冒夺，将予以防护之机会。如未过待婚期间而再婚，再婚后继续至自前婚关系消灭已逾六个月时，则为已过待婚期间。又如已于再婚后怀胎者，则其非前夫之血统，已属彰著，故均无再为撤销之必要。故撤销权行使期间，特以但书规定限制之（九九四但）。

第二目　私益上之撤销

结婚之继续，仅对于结婚当事人之个人利益有侵害时，所为之撤销，谓之私益上之撤销。因其目的在保护当事人之利益，故撤销权人，除因欠缺同意之撤销权属于同意权人外（见后），原则上自限于当事人之本身。属于本类者，为欠缺法定同意之结婚，当事人一方不能人道之结婚，被诈欺或被胁迫而结之婚，当事人在无意识或精神错乱中所结之婚是。

第一　欠缺法定同意之结婚

未成年人之结婚，所以应为法定代理人之同意者，全为保护未成年人之利益，已如前述（参照第一款第一项第三）。则对此种未经同意之结婚之撤销权，属于有同意权之法定代理人，为自明之理。当事人之本人《民法》既未规定，自无撤销之权。其理由盖为应得同意而不经同意擅自结婚，即属有害，亦咎由自得。若再予以自行撤销之权，则将助长预存日后撤销之心，苟且结婚，以快一时之恶德弊风也。

当事人之法定代理人容有变动，换言之，即同意时——结婚时之法定代理人，不必与撤销时之法定代理人，为同一人。例如，结婚时同意权者之母，不能为意思之表示，而代母为监护人之祖母亦未予同意。至母回复原状时，而祖母已死亡。则母自己回复其法定代理人之地位，行使撤销权者是。故《民法》所要求者为撤销当时法定代理人，不必限于结婚当时之同意权者。

未成年人经法定代理人之同意结婚后，法定代理人发觉其同意系受诈欺或被胁迫,因撤销其同意时,未成年人之结婚应有何种影响,法无规定。然依总则规定,同意之撤销,应溯及于同意时,失其效力。是则此种结婚应解为自始欠缺法定代理人之同意者,故依本条规定,仍为可撤销之结婚。《日本民法》关此规定为法定代理人之得直接请求撤销其结婚(《日民》七八三)。

未经同意之结婚,同时实亦侵害法定代理人同意权之法益。故其撤销权之消灭期间,亦基此理由,而为特别限制规定。(1)自法定代理人知悉有结婚事实起,已逾六个月,而不为撤销之请求者,可认为法定代理人已承认其结婚,而消灭其撤销权。(2)结婚以后已逾一年,不问法定代理人知与不知,消灭其撤销权。(3)结婚后而已怀胎者,则为保护胎儿之利益,优于保护同意权人之利益,应消灭其撤销权,已如前述。

若撤销权人,于结婚后,自行承认其结婚者,则虽未满六个月以前,撤销权亦应消灭。盖事后之承认,即为撤销权之抛弃也。对结婚之承认,明示或默示均可。默示承认,亦不限任何方式,能证明其默示承认者即可。例如,法定代理人与不曾同意而结婚之夫妻同居,为共同生活而无异议时,即可认其为承认者是。

第二　当事人一方缺乏性的能力之结婚

结婚之目的为夫妻之终身共同生活,性的生活虽非其目的之全部,要亦为其共同生活之重要部分。如当事人之一方,于结婚时无性的能力,而其无能力,在现在医学术上为不能治疗,而有永久继续之虞,他方对此认为不能继续婚姻生活者,当然应予以撤销之机会。故《民法》于九百九十五条规定之。其受害者仅为当事人之他方,故撤销权亦仅属于他方。然他方当事人自知悉其性的无能力有永续性,在医学术上属于不治之时起,已逾三年,并不曾为撤销之请求者,则是承认其性的无能力,为无害于婚姻生活之继续者矣。故逾三年而消灭其撤销权(同条但书)。

又虽有性的能力而无生殖能力者,非本条之问题,自无待言。

第三　当事人之一方在无意识或精神错乱中所结之婚

在无意识或精神错乱中所为之意思表示,依总则第七十五条规定为无效行为之一种。然结婚之意思表示,虽在无意识或精神错乱中为之者,仅止于得撤销,而非无效(九九六),不适用总则规定。盖结婚为变更身分关系之行为,其影响之大,迥非其他财产关系可比。且一经结婚后,当事人亦已开始其夫妻生活。结婚时当事人之一方,虽在无意识或精神错乱中,然其所表示之结婚意思,是否适在一时的意识明了或精神复常之中,换言之,其表示是否出于正常判断,合乎本人之意,不得而知。故对于已开始进行之夫妻关系,不妨暂予维持。如出于无意识或精神错乱者之乱意也,则待复常时撤销之未迟。如其为正真本意也,即以此继续其婚姻,固可不必使双方起无谓之不安,亦可免日后重新履行结婚仪式之程序。而在此期间所生子女,亦可得婚生子之身分。因仅为保护无意识或精神错乱者之利益,故撤销权亦仅本人有之。因撤销之原因,在于结婚之是否出于无意识或精神错乱者之真意,故必于其恢复常态后,方可为撤销之请求。以六个月为撤销与否之考虑期间。如逾期限不为请求撤销者,撤销权遂此消灭。

第四　被诈欺或被胁迫而结之婚

被诈欺结婚云者,当事人之一方,误信对方或第三人为掩饰对方之缺点所故意表示之虚构事实或故意隐默,基此误信而为结婚之决意者之谓也。被胁迫结婚云者,当事人之一方因畏怖对方或第三人所故为将不利于己之通知,而决定其结婚意思之谓也。二者均非出于被诈欺者或被胁迫者本意之结婚,依总则第九十二条,亦得撤销之。但《民法》特另为规定于第九百九十七条者,盖总则之规定,如诈欺系由第三人所为者,以相对人明知其事实或可得而知者——恶意者——为限,始得撤销之。反之,如相对人为善意者,即不得撤销。而结婚之诈欺,无论其出于第三人或相对人之恶意或善意,均为撤销之原因,盖亦因结婚有特殊性质,不能以普通法律行为律之故也。又被诈欺或被胁迫,不必为结婚决意之主因。即使仅有辅助作用者,亦为构成撤销原因。又诈欺或胁迫不必加之于本人,即使系加于法定代理人或其他亲属因而影响于其结婚决意者,仍得为撤销之原因。

本条之撤销专为保护被诈欺者或被胁迫者之利益,故撤销权亦惟被诈欺者或胁迫者有之。撤销之理由,在被诈欺或被胁迫者于结婚时,失意思之自由。若一旦其诈欺或胁迫已终止,则意思之自由已经回复,对于所结之婚,愿否继续,可为正确之判断,《民法》以六个月为愿否之考虑期间,过此期间即消灭其撤销权。如满期前,已为承认者,则撤销权亦随之消灭。承认只须证明其承认之事实者,明示默示均可(例如于发觉被诈欺或被胁迫后,愤而别居,旋复言归于好,仍继续同居者,即为默示承认之一种)。

又在总则之普通场合,自意思表示后,经过十年者,消灭其撤销权(九三但书)。本目无是项规定,不无问题。诈欺之发见及胁迫之终止,均系事实问题,如十年二十年不发觉或终止时,因撤销权仍属存在之故,婚姻亦将随之继续其(随发觉或终止即可撤销之)不安定状态。考婚姻之性质,固属不可。亦非法序之常则。故结婚之诈欺及胁迫虽历久不被发见或终止,其撤销权至少亦应适用总则之十年期间之规定。

第三目　撤销之研究

可撤销之婚姻,经撤销权人追认后,是否仍可撤销?关此问题,判例虽有"有撤销原因之婚姻,曾经追认者不得于追认之后复请撤销"(二十一年上字二九六号)。然此判例是否可适用于一切撤销原因,例如第九九一条监护关系中之结婚等,是否一经撤销权人之追认,不能再请撤销?法无规定。推究撤销制度之法意,或就各个撤销原因之性质——立法目的,分别处理之者为妥当乎。就大概言之,私益撤销制,其目的在保护撤销权人个人之私益,一旦经其追认,是自愿抛弃其权利,自不应再允其行使撤销权。至公益撤销,其目的在保护公益,如有撤销原因之结婚,其存续有害于公益时,则虽经撤销权人之追认后,应仍得为撤销之请求,于理为宜。

第三项 无效之结果及撤销之效力

第一目 无效之结果

结婚无效之结果为:

一 无效的结婚,在法律上自始不认为婚姻之成立,故当事男女间之身分上及财产上,亦自始不发生任何婚姻关系上之效力。详言之,当事男女仍非夫妻。其所生子女,仍非婚生子女。其财产关系,亦不受后述关于夫妻财产制规定之适用。

二 结婚因违反第九百八十三条规定而无效者,因同条为禁止规定(七一),虽履行第九百八十二条仪式,自无解释当事人意思之余地,仍自无效(一一)。若仅因形式要件之有欠缺而致无效者,当事人必欲使其有效时,应从新履行仪式,盖亦无解释当事人意思之余地。然此种欠缺形式要件之结婚行为,解释当事人之意思,欲作为婚约行为者。则此种婚约行为自应认其有效成立也(一一二)。

三 无效的结婚,既与自始无婚姻事实者相同,故无论何时何人均可主张无效。如因已举行法定仪式,而发生疑问或争执时,当事人及有利害关系之第三人,均可为无效宣告之请求。由第三人请求者,以双方当事人为共同被告。其一方死亡者,以生存者为被告。一方当事人请求者,以对方为被告。请求法院为宣告无效之判决。判决仅为无效之宣告,非将结婚判为无效,故为确认判决。从而请求结婚无效之诉,为确认之诉(以上参照《民诉》五六五、五六六)。

第二目 撤销之效力

结婚之撤销与结婚之无效不同,自撤销判决确定之日起,始发生撤销之效力。且其效力不溯及于撤销以前（九九八）；换言之，撤销以后始向后消失婚姻法上之效果。撤销以前仍为有效婚姻，不因撤销而受任何影响。此与后述离婚之效果相同。其所以排斥总则撤销溯及既往之原则者，盖亦基于亲属法之特殊性。假设结婚之撤销亦有溯及效，而须消灭撤销前已生之一切法效者；则首蒙其害者，为其子女消失婚生子之资格。其次，为当事人得不受姻亲禁婚之限制，撤销后仍得与辈分不同之对方近亲结婚，等等。均为普通财产法上所鲜见之恶害故也。

但此原则对于当事人之财产关系，不无一二例外。今就撤销之效力，条举之于下：

一　撤销判决确定以前所生子女为婚生子女。

二　赘夫（或妻）冠妻（或夫）姓者，回复其本姓，各脱离妻或夫之户籍。

三　因结婚所生之姻亲关系，自此消灭。但仍受姻亲禁婚之限制。关此虽有反对说，然不足采。

四　结婚在撤销前既为有效婚姻，则凡附随夫妻身分权义而生之财产关系——夫妻财产制上所生之复杂财产关系，依不溯及既往之原则，不因撤销而受任何影响，如夫妻共同生活上所必需之家庭生活费用等是，然当事人对结婚之撤销，应有善意恶意之分，因而对不溯及之原则，亦不能不承认有例外。如当事人双方均信婚姻可以永续，不致有撤销——善意场合，在撤销前就夫妻财产制上关系，而受有利益者，可于撤销时现存之限度内，返还于他方。若当事人之一方，明知或可得而知结婚之必撤销而不告知对方，甚或以此为手段而取得对方财产上利益者——恶意，是其所得利益，不但为不当得利，且或为侵权行为。应将其恶意所得之利益，全部溯及于结婚时起返还之。关于本项者，《民法》虽无规定，然推撤销之效力与离婚者相同者考之，盖亦应准据第一千零五十八条所谓夫妻"各取回其固有财产"之规定，而为类推解释也（详参照后述离婚效力节)。

第三目　无效及撤销之损害赔偿

结婚无效及撤销之损害赔偿请求权人——求偿权人为因此而受有损害之一方当事人,损害赔偿之义务人为对方之当事人。对方之法定代理人依总则第一百八十七条之规定,亦应连带负损害赔偿之责任(参照前述第四节第四款第三项第二目损害赔偿)。

求偿权之成立要件有二:(1)求偿权人因结婚无效或被撤销而受有损害。(2)赔偿义务人于结婚时,对于无效或撤销之瑕疵知之或可得而知之者。具此二要件始成立损害赔偿之权义。否则不然。

损害之范围,不限于因信赖结婚而受之损害——信赖利益之损害,即结婚如非无效或不撤销而继续时,可享受之利益——继续利益,亦包括在内。不仅限于财产上之损害,即非财产上之损害,受害人亦得请求赔偿相当之金额(九九九Ⅱ)。且此项请求权除已依契约承诺或已起诉者外,不得让与或承继等(同条Ⅲ),均与婚约解除之场合相同,不复赘述。

第六节　婚姻之普通效力

男女结婚后法律上成为夫妻,发生种种权利义务关系,此等权义关系即为婚姻之效力。然此等权义关系有为身分上者,有为财产上者。关于财产上者,法律于法定财产制外,复为各种约定财产制。俾夫妻自由选用,故其规定颇为复杂,虽同为婚姻效力之一部分,而与本节身分上的权义关系分节规定之。兹依法规编制,先就普通效力说明之,次节再及财产上的权义关系。

考《民法》中如第十三条第二项婚姻成年之规定,第一百四十三条夫妻权利消灭时效之规定,本编第一章关于姻亲关系之规定,第五节关于离婚原因之规定，第三章关于父母对子女权利关系之规定，以及刑法妨害婚姻及家庭罪等，盖均为婚姻效力之发露。关于夫妻身分上之效力，本不限于本章第三节所列举者。然因本节所列举数端，为夫妻关系上最直接最基本之部分，故特另设一节规定之，纯为立法技术上之便宜，非为除此外即无所谓婚姻效力也。所谓普通效力云者，系指结婚后夫妻二人间，直接所发生之各种特殊义务而言。如夫妻应相互诚实互助合作等，均为贯彻夫妻共同生活上必不可少之义务等是也。《民法》所规定者，为(1)姓共同之义务，(2)同居之义务，(3)同住所之义务，(4)对于日常家务互为代理人之权义等四项。兹说明之如下：

第一　姓共同之义务

夫妻同冠一姓之理论，系基于"夫妻二人而一体"(Husband and wife are one person...)之教会法思想，及我国仪礼所谓"夫妻一体也"之思想。然此等夫妻一体观念之内容，与现民法所采之一体观念不同。我国旧律及习俗受男系中心宗法主义之影响，欧洲诸国直接间接守教会法之遗风，使妻之人格没入于夫人格之中，成为主从的隶属结合的一体(...and that one is the husband)。其具体化第一着即单使妻有冠夫姓(或直用夫姓)之义务[①]，此固不合男女平等之原则。且晚近女性之自觉，以及女权之发达，女子于社会上亦占得独立地位，在社会活动上往往有独立人格的表征——本姓——之必要。例如女著作家、女事业家、女艺术家、女优等，若因结婚而从夫姓，则向在社会上已播植之名声，将受影响而害及其地位利益。所以在实际上女冠夫姓之片面义务制度，亦有不能继续维持之势矣。然我国家制因有悠久历史，在实际上不能根本推翻；

---

① 《普鲁士邦法》第二部第一卷第一百九十二条、第一百九十三条，《撒克逊邦法》第一千六百三十二条，《奥地利民法》第九十二条，《德意志民法》第一千三百五十五条，《瑞士民法》第一百六十一条，《日本民法》第七百八十八条。

是故《民法》对于家制,只加以整理而为改良的保存。对于夫妻姓共同之原则,虽仍予维持。然又为贯彻男女平等原则起见,对于基本问题的夫妻一体观念之内容,则又不能不有所更革。故现民法所谓夫妻一体者,系夫妻平等的联体结合;换言之,对内的因性能上之差异,而为分工的融协。对外的,因利害相同,祸福相共,而为统一的整个。故凡本节及其他关于夫妻关系之法律效果之规定,均以此为根本原则。盖亦所以充实我国原有之"夫妻一体也",及"妻者齐也,与夫齐体之人也"之思想。

今就第一千条之规定而为解释之:(1)凡嫁娶婚即妻嫁入夫家者,是以夫家为本位,妻为从后参加者,则妻应于其本姓之上,冠以夫姓,以表明系属夫姓家之一员。(2)凡招赘婚即夫赘入妻家者,是以妻之现家为本位,赘夫为参加者。故赘夫应冠妻姓于本姓之上,以表明系属妻姓之一员。然如男或女在社会上已有相当地位及名声,变更姓氏,对于生活有受损害之虞。而以各种精神上物质上的关系,又势非出嫁或入赘不可的场合,若仍须严守上述冠姓之原则时,于嫁赘必生重大龃龉,是法非所以便民也。故《民法》复为但书之例外规定。如遇上述左右为难之场合或其他情由,可由当事人双方之合意,另以契约订定之。此种例外,固为遇特殊情形时,俾当事人得仍遂其愿而设。非否认姓共同义务之原则。当事人未另有订定者,当然各应依法冠姓。必经当事人之合意,而后始可不适用此原则,则此合意是仍以姓共同义务为其基础也。否则即可不经双方合意而各自由用姓矣。

第二　同居之义务(一〇〇一)

婚姻之主要目的,既在于夫妻之共同生活,则同居自为达此目的之第一要件。同居云者,为夫妻同住一处之义。限于已经结婚而取得夫妻之身分者,始有此义务。尚未结婚之婚约当事人,则无此义务。反之,有瑕疵之结婚,在依法撤销前,夫妻仍互负此义务。同居义务与婚姻共始终,不能以一方之疾病、远离、爱情之缺乏等而免除之。然有正当理由者,仍可拒绝其义务之履行。如在徒刑、拘役之执行中,因兵役而入营等,盖为法律上之正当理由也。如对方招其姘头来家同居,或为不堪同居之虐待(包括夫直系尊亲属所为之虐待)等,事实上有正当理由之例也(但妻之矢志为尼,不得认为本但书所谓不能同居之正当理由。二十八年院字一八七八号)。有拒绝同居之正当理由者,方可请求别居。无正当理由之别居契约,为违反本条之法意,法律上不能生效。故亦不能以有别居之合意而拒绝他方同居之请求。至别居期间,夫妻家庭生活费用关系如何,法无规定,关此司法院有补充解释。①

【研究】当事人请求一定期限之别居,如法院判令于一定期限内别居,在现行法是否有效?依本条之法意推论,判决别居,似不能附一定期限,盖在别居之正当理由存在时,虽有忍受别居之义务,但并不因此而消失本条之同居权利。如一旦别居之正当理由不存在时,则自仍可要求同居,而不受期限之拘束。故在当事人间之同居契约或合意,亦同样不能附期限,以否认本条之婚姻效力。

对命令同居之判决(《民诉》一Ⅰ),可否请求强制执行?现代之法例及

---

① 《民法》亲属编无妾之规定,至《民法》亲属编施行后,自不得更以纳妾为缔结契约之目的,如有类此行为,即属与人通奸,其妻自得依《民法》第一千零五十二条第二款请求离婚,如妻不为离婚之请求,仅请求别居,自可认为《民法》第一千零一条但书所称之正当理由。惟《民法》亲属编施行前业经成立之纳妾契约,或者该编施行后,得妻之明认或默认后为纳妾之行为,其妻即不得据为离婚之请求。但因此而有不能同居之正当理由,仍得请求别居。至妻别居后之生活费用,若妻无财产而无《民法》第一千零二十六条、第一千零三十七条、第一千零四十七条第二项、第一千零四十八条之情形均应由夫支付之。倘按时支付而有窒碍时,妻得就夫之财产收益中请求指定其一部,以免支付(二十一年院字七七○号)。

通说均否定之①。盖同居之执行,首应拘束身体之自由。拘束人身之自由,固为法所不许。且同居必二人间感情融洽,出于两愿,方可充实同居之意义。而强制之力,不能迫使个人间感情之融洽也。至间接的强迫履行,在现行法亦取消极态度(《强制执行法》一二八Ⅱ)。

关于夫妻平等互负贞操义务之问题,《民法》虽无正面的规定,然由重婚及通奸即为离婚之原因(一○五二 12)推之,其有此义务,应无疑义。贞操平等之义务,为近世新立法之趋势②。但立法技术各有不同,有明白规定"夫妻互负贞操义务"者(《普鲁士邦法》),有规定"配偶有相互诚实及扶助之义务"者(《瑞士民法》),有包括规定于"夫妻互负婚姻上共同生活之义务"(《德民》)之条文者。《民法》盖亦仿后者立法例,包括于本条义务之中,不为另条规定。观次条关于夫妻住所特另为规定,则本条之同居,不仅为同住一处之意,甚为明了也。

第三 同住所之义务(一○○二)

同居之结果,夫妻自成为同一住所。故本条外观上似与同居之规定

---

① 认同居可以直接强制执行者,为一八七六年之《葡萄牙民事诉讼法》第六六五条。奥国民法及学说虽不承认直接强制执行,但间接强制则容认之。《德国民法》认回复共同生活之诉。经判决命令同居而仍不履行时,对方可提起离婚之诉(《德民诉》六〇六条以下,《民法》八八八条)。《瑞士民法》第一六九条,配偶之一方违反共同生活义务,与对方以危险、污辱、损害者,对方得向法院请求救济,法院应向违反义务者告诫其义务。如告诫无效,为保护共同生活起见,应为法定之必要处分。英法认 Restitution of Conjugal Rights 之诉(此诉于一八五七年及一八八四年之 Matrimonial Causes Act 认定之)。诉有理由时,为命令同居之判决。一定期间内不服从判决时,违反者应对他方给付定期金。不给付时以强制执行拘留处分,强其支付。或作为离婚之原因,提起离婚之诉。

② 关于贞操义务无论罗马法或日尔曼法,均课之于妻一方,尤其日尔曼法如"夫发见妻之通奸,于现场杀之,不成为罪"(法刑法亦为同一旨趣之规定 Code Penal 324. 一八八四年以来始改为平等义务),所以夫方绝无所谓贞操观念。教会法则极力主倡夫之贞操,如夫违反此类性上忠实义务者,即目之为夫之不贞,不论与通奸者为有夫之妇或无夫者,均以通奸论之。近世立法例首先将夫妻平等贞操义务规定于条文者,为一千七百九十四年《普鲁士邦法》。其后诸国均先后仿效采取此平等主义。

重复。然前者为关于同居以及同居上种种诚实义务为抽象的包括的原则规定。此条系规定同居之法定地点,亦以明示同居权义之行使及履行场所。譬如夫妻各依前条规定愿履行同居义务,然夫妻各指定自己住所为同居场所,要求对方来同居。因两方均有同等权利及义务,固不得谓任何一方为违法也。如各坚持不让,则此纠纷将无由解决。故《民法》特为本条规定之。即妻应在夫之住所履行同居义务,同时妻有要求夫使在其住所同居之权利。反之,妻不能在自己住所要求夫来同居,夫亦应负在自己住所可以使妻同居之义务。在赘夫与妻之场合亦同,换言之,在嫁娶婚,夫对妻有住所指定权,即妻应入夫之家,取得夫之户籍。在招赘婚,妻对赘夫有住所指定权,即赘夫应入妻之家,取得妻之户籍(《户籍法》四4)。而妻及赘夫之普通审判籍,亦以此而定之(《民事诉讼法》第一条)。盖《民法》既以家为夫妻共同生活之本据,则本条之规定,更为不可少也。①

第四 对于日常家务互为代理人之权义(一〇〇三)

民法以对内融协对外一体之原则,为夫妻共同生活之基准,已如前述。故夫妻对内之地位及能力,虽无主从优劣之别。然既以婚姻团体为社会生活上之一活动体,则当夫妻为婚姻团体之各种社会活动时,并立对峙的夫妻二个意思,即不能不定于一而统于一。否则,即为共同生活之破灭。故《民法》关于夫妻财产生活,原则上以夫为共同生活财产之管理人(一〇一八、一〇三二、一〇四二、一〇四三),或为家庭生活费用之主负责者(一〇二六、一〇三七、一〇四三、一〇四七、一〇四八),以资统率。本条之规定,其理论亦不外此。即于指示夫妻间日常生活,应通融协作外,兼规定夫或妻对外为家务活动

---

① 清律关于夫妻之同居及住所无直接规定。但在别籍异财条有"祖父母、父母在者,子孙不得分财异居,其父母许令分析者听"之律。据此规定其子孙之妇媳,亦应随其夫之祖父母、父母同住,自无待言。祖父母、父母亡后,夫始有指定住所之自由及指定之权利。以宗法主义之拘束,妻除与夫有特别约定外,无是项指定权。大理院亦根据是项法意乃欧日法例而为判决。

时,所以代表团体之权能也。日常家务原则上必先有专责之人,而后他方乃有代理之可能。故本条代理之成立要件:(1)日常家务之负责人必为被代理之他方。(2)所代理之行为,必为日常家务。负处理日常家务责任者,对外自为婚姻团体之代表。他方代理之者,即为此代表之代理人。故此项代理权,同时亦为代表团体之权。处理日常家务专责之谁属,乃为夫妻间内部问题,无关乎第三者。而第三者即可依本条规定,安心与夫妻之任何一方,为日常家务上之来往交易,盖两方均可代表夫妻团体故也。此种代理为婚姻之当然效果,无待乎授权委任,自属法定代理之一种,与婚姻生活相始终。所谓日常家务云者,在夫妻日常共同生活上通常所必要之法律行为也。例如油盐柴米、衣服家什之购买,房屋庄园之修缮管理以至婚姻财产之处分(一〇二一、一〇三三但书、一〇四三)等是。何者为日常家务,何者则否,其范围一以夫妻双方之社会地位、家庭境况而定。然夫妻之一方因无经验而误用,或怙恃他方爱宠而滥用代理权,致他方损害,而违失共同生活之精神者,他方得将其代理权限制之(同条第二项)。但此类限制原为谋家庭生活之圆满,无使影响于交易安全之必要。故其限制之效力,仅止于对内关系,不得以之对抗善意之第三人(同项但书)。

关于本条之立法例,《民法》与前大理院判例及各国法例不同。各国多以妻在法律上为无行为能力或限制行为能力人。妻之处理日常家务,为基于对夫之代理权。反之,认夫为婚姻之首长,夫之处理家务为夫权当然作用之一,无所谓对妻之代理权。我国此前之妻,在法律上为无能力人,与各国如出一辙。而其代理权始由前大理院以判例创定之。① 《民法》盖仿《瑞士民

---

① 《德民》一三五七条、一三九五条。《法民》二一七条、二二〇条、一四二〇条。《日民》一四条、一五条、八〇四条。《普鲁士法》第二部第一卷一八八条、一八九条、三二〇条。《撒克逊法》一六三八条、一六四一条。

前大理院判例:妻惟关于日常家务有代理其夫之一般权限。至于与日常家务无关之处分行为,则非有夫之授权,不得为之。否则,非经其夫之追认,不生效力(五年上字第三六四号)。

法》第一百六十三条以下等条之立法例,以贯彻对内融协对外一体之精神也。

【研究】立法例有于本节另为"夫妻负互扶养义务"之规定者,本法缺之,论者有目为系立法之遗漏者,有谓夫妻扶养应适用第五章规定者。然考本法第五章第一一一七条及第一一一八条所规关于扶养权义之构成要件:为受扶养权利人须无谋生能力,而不能维持生活;负扶养义务人须为能维持自己生活而有余力者。而《民法》关于夫妻扶养权义关系,与此不同。如第一〇二六条及第一〇四八条之家庭生活费用由夫负主责任,妻以夫无支付能力时始负担之是。夫妻扶养关系既于夫妻财产制中详密规定,自不必另为设专条规定焉。

第七节　夫妻财产制(德:eheliches Güterrecht;法:des biens conjugaux;英:property of the husband and wife)

第一款　总说

第一项　夫妻财产制之意义

夫妻财产制云者,规定夫妻各人所有之财产,在共同生活上,应如何而为经济的统制之制度也。

第一　夫妻财产制为亲属法上之财产法

夫妻因身分上之特殊效果,互负同居共姓等种种义务,以实现共同生活,已如前述。既营共同生活,则相互发生财产上各种交涉,乃为势所必至。此类财产交涉,不全依普通财产法规——债法、物权法而为处理,必设本节财产制以规律之者,其理由为:(1)婚姻为各种共同生活中之最密切者,其财产关系之复杂烦琐,罕有其匹。如亦须同普通交易,一一意识的而为个别的法律行为,在事实上为不可能。(2)此类财产交涉,多以夫妻之特殊身分为其前提要件。因权义主体之夫或妻有特殊性质,故其财产关系,受主体特殊性之影响,而带有普通财产法规所不能应付(或不具备特殊要件绝不能发生)之特殊性质。例如夫对妻之现在及未来原有财产之管理使用收益权,夫妻现在及未来原有财产之共有关系,夫妻对婚姻财产之处分权,以及夫包括的取得妻原有财产之所有权等,均为类似物权之绝对的法律关系,及权利取得形式。因夫妻财产关系之有特殊原因及特殊性质,故《民法》凡为普通财产法规所不能规律者,视作婚姻之特殊效力,立为制度,以为婚姻财产生活之准据也。故夫妻财产制者,乃为亲属法上之财产法,对普通财产法规,在于特殊法之地位。

第二　财产制之内容及对象

财产制中所规定者,为:

一、家庭生活费用之负担者。

二、婚姻财团之组织。

三、夫妻各人财产之划分种类。

四、债务责任问题。

五、清算问题。

上述五项实为夫妻财产关系之基本问题,《民法》随各制之性质而为分别规定之。以其效力间接或直接必及于夫妻财产之全体,故财产制所规定之对象,为夫妻财产之全体。

第三　夫妻财产制之目的在谋夫妻团体之经济的统制

夫妻共同生活上之物质基础,在家庭生活费用之确立。欲确立此项费用,第一首须规定主从负责人。有主任负责人,然后物质生活上,对外有人代表负责,对内有人主持筹措,婚姻团体始可不因物质上专责无人,而致解体。此观五种财产制,皆有是项规定可知也。各种财产制既以确立家庭生活费用,为共通核心,则各种财产制上所发生之各种财产关系,均由此核心而发展,为理之当然。故余以为财产制之发生,固基于前述之身分上特殊关系,及其财产关系本身之特殊性质等。而各种制度之根本目的——基础理论乃在所以谋夫妻共同生活团体之经济的统制也。

第二项 夫妻财产制之立法例

我国社会受男尊女卑的因袭思想之支配,女子在家庭上及夫妻相互间,向来无行为能力。其得独立为自己产权主体之资格,洎乎前大理院时代,由自觉女性之抗争,判例上始稍稍予以保障①。故律例上无所谓夫妻财产制之条项,而民间亦鲜有定型契约习惯。《民法》立法之初,既无旧律可据,亦乏习惯资料,故只采各国立法例,取长舍短,而为继受的制定本节之财产制。今就各国立法例之概略述之,以为解释财产制之助焉。

考各国关于夫妻财产制之立法例,种类繁多,内容复杂,形式又各不同,欲明确分类,作为系统的说明,颇非易事。兹为易于鸟瞰各国杂异制度之大概起见,姑以夫妻财产所有权之归属形态为标准,分为(1)分立主义财产制(别产制)(德:Gütergetrenntheit),(2)结合主义财产制(合产制)(德:Gütervereinigungnismus)之二大类说明之。前者凡夫及妻之财产,均各自保其所有权,各自独立为财产之主体之制度也。后者大体除各人特有财产外,二人财产混合为一,成为一个财产体,夫妻共同或一方为其主体之制度也。然此二大类又各可分为数类,条叙之如下:

---

① "为人妻者,得有私财。"(二年上字第三三号)"嫁女妆奁,应归女有。其有因故离异,无论何种原因离去者,自应准其取去。夫家不得阻留。"(二年上字第二○八号)"妻以自己之名所得之财产,为其特有财产。妾亦当然得从此例。"(七年上字六六五号)

一　分立主义财产制之种类

在分立主义之财产制,夫妻虽各自独立为己产之主体,然二个独立财产体在共同生活上,必生复杂关系。随其关系的全体所呈现态样之不同,又可分为下列三种之财产制:

甲　分别财产制(德:Gütertrennung;法:régime de la Séparation des Biens)

夫妻之财产,无论其婚前原有,婚后所得,各保其所有权及其他一切财产权。即其财产之占有、管理、收益、使用、处分等均不受婚姻关系之任何影响。对于共同生活费用之负担,仅基于扶养义务之原则,而定其责任。故其财产关系,殆完全与普通他人——非婚姻者——相同。此之谓分别财产制。《德民》采为约定制并法定善后制;《瑞士民》约定制并法定善后制;《法民》约定制;《奥民》法定制;英法夫妻财产原则,《瑞典民》约定原则,《意民》法定原则,葡萄牙法约定制,西班牙约定制,苏俄夫妻财产法。

乙　奁产制(德:Dotalsystem;法:régime dotal)

夫妻仍各为己产之主体,妻对于自己财产,仍保有其一切产权——所有权以下之管理、占有、收益、使用、处分等。关于财产之诉讼行为,亦不受夫权之限制。不过妻在婚姻存续中,以供给夫所负担之婚姻费用——家庭生活费用为目的,将其财产中之一定部分——此一定部分特名之为奁产——归夫所有,任听夫使用、收益、管理以及处分。但此等归夫之权利,于奁产契约中,得由妻自由限制之。此为奁产制之标准内容。《法民》采为约定制,《意民》约定制,葡萄牙、西班牙约定制,《奥民》法定契约内容。

丙　联合财产制(德:Güterverbindung;瑞:union des biens)——管理共同制(德:Verwaltungsgemeinschaft)

本制关于夫妻各为己产之主体，保有其独立产权，及夫妻之消极财产——债务，仍各自抵偿清理，不生连带关系，与前二者相同。不过将夫妻之财产各分为原有财产及特有财产二种。由夫负担婚姻费用——家庭生活费用，同时对妻之原有财产，有管理收益之权。妻对于原有财产之处分权，除受夫管理权之限制外，其他一切法律行为以及诉讼行为，即不受夫之任何牵肘也。《德民》采为法定制，《法民》约定制，《瑞士民》法定制，《奥民》法定契约内容，《日民》法定制。

二　结合主义财产之种类

结合主义财产制，亦以结合之内容及结合之程度不同，立法例分为共同财产制及统一财产制之二种。

甲　统一财产制（德：Gütereinheit；瑞：unite des biens）

妻之财产，除特有财产外，估定价额，以契约全体移归于夫之所有，听任夫使用收益管理及处分，对夫取得该估定价额之返还请求权。以其产权统归于一，故有是名也。《瑞士民》约定制。

乙　共同财产制（德：Gütergemeinschaft；瑞：Regime de la Communanté）

本制依所共同之财产范围不同，又可分为：

（A）一般共同财产制（德：allgemeine Gütergemeinschaft；法：régime de la communanté universelle）

夫妻之全财产，除各人特有财产外，合并为一，由二人公同共有之制度也。《德民》约定制，荷兰法定制，《瑞士民》约定制，《奥民》法定契约内容，丹麦法定制，挪威法定制，西班牙约定制。

（B）动产共同财产制（德：Fahrnisgemeinschaft）

夫妻之财产中仅以动产为所共同之对象者，谓之动产共同制。《德民》约定制，《法民》法定制，瑞典法定制，《瑞士民》约定制。

（C）所得共同财产制（德：Errungenschaftsgemeinschaft）

夫妻所公同共有之财产，仅限于婚姻存续中各人之所得者，谓之所得共同制。《德民》约定制，《法民》变更法定制之约款，《瑞士民》约定制，匈牙利法法定制，《意民》约定制，葡萄牙约定制，西班牙法定制。

以上为见于欧洲各国立法例中之制度，而归纳其内容较为标准者而言。实际上各国多以其特有习俗惯例为其立法之基础，初不以求适合于某种制度为目标。即拟采用某种制度者，亦往往加以斟酌损益，或兼参杂别种制度。故在理论上殊不能谓同一名称之制度，而其内容亦应完全相同也。

又各国立法例有指定一种或二种财产为法定制，同时罗列数种不同之财产制为约定制。夫妻如以契约选择财产制时，只就约定制中而为选择，不能越出约定制之范围者（《瑞士民》夫妻财产制）。有于约定制之外，夫妻得为异于约定制之契约，且有广泛之自由范围者（《德民》夫妻财产制，《法民》夫妻财产制，《荷兰民法》，《奥民》夫妻财产制，《匈牙利民法》）。有夫妻虽可为异于约定制之契约，但其内容受法定原则之限制者（《意民法》《瑞典民法》《葡萄牙民法》《西班牙民法》）。有于法定制外，只认夫妻财产制契约，而不另立约定制者（《丹麦民法》《挪威民法》《瑞典民法》以及亚洲之日本）。有于法定夫妻财产原则外，听任夫妻财产关系契约之自由者（英法）。有于夫妻财产原则外，绝不许夫妻订立关于夫妻财产制之契约者（《苏俄婚姻法》）。

第三项　民法之法定制及约定制

民法以联合财产制为法定制（本节第二款）。以共同财产制、所得共同财产制、统一财产制、分别财产制为约定制（第三款）。而又以分别财产制为法定善后制（第一款）。今就其性质及相互关系，分项述之：

第一目　法定财产制（德：Gesetzliches Güterrecht）

法定财产制云者，夫妻未以契约就《民法》所定之约定财产制中选定其一时，除另有规定外，法律上直接支配夫妻财产关系之财产制也（一〇〇五)。

第一　法定财产制为婚姻之原则效力

法定财产制,除有法定除斥原因者外,在婚姻存续中,无论何时,有直接支配夫妻财产关系之效力。换言之,夫妻财产关系,因结婚之结果,当然受法定制之规律。故法定制实为婚姻之及于夫妻财产关系之原则效力也。此种原则效力,惟法定除斥原因得排除之。排除法定制之原因有二:(1)为夫妻财产制之契约。(2)为善后制之开始。

一　约定制之采用

夫妻财产制契约之成立,其结果虽排除法定制之支配,然财产制契约之订立登记,若在婚前,或与结婚同时,固不发生问题。若契约之订立及登记在结婚以后,则订立及登记前之财产关系,即为时至暂,亦受法定制之支配。夫妻容或以契约订定,使约定财产制之效力,溯及于订立以前。然财产制之契约,以登记为对抗要件,善意第三人依法定制,于登记前,与夫妻所为之交易,为仍不受财产制契约之影响也(一〇〇八)。夫妻之约定财产制废止登记后,另行选定其他财产制前,亦同。即废止后同时法定制开始其支配力,以至夫妻新约定制之订立登记为止。

二　善后法定制之开始

夫妻财产关系,本已受一定财产制之支配,因夫妻一方财产或财产行为之破绽,致不能维持或继续,依法废止时,依理亦应以法定制接替之。然(1)现行法定制之性质,不足以善各种财产制之后。(2)法定制本身遭应废止之运命时,更无由解决。故法律特以适宜于善后之财产制——分别财产制——接替之,而排除法定制。然充善后制之分别财产制,同时又为约定制之一种,得以夫妻财产制契约废止之。若废止后而又无他制之约定者,则废止时盖又为法定制之开始或复活,与前项所述相同。

第二　法定制之适用终止均系法定

法定制之适用,为婚姻之原则效力,已如前述。故原则上随婚姻之成立,同时发生效力,无开始登记之必要。从而法定制之终止,除其前提要件婚姻之解消,为当然消灭外,应以夫妻间之财产制契约订立登记时,如由善后财产制接代者,为破产之宣告或改用宣告时起,失其效力。如无法定原因(如契约制之选定,改用宣告或破产),夫妻间所为单纯废止法定制之合意,为无效。盖不然者,夫妻财产关系固一时陷于无法序状态。即由法定制作为婚姻之原则效力,系属强行法规之性质推之,亦所不许也。故在法定制亦无废止登记之可能。适用依法,终止亦依法,此法定制之所以别于后述之约定制也。

第二目　约定财产制(德:Vertragliches Güterrecht)

约定财产制云者,夫妻于婚前或婚姻存续中,以契约就约定财产制中所选定之财产制也(一○○四)。此种契约谓之夫妻财产制契约。以别夫妻间所订立,不以财产制为标的之普通财产上契约——财产契约。后者适用关于普通财产法上契约原则。前者为婚姻法上之特殊契约,除适用普通契约原则外,又受夫妻财产制特别规定之支配。今就其特质述之:

第一　契约之缔结时期

契约之缔结时期,《民法》不设任何限制。① 于结婚前或婚姻存续中之任何时期均可(一○○四)。惟财产制契约,以发生夫妻于婚姻中财产上之法定关系,为其目的。换言之,财产制契约以婚姻为其前提要件。故于婚姻解消后,自无改订财产制契约之可能。即于婚姻解消时,或解消后,为清理婚姻存续中之财产关系,而订立之契约,虽或直接关系于财产

---

① 妻在结婚前尚未取得妻之身分,固无所谓妻之特有财产。惟赠与人声明受赠人日后结婚为人妻时,赠物为其特有财产者,亦有本款之适用(二十七年上字五三九号)。

制,已非财产制契约之本身。又婚约当事人间所订之财产制契约,其效力如何,换言之,即婚前所订之财产制契约,是否与订立同时发生效力,及其登记后亦可对抗第三人,在解释上不无问题。婚约对于当事人身分上无积极效果,则以身分为基础之财产关系,自亦无由发生法定效力。故婚前之财产制契约,应作以结婚为停止条件之契约论之,对第三人之对抗效力,亦同。财产制契约之变更及废止之时期,在婚前、婚中均可,与订立相同。

第二　契约之当事人

考夫妻财产制契约之最初发生,多为双方法定代理人间,或一方法定代理人对他方婚姻当事人(夫或妻)间之契约。洎乎近代,始随婚姻自主之思想,确立财产制契约自主之原则。《民法》亦采此原则。契约之当事人为夫妻或婚约当事人。唯(1)《民法》仍维持"家"制,(2)财产制契约为直接决定夫妻间财产上复杂关系之行为,其影响所及,不仅止二人间之产权,且间接牵涉同家亲属及家属之生活关系。故如当事人系未成年人或禁治产人者,一律加以法定代理人同意权之保护,以期夫妻及全家生活之美满(一〇〇六)。如契约行为系在结婚以后者,未成年之当事人,依结婚成年之规定(一三Ⅱ),为有行为能力人,关系财产制契约之行为,仍否须法定代理人之同意,解释上或生疑义。即已结婚之未成年人,对第三人有完全能力,对于配偶之契约行为,转须法定代理人之同意,衡情而论,似无此理者是。然依第一千零六条之文字解释,自属包括结婚成年者。其理由:(1)排除总则规定之适用,为亲属法特性之通例,不止本项一端。(2)为上述家庭利益。

第三　契约之内容及种类

我国向无关于财产制之法制,又乏有系统若定型之惯例。夫妻以及第三人对于财产制之生活,自属创行。故为谋交易之安全,保护夫妻双方之利益,及期夫妻财产关系之统一起见,对于财产制契约,特加以种种严格的限制及条件。即财产制之契约,第一,只能就约定制中而为种类的选择合意。不能订立全异于各约定制所定财产关系为内容之契约。第二,对于所选定约定制中之任意条项,欲为变更者,亦只能就任意条项及选定制之法意所允许范围内为之。不能为足以推翻选定制及其他强制条项之变更。盖非如此,不足以期夫妻财产关系之统一也。故约定财产制契约受此类限制之结果,只能分二大类:(1)夫妻就诸约定制中所选定财产制之种类,而为合意者,是谓财产制之种类契约。如财产制之选定或废止契约等是。(2)仅就财产制上任意规定,而为变更之合意者,是谓财产制条项契约。如财产制条项之变更或废止变更契约等是。然因条项契约必以种类契约为先存要件,故在财产制契约,自以种类契约为主契约,而条项契约为从契约。种类契约可独立订废,条项契约之订立,则以种类契约为依从。例如,第一千零三十一条应有部分之约定,第一千零四十五条财产之管理权付与夫之契约等,以共同财产制及分别财产制为前提等,与普通主契约从契约间之关系相同。但关于夫妻各人特有财产之条项契约,法定得离种类契约而独立,随当事人之意思可免受主从关系之影响者,自在例外(一〇一四)。此外在不违背制度之根本精神,附以各种条件或期限等契约附款,亦为法所不禁。

第四 契约之要件及效力

《民法》以法定制为规律夫妻财产关系之原则的法规,如夫妻不以契约选定约定制以排除之者,则无条件的受法定制之支配,已如前述。然无论法定约定,各种财产制之内容互不相同,各内容又均属强行性法规。而夫妻间日常财产生活,则多系情爱的道德情绪之流露,无法律的意识。夫妻如欲以契约对此软性的关系,加以硬性的法律转换时,其间不有一定的形式,以明确证明其合意之内容及时期者,因其事实系多属软性而有弹力之故，一旦发生问题时，易为纠纷之原因。故《民法》对于财产制契约之订立变更或废止，均须要式行为，以书面为其形式要件（一〇〇七）。缺此不生效力。又夫妻财产制契约行为，虽具备形式要件而成立，然此仅就夫妻间之对内关系而言。若欲以此契约，对第三人有所主张时，必须登记而后始得有效。盖夫妻财产制为夫妻团体对内对外之经济统制，而日常对夫妻团体，而为财产上交易之第三人，非登记无由知其财产关系变动之内容也。况财产制上各种产权之变动，多带有物权性及包括继承性之特质，更有登记之必要者乎。关于登记之程序如何，系属程序法规，且登记法亦尚未颁订，其与本法之解释上直接有何影响，无可据为考论焉。

第三目　法定善后制（瑞：Séparation de biens légale）

法定善后制云者，现存夫妻财产制，因夫妻双方或一方之财产或财产行为发生破绽，致不能继续维持，依法或宣告废止时，法律为善后计，以一定财产制接替规律夫妻财产关系之财产制也。《民法》以分别财产制充作此种法定善后制。制度之适用为法律所规定，非基于双方之合意，故为法定制之一种。然其适用亦非基于婚姻之直接效力，必俟一定法律要件之成立，是与约定制相同。而其目的在于结束清理前行财产制，故其性质乃为法定善一切夫妻财产制之后之制度也。学者或名之为非常法定制，或准法定制。兹取其性质，姑名之为法定善后制，以便说明。

第一　法定善后制之开始要件

善后制既为法定善一切财产制之后之制度，则夫妻间现存之财产制，必因破绽已至不能存续状态，而后始生接替善后之必要。现存财产制是否能存续之状态，若任夫妻自行判定（如夫妻二方意思能合致者，则成为废止或订立契约，非本项之问题），或由对夫妻财产制有直接利害关系之第三人判定时,则二人间因利害关系之不同,自难得主观的一致。且许第三人得随时有机会干预或检查夫妻财产关系之内幕,亦为婚姻生活之最不祥事。故《民法》关于夫妻现存财产制能否存续之客观状态,用明文限定之。以泯夫妻间争执之隙,以杜第三人借端干预夫妻生活之弊焉。法定开始要件如下:

一　夫妻一方受破产之宣告(一〇〇九)

破产宣告之效力,为破产者全财产之破产扣押,财产处分能力之丧失,法律行为及权利行为之无效,双务契约之解除等。此等效力均足破坏以婚姻财团为中心之各种财产制。故《民法》不俟改用之宣告,直接以善后制规律夫妻财产关系,与破产之宣告同时开始接替,以善其后。

二　改用之宣告

改用之宣告,又可分基于夫妻一方之请求者,及基于债权人之声请者。

甲　基于夫妻一方之请求(一〇一〇)

夫妻一方得向法院请求改用宣告之法定情由有三:

A　夫妻之一方依法应给付家庭生活费用而不给付时。

本项依法负给付家庭生产费用之义务者,自为第一〇二六条、第一〇三七条、第一〇四一条、第一〇四三条之夫及妻。但夫与妻之给付义务,有轻重之别。因此夫或妻不履行给付义务之实情,亦应分别而论。此即本项所谓"依法"之意也。即(1)在现行法家庭生活费用系先由夫负绝对责任。故夫之改用宣告之请求要件,为自己无支付能力,而妻有支付能力而不给付之场合。(2)妻之给付义务,以夫之无支付能力为前提要件,故仅负相对责任。从而其改用宣告之请求要件,仅为夫有支付能力而不给付。自己有无支付能力非所问也。又本项应注意者,为夫妻现在之财产制本为分别财产制者,是否亦有适用之问题,换言之,夫或妻违反第一〇四八条之义务(实际上无力履行义务者,自属在外)时,应如何处遇是也。余以为夫妻至不履行第一〇四八条之义务时,其婚姻关系已至山穷水尽,其本身之存续,已成问题,遑论财产制之应否改用乎。故不履行第一〇四八条给付义务之问题,应在本项范围之外也。

B 夫妻之财产不足清偿其债务,或夫妻之总财产不足清偿总债务时。

本项又可分二段说明:

1 夫或妻之财产不足清偿其债务。

夫或妻之财产不足清偿其债务云者,夫或妻所负之债务,超过其财产;换言之,其财产陷于破产状态,而未受破产宣告之谓也。以其未受破产宣告,故必俟改用之宣告,为善后制开始之要件。请求人,夫妻任何一方均可。换言之,即财产有破绽方,亦可自行请求之。盖财产有破绽方,自动请求改用宣告,先与对方财产分离,然后以和解或其他方法,整理自己财产,摊偿一切债务,于婚姻生活转为有益故也。

2 夫妻之总财产不足清偿总债务

本段为夫妻之总财产陷于破产状态,而未受破产宣告之场合。总财产中夫妻各人应有或所有之部分不同,各人债务额及性质,以及各方债权人之债权额及性质亦各不同。故欲清理各人债务,先应请求改用宣告,以分离各人财产。然后夫妻各方对各人之债权人,自行清理摊偿,或听任破产,于各方均为便利也。

C 夫妻之一方为财产上之处分,依法应得他方之同意,而他方无正当理由,拒绝同意时。

本项处分行为之对象,为婚姻财产团若夫妻一方之原有财产。若处分行为系出于管理上之必要者(一〇二〇但、一〇三三但、一〇四一Ⅲ、一〇四三),

自非本项之处分。

拒绝同意之理由是否正当,应依何标准而判定,盖为本项之核心问题。若凭拒绝者或要求同意方之主观,则凡拒绝或要求,盖均有其正当理由也,将何所适从乎。余意以为应以财产制之根本意趣而为判定正否之标准。盖《民法》所以设处分同意之制者,于保护夫妻各人之产权外,同时亦谋夫妻共同生活之圆满也。故一方对于财产之处分,为出于维持婚姻财产团,或筹措家庭生活费用所必要,除此外另无他法时,他方又复拒绝者,乃其拒绝为无正当理由也。

乙　基于债权人之声请(一○一一)

债权人对于债务人夫或妻之财产已为扣押,而仍未得其清偿债权时,势将更进而为强制拍卖、强制管理或其他换价程序。实施此等执行程序,先须将夫妻财产分离,以便就债务人夫或妻之财产而为执行。故法院可因债权人之声请,而为改用分别财产制之宣告。然本条之宣告,原为便于债权人之取偿债权,直接无关于夫妻财产制本身之存续问题。故在实施换价程序以前,如债务人清偿其债务,或依扣押财产之情形,即不经分离亦可执行者,则法院自不必为改用分别财产制之宣告也。故民法关于本条之改用宣告,仅为"得"之规定。

第二　法定善后制之废止

善后制之开始虽为法定,非基于夫妻双方之合意。至其废止,因其法定目的为善他制之后,且其本身原为约定制之一,如法定原因已不存在时,由夫妻之合意,依财产制契约之规定,自得废止而易以其他财产制。

第四目　法定制与约定制之关系

一、民法夫妻财产制之支配夫妻财产关系,绝无除斥期间。夫妻不为契约选用约定制者,则法定制为夫妻财产关系之原则法规。至法定制或约定制发生破绽不能维持时,则以善后制接代之。使夫妻财产关系无一刻而暴露于无法序状态。

二、夫妻财产制契约之订立，虽为夫妻之自由，然各约定制中关于夫妻财产关系之基础纲领，均系强行性之规定，非夫妻间自由合意所得左右。即在共同财产制中第一○四一条"夫妻得以契约订定，仅以所得为限，为共同财产"之规定，虽似可变更共同财产之强行条项者，然此为所得共同财产制之约定，系另一约定制之开始，非就共同财产制之本身而为更变。故该条第二项即为指明其所得之范围。非谓可由共同财产制而变为所得共同制，或更变为动产共同制也。总之，现行一切财产制，从其内容之强行性而言，实均为广义的法定制。其所异于狭义的法定制者，在其开始是否须当事人之合意而已。一旦选定以后，则其效力盖与法定制正复相同。

三、《民法》既以法定制为原则的支配夫妻财产关系之基本制，其他约定制之内容又为同等有强行性之法规，故约定制之内容有缺陷或疑义时，应以法定制之规定为补充。换言之，法定制对约定制之关系，犹普通法对特别法之关系也。此盖为不许夫妻自由订立异于财产制的契约之当然结论也。《民法》固于第一○四一条三项、第一○四三条明示之。即未明示之处，解释上发生疑义时，亦自以法定制之规定补充之者为妥。例如第一○四五条夫妻管理权是否同时负担管理费用。同条对妻付与夫管理之财产，依使用之性质方法，可以抵充家庭生活费用者，可否由收益权而扩张至使用权等，均应依法定制之规定，而为补充者是。

第四项　财产制中之财产种类

财产制之目的，在谋夫妻共同生活之经济的统制，已如前述。夫妻之全财产，即在此共同生活经济的统制之下，开始其经济活动。惟统制方式，各财产制不同。故各人财产参加于活动之方式及性质，亦随之而异。有全部或一部直接提供其经济效能者,有全部或一部消极的负担其经济责任者。又夫妻于共同生活之外,又有个人生活之范围,故各人财产于负担共同生活上责任之外,又有留为个人私用之部分焉。职是之故,故财产制于支配夫妻财产时,应将夫妻各人财产,先为分类部署,然后就各财产部类,定其参加经济活动之方式范围,及其效能若责任之性质焉。财产制将夫妻全财产,划分为特有财产、原有财产,及婚姻财产团之三种。兹为分目说明之:

第一目 特有财产(德:Sondergut;法:Biens Réservés)

第一 意义

各人财产即属各人所有,本无所谓特有原有之别。惟各种财产制除分别财产制外,以夫妻各人财产集合,另组婚姻财产团者为原则。而夫妻双方或一方之特殊部分财产,例不参加于此种婚姻财产团。此种由各人留保,不加入婚姻财产团之财产,特名之为特有财产,亦曰留保财产。盖为财产制部署上之相对的名称也。

第二 性质

特有财产在各种财产制中,为依法不加入于婚姻财产团者,故与婚姻财产团,直接即不发生任何关系,夫妻各保有其所有权、管理及使用收益权。同时于负担各人在婚前及婚中所负债务之责任外,如婚姻财产团无能力支付家庭生活费用时,夫之特有财产负其主责任,妻的负相对责任。对家庭生活费用之债务,亦同。如妻以其特有财产之管理权付与于夫者,夫受有以该财产之收益供家庭生活费用之权之推定。但此项管理权,妻得随时取回之,取回权不得抛弃(一〇四五)。

第三 种类

特有财产分为法定及约定之二种:

一 法定特有财产(一〇一三)

A 夫之法定特有财产：
1 专供夫个人使用之物，
2 夫职业上必需之物，
3 夫所受之赠物，经赠与人声明为其特有财产者。
B 妻之法定特有财产：
1 专供妻个人使用之物，
2 妻职业上必需之物，
3 妻所受之赠物，经赠与人声明为其特有财产者①，
4 妻因劳力所得之报酬。

二 约定特有财产（一〇一四）

夫妻于各人财产中，除法定特有财产外，复以契约订定其一定部分为特有财产者，谓之约定特有财产。其契约谓之特有财产契约。契约之标的，除法定特有财产外，夫妻所有任何财产均可。但其量的范围则不能无限制，要以不妨害婚姻财产团之存立者为限。若其范围扩大至各人全财产时，则婚姻财产团已无存立之余地，是种特有财产契约，根本不能成立。盖特有财产者，原对婚姻财产团而言，系相对的概念，以婚姻财产团为其概念之前提故也。如夫妻必欲维持此种契约者，乃系分别财产之成立，同时亦为现存原财产制之废止。故应更改契约之名称。换言之，此种契约之性质实为财产制种类契约，已非财产制条项契约矣，特有财产契约虽为财产制条项契约之一种，以其直接对婚姻财产团不发生关系，故《民法》予以独立订废之地位。随当事人夫妻之意思，可与其附属之主财产制契约分离。

---

① 妻在结婚前尚未取得妻之身分，固无所谓妻之特有财产。惟赠与人声明受赠人日后结婚为人妻时，赠物为其特有财产者，亦有本款之适用（二十七年上字五三九号）。

第二目　原有财产（德：Mannesgut und Frauengut；瑞：Eingebrachtesgut）

夫妻于结婚时所有之财产，及婚姻关系存续中因继承或其他无偿取得之财产，除去前目之特有财产外，均谓之夫妻之原有财产。夫妻即以各人之原有财产为组织婚姻财产团之基础成分。各人原有财产，虽集合于婚姻财产团，然其对婚姻财产团之经济的效能，以及对原主夫或妻之关系，又各有不同。故为统制上便利起见，特附以是名，以明成分财产之属籍。同时亦所以别直接不参加于婚姻财产团之特有财产也。其在婚姻财产团之经济效力，以及对原主之关系，随各财产制之性质而异，不能为统括的说明，详于各制，兹则止于释名。

第三目　婚姻财产团

第一　意义

婚姻财产团云者，由夫妻各人财产所组成，直接为共同生活的物质基础之财产集团也。其成分财产原则上以夫妻之原有财产充之，例外亦有包罗夫之特有财产者（法定制，及约定制之统一制等）。

第二　种类

除分别财产制外，婚姻财产团为各种财产制之基本组织，故随其组织方式及其内容性质之不同，而能显现各种财产制之特质。如联合财产制之联合财产，共同财产制之共同财产，所得共同制之所得共同财产，以及统一财产制之统一财产等，均为此婚姻财产团之名称，亦即其分类者是。

第三　性质

婚姻财产团既由夫妻财产合集组成，则其在夫妻间之关系，自属公共性质，不过所公共之内容，随各财产制而差异耳。有就管理上而为公同者（联合财产制）；有就其产权而为共同者（共同财产制）；有就其产价而为公共者(统一财产制);此等均所以表示其在夫妻间公共之性质也。简言之,婚姻财产团者,实即婚姻团体之团体财产也。故其存立以婚姻团体为前提,婚姻团体之存续,因其为非财团法人性质的结合,固无关于团体财产之有无。而团体财产,则随婚姻团体之解消而清理,自为团体财产当然之运命。同时依团体财产之通性,应有专责管理人;《民法》以夫当此责任,有管理婚姻财产团之一切权责。然此财产团同时又为共同生活之物质基础,则凡共同生活上之物质需要,应首先取给于此,加负担于此,为自明之理。夫又为共同生活经济活动之主责任者,故夫于管理权之外,又应有使用收益以及有条件的处分权。妻为团体成员之他方,虽直接不当管理责任之冲,其在共同生活上之利害关系,固无逊于夫,故凡日常家务有包括的代理夫对婚姻财产团所有一切权责之权。

第二款 分说

第一项 联合财产制——法定财产制

本制之大纲

一 组织婚姻财产团——联合财产。

二 夫妻各人保有各人财产之所有权,不受婚姻财产团组织之影响。

三 婚姻财产团由夫负管理责任,对妻之原有财产有使用收益权。

四 家庭生活费用由夫负主责任。

五 妻在日常家务上有代理夫在婚姻财产团所有一切权限之权。

六 妻对夫之管理自己原有财产有监察权。

七 夫妻各人债务由各人分别负担。

八 婚姻财产团解散时,妻取回其原有财产。

第一目　婚姻财产团之组织

本制之婚姻财产团,由结婚时属于夫妻之财产,及婚姻关系存续中夫妻所得之财产,除妻之法定特有财产外,联合组成之(一○一六)。其组织财产团之目的,在于管理上之便利,各人财产之所有权,仍由各人独立保有,不因组织财产团而受影响。故其组织为联合性质;换言之,即在一个管理权之统制下联合之之意。其财产团因名之为联合财产。若从其各组成财产之所有权仍各自独立而论,实质上盖为分离主义之财产制也。因其为别产主义性质之财产制,故各人在联合财产团中所原有之财产,尤有明确界分之必要,如有所属不明之财产,应为推定其所有权之所属。然后在管理上方得有条不紊,两财产主体间亦可消泯纷纠。联合财产团中,《民法》所规定为夫妻各人所有之财产(一○一七)如下:

一　妻之所有者——原有财产

妻于结婚时所有之财产,及婚姻存续中因继承或其他无偿取得之财产。

二　夫之所有者

1　夫之原有财产

夫于结婚时所有之财产,及婚姻存续中因继承或其他无偿取得之财产。

2　夫之法定特有财产

3　联合财产中所属不明之财产

虽为联合财产团中之财产,但究系夫所有者,抑系妻所有者,往往有不明场合。如债权者对该财产而为扣押时,应视作夫之财产抑或妻之财产执行之者,自成问题。《民法》以推定解决之。即"不属于夫妻之原有财产之部分,为夫所有"。盖从夫有管理财产团之专责上推论,为当然之理也。

4 由妻之原有财产所生之孳息

本制既以夫妻财产分离主义为基调,则财产之孳息,应各归原主,为较合理。然《民法》虽以夫负家庭生活费用之绝对义务,盖此仅就责任上之次序而言,非谓妻遂无任何义务,妻自仍负相对责任。又婚姻财产团之组织,实亦所以配定夫妻共同生活之财源,已如前述,则妻之移转于婚姻财团之财产上,应有所负担,自为平衡之理。故《民法》特为本项之规定。然从后述夫对妻之原有财产,本有使用收益权。所谓收益者,盖即为取得财产上之孳息之谓,似与此相重复。盖本条为明确各人财产之所有权之规定。又后述根据收益权所取得之孳息,仍属归存于财产团,非夫之特有财产,则与原权之妻原有财产易滋混同。故本项特为原则的规定其所有权之所属。

最后,本制之特有财产,只限于法定特有财产(一〇一六但),不认约定特有财产之存立。其理由:盖约定特有财产制之效用,在于以各人财产所有权相共同为本旨之财产制,各人于法定特有财产之外,复欲保持相当财产之所有权时,始能发生之。本制之本质,既为财产分离主义,各人均保有其所有权,固无更为约定之必要。且本制之重心,在婚姻财产之共同管理,管理对象之财产范围,自系法律明白确定者为宜。否则,管理对象之财产范围,任当事人自治者,则将何以别后述之分别财产制乎。

第二目　婚姻财产团之管理

第一　管理权之主体

联合财产,盖即为夫妻团体之团体财产。依团体之通性,对团体财产应有专责管理之人。《民法》以夫为专责管理者。管理人之产生,不任团体之自治,而由法律规定者,盖在现在实际社会生活上,经济能力,夫较优于妻。且因性能上之差异,男亦较女便于负担烦重恒久之事务。职此之故,《民法》对于维持团体之物质责任,首先课之于夫。为遂行此项责任，应予以权责上之地位。故婚姻财产团之管理权专属于夫。而夫之实际上在于婚姻团体之首长或代表地位者，盖即由本目之管理权，及家庭生活费用之主责任支持之。夫虽因种种实际原因，而有首长的地位，然其使命究在于谋共同生活之圆满及统一，故为立法政策之便宜规定，初非于男女平等原则，有何抵触。妻虽不当主责之冲，然于共同维持共同生活之责任，固不应未减也，故妻在日常家务上有同等代理之之权，盖妻固有管理上之副责任也。

第二　管理权之客体

婚姻财产团之成分财产，除妻之原有财产外，即为夫之所有。故夫于管理时，应讨论者，为对于妻之原有财产部分，因其所有权与管理权分属于夫妻各方而相对立故也。然夫之所有财产，既系婚姻财产团之组成分，自不应因管理权与其中一部分财产之所有权同属于一人之故。而遂可失却其为财产团之成分性质也。如妻代理夫管理时，非谓仅管理自己所有之成分财产，而不及于夫之所有财产也。故管理权之客体自属联合财产全体。

第三　管理权之性质

管理权之发生，在于实际上为婚姻首长之夫便于统率共同生活之故，已如前述。所以其性质可视为亲属权之一种。其权利之取得，基于夫之身分，系法定，不必经妻之合意。其内容为种种之支配权、请求权，以及附随此等权利之各种义务。即由此等权利义务结合混成之一种支配权也。而妻对此项权限之代理权，其性质亦同，自无待言。兹就其对妻之成分财产所及之效力，说明之：

一　对妻之原有财产实体支配之。有排斥妻及其他第三人之处分之效力。

二　夫之管理权，因仅以妻之原有财产上所有权利，为其标的。如妻之原有财产已有某种限制或负担时,则仅能在不妨害其原有限制或负担之范围内行使之。所以夫之管理权虽为支配权之一种,而不能有追及的效力。

三　只要系第一千零十七条妻之原有财产,随婚姻之成立,得无条件包括的管理之。自无各别的为设定管理权之必要。

四　同时妻虽无任何原有财产时,其附随于管理权之义务,不因此而免除。

第四　管理权之内容

关于管理权之内容,无详细规定。兹参酌《民法》婚姻法之立法精神,《民法》其他部分之规定,以及外国立法例而为释明之,即为维持及改进共同生活,有保存、改良、利用妻之原有财产之必要范围内,不论其为法律行为或事实行为,夫均有为之之权利及义务,分说如下:

一　占有权　《德国民法》关于此点,于一三七三条为"夫得占有妻之原有财产"之规定。《民法》无直接明文。但就第一千零二十二条"有随时报告其状况之义务"之规定推之,其原有财产原则上在夫占有之下,固甚明也。在事实上夫非直接或间接占有妻之原有财产,而可行使管理权之场合,实亦不多睹。

二　事实行为　夫之管理行为之范围,自较普通管理权者之行为范围为广阔。因其管理之目的在于维持及改进共同生活,故于普通管理行为只能就财产本体而为保存、改良若利用之外,尤应可变更物之本来用法或物之本质。然其行为若逾越管理上必要度限,应得妻之同意,与次述处分行为相同。否则,自生赔偿责任。

三　处分行为　处分行为,本不属于管理权范围。惟夫之管理权性质与普通管理不同,故在管理上必要范围内,夫得处分之(一〇二〇 I 但书)。然何者为管理上必要,何者则否,除就各种具体情形而为判定外,初难概断。要之，其处分之结果，为合于维持及改进共同生活之目的，同时又为舍此外无其他管理方法者，盖即所谓管理上所必要者乎。夫于管理权外，对妻之财产原无独立处分权（同条Ⅰ）。故凡逾越管理上所必要之处分行为，应得财产所有权人妻之同意。未经妻同意者，即为无权处分，夫应负责，然夫究为联合财产之现实支配者，且有相对的处分权（即为管理上所必要之处分）。与之交易之第三人，（1）无由知其处分财产之谁属，（2）难明其处分行为是否逾越所谓管理上所必要之范围，（3）难窥其是否曾经妻同意之内幕。故为保护第三人及交易之安全起见，此项同意之欠缺，不能作为对抗要件（同条Ⅱ）。设若绝对不能对抗，则妻之财产，将无由保障。盖夫与第三人串通之下，为任何之处分，第三人均可不负责任也。故《民法》规定第三人已知或可得而知其欠缺，或依情形可认为该财产属于妻者，不在此限（同条Ⅱ但书）。即恶意第三人应受同意欠缺之对抗，而负责任也。

　　管理上所必要之处分，系夫管理权之一效力。原则上可以夫之名为之。若以妻之名为之者，事前应得妻之同意。若纯粹处分行为，既应得妻之同意，自应以妻之名行之。

　　四　债务行为　管理行为盖必包含债务行为。例如，为修缮妻之房屋，订立承揽契约等，直接受契约之拘束者，自为夫本人，与妻无关。若欲妻负担此种义务，应先由妻授权，以妻之名为之。否则，为无权代理。其他债务亦同。即所谓管理费用是。若仅为妻一人私用，代为借债者，非本项管理上之债务行为。

　　五　取得行为　夫取得物及权利时，如非基于妻之授权，不以妻之名为之者，则夫直接取得其物之所有权若债权。如夫以妻之名及其计算为之者，夫依无因管理之规定，负将所取得之权利移转于妻之债务（《德民》一三八一条、一三八二条）。

六　受领行为　第三人之对妻原有财产所为之法律行为,夫有受领之之权。盖为夫管理权当然效力之一。例如,对妻之消费借贷上债权,欲解约之债务人,得向夫为解约告知者是。

七　诉讼行为　关于妻原有财产之诉讼,因夫无所有权,妻无管理权,依《民诉》之规定(《民诉》四五),非两方共同,夫妻均不能独立的为诉讼行为。然推夫管理权之特性,应在管理上所必要之范围内,可以为诉讼上之原告或被告。例如,关于妻原有财产占有之诉者,非有诉讼追行权,何能遂其管理之责乎。德国民法对妻之原有财产,原则上有诉讼权。

第五　夫之管理义务及附随义务

一　管理费用

夫应负担一切管理上所需之费用(一〇一八)。妻房屋之修缮费,动物之饲养料,消费物之保存费,以及管理上所必要之处分费等等,均由夫包括的负担之。因管理所负之债务,亦同。此种债务,盖亦为夫于婚姻关系存续中所负债务中之一也(一〇二三 3)。

二　注意义务

夫于管理婚姻财产团,应负何种注意义务,法无规定,不无疑问。推夫之所以管理妻之原有财产,虽为法定,非基于妻之委任。但其性质究系处理他人事务,亦即为处理自身所属团体之公共事务。且未受妻之任何报酬。故应依委任理论,负与处理自己事务为同一之注意义务(五三五)。衡情而论,亦以如斯为妥。盖同为自己所管理之财产团之各成分间,不应有彼此歧视也。如夫违反此项义务时,对妻自应负损害赔偿之责(二二三)。

三　管理状况报告义务

夫既管理妻(他人)之财产,则同样依委任之理论,关于财产之管理状况,随妻之请求,应为报告之(一〇二二)。财产清算时,尤应为详细报告其管理之颠末。

四　管理终止时之义务

夫之管理职务,除婚姻之解消外,因约定制及善后制之开始,以及夫受禁治产之宣告时,终止之。无论其因何种情由终止,总之,依委任终止之理论,(A)管理终止时,如有急迫情形时,应由夫或其继承人或其法定代理人,于妻或其继承人或其法定代理人,能接受妻之原有财产前,继续管理其事务(五五一)。(B)如管理权终止之事由由夫方发生者,于妻知其事由或可得而知其事由前,夫管理之义务,视为存续(五五二)。(C)管理终止后,夫或其继承人或其法定代理人应将妻之原有财产,返还于妻或继承人或其法定代理人。如有补偿义务者,亦同时履行之(五五一、一〇二八、一〇二九)。

第三目　夫之使用收益权

夫之管理权,系根据于谋夫妻团体财产之统率,团体经济活动之统一。夫之使用收益权,为夫负担家庭生活费用主责任之代价。二权发生之基础理论虽不相同,而其终究目的在于具体实现夫妻互助合作精神,则正复相同。今就《民法》之意趣,而为释明使用收益权之法性如下:

第一　使用收益权之主体及客体

无论在嫁娶或招赘婚,使用收益权者为夫(或赘夫),与管理权之专属于夫者相同。其客体为妻之原有财产,其特有财产自属在外。

第二　使用收益权之性质

夫之使用收益权,在德国日尔曼法之沿革上,本为夫对妻支配权之一种,有绝对性质。在一定范围之内,不但使用收益,并包括处分权。自罗马法继受后,以一般用益权处遇之,其内容始受限制。德民法学说,以用益权之带有一定物权性者说明其本质。《民法》亦以同此解释者为妥。此种用益权系就妻之原有财产全部包括的成立之。非就各个财产而为设定行为,盖为其特性之一也。

第三　使用收益权之内容

使用云者,不毁损灭失物若权利,而利用之之谓。收益云者,取得由财产所生天然果实(与原物分离时)法定果实(按其权利存续期间内之日数)之谓。夫之此种用益权,与其管理权以及孳息之当然所有权(一〇一七Ⅲ)并存集合,成为有极巩固效力的权利。不但为管理上之必要,可变更其用法。且可随用益上所必要,而变更其管理方法。基此结果及理由,同时又可妨碍妻之减少收益的物之处分行为。

第四　附随于使用收益权之义务

甲　利息支付义务

使用收益权自与管理权同样无追及的效力,凡妻之结婚前所负债务之利息,应由夫支付,为自明之理。盖(1)使用收益权仅能于不害其对象实体之限度内存立之。且(2)债务——消极财产,应由其积极财产负担。同样理由,消极财产之利息,例由积极财产之果实抵付为原则。故夫收益权之实际利益,亦只存于原有财产孳息中除去其债务利息之剩额而已。关于妻于结婚后之原有财产上债务利息,因其孳息在发生债务利息以前,已归夫所有之故,不无疑问。然由第一〇二四条关于妻之债务规定推之,盖夫之孳息所有权,固不能妨碍妻就其原有财产之债务行为也。故应与结婚前所负之债务利息,同一处遇。即亦由夫负担之。

乙　其他义务

负担收益上所需费用。使用收益权消灭时,回复物体之原状。取去其附属物等。

第四目　妻对联合财产之权利义务

妻既为婚姻团体成员之他方,就团体财产所有之利害,自不亚于夫,依理应与夫有同等之权义。但《民法》为谋夫妻财产生活之统一起见,规定夫负财产统制上之主责任,而妻在补助地位,负副责任,已如前述。故妻对团体财产,以团员及副责任者之地位,参与团体之一切经济活动焉。今分其权利及义务,两方面述之:

第一　权利方面

一　日常家务之代理权

甲　代理权之主体

《民法》于第一千零三条为规定夫妻于日常家务,互为代理人。就此规定而言,夫妻自是平等有代理权。然本节财产制,既以夫为处理一切家务——尤其为财产生活事务之主责任者,则在原则上,自仅妻有代理夫之机会。退一步言之,如以夫妻之合意,关于日常家务由妻负处理专责(事实上容或以此种场合为多)。是盖为夫包括的授权于妻之特殊委任关系。夫对此种包括的委任于妻之事务,再为妻代理处理之场合,虽非不能成立一种复代理关系。然究其性质,亦不过夫所代理部分之行为,就妻之代理权中撤回之而已,固无所谓代理也。况妻之代理权系法定,非由夫之授权者乎。故对外——第三人自不发生任何效力,解释上亦无实益。

乙　代理之性质及前提

妻之代理权为法定,自属法定的代理之一种——行为能力人之法定代理。以婚姻为前提,与妻取得妻身分同时发生之,在妻身分存续之间享有之。换言之,附属于妻身分之特权,不因妻实际上未处理家务而消失,亦不以同居为前提要件。

丙　代理行为之范围

妻所代理者——本人为夫,所代理之行为为日常家务,则其行为之范围,自限于夫之处理日常家务上之权义。然夫之日常家务,自不限于家庭生活费用以及其对亲属家属之扶养义务上之行为。即纯属于夫管理权上之行为,如破漏房屋之修缮,有霉烂之虞的消费物之处置等,亦自属之。总之,凡社会一般通念上,可视为日常家务之行为,无论其性质如何,均得代理之。对内,则本于法定代理权而处理家务,对外,则以夫之名代表婚姻团体。故在夫所负家庭生活费用义务之履行,或对其他亲属家属扶养义务之履行上所必要,而非处分联合财产不可者,自得以夫之名处分之(一○二一)。盖夫在日常家务上为履行此种义务,有处分联合财产之行为,为可想像故也。然其结果妻以代理权单独可以处分联合财产,而夫之处分妻原有财产,除管理上所必要外,无单独处分能力(一○二○),似失平衡。然夫负财产上专责,且全财产均在夫支配掌握之中,不如是不足以保妻之利益也。又在同一目的及必要上之债务行为,妻亦得以夫之名为之(一○二三3)。反之,妻之代理权既以日常家务为范围,则凡逾越此范围之代理行为。随其所逾越范围之限度,对夫应负责任(一○二五2)。

丁　代理权之限制

妻之代理权,夫得加以限制。夫之限制,以妻之滥用代理权为要件(一○○三Ⅱ)。代理权之是否滥用,自以妻之代理行为是否以损害夫为主要目的为断(一四八)。换言之,虽为日常家务,而其性质实已超过夫所应忍受之义务者是。

限制之意思表示,由夫任意向妻为之,无任何要件,自表示时起发生效力。限制之范围,虽无一定,但足以消灭代理权之存在者,在《民法》所以设代理制度之精神上自所不许也。盖不但为限制权之滥用,亦为以个人行为而否认强行法规矣。对夫之滥用限制权,无具体法定救济方法,除诉请撤销限制外,无他法也。限制后,逾越所限制范围妻之行为,成为无权代理,对夫负无权代理之责任。但此等仅系对内之效力,对外不能以妻之代理权受有限制,而对抗善意第三人,已如前述。

二　对夫管理原有财产之监察权

妻之原有财产，因结婚之结果，变为联合财产之成分，服夫之管理权。妻之所以有容忍夫管理之义务者，原为共谋共同生活上经济活动之便利，固非基于所谓夫权者之绝对义务。故妻对于夫之管理，自得以团体员之地位及所有者之资格监察之。欲知其管理之是否失当，有否危害原有财产之情形等，先须知其管理之实状。故得随时请求夫为关于原有财产管理状况之报告（一〇二二）。然妻察觉其有失当情形时，依理应有更进一步而为救济或纠正之方法，方足以遂监察之功能。《民法》关此无任何规定。则妻虽有此项请求报告之权，除借此消极的参加财产活动以外，具文而已。关于此二点，德瑞日等民法，均有救济规定，以保障妻之权益。

第二　义务方面

一　因夫管理权而生之义务

妻原有财产移转于婚姻财产团，受夫之管理，此即为妻之义务，盖直接基于妻之身分者，已如前述。兹仅就其原有财产之所有权，因夫之管理权而受之限制述之。

甲　妻之处分原有财产应得夫同意

妻之处分其原有财产，其结果，为变动管理权之客体。自管理权之性质而言，自应先得管理人之同意。否则，可由处分行为而消失管理之本义。故妻之对原有财产之处分行为，实受管理权之妨碍也。《民法》于第一千零二十一条为反面规定之。即除第一千零三条所定代理权限以外，即不能对联合财产中之任何财产处分之。所谓联合财产，自包括妻之原有财产。故对其原有财产，无论动产不动产，动产之重要不重要，物权债权，苟在法定制继续期间，如未经夫明示或默示之同意者（除日常家务之代理权限外），即不得为任何之处分。

乙　妻之债务行为上之限制

妻之债务行为，无论其为作为不作为，就其原有财产或特有财产所设定者，依理不受夫管理权之任何影响。然其履行债务之结果，有须允许债权人之使用收益其原有财产者，其应得管理权者夫之同意，盖与前项场合，同其理由。故在此种情形之范围内，其债务行为亦间接受夫之限制也。未得同意之债务行为，夫虽不能以之对抗第三人。但因其管理权之侵害，对妻请求损害赔偿，自属成为理由。

丙　妻关于原有财产之诉讼行为，受管理权之限制

其理由，与夫不能独立为关于妻原有财产之诉讼行为者相同（见前）。

丁　妻之受领行为

自不受夫之管理权任何限制。

二　因夫之使用收益权之限制

妻原有财产之孳息，归夫所有，则妻之对原有财产之收益权，自是完全摈斥。使用权虽非完全摈斥，要之，在夫所使用范围内受其限制，可无疑也。然实际上妻在日常家务代理范围内，不但自己原有财产，即夫之所有财产，亦得直接使用收益之也。

第五目　家庭生活费用

第一　负担责任人

《民法》关于家庭生活费用，于第一千零二十六条为"家庭生活费用，夫无支付能力时，由妻就其财产之全部负担之"之规定。就此规定推论，则夫为负家庭生活费用之绝对责任者，可无疑矣。盖不论妻之有无支付能力，夫应先尽其所有负担之，而妻之义务，至夫无支付能力时始发生之，则为以夫之支付能力为条件之相对责任也。妻之相对责任有二义：（一）至夫无支付能力时，而妻就其全财产负全责任。其结果两人责任范围，正复相同，不过负担之先后而已。（二）如妻有原有财产者，其

孳息原归夫所有,则夫之支付能力,原包含妻原有财产之孳息。换言之,对夫之负担家庭生活费用,妻实同时尽其补助之责任也。然《民法》对夫妻关于家庭生活费用之责任,所以设此差别之规定者,其理由盖(一)婚姻之物质生活,第一先须负责有人。有确定专任负责人,然后以负责人为中心,不但法序容易维持,且共同生活亦易期美满。夫既以实际上种种原因,有统率团体财产活动之权,则本条家庭生活费用责其负绝对责任,盖为平衡之理。至其无支付能力时,然后由妻代负担。如是责任分明,各人无由回避。且权利与义务均各相抵,亦不失夫妻平等之原则。(二)如妻有原有财产者,因其原有财产随婚姻而移转于夫管理收益,即可解为妻之家庭生活费用补助义务之提存。夫既享受此特权,其应负绝对义务,更无待言。况夫之对妻原有财产使用收益权,在其沿革上本由妻之对等的出资义务或主从的补助义务演化而来者乎。夫之支付能力,自包含其所有所得之财产全体而言。至其所有所得已尽,而非处分妻之原有财产不可时起,妻开始负就其全财产负担之责。

第二 负担义务之性质

此种家庭生活费用之负担义务,可简称之为赡养义务。其性质如何,应为考察。义务人对权利人不但供给生活资料——履行债务,即可完事,且有使权利人得自由利用若调度,衣食住之资料,而不妨害之之义务。故其性质,乃为一种绝对的义务,非单纯的债务。夫妻关于日常家务,互有代理之权,其理由盖亦基于此。

第三 赡养义务之内容

赡养义务之内容如何,自随各家庭之生活式样,即夫妻之身分、地位、职业、趣味、嗜好、共同子女之多寡、财产及收入等之如何而异。应就各具体情形而为判定之。就抽象言之,乃为改进及维持共同生活,供给种种适应的生活资料,对此生活资料之调度及利用,而不加妨害是也。

如夫妻及共同子女之生活资料医药费用，佣工之薪资，家具装璜品之购买，以及应酬交际费等是。

第四　前提

家庭生活费用，自系以夫妻二人共同生活为中心之费用。换言之，即以婚姻为前提之费用也。妾及姘度者，无此项权义，盖无待言。如已取得家属身分成为家属者，则为家属之扶养问题（一一一四，参照第五章扶养）。

本项之赡养义务，应否以同居为前提，解释上不无疑问。余以为原则上，不应以同居为前提。（一）既系婚姻为前提之义务，则同居不同居，固无关乎婚姻之存续（一〇〇一但书）。（二）若必以同居为前提时，则遗弃者于脱走被遗弃者之住所时起，即可不负赡养之责，是足以助长遗弃之风。然权利人违反同居义务不同居者，赡养义务人，可否免除赡养义务，自是问题。余以为在违反同居义务之期间，应可停止其义务之履行。在义务人虽不能以权利人之不同居而免除其义务，然以此为抗辩或作为违反同居者之制裁，而停止其履行，盖为论理之正乎。①

第五　赡养权利人之权利

赡养权利为物质共同生活上之最基本权利，优先于其他一切权利。故权利人可不顾义务人之其他一切义务，请求先履行其赡养义务。如夫不履行此项义务时，妻可请求联合财产之分离，取回其原有财产（一〇一〇I）。如妻原无财产者，盖即为被遗弃之开始也。反之，夫无支付能力，而有支付能力之妻不履行其赡养义务时，亦同。

---

① 一、婚姻关系存续中，妻拒绝与夫同居，而犹就别居期内之生活，向夫请求给付者，除能证明确有不能同居之正当理由外，尚须就自己之生活状况，及其夫之经济能力，分别证明，方能认为正当（二四年上字一九二三号）。

二、夫妻互负同居义务者，妻并无正当理由，拒绝与夫同居，则在此不尽同居义务之期间内，自属无权向夫求偿其自身支出生活各费（二四年上字三六九号）。

第六目　夫妻之债务

夫妻各人之债务,亦犹其积极财产之所有权,各自分立,相互不负代偿之责。此种债务分立之原则,不过各人债务,不因夫妻之身分,而生共同关系而已。如夫妻依普通财产法而为共同债务行为,或因共同侵权行为所负之共同赔偿债务,自非本目所谓债务不共同之意。

第一　夫妻对外——第三人之债务

一　夫之债务(一〇二三)

甲　夫个人依普通财产法所负之债务　如结婚前所负之债务,以及婚姻存续中所负纯粹个人之债务。

乙　夫因履行夫妻财产制上义务所负之债务

a　婚姻关系存续中所负之债务,如直接供给家庭生活费用,妻原有财产管理费用,及收益费用等所负之债务。

b　妻因第一千零三条所定代理行为而生之债务。即妻在日常家务代理权限内,以夫之名所负之债务。

上各项债务,夫就其财产全部清偿之。

二　妻之债务

妻之财产,在本制分为原有财产及特有财产之二类。故其债务亦随之可分为完全债务及限定债务。前者,为就其全财产所设定之债务。后者,为仅就其财产之特定部分所设定之债务。

甲　完全债务(一〇二四)

a　妻在结婚前所负之债务。

b　妻因职务或业务所生之债务。

c　妻因继承财产所负之债务。

d　妻因侵权行为所生之债务。

上项债务妻就其财产之全部,负清偿之责。先就原有财产,不足时再就其特有财产取偿之。

乙　限定债务　系就其特有财产所设定,或其性质不应由其原有财产抵偿者。

a　妻就其特有财产所设定之债务。

b　妻逾越第一千零三条代理权限之行为所生之债务。

上各项债务,由妻仅就其特有财产负清偿之责(一〇二五)。

第二　夫妻对内之债务关系

一　联合财产团中成分财产相互间之债务关系

夫妻对外债务,虽由各债务人自负清偿之责。然抵偿债务之各人积极财产,原已联合成为一财产团,由夫一人管理收益。在一个管理收益权之下,通融挹注,自所难免。如以夫之财产,清偿妻之原有财产所负债务。或以妻之原有财产而清偿夫之债务等,盖为财产团统制上恒有之事。然此不过为统制上之方便,初非有此权义。故凡因清偿他方债务,财产上所受损失,自有向他方请求补偿之权。否则,不足贯彻联合财产系仅就管理为共同之本旨。故《民法》特于第一千零二十七条规定之。但此项补偿关系,于本财产制存续期间实行时:(1)财产团全体,仍在夫管理收益之下,虽实行补偿,于实际无益。(2)足以妨碍管理上之全盘计算。(3)联合财产全体陷入于分割状态。故《民法》又为但书规定补偿请求权之行使期限,即在联合财产关系消灭前,不得请求补偿是(一〇二七但书)。

二　联合财产对妻特有财产间之债务关系(一〇二八)

在本财产制,系两个财产体并立。即联合财产及妻之特有财产是。联合财产,系由夫管理用益之团体财产。妻特有财产,系个人财产,直接与团体财产,无任何关系。二者性质截然不同。故凡妻之特有财产所负债务,而以联合财产清偿(清偿债务之财产,虽属妻之原有财产,因管理用益权均属于夫,妻自不能以其个人特有财产上之债务,而侵害夫之管理用益权)。或联合财产所负债务,而以妻之特有财产清偿(虽系清偿妻原有财产所负债务,其理由与上述同)者,自应负补偿之责。本项补偿权之行使及其义务之履行,犹对第三人之债关系,无妨于联合财产团之存立及其事务之进行,故无论何时,均可请求补偿之。

第七目　联合财产之解散

夫妻各人财产,本因统一管理用益而联合。如此种统一管理用益权,一旦终止或消灭时,则所以联合之机纽已消失,各人财产仍回复统一管理用益前,完全分离各立之原状,为自明之理。此种统一管理用益权终止或消灭之现象,若由迄今联合为一体之财产团方面观之,盖即为财产团之解散也。换言之,财产团之解散云者乃为统一管理用益权终止及消灭之客观状态也。今就统一管理用益权终止及消灭之态样——解散之原因,列举之:

第一　解散之原因

一　管理用益权之消灭:

甲　配偶一方之死亡

夫之管理权基于婚姻法身分效力,已如前述。故夫死亡,为权利主体之死亡而消灭。妻死亡,为权利客体之死亡而消灭。

乙　离婚或婚姻之撤销

婚姻之本身已遭否定,其附属之权利,随之消灭,自无待言。

二　管理用益权之终止:

甲　法定终止

破产之宣告(一〇〇九)。善后制之改用宣告(一〇一〇、一〇一一)。

乙　约定终止

夫妻以契约,另行选定约定制时,同时即为夫之对联合财产管理用益终止之合意(参照本节第一款第三项第一目)。

第二　联合财产团之清算

妻之原有财产因结婚之结果,与夫之所有财产联合,移转与夫管理用益。今既因管理用益之终止或消灭而解散,则第一步,应由妻方从联合财产团中,取回其原有财产。换言之,妻之原有财产,由联合财产团分离割清其联合之关系。妻之原有财产,自包括积极消极之全体而言。故凡妻之原有财产所负债务,而以夫之财产清偿;或夫之债务,而以妻之原有财产清偿者,其补偿额,无论其已未算定,统于此时,清算,实行补偿。所谓取回原有财产者,即取回此项抵偿割清后属于妻所有之财产也。

妻之原有积极财产,于抵偿其所负于夫之债务后,较移转于夫管理时有短少者,此系因受夫之管理而生之短少,在原则上管理人之夫,自应负补偿之责。但联合财产团之管理,妻在第一千零三条之代理权限内常得参与之,故在代理权限内亦应负与夫相同之重过失责任。且妻之债务行为,非绝对尽受夫之拘束。故其原有财产之短少,自不能由夫负单独的绝对责任。职是之故,《民法》于上述原则外,复为例外的但书规定(一〇二八但书、一〇三〇但书)。(一)因妻死亡而分割者,妻之责任,因其死亡往往不易证明,故只就夫判定其责任之有无。夫如能证明其对短少无责任者,即可不负补偿之责。(二)因夫死亡而分割者,夫之责任,虽亦以其死亡不易证明。然其曾为管理,为不可否认,故由其继承人负补偿之责。但可证明其显由可归责于妻之事由而生者,则虽夫之继承人自可不必继承无责任之义务。依婚姻法男女平衡之精神,自非如此解释不可。但《民法》第一千零二十九条无此项之但书规定,论者疑之。余以为第一千零二十八条乃至第一千零三十条均系规定联合财产之解散原因、分割方法,以及行使补偿权若免除补偿义务之举证责任者。法律上主张利益者,负举证之责任,为民事法之原则。第一千零二十八条系补偿义务人夫生存之场合,故夫欲免除补偿义务,自应负证明无责任之义务,第一千零二十九条及第一千零三十条均系补偿权利人妻生存之场合。如夫或其继承人已证明其短少系由可归责于妻之事由而生者,则妻欲坚持是项权利时,自应负反证之责。二条情形相同,既总括规定于第一千零三十条但书,故于第一千零二十九条只为"得"之规定焉。

第三 联合财产团之分割

分割云者,谓妻之原有财产,由联合财产团分离割清其关系之实行行为也。分离即为取回原有财产,割清即为请求短少补偿之履行。《民法》规定者如下:

一 妻死亡者,其原有财产归属于其继承人,由其继承人对夫实行之。

二 夫死亡者,妻向其继承人取回原有财产,及请求短少之补偿。

三 因宣告或约定改用他制而分割者,系夫妻双方均在生存中,自由妻向夫取回原有财产,及请求短少之补偿。

四 因离婚及婚姻之撤销而分割者,亦由当事人自行分割,如涉讼者,自可由判决行之。但在本项当事人间系向后消灭一切财产关系者(如互失财产继承权等),与前项性质微有不同,故《民法》特为除外的规定也(一○三○前段)。关于婚姻之撤销者,已详于结婚节撤销之效力目。关于离婚者,将于离婚节中详述之,兹均不赘复焉。

第二项 共同财产制——约定制

本制之大纲

一 组织婚姻财产团——共同财产。

二 夫妻之财产,除特有财产外,合并为共同财产,属于夫妻公同共有。

三　共同财产,由夫管理。其收益归于共同财产团。

四　家庭生活费用,由财产团负担。如财产团不足负担时,由夫妻先后负担之。

五　妻于日常家务有代理夫之管理权外,对共同财产,仍保持其公同共有人之权益。

六　夫妻各人就共同财产所负债务,由财产团清偿。反是者,由各人自理。

七　共同财产解散时,各人依法定或约定取得应有分。

第一目　婚姻财产团

第一　组织

共同财产,由夫妻之财产及所得,除各人之特有财产外,组织之(一〇三一前段)。夫妻之财产云者,系夫妻于结婚时或本制开始时所有之财产。所得云者,系夫妻于婚姻存续中本制开始后,因继承或其他有偿无偿取得之财产。但有偿取得中,若以特有财产为对价而取得者,是否亦以本条所得论,不无疑问,盖既以特有财产之利权作对价而取得者,因特有财产之处分权,专属于各人之故,似以消极解释者为妥。第一千零三十一条既混称特有财产,其允许夫妻得以契约,于法定特有财产外,另为约定特有财产,自无待言,本制在夫妻共同生活上有三个财产体,即共同财产团及夫妻各人之特有财产团(包括法定约定特有财产之全体)是。是在本制解释上所应注意者也。

婚姻财产团,于本制开始时,由夫妻之原有财产全体,无条件合并成立之。除约定制契约及约定特有财产契约,须登记外,原有财产之各个财产,无论其为物或权利,无个别的而为让与或移转等法律行为之必要。又各人所得,自本制开始后,无论何时,随取得而没入于财产团。

第二　性质

夫妻各人之原有财产,合并成立共同财产团后,各人消失其对原有财产之个别所有权,同时对财产团全体各取得公同共有权(一〇二一Ⅰ后段)。换言之,财产团之所有权,由夫妻公同享有之。此种夫妻对财产团,公同享有一个所有权之关系,系基于法定,同时亦基于夫妻财产制契约,属于公同共有之一种(八二七Ⅰ)。凡关于公同共有之规定,除本制有特别规定外,自可适用之。公同共有关系之成立,既亦基于夫妻之契约,则关于公同共有财产上各人之应有部分,可不拘束于各人原有财产之多寡,自由约定之(八二八Ⅰ)。然此种各人应有部分之约定,不过为将来分割时之标准,初非为各人行使权利之比率。盖各公同共有人之权利及于公同共有物之全部,为公同共有之基本原则(八二七Ⅱ)故也。又公同共有关系之成立,系基于夫妻之契约,则夫妻于订立契约时,容或依第八百二十八条第二项前段之规定,订立关于一方或双方得自由处分其应有部分之附款。然此为违反本财产制之意趣,故特为"共同财产夫妻之一方,不得处分其应有部分"之规定,禁止之(八二八Ⅱ)。

第二目　共同财产之管理

第一　管理人

共同财产,虽属于夫妻公同共有。然同时亦为以谋婚姻生活之圆满为目的,自与法定制之联合财产相同,故依婚姻团体之特殊性质,仍由实际上在首长地位之夫,负管理之责。

第二　管理权之性质

本制管理权之物体,与法定制联合财产性质不同。夫之管理联合财产中妻之原有财产,究系管理他人事务,其管理关系类似于普通委任关系。已于前述。本制之共同财产,系夫妻公同共有,财产团上只有一个所有权存在,其管理权系直接根据于第八百二十八条第一项;换言之,即所谓法律规定之公同共有财产上管理权是也。二者所根据法理及其物体性质，均不相同，故其效力，亦随之而异。本制之管理权，实际上极类似于委任合伙人之执行权。而管理之物体，则类似于合伙财产。故在解释上，除以共同生活之目的，为管理之基准外，应根据公同共有之规定，而酌以合伙人被委任执行合伙事务之理论。

第三　管理权之内容

一　占有权　同法定制。

二　事实行为　同法定制。

三　处分行为(一〇二三条但书)　同法定制。

四　债务行为　同法定制。但逾越家庭生活费上管理权以外之债务行为，依公同共有之性质，应得妻之同意，自无待言。

五　收益行为　共同财产之孳息，系属于共同财产。故收益在本制系保存行为之一种，为管理权之当然作用。

六　取得行为　受领行为　除前目孳息外，非属于各人特有财产之物及权利之取得。以及第三人关于共同财产所为法律行为之受领，夫以第八百二十八条第一项之法定管理者资格，代表公同共有人行之，乃为当然之理。

七　诉讼行为　除管理上所必要之诉(如占有之诉)外，应得妻之同意。盖诉讼行为以诉讼能力为要件。而夫无单独处分能力(一〇三一)，即无是项诉讼能力故也。

第四　夫之管理义务及附随义务

一　管理费用　由共同财产负担(一〇三二后段)。夫个人不负责任。

二　注意义务　应根据合伙第六百七十二条之理论，夫负与处理自己事务为同一注意之义务。

三　不得请求报酬(参照六七八Ⅱ)。

四　管理状况报告义务　亦应依合伙法理解释。即有允许妻随时检查家务及其共同财产状况,并查阅账簿之义务(参照六七五)。

五　管理终了时之义务　与法定制同。

第三目　共同财产之使用

共同财产,既属于夫妻之公同共有,则其使用亦应属公同。夫固不能以管理权排除妻之使用。妻之使用亦非根据于对夫之代理权及家庭生活费用请求权,乃直接基于公同共有权。

第四目　共同财产之处分

公同共有人,不能单独处分公同共有物,本为公同共有之特性(八二八Ⅱ后段)。《民法》为防夫妻以财产制条项契约,约定单独处分权,特为第一千零三十三条第一项"夫妻之一方,对于共同财产为处分时,应得他方之同意"之规定禁止之。夫妻对于共同财产,除管理上所必要之处分外,一方不得他方之同意,不但不能为直接任何处分。即各人之债务行为,如其履行之结果,可使共同财产负等于处分之负担者,亦所不许。如不得同意,而擅自为之者,对他方应负赔偿之责。此等虽为公同共有之当然性质,然夫为管理权之法定专有人,且对外有代表他方公同共有人妻之权。其性质之强固,为其他公同共有制度所罕有,故特别为此注意规定也。是项同意之欠缺,第三人自难窥知,故为保护交易之安全,夫或妻均不能以之对抗善意第三人。如第三人恶意者,自不能同论(一〇三三Ⅲ其详参照法定制)。

第五目　妻对共同财产之权利义务

妻既为公同共有人之他方,对共同财产之权义,除应忍受夫之法定管理权之限制外,其他自与夫相同。兹就共同财产之管理权被夫独占后,妻之对夫管理权所有对待权利述之于下:

第一　代理权

妻对共同财产,只就夫之管理权,在日常家务范围内,而为代理之。

夫之原管理权,除管理上所必要外,不能单独为任何之处分,故代理人之妻,自亦不能逾越原管理权及日常家务之范围,而处分共同财产。但在日常家务范围内,而代理处分共同财产以外夫之财产,自不在此限(参照法定制)。

第二　对夫管理之监察

关于本问题,《民法》虽无直接明文规定。然妻既为共同财产之公同共有人,其关于共同财产之权利,除夫之管理权外,固未受任何限制。管理之失当,容或使财产受损害,或被失灭之危险。妻为保持公同共有物上利益起见,自得监察之。故应依据公同共有之原则,及合伙人被委任执行合伙事务之理论,即所谓无管理权之公同共有人妻,纵契约有反对之订定,仍有随时检查家务,及其共同财产状况,并得查阅账簿之权也(参照六七五条)。此盖为公同共有关系之通性,故《民法》不另为如第一千零二十二条之规定。

第六目　家庭生活费用

共同财产之所以组织,其目的原为谋夫妻共同物质生活之圆满,故家庭生活费用。首应由共同财产负担,乃为理之当然(一〇三七前段)。如共同财产已无力负担时,则夫以实际上婚姻团体首长之责任负担之,而妻亦同时依法负相对责任(一〇三七后段详见法定制)。

第七目　债务

第一　共同财产之债务

共同财产之债务,即为其消极财产,应由共同财产负担清偿,为自明之理。然夫妻各人所负债务,除各就其特有财产所负者外,何者系共同财产之债务,何者则否,初难分别。而法律亦未为明白标准规定,解释上,自成问题。今依公同共有之原则及本制共同财产之特性,试为说明应属于共同财产之债务:(一)夫妻各人在本制开始前,就其原有财产所负之债务。因其原有各种财产,随本制之开始,无条件合并成为共同财产,其消极财产——债务,当然亦跟入于财产团。(二)本制存续中各人所得,亦无条件没入于财产团,故其债务亦同。(三)本制存续中夫若妻就共同财产所负之债务,而经他方同意者,自为共同债务,不成问题。盖未经一方同意者,其债务行为之本身,纵不直接妨害公同共有之性质,然其债务之利息债务,因其系就共同财产所负之故,应由共同财产之孳息拨付,乃为债之原则。共同财产之孳息,即为积极共同财产之成分。拨付利息,在共同财产系处分行为,同时亦非所谓基于管理上所必要者。故此种未经同意之债务,自不能为共同债务。此外(四)夫在管理权范围内若负担家庭生活费用所必要之债务,以及妻在第一千零三条代理权范围内之债务,因财产制之特殊性,亦属共同债务,盖可无疑。兹就此原则,依《民法》第一千零三十四条及第一千零三十五条之规定,试为列举共同债务如下:

一　夫妻于本制开始前,就其原有财产所负之债务。

二　夫妻因职务或营业所生之债务。

三　夫妻因继承财产所负之债务。本类及前类之财产或所得,以未经约定为特有财产者为限。

四　夫妻因侵权行为所生之债务,而其侵权行为系基于共同财产而起者。

五　夫妻各人就共同财产所负之债务,而经他方同意者。

六　夫于婚姻关系存续中,在管理权范围内,及为负担家庭生活费用所必要上之债务。

七　妻因第一千零三条所定代理行为而生之债务。

以上七类债务,既属共同债务性质,自应由共同财产清偿。又依公同共有之性质,各公同共有人之权利及于公同共有物之全体。其义务自亦相同。换言之,各公同共有人不能依其应有分而行使权利负担义务,故共同财产上之债务,在实际上容或有超过其应有部分,而以他方之应有部分财产清偿者,亦不能发生请求补偿之问题(一〇三八Ⅰ)。又共同债务超过其共同财产时,应依照合伙理论,由各人随其法定或约定应有部分额数之比例,分别负担之(参照六七七)。

第二　夫妻个人之债务

夫妻个人之债务云者,系非就共同财产所负者,或不应由共同财产清偿之债务也。夫妻既得各保有特有财产,则夫妻于就共同财产而为经济活动外,犹有就特有财产之活动。又虽为共同财产上之活动,其效力,依公同共有之性质,有不能拘束共同财产者。是类经济活动上所负债务,自应由各人自行负责,盖为自明之理。今试略举之如下:

一　夫妻于结婚前或婚姻存续中,就其法定若约定特有财产所负之债务。

二　夫妻于婚姻关系存续中,就共同财产所生之债务,而未得他方同意者。

三　夫妻因侵权行为所生之债务,而其行为之原因,并非为管理或取得共同财产者。

四　夫逾越第一千零三十二条管理权所生之债务。

五　妻逾越第一千零三条代理权限之行为所生之债务。

上五类债务,均系夫妻个人责任,与共同财产并无关系,不应以共同财产清偿。故凡此等债务,若由共同财产清偿者,系代位清偿之性质,债务人夫或妻对其共同财产负补偿之责。反之,共同财产之债务,而以夫或妻之特有财产清偿者,共同财产亦负补偿之责,其理亦同。然此等补偿之请求或履行,原有保持或整理共同财产之性质。故虽本制存续之中,无论何时,均得请求或履行之(一〇三八Ⅱ)。

第八目　共同财产团之解散

第一　解散之原因

共同财产团之解散原因,亦可分为:基于婚姻解消之解散,及基于财产制改用之解散。其详见法定制项说明,兹不赘。

第二　清算

本制清算,系欲得于解散时,现存共同财产之确额。与法定制之清算,专就妻原有财产,而为整理不同。因共同财产之分割,系就各人法定或约定之应有分而为之,为量的分割,而非种类的分割。故应就共同财产全部,无论其积极的人欠,或消极的欠人,而为统盘之清理。清理后,其结果,无论其较固有财产已为增加,或为减损,或全部变为消极财产——债务,总之为现存之共同财产。按照各人法定或约定之应有分额,比例分配之。

第三　分割

一　基于财产改用之分割

共同财产分割时,若各人应有分未曾为契约约定者,原则上,夫妻各方得现存共同财产之半额(一○四○)。消极财产亦同。如有应有分契约者,依其契约。

二　基于婚姻解消之分割

1　夫妻一方死亡场合

如未以契约约定应有分者,生存配偶与死亡者之继承人,各得其半数(一○四○)。但此仅系死亡者继承人,代死亡者分割共同财产而言。非摈斥生存配偶对死亡者所有遗产继承权之意。故生存之他方仍有依法(一一四四)继承死亡者遗产之权。如有约定应有分者,应依约定数额分割,自无待言(一○四○)。如生存之他方,依法(一一四五)不得为死亡者之继承人者,不但丧失其对死亡者之继承权;且无论其应有分有否约定,只许取回其固有财产(一〇三九Ⅲ、一〇五八)。盖生存方至丧失其对死亡方之继承权,是对死亡方已在恩尽义绝之状态,故《民法》予以与离婚者同一处遇,不使享受财产制终了效力上之种种利益,以期法序全体之平衡焉。

2 离婚及婚姻之撤销场合

离婚时夫妻各取回其固有财产(一〇四〇、一〇五八)。婚姻之撤销,亦应同断。

第三项 所得共同财产制——约定制

本制之大纲

一 组织婚姻财产团——所得共同财产及联合财产。

二 夫妻各人之所得,合并为共同财产。所得以外妻之原有财产及夫所有财产,为联合财产。

三 二个财产团均由夫管理。联合财产之收益,归属于共同财产。

四 家庭生活费用,先由所得共同财产负担;如不足时,先由夫负担,次及于妻。

五 妻对二个财产团之管理,有监察权。在日常家务上有代理夫之权。

六 所得共同财产团之债务,由共同财产负担;各个人债务,各人自理。

七 本制废止时,所得共同财产,夫妻依法定或约定应有分额分割。妻由联合财产取回其原有财产。

第一目 婚姻财产团

以夫妻因劳力所得之财产及原有财产之孳息,组织共同财产团(一〇四一Ⅰ),配作夫妻共同物质生活之第一次财源,乃为本制之根本概念,同时亦为其效用目的。但除此二项所得以外之夫妻财产,在婚姻生活上处于何种地位,自为组织所得财产团以后之第一问题。依理夫妻既仅约定所得为共同,则此外之财产,由夫妻各自分别保有,以分别财产制规律之者,或较彻底。然原有财产之孳息,即为共同财产之主要成分,且管理与收益在实质系相连之行为。夫既为共同财产之管理人,则为管理上便捷起见,收取原有财产之孳息,即收受共同财产之组成分,亦由一人专责经手者为妥。故《民法》以夫有收益权之联合财产制,处理所得以外之财产也。职是之故,本制盖为介于联合制及共同制二者间之折中混合制。一制之中包有二个(所得共同财产及联合财产)性质不同之婚姻财产团,为解释时应注意之特质也。今就此二财产团分项说明之:

第一　所得共同财产团

所得共同财产团,由夫妻因劳力所得之财产,及原有财产之孳息,组织之。劳力所得云者,以精神的或肉体的劳作所换得之报酬或代价之谓也。依前项共同财产制之规定,夫妻之特有财产——至少法定特有财产,不加入于共同财产团(一○三一)。而妻因劳力所得之报酬,为其法定特有财产(一○一三4)。在本制则以夫妻劳力所得,为所得共同财产之主要成分(一○四一I)。除此外,又未为任何释明的规定。在解释上易滋疑义。兹姑就第一千零四十一条之文字,而为解释之。依本制之性质,为仅就前项共同财产制,即一般共同财产制中之所得,而为共同者,故大体应同前项之共同财产制,而保留夫妻之特有财产。不过妻法定特有财产中之劳力所得,在本制既归属于所得共同财产团,则由第一千零一十三条妻之法定特有财产中除外之。其他三项仍为妻之特有财产。夫之法定特有财产,虽在本制之联合财产团上不生分离之效用。然其孳息,若亦认为所得共同财产团之成分时,则在债务负担分割应有分额上均有重大意义。故依共同财产制之特性,实亦有留保之必要。然夫既负家庭生活费用之主责任,在实际上或转以依照联合财产制之规定,不留保者为妥。故原有财产之孳息云者,除妻法定特有财产(但中除劳力所得)外,夫妻于结婚时及婚姻存续中所原有全体财产之孳息也。所得财产团之性质,属于夫妻公同共有,并得以契约约定各人应有分额,与前项共同财产制相同。

第二　联合财产团

联合财产团,由结婚时属于夫妻之财产,及婚姻存续中,除劳力所得及妻之特有财产外,夫妻所得之财产,联合组织之。其性质仅为管理上之共同。各人仍保有其所有权。与联合财产制相同。其收益归属于所得共同财产团。是则与联合财产制之归夫所有者不同耳。

第二目　婚姻财产团之管理

本制中之二个财产团,均由夫一人负管理之责。管理权性质及内容,均与各财产团所属原财产制相同。然联合财产之收益,即为所得共同财产团之所得,故夫无独立之收益权,不过为管理内容之收益行为而已。

第三目　婚姻财产团之处分

所得共同财产团为本制婚姻生活费用之第一财源,已于前述。故管理人之夫,在此目的及管理上所必要范围以内,自得单独处分之。联合财产团之处分,仅限于管理上所必要,其详各参照其原属本制。

第四目　妻对婚姻财产团之权利义务

参照各财产团之原属本制。

第五目　家庭生活费用

家庭生活费用,首由所得共同财产团负担之。财产团不足负担时,由夫就其所有财产负担之。如再不足,则由妻之所有财产负担之(一〇二六、一〇三七)。

第六目　债务

所得共同财产之债务,由所得共同财产团清偿。联合财产之债务,由联合财产清偿,自无待言。然所得共同财产团所负债务,除因谋劳力所得而生之债务外,盖即为负担家庭生活费用所负者。此项债务,如所得共同财产无力清偿时,虽应由夫妻按照约定或法定应有分额比例分负(参照共同财产制)。然本制之第二财产团为联合财产,依联合财产之规定,夫应负家庭生活债务之主责任(一〇二六)。故凡所得共同财产团所负家庭生活费用上之债务,应由夫就所有财产负责清偿。夫不足清偿时,然后由妻之原有财产负担之。故本制所得共同财产团之债务,不能与前项共同财产团之债务相同,而适用关于公同共有中合伙财产之理论。其他债务,各人依照联合财产制之规定,分别负清偿之责。

第七目 婚姻财产团之解散

第一 解散之原因

解散之原因与前二制相同,兹不赘述。

第二 清算

所得共同财产团之清算,为就现存所得财产之结算;换言之,就现存所得财产而为依法定或约定应有分额分割之。如仅存消极之债务时,除为谋劳力所得所负之债务,依照应有分额分偿外,由夫独负清偿之责。联合财产团之清算为就妻原有财产之整理(参照法定制)。

第三 分割

一 基于婚姻之解消分割者,各依所属原财产制之规定。

二 基于财产制改用之分割者,亦各依所原属财产制之规定。

第四项 统一财产制——约定制

本制之大纲

一 组织婚姻财产团——统一财产,有时或有联合财产。

二 于本制开始时,妻除其特有财产外,将财产全部或一部估定价额,移转所有权于夫。妻取得该财产估定价额之返还请求权。

三　家庭生活费用，由夫负主责任。至夫无支付能力时，由妻负担之。

四　妻对统一财产团有监察权，在日常家务上有代理夫之权。

五　无财产团上之共同债务。各人债务各自清偿。

六　本制废止时，妻收回其原有财产估定价额之全部。如有联合财产团者，妻并取回原有财产。

第一目　婚姻财产团

统一财产团，于本制开始时，妻除特有财产外，将原有财产估定价额后，移转所有权于夫，与夫之一切财产合并组成之。妻对统一财产团，取得原有财产估定价额之返还请求权（一〇四二）。本制之根本概念，为婚姻财产团之所有权，专属于夫一人。换言之，夫之对妻原有财产支配权，由联合财产制之管理用益权，而扩充至于整个所有权。妻之对原有财产，由所有权而退缩变为价格返还请求权。除此二点外，皆与联合财产制相同。故《民法》关于本制之事项，均明定适用联合财产之规定也（一〇四三）。

在本制应加入统一财产团妻之原有财产之范围：即是否限于订立契约时妻之原有财产，抑系契约成立以后，凡属妻所得之财产，亦均包括在内，法律未予以明确规定；详言之，后者于妻每得财产时，估定其价额。移转所有权于夫，而妻取得累计估定价额之总返还请求权，于事可能，于理亦合。反之，前者于订立契约时，仅就现存妻原有财产中一部分，归夫所有，而取得其估定价额返还请求权。此外及以后所得者，均自保其所有权者，亦自无不可。法律不明定此种范围者，盖任夫妻财产制契约之自定也乎。故本制婚姻财产团之形态，随夫妻财产制契约之内容，可得有四种场合焉：

一　仅限于妻在订立契约时所有原有财产之全部。此后任何财产，均自保有所有权，不参加统一财产团。但将此种保为自己所有之财产移转于夫管理收益,另构成联合财产团。

二　不论订立契约时妻之所有,订立后所得,一切原有财产,包括的移转于夫所有(但随取得,随估定价额)。如此者无存立联合财产团之余地。

三　仅就订立契约时妻所有原有财产中之一部分,而不及其他若此后之所得者。自始并成立联合财产团。

四　仅就妻某种类之原有财产,订立包括的移转所有权于夫之契约,不论其订立契约时所有或订立后所得者。自亦同时并成立联合财产团。

总之,上举四种场合,随财产制契约约定,法律不加干涉。故在本制于统一财产团外,有时又有联合财产团。此二种财产团,与妻之特有财产合计时,共同生活上有时并存三个财产体之现象。

第二目　婚姻财产团之管理使用收益处分等

统一财产团之管理使用收益处分,财产团系夫一人所有,自不生任何问题。联合财产团则依法定制。

第三目　妻对婚姻财产团之权利义务

妻对统一财产团,虽丧失其所有权,然间接仍就其价格,而为公同。故妻对原有财产之价额返还请求权,自应优先于夫之一切其他债务(参照本节第一款第三项第三目)。为保障此项物权的请求权:妻对统一财产团,有监察之权,盖为自明之理。故《民法》为规定准用第一千零二十二条之规定(一〇四三)。日常家务上代理权,及对联合财产之权义,均同法定制。

第四目　家庭生活费用

家庭生活费用,夫负绝对责任。妻至夫无支付能力时,始负担之(一〇二六)。

第五目　债务

在本制各人债务,各自清偿,就第一千零四十三条规定本制"准用关于法定财产制之规定"推之,盖无容疑。即统一财产上债务,应由财产所有人夫负清偿之责。妻之债务,由妻自行清偿是也。然应研究者妻之就其原有财产所负债务,应如何而实行其清偿是。(1)妻于移转其原有财产所有权于夫前,就其原有财产所负债务,依理与其积极财产一并移转于夫,于估定价额时,将其债务额,由返还请求额中扣除之,是则已完全为统一财产之债务,由夫直接清偿,自无问题。(2)设若未为是项扣除,或妻于移转所有权后始就该财产所负债务,如届清偿期时,应由夫代偿耶,抑由妻直接自偿,而向夫请求返还其一部分价额耶?推本制之性质,夫妻各人财产,原属分立,不生积极的共同关系。统一财产为夫所有,夫对妻只负返还估定价额之债务,除此外无代偿妻债务之责任,故除夫妻间有特别约定者外,仍应由妻自行清偿之。然妻之抵偿其债务之原有财产,已变为价额返还请求权——债权,故妻欲清偿第一千零二十四条之债务,除向夫请求返还其价额而为给付外,无他法也。又考本制妻价额返还请求权之行使,并无时间上之限制,妻于有必要时,任何时期,均可请求返还价额,以清偿债务,乃为自明之理。如夫无正当理由而拒绝返还时,应成为妻方请求改用宣告之情由。盖行使返还请求权之结果,间接实为对统一财产之处分故也(参照一〇一〇三)。联合财产上债务,及统一财产与妻特有财产间之债关系等,均依法定制之规定,分别清理,自无待言。

第六目 解散

解散原因与各制相同。解散后,妻由统一财产团取回估定价额或原有财产。由联合财产取回原有财产。估定价额及原有财产如有短少,向夫或其继承人请求补偿,补偿之过失要件及举证责任等,均依法定制规定。分割实行,亦同。

第五项 分别财产制——约定制兼法定善后制

本制之大纲

一 夫妻各人财产,完全分离独立。

二　家庭生活费用，夫负主责任，妻负补助责任。

三　妻于日常家务上，有代理夫之权。

四　各人债务，除对家庭生活费用上所负债务，妻负相对责任外，各自清偿。

第一目　本制之意义

夫妻各保有其财产之所有权、管理权及使用收益权（一〇四四），相互间之财产关系，与非婚姻人间相同，法律上不发生当然的共同管理收益等之关系，此盖为本制之根本概念也。各人财产，虽完全分立，但婚姻本质之共同生活，究不能因财产之分离，而受其影响。故（1）因同居一处之结果，二人之财产难免时有混合，从而亦易发生所属不明之财产。因所有权严分之故，此项所属不明之财产，遇发生法律问题，而有势非确定其所属不可之情形时，应如何处理，《民法》未为规定，解释上不无问题。余以为夫为家庭生活之主责任人（其理由参照后述）；而约定制对法定制，为有特别法与普通法之关系，故依此情理（一〇一七Ⅲ），应推定为夫所有，以免为确定所有权而起纠纷者为妥。（2）夫妻各人财产，虽可严格分立，然共同生活上所必要之生活费用，不能谓亦可各自为政，不相牵涉也。《民法》在本制亦仍以夫为家庭物质生活上之主责任者，妻为相对责任者，以贯彻各种夫妻财产制上一贯主旨。故夫虽对妻财产无法定管理用益等权，然为遂行此项责任，以及妻对此而履行协助义务时，相互间自不得不有财产上往来。其往来之内容及程度，与其他四制虽有简复之不同，其结果仍为发生财产关系，则犹相同也。兹就《民法》所规定者说明之于后：

第二目　家庭生活费用

在本制，夫仍负家庭生活费用之主责任，除前述《民法》之一贯主旨外，观本制（一〇四五Ⅰ后段、一〇四六3、一〇四七Ⅱ及一〇四八）之法意亦可明也。所谓主责任云者,其义有二:(1)家庭生活费用,由夫负责筹措(自包括为此项费用之债务行为)。(2)夫自已先履行此项义务,而后可对妻要求补助(如夫无支付能力者,自不在此限)。因在本制对妻财产,夫既无直接收益等权,可资津补。故得于上述两义之下,可要求妻为相当负担(一〇四八)。所谓相当云,适应于(1)妻之资力,(2)夫妻之生活程度及状况,以及(3)夫已负担之比额等三者之谓也。如夫已无支付能力者,则妻以其全财产负担之(一〇四七Ⅱ),自与其他财产制相同。

第三目　夫妻相互代理权

在本制夫仍为婚姻物质生活之首长,故妻仍有代理权之发生(一〇四六3)。妻在日常家务上,就夫家庭生活费用之责任范围内,有代理夫之权。为支配日常家庭费用,得就夫之财产,为管理使用收益等行为。如必要时,亦应可为相当处分行为。为此项目的,而为债务行为时,亦以夫之名及其责任,代理之,妻直接可不负责任。但如夫为无支付能力者,对债权人及夫,就其财产,直接负补充责任(一〇四七Ⅱ)。反之,夫已无支付能力,妻有财产,而不为负相当负担时,夫得根据第一千零三条之规定,代理妻,对其财产,而为"相当负担"上所必要之行为,盖为夫妻互为代理人之当然结论乎。

第四目　妻财产之委任管理

妻得以契约,将其财产之一部或全部,付与夫管理之(一〇四五Ⅰ)。此项管理权之付与,完全系普通财产法上之委任关系,基于妻之授权,非财产制之当然效果。故妻得随时撤销委任,而取回其管理权(一〇四五Ⅱ)。对所有财产,不得抛弃其管理权,盖为当然之理,原无此种注意规定之必要。然《民法》特为此项注意规定者,恐夫妻对管理为期限上之合意,在其约定之期限内,变为法定制上之管理权,而消失本制以二人财产完全分立为根本精神之本旨也。妻对家庭生活费用既负相对责任,而夫负有筹措之主责任,故即将其所管理妻财产之孳息,直接充作妻之此项负担,而不再经先将孳息移转于所有人之妻,复由妻应夫之请求,而交付于夫等程序,似于情理均属妥便。故《民法》特为"推定夫有以该财产之收益,供家庭生活费用之权"之规定(一〇四五 I 后段)。既属推定,妻自得以反证否定之。即不然,复可将管理权随时收回也。

第五目 债务

在本制夫妻各人之积极财产既各自分离,则其消极财产之债务,亦应为分离主义,盖无待言。《民法》于第一千零四十六条第一第二两款之夫债务,及第一千零四十七条第一第二两款之妻债务,由夫妻各自清偿,乃当然之规定也。惟为充家庭生产费用所负之债务,因其有共同性质,且以夫为主责任人之故,故妻在日常家务代理权限内所负之债务,原则上仍应由夫负担之。然对此项债务,夫已无支付能力,不能清偿时,妻以相对责任者地位,就其全财产负担之(一〇四七 II)。盖为家庭生活之统率上,责任容有先后轻重之分,在团体的互相合作之精神上,妻固不可有异于夫也。

第八节 离婚(德:Ehescheidung;法:Divorce;英:Divorce)

第一款 离婚之意义

婚姻之解消原因有三:(1)夫妻一方之死亡,(2)婚姻之撤销,(3)离婚是也。(1)(2)已分别说明于前,兹就离婚解说之于后。

婚姻既系夫妻两愿终身之结合,故二人间理应敬爱和谐,犹水乳相融,辅车相依,然后始不悖两愿偕老之理想也。即不然者,虽无热烈情爱,然亦各修各德,相安无事,固犹不违失共同生活之意义。若乃情感乖张,意见参商,双方或一方认为已不能继续维持时,犹复严守终身结合之原则,不予变动救济者。是无异强吴越之共济,容冰炭于一炉,即不溃决爆裂,亦陌路其情,寇仇其心,盖已消失婚姻之本意矣。况人生之惨祸悲剧,多缘恶缘怨耦而演展者耶。故虽经庄严程序而结合之完全无疵之婚姻,在夫妻双方生存中,遭此种破绽时,势非解消之不可矣。此种解消方式,即本节之所谓离婚是也。

对期以终身之婚姻,同时复为人为解消之规定,虽不无矛盾之嫌,然白首同穴,原为当事人全人格结合之初意,亦即婚姻之本旨。犹人之初生,期其寿考,不能预定修短也。其因中途突发变故,致不能继续,犹人之灾病夭殇,同为自然现象之一种。乃可讳避而不预为善后之计乎。故离婚虽为否定婚姻之不祥事,在社会秩序上系一种恶害。然婚姻乃社会之基础组织,基础组织之不良,宁能期社会之健全。况勉强维持不能继续之婚姻,一旦溃决爆裂,其祸害之及于社会,盖更有甚于离婚者乎。两害相较避其重,离婚盖为避免由恶缘怨偶所生更大恶害之安全瓣也。今试为其定义如下:

"离婚云者,于夫妻双方生存中,以契约或因判决,解消一切婚姻关系之谓也。"

今为摘抉离婚与其他二种婚姻解消情形——因配偶一方之死亡及婚姻撤销之不同点,以为释明其性质之助焉。

第一　其与因配偶一方死亡而解消之不同点

一　离婚既系在夫妻双方生存中,以契约或判决而消灭婚姻关系之谓,故与以配偶一方之死亡,即基于死亡的自然事实而消灭者不同。

二　离婚之结果,为无条件向后消灭一切由婚姻所生之姻亲关系,然婚姻因配偶一方死亡而解消者,其姻亲关系为有条件的消灭(见前)。

三　离婚之夫妻财产关系，无论其用何种夫妻财产制，各取回其固有财产（一〇五八），不生相互继承问题。至夫妻一方之死亡，除依法丧失继承权者（一一四五）外，生存配偶例与死亡方之继承人，依照原用财产制分割，并为共同继承人。

第二　其与结婚撤销之不同点

一　离婚系解消完全无瑕之婚姻。婚姻撤销，则为消灭结婚时有瑕疵之婚姻。

二　离婚之原因，系发生于婚姻成立以后者。婚姻撤销之原因，则限于结婚时已存在者。

三　离婚之当事人，为限于夫妻本人自身。婚姻撤销，于夫妻以外，第三人亦得请求之。因此之故，离婚限于夫妻双方生存中，婚姻撤销，可行之于一方死亡之后。

第二款　离婚法之立法主义

第一项　欧洲离婚法立法主义之变迁通观

在罗马法学极盛时代（纪元二三世纪时），认婚姻既以各人自由之契合而成立，其解消亦应听当事人之自由合意。故离婚在当时，不但认许两愿离婚，并认许由一方主张之单意离婚。然其单意离婚，实为妻单方屈于夫权而离去，所谓男子专权离婚者也。至第六世纪时，受基督教思想之影响，对于自由离婚已加以相当限制矣。

基督教思想认婚姻为神圣，离婚为罪恶。除奸淫及信徒与非信徒之结婚，应许离异外，不准离婚。此即为基督教严格禁止离婚主义也。随宗教势力之普及，欧洲各国一时，均曾倾向于此主义。然神意究不敌人情，理想不敌实际，此种严格主义，在宗教势力支配之下，亦不能维持久长。于是由教会另创"别居"制之救济办法，以和缓之。别居云者，在婚姻中免除同居义务之谓也。通常由法院宣告之。别居中除免除同居义务外,其他一切仍受婚姻效力之拘束(别居中所生子女为婚生子,通奸为有夫奸,相互有扶养权义及继承权利等。)(至今西、意二国只认别居,不许离婚。德、比、英、匈、北美等国,别居与离婚并行。瑞典、挪威、瑞士之以别居为离婚之序曲等,盖即为此种沿革之残迹也)。

其后经宗教改革、自由思想、自然法学、契约制度等之发展,至法国大革命时,宗教的禁止离婚主义,遂不能维持。而确立离婚之三种原则:(1)只据夫妻双方合意,而无须提出具体理由之两愿离婚。(2)由一方提出法定原因之法定离婚。(3)由一方主张性情不合,而无须法定原因之单意离婚是也。于革命过程中,几经变更,《拿破仑法典》,乃取限制主义及严格的两愿主义离婚法。限制主义离婚法云者,离婚限于有法定原因者之谓。至一八八四年复将两愿离婚删去,施行至今。其后各国离婚立法,受其革命之影响,多以此法典为蓝本(于判离外并许和离者,为苏联、比、荷、瑞典、挪威、丹、希、葡、土、罗马尼亚、日等。只许判离不认和离者,法、德、瑞士、英、北美、匈等)。

随文化之发达,人类之物质及精神生活,日趋复杂。在此复杂生活环境之下,夫妻间共同生活上之必须的适应条件,亦愈繁复,从而离婚之原因,亦有与日俱增之势。适应此种趋势,为规定广泛之离婚原因者,盖为普鲁士之邦法。在此法不但认一方以过失所引起之有责原因,如通奸、恶意遗弃、拒绝性交、意图杀害、重罪、品行不端、拒绝赡养等;并发于偶然事变之无责原因,如精神病、性交不能症等,均为法定离婚原因。实为近世宽大限制离婚主义立法之先驱也。

至一九一八年,苏俄之婚姻法,乃否认一切维持婚姻继续之强制力。只要一方认为婚姻已不能继续时,即可提出离婚,亦即为离婚之原因。故两愿离婚自不必论,即由一方所希望之离婚,其希望离婚之动机如何,亦非所问也。此盖为现时仅有之绝对自由离婚主义之立法例也。

第二项　我国古来离婚立法主义

我国此前法律思想,对于离婚之态度,殆可以明王祎"夫妇之道以义合,以礼成者。其成也则纳之以礼,不合也则去之以义"。及清钱大昕"夫父子兄弟以天合者也,夫妇以人合者也。以天合者,无所逃于天地之间。而以人合者,可制以去就之义"之言,代表古今。认婚姻为以义结合者,应可以义离异之,以契约的理论,而说明男女之离合,盖为通中外不刊之论也。然其所谓"义"之涵义,盖即为我国古来社会正义观念之总代词也。义者,恩也,宜也。故婚姻者,以恩合之,至不宜于社会正义观念时,则应可离之,不必保持也。所谓社会正义观念者何:(一)男性本位之宗族组织。(二)事宗庙继后世之婚姻目的。(三)孝为最高道德。(四)三从四德之女子义务。(五)夫义妇顺之夫妻道德等是也。由此等理念所指示之离异原因,第一即为《孔子家语》之妻单方离异原因之"七出"。即"一曰不顺父母,为其逆德也。二曰无子,为其绝世也。三曰淫,为其乱族也。四曰妒,为其乱家也。五曰有恶疾,为其不可与粢盛也。六曰口多言,为其离亲也。七曰窃盗,为其反义也"(《大戴礼记·本命》)。此类发生于妻方之情由,盖均为不合宜于上述正义观念,故为夫者有出之权,妻有忍受被出之义务。然在妻方者于"七出"情由之外,又有合乎正义观念之恩义存在者,则可以之对抗,而免于离出。即所谓"三不去":(一)有所娶无所归不去,(二)与共更三年之丧不去,(三)先贫贱后富贵不去是也。此等"七出"礼制,盖即为历朝律例之立法原则,现存之唐明清律,虽略有出入,大概直接用为条文。自唐律以后,于"七出""三不去"外,复加"义绝"之条。义绝者,"谓于夫妇之恩情礼义,乖离违碍,其义已绝者也"。此为夫妻平等之离婚情由,与七出之限于妻单方者不同。又妻之犯奸及有恶疾,虽有"三不去"之义,仍无阻却离去之效力。

七出义绝,盖为近世所谓限制主义之一种。妻有七出原因,除有三不去者外,不问妻之愿否,得由夫强制出之,亦即学者之所谓专权离婚者也。义绝为夫妻相互之离婚原因,然由"若犯义绝,应离而不离者亦处罚"(清律)及"诸犯义绝者,离之,违者徒一年"(唐律)之律意观之,盖不问夫妻两方之意思如何,法在必离。故学者名之为法律强制离婚。于此外又许夫妻之合意离异。如唐律之"义绝离之"条"若夫妻不相安谐而和离者不坐",又清律"出妻"条"夫妻不相和谐而愿离者不坐"是。盖即近世所谓两意自由离婚也。综上考论,我国现行法前之离婚立法主义,为以限制主义为原则,而兼许两愿自由主义者也。而限制主义又不仅限于判决离,且并行夫之专权离及法律强制离。自由主义则仅两愿离,而不许单意离。

《民法》取比较宽大限制离婚主义,而废除夫专权离及法定强制离。同时兼采两愿自由离,而不许单意自由离。兹依《民法》规定分款说明之于后。

第三款　两愿离婚——和离

第一项　意义

两愿离婚云者,夫妻两愿解消其婚姻关系之谓也。唐律谓之和离,清律与《民法》同。前大理院判例(五年上字一四七号等)及著述,均仿《日本民法》称为协议(上之)离婚(《日民》第八百零八条以下)。兹从《民法》之规定,或袭唐律简称之曰和离。

和离系解消婚姻之契约,异于普通债法契约之亲属法契约。婚姻本身既成立于当事人意思之合致,除此外不需任何原因。则其解消,亦应相同。即除两意合致外,亦不需其他任何原因。换言之,夫妻彼此情不相得,双方均认离异,为各人之幸福者,即为其离异之唯一原因。一方或双方有否第一〇五二条所列之法定原因,非和离之直接成立要件。此即为与判离根本不同之点。

第二项　和离之要件

和离必备下列要件。盖既许以二人之合意,解消其由合意成立之婚姻,则其解消亦应具有与其成立同样意义之要件,然后方符合婚姻当事人自由意思主义之精神也。分述之如下:

第一　实质要件

一　夫妻之两愿

夫妻两愿离婚者,得自行离婚(一〇四九)。此之所谓夫妻两愿,完全与第九七二条"当事人自行订定"及第二节之结婚两愿相同。两愿云者,各人自愿之意。以夫妻自己之真意为要件。故离婚之意思表示,以无瑕疵者为限,且为不许代理之法律行为。故不能由法定代理人或其他代理人代理之。若一方或双方缺乏离异之意思,和离即根本不能成立。①

二　法定代理人之同意

年少者任性使气,往往因牙角之争,睚眦之忿,各趋极端,以致决裂仳离。是不但易贻当事人后日之悔,且或酿成一家之不幸。故《民法》对未成年人之和离,以法定代理人之同意权保护之(一〇四九但书)。此为亲属法之不适用结婚成年规定之又一例也。同意权者之法定代理人,为各方之父母。父母之意见不一致,或一方不能行使同意权时,由各方之父母或母一方行使之。父母均已亡故,或不能行使同意权时,则由其他法定代理人行使之。一方或双方均无法定代理人者,无同意之离婚行

---

① "……两愿离婚为不许代理之法律行为,其由无代理权人为之者,本人纵为承认,亦不因之而生效力。"(二十九年上字一九〇四号)

为,从后述同意权之目的效用,及婚姻自主之理论推之,自属有效①。又本条只谓未成年人,而不及无行为能力人。故禁治产人之和离,在其意思能力恢复常态中所为者,应为有效,不必经其监护人之同意也。

第二　形式要件

两愿离婚既系以夫妻之合意,而惹起离婚之效力者。则其成立,要以双方明确意思表示之合致,为唯一要件,已如前述。为保障此种意思表示之确实起见,《民法》特以书面为其形式要件。书面之效用,既在保证意思表示之合致,故只须足以证明其出于两相情愿者已足,不必拘任何体裁。书面虽以二人之合意而成立,然究属帷薄内幕,是否出于自由意思之两愿,犹难确实。故又以二人以上之证人,参加签名,以证明之,然后始可发生效力(一〇五〇)。关于证人之资格②,及和离之户籍登记等,应与结婚场合相同,参照结婚节。

第三项　和离之无效及撤销

关于和离行为之无效及撤销,《民法》未为如结婚之特别规定。然和离既为法律行为之一种,其得有无效或得撤销之情形,自无待言。况在男女经济能力,未跻平等之目下情形,经济的优强者之夫,利用其经济上优势,利诱威迫,使劣弱者之妻,不得不饮泣而去,盖为习见不鲜之事。是则假和离之美名,而行单意专权离婚之实际,夫岂男女平等原则之本旨。故为保护经济能力劣弱者起见,在司法立法政策上,尤应有多予无效及撤销之机会及规定也。然和离为惹起复杂且特殊亲属法上关系之

---

① "依《民法》第一千零四十九条但书之规定,未成年之夫或妻与他方两愿离婚,应得法定代理人之同意。《民法》就违反此规定之两愿离婚,既未设有类于同法第九百九十条之规定,即不能不因其要件之未备,而认为无效。"(二十七年上字二〇六四号)

② "……并无证人须与当事人素相熟识之限制,故签名于离婚书面之证人,纵与当事人素不相识,两愿离婚之效力,亦不因此而受影响。"(二十八年上字三五八号)

变化者。其影响所及，不仅止于夫妻二人，且间接及于亲属若其他第三人。《民法》既未为特殊规定，虽只有准据总则法律行为之理论而为处遇。然亦不能无条件直接适用，自与结婚之场合无异。今试根据总则及参酌结婚撤销之规定，而为说明之：

第一　无效

一　当事人缺乏意思

和离以两相情愿为唯一要件，如一方无离异之意思者，其无效自不待言。故在无意识或精神错乱中所为之和离（七五），由他人代理之和离等，自属无效。但在禁治产场合，因禁治产人关于婚姻行为有能力，故在和离时，能证明其在意识明了，或精神恢复常态中所为者，自不在此例。

二　形式要件之欠缺

和离系要式行为，不具备书面之和离，自属无效。又书面以二人以上证人之签名为要件，故虽具书面，若无二人以上证人之签名者，仍属无效。

第二　撤销

一　被诈欺或被胁迫之和离

因被诈欺或被胁迫而为之和离，是否为无效抑得撤销，不无问题。然形式要件固已俱备，且诈欺之发见或胁迫终止前，即被诈欺或被胁迫之本人，对行为之效力，固亦未有否定之意思表示。故应依总则规定，以得撤销论者为妥（九二）。若诈欺系由第三人所为者，应依总则规定而为处断耶，或应依照结婚场合排除总则适用耶，自是问题。余以为应依照后者处遇之。

二　同意之欠缺

未成年人之和离，而未得法定代理人之同意者，因总则无是项同意之规定，故不能根据总则（参照本章第三节第二款第一项）。然是否可依结婚撤销之规定，予法定代理人以撤销权，法亦无规定。同意权而无撤销之救济作用,是同意权为等于虚设,自非同意制立法之本意。且本节同意权之效用目的,盖亦为保护未成年人之利益及家庭之和平,与结婚场合应理无二致。故余意以为法定代理人应有撤销之权。

三　撤销之程序、效力、消灭时效等问题,法无规定应加研究

(1)和离之撤销,是否仅依总则规定(一一六),单以意思表示,即可生效。或应照结婚撤销之理论,以诉之形式,而请求法院之判决。(2)和离撤销之效果,依总则规定(一一四),应溯及于和离成立时。则离异期间内所生关系,均应附以婚姻关系之效力,是否妥当。(3)撤销权之法定期间如何等等,《民法》均未为特殊规定,盖为缺憾。余意以为(1)应依结婚撤销之规定,诉请法院为之。(2)应适用总则规定而有溯及效。(3)被诈欺或被胁迫场合,应参酌第九百九十七条规定,欠缺同意场合,应依照第九百九十条规定之法意处断之者为妥。

第四款　判决离婚

第一项　意义

判决离婚云者,法院依夫妻一方之请求,以判决解消婚姻之谓也。简称之为判离。对于离婚,夫妻双方意思能合致者,即成前款之和离,固无待乎诉讼判决也。设若夫妻一方,有重大情事而不愿离婚,他方认此种情事为婚姻继续之阻障,必欲离婚。意见各执,和离既属不能,势必诉诸法院,法院若无条件尊重欲离方之意思,则实际上或成为单意自由离婚主义。若听许不愿离方之意思,则已不能继续之婚姻强为保持,其结果除和离外,将无离婚之可能。两者均非中庸之道。故《民法》对于此种既不能和离,而又不能继续之婚姻,特为列举准许离异之情由,以为法院审判之标准。同时亦所以限定单意请求判离者之主张。此种审判标

准即请求理由,即所谓离婚之法定原因是也。夫妻一方有法定原因时,尊重请求方之意思为之判离。反之者,尊重不愿离方之意思,命其继续婚姻。故判离必由夫妻之一方,对有法定原因之他方,提起请求离婚之诉①。由法院审查其情由,是否符合《民法》所规定者。审查确实后,始以判决离异之。此地应注意者,只需被告方有法定原因,原告有否法定原因,非所问也。盖判离之目的,在济和离之穷,且原告之有否原因,仍无益于婚姻之能否继续也。

第二项　判离之法定原因

判离之法定原因,既为以夫妻一方之意思,借国家之强制力,而解消婚姻之要件。换言之,即为决定婚姻运命之关键。故采定判离原因,实为立法政策上之重大问题。盖法定原因之性质及多寡,即为离婚自由范围之广狭也。立法上采定离婚原因时,有以夫妻一方之责任——尤其婚姻义务之违反为标准者;是为有责主义。有以不能达婚姻目的之情事为标准,而不问其责任之有无者,是为目的主义。然此种分类说明,仅为发生论的区别。有责原因之结果,亦为破坏婚姻之目的。故解释论,应以认定有破绽之婚姻,在社会利益上,应否予以继续。一方所有之情由,是否为破坏婚姻之目的为断。换言之,一以目的主义为归宿。似不应以离婚,解为情由责任之制裁。盖离婚原因上之责任,虽为损害赔偿之要件,然非离婚之直接原因。离婚之直接原因,乃为责任结果之事实,是则不可不辨之。且离婚与制裁,截为二事,尤不能相混也。兹就《民法》第一〇五二条所列举之法定原因,分项说明之。但下列原因,如发生在《民法》施行以前者,亦得请求判离(《亲施》七)。

---

① 然出征抗敌军人在出征期内,虽具有《民法》第一千零五十二条之法定离婚原因,其妻不得据以请求离婚。(《出征抗敌军人婚姻保障条例》第二条)

第一　重婚

有配偶者再与第三人结婚,其结果为一人同时有二人以上之配偶,是不但为破坏一夫一妻主义原则,侵害原配偶之地位。且亦违反贞操义务,紊乱家庭秩序。故成为离婚之理由。因其发生在婚姻存续中,原配偶或请求离婚或请求重婚之撤销,有选择之权。相与重婚者(即第三人)除得请求撤销重婚外,不能请求离婚[①],已如前述(二十三年上字二六九六号)。

重婚之实际必附随通奸,即以次款之通奸为理由,请求离婚,其结果自属相同。然重婚于通奸外,又为配偶者地位利益之侵害,与通奸仅为忠实义务违反者不同。从而其可宥恕之程度,亦不相同。盖后者易于宥恕,前者殆在可宥恕范围之外也。故《民法》特与通奸并列为原因。重婚既为独立原因,即以重婚之事实为理由,不必证明其曾否通奸,又可不问其重婚已否撤销,或因重婚罪有否处刑,或曾否起诉。

第二　通奸

通奸云者,与配偶外之异性为性交之谓也。夫妻互负同居上之忠实义务,与人通奸即为违背此种义务。在实际上亦为配偶间所以维持婚姻的爱情之分失。其结果或为婚姻之破灭,与重婚不分轩轾。足为离婚之原因,属自明之理。我国古来及《日本民法》,以通奸为妻一方之离婚原因,而夫则以因通奸而或义绝或处刑者为限。其理由不外男系中心主义,及女子犯奸易于紊乱血统。在十九世纪以后欧洲立法例中,亦曾有男女不平等之法制。《民法》则男女平等,彼此不分轻重。只需有与配偶外异性通奸之事实,即可成立。不能以媵妾等之已取得家属身分为理

---

① "……仅规定原配偶之一方得以他方之重婚为理由请求离婚,并非认后配偶有离婚请求权。惟该后配偶为《民法》第九百九十二条所称之利害关系人,自得请求撤销结婚。"(二十七年上字一三一六号)

由，而阻却之①。曾否因通奸而受刑之处罚，亦非所问。

第三　虐待

虐待云者，对他方施以肉体上若精神上感受痛苦之待遇之谓也。例如残忍暴行，肉体上之虐待也。冷酷侮骂，精神上之虐待也。然虐待原有轻重程度上之区别。而此轻重区别，又随各人社会上身分地位，及社会道义观念之不同而异。故虐待至如何程度，如构成离婚之原因，盖有预定标准之必要。《民法》以不堪同居，为虐待构成离婚原因之客观标准，而在解释上尤应以虐待意思为主观要件也。不堪同居云者，盖即不能继续为夫妻之共同生活之谓。虐待意思云者，行为人意识的认识行为之为虐待而仍行之者之谓。故肉体上之虐待，不必以危害生命若健康之程度为要件。例如迫使配偶为不适应于身分之劳作，或惯行轻微殴打等，盖均成虐待之一种。又虽为危害身体及健康之暴行，而无妨害于同居生活者，自不成为离异原因。例如，偶因酒醉，殴打配偶，而致负伤者是。至精神上之虐待，亦不必以构成刑事上之妨害名誉，为程度要件。例如，同处常以冷面酷脸相向，继续对配偶不答是。立法例中有于虐待外，复列侮辱为离婚原因者（《法民》《意民》《瑞士民》《日民》）。然《民法》以精神上之虐待，不必以刑法上之妨害名誉为要件，一以妨害婚姻之继续为前提，犹如肉体上之虐待，不必以伤害为要件也。故以虐待一语包括之②，以避解释上与刑法观念混淆也。

第四　妻对于夫之直系尊亲属虐待，或受夫之直系尊亲属之虐待

虐待之意义，应与前款相同。虐待之程度，为不堪共同生活。所谓共同生活，盖指家属家长间——父母祖父母子媳间同居共财之生活也。父母以上之尊亲属，为己身之所从出，己身所最敬爱者。方期娶妻，以共

---

① "夫纳妾而与之同居者，即属与人通奸。"（二十二年再字五号）
② "……夫妻之一方受他方之重大侮辱，如夫诬称其妻与人通奸，使之感受精神上之痛苦，致不堪继续同居者，不得谓非不堪同居之虐待。"（二十三年上字六七八号）

侍养。今而受妻之凌侮虐待,至不堪共同生活,是岂人情之所能忍。若仍维持婚姻之继续,势非己身与直系尊亲属离居不可矣。故《民法》为保全骨肉之恩,准许离婚。

妻受夫之直系尊亲属之虐待,虽非夫之责任,若必与夫之直系尊亲属为共同生活者,则至不堪为共同生活时,盖即亦为不堪与夫同居生活也。故《民法》亦许为解消婚姻之理由。

然本款之规定,所不解者,只就妻一方为规定。而关于夫虐待妻之直系尊亲属,或受妻直系尊亲属之虐待,均付阙如,盖为立法之疏漏乎。如不然者,既许招赘婚,谓赘夫不为虐待同家妻之尊亲属。而妻之尊亲属,亦不为虐待赘夫,断无是理也。既有虐待情形,而不许赘夫或妻请求离婚,亦断无是理由。解释上自应根据婚姻为男女平等结合之原则,而为类推之。①

第五 恶意遗弃

遗弃云者,无正当理由,废止或不履行共同生活上所必要义务之谓也。"如无不能同居之正当理由,拒绝与他方同居"(二十九年上字二五四号),"如无正当事由不为支付(家庭生活费用),以致他方不能维持生活"(二十二年上字三二〇号)等是。然遗弃必以遗弃方之恶意及在继续状态中为要件。恶意云者,企图恶害发生之心理也。与普通所谓"知情"之恶意不同。故恶意遗弃云者,遗弃行为之生成,非基于偶然或不得已之事实,乃为遗弃方所有心企图,而期其实现者之谓也。继续状态云者,至提起离婚之诉为止,无任何事实,可以证明遗弃行为之继续,为出于有正当理由者之谓也。恶意遗弃之继续,实即破坏夫妻共同生活之继续。列为离婚原因,自为当然之理。

既谓之继续状态,盖必有时间性。继续时间之长短,法无标准规定,解释上不无疑问。余以为如已证明遗弃之出于恶意者,则时间之继续,

---

① 最近判例亦作同此解释,如二十八年上字二一一六号、二十九年上字二〇四三号是。

徒增被遗弃者之痛苦,且被遗弃者亦无是项耐守时间经过之义务。故本款之中心问题,实为遗弃之是否恶意。而继续状态云者,盖为确证是否恶意之资料而已。除此外无任何意义也。

第六　意图杀害

夫妻之一方,意图杀害他方,是所谓恩尽义绝之峰极,应为离婚之原因,自无待言。所谓意图,自包括杀害配偶之预备、阴谋、着手、未遂等一切而言。知他人之意图杀害配偶,而不告知配偶,虽非积极之意图,要亦不失为消极的意图。推婚姻之本旨,亦应类推肯定之为妥。①

第七　不治之恶疾

所谓恶疾自与婚约解除情由之恶疾相同(见前)。不过本款之恶疾,必以不治为要件。不治云者,在医学上不能医疗痊愈之谓。恶疾中之不能人道症,其发病必在结婚以后,或虽在结婚时而他方知悉其不能治之时起逾三年者为限,方能成为本目原因(同意趣判例二十九年上字一九一三号)。不然为婚姻之撤销情由(九九五)。夫妻之肉体共同,为婚姻生活内容之一。终身非与身患恒情所厌恶的疾病之人,共同生活,盖为人情所不能忍者也。且所谓恶疾之中,复多有传染性,有直接予无病方及其共同子女以传染之危险。故《民法》特定为离婚原因之一也。

第八　重大不治之精神病

精神病云,神经系统之疾病也。近世社会情形之复杂,生存竞争之剧烈,凡大都会之市民,盖大多数为神经衰弱之患者。若以是为离婚之理由,殆尽人可以主张离婚矣。故《民法》特以重大不治之精神病为限。其理由盖夫妻精神上之共同,为婚姻生活之一要素。精神病之剧者,为丧失意识,或错乱神经,即消失其正常的精神作用。一方精神作用之失

---

① 《罗马尼亚民法》二一五条明定为离婚原因。

常,则夫妻间之情爱,已无由感通,实为婚姻生活致命的障碍。且精神病多有遗传性质,在优生政策上,亦应使精神病患者,消失其遗种于社会上之机会也。故所谓重大云者,盖即有此种之状态或危险之谓者乎。然病情虽属重大,仅系一时的偶发性者,或在医学上可以治疗者,自不在此限。故又以"不治"限定之。

在第七第八两款系十九世纪末叶以来,新加之离婚原因。夫妻本为祸福相共之结合,配偶一方偶患不治疾病,已属不幸,复遭他方离弃,人生悲惨,实无以复加。故论者多以不治疾病为离婚原因,不但违背人道,且有助长人情浇薄之嫌等,攻击或阻止此种立法者。卒因上两款中所述理由,各国多有排除反对论,而采为离婚原因之倾向。最初兼采上述两款原因者,为《普鲁士邦法》。后几经波折,至《德民法》乃削除不治恶疾,仅保留精神病为离婚原因。其他如瑞士、瑞典、挪威、丹麦、捷克斯洛伐克,亦与《德民法》相同。于精神病外兼采不治不能人道症及其他重大恶疾者为莱铁兰。兼采传染性性病及重大恶疾者为爱斯兰①。兼采不治不能人道症者为希腊。

第九　生死不明已逾三年

配偶者生死不明,已亘三年之久。如其已死亡也,固已无守候之必要。如其尚生存也,则三年之间,曾无片字只语,以报消息,即推定其为恶意遗弃,亦有过之无不及。故《民法》不问其生存若恶意遗弃与否,定为离婚之原因。在普通法律关系,必待本人失踪后满十年,方为死亡之宣告,予以整理或消灭。夫妻关系本亦可适用死亡宣告之规定而为调整或消灭。然为期过长,恐失误再婚佳期,故为此特殊规定也。本款不以失踪者之过责,为离因之构成要件,盖在解释上应注意者也。又本款既纯以生死不明已逾三年之事实,为判离之基础,故如诉请离婚时,虽生死

---

① 现译为冰岛(Iceland)。——编者注

不明已逾三年，然至事实审辩论终结前，生死不明人安然归来时，应以消失本款之原因论之。

第十　被处三年以上之徒刑，或因犯不名誉之罪被处徒刑

因犯罪而受刑，受刑者本人为社会所唾弃，盖咎由自得。然其配偶被人指呼为囚犯者之夫或妻，亦连带蒙其污辱，为不齿于世，其精神上之痛苦，名誉上之损失，盖更甚于犯罪者本人。况犯罪配偶以徒刑入监，夫妻之实际同居生活，亦被障断者乎。与犯人为夫妻关系之继续，姑无论障断同居生活之期间长短，其精神痛苦盖永无由消除，损失亦无由恢复。故《民法》特许离婚，以资救济。惟以救济配偶者之精神痛苦及名誉损失为所以允许离婚之原因，故犯罪配偶所犯罪之性质及刑期之长短，均为构成原因之要素也。兹分述之：

一　配偶所犯之罪，系纯出于个人无廉耻行为，即所犯者为不名誉之罪者，是在此方为二重之痛苦及损失。即所处刑期极短，宁忍与所谓奸盗诈伪之徒，为终身伴侣。故《民法》对犯不名誉之罪，而被处徒刑者，无论其刑期之长短，均得据为离婚之理由。所谓不名誉之罪云者，例如渎职、各种伪造、妨害风化、妨害婚姻及家庭、鸦片、赌博、窃盗、抢夺强盗及海盗、侵占、诈欺背信、恐吓及掳人勒赎赃物等是。

二　被处刑期在三年以上者，所犯虽非不名誉之罪，然以犯情重大，刑期久长，配偶之痛苦损失亦随之重大故也。且废止同居生活，至三年以上，亦消失婚姻继续之实质意义矣。又本款"被处徒刑"云者，系指判处徒刑之判决，已经确定者而言，其科刑之判决虽已宣示，而尚未确定者，不能成为判离之原因。

第三项　离婚之诉

第一　性质

离婚之诉云者，以配偶之一方，因他方有上述法定原因之一，认为不

能继续婚姻,请求法院以判决解消其婚姻关系之诉也。婚姻即因此判决之确定而解消。故此种判决,乃为消灭现存完整婚姻之形成判决。离婚之诉,即为请求形成判决之形成之诉。

第二　管辖

离婚之诉,专属夫之普通审判籍所在地之第一审法院管辖(《民诉》五六四)。

第三　诉讼当事人

离婚之诉之当事人,为限于夫妻本人。与和离场合相同。即夫或妻为原告时,其被告必为有法定原因之妻或夫(《民诉》五六五Ⅰ)。此种对有法定原因之配偶。得请求离婚之权,谓之离婚诉权。离婚诉权,仅以对方之有法定原因为成立要件。离婚诉权人自身有否离婚法定原因,无妨于诉权之成立。

配偶以外之人,如配偶之继承人,或对离婚有利益之债权人,若其他利害关系人,均不得代配偶为原告或被告。有离婚诉权之夫或妻,虽为未成年人,起诉无经法定代理人同意之必要。但禁治产人之请求离婚,应由其监护人代为诉讼。如监护人即为其配偶者,应由亲属会议另选诉讼代理人代为诉讼。监护人提起诉讼者,应得亲属会议之允许(《民诉》五六七)。以第三人参与离婚之诉,似于上述限于夫妻本人之原则不符。然既称"代为",自不能违反本人之意思。在心神丧失或精神耗弱中之禁治产人之意思,是否正确,亦殊难断定。《民诉》虽为监护人提起诉讼时应得亲属会议允许之规定,以防监护人鉴定禁治产人意思之错误。然仍不能积极有裨于确定禁治产人本人意思之正乱也。《民诉》之所以特设"代为"之规定者,盖(一)为代理禁治产人之意思能力。盖复杂之诉讼行为,初非禁治产人所能为也。(二)禁治产人之配偶已有法定原因,若听任继续共同生活,固为禁治产人之痛苦,亦非共家同居者全体之幸福。故使亲属会议审定客观的可否继续婚姻之状态,与监护人共同保护禁治产人之利益云尔。

第四　诉讼程序

离婚之诉,得与请求履行同居义务之诉,合并提起之。或先行提起同居之诉,于第一审或第二审言词辩论终结前,或变更若追加离婚之诉,或提起离婚之反诉。又如赡养之请求,及原因事实所生损害赔偿之请求,亦得与离婚之本诉,合并提起或追加或以反诉主张之(《民诉》五六八)等,自均依《民事诉讼法》之人事诉讼程序,兹不赘述。

第五　离婚诉讼不受理原因

离婚之诉,以结婚时无瑕疵且现在存续中之婚姻为前提。无效之结婚,得撤销之结婚,以及配偶一方已死亡者,自无提起之必要及可能。又提起离婚之诉,《民法》第一千零五十三条规定以无下列情由者为要件,否则,不能请求离婚。此种阻却离婚请求之情由,名之为离婚诉讼不受理原因。盖法律所以允许以法定原因为请求离婚之要件者,因离婚诉权者,不能继续共同生活故也,有如前述。若此种根本理由已消失者,则虽有法定离婚原因,亦无害于婚姻之继续矣。故法院自得引以为不受理之理由。兹据《民法》规定,分说之如下:

一　事前同意

配偶之一方,对他方之重婚及通奸,于其事前同意之者,不得请求离婚(一〇五三)。同意云者,认许他方之行为,或知其行为而表示对此无制止若抗议之意之谓也。故同意不必明示,知而不言,即为默示之同意。至对他方之重婚或通奸,系由一方教唆或帮助者,其为已经同意,自更无待言。事前云者,行为实施以前或与着手同时之谓。不得请求离婚云者,离婚诉权自始不使发生之意也。盖同意者认识他方之行为为破毁自己权利,而仍自承认之,是则再无予以离婚诉权之理由故也。同意是否存在,虽为被告主张及举证事项。然法院得以职权斟酌当事人未提出之事实(《民诉》五七一),以驳回离婚之诉。

二　宥恕

配偶之一方,对他方之重婚或通奸,于其事后宥恕之者,不得请求离婚(一〇五三)。宥恕云者,配偶之一方对他方之离因行为,表示抛弃其恶感情之行为;换言之,不复责问其责任之感情表示也。此种不念旧恶之意思状态,应有明白表示,其为明示或默示,均可不问。如明知配偶通奸,而仍与继续同居生活,一若不曾有此事者,应认为默示之宥恕者是。事后云者,重婚或通奸完全成立后之谓。不得请求离婚云者,与前目同意不同,离婚诉权虽已发生,因宥恕而始消灭之意也。

三　期间之经过(一〇五三、一〇五四)

配偶之一方,有第一〇五二条第一款第二款,以及第六款第十款之情事发生时,他方欲据以请求离婚者,应即可提起离婚之诉。明知离婚原因之已发生,听任岁月之蹉跎,不为离婚之请求。是盖犹认婚姻之可继续,而愿于抛弃其诉权者乎。故民法酌量情由之性质,规定可以行使诉权之一定期间。其期间有二种,即:

(一)第一款重婚、第二款通奸,自知悉后逾六个月,第六款意图杀害、第十款被处徒刑,自知悉后逾一年,不得请求离婚。此为离婚诉权者,知悉其情事,而不行使其权利之场合。其期间,自知悉离婚原因之事实发生时起算①。自原因发生后逾六月或一年后提起诉讼者,原告应负

---

①　夫之纳妾为与妾连续通奸之预备行为,并非即为通奸行为,纳妾后实行与妾通奸者,《民法》第一千零五十三条所定六个月之期间,固应自妻知其夫与妾通奸时起算,惟夫连续与妾通奸,妻之离婚请求权亦陆续发生,故妻自知悉其夫与妾最后之通奸情事后,提起离婚之诉,尚未逾此项期间者,不得以其知悉从前之通奸情事后,已逾此项期间,遽将其诉驳回(二十九年上字一七二号)。

夫知悉其妻与人通奸后,虽于六个月内对于相奸之男子提自诉,《民法》第一千零五十三条所定六个月之期间,亦不因此停止进行(二十八年上字二四三九号)。

证明于提起诉讼时距其知悉原因发生时尚未逾六月或一年之责。知悉云者,只知离婚原因事实之发生,而无认识自己已取得离婚权之必要。

(二)设若诉权人不知悉其情事,则离婚诉权,随其知悉情事时为止,继续存在也。换言之,离婚情事经数十年不知悉,则离婚诉权亦数十年不消灭也。是则长使婚姻在于可解消之状态,固于公序有害。且历久而不感觉其婚姻之不能继续,则离婚情由之对婚姻恶害性,亦已消灭。即欲据为离婚之理由,亦不过借此为口实而已。况年远岁久,欲证明其情事之确实,亦极困难。故《民法》规定,无论诉权人对离婚原因知与不知。重婚及通奸发生后,已逾二年,意图杀害及被处徒刑之情事发生后,已逾五年者,消灭其离婚诉权。本类期间自离婚原因事实完成日起算。依本类期间之经过而消灭诉权者,必于其行使离婚权以前,已经逾二年或五年者为限。如在离婚诉讼提起后完结前,上述期间始行届满场合,离婚诉权不因此而消灭,仍自继续以至诉讼完结。

对于《民法》施行前所发生法定离婚原因之离婚诉权,如其情事已经过前述《民法》所定期间者,亦同(《民施》七条但书)。

第一〇五二条之离婚原因,除前述重婚及通奸外,亦可有事前同意事后宥恕或时期经过之情形,而《民法》未为同样之规定者,盖情事之性质不同故也。如第三款第四款第五款之情事,既名为"虐待""遗弃",无事前同意之可言。至事后之宥恕,盖必有使"堪同居""堪共同生活"及"恶意遗弃不继续"等具体事实之表现,然后可以消失其妨害婚姻继续之恶害性。若如此者,则离婚原因已消失,固无待乎宥恕。否则,亦无由宥恕也。虐待遗弃之终止,既即为离婚诉权消灭之原因,故亦无期间经过之可言。第六款"意图杀害"之事后宥恕,本可成立。然情事重大,必非立时宥恕所能和消。故虽宥恕亦必待一年期间之经过,然后消灭其诉权也。第七"不治恶疾"、第八"重大不治之精神病"两款情事之生成,多为自然事实之无可如何者,非基于人为之责任,同意宥恕,自无由成立。且均为永久继续之情事,故亦无期间经过之可言。第九款之"生死不明已逾三年",如已死亡者,则判离同时亦为婚姻因配偶死亡而解消之宣告。已逾三年后复有生存之消息,或于诉讼进行中,事实审辩论终结前归还者,乃变为是否恶意遗弃之问题。关于本款之诉权,则因之消灭。第十款之"被处徒刑"情事。事前同意本亦可能,《民法》未为规定解释上自成问题。至宥恕,则因构成本款之离婚原因为犯罪行为之结果——处刑,非犯罪行为之本体,且除犯罪行为直接侵害配偶之法益者外,自无宥恕之余地。

第五款　离婚之效果

夫妻间凡由结婚所发生身分上财产上一切法律关系,因离婚之成立,不但停止进行,且向后消灭之,此即离婚之效力。离婚前为夫妻,离婚后为路人,夫妻关系之有无存灭,决于离婚,亦分于离婚。故离婚之成立时期——离婚效力之发生时期,为离婚之最重要问题。在和离,以和离书面,由二人以上之证人签名时;在判离,以离婚判决确定之时,为离婚效力之发生时期。离婚依《户籍法》,虽须于离婚后十五日内,为离婚之登记(《户籍法》七四),然此仅为整理户籍之公法关系,无关于离婚效力之发生时期。

凡由结婚所生之婚姻关系,因离婚而消灭之,问题本属简单。然婚姻究为夫妻身心物质相共同之结合。其关系之复杂及密切,罕有其匹。一旦解散,如财产上关系及婚姻中遗留有自然事实之联结关系——双方对共同子女间之关系等,应如何清理善后,均属相当复杂之问题也。此等问题应如何解决,盖即为离婚之效力问题。今试就《民法》之规定分项说明之:

第一项　关于身分上之效力

第一　夫妻身分关系之消灭

一　在嫁娶婚,妻脱离夫之户籍,回复本姓。在招赘婚之赘夫,赘夫脱离妻家之户籍,回复本姓。

二　免除相互同居同住所之义务。

三　消失互为日常家务上代理人之权义。

四　消失互为遗产继承人之地位。

五　此后男婚女嫁各不相干。但仍受第九八六条"相奸者禁婚",第九八七条"六个月待婚期间"之制限。

离婚之夫妻,可否再行结婚回复婚姻,即离婚有否妨害夫妻再婚姻之效力,法无规定。既无禁止之明文及法意,则只需具备结婚之要件,再婚自属无妨。且夫妻因一时意气之争,各趋极端,而致决裂仳离者。洎时过境迁,忿消气平,或双方悯怜共同子女之失父或失母,陷于悲凄境遇,而欲破镜重圆,盖为人情之常,法律亦无禁止之必要也。惟离婚后,与第三人结婚,于其婚姻存续中,复因与前配偶通奸而判离。则虽为前配偶,仍属第九八六条之相奸者,结婚其在禁止之例,自无待言。

第二　姻亲关系之消灭,但仍保持第九八三条第二项姻亲禁婚之消极效力。见前。

第二项　关于共同子女之效力

第一　和离场合

和离时关于子女之监护问题,未以契约约定者,原则上不问其为嫁娶婚或招赘婚均由夫任之。如另有约定者,从其约定(一○五一)。约定之内容,不外子之监护,协定由母负责。或共同委托第三人任之。子女之监护责任,原则上课之于夫者,盖恐离婚时,关于子女之监护,双方均不肯负责(例如以妻之奸情败露,疑子女非己血统,不愿监护;或妻以生活困难,迫于谋生,无力监护等是);又未为以契约协定委托第三人代为监护时,大非子女及社会之利益。故根据第一〇八九条父母对于权利之行使,不一致时,由父行使之法意,以贯彻夫为责任上首长之精神也。但其结果,关于和离后子女之监护问题,有随夫自由决定之弊。盖协定不成立,夫即有依法任监护之法定地位故也。

第二　判离场合(一〇五五)

判离关于子女之监护,亦与和离相同。即于离婚诉讼之事实审言词辩论终结前,得为子女监护之协定。协定不成,或未为协定,原则上亦由夫任之。但法院为其子女之利益起见,仍得为异于上述协定或原则之处置。如依协定本由母任监护,而子女已届青年期,随父学习生活技能,较为妥便者,则可改由父任监护之责。但因未为协定,本应由父任监护者,但因子女尚在襁褓,以不离母怀为便者,改由母任之。或认交配偶一方均为不妥者,得代指定第三人监护之。

以上和离及判离关于子女监护之规定,系仅限于监护范围以内之事项。若监护范围以外夫妻对其共同子女之权利义务,即不生任何变化。所谓人合可废,天合不可废。夫妻自身虽因离婚而消灭关系,然双方对其子女之关系,仍为父子女、母子女之关系。父子母子间相互扶养义务,不因此而免除。相互继承权亦不因此而丧失也。

第三项　关于夫妻财产关系之效力

第一　夫妻财产制之失效

婚姻因配偶一方死亡而消灭,即因一方死亡的自然事实而终了者,除生存配偶再婚离家者外,仅消灭其夫妻间实体关系,其他仍维持婚姻上之效力,或仍受婚姻终了效力之支配。如姻亲关系之存续,生存配偶对死亡者之遗产有继承权等是。离婚系向后消灭由婚姻所生之一切效力(前款共同子女系基于自然事实之联结者,自属在外)。其消灭婚姻,系中途切断性质。故婚姻之终了效力,亦无由发生。如姻亲关系之消灭,相互继承权之丧失是。其在夫妻财产制上之关系亦同。详言之,在普通财产制因改用其他财产制,而废止之场合,仍依财产制之规定,完成其效力。例如共同财产制废止,共同财产团解散时,夫妻仍依共同财产制之规定,照其约定或法定应有分额而为分割之。必依此分割者,盖即为共同财产制之终了效力也。因离婚之废止,既系中途切断,向后消失其效力,故其终了效力,自亦无由发生。同样附随于财产制之夫妻财产契约,如条项契约若委任管理契约等,亦失其契约之拘束力。例如离婚者对于共同财产团,不能依法定应有分额或约定应有分额分割是。其他财产制之婚姻财产团亦同。

夫妻财产制及关于财产制上之契约,既中途失效;换言之,夫妻之各人财产,因离婚之成立,而不受财产制之任何拘束力。则其结果为各人财产,各归原主,回复其财产制前之产权状态是已。故《民法》为"夫妻离婚时,无论其原用何种夫妻财产制,各取回其固有财产"之规定者(一〇五八条前段),职此理论也。固有财产云者,不问原用夫妻财产制上之产权关系如何,原属于夫或妻所有之财产也。例如在统一财产制,妻原有财产之所有权,本已移转于夫,而取得财产价额返还请求权者。离婚时,夫消失其对妻原有财产之所有权,妻则回复其移转于夫所有之原有财产所有权者是。其他财产制亦同。然所谓取回固有财产云者,系指取回结婚时若财产制开始时之固有财产耶,抑指离婚时现存各人所有之财产而言耶。法文简略,确解不易。然离婚之效力,以不溯及为原则。关此法律虽无明文,盖为自明之理。故在离婚之切断财产制效力以前,一切财产关系,固仍属有效。若各人于结婚时或财产制开始时所原有之财产,在离婚以前,依财产制之规定,已合法消耗失灭者,则此消耗失灭部分之财产,自不能合计于所谓固有财产之内也。依此理推论,所谓固有财产云者,为由结婚时或财产制开始时各人原有财产中,除去依财产制规定已合法耗失之财产后,所剩余之财产也。例如,在联合财产制,夫对妻原有财产之孳息,有所有权,基此所有权,将孳息提充家庭生活费用而消费。此种消费盖即为合法的耗失,依不溯及之原则,自不能仍谓妻固有财产之成分也是。何者为合法的耗失,应由各人所原有财产中扣除;何者则否;应依各种财产制若关于财产制之契约,以及具体实际情形而定,不能概论。然因耗失他方所有财产,而受利益者。其耗失行为虽根据财产制之规定,不能谓之非合法。然因离婚成立之结果,有变为不当得利者,或抵触侵权行为之规定时,则对上述不溯及原则,即不能不认有例外也。在此场合,应分别受利益者,善意恶意论之。

受利益人系善意者,即不知婚姻之将解消,而受利益者,于离婚时现存利益之度限内返还之。换言之,现存利益,即为对方固有财产之一部分,应由对方取回之。此即《民法》之所谓"但其短少系由非可归责于夫之事由而生者,不在此限"之意也(一〇五八条后段)。例如,在联合财产制,夫因不知离婚之将成立,将妻原有财产之孳息,收为己有。于离婚成立时,除抵充妻所应负担之家庭生活费用外,尚有残余。此残余部分,即为妻于离婚时固有财产之一部分,应返还于妻者是。

受利益人系恶意者,即明知离婚之将成立,故意利用财产制上之权利地位,将他方原有财产为自己利益而处分之者,应将基于恶意所得之利益,溯及的全部返还之。即全部利益为对方之固有财产,由对方取回之。例如,在统一财产制,夫知离婚之成立,将妻之原有财产,根据于财产制上之所有权处分之。此种处分实变相的侵权行为,应将其所受利益溯及的全部返还于妻是。

又此外虽未得有利益,因违反财产制上管理义务,致他方原有财产耗失者,因财产制迄离婚止,系仍有效,故基于财产制之规定,仍负赔偿之责,自无待言。《民法》第一〇五八条所谓"如有短少,由夫负担"之规定,盖统括上述二类短少而言也。

第二　普通财产法关系

无关于财产制之夫妻间普通财产制契约,自应依其契约或契约法整理之。

第四项　离婚之损害赔偿及赡养费

第一目　损害赔偿

判离之基础理论,在于配偶一方,因他方有法定离婚原因之生成,以致不能继续为婚姻生活,故允许其解消,已如屡述。婚姻原期终身,今突遭变故,致中途非解消不可,则就婚姻继续上之所有利益,因此损失,自无待言。解消原因之发生,若基于自然现象者(如重大不治之精神病等),则虽损失,亦属事之无可如何。若由于有原因方之责任行为所招致者,使他方受不能继续为婚姻生活之损失,自属侵权行为之一种,责任方应负赔偿之责,盖为民法之原则。此种情形,无论在判离或和离,应均相同。不过和离既任当事人自治,国家自可不问。故仅就判离,而为第一〇五六条之规定,以为审判上之标准也。

损害赔偿之要件有二:(一)赔偿义务者之有过失责任。(二)请求权利者之有损害。所谓损害亦有二:(一)因婚姻不能继续而受之损害,即因离婚原因所生者。如赡养权利之侵害,同居权利之侵害,因虐待所受之损害等,因有责行为之结果,致婚姻关系上之权利,受侵害而生之损失也。(二)因离婚之损害。此为关于婚姻如继续时应可享受之利益之损失。如对配偶所有遗产继承权之丧失是。

又除上述财产上之损失外,有非财产上之损失者,亦得向有过失责任之他方,请求赔偿相当之金额,即所谓慰抚金者是。如受精神上之虐待,盖为因离婚原因而生之非财产上损害也(离因损害)。又离婚为社会上之不名誉事,在个人一生为生活方针之变换,精神上为极大之痛苦,同时亦为极大之损失,此即所谓因离婚自身而生之非财产上损害也(离异损害)。但此种非财产上损害,以受害人自己无过失者为限。若受害人自己亦有过失者,则亦过失相抵,自无请求赔偿之权。非财产上——精神上之损失,即为个人人格权之侵害。人格权上之请求权,除已依契约承诺而变为财产请求权,或已起诉发生系属力者,不能同论外,以不能让与或继承为《民法》之原则,此地之非财产上请求权,自亦不能例外也(第一○五六条)。

第二目　赡养费

本款之赡养费,发生于离婚之成立,且系片面义务,与婚姻中之赡养权义关系,以婚姻之存续为前提,且为相互义务者不同。又与前款之赔偿金及慰抚金,以权利者之损失及义务者之过失责任为要件者亦不同。本款赡养费之发生,(1)以权利者之对离婚无过失,同时陷于生活困难者为要件。(2)而不以义务者之有无过失责任为前提。换言之,对离婚原因之生成无过失者,因离婚而陷于生活困难时,不问对方之有无过失,均得请求相当赡养费。其理由,盖《民法》所采法定离婚原因,一以目的主义为归宿,即以婚姻之能否继续为定离婚原因之标准。不以原因之生成,配偶一方有否过失责任,为离婚之直接原因。则凡遇因非基于自己过失责任之原因,而被判离者,若已无生产能力且无恒产可资生活,又因离婚原因之在己身,无理由可以要求对方损害赔偿之场合,其陷于困穷,概可想见。若不预为救护之方,是以离婚法而弃人于绝路矣。固非目的主义离婚法之本旨,亦非人情之常。故遇此种场合,特课他方于离婚后负担赡养费之义务,以期情理之兼周也。①

---

① 判例对于下堂之妾,亦根据此理论,判给赡养费。"夫妻无过失之一方,因判决离婚而陷于生活困难者,他方纵无过失,亦应给与相当之赡养费,至于民法亲属编施行前之妾,与家长虽无婚姻关系,然就其脱离家属关系,以致陷于生活困难之情形,则与夫妻离婚无异,故其脱离之原因,纵非由于家长之过失,亦应给与相当之赡养费,俾资生活。"(二十四年上字二五六二号)

关于赡养费之内容数量及方法，自随权利者之生活程度，及义务者之资产能力而定。又权义之存续期间，亦随所以设赡养费之立法主旨而定。如权利者之再婚，稍回复或完全回复生活能力时，自应消灭其请求权或减少其请求额。义务者之减失其负担能力，或不能自给时，亦得减免其义务，自无待言。关于此等，外国法例均为较详之规定，《民法》缺之，盖属自明之理，任法院之裁量也。

第三章　父母子女

父母与子女为血统之连续，为一亲等之血亲关系，在诸以血统连续之亲属间，为最密切，亦最基本之关系也。此种基本关系，在亲属法上应如何处遇，盖即本章之命题也。父母子女关系，虽细分之可为父对子女之父子女关系，母对子女之母子女关系，以及子女对双亲之关系等，然不外亲与子女之关系，故可简称之为亲子关系（《民事诉讼法》人事诉讼程序第二章目）。亲子关系云者，自发生父母子女之关系起，以至其消灭为止，父母子女间一切法律关系之总称也。故本章所述之亲子关系，一以亲子间之法律关系为主。有本为血统之连续，而在法律上未取得亲子之身分，发生亲子关系者，即不以亲子遇之。有本非实际上血统之连续，系法律之规定，已取得亲子之身分者，亦不以无血统连续之故，而不认为亲子，不使发生亲子关系也。其所以出此者，固为法律秩序上之不得已，实亦实际社会生活上之要求也。其详容当于各项中述之。故法律上亲子关系，可分为二大类：(一)自然血统连续之亲子关系。(二)法律上拟制血属之亲子关系。此种分类,全系于子女之是否父母亲生或拟制。其为父母之亲生也,受亲生子女之待遇。其为拟制也,受拟制子女之待遇。为说明便利起见,先就子女取得子女身分之原因,及各种子女之特质说明之,然后及于亲子间之一般法律关系。

依上所述,在《民法》子女可分二大类,即(一)父母亲生之子女,及(二)父母拟制之子女。亲生子女又可分为(1)婚生子女,(2)准婚生子女及(3)非婚生子女。拟制子女亦可分为(1)收养子女,及(2)遗继子女。今试分节说明之于后:

第一节　亲生子女

亲生子女,依生之者之父母,是否在婚姻关系中受胎者,可别为婚生子女及非婚生子女之二种。在生父母婚姻关系中受胎者,谓之婚生子女。在婚姻关系外受胎者,谓之非婚生子女。所谓婚姻关系中受胎云者,系指在父母婚姻存续中所怀孕者,非必在婚姻存续中分娩之意。所以婚生非婚生,一决于受胎时父母之是否在正式婚姻关系存续中。

非婚生子女,其受胎时,父母间无正式婚姻关系,换言之,父母在婚姻关系外受胎而生之子女也。父母既非法律上之夫妻,故有时在法律上非婚生子女之父氏为谁,有不明了场合。父氏为谁明了时,或由其生父认领时,始为其父之非婚生子女。然非婚生子女之父母,于后结婚时,或由其婚姻父母共同认领时,婚姻父母之共同非婚生子女,在法律上视为婚生子女,得受婚生子女之待遇。此种本非婚生而得婚生待遇之子女,为便于说明起见,姑特名之谓准婚生子女。

本来凡子女必有其生父母,万无子女而无生父母之理。然此就自然现象而言者,至法律现象,则不尽然。盖法律只能为关于受胎之推定,及关于认领子女之权利义务之规定。除此外即无其他整理父母子女联络关系之方法故也。如其生父不认领或否认其受胎，或其生母否认分娩之实事时，则子女在法律上，即不能有生父生母，及亲子关系之发生。故在法律上往往有无父或母之子女存在也。

第一款　婚生子女（德：eheliches Kind；法：enfant légitime；英：legitimate child）

第一项　意义

婚生子女云者，谓由婚姻关系受胎而生之子女（一〇六一）也，故主张为婚生子女者，必具备下列四要件焉：

一　为父为母者间，有婚姻关系。

二　为生父之妻所分娩。

三　其受胎系在婚姻关系存续中。

四　为生母之夫之血统。

第二项　婚生子女之推定

子女之为婚生子女，必具备四项要件，已如前述。然此四项要件中，（一）"父母间有婚姻关系"。因结婚必具备形式要件，即所谓公开之仪式及二人以上之证人，故其婚姻关系之有无，易于证明。（二）"为妻所分娩"。分娩系具体生理上之事实，欲证明之亦非难事。然（三）"其受胎在婚姻关系存续中"。因受胎之初，非显著之现象，不易确定；且受胎之时期，在医学上，亦无确实判定方法。从而是否系（四）"生母之夫之血统"，即在婚姻中之父母（母如有外遇场合）本身，亦时有难于断定者。盖均属造化之秘密，幽妙难明故也。在此种场合，若一任父之承认与否，则子女往往有牺牲于父之恶意否认之危险，殊非法序上妥善之道。然若有章明显著之证据，可以证明其确非生母之夫之血统，徒以有婚姻关系之故,强使其生母之夫承认其为亲生之子女,亦非人情之常。故《民法》在此种场合,特为下列二项之法律上推定,以期法序与事实之接近焉:

一 受胎期间之推定。

二 夫之子女之推定。

今分目说明之于下:

第一目 受胎期间之推定

"从子女出生日回溯第一百八十一日起至第三百零二日止,为受胎期间。"(一○六一)

子女之成孕及分娩,如均在父母婚姻存续中者,除其生母之夫否认为其子女者(后述)外,自无发生疑义之余地。然实际上,有子女之出生在父母婚姻解消后者;有生出虽在婚姻中,而其受胎是否确在婚姻中不明了者。在此类场合,欲确定其受胎是否在婚姻中,往往成为问题。换言之,如人类产生,自受胎起至分娩止,有一定不易之怀胎期间者,则依此一定期间,由分娩日起,回溯推算,其受胎是否适在婚姻中,因婚姻系章明事实,自不难确定。然怀胎期间之长短,系造化神秘,随各孕妇体质,不能一定。从而受胎之是否在婚姻中,亦难断定矣。然在现在之医学上,自受胎起至分娩之期间,最短者为二十八个来复,即一百九十日左右,最长者为三百日左右。受胎之确日,虽仍不得推知,要之,回溯此最短期间以前至最长期间之间,盖为有概然的确实性。故各国均以此种期间,为推定期间。然各国推定期间之长短,颇多出入。《民法》同《德民法》以回溯第一百八十一日起至三百零二日止之间,即一百二十二日为推定期间。在此一百二十二日内,有一日,其父母在婚姻有效中,且有同居之事实者,即为婚生子女。怀胎一百八十一日即行分娩,在医学上实为极稀之例外,采此例外为标准者,盖多予婚前受胎之子女,以婚生推定之机会,同时亦以减短女子待婚之期间也。又三百零二日虽为医学上平均分娩期,然亦有于受胎后经过三百二十日始行分娩者。而《民法》不以此为标准者,盖若以此例外长期为标准时,婚姻解消后受胎之子女,多有受此推定之虞,亦非所以保护夫之利益也。

反之,有实际上在婚姻中受胎,而其怀胎期间适超过三百零二日以上者,若不予以例外之推定时,亦非所以保护妻及子女之利益。故在此种场合,欲主张例外之利益者,应负证明之责(一〇六二Ⅱ)。

受胎期间以日计算,计算方法自依总则第一百二十一条之规定。结婚及和离之成立日,结婚撤销及判离之判决确定日,夫之死亡日若死亡宣告日等,均于其翌日起算。依此受胎期间推定之原则,实际上及形式上不具备婚生子女之要件,亦得为婚生子女者如下:

一 婚姻前所怀孕之子女,在婚姻中所生者。但在父母结婚后,经过一百八十一日以后所生者,其实际受胎,虽在结婚前,应受本条之推定。

二 出生在父母婚姻解消后已经过三百零二日,本已为非婚生子女;但能证明受胎确在三百零二日以前者,应受本条第二项之推定。

三 婚姻前受胎,婚姻解消后出生者,原则上亦非婚生子女。如出生时在父母结婚后一百八十一日以后,或在父母婚姻解消后三百零二日以前者,应受本条之推定。

第二目　夫之血统之推定

"妻之受胎,系在婚姻关系存续中者,推定其子女为婚生子女。"(一〇六三Ⅰ)

此系以已确定事实,而推定未确定之事实也。已确定事实者,受胎确在或依前项推定在婚姻关系之存续中。所谓未确定事实者,即子女是否母之夫之血统是也。妻虽与夫结婚同居,设若妻另有外遇者,则其受胎究由何人,即妻本人亦不能断定。然婚姻乃为一夫一妻之结合,妻即有与人通奸情事,亦非婚姻之常态。既系妻在婚姻中所受胎之子女,则推定其为夫之血统,盖为论理上当然结论,此即罗马人之所谓"婚姻所以示父"之原则也。各国立法例,殆无不有此推定之规定者。然既系根据大多数正常婚姻而得之推定,如有例外情形,即妻在婚姻中所受胎之子女,确非夫之血统者,夫自应有举反证否认之权(详后)。若不能举反证者,则虽明非夫之血统,仍属夫之婚生子女,自无待言。关此点德法为"但妻之受胎,有显非由夫之事实者,不得为婚生子女"之规定(《德民》一五九一条但书),与《民法》之必以夫之否认,始可推翻推定者,不同。

第三目　推定之冲突

依前述之推定,虽得避免许多纠纷。然仍有究系何人之子女,而不能确定之场合有二。分述于后:

第一　妇女于前婚解消后,违反六个月待婚姻期间之规定,于未满六个月以前再婚,于再婚后一百八十一日以后分娩,而其分娩在距前婚解消日,满三百零二日以前者,依前述推定,前婚虽已解消,但依三百零二日怀胎最长期间之推定,其受胎尚在前婚存续中,应为前夫之婚生子女。后婚虽为违法,但在撤销前,仍属有效婚姻(九九八),依一百八十一日最短期间之推定,应为后夫之婚生子女。对此种依法推定仍不能断定子女谁属之场合,法无特别规定,其结果只由法院就其事实而为审查,以定子女之父也。此即《民诉》所谓确定其父之诉是也(《民诉》五八五)。此诉以确定其父为目的,系属确定之诉。盖既非对父请求承认其为父之诉(给付之诉),亦非请求宣告非父者而为父之诉(形成之诉),乃为请求确定父子间之亲子关系之诉故也。确定其父之诉,专属于子女住所地,或其死亡时住所地之法院管辖。在此诉,母之现配偶及其前配偶得互为被告。由子女或母起诉者,以母之现配偶及前配偶为共同被告。母之现配偶或前配偶死亡者,以生存者为被告(《民诉》五八五、五八七)。

第二　妻与人重婚时,重婚后所生子女,均可适用受胎期间之推定场合,究系二夫中何人之血统,无法推定矣。

第三项　婚生子女之否认

妻在婚姻关系中,所受胎之子女,推定其为婚生子女。既属推定,自得以反证颠覆之。若不然者,则其结果为明非己之血统,亦非冒认为亲生子女不可。是不但以法律强假为真,且可助长妻通奸之风。盖通奸之结果,所生子女有法定负责人故也。故《民法》对此项推定,予夫以推翻之权利。此即所谓夫之婚生子女否认诉权是也。否认诉权云者,在审判上否拒夫即为父之权利也。其诉亦系确定之诉,与前述定父之诉相同。盖推定本为法律上之拟制,推翻拟制,对于原有权利无任何变更故也。审判管辖,亦与前项定父之诉相同。

第一　否认诉权之根据

欲否认法律上当然为婚生之子女,自须有充分之理由,足以推翻法律推定者方可。然法律所用为推定之基础者,无非以夫妻同居生活为婚姻核心之故。今若能证明实际上在受胎期间,不曾同居者,则所以推定者,失其根据;自不能再以推测性之法序,而抹煞事实。故《民法》以"受胎期间内,未与妻同居"之事实,为否认之根据(一〇六三Ⅱ)。所谓未与妻同居云者,有二义:(一)未同居。例如在妻全受胎期间,因职业或其他原因,与妻隔离,各居一方者(若在受胎期间,曾与妻同居一次者,原则上否认之根据,虽因此消灭。然若能证明同居日起至出生日止间之总日数,仍在怀胎最短期间一百八十一日以内者,自仍可据为否认之根据也)。(二)未同衾。此为形式上虽属同居,然绝无予妻受胎之机会者。如夫妻因反目分床别寝者,或夫患不能人道症等是。在形式上虽不能以为否认之根据,然若有确凿证据者,自亦应予以否认之机会也。总之,未与妻同居云者,系妻之受胎,非由于夫之意,能证明之者,自可主张否认也。此项否认,在《民法》施行前受胎之子女,亦适用之,与前项之推定相同(《亲施》八)。

第二 否认诉权者

否认诉权者,既系夫否定其妻在婚姻中受胎子女非己亲生之法律地位,故仅夫得有此权利。盖子女之是否亲生,亦仅夫能知之最稔也。妻与子女不能有否认诉权者,盖妻及子女欲主张否认时,必以证明自己及生母之通奸为前提。是不但于妻无益,且有害于善良风俗。其他第三人(如相奸者)之无是项权利者,盖防第三人以虚构事实中伤婚姻及家庭之和安故也。

未成年之夫,行使此权利,不必经法定代理人之同意。禁治产人应由其监护人代为诉讼,如监护人即为其配偶者,应由亲属会议另选诉讼代理人,代为诉讼。由监护人提起诉讼者,应得亲属会议之允许等,与离婚诉权场合相同(《民诉》五九二)。如夫于法定起诉期间内死亡者,继承权被侵害之人,得提否认之诉。但须于夫死亡之日起六个月内提起之。如夫于诉讼系属中死亡者,继承权被侵害之人,得承受其诉讼(《民诉》五八六)。

第三 诉之相对人

诉讼之相对人,当然为系争之子女。盖否认之成立,即为消失其婚生之资格,蒙其不利益者为子女,非为生母,故子女自在防卫利益者之地位。如子女为未成年人者,亦有诉讼能力,并可声请法院选任律师为其诉讼代理人(《民诉》五九二)。如夫为子女之法定代理人者,则原被告兼于一身,一身兼为诉讼上之攻击及防卫,自属不合。故在此种场合,依《民事诉讼法》第五九二条第二项规定,由生母或由亲属会议所指定之人代为诉讼行为。

第四 诉权之消灭

夫对于妻所生之子女,承认为己所亲生时,盖即为否认诉权之抛弃,自应丧失其否认之权利。外国立法例,即采夫之承认为诉权消灭之原因(《日民》八二四)。然婚姻所以示父之原则,既用为法定推定之基础,夫之不起而行使否认之权时,法律上当然发生婚生子女之效力,自毋庸待夫之承认与否也。且承认必待一定形式为之保证,然后曾经承认与否,方易证明。如系夫之亲生也,固无须乎承认,亦不能恶意的否认之。如果非夫之亲生也,夫既已不为否认,必欲强其承认之表示,是岂人事情之所能堪者,且亦无益于公序良俗。故《民法》不取此种作伪愈拙之办法。只要夫对于否认有确凿证据,在法定期间行使其否认权,任何夫之行为,均不足阻却其否认权,惟否认权无期限许其继续存在时,子女之身分权益,亦随之继续在不确定状态,非所以保护子女之利益。且年远岁久,关于否认上之证据,亦渐湮灭,虽欲为合乎实情之判决,亦不可得。故《民法》以夫知悉子女出生日起一年内,为否认诉权之继续期间(一〇六三Ⅱ但)。自知悉子女出生之日起一年内,不为否认之诉时,不论其承认或仍欲否认,一律消灭其诉权。盖一年之期,不为不久,过此而仍不行使其否认诉权时,法律亦不必多为保护矣。

第四项　婚生子女之权利

子女对父母之权利义务,同时亦即为父母对子女之义务及权利,后者有亲权之专节规定,前者当于该节中说明之,兹不复述。然子女之权利中,有随子女之种类而不同者,兹仅就其互异之特殊部分,先分别于各种子女之款中附随说明之者为妥。本项所说明者,为婚生子女所特有之权利。

婚生子女得享受其他非婚生子女所不能享受之权利有二:一曰冠用父母婚姻姓之权。二曰取得父母婚姻户籍之权。今分项说明之于后:

第一　用父母婚姻姓之权(一〇五九)

妻冠夫姓,赘夫冠妻姓,或夫妻共冠于结婚时所协定之姓,乃为婚姻效果之一，已于前述。婚生子女既为婚姻上之共同子女，其直接受婚姻之支配，自无待言。故子女自应有用父母婚姻姓，以表征其婚生子女之权利。在嫁娶婚，原则上以夫姓为婚姻姓，其子女第一应有用父姓之权利及义务。在招赘婚，原则上以妻姓为婚姻姓，其子女同样有用母姓之权利及义务。如父母关于子女之用姓另有约定者，有从其约定之权利义务。婚姻父母关于子女用姓之约定，不外别异于上述用姓原则，如嫁娶婚子女从母姓，招赘婚子女从父姓，或其他约定姓是。既由父母所约定者，虽仍不失为婚姻上之姓，然如子女不愿从其约定，而欲用原则上之婚姻姓者，则虽父母盖亦不能强也。

第二　取得父母婚姻户籍之权（一〇六〇）

夫妻同住所之权义，既为婚姻普通效力之一，故婚生子女乃有受此种效力上之利益之权利。即未成年婚生子女，有以其父母婚姻住所为住所之权利是。在嫁娶婚以父之住所为住所，取得父之户籍，成为父姓家家属之一员。招赘婚之子女，以母之住所为住所，取得母之户籍，为母姓家家属之一员。此种关于住所之规定，同时亦所以指示父母对婚生子女住所指定权之谁属，及其指定之范围。然既为子女之权利，父母亦不能违反此种规定及子女意思，将子女除籍或指定其他住所也。其在非婚生子女，则不同。经父认领者，原则上自以父之住所为住所；若未经父认领者，则以母之住所为住所。盖纯根据总则二十一条之规定而定其住所也。如父出赘，则随父而之父妻之住所。如母出嫁，则随母而之母夫之住所。非婚生子女无主张父母婚姻住所之权利也。

第二款　准婚生子女

第一　意义

前述婚生子女四要件之中，如欠缺"为生父之妻所分娩"，或"为生母之夫之血统",或"父母有婚姻关系"之要件者,其不能得有婚生之地位,自无待辨证。设若四要件中仅欠缺"在婚姻存续中受胎"之要件,其他三者皆具备者,依法律规定之形式,仍不能为婚生子女,亦无待言。然在实际上,同此婚姻父母之子女,其受胎适在婚姻中者,为婚生子女,而适在婚姻前者,则蒙非婚生子女之恶名,衡情论理,皆非所宜。故《民法》对此种场合,特开方便法门,使受胎在父母婚姻前之子女,亦受婚生子女之待遇。因其非当然有婚生之地位之故,学者特名之为准婚生子女,以资说明。所谓准婚生子女云者,非婚生子女,因其生父母结婚而取得婚生子女之地位者之谓也(一○六四)。

英及美国诸州,多不承认此制度,谓对私通之结果,法律为追溯的是正之,不无劝奖私通之嫌。且夫妻同谋抱领他人之子,以为亲生子女,是为破坏严格的养子制度法意。然既不能禁婚约男女之同居,则准婚生之制度,实为救济婚约男女所生子女之便法,且亦可以促进相奸者或姘度男女之订婚若结婚。故大陆各国虽有宽严不同,例多承认之。

第二 准婚生之要件

要件有二,分说如下:

一 父之认领

父对非婚生子女发生亲子关系,必须经认领程序,为民法原则(详见后)。母据一○六五条之规定,因有分娩之事实,原则上无须认领。然设若母于分娩后与子女分离者,有时自亦发生认领之问题,详于后述。

二 生父与生母结婚

本项无待说明。不过无效结婚,自不能成为要件。结婚之撤销及离婚,均无害于结婚之效力。

第三 准婚生之效力

准婚生之效力,依第一千零六十四条之规定为"视为婚生子女"。

所谓"视为婚生子女"云者,法律上受与婚生子女同样待遇之谓也。然受婚生子女待遇之效力,以何时为发生时期乎,就法文"其生父与生母结婚者视为婚生子女"之意推之,盖为其生父母结婚时起,取得婚生子女之地位,可无疑义。故其认领在生父母结婚前者,与结婚同时。在生父母婚姻存续中者,溯及至生父母结婚时发生效力。

第三款　非婚生子女(德:uneheliches Kind;法:enfant naturel;英:child born out of wedlock or bastard)

第一项　意义

非婚生子女云者,其受胎及出生均在婚姻外者之谓也。普通谓之私生子,旧律谓之奸生子。又旧律所谓庶子者,则与非婚生子女性质上,微有不同。庶子系妾媵之子女,因妾媵虽与妻身分不同,究为多妇主义法制上正式结合之一种,其出生时即依法取得庶子身分,不必由父认领,盖与所谓嫡子相同故也。《民法》既废妾制,故凡本编施行以前所出生之所谓庶子者,自以非婚生子女论之(《亲施》十条)。又《民法》关于亲生子女,只分婚生与非婚生二种,故凡禁婚范围内之亲属男女间所生之所谓乱伦子,及有夫或有妇之男女间所生之奸生子女(判例二十九年上字第一八三二号)等,均包括于非婚生子女之内,受同一处遇。

非婚生子女既为婚姻外之亲生子女,其对父与母间之亲子关系,在法律上应以何种情由,而为其关系发生之机纽,关此点各国立法例不同,有非婚子女对生母当然发生母子关系,对生父则以生父在其受孕期间有与生母同居之事实,或经生父之认领为要件,如《德民》(一七〇五、一七一七、一七一八)是。有必经父及母之认领,然后始生父子及母子之关系者,如《法民》(三三四条以下)是。有父子关系,须经父之认领,母子关系则以分娩为其发生之原因,毋须认领者,如《瑞士民》(三〇二条)是。《民法》采瑞士法主义。非婚生子女,须经其生父认领,始生父子关系。对其生母之关系,即以分娩事实为发生原因,毋须认领(一〇六五)。

第二项　分娩

分娩云者,胎儿因出生而脱离母体之谓也。凡子女皆由母体分娩,子女之是否亲生,即可决于是否由己体分娩。分娩之事实,既为所以联络母子之确实且显著之自然现象,故法律即以此为生母与非婚生子女间,母子关系之发生原因,原则上毋须经认领之程序(一〇六五)。设若生母于分娩后遗弃其所生之子女,而湮灭其分娩事实者,子女欲对其生母,证明其分娩之事实,请求认领时,被认为母者,对此应为否认或承认之决定,故在母亦应有认领之场合。立法例中亦有规定母之认领者,此即所谓非婚生子女之认母权或寻母权是也。《民法》仅云"毋须认领",盖仅指分娩事实为母所不否认或明确认识之场合而言乎。承认或不否认分娩之事实,则母子关系固俨然存在,毋再为形式上认领之必要而已。非谓非婚生子女不能认母,亦非谓母不能否认分娩之事实也。故母之对非婚生子女之亲子关系,以不否认者,即为成立。在分娩事实与现在非婚生子女间联络不明之场合——所分娩者是否即是现在之子女之场合,实际上母亦有认领之情事,自无待言。《民法》于第一〇六五条第二项,关此虽无明文规定,然在《户籍法》第五十九条①固有此种意义之规定也。

第三项　认领(德:Anerkennung;法:reconnaissance)

认领云者,为父者承认非婚生子女为自己亲生子女之谓也。换言之,以确定父子关系为目的之父方单独行为也。生父与非婚生子女,由认领行为之结果,在法律上始发生父子关系。故在认领前之非婚生子

---

① 《户籍法》第五十九条,"弃儿之父或母承领弃儿时,应于十五日内依第五十一条之规定,为更正登记之声请"。

女,在法律上乃为无父之人也。

认领有二种:一、任意认领。二、强制认领或曰判认。任意认领云者,由生父自动承认为亲生子女之谓。强制认领云者,法院依子女方之请求,以判决代父之认领之谓也。兹分项说明之于后:

第一目 任意认领

第一 认领人

依理认领人限于生父本人。盖非婚生子女,是否亲生,此中秘密,除为父者自己有确信外,他人固不得而知之。又认领为身分行为之一种,惟出于本人之意思者为限,他人不能代理,亦不能干涉。又认领者只须事实上有意思能力即可,不必以完全行为能力为要件。故未成年人无得法定代理人同意之必要。禁治产人在本心回复时间内,自得单独为之。

第二 被认领人

被认领人,限于无父之非婚生子女。有父或原为婚生子女者,均不得为被认领人。被认领之人已成年者,应否得其同意,不无疑问。余以为认领既系单独行为,其无须子女之同意,盖为自明之理。且子女之认领否认权(一〇六六),系对其已有效成立之认领而言者也。

又对胎儿可否认领,因无直接明文,或生疑问,由《民法》总则关于胎儿利益之保护,以将来非死产者为限,视为既已出生(七)之规定推之,则胎儿亦应可为被认领人,盖可无疑。故复于《户籍法》为明确规定之(《户籍》六三)。对胎儿之认领,立法例有须得母之承诺者(《日民》八三一条),《民法》在解释上自无此必要。

对已死亡之子女可否认领,亦属疑问。学说有赞否及折中三说。否定说,以谓认领所以为子女之利益,子女死亡,认领已失目的。不过欲得子女之继承权者,于子女生存中不为认领,规避其教养义务,至死亡后,始认领之,是纯为射利目的,为法律上所不应容许者。赞成说,则谓子女生存中不认领者,或因实际上有不得已情由之故。认领为父之权利之行使,不能以射利等说否定之。折中说,以谓应限于死亡子女之有直系卑亲属场合。子女未留直系卑亲属而死亡者,是虽认领,除得子女之继承权外,无任何意义。若有直系卑亲属者,则认领所以保护其利益,于情理并无不妥,应容许其认领。《民法》关此点法意不明,或可或否,盖任判例之量定也。然依认领制度之主旨,原所以保护非婚生子女之利益。已死亡非婚生子女,如尚有身后利益应保护者,生存父母出而认领承认,于情理固无所不合。余意应于此范围内肯定之。

第三　认领之方式(一〇六五Ⅰ)

一　意思表示　认领原则上由父直接向被认领人为意思表示。认领之户籍登记,虽为认领之公证书(《户籍》六二)但非成立要件。

二　抚育　非婚生子女由父抚育[①]者,即以抚育之事实,认为认领之意思表示。

三　遗嘱　认领人病危临终,有不能直接向被认领人为意思表示,或以自己社会上之地位身分,不愿于生前为认领者,得以遗嘱行之(《户籍》六四)。遗嘱之方式及效力等,依继承编第三章之规定。

第四　对认领之否认

认领成立时,认领人与被认领人间,发生亲子关系之效果,在被认领人及其生母之身分,均发生绝大之影响。故在法律上自期认领之合乎亲生真实者为理想。设或认领人之认领,有其他作用,而出于虚构者,自非法律所应保护。且在被认领人及其生母,系属身分上权益之侵害。故《民法》于违反事实之认领,得由被认领人及其生母举反证否认之(一〇六六)。即认领无效或撤

[①] 解释例以妾之遗腹子,认为经生父抚育同。其要旨谓"妾为《民法》所不规定,惟与家长以永久共同生活为目的同居一家,应视为家属,其遗腹子女,认为经其生父抚育同"(二十二年院字七三五号)。

销之诉是也(《民诉》五八五),原告为被认领人或其生母,被告为认领人。

第二目　强制认领

第一　意义

强制认领云者,非婚生子女对于应认领而不认领之生父,请求法院以判决代认领之谓也。非婚生子女,由其生父认领,自不成问题。设其生父为地位身分等利害关系,不但不为认领,且对非婚生子女之生母及其他法定代理人之请求认领而拒绝时,请求者除仰国家之力而为救济外,无他法也。以此而请求法院判决者,即所谓认领子女之诉(《民诉》五八五)是也。以请求生父认领之给付为目的,故其性质为给付之诉。其判决为给付判决。原告之胜诉判决确定时,以生父已认领论。其效力及于一般第三人(《民诉》五九二)。其他均依《民事诉讼法》之规定,与前述否认子女之诉相同。此种诉权普通称之为认父权或寻父权。

第二　请求认领之法定原因

非婚生子女与生父之血统连续,既非如分娩之显著事实,故其证明不易。设有匪人用为诈财之手段,串嗾他人私生之子女,捏造事实,诬称为被告之非婚生子女,请求认领。则不但清白无垢之被告,因此而被通奸之污名,损毁其在社会之信誉。且神圣法院亦同时被利用为作恶之工具矣。故各国多因此等理由而不许非婚生子女之认父权。然明为自己非婚生子女,因种种利害关系,故不认领者,亦为世情之常。是以奸生之过失,复济之以不认领之故意,非婚生子女固将因此而充斥于社会矣。故《民法》取折中办法,设认父权以保护子女之利益;同时,又为限定得请求认领之原因,以防善良安分者不意被人主张为非婚生子女的生父之危险。《民法》第一千零六十七条所定为法定原因者如下:

一　受胎期间生父与生母有同居之事实者。

受胎期间之推定,适用第一〇六二条,自无待言。即法定推定受胎期间一百二十二日之间,生父与生母有同居之事实者即可,无须问同居期间之长短。同居自指男女共同生活,而非因各种社会生活之必要而同住一处之谓。姘度盖其适例。

二　由生父所作之文书,可证明其为生父者。

文书云者,纪录思想之物也。本项之文书,以可证明其为生父者为要件。故凡具备此要件之纪录物,不论其内容如何,物质如何,均成本项之原因。

三　生母为生父强奸,或略诱成奸者。

四　生母因生父滥用权势成奸者。

三四两项分别,实无意义。总之能证明成奸,自可成立原因。奸之强、诱、迫与否,在目的意义上不生轩轾。亦不能谓因有成奸之事实,而可不适用一〇六二条之推定规定也。盖审判之目的,在确定被请求认领人与非婚生子女间,是否真实亲生子女。非谓借成奸之事实,强使认领非自己血统之子女也。

第三　诉之当事人

认领请求权人,为非婚生子女之生母或其他法定代理人。被告为生父(一〇六七)。关于行使请求权之性质,系生母及其他法定代理人自身固有权利,抑权利本属于非婚生子女,而由生母及其他法定代理人代表行使之者,学说分歧。但在《民法》之解释上,其为生母及其他法定代理人之固有权利,可无疑义。盖(1)在本条不列非婚生子女为诉权人。(2)如为非婚生子女之固有权利者,则不应因其法定代理人之不行使,罹五年时效而消灭(本条第二项)也。其理由:(1)在普通财产关系法定代理人之代表未成年子女行为,盖纯为保护子女之利益。在请求认领之场合,于保护子女之利益外,直接亦为法定代理人自身之利益。(2)非婚生子女之举证,亦属由其生母或其他法定代理人授与。(3)至子女有意思能力时,已经相当年月,证据多已湮灭,即勉为搜集,亦缺乏证据力。故直接将请求权属于生母或其他法定代理人,转为简捷有效。且子女对生父请求认领,势必宣露生父与生母已往丑史,殊非伦常正道。况虽宣扬父母丑史,亦属非身历目击之铁证者乎。

总之,据上所论,请求权之专属于生母及其他法定代理人者,为易于举证,同时亦为保护请求权人之利益,故一旦受孕后,即可请求认领,不待子女生出之后也(《户籍》六三)。

第四 请求权之消灭

一 时间之经过(一〇六七Ⅱ)

请求权之所以专属于生母及其他法定代理人者,为易于举证,于子女利益外同时亦为自己利益,已如前述。故请求权人于子女受胎后,便于举证起见,已可请求认领(《户籍》六三)。即不然者,于出生后,为确定所生子女之生父,自应着手请求认领。设有不得已之事故,不能实行,然亦不能长留请求之机会,使父子关系永久不确定也。故《民法》于子女出生后五年,为请求权之存续期间。过此而不行使,则因此消灭。历五年之久,为子女及自己利益考虑,已可尽详,搜索生父亦应可告一段落也。

二 毁灭受胎真实性之情由(一〇六八)

请求认领之理想,为确定子女之生父,换言之,确定父子女之血统连续。若从子女出生日回溯第一百八十一日起至第三百零二日止间之一百二十二日受胎期间内,其生母曾有与第三人通奸事实。或虽无通奸之确证,其放荡之生活态样,在社会普通观念上足认为不免有通奸情事者,则生母之胎,究由何人所授,欲判定已属不可能之事,故消失其请求认领生父之权。

第三目 认领之效果

本来晦暗不明之生父与非婚生子女间血统连续,因认领之结果,在法律上明确显现其连续之本态。故其效力应溯及于非婚生子女出生之时(一〇六九前段)，盖为当然之理。在胎内认领之子女，则以其非死产时，始发生认领之效力。对于已死亡者之认领，亦同样溯及于死亡者出生时。盖必如此，而后认领者对于死亡者之直系卑亲属间，始可循祖孙血统之连续也。认领效力溯及于被认领人出生时之原则，若无条件适用时，在认领前，第三人因不知有非婚生子女，而已得之权利，势将蒙不测之损害。故《民法》对此原则，又为例外之规定，即第三人已得之权利，不因此而受影响(一〇六九但)是也。

第四目　认领之撤销

认领为明确父子女间血统连续之行为，非有确实信念，固不应轻率为之，若一旦自行承认确为亲生之子女后——认领成立后，即不许由认领者任意撤销之(一〇七七)。盖(1)既经确信其为亲生子女，而出于认领。若复许撤销，无论其理由如何，是以认领为活杀子女身分之具，岂所以设认领制度之本旨。(2)因认领而取得亲子关系上身分权利之子女，因撤销而受剥夺，其为重大损失，固不待言；且第三人亦蒙其影响，实为法序上最可厌恶之事。故《民法》取宁缺毋滥之方针，为认领后不许撤销之规定。然认领既为意思表示之一种，则关于意思表示无效或撤销之总则规定，应仍有适用。故如欠缺认领之意思，或意思表示之有瑕疵，因而无效或得撤销者，自不在此例。然以遗嘱为认领者，仍得以遗嘱撤销之。盖遗嘱认领，须至遗嘱发生效力时，始发生效力，且前后遗嘱有相抵触者，其抵触部分之前遗嘱视为无效(一二二〇)故以遗嘱为撤销之场合，其所撤销者为尚未发生效力之认领意思，与前述撤销已发生效力者，不能同论也。

第四项　非婚生子女之权利

非婚生子女经其生父认领者，视为婚生子女(一〇六四)。与其生母之关系,自始即视为婚生子女(一〇六五)。所谓视为婚生子女云者,对其生父若生母,仍保持亲生子女之亲子关系之谓也。换言之,不因非婚生而影响其亲生之亲子关系之谓。非谓完全与婚生子女相同。盖婚生子女,直接享受父母婚姻关系上之效果及利益,而非婚生子女则不能有此也。今试说明之于下:

一　非婚生子女,因分娩之事实,第一次的应从母姓。盖《户籍法》上登记义务者,为其生母或其他法定代理登记义务人(《户籍》五二)故也。如经生父认领者,则从父姓,或由生父母协定,仍从母姓。不能适用第一〇五九条子女用姓之规定。例如赘夫之非婚生子女,不能从生父现配偶之姓者是。盖生父之现配偶非非婚生子女之母故也。

二　未成年非婚生子女之住所,亦第一次的以母之住所为住所。经生父认领者,原则上根据第一〇六九条及第一〇八九条之理论,以父之住所为住所。同样不能适用第一〇六〇条关于子女住所之规定。例如嫁娶婚妻之非婚生子女,不能直接以生母现配偶夫之住所为住所是。

总之,亲生子女在《民法》可分三类:一、父母婚姻上所生之子女。二、虽为婚姻外之子女,因父母之结婚而取得婚生子女之地位者。三、生父生母始终无婚姻关系之子女。故前二者,对生父生母直接发生亲生子女之关系,兼享受父母婚姻效力上之利益。后者对生父若生母,虽亦同样发生亲生子女之关系,但不受父母婚姻效力之影响,亦不能享其利益。两者显有不同之点,而《民法》于二、三两者,均混称之视为婚生子女,不分区别,盖用语上殊有未尽也。其他亲子间权利义务关系,与婚生子女均属相同,将总述于亲权节中,兹只举其不同者如上。

第二节　收养子女（德：angenommenes Kind；法：adopte，fils adoptif；英：adoptive child）

第一款　意义

养子女云者，收养他人之子女作为自己子女，法律上如同亲生子女者之谓也。本非直系血统连续的他人之子女，使对己身发生亲生子女之关系，是全出于法律上之拟制，故在法律上谓之法定血亲。其收养者为养父或养母，被收养者为养子或养女（一〇七二），以别自然血亲之父母子女。养父母与养子女间之关系，谓之养亲子关系，亦曰收养关系。

第二款　养子制度之利弊

关于养子制度之存立，历来学者赞否纷纭，约举其正反二论之大要如下：

一　反对论者谓：

1　以骨肉为路人，以路人为骨肉，违背天伦，紊乱血统。

2　收养多于养子幼少童稚之年，以养子之人格，为契约之标的，是为蹂躏人权，违反道义。

3　养子制度为紊乱继承关系，侵害亲生子女之继承利益。

4　养子制度使养子女生依赖养亲之心，助长少年游惰之风。

5　养子制度可免养育稚童之劳，而得成年后嗣之便。有鼓励独身生活，助长厌忌婚姻之弊。

二　赞成论者谓：

1　养子制度可使无子者，免祖先祭祀及家统之断绝。

2　慰藉无子者之暮景寂寞。

3　有事业者,得适当养子,辅佐继续经营,事业不至废败。

4　使收养孤儿弃儿,予以相当保护教养,在社会政策上,有莫大利益。

上述赞否二论之大意,其利弊得失,虽不能遽下终极的论断。总之,养子制度之所以为通中西亘古今普行之制度者,盖于人类之模仿本能及保种本能,有其发生之原因者乎。其在家族制社会上,为保持家之继续繁荣,更有存立若发达之理由。在盛行个人主义之欧美诸国社会,其养子制之立法理由,与家族制社会者,自不能尽同。然个人主义愈发达,收养子女愈感累赘,于是零仃无告之孤儿弃儿愈益充斥而为社会之累矣。而现在国家之力及设备,又不足以尽量救护之。故晚近诸国,多基于间接的使人民救护孤儿弃儿之消极的社会政策,注力于养子制之立法或修正。如英国于一九二六年特新制定《养子法》(The Adoption of Children Act)。法国原有养子法,条件严格,于一九二三年特以法律修改之,以谋收养之便易。德国亦根据同样理由,而草成民法中私生子关系法规之修正案。苏俄革命后曾将养子制废止,禁止收养,于一九二六年法。以"养子之禁止,实为妨碍所以减少无监护的儿童之政策;且在新经济政策诸条件上,已得此种非合目的的经验"之理由,而以"养子为所以补充农业家族劳动力之不足,为增大农业生产计"之积极目的,复活其经禁止之养子制。其他美国及捷克等国,亦均有是项立法趋势。

综上立法趋势观之,近世所谓养子立法,盖随社会进化,均以"养子利益""社会利益"为前提,而期待将保护孤儿弃儿之责任,转嫁于个人,为其根本理念。故养子制之解释论,亦自以养子利益本位为重心焉。

第三款　我国旧有养子制度

我国古来法律上拟制血亲范围颇广，如对生父之后妻为继母，其妻为嫡母，其妾为庶母，对生母之后夫为继父，对继母之后夫，随继母嫁者亦为继父等，均为拟制上之亲子关系（其详参照第一章第二节第一款第二项注）。而其亲子关系之发生，为直接基于生父或生母现在婚姻关系之效果。《民法》对此等法定拟制血亲关系均已废止。或变为一亲等姻亲（继父继母），或摈斥于亲属之外（父妾）。古来拟制血亲中与《民法》养子制度酷似者，为"立嗣""乞养""收养弃儿"等。然其发生亲子关系之条件及其范围，均有严格限制，与《民法》迥异其趣。如立嗣者，有"无子者许令同宗昭穆相当之侄承继，先尽同父周亲，次及大功小功缌麻，如俱无者，方许择立远房及同姓为嗣"（旧律立嫡子违法律文）之严密规定。而此等规定均属强行法规，故立嗣有时为有强制收养之性质。至乞养异姓，收养弃儿，虽亦发生亲子关系，然收养与否听收养者之任意。其收养条件，亦不若立嗣之严格。且其效果范围颇为狭少，如（1）收养者虽无子，亦不得继家嗣宗。（2）仅能酌分收养者之财产，不能完全继承等之限制，不能发挥收养之本旨。考旧律所以有此种严狭之养子制度者，盖即受宗法之宗祧承继思想之支配。而宗祧思想之根本理念，则为（1）"祖祀不可绝""血统不可斩"之祖先崇拜思想，及（2）"神不歆非族"之迷信观念。故旧养子制度，以血统之接继，祖祀之不斩为目的。而以异姓不得乱宗，昭穆不能失序为经纬。

《民法》既废宗法之宗祧继承等制度，故所谓养子制度之效用、性质等，自亦变更。详言之，（一）条件上之变易。宗祧继承既经废止，则基此而来之一切限制，如同姓、同宗、男性、收养者之无子女等法定要件，自属废撤。同时国家对此之强制力，亦无存在余地。关于遗产上之继承者亦同。(二)目的上之变易。向来养子制度，以家统祖祀之继续为目的，立嗣者往往驱迫于此种目的，致违反本意而为收养嗣子。其出于自身愿望之收养，又受严格法律限制，不能自由。在《民法》之收养，可完全出于收养人之自由意思，以满足本能欲望，所谓为收养人利益之收养是也。同时被收养者亦得以自由意思离合，故亦可谓为被收养人利益之收养。如被收养人为孤儿弃儿时，既得受收养人之教养，复有法律上之保障者是。今就《民法》所规定者，分款解释之于后：

第四款　收养（德：Annahme an Kindesstatt；法：adoption；英：adoption）

第一项　收养之意义

收养云者，以当事人之一方取得他方之婚生子女身分为目的之要式行为也。说明之于下：

第一　收养为法律行为

收养为当事人间，以发生养亲子关系为目的之意思表示。此种意思表示，法律上直接发生效力，故为法律行为。此种法律行为，成立于当事人间之合意，故为契约。因规定于本编，以发生亲属身分效力为本质，故又为亲属法上之契约。

第二　收养为要式行为

收养为发生一亲等血亲关系之行为，其性质及效果之重大，自无待言，故其意思表示之内容及时期，有以一定形式保证之必要，《民法》特定为要式行为。

第三　收养之当事人受法律特殊限制

在普通契约当事人之人格及人数，原则上初无限制。在收养契约，因以发生养亲子关系为目的之故，当事人犹如结婚之场合，加以特定限制。

第二项　收养行为之要件

第一目　实质要件

第一　关于当事人人格上之要件

分收养者及被收养者二项说明之。

一　收养者

甲　"收养者年龄应长于被收养者二十岁以上"（一〇七三）

收养关系既为模仿血亲子之关系者，则收养者与被收养者年龄相差间隔，亦应符合可以亲生之状态，为最合理，否则老子幼父，呈为奇态怪象。不但有妨伦常观念，且亦非法序之本意。故《民法》特为此年龄上间隔之规定。同时收养者之最低年龄，亦以此规定限定之。盖收养者既应长于被收养者二十岁以上，则收养者即收养初生赤儿之场合，亦以己身必已满二十岁时，方合上述要件故也。

又对于辈分不称，或尊卑颠倒之亲属间之收养，如收弟作子，认侄为父等，法律上既无明文禁止，应无不可。然由上述年龄间隔之法意及我国淳风美俗推之，其应禁止，盖无待言。然亦有问题焉，即如应禁止者，则其应禁止之亲属范围如何是也。《民法》既未立标准的亲属范围，则数十亲等以外之血亲或姻亲，对己身均属亲属，且有辈分可稽者，其将一概禁止乎。在宗法铲除后之社会，一概禁止，固甚无谓。然则在一定范围内禁止乎，则其范围又何如，盖又为立法疏漏乎。司法院二十一年院字七六一号，关此点为"旁系血亲在八亲等以内，旁系姻亲在五亲等以内，辈分不相当者，自不得为养子女"之解释，盖推据亲属禁婚之理论及其范围，以资解决本项之问题，在现行法上为当然的结论也。

乙　"有配偶者收养子女时，应与其配偶共同为之"（一〇七四）

养亲子既为血亲之拟制，在可能范围内，自以贯彻其拟制之本旨者为宜。如有配偶者收养子女时,应与其配偶共同为之者,在养子为有养双亲,在养亲为有共同养子女,更适合于模拟亲子之要件。且养子女多系入收养者之家,为共同生活者,在家庭生活之统一及和平,亦有应得其配偶同意之必要。有配偶者收养子女,他方不予共同者,单方自不能独立为之。

然配偶之一方因禁治产等,不能为共同收养时,他方可否单独为收养行为,自是问题。按在配偶一方无行为能力场合,他方多在于其法定代理人之地位,且共同收养既系共同性质,非有能力配偶之单独关系,故依理应以肯定论者为妥。

若收养配偶之直系血亲卑亲属者,推究上述配偶必共同收养之理论,应无须乎配偶(被收养者之直系血亲尊亲属)之共同,得单独为之。盖配偶者与被收养者,既为自然血亲之连续,自无重为拟制行为之必要也。

二　被收养者

甲　"一人不得同时为二人之养子女"(一○七五)

考收养之效力,为被收养者与其本生父母脱离亲子关系,视作养父母之婚生子女(见后),法律所以规定此种效果者原为贯彻拟制性之精神,同时亦为避免亲权与养亲之亲权冲突。兹若许亲子女再为第三人之养子女时,乃为破坏上述所以拟制之性质。盖一人不能有二人以上养亲者,犹一人不能有二对以上之亲生父母。故《民法》禁止之,即一人只许为夫妇或一人之养子女是也。

乙　"有配偶者被收养时,应得其配偶之同意"(一○七六)

夫妻各别被他人收养为子女,犹夫妻各别收养子女,其不合理,正复相同。如在嫁娶婚之妻,被人收养时,妻应入养亲之家。然同时妻有以夫之住所为住所之义务。入养亲之家,违反婚姻义务。留夫之家,无以实现收养之功效。故凡有配偶者,被人收养时,事先应得其配偶之同意,盖为当然之理也。

第二 关于契约当事人意思表示之问题

亦分收养者及被收养者二项述之。

一 收养者

前述收养者既应长于被收养者二十岁以上,则收养者之收养子女,至早应在满二十岁时方可,故收养者之行为能力,自不成问题。收养既为身分行为之一种,亦应与结婚离婚等相同,由收养者本人自行为之。如有配偶者为收养时,应与其配偶共同为之。所谓共同云者,自系共同为收养之意思表示之谓。其目的无非使被收养者因收养之结果,而成为共同子女也。依此推论,则在收养配偶之直系血亲卑亲属场合,因被收养者与配偶已为自然血亲的亲子之故,即不经配偶之共同行为,应已可符合此种目的,而以单独行为成立之。《民法》对此种场合,无例外规定,解释上不无疑问。因为自明之理,故不另为规定者乎。又如配偶一方为行为无能力者,他方得以代表双方之名义为之。

二 被收养者

被收养行为,依理应由被收养人自行为之者,为最合乎身分契约之原则。若必由被收养者亲自为被收养之决意时,至少必至被收养者有意思能力之年龄方可。换言之,即被收养者之最低年龄,应有限定。然养子女为亲生子女之模拟,在可能范围内,以能得情同亲子者为理想。欲使养子发生孺慕情感,自以自幼少时养育者为易。又从间接使个人负担保育孤苦无告的稚童之社会政策着想,更不能有被收养者年龄上之限制。故立法例多未以被收养者之行为能力若意思能力为要件。

我国关于立嗣、乞养异姓、收养弃儿,多在被收养者之幼年,由其尊亲属代表,或径由收养者单方意思为之,为悠久惯行,《民法》亦仍袭之。被收养者为幼少者,由其法定代理人直接为收养契约之当事人。如其父母均不能为意思表示者,由其他法定代理人。无法定代理人者,则由收留孤儿弃儿之救济机关或区乡镇公所代行之。

以上为被收养者幼少无意思能力之场合,若被收养者已届有意思能力之年龄,如已届订婚若结婚年龄,应否须经其法定代理人允许;或犹如订婚结婚,得自行为之,不过须法定代理人同意者,法无规定。其应依总则规定而为解释乎。又如未成年人已因结婚成年或已成年,依理应可独立为之。然被收养行为,同时为对本生父母脱离亲子关系之行为,具体的言之,为相互消失扶养权义及继承权之行为,衡情而论,无论被收养者成年后年龄如何,似应得本生父母之同意者为妥。关此点《民法》亦无明文,解释上自成问题。

又收养子女欲转养于第三人时,其契约代缔权或同意权,仍属于养子之本生父母,而非养父母。因于转养之前,依第一〇七五条之规定,应先废止现存之收养关系。现存收养关系,既经废止,则与养亲已消灭亲子关系,仍回复其本生亲子关系故也。

第二目 形式要件

收养契约之形式为书面或抚养事实(一〇七九)

第一 书面

收养行为以书面为形式要件。考书面为所以保存收养合意之纪录,其内容但能明白确认双方关于收养意思之合致者已足,无须如离婚书面以二人以上证人之签名为要件。但必须合于总则第三条之要件,自无待言。《户籍法》第六十七条之证明人,盖为关于收养事实之普通见证人,而非书面上不可缺要件,亦无容疑。

第二 抚养事实

双方以成立收养关系之意思,收领他人之子女,自幼抚养之者,则即以此种抚养事实,代书面之效用,可无须另立书面。

第三　收养之户籍登记为公证要件,而非收养行为之成立要件,自与其他身分行为相同(《户籍》六七)。

第三项　收养之无效及撤销

收养既系法律行为,其有无效及撤销之情事,自无待言。又为关于身分上之行为,其有特殊性质,与其他身分行为,亦应理无二致。但《民法》关于本题者,曾无任何规定。其意(1)盖应适用总则关于法律行为之规定乎,(2)因其性质为身分行为之故,不听当事人自治,而任法院之处理乎。尤其关于收养之撤销者,因其所撤销者,为当事人间亲子关系,其重大不亚于婚姻。婚姻之撤销,既专限于判决,则收养之撤销,亦以经判决为妥者乎。且撤销之效力,依理不能溯及既往,应与后述收养终止之场合相同(一〇八三前段)。故撤销之意思表示,如能得对方之同意者,即为后述同意终止。否则,撤销即其必为判决终止。撤销之实际及效果既与收养终止相同,故《民法》不另为撤销之特别规定者乎。今试依总则之规定,为述应无效及撤销之场合,其他将于后述收养终止款中包括述之:

一　收养者之年龄,不长于被收养者二十岁以上者。

二　养子女再被人收养者。

上一、二两类,因第一〇七三条及第一〇七五条,均为强行法规,故根据第七十一条前段应为无效。

三　亲属间辈分不称或尊卑颠倒之收养,乃为违背我国善良风俗者,依理亦应无效。但在亲属禁婚范围外之亲属间,既不论辈分尊卑允许结婚,则同此范围外之亲属间收养,即为辈分不称,盖已为法序所允许者乎(参照前述)。

四　收养者或被收养者若其法定代理人原无收养或被收养之意思者,据第七十五条后段解释,自属无效。

五　有配偶者为收养或被收养时,未由其配偶共同或未得其同意者,为无效乎,抑为撤销乎,若认第一〇七四条、第一〇七六条为强行法规者,则为无效之收养,自无待言。

六 其他如意思表示之瑕疵——诈欺、胁迫等,自应依总则之规定。

第五款 收养之效力

第一项 积极效力

第一 关于身分者

收养制度之效用,在于素非直系血统连续之双方当事人间,发生亲子关系,故其效力之最主要者,当为被收养者对收养者取得婚生子女之身分(一〇七七)。以此婚生子女之身分为基础,与养亲方之亲属,发生与婚生子女同样亲属关系。即养亲之血属姻属,亦为养子女之血属姻属是。关此虽无明文规定,但就"与婚生子女同"之文意推之,自无疑义(旧律及习惯亦同此处遇)。故凡婚生子女之对生父生母以及其亲属之权利义务等,在养子女除法律另有规定者外,亦应相同。如亲属相互扶养义务,相互继承权利以及亲属间禁婚义务等是。但养亲于养子外,如复有直系卑属血亲者,则养子对养亲遗产之应继分,为养亲之亲生子女二分之一(一一四二Ⅱ),乃为拟制血亲不□自然血亲之例外。

关于养子女身分效力之发生时期,法无规定。若为贯彻拟制之精神,自应溯及于养子女出生时发生效力或较理想。然收养之目的效用,多在于收养以后,自无溯及于被收养者出生时之必要,亦因已成法序不应以拟制行为而紊乱之也。故应解为收养关系成立之日即养子女取得婚生子女身分之日,视为在养家出生,向后发生婚生子女身分上效力。

第二 关于用姓及住所

被收养者,法律上既拟为收养者之婚生子女,故必从收养者之姓。盖姓之效用,所以"识所生别婚姻"故也。若收养者系有配偶者,则从收养者之婚姻姓。未成年养子女应服养父母之亲权,故应以养父母住所为住所。即入养父母之家,取得其户籍。

第二项　消极效力

收养成立后,被收养者对其本生父母之关系,应如何处遇,即收养之消极效力如何,亦应讨论之问题也。关此除第一○八三条为"回复其本姓,并回复其与本生父母之关系"外,无正面积极之规定,今根据此规定之反面解释,试条举之如下:

第一　(一)脱离本生父母之户籍及住所。(二)废弃本生父母之姓①。盖一人不能有二个姓及二个住所,为当然之理。又(三)脱离本生父母之亲权。此亦为收养之当然效力。

第二　(一)与本生父母之血亲的身分关系,(二)与本生方之亲属间身分关系,虽被收养为他姓他族之子女,因此等系天合关系,自不能消灭也。

第三　(一)对本生父母及其他亲属间之相互扶养义务,在本法及继承法中无任何限制的或否定性之规定,又(二)相互遗产继承权,除由第一○八三条但书之反面推论,对本生父母之遗产继承权,因被收养而丧失者外,余均无积极规定,解释上自是疑问。依旧律及惯例,嗣子养子除兼祧者外,丧失对本生父母之继承权及免除扶养义务,《民法》之解释亦以消极者为妥。

第六款　收养关系之终止

养亲子关系,既系人为之拟制,得仍由人为之合意或判决解消之,盖

---

① 解释例"养子女从收养者之姓,既为《民法》第一○七八条所明定,则养子女自不得兼用本姓,如以本姓加入姓名之中,其本姓只能认为名字之一部,而不得视为复姓,至兼承两姓宗祧,虽无禁止明文,但参照同法第一○八三条之趣旨,仍不生法律上之效力"(二十五年院字第一六○二号)。

与离婚相同。故终止收养关系云者,以合意或判决解消养亲子关系之谓也。

亲子关系为各人终身间之关系,则其拟制之收养关系,自亦以终身间继续者为本则。惟期其终身,各方始能发挥慈孝之真情,以充实所以收养之意义。然世态复杂,人情无常,血亲骨肉之间,尚难免意见冲突,感情龃龉。况在本非直系血统连续之假亲假子间,而使模拟最亲密之生活,其易生误会而致感情乖异,盖转为人情之常。或由轻蔑之心,而冷遇虐待其养子女,或因误会,而违拗养亲之意等,违失其所以收养之初意者,为习见不稀之事。在此等场合,若不许解消关系,以资救济之,其贻害于社会秩序,盖亦与禁止离婚相同。故《民法》特为设终止收养关系之规定也。

终止收养关系,即旧律之所谓归宗。归宗有两愿归宗及判决归宗之别,《民法》亦分为同意终止及判决终止之二者,分说于后:

第一项 同意终止

同意终止云者,收养关系由养亲与养子两相情愿解除者之谓也。其理由盖与和离相同。关于同意终止之法律要件,应与收养要件相似,今就《民法》所规定者述之。

第一 养亲子双方之同意

养父母与养子女之亲子关系,既基于两愿之拟制,系身分契约之一种,故仍得由双方同意终止之(一〇八〇),盖为当然之理。所谓同意云者,养亲方与养子方对于终止收养关系之意思相一致之谓。故依此推之,终止收养之当事人,以限于养亲及养子本人者为原则。又有配偶之养亲或有配偶之养子,未得配偶共同或同意之单独意思表示,自不能成立所谓终止之同意。此与收养要件之理论,应无异致。然应考察之问题有二:

一 养子方之终止行为,如养子为无行为能力或限制行为能力人时,应由何人为代理之是。法文简略,不无疑问。当无行为能力养子为终止行为时,其法定代理人,固仍为养亲。若由养亲单独而为双方之意思表示,是不但显与得由"双方同意"之法意相抵触,亦非两愿终止之本旨。考无行为能力人之被收养行为,既由其本生方之法定代理人为代表一切,则关于同一收养契约之解除,仍由能充分保护被收养者利益之本生方法定代理人为代理之,即由原契约当事人解除契约,盖为论理之正乎。且一旦终止成立后,未成年被收养者之护养义务,仍依法转移于本生方法定代理人,则从本生方法定代理人之利害着想时,终止行为实即为负担义务之行为,应由其直接参与终止行为,较为合理也。《民法》关此虽无直接明文规定,然依《民事诉讼法》第五百八十二条之法意推论,作如此解释,最为妥当。设未成年养子,既无本生父母,亦无其他法定代理人者,则终止同意在法律上为不可能。在社会政策之见地上,亦不应听许养父母之自由放逐其养子。故在此种场合,养亲虽欲终止,亦属不可能也。

二 收养配偶之直系血亲卑亲属为养子女者,一旦欲终止收养关系时,应否得配偶之共同,亦是问题。配偶对被收养者,既为自然血属之亲子,必使其共同终止收养关系,在理论及实际均未为合理。然依民法解释,非共同实□以成立收养终止。在此种场合理应有例外规定,已如前述。考普通有配偶者收养子女或终止收养,应由其配偶共同者,其立法目的在使共同得拟制子女,或共同丧失拟制子女。在收养配偶之子女,其性质自属不同。收养或终止收养,对配偶原有血亲子关系,固仍无影响。故在本问题,对"应与配偶共同为之"文意,毋宁解为"应得配偶之同意"较为妥当也。

又如养亲死亡后,因收养为亲子关系之拟制,故其收养关系,自仍存在,且收养之一部分效果——如遗产继承等,正由养亲之死亡而发生也。

若养子欲于养亲死亡后,终止收养关系时,以已无终止契约之对手人,故同意终止绝无成立可能。设若养子女之在养家,仅维系于养亲之情爱。一旦养亲亡故后,失所依倚。甚或受养亲方其他亲属之歧视,不能继续留住者,若不许脱离养家消灭其收养关系者,其不合人情,盖与配偶死亡后,不许再婚者相同。然养亲亡故后,若无条件可以自由脱离,亦非所以保护已死者之利益。故在此种场合,盖只以第一〇八一条第六款所谓重大事由为理由,请求终止之宣告,以资救济乎。《日民》关此有"养亲死亡后,养子欲离缘(终止收养)时,得经户主(家长)之同意为之"(八六二Ⅲ),但"养子已为户主者不得离缘"(八七四)。此盖以户主为家产继承人之家族制法制,当然规定也。在我国之家族制,虽不与日本者相同。然旧律及习惯关于养子归宗者,例不能将所得养家财产带去,而现行法解释,终止收养之效力,不溯及既往。若许允养子于继承养亲遗产后,终止收养时,是与旧律习惯及养亲方之利益,必多龃龉。故《民法》特略而不规定,以待法院之裁量乎。余意以为如许允养子于养亲死亡后,终止收养者,其终止收养之请求,应有一定期间上之限制。最妥善者,使终止收养与抛弃遗产继承权,有连带关系。养子抛弃继承权者,同时并应终止收养。请求终止收养者,应以抛弃其对养亲遗产继承权论。而请求终止收养之期间,亦可与抛弃继承权期间,同一处遇。如是则养亲方及养子之利益,均得保全。然此已非解释问题,而为立法问题矣。

终止收养,既属普通法律行为之一种,如终止意思在无意识或在精神错乱中所为者为无效,因被诈欺或被胁迫而为者可撤销,应适用总则规定,自无待言。

第二 终止书

同意终止必书立契据,其理由盖与和离相同。其应依照第三条规定,亦与收养书面无异。不过在收养时,可以以抚育之事实代书面,终止则不能以离居代之。盖亲子因事离居,原为常事。且无书面,无以明确保证终止意思之合致及其日期也。又《户籍法》之同意终止登记,及登记时须具证人等规定,非终止之成立要件,与收养登记同(《户籍》六八)。

第二项 判决终止

判决终止云者,法院以判决解消收养关系之谓也。收养关系之终止,能由双方同意者,即成前项同意终止,不必经法院之判决。而必经法院之手而解消之者,第一,当然为双方对终止意思显著的不一致场合。第二,为一方之意思,愿否解消,不明了场合。由法院审查继续收养关系之是否适当若可能。如认为不可能或不适当也,于是以判决代不同意方或同意与否不明了方之同意,而终止收养关系,以济同意终止之穷,此即判决终止之所由设也。

第一目 判决终止之法定原因

《民法》关于单方欲终止收养关系者,须经法院之判决。然法院之受理若审查终止之是否适当,必有所依据之准则方可,故《民法》特为列举得宣告若请求终止之情形,以为请求及宣告终止之准则。此类所列举情形,即为判决终止之法定原因。今就第一〇八一条所列举者说明之。惟本法施行前所发生之情事,而依本法之规定,得为终止收养关系之原因者,亦有适用(《民亲施》一二)。

第一 虐待或重大侮辱

养父母养子女之一方,对他方为虐待或重大侮辱时,被虐待或被侮辱方得请求法院为终止收养之判决。本款与离婚之场合不同,于虐待之外复加重大侮辱。故本款之所谓虐待者,盖仅指对肉体上所加之酷暴行为而言乎。关于肉体的虐待之内容,亦与离婚场合不同。盖养亲对养子既属亲子关系,养子服养亲之亲权。即养亲对未成年养子,在必要范围内行使其惩戒权,加以笞责,在夫妻间或已可成为虐待,在亲子间或不能谓为虐待也。反之,养子对养亲所加之虐待,由伦常尊卑观念律论,其成为虐待之暴行,程度上盖应与前者有别矣。① 至侮辱必以重大为条件者,其理由亦同,盖训叱子女,即在大庭广座中行之,亦不能谓之已成侮辱。故所谓重大侮辱云者,盖指逾越训责所必要范围者也。反之,养子对养亲即未至所谓公然侮辱,已为为人亲者不能忍受之程度时,盖已可成为重大者乎。总之,本款之虐待与侮辱,以施者受者之身分地位等,异其内容,盖为自明之理也。

第二　恶意遗弃

养亲子间亦犹血亲子互负扶养义务。一方对他方以恶意拒绝此项义务时,即为本款之遗弃。养亲子关系纯基于拟制,如一方已能证明他方拒绝扶养义务之出于恶意,则此种拟制已消失其存在之理由。不如婚姻场合,夫妻于精神肉体二方,曾有实际的联络,可冀他方回念前情或有转圜余地,故加以继续状态为要件也。

第三　养子女被处二年以上之徒刑时

养子女之被处徒刑,在养亲首被教子无方之恶名,名誉精神两受损失痛苦,自不待言。故特为养亲方请求终止之原因。被处徒刑之罪,不问其为不名誉罪或其他罪。总之,刑期在二年以上,即构成本款原因。故与离婚场合不同。其理由盖收养子女所以慰暮景,继后,或助理家业。今养子女因犯罪而处徒刑,养亲之收养目的,盖已毁灭无余。又从养子女而论,因不安分守己而遭缧绁,使养亲受累,亦已无再主张继续恩养之义理矣。然应注意者,因处徒刑而有请求权者,只为养亲一方。如养亲被处徒刑时,养子女无请求终止之权利。盖养子女多受养亲养育之恩,

---

① 判例:"养子无故将其养母锁在门内一日,不得谓非对于养母为虐待。"(二十九年上字二〇二七号)

今因养亲被处徒刑，遽主张终止收养而离去，是于伦常观念不宜，亦为我国淳风美俗所不许也。

第四　养子女有浪费财产之情事

养亲之收养子女，原意在视作亲生子女，以慰暮景，或使助习家业，继承家产，已如前述。如养子女性喜浪费，挥霍无度者，不论其所浪费者为养亲之财产，抑或自己特有财产，其不能勤俭为家，继亲立业，盖已不难预卜。是为违失所以收养之本意，故为养亲方请求终止收养关系之原因，本款之重心在养子女浪费性情及行为，其所浪费财产之谁属，非所问也。

第五　养子女生死不明已逾三年时

模拟膝前有子，所以收养他人子女，今养子女失踪后生死不明至逾三年之久，是已失灭所以收养之意义，故列为养亲方请求终止之理由。反之，若养亲生死不明已逾三年时，养子女无此项请求权，其意云何，难于索解。其为在普通场合，养亲为有资产者，所以收养子女，使承家继业。故养亲虽生死不明，养亲之亲属及家产均在，正可由养子继续维持，故不予请求之权欤。然若在无资产无亲属之养亲则何如。故在养亲生死不明之场合，养子欲终止关系者，解释上除能证明其出于恶意成为遗弃外，只有认为次款之重大事由之一种而已。

第六　有其他重大事由时

除前述五款以外之事由，其性质情节足以破灭收养关系之根本意义者，盖即为本款之所谓重大事由者乎。事由之是否足以破灭收养关系，自随法院斟酌社会通念，审查具体情形而定[①]，不能为括概的揣论。不

---

① 有例示判例："嗣子意图使嗣父受事处分，而为虚伪之告诉，经检察官为不起诉处分后，复声请再议，自系所谓重大事由。"（二十八年上字八四三号）

过应注意者,重大事由之为请求理由,不限在于任何一方,换言之,得以重大事由为理由而请求终止者,为养亲子双方平等之权利是也。

第二目　终止收养之诉

终止收养之诉权,为专属于收养关系当事人本人,与判离场合相同。盖非养亲子自身,不足以知收养关系之能否存续故也。有配偶之养亲,由养父或养母一人代表为原告或被告。一方死者以生存配偶为原告或被告(五八四)。有配偶之养子为原告时,应得其配偶之同意。以有配偶之养子为被告者,则仅以养子为被告。养子女虽不能独立以法律行为负担义务者,亦有诉讼能力(五八〇),得声请受诉法院之审判长选任律师为其诉讼代理人(五八一)或由其本生父母或由亲属会议所指定人代为诉讼行为(五八二)。终止收养之诉,专属养父母之住所地或其死亡时住所地之法院管辖(五七九)。

关于终止诉讼,《民法》未另为规定不受理原因。盖收养关系,不如婚姻关系之有密切的结合性,故其离合,亦不必如离婚多予妨碍之规定,在可能范围内设法保持之也。

第七款　收养终止之效力

第一　在养亲方之效力

一　关于身分上者

收养终止,即为消灭养亲子关系之谓,故收养终止时,凡拟制上之关系,向后消灭之。其效力发生时期:(1)同意终止,为终止书面成立时。(2)判决终止,为终止判决之确定日。收养终止之户籍登记,非效力发生要件,与其他身分行为相同。

收养终止后,拟制上一切关系虽因此消灭,然至可滋疑者,曾有收养关系者之间,可否通婚是,其详参照婚姻节。

二　关于财产者

收养终止之效力,原则上不溯及既往,盖为自明之理。故凡终止前养亲子间之财产关系,应仍有效,如养子在养亲方既得之特有财产,养亲关于教养养子所费之资金费用等,以及养亲就未成年养子之特有财产上,已使用收益之利益等,自无返还或补偿之必要是。

三　给与金

收养之成立,非纯基于收养者单方之利益,被收养者之承诺或要约,自亦有其功利的目的,已如前述。且收养之成立,直接间接均影响于各人生活式样之决定。此种因收养关系已决定之生活式样,一旦因终止中途突遭变更,其有重大影响于各方生活方针,自无待言。如一方因此而陷于生活困难者,他方应负社会共同生活上之无过失责任,盖为近代法律思想上所必要之推论乎。故《民法》为"收养关系经判决终止时,无过失之一方,因而陷于生活困难者,得请求他方给与相当之金额"之规定也（一〇八二）。其要件为:陷于生活困难者,对于受判决终止而无过失。所谓相当云者,适应于应给与方之资力及请求方之困难程度者之谓也。在同意终止,自亦相同。不过同意终止,既属当事人之自治,故法律无另为规定之必要耳。

第二　在本生父母方之效力

养子既与养亲方消灭一切关系,则其对本生父母之自然血统连续关系中,向被收养关系所排除者,今因此种排除力之消失,仍回复自然原状,盖为自明之理。第一,当然回复所以表所由生之本性,第二,同时回复其对本生父母之一切自然亲子关系。如为未成年者应入本生父母之家,即仍以本生父母之住所为住所（一〇八三前段）等,凡对本生父母所有权利义务,均于收养关系终止日起一切回复之。但在回复前第三人对本生父母已得之权利,不因此而受影响（同条但书）。如本生家兄弟,因父母死亡,已开始之遗产继承权,不因出养兄弟之归宗而受其影响者是。

第三节 遗继子女

第一款 意义

遗继子女云者,谓继承无直系卑亲属者以遗嘱所指定之遗产,而取得遗嘱人之婚生子女身分之人。故遗嘱人为继父或继母。被指定继承者为继子或继女。其关系,称之为继亲子关系。无直系卑亲属之人,以遗嘱指定遗产继承人,使发生与亲生子女相同(一〇七一)之关系,盖与收养制度同为拟制血亲之一种。然收养之功用虽多,要不外收养者欲于生前得拟制子女,使发生现实的亲子关系,以慰娱暮景,或助理家业,俾继己志等,已如前述。若无是项需要,或在生前不愿收养子女者,或因突发变故不及为收养者,而对于遗产又无继受之直系卑属时,于是以遗嘱指定继承遗产之人,以充直系卑亲属。故遗嘱立继之特点,在继亲与继子之间,于继亲之生前,不发生现实的拟制亲子关系。

第二款 遗嘱立继

遗嘱立继(以后简称之遗继),其目的在使指定继承人,继承其遗产,同时使对被继承人发生亲子关系。其关系之成立与否,一系于遗嘱有效与否,及继承人之对遗嘱继承承认与否。关于遗嘱行为之要件,以及继承人之承认或抛弃,详于继承编,姑不赘述。兹应研究者,为关于发生亲子关系上所应考虑诸点,试说明之于后:

第一 关于被继承人之资格

一 被继承人与继承人之年龄,是否应准用第一〇七三条之规定,自是疑问,就与收养同为亲子关系之拟制论之,应理无二致。然(1)不于生前收养,而以遗嘱立继,盖在实际上必有种种困难情形。(2)且在被继承人生前,与继承人不发生现实的亲子关系,则继亲与继子,年龄不相称,亦少影响于正常之伦常观念。法律既未有直接限制规定。故关此点者,似应可听当事人之自由。而旧律及习惯除昭穆不相当者外。亦无明确年龄相差间隔之规定,详细参照收养节。

二　亲属间遗继应否顾虑尊卑辈分

旧律关于无子立嗣者有"若立嗣虽系同宗,而尊卑失序者处六等罚,其子归宗,改立应继之人"之规定,则尊卑失序之遗继,是为无效之行为。《民法》关此无直接规定,然就第一一四三条之"无直系卑亲属者,得以遗嘱就其财产之全部或一部指定继承人。但以不违反关于特留分之规定为限"规定推之,其目的不仅止于使得遗产继承人,同时亦使被继承人得拟制的直系卑亲属。盖遗产继承除直系卑亲属外,尚有第一一三八条之法定亲属继承人。直系卑亲属之有无,固无重大关系也。既以得拟制的直系卑亲属为遗继制目的之一,即在我国伦常观念,即善良风俗上凡辈分不称若尊卑颠倒之亲属遗继为所不许,盖无待辨证矣(参照二十一年院字七六一号之解释例)。

三　被继承人如有配偶者应否得配偶之协同

遗继既属独立的制度,原则上自不应适用收养之规定,亦不受收养规定之影响。故遗嘱上明白指定为遗继者,生存配偶之同意与否,自不生任何影响。继承人对生存配偶,亦不发生亲子关系。不过后者既为继亲之配偶,而前者为已故配偶之直系卑亲属,互相间发生一亲等直系姻亲关系而已。生存配偶欲与继承人发生亲子关系,应另为收养,自无待言。

第二　关于继承人者

一　继承人之年龄辈分

已述于被继承人项,兹不赘。

二　继子有配偶者应否得其配偶之同意

遗产继承之抛弃或承认,盖为继承人之自由。法律亦未有应得其配偶同意之规定,自不成问题。不过遗产继承之承认,即为惹起身分变动之行为,继承人身分之变动,直接影响于其配偶对其他亲属间身分之变动。故对遗继之抛弃与承认,事前应得其配偶之同意,盖与收养场合,固无显著不同。然无准用收养或另为其他规定,解释上固有问题也。

三　继子可否再承认第三人之遗继

若仅从遗产继承着论,一人接受数人之遗产,于理应无妨害。但由继承人取得婚生子女之地位论之,则一人不得为二人之继子,盖与养子场合相同。旧律虽有兼祧之制度,即一人得继二父以上之谓,但亦有限于同父周亲之条件。《民法》直接无任何规定,盖保持模棱两可之态度乎。

第三款　遗继之效力

指定遗产继承人承认继承后,遗继于以成立。自继承开始时起发生效力。继承人于继承开始时,取得被继承人婚生子女之身分。同时对被继承人之其他亲属发生亲属关系。改用被继承人之姓。入被继承人之家,取得其户籍。对本生父母及其亲属,除仍保持其血统连续的事实关系外,消失亲子关系及其他亲属关系。

自遗继关系成立后,其关系可否由继子单意终止之,法无规定,自是疑问。余意以为指定继承人,不接受被继承人之遗意,自属继承人之自由,遗继亦无由成立。一旦接受以后,依理应不能由继承人单意废止之,盖为遗意契约之一般原则。法律虽无规定,惯例及社会通念,亦以如此解释者为妥。

第四节　亲权（德：Elterliche Gewalt；法：Puissance paternelle；英：rights and duties of the parents）

第一款　绪说

《民法》自第一千零八十四条至第一千零九十条，为规定父母对子女间之权利义务。关于此类权利义务之规定，在普通立法例，均自成一款，冠以"亲权"之节目，《民法》则否。兹为说明便利计，亦统括称之亲权。夫关于父母子女间之法律关系，本不限于本节亲权所规定者，如第一百九十四条，本编第四章第一节，第五章，以及第五编之各种规定，盖均为规定亲子间之法律关系者也。然亲权中所包括之法律关系，乃以父母保护教养未成年子女之权利义务为中心，与普通亲子关系不同。其关系之内容为片面的非对等的。故亲权法云者，实际上为父母保护教养子女之法也。换言之，为子女利益之法也。至子女成年后之亲子关系，虽不复以子女之保护教养为中心，而变为相互的对等的关系，然仍有异于其他亲属间关系之特性者（如后述扶养权义继承权之先顺位等是），乃为本节保护教养关系之反射效果。明乎此，然后父母子女之法律关系可得而理解也。

亲权法之成为现今"保护子女利益之法"，其间盖有相当沿革。有史以后之家族组织，大概以强固的家父权为中坚，子女之养育，系家长之责任，故对家中子女之权利，亦均操于家长之手。子女之养育，一以家之继续繁荣为标准，故可谓"以家利益为中心之子女法"。古时罗马家父对家子女，有生杀予夺之权。其所谓家父者，谓在家有权力之人，非子女之生父之谓,即其例也。我国在封建时代有宗子别子,嫡子庶子之别,子女完全以承宗继家为本位,固无待释明。即唐律"诸祖父母、父母在,而子孙别籍异财者,徒三年"之律文观之,亦为有家长在者,虽父不得私其子女之意也。欧洲洎乎中世时,上述之家父权,渐移转于生父,生父对子女直接有生杀予夺之权。我国清律"有祖父母、父母在者,子孙不得分财异居。其父母许令分析者听"之规定,盖同样由"家利益之子女法",而渐变为生父母利益之子女法矣。至近世各国立法例,大概均一变其中世以来之态度,即由生父之手,褫夺其对子女之生杀权,易以子女利益为中心之法制。《民法》除于家制有关系之一二特别规定外,亦与各国大概相同。

故近世之亲权法,乃为子女保护法,以谋子女利益之增进为根本原则。此种原则本基于所谓"父母之爱子无所不至"的人类本能,应无待于法律之规定。然子女为第二世之国民,关系于民族者綦大。所谓顽父嚚母,不能谓现世独无。且以舐犊之情而误子女之利益者,亦习见不稀。故特为父母对子女之权利义务之规定,以为父母保护子女之规范也。

第二款　亲权之意义

亲权云者,以保护子女身上及财产上之利益为目的,法律上所赋于父母之权利义务之总称也。

第一　亲权系父母之权利亦为父母之义务

权利同时即为义务,为亲属法之特性,已如屡述。此种特性在亲权,尤为显著。亲权不如普通债权可以自由抛弃,抛弃亲之权利,即为违反亲之义务。如父抛弃其对子女保护及教养之权利,其结果子女陷于无人保护教育之境况,固为子女之不利,同时实为严重的社会问题是。

第二　亲权者权利义务之集合也

人类在未开化时代,所谓家长权家父权者,其内容系包括的绝对的,换言之,有生杀予夺之效力。至现今之亲权,既经前述进化过程,变为子女利益之保护法,其核心在于子女利益之保护,故其内容之构成,一以子女之利益为前提。何者为子女利益,即何者为父母对子女之权利及义务。换言之,父母亲权利之行使,同时受其亲义务之限制。故其内容成为个别的,而非包括的。近世立法例及《民法》(一〇八四——〇八八)关于亲权之内容,均为列举的规定者,职此故也。故亲权云者,即系此种以保护子女利益为前提之各个权利义务集合之总称也。

第三　亲权者为基于父母身分之权利义务

亲权为专属于父母之权利义务;发生于父母之身分。故凡所以得丧父母身分之权利义务行为,如婚生子女之否认,非婚生子女之认领等,均非亲权之内容也。

第四　亲权原则上系专对未成年子女之权利义务

未成年者,智能未全发育,不能独立与世竞存,故特责成其父母保护之。此盖为保护子女利益为核心之制度,必然的结论也。子女成年者,除禁治产者仍须受监护外,已能独立与世,自可由亲权解放。若仍须事事受亲权之牵制,不但非子女利益,抑亦非社会上交易安全之道。立法例关此多为"子在未成年时服于亲权"(《德民》一六二六,《瑞士民》二七三,但《法民法》三七三条以未成年子女结婚时为止)之明示规定,《民法》缺之。但观第一〇八四条至第一〇八八条之规定,除第一〇八五条(其理由详后述)外,余均指明为未成年子女,而在第一〇八九条总括称为"对于未成年子女之权利义务",是则亲权在原则上仅存立于子女成年以前之法意,不难窥知也。

第五　亲权以对子女住所指定权为要件

亲权既以保护子女身上及财产上利益为目的,则亲权人欲实现此种保护之使命，首应有指定所以保护教养场所之权能。关此德法日立法例均有明文规定(《德民》一六三一,《法民》三七四,《日民》八八。但《瑞士民》虽非直接明文,然有"亦不得违法的使与其父母分离"(二七三)之规定,盖亦含有同意义也)。《民法》虽无此种明文,然父母既为未成年人之法定代理人(一〇八六),则据总则第二十一条已可包括,无另为规定之必要乎。

第三款　亲权人

亲权人当然为父母。为服于亲权之人现所同户籍之父母。其为服亲权人之亲生父母,抑为收养父母均非所问也。只需法律上在于实际支配子女之地位者,即为亲权父母。如本生父母与收养父母,形式上虽均为亲权人,然收养成立后,子女转入于养父母之户籍,与养父母同住所,故实际上可支配子女者,为收养父母,而非本生父母。从而亲权人,为养父母,而非本生父母者是。

亲权既为属于子女双亲之权利义务。故原则上,自由父母共同行使之或负担之。但(一)关于子女特有财产之管理,及(二)父母对于权利之行使意思不一致场合,均由父单独行使之。盖前者因家庭生活费用,既由父负主责任,故为统制之贯彻起见。后者父母对子女所有之亲权,虽属平等,不分优劣,若关于行使上意思不能一致时,是为一事两意,子女将无所适从,非所以保护子女之道。故对于父母平等原则,为此例外之从权规定也。立法例亦多相同。① 若父母之一方行踪不明,或旅居在外,或丧失行为能力等,不能行使权利时,由他方单独行使之。② 其关于

---

① 《德民》一六二七、一六三四、一六八四——一六九八。《瑞士民》二七四,《法民》三七二、三七三,《日民》八七七。
② 《民法》规定父母为未成年子女之法定代理人,故父已死亡而母再婚者,揆诸男女平等之原则,固与母死而父再婚者无异,自不能谓其对于所生子女因此遂丧失其父母之身分,即亦不能仅因此而谓其不能行使或负担对于其子女之权利义务(二十三年抗字一七二号)。

负担义务者,亦同。即父母之一方,已无共同负担义务之能力时,由有能力方单独负担之(一〇八九)是。

第四款　亲权之内容

亲权之存在,全为子女之利益,已如屡述。故亲权人之行使权利,即一以子女之利益为归宿,不放任于权利人之自由意思,而为无限制扩张,或无条件放弃之。今就《民法》规定,分为关于子女身上者及关于子女财产者,二项说明之。

第一项　关于子女身上者

第一　保护及教养之权义

父母对于未成年子女,有保护及教养之权利义务(一〇八四)。保护云者,排除危害,使子女身心处于安全之谓。教养云者,诱掖培植子女身体精神使健全发育之谓也。前者为消极作用,后者为积极作用,二者相须而成。父母之护养子女,本为保种本能之一,无待于国家之干涉。然若不认为父母之权利时,则不能排除他人之妨害,因而不能充分遂其护养之职能。若不认为父母之义务时,则放任子女与匪类为伍,感染不良习性,均非子女之利益。故特为本条之规定。凡遇不法诱拐子女,使脱离亲权时,父母便得以侵害亲权为理由,请求其子女之返还。又教养之方法,随父母之身分地位及资力定之。或自行教养,或委托第三人行之,均属自由。

第二　代理权

父母为未成年子女之法定代理人(一〇八六)。非死产之子女,一离母体即为人格者,有权利能力。对此无行为能力或限制行为能力之人格者,能代表其在法律上之利益者,厥惟其父母。故法律以父母为未成年子女之当然代理人,以代表子女之一切利益。其代表子女利益,毋庸子女之授权,故谓之法定代理人。法定代理人之为被法定代理人子女处理事务,应负重过失责任。即父母处理子女之事务,应为与处理自己事务一样之注意(详见总则规定)。

第三　惩戒权(一○八五)

父母既负保护及教养子女之义务,如子女驯良孝谨,遵从亲命,自不成问题。若顽劣成性,或年幼无知,不服教训者,父母欲遂行此项护教义务,自非有制裁之方,以资纠正惩创者不为功。故法律特予父母以惩戒子女之权。惩戒云者,以使子女改过迁善为目的,直接所加于子女肉体上之制裁也。如笞责、监禁等是。年幼者思维简单,染恶不深,随时加以惩戒,易收矫正之效,实为护教子女所必不可少者。然因其行使容易,世间父母往往逾越其必要范围而滥用之。尤其在"为父母利益之亲权"时代,惩戒子女,往往为父母肆性泄愤之具,子女之健康、生命为此牺牲,亦习见不鲜。现在亲权既已变为子女利益之制度,故凡逾越必要范围之惩戒,即为违法。受亲权人最近尊亲属,或亲属会议之纠正,或停止其亲权之一部或全部。若滥用程度之尤甚者,虽为亲权人,亦负刑事责任,自无待言。所谓必要范围云者,盖为遂行护教子女之义务上所必要之程度也。然此仍非具体之标准,在实际上欲定具体标准,亦属不能。惟随各地之风俗习惯,子女之体质性格,以及各种实任情形,斟酌量定而已。然应注意者,为惩戒权客体之子女,不以未成年人为限者是。其他亲权之客体,皆限于未成年之子女,而惩戒权既如上述为所以遂行亲权之补助权力,其他亲权既因子女成年而终止,则其补助权力之惩戒权,自无保留之必要。惟旧来惯习,父母对子女惩戒,初无年龄上之限制,今若骤加以限制,则父母对成年子女,偶加以惩戒,亦应负刑事责任矣。是与我国伦常不合,故特暗昧其词,以为缓冲之地者乎。

第二项　关于子女财产者

第一　对子女特有财产之管理权

子女离母体后,即为独立人格者,有权利能力。故凡由子女之名,而取得之财产,如子女因继承赠与或其他无偿取得之财产,自属其所有。惟子女在与父母分家以前,系与父母为共同生活。为免在共同生活上,与父母财产相混同,故特名子女之财产为子女之特有财产,独立自为会计,不直接参加于父母婚姻财产团。既为独立财产体,不加入父母之婚姻财产团,则其管理上之关系,亦不能直接适用父母之婚姻财产制,故复为第一○八八条之规定。即子女特有财产之管理,原则由父单独任之。父如以事故,实际不能管理时,始由母任管理之责。原则上由父管理者,盖家庭生活费用及父母财产制,均由父负主责,则为家庭生活费用之权利人子女之财产,亦由父管理,在家庭统制上,盖为当然之理。母之管理子女财产系直接根据于亲权,非为对夫之代理权。

管理之内容,自与普通之管理权相同。即财产之保存利用改良以及管理上必要之处分等是。其他关于管理终了之规定,亦有适用,与夫妻财产制上之管理权相同。

第二　对子女特有财产之使用收益权

对子女特有财产之使用收益,盖为父母对未成年子女之特权,由父母共同享有之,与管理权之专属于一方者不同。但前项既未明言管理费用之负担者,原则上管理费用,应由特有财产负担,盖无待言。故父母之平等使用收益权,同时应除去管理上所必要之费用。从而现任之管理权人,有收益上之优先权,亦为自明之理。

第三　处分权

除上述管理上所必要之处分外,父母对子女财产有否独立处分权,观第一○八八条但书"但非为子女之利益,不得处分之"之规定观之,其有独立处分权,盖可无疑。不过父母之处分子女财产,应一以子女之利益为前提。何者为子女利益上之处分,何者否则,自就各种具体情形判定之。

第五款　亲权行使之纠正及停止

亲权非绝对权,系以子女之利益为前提之相对权,已如屡述。若父母之行使亲权,不以子女利益为前提时,即属亲权之滥用。父母之滥用亲权,若无法以纠正之者,则所以保护子女利益之亲权,转为顽嚚父母酷虐子女之利器。然亲子间之生活,为各种生活之最密切接近者,且滥用亲权,酷虐子女,多系家庭内幕,国家虽欲为周密监视,随时加以纠正,亦有鞭长莫及之憾。且动以国家之力,干涉骨肉关系,所谓疏不间亲,亦难得良好成果。故《民法》特将此项监视纠正之权,赋之于父母之最近尊亲属,或子女之亲属会议。因此二者均为切近于亲子双方者,熟知亲子双方之性情素行,易为是否滥用亲权之判断也。且以切近之故,随发觉其滥用,随予纠正,易收纠正之效。盖是非明确,滥用亲权者,亦易得其折服故也。纠正云者,指摘其行为之错误,使改易或终止滥用之谓也。虽经纠正,而仍不改悛,是非借国家之力,不足以保护子女之利益者矣。于是得由父母之最近尊亲属,或子女之亲属会议,请求法院宣告停止其权利之全部或一部。此项请求权,为关于保护子女之利益者,亦应专属于子女之普通审判籍所在地之第一审法院管辖。

法院于受理后,应为调查证据,及审问当事人,并得酌量情形,而为全部或一部停止亲权行使之裁定。自裁定送达之日起,发生停止之效力。自停止裁定发生效力日起,受停止裁定之父或母,其停止为全部者,丧失一切亲权。仅一定部分者,丧失该一定部分之亲权。其经停止部分之亲权,由他方单独行使之。如父母双方均受停止裁定,其所停止之部分相同者,则就该部分之亲权,开始监护。由监护人代行之。如亲权人,本只一人或父母同时受全部停止之裁定者,则完全开始监护。

亲权之停止,既系因滥用由法院裁定而成立。如其所以停止之原因终止,或确实无再发之情形时,父母对子女究属骨肉,长使丧失对子女之权利,殊非人情之常。应可仍由请求权者向法院请求停止之撤销。停止撤销后,仍开始其原来之亲权。但须经法院之撤销裁定,及适用撤销无溯及效之原则,盖为理论上自明之理者乎。法律关此点,虽无规定,但就停止之意义推之,本属暂时不使行使亲权之意,并非根本撤销父母之身分资格。故如一旦所以停止之原因消灭时,自可使其复活也。

又因裁定而停止者,系亲权中之权利部分,而与义务部分无关。故凡父母对子女所有义务,不因停止而受影响也。

第四章　监护(德:Vormundschaft;法:Tutelle;英:Guardianship)

第一节　监护之意义

监护云者,为保护不服于亲权之未成年人及禁治产人之身体财产,法律课于能力人之社会的职务也。今就此定义说明之:

第一　监护为保护无能力人身体财产之职务

未成年人年幼无知,无保身治产之能力,故应服于父母之亲权,受其保护,已如前述。若无父母或父母均不能行使亲权时,未成年人之须人保护，自仍如故。于是设监护人代行父母职务，教护其身体，管理其财产。禁治产人系在于精神丧失之常况者，其须人保护，殆有过于未成年人，亦同样应设置监护，为之看护其身体，医治其疾病，兼管理其财产。故监护云者，纯为保护无能力人之身体财产的职务之总称也。

第二　监护为能力人之职务

因未成年人及禁治产人，均系无能力者，不能独立治产，自行保身，故特设监护制度保护之。则充监护之任者——执行监护职务之人——监护人。自身非有完全行为能力者，不能遂行此项职务。故充当监护人者，必限有行为能力人。盖监护人之对无能力人所为之保护行为，系直接自负其责。非如普通委任代理场合，受代理行为之结果者，为委任者本人，而非代理人。故在委任代理，可以非完全能力者充当代理人，在监护则不可也。

第三　监护为社会的职务

监护职务之内容，如保护无能力者之身体及管理其财产等，虽纯为私法上之事务。然监护人之所以负担此种职务之义务，乃为一种社会法的强制负担。盖个人不能离社会而独存，无能力者亦为社会组织之一分子，本社会互相扶助之精神，将此种保护无能力人之职务，特课之于与无能力人有瓜葛关系之能力人，以期社会之健全发达，为近世社会观念上当然之理。故凡对无能力人，在于有履行此种义务地位之人，一旦依法律被任为监护人时，非有正当理由，即不能辞其职务者（一○九五），职此故也。

第二节　监护制度变迁之概略

在宗族家族制社会，宗长家长常以强大支配权统制其宗家全体属员。同时属员之生活,亦由其一手保障。属员即有年幼白痴疯癫等情,应如何保护问题,自无独立考虑之余地。然宗长家长自身若系幼少或有痴癫疾患时,欲遂行其统制及保护属员之职务,转成为问题。盖当时宗长家长系直系卑属世袭,宗长家长之幼少不经事,不但有关全属员之休戚,亦为宗家衰替之基因。故关于幼少宗长家长之保护,在当时社会组织上,为最重要之立法问题。亦即监护制度所由发生之原始理由也。故在当时监护制度之特色,为(1)监护人常为幼少之宗长家长。(2)监护之职务,专为家长权之代行使是。此即监护制度之第一期形态也。在罗马法上不服家长权(Patria Potestas)之未满十四岁男子,日尔曼法不服父权(munt)之未满十二岁男子,应设置监护者,即此种制度之留形于法条者也。

　　洎后家长的统制渐趋弛废,亲权与夫权相继由家长权游离,无形中潜移默变为未成年子女专由亲权保护,妻由夫权保护之状态。在此种状态之下,新发生问题有二:(一)幼少者如无亲权人时,应如何保护。(二)不能受夫权保护之女子,应如何处遇是。家族制之统制力,既已式微,家属成员各人已保有特有财产,亲权夫权已至相当程度之生长,固不能再依靠家长权,以解决此项问题,自无待言。故监护制度至此亦自非随时势蜕变其内容不可矣。此为第二期形态。在此期为受监护人者,凡无亲权人之幼少者及无夫权保护之女子均是。是否家长已非受监护人之资格要件。又家长权虽已衰削,家属间共同生活,尚未完全崩溃。虽不如旧时之大规模,然家属间经济共同生活,依然存在。故监护制度仍以家族制度为其背景,监护关系原则上仍以家族法的身分为其基础。监护人对受监护人身上有支配权,对受监护人之财产有收益权,同时对受监护人负扶养之义务。故第一第二两期之监护制度,可总称之为家族法的监护法。

至近世家族制度日益崩坏,家产愈益分化,家属间共同协作之范围,亦日趋狭小,从而监护制度亦愈消失其家族法的背景。监护人不但不必限于有家属身分关系者,且有时亦不限于有亲属身分关系者。监护人已不能有如家族法的监护制度时代之强大权利,同时对受监护人免除其扶养之义务。监护人在实际上已变为财产管理人矣。此为监护制度之第三期。

至此期之监护既渐次消失其家族制度之背景,替家族制度之思想而为其基础理论者,盖为人类社会的相互扶助观念及国家职能观念是也。故如法法认监护职务为社会的公务,德法以保护幼少者之职务属于国家,特由监护法院行使其职务,亲属会议除极少例外外,无参与监护事务之权利者等,盖即此类思想之具体化者也。监护制度既蜕变为国家的职务或社会公益的制度,故法律对监护人之职权,例为周密的规定及严格的限制。如监护人对受监护人免除其扶养义务,对受监护人消失其专断的支配权、财产收益权。同时增课以开具财产清册,报告财产管理状况之义务。且有时亦可有请求报酬之权利等是。

又女子监护制之废灭及禁治产监护制之急进的发达,亦为本期不可忽视之特色也。前者因女权向上进步之结果,自无残留之余地。后者虽亦胚胎于罗马及日尔曼古法,但其发生较迟,发达滞缓,其效力微弱,不能与幼少者监护并论。至今则殆与幼少者监护无异矣。盖由上述监护制度之发生理由及至近世之变迁过程上,当然之趋势也。

我国旧律并无关于监护制度之规定。而习惯上有所谓"托孤""管家"等,实质上虽近似于现行法监护。因无一定法律规定之故,管家人与幼少者间之权利义务关系,混淆不明,弊端丛生,能充分遂保护之功能者,亦惟保护人之有特高人格者之场合而已。《民法》监护制所取为根据者,自系上述第三期监护理论,然因维持家制之故,故仍参和以家制背景(如第一○九四条及第一一一二条之祖父母为监护人时,以同居为先顺位之要件者等是)。兹就《民法》规定解说之于后。

第三节　监护之开始

　　监护之开始云者,在一定人发生须受监护制度保护之法定情由之谓也。监护既为社会公务性质的制度,故除部分的委托监护可听亲权人之自由意思外,即不能由当事人之任意设置或废止之。简言之,应开始监护之情由,必须法律规定是也。关此《民法》特为规定应设置监护之场合如下:

　　第一　未成年人场合

　　一　未成年人无父母或父母均不能行使负担对其未成年子女之权利义务时(一〇九一)。

　　未成年人原则上本受父母亲权之保护,如父母双亡,或生死不明,或未为认领,或成为无行为能力,或亲权已受停止之宣告等场合,子女必被遗弃于无保护状态,是在社会上为最不妥善之现象,故特于此种状态成立之时,设置监护人,开始监护之职务,以代亲权者保护未成年人利益也。但未成年人已结婚者,虽无亲权保护,因有配偶互助合作,已无受监护之必要,故在例外(一〇九一但)。

　　二　父母对其未成年之子女,得因特定事项,于一定期间,委托他人行使监护之职务(一〇九二)。

　　本项监护之设置,完全基于亲权人之委任。系任意性质,与其他监护不同。如父母虽非如前项之不能行使全部亲权,因种种情由,一时的部分的事实上不能履行其亲权时,因亲权为父母之权利同时亦为其义务,为履行其义务应即委托第三人代行之。故事实上父母不能行使亲权时,盖即为本项委托监护之应开始时也。从而自其委托第三人代行亲权,系父母之履行法定义务观之,盖亦多少带有相对的强制性质也。

第二　宣告禁治产场合

禁治产人应置监护人（一一〇）。禁治产成立于法院之宣告，故监护应随法院禁治产宣告时开始之。未成年人如亦在心神丧失或精神耗弱之状态者，亦得为禁治产之宣告，同时亦应设置监护人。然受监护人一人，同时不能有二人监护人，为监护制度之原则。故在此种场合，如不更易前监护人者，应仍由前监护人——未成年人之监护人兼之。

第四节　监护之机关

关于实行监护上所必要之组织，称之为监护之机关。《民法》所规定为监护机关者有二：一、监护人。二、亲属会议。前者为监护之实施机关。后者系监护之监督及决议机关。分述于后：

第一款　监护人

监护人云者，行使监护职务之人也。被监护之无能力人，谓之受监护人。每一人受监护人，除父母及祖父母为监护人之场合外，只能置一监护人。反之，一人不妨为数人受监护人之监护人。

第一项　监护人之种类
第一目　未成年人之监护人

未成年人之监护人可分为：（一）委托监护人，（二）指定监护人，（三）法定监护人，（四）选定监护人。

第一　委托监护人（一〇九二）

对未成年人设置监护，本以第一〇九一条之场合为原则，本项之委托监护即为对此之例外也。在本项情形父母不但生存，且能行使其亲权者。不过因种种实际情形，对一定事项，在一定期间，不能若不宜行使而已。故基其对子女之义务,而须委托第三人代行之。既属委托,自可由亲权者随时撤销其委任。又既限于一定事项,则对于此一定事项应服委托监护人之监护外。其他事项自仍服于亲权也。在外观上似一人受监护人而服二人之监护,然其实际上监护人仅就一定事项而为父母之代理人,其全体监护意思之决定权,仍统一于父母,非完全独立二个监护意思之并存也。

第二　指定监护人

未成年人之监护,系代替亲权人,保护未成年人之身体财产者,故其实质,乃为亲权之延长。然能为未成年人选择诚实可靠之监护人者,亦惟未成年人之父母最为适当。故法律特允死之父或母,以遗嘱指定保护其未成年子女之监护人(一○九三)。后死之父或母之指定范围,即被指定人之资格,无任何限制。未成年人之家属亲属或非家属非亲属均可。又后死父或母要以现在行使亲权者为限。预以遗嘱指定监护人,所以谋未成年人保护之不中断。如父母之一方受全部亲权停止之宣告,他方于临终时,以遗嘱指定监护人者,虽非后死亦自应有效也。

监护人之指定,系指定权人之单独行为,不以先得被指定人之承诺为要件。指定限于遗嘱行为。指定与否系指定权人之自由。如指定权人未为指定而死亡时,监护仍自开始。法定监护人或选定监护人依次开始执行监护职务。

第三　法定监护人

法定监护人云者,依法律规定应执行监护职务者之谓也。法律之所以预为排定应充当监护之人者,盖斟酌亲子夫妻之关系及一家之安宁和平,以期符合于监护制度之本旨也。本项法定监护人之设置,以父母均不能行使负担对于未成年子女之权义,或父母死亡而无遗嘱指定监护人之场合为限(一○九四)。在此种场合,应充任监护人者,其顺序如下:

一　与未成年人同居之祖父母

二　家长

三　不与未成年人同居之祖父母

四　伯父或叔父

上一、三两款之祖父母，共同行使监护职务，如意见不一致时，应准用第一〇八九条之规定取决之。盖监护为亲权之延长，而祖父母则与父母相同故也。第四款仅列举伯父或叔父，依照旧俗亲属称呼例，仅为父系旁系三亲等血亲尊亲属。然必将其他旁系三亲等血亲尊亲属，如姑母舅父姨母等除外者，实莫名立法理由之所在也。考亲属法之根本原则，在废除宗法遗蜕的宗亲外亲之分，本款规定，实与相违。又亲属会议与监护人对受监护人同为监护机关，职能相同。亲属会议会员资格，既不分家亲外亲，则有监护人资格之亲属，亦不应只限于父系男系而不及母系女系。故依理本款之监护人应与第一千一百三十一条第三款同其范围，即应规定为"三亲等内旁系血亲尊亲属"方合乎我亲属法意也。

第四　选定监护人

在后死父或母未为指定监护人而死亡，又无前项之法定监护人时，其监护人应由亲属会议选定之。被选定者即谓之选定监护人。被选定资格亦无限制，亲属家属非亲属非家属均可。

第二目　禁治产人之监护人

禁治产人之监护人亦可分为三类：（一）法定监护人，（二）指定监护人，（三）选定监护人。

第一　法定监护人

禁治产之未成年人，应服于亲权，其监护由父母兼之。但虽未成年而已结婚者，依第一〇九一条之规定，已可不服亲权。故对禁治产人之法定监护人顺序，配偶先于父母。盖结婚后由配偶保护禁治产人，或较其父母为便妥故也。今列举其顺序如下：

一　配偶

二　父母

三　与禁治产人同居之祖父母

四　家长（————Ⅰ1234）

第二　指定监护人

如禁治产人除其父或母外，无前项一、三、四款之法定监护人者，则后死之父或母，为预防自己一旦死亡时，禁治产人陷于无监护状态起见，得以遗嘱预为指定继己而为监护之人（————Ⅰ5）。本项禁治产人之指定监护人，与未成年人之指定监护人之顺序不同。未成年人之指定监护人之顺序前于法定监护人，而本项则后于法定监护人。其理由，盖未成年人而兼禁治产者，因其尚服亲权之故，自依未成年人之监护制，而定监护人之顺序。如禁治产人为成年人者，则已不服于亲权，且已成年而尚未与家分离者，已成为独立的家属，为全家之福利上，应先由其他同家家属若亲属担任监护，较为妥便故也。

第三　选定监护人

无前二项之法定或指定监护人，或虽有其人，而不能负担监护职务时，由法院征求亲属会议之意见，为禁治产人选定其监护人（————Ⅱ）。本项监护人之选定，必由法院者，盖禁治产人之监护，除兼为未成年人应适用未成年人监护制外，为对成年人之保护。且关于其身体保护等，其职务之性质，亦较保护未成年人者为重大。故《民法》特由法院参与之，以昭慎重也。

第二项　监护人之免除、缺格、撤退

第一　监护人之免除

监护人之监护职务，系社会的公务，同时亦为法律上强制负担，故除委托监护外，无论其指定、法定或选定，依法已被定为监护人者，非有正当理由，不能辞其职务（一〇九五）。反之，如有正当理由者，得辞其职务，自无待言。得辞职云者，即所谓监护职务之免除是也。然其辞职之理由是否正当,应以何者为标准,法无规定,不无问题。余意以为理由之正当与否,应以实际上能否执行监护职务者为准。如被定为监护人者以其他公务,须在外居住,不能与受监护人常在一处者。或年迈衰弱,不能负担职务等是。遇有此种情形时,被定为监护人者,应向何人辞之,即其理由是否正当,应由何人判定之者,亦无明文。然亲属会议既为监护人之监督机关,且有选定或对法院之选定监护人有陈述意见之权(一〇九四5、一一一Ⅱ),应由亲属会议审查其理由,而定其去就,盖可无疑乎。又监护人如有正当理由,欲免除监护之义务时,依理应不限于监护开始时,即其监护中途,亦应可辞任也。

第二　缺格

监护制度无非所以保护无能力者,故为监护人者,自以有充分行为能力,为唯一要件。若自身无行为能力者,自身之利益,尚须他人保护,何论保护他人。故无能力者,即不能为监护人,此之谓监护人之缺格。《民法》之监护缺格者,为禁治产人及未成年人(一〇九六)。

第三　撤退

监护人如有抵触或危害监护制度根本权义之行动及状态,而犹复听其继续执行职务时,是将以监护作为侵害受监护人利益之护符矣。故遇此种情形,应得撤退其监护职务,盖为当然之理。民法规定得撤退监护人之场合,为下列三者(一一〇六):

一　违反法定义务时

法定义务云者,指法律所规定监护上之一切职务义务也(详见监护事务之内容)。

二　无支付能力时

无支付能力者,往往即为财产上缺乏信用者,缺乏财产信用之人而为监护人时,消极的不利于受监护人之社会信用。积极的有侵害受监护人财产之虞。故亦为撤退原因之一。然本项不列为缺格原因,而且限于监护关系继续中变为无支付能力者,由此二点推解,盖仅为相对的撤退原因。若使有高尚人格忠信诚恳为受监护人谋利益者,则亦何嫌其个人支付能力之有无也。

三　违反亲属会议之指示时

监护人直接由亲属会议选定者,盖惟受监护人为未成年人且无第一〇九四条第一款乃至第四款法定监护人之场合。在此种场合,最能切实为受监护人利益考虑者,亦惟由其最近亲属所组织的亲属会议。故亲属会议不仅为监督监护人之监督机关,实对监护职务负全责也。而监护人之执行监护职务,应直接秉承其指示,盖为当然之理。若违反其指示,即为违反监护义务,故亦列为撤退原因之一。

然对本项之规定不能无疑义者,为禁治产人之选定监护人,是否亦有适用是。依文字解释,违反亲属会议之指示,而得撤退之监护人,明定为由亲属会议所选定者,而禁治产人之选定监护人,则系由法院选定,两者显属不同,盖不能同一处遇者也。然(1)依第一千一百十三条规定,撤退禁治产人之监护人,亦准用第一千一百零六条。(2)禁治产人之监护人之选定,虽由法院行之,但其选定之根据,为亲属会议所提示之意见,即法院选定受亲属会议意见之拘束,则其与直接由亲属会议选定者,形式上虽属不同,实质上盖相差无几。(3)监护人对禁治产人身体财产上重大监护行为,应得亲属会议之同意(一一一二Ⅱ),则未得同意或如征求同意必遭拒绝之行为,虽非积极的违反亲属会议之指示,要为消极的无视其意见,其结果实质上亦殆相同。又(4)从亲属会议监督监护人之职责论之,依理即无第一千一百十三条之规定,亦应有撤退之监督作用也。故余以为文字上虽不无疑问,理论上应与未成年人之选定监护人场合同论。不过其撤退应声请法院为之而已。

第二款　监护之监督机关——亲属会议

受监护人因无能力自行保护其身体财产,故特设监护人保护之。是受监护人之身体财产上利益,全操于监护人之手。且构成监护职务内容之各种权利及义务,其性质系包括的,而非个别的,与亲权相同。监护人在监护职务范围内之一举一动,即为受监护人身体财产上之利害得失。以血统连续为基础之亲权,尚复有纠正其滥用或终止其行使之组织,况在不必以血统连续为要件之监护职务,其滥用职权,侵害受监护人利益之情弊,更较亲权场合为多发生之可能者乎。此于监护人之上,所以必有监督监护人之机关也。《民法》以亲属会议为监护之监督机关,使监察监护人之执行监护职务。立法例有设监护法院直接干预监护事务,以遂其监督监护事务之职能,不另设监护监督人(如《瑞士民法》),或以特殊情形之必要始设之者(如《德民法》)。有以亲属会议为监护监督之决议机关,于其下再另设监护监督人,以执行监督职务,而排斥遇事干涉私生活之法院监督主义者(如《日民法》)。《民法》大体与后者相同,不取法院监督监护主义,而以亲属会议为监督之决议机关。然亦不另设常设监督人,遇监督事务中有须专人执行之者,由会议临时指定一人(如一〇九九、一一〇七等),代表会议执行之而已。

关于亲属会议之组织者,详于亲属会议章,兹不赘。

第五节　监护事务

第一款　总说

监护之性质,虽为亲权之延长。然其事务之内容,与组成亲权之权利义务,多有不同之点。盖亲权以天伦至情为其基础,法律在可能范围内，避忌干涉。监护纯为法律技术上制度，不必以天伦至情为基础，用制度之机械的作用，以保护无能力人之利益者，其不能全信赖人情义理，盖为当然之理。故法律对于监护事务本身多为杜防弊端之规定外，复为设监督机关以监督之，今试先将与亲权不同之主要点，列举于下：

一　监护人全服亲属会议之监督。亲权人除滥用亲权场合外，不服其监督。

二　监护人对受监护人之财产，于监护开始时，有开具财产清册之义务。亲权人无之（一〇九、一一〇五、一一一三）。

三　监护人有将受监护人财产状况，向亲属会议每年至少须详细报告一次之义务。亲权人无之（一一〇三、一一〇五、一一一三）。

四　监护人得受报酬（一一〇四），而无财产收益权（一一〇一）。亲权人对未成年子女财产有收益权（一〇八八），而不受报酬（一一〇五、一一一三）。

五　监护人关于受监护人身体财产为重大行为时，须先经亲属会议之允许或同意（一一〇一、一一一二）。亲权人可以专断独行（一一〇五、一一一二但）。

上述各点两者之差异，完全以是否有天伦至情且同居共财者为准。故如监护人对受监护人而有亲子关系或准亲子关系者，不因亲权之已失效，而与普通监护人受同样待遇也。如第一一〇五条与未成年人同居之祖父母，及第一一一二条之父母或与禁治产人同居之祖父母为监护人时，不适用关于普通监护人之规定者是（一一一三Ⅱ）。

第二款　监护职务之内容

关于监护职务之内容，无一定准则，随各地之风俗习惯及正义公道而定。各国立法例固少统一成例，《民法》亦仅为纲领的规定。然应注意者，即委托监护之有特殊性质者是。委托监护人系完全受未成年人父母之委托,其事务以所委托者为限。且有一定期间。其处理事务系委任代理性质,直接对未成年人父母负责,不受亲属会议之监督。故不能与本章其他一切监护人同论。今就《民法》所规定关于一般监护人之事务,分述之如下:

第一项　关于受监护人身上之监护事务

第一　未成年人场合

关于未成年人身上监护事务,除第一款所述与亲权不同者外,殆与亲权相同(一○九七)。故监护人对受监护人有保护教养之权利义务,住所指定权及惩戒权等。其他如监护人系由亲属会议选定,而亲属会议对此等权义之范围及行使方法,预有指示者,应受其指示之限制,自无待言。

第二　禁治产人场合

关于禁治产人之身上监护,其中心在于其身体之护养医治。故监护人首应按受监护人之财产状况,而为适应的护养医治,自无待言。然禁治产人在于心神丧失之常况,欲为充分护养医治起见,有须送入精神病院或监禁于私宅之必要者。然此种监护事务,因事关受监护人身体之自由及其所需费用等,均为较重大之问题。除父母或与禁治产人同居之祖父母为监护人者外,监护人应先征求亲属会议之意见,得其同意后行之,不能独断专行也(一一一二)。

第二项　关于受监护人财产之监护职务

第一　开具财产清册

监护人于开始监护职务后,如受监护人生活、教育、护养、医治,以及管理财产等,在在需费。至其用费之方法及内容,又须适应于受监护人之财产状况。故监护人就职之始,首应调查受监护人财产状况,制成财产总目录。监护人可据此确知受监护人于监护开始时所有财产之总数,并可决定适应于受监护人财产之监护方针及方法。同时监护人所负责经手之收支,可基此计算,以明确其责任范围。亲属会议亦可按此检察财产管理之状况。监护人编造财产清册时,应会同亲属会议所指定之人,共同为之(一〇九九)。监护人不于监护开始后即先造清册,或不会同亲属会议所指定之人独擅编造,均为违反法定义务。但有急迫情形,非先处理,不足以保全受监护人之利益者,则不在此例。又如在编造清册以前,监护人与受监护人间有债关系者,应将此项债关系报告于亲属会议,同时应一并列入于清册等,盖均为公务的管理他人事务者,应有之义务也。

第二 财产之管理

受监护人之财产由监护人管理,其管理之内容,为保存改良等,与普通管理相同。管理上所需之费用,由受监护人财产负担之。监护人为管理受监护人财产时,应与处理自己事务为同一之注意(一一〇〇)。此外监护人管理财产上之法定义务,为下列数端:

一 对受监护人之财产不得使用及处分

管理之作用,在保全财产。监护人之职责,既在管理,故原则上监护人不能处分及使用受监护人之财产。然在管理之必要上或其他情由,处分若使用,转可增进财产价值者,则虽处分使用,仍为不悖上述原则,故应在例外。惟不动产之处分,事情重大,事前应得亲属会议之允许,而后始可处分之(一一〇一)。以上以处分财产之继受人系第三人场合而言。若处分财产之继受人为监护人本人者,是授者受者均属本人,其易滋弊窦,自无待言,故《民法》特禁止之(一一〇二)。

二 财产状况之报告(一一〇三)

监护人既受亲属会议之监督,应将财产状况详细报告于亲属会议,以明其管理之经过,盖为受监督人应有之义务。每年至少一次。报告期日如何,随亲属会议定之。所谓每年至少一次云者,盖系不必限于一次之意。且同时亦所以示亲属会议有临时检查财产状况,或检阅账簿时,监护人应有忍受查阅之义务意也。

第三项　关于法律行为之监护职务

未成年人禁治产人为无行为能力或限制行为能力者,不能独立为有效法律行为,原则上应均由监护人代理之,或以允许权保护之。然后监护制度始可完成其保护之功能。故《民法》以监护人为受监护人之法定代理人(一〇九八、一一一二)。其性质与父母之为未成年人法定代理人者相同。故监护上之法定代理权,亦只限于关于财产关系上之行为。至身分关系上之法律行为,只能有同意权,不能有代理权。如关于婚姻关系之行为等是(九七四、九八一、一〇〇六、一〇四九)。

第三款　监护之报酬

监护人负担监护职务以无报酬为原则。但随监护人之家境及监护事务之劳逸,有受报酬之必要者,监护人可请求之。除委托监护,直接向未成年人之父母外,应向监护之监督机关——亲属会议请求之。由亲属会议酌量其劳力及受监护人财产收益之状况,决定其报酬之数额(一一〇四)。

第四款　亲属会议之监督职务

监护人执行监护事务,受亲属会议之监督。然亲属会议为合议组织,监督意思虽可由会议决议定之,至监督事务中有须专人执行者,则须由会议临时指定一人,代表执行之,已如前述。兹将监督事务中之主要者,列举之于下:

第一　关于监护人之任撤者

甲　选任

1　未成年人场合　直接选定监护人(一〇九四5)。

2　禁治产人场合　声请法院选定监护人。同时对法院之选定,陈述其意见(———Ⅱ)。

乙　撤退

1　未成年人场合　监护人有第一一〇六条之情形时,得直接撤退之。

2　禁治产人场合　如监护人系由法院选定,应仍声请法院撤退之。关此点虽无直接规定,然选定既由法院,则撤退亦应由法院,盖为自明之理。

丙　决定辞任

审查辞任理由是否正当,而决定其去留,关于本项者,亦无直接明文,然既有选任监护人之权责,则审查辞任理由是否正当,盖为选任权之应有作用乎。

第二　关于监护职务者

甲　对监护人重大监护行为之允许或同意(一一〇一、一一一二)。

乙　对选定监护人监护行为之指示(一一〇六 3、一一一三)。

丙　会同监护人开具财产清册(一〇九九、一一一三)。

丁　检阅受监护人财产状况及监护人财产管理报告(一一〇三、一一一三)。

戊　决定监护人之报酬(一一〇四、一一一三)。

己　会同监护人清算受监护人财产(一一〇七、一一一三)。

庚　承认或拒绝承认财产清算之结果(一一〇七Ⅱ、一一一三)。

辛　监视新旧监护人之移交或交还财产于受监护人或其继承人(一一〇七Ⅰ、一一一三)。

第六节　监护之终止

第一款　终止之原因

监护终止有绝对的与相对的之别,分举之如下:

第一　绝对的终止

所谓绝对的终止云者,监护与受监护同时终止之场合也。

一　未成年人成年或结婚时。

二　受监护人死亡时。

三　禁治产宣告撤销时。

四　受亲权停止宣告之父母,回复其亲权时。

五　未成年人被人收养为养子女时。

第二　相对的终止

所谓相对的终止云者,应置监护之状态,仍属继续,而监护人终止其职务之谓也。此系就监护人方面之终止而言,在实际上不过为旧新监护人之交替而已。

一　监护人死亡时。

二　监护人之辞任成立时。

三　监护人丧失其资格时(如监护人中途受禁治产宣告是)。

四　监护人被撤退时。

第二款　监护终止后监护人之义务

监护终止后,监护人之监护职务,虽亦随之终了。但所有监护关系之结束义务,不因此而免除。结束义务维何,即财产之清算,移交或交还,及如有损害赔偿义务者,则其履行是也(一一〇七)。

监护关系终止时,监护人即应会同亲属会议所指定之人,为财产之清算。财产之清算云者,将所经手关于受监护人财产上收支清理,而下以总结算之谓也。必会同亲属会议所指定之人,共同为之者,以防伪造账目,隐蔽弊窦也。清算之结果,应经亲属会议之承认,而后始能成立。清算后,并应会同亲属会议所指定之人,将财产移交于新任监护人。如受监护人已成年时,交还于受监护人。如受监护人死亡时,交还于其继承人。必会同亲属会议所指定之人移交或交还者,盖恐后任监护人或初成年之受监护人或其继承人,因不明此前财产实况,为其混蒙,至后日不能明财产上损害责任之谁属故也。将财产移交或交还完了。清算之结果,亦经亲属会议承认。监护人如对受监护人财产致有损害,而负有赔偿债务者,则于其损害赔偿之履行后,于是监护人之责任,始得完全免除。如监护人死亡场合,前述清算等之结束义务,应由其继承人继承之(一一〇八)。应注意者,所谓监护结束义务者,非监护职务之本体,乃为监护职务之终任义务。故得由监护人之继承人继承之。非谓继承监护职务之本体也。又本项之义务,不问监护人之原为受监护人之父母或祖父母,均一律不能免除。

第三款　关于监护上请求权之特别时效

监护人对于受监护人财产致有损害,已成立赔偿债务之场合,受监护人或其法定代理人或亲属会议之此项赔偿请求权,自亲属会议对于清算结果,拒绝承认之时起二年间不行使时,依时效而消灭(一一〇九)。此之谓监护上请求权之特别时效。普通请求权之消灭时效为十五年(一二五),本条之请求权特以二年间不行使而消灭者,盖监护职务本为强制负担,系义务性质的公务,若亦适用普通时效,长使监护人负荷责任,似觉苛酷。且监护人及由亲属会议所指定之人,不外与受监护人有瓜葛者,故准情酌理特为特别的短时效也。

第五章　扶养（德：Unterhaltsgewährung；瑞：verwandtschaftliche Unterstützung）

第一节　扶养义务之意义

扶养义务云者,谓特定人对特定不能维持生活亦无谋生能力之人,为必要的经济供给之亲属法上义务也。

老幼相养,灾疾相救,本为人类恻隐心之流露,亦即我国淳风美俗之精华。况在亲属同家之间,基于骨肉之恩,发于亲爱之情,其相互扶助,更为伦常当然之谊,固无待乎法律为之规范,予以督课之也。然世风季漓,人情浇薄,复加之个人主义之流行,权利思想之激荡,衣锦饫羞,曾不顾父母之饥寒者有之。任逸惑潛,恬不恤子女之冻馁者亦有之。天良德性既已丧失于其中,则社会讥评亦何能匡纠于其外耶。此《民法》所以于近亲同家之间,特为互负扶养义务之规定也。

《民法》所责以互负扶养义务之亲属,其范围极狭,且复有以同家共居为要件。此盖前者若人各能亲其亲,子其子,老其老,幼其幼,则扶养范围之狭,适足使各人能充分遂行扶养义务。后者因《民法》仍以家制为亲属生活之一中心,经济活动之一组织故也。故现行扶养制度,其性质(1)以近亲为要件,不问其是否同家共居,是为个人主义性质的制度。有时(2)复以同家为要件,盖又兼家制性质的制度也。

扶养义务,既为基于亲属关系兼家属关系之身分上义务,同时亦具

有财产上义务之性质者,故与父母对子女之保护教养义务,自属不同。今试举其差异之要点如下:

一　扶养义务,无一定期限。护养义务,以子女成年为终止期。

一　扶养义务系相互的。护养义务则不然。

一　扶养义务通常以扶养费等名目为一定金钱之给付。护养义务通常不能以金钱的价格履行之。

我国旧律关于扶养事项,而直接见于条文者,为诉讼门子孙违犯教令律"凡子孙违犯祖父母、父母教令及奉养有缺者处罚"。又该律所附条例"子孙游惰,不营生养赡父母,因致父母自尽者,流三千里"。此盖就直系血亲卑亲属对直系血亲尊亲属之扶养义务而为规定者也。反之,尊亲属对卑亲属之扶养,虽无直接规定。然由"若养同宗之人为子","乞养异姓义子"(立嫡子违法律文),"奸生男女,责付奸夫收养"(犯奸律文)等律文推之,法律上尊亲属有扶养卑幼之义务,盖可无疑。不过因认为尊亲属者之当然义务,故未为直接规定乎。亦因尊亲属即有违反是项义务,不如前者之场合(卑亲属违反扶养义务)有刑事制裁故欤。但除夫妻外似仅限于直系血亲属之间者。盖由"凡祖父母、父母在,子孙别立户籍分异财产者,处十等罚"(别籍异财律文)之"家统于一尊"的家制思想结果,只有纵的扶养关系,而家属相互间不能发生横的扶养关系乎。至祖父母、父母丧亡,兄弟别立户籍分异财产后,各自为家,因之亦无发生互养之必要乎。故亲属间之扶养义务,除直系血亲属外,似以同家共居为要件,与《民法》不同。又在家长地位之人,对同家亲属应负扶养义务,似不论亲等之多寡者,则与《民法》相同者也。

第二节 扶养当事者

第一款 总说

在法律上应为扶养之人，谓之负扶养义务人。被扶养之人，谓之受扶养权利人。其关系即谓之扶养关系。然何人对何人负扶养之义务，何人对何人有要求扶养之权利，其范围应有一定，然后其关系始可整理。故各国立法例先为规定扶养当事人之范围。但其范围之广狭，各随其民情风俗而定，初无一定准则。《民法》斟酌我国实际亲属生活之情形及家制之性质，而定扶养当事人之范围如下（一——四）：

一　直系血亲相互间

直系血亲自包括自然血亲及拟制血亲而言。但不必以同家共居为要件。亦无亲等上之限制。

二　夫妻之一方与他方之父母同居者其相互间

直系姻亲间，原则上，无扶养权义。但同家共居者，(1)因家为社会经济生活组织之一，本团体生活之本旨。(2)推对配偶或子女之恩爱情谊，而及于其直系血亲尊亲属或其配偶。故亦互负扶养义务。然应注意者，本项直系姻亲属之间，只限于一亲等姻亲属。一亲等以上者，无此权义。理论上是否妥当，自是疑问。如祖姑与孙媳，妻祖与孙婿间是。

三　兄弟姊妹相互间

外国立法例多不认此类亲属间之扶养义务。然在我国现在之家制组织及伦常习惯，自属必要。本项亦不以同家共居为要件。

四　家长家属相互间

本项纯以家制为扶养权义之基础。只须依第一一二二条之规定而取得家属之身分者,不论其原为亲属非亲属若亲等之多寡,均非所问也。

此外夫妻间自亦有相互扶养权义。然夫妻生活根本以共同生活为核心。其相互扶养自为当然之谊。已详细规定于关于家庭生活费用条项(参照婚姻章),故无另为复列之必要。

总之,上述扶养当事者之范围,除直系血亲间,家长家属间及夫妻间外,旁系亲属相互间,仅以二亲等为范围。此固因范围过广时,转不足以保扶养权义确实性之故。然伯叔侄甥间,依我国旧习惯应在扶养范围以内者。例如孤贫幼弱侄甥,多赖胞伯叔母舅为之扶养者是。《民法》斩钉截铁不为有条件的例外规定者,盖不无论议之余地乎。

第二款　扶养义务人

扶养义务者有数人时,应依下列顺序定其履行义务之人(一——五)。

一　直系血亲卑亲属

二　直系血亲尊亲属

三　家长

四　兄弟姊妹

五　家属

六　子妇女婿

七　夫妻之父母

上记扶养义务人先后顺序之排列,即为义务人实地履行扶养义务之先后。第一顺位之义务者,应尽先履行其义务。如无经济能力负担义务时,然后由第二顺位者履行之。如第二顺位者亦无负担能力时,然后由其再次顺位者接承之,依次递下,以至最后顺位者为止。顺位排列之先后,盖斟酌亲亲之谊及家制统率等理论,非漫为罗列也。同为直系尊亲属或同为直系卑亲属者,则亲等近者应先履行扶养义务。如子孙对父祖,应先由子扶养父,然后再由孙扶养祖。反之,父祖负扶养义务者,亦同。即父先扶养子,然后祖扶养孙(一一一五Ⅱ)。

如在先顺位之人,虽非全无负担能力,然亦不能独立完全负担者,则应由其次顺位者,按权利人之需要,酌量分负之。例如权利人为子女,对子女负担扶养义务之首顺位,自为直系尊亲属父母或祖父母。而尊亲属无完全负担能力时,应由其次顺位之家长,为酌量分负之。如家长亦无充分分负之能力者,递由再次顺位之兄弟姊妹分负之等,依顺位次序,递为分负者是。非谓因有无负担能力之先顺位者存在,次顺位者即可免除一切义务也。又在同一顺位而亲等又相同之义务者有数人时,原则上,各人平均分负之。例如,扶养权利者有四个子女场合,应由其全体子女分负者是。然若四个子女之经济能力不同者,则按各人经济能力之程度,参差分负之(一一一五Ⅲ)。

第三款 扶养权利人

扶养权利者有数人,而负担义务人之经济能力,不足以扶养其全体权利人时,自亦发生履行义务之方法问题。若按扶养权利人之数,尽其经济能力所能负担者,分摊扶养,亦未始非一方法。其结果父母、祖父母将与其他亲属或家属受同样扶养程度,固非亲亲之道也。故《民法》亦为预排定应先扶养权利人之顺序,俾义务人,依顺序尽其经济能力而先对先顺位者扶养焉。其顺序如下:

一 直系血亲尊亲属

二 直系血亲卑亲属

三 家属

四 兄弟姊妹

五 家长

六　夫妻之父母

七　子妇女婿

同系直系尊亲属或直系卑亲属者,以亲等近者为先,与前条相同(一一一六Ⅱ)。在同一顺位而亲等又相同之扶养权利者有数人时,原则上应受平等之扶养。然因各人之身分、生活式样,不一定相同,从而其所需要之生活费用,亦应有差异。故义务人应按各权利人之需要状况,分别酌量扶养之。

第三节　扶养义务之要件

扶养义务以下列二项,为其存立要件。无之者,或二者缺一,即无扶养义务之可言。

第一　扶养权利人以不能维持生活而无谋生活能力者为限(一一一七)

扶养义务本由老幼相养,灾病相救之道德义务,而变为法律义务者。故在权利人必先有需要相养相扶之情形,然后义务人始发生养扶之义务。故《民法》以扶养权利人之不能维持生活而无谋生能力为受扶养之要件也(一一一七Ⅰ)。不能维持生活云者,有二义:(一)身边现无生活资料——无资财之谓,如赤贫。(二)虽有资财,不能为维持生命上必要的利用之谓——如疾病。无谋生能力云者,无劳动能力可以换取生活资料之谓。既无资财,复无能力获得生活资料,是盖除束手待毙外,无他方法矣。于是国家课有资财若有谋生能力者,以扶养之责任也。凡故有资财而有利用能力者,或虽无资财而有谋生能力者,均不能构成本项之要件。但扶养权利人为直系血亲尊亲属之场合,不能同论(一一一七Ⅱ)。盖我国历来既以孝为道德规范之最高理念,则直系血亲尊亲属之受扶养权利,不受此种限制,乃为当然之理。从法律的理论言之,乃系对未成年子女的亲权义务之反射的权利也。

本项应注意者,扶养权利人所以至不能维持生活若无谋生能力者,系基于本人之过失场合,对于本项要件之效力,是否发生影响之问题是。换言之,凡基于权利人之过失,而至不维持生活及无谋生能力,如放荡生活之结果,不但荡尽资产,且因此成为残废而消失谋生能力者,是否仍有请求扶养之权利者是。外国立法例关此点原则上不生任何影响,即仍有受扶养之权利。不过有例外规定,即兄弟姊妹间之扶养,如权利人之扶养要件系由自身过失所招致者,义务人即得免除其义务(《日民》九五九Ⅱ)。《民法》关此无任何规定,盖纯以权利人是否已成立本项之要件为准,不问要件之构成是否基于权利者之过失者乎。

第二 扶养义务人之负担能力

扶养权利人虽已在于上述受扶养之适状,若扶养义务人因负担扶养义务,而不能维持自己生活时,则自救之不暇,何论救人。在此种场合,义务人得免除其义务,自无待言(一一一八)。所谓不能维持自己生活云者,其资产及谋生能力均不足以自赡之谓也。

第四节 扶养权利之性质

前述扶养义务之要件,由权利人方面言之,亦即为其权利成立之基础。换言之,必自身不能维持生活而无谋生活能力者,始生对法定有扶养能力者要求其扶养上必要的给付之权利也。此种权利就其性质言之,为一种财产的请求权。然因其以身分的关系为其成立要件,故与其他一般债权物权不同。又因其以法律的保证一定人最低生活为其存立目的,故又与其他亲属权以及身分权,亦有区别。故此权利以最低生活之保证为根本观念,而以一定身分为从属要件之特殊权利也。今根据此特性,而举其与一般权利不同之点如下：

第一　扶养权利不得处分

普通关于财产上之权利，系纯基于权利人个人之利益，故权利人得以个人意思，自由让与卖买或抛弃，不受他人任何牵肘。然扶养权利则不同。盖扶养权利为保障个人生存之权利，同时亦所以维持社会公共利益者。若可由权利人自由抛弃处分时，是为抛弃处分其生存权，其违反公序利益，自无待言。扶养权利人对现实的扶养义务之履行，虽得拒却之。但其基础之扶养请求权本身，则不能预订抛弃之契约。其他处分行为，亦同。又自受扶养之要件成立后，权利人未为扶养之请求时，则请求前已往部分之扶养，不能追溯的再为请求。盖扶养权利人之不请求，即所以表示无扶养之必要故也。若经权利人请求后，义务人迟延迄未实行扶养时，则自请求后积欠部分之扶养费，义务人应负清偿之责任。

第二　扶养权利不能继承

受扶养之权利，系基于亲属或家属之身分，为亲属若家属身分权之一种，专属于权利人本身，随权利人身分之消失（如死亡、婚姻解消、收养终止等）而消灭。不能由其继承人继承之。其继承人之扶养，应另根据其本人之身分定之。与被继承人之扶养系另一问题。不过被继承人在消灭权利以前，已届履行期而尚未受给付之部分，因其已成为纯粹债权的请求权之故，应可由其继承人继承请求之。

第五节　扶养之程度及方法

第一款　程度

当实行扶养义务之时，在权利人自希望愈丰厚愈好，在义务人自以愈轻少愈好。此盖人之常情,同时实亦为争执之因。故《民法》特预为标准的原则(一一一九),俾当事人之依准酌定。

第一准则　扶养权利人之需要

扶养义务之程度,应随扶养权利人之需要定之。其需要程度之内容如何,则应斟酌扶养权利人之年龄,身体强弱康健病疾,及其社会上之身分地位等定之。例如,老者与幼者,病者与残废者,其需要自各不同。有须完全受扶养者,有只须受一部分津贴者,亦各不同者是。

又对于幼少者之扶养,应否于维持其生活外,复为相当教育。换言之,扶助扶养权利人使受相当教育,是否亦为扶养之内容。《民法》未为明文规定,解释上自成问题。然教育为所以增进生活技能之方法,在幼少者更为需要。扶养义务人对幼少者仅维持其现在之生活,实不能谓之已尽扶养之能事。又国民有受国民教育之义务,在此义务教育期间,不能自谋其生,自无待言。故依理至少在此范围内,扶养义务人在其能力所能,对幼少权利人,于维持其生活外,似应有扶助其受相当教育之义务也。以此为当然之理,故《民法》未为规定者乎。

第二准则　扶养义务人之经济能力及身分

扶养义务人固应斟酌受扶养权利人之需要,而定其扶养之程度,然同时亦应审察自己之经济能力及身分,能与权利人之需要相配合方可。若单方尽力应扶养权利人之需要,而供给其衣食住以及教育上所需之资料后,自己转陷于饥寒,甚至需仰第三人之扶养时,虽或为淳风美俗所值赞扬之事,然非法律义务的扶养制度之本旨。又扶养义务人自己养尊处优,豪奢一世,对扶养权利人仅给济勉可御寒果腹之生活资料者,亦不能谓之已尽法律义务之扶养责任。受扶养权利人,对自己至亲即为同家生活者,故其扶养程度,亦必以适应于自己身分地位者为要件。

第二款　方法

扶养之方法，《民法》为笼统的大纲外，无具体之规定。即第一先由当事人协议定之。协议不成，由亲属会议定之（一一二〇）。如亲属会议亦不能决定，或虽决定而不能得当事人之同意，则除请求法院判定外无他法也。至其实行扶养之具体方法者，不外二端。一、招迎扶养权利人来家共同生活。二、支给一定生活资料或费用而已。支给生活资料或费用之方法，亦不外定期给或不定期给，一次给或分次给，或设定特定赡养财产供扶养权利人之使用收益而已。

第三款　程度方法之变更

考扶养义务人应随自己之经济能力及身分，而为适应于扶养权利人需要之扶养，为扶养制度之根本原则，已如上述。如所用为扶养程度准则之情事，发生变更时（如权利人需要之减增，义务人能力及身分之异动等），则依扶养制度之根本原则，扶养之程度方法，亦随之变更，乃为理之当然。然在一次给付扶养费用之扶养关系，于一次给付后，情事发生变更时是否可请求变更之问题在解释上殊难为一般的论断，要在就各个具体情形论定之。[①] 此种变更第一应先由双方当事人协议定之。双方意见一致者，依其所协议者变更之。如协议不成立时，由亲属会议议定之。如原由亲属会议议定或由法院判定者，仍应请求亲属会议变更或由法院以判决变更之（一一二一）。

---

① "扶养之程度及方法，当事人得依法因事情变更而请求变更者，系指在继续扶养中情事有所变更者而言。若其扶养费已经一次给付，扶养关系业已终了，自不能再以情事变更而请求全部或一部之返还。"（二十二年上字七七八号）按本判例系就扶养权利人之利益所为者。若情事之变更，对扶养权利人为极度不利益时，依扶养制之根本精神，自不能以此例断也。

第六章 家

第一节 家之意义

关于家之意义,《民法》于第一千一百二十二条特为定义的规定,即"称家者,谓以永久共同生活为目的而同居之亲属团体"也。良以迄今之所谓"家"者,涵义广泛,而法律性质则殊属模棱,固有整理之必要。同时亦所以示政治方式及经济方式在剧烈的蜕变过程之中,使数千年来为国民第二天性之家的生活,在适应于新社会的条件之下,保持之改良之之指针也。今试分释之于下:

第一 家者亲属团体也

家之字义,在《说文解字》,"家,凥也,从宀也,豭省声"。段氏解谓"本义乃豕之凥也,引伸假借以为人之凥,字义之转移多如此云云"。据此解义,则家者人所居之处所之谓也。周时文献中之所谓家者,如《易》之"家人",《大学》之"齐家",《诗》之"宜其家室",《周礼·小司徒》之"上地家七人,中地家六人,下地家五人"等之家,盖为指人的集合体而言者也。又郑氏之《周礼》注释家之义曰"有夫有妇,然后为家"。又六书中,家作为宊,"厸者三人,即古之族字,从厸者,三人聚于宀下之象也"云云等,又为学者解家为团体之例也。故家者可得二义,一谓有形的建筑物或一定地点,一即无形的团体也。而《民法》之称为家者,即指后者而言。

团体云者,复数人之有统一性及恒常性的结合体也。称为家的团体之团体员,以亲属为原则,换言之,以亲属间之结合,为其特征,故又名之为亲属团体。所谓亲属团体,自包括血亲,姻亲及配偶之三者。然此之所谓亲属团体云者,亦仅就家之基本团员为亲属之意,非家的团体中,不容许非亲属者为团员也(参照第一一二三条第二项)家云者既为一种团体之别称,则凡称为家者,至少必为二人以上之结合。即所谓有夫有妇,然后为家之意是也。故家团员之最大数,虽无一定限制,而最少数则至少二人。若只一人,此外别无结合之亲属者,即不能称为家,不受家制法规之支配。仍有称之为家者,盖纯指有形的建筑物或一定地点而言也。学者有对家属全行死亡,只剩一人。或家属一人由家分离之场合,解为成立单身家长之家者。夫家既明定为团体,即万无一人而能名之为团体之理。姑无论其所基理由若何,其在论理上,已为不攻自破之论。在《日本民法》惟家得有户籍,一户必一家。又有所谓家督继承之制度,以谋家之不废绝。故其家之性质,往往偏重于形式,而不重实际。其例外有单身家长之场合,盖为制度上之不得已也。《民法》自不能同论。若一家之人只剩一人时,所谓家者因之消灭。或一人由其家分离时,亦无自由称为一家。《户籍法》第八条之一家为一户云者,一家原则上一户籍之意也。故同条后段即谓虽属一家而异居者,各为一户云云,盖亦所以释明非一户即代表一家之意也。即一人得独立为一户籍,非一人得称之为《民法》上之一家也。

第二　家以永久共同生活之目的而同居为要件

凡团体必有其所以组织之目的,而家团目的,则为共同生活。此地之所谓共同生活云者,不仅日常饮食起居上所需要之生活资料,团体员间在统盘计算之下,共通负担,共通分配已也。所谓休戚相关祸福相共,精神生活上,在一定范围内,亦相共同之意。所谓永久云者,当当事人为共同生活之契约时,或共同生活之实事(如出生、收养、认领、结婚等)开始时,不为其终期之合意,或关于终期的意思表示之谓也。换言之,共同生活终期之到来,非基于开始时当事人间所预定的存续期间之届满之意也。家之成立,既维系于是项目的。故虽为近亲亲属,其相互间,若无是项目的上之合意若原因时,即不发生家团员之关系。又亲属间既以共同生活之目的而组成家团时,只要不违失共同生活目的之范围内,团员间初不必以始终厮守一处为要件。且为贯彻是项目的起见,分工合作,尤有四出谋得共同生活上所必需的生活资料之必要。而《民法》复以同居为要件,此其故何耶。同居云者,就字义解,系聚住一处之谓,盖无待说明者。若必以事实上之同居为要件者,则家团之存立,将随团员事实上偶尔离合而浮动。此岂一般所谓团体者之通性耶。例如,由祖父子孙三世所组织之家团,子为仰养俯畜起见,留祖孙于家,自己带其妻出外谋生之场合,不能遽谓之与祖孙分家者是。余意以为"同居"者,一、所以限定兼释明所谓共同生活之意义。即谓此地所谓共同生活者,为一般的以同居为原则及程度之生活也。二、则为所以确定家团之所在地。换言之,同居者在法律上同一本籍之谓也,理论上家既为有目的的人类之组织体,无论其在法律上有人格——为法人与否,应有其团体活动之本据地。而家之本据地,盖即家团员应履行其同居之处所也。生活活动之本据地——住所,无论其为个人或团体,只许一个,家自不能独异。故形式上一家只许一个本籍,家籍地即家之所在地也。就上例言之,子媳虽在他处得设寄籍,独立一户(户八后段),其仍为由祖孙所留守的家之家团员,固不能以寄籍别居而受影响焉。

第三　家之法律性质

家在法律上是否为人格者,即是否法人,《民法》只云家为团体,而未及其他,则依第二十五条之规定,其非法人,固可无疑。然既为团体,且有法定的组织,则虽非法人,其得有诉讼当事人之能力,应与其他非法人之团体相同(《民诉》四〇)。既得有诉讼当事人之能力,则家在社会生活中,以团体的资格活动时,应认其团体活动之效力。换言之,家与他家或个人发生交易关系时,不论其家之实际代表活动者为何人,总之,其效果应由家受之也。即家在社会实际交易上得为权利若义务之主体也。必作如是解,而后始符《民法》之以家为团体之法意。不过在法律上既非人格者,且无关于家产之特别规定,故家所有不动产之登记及金钱之存储等,须由家之代表人或管理人(如家长)个人名义行之耳。同样,对于家债务履行之请求,及以家团为被告之诉讼,原告胜诉之场合,其形式上虽亦仅能就其代表人或管理人个人名义,而为请求或强制执行。然实际上自以由名义人所代表的家之团员全财产为标的也。[1] 此种团体的理论,在仅由夫妇及未成年子女所组织之家,对外发生纠葛时,可依夫妻财产制及关于亲权等之规定,易于解决,故实用尚少。若家之组织稍为复杂,如父母与数多成年子媳及其他非亲属之家属,家之使用人等所组织之家。即其一部分相互间,除扶养权义外,纯以共同生活之目的,为结合之机纽,或仅为以家为雇用人之佣雇关系等场合。其家团员或使用人因执行家之事务,对外发生纠葛时,则亲权及夫妻财产制等,固已不足以应付关于全家团之纠葛。若仅就家务执行人个人之行为责任,而为解决之标准。则以共同生活上之行为,而使个人负责,在执行家务之家团员固属过酷。且仅就个人经济能力而为担保,交易对手方之第三人,将不能安心与家团安全交易,其结果将消失家团活动之机会,是岂《民法》所以认家为团体之本旨耶。惟家为团体,故其家团员或其使用人对外可为家

---

[1] "管理家务之代理全家所负债务应由家属全员负清偿之责,债权人自得就其未分之全部家产请求执行不容以自己非债务主体或家产应行分析为借口主张异议。"(二十年上字二〇四号)

团的活动。如有侵权行为时，被害人亦得依第二十八条之理论及第一百八十八条之规定，而易受损害赔偿也。

第二节 家之组织

家既为由复数人结合之团体，则家团员至少应有二人以上，如已前述。此种团员特名之为家属。家属云者，家团所属之团员也。又依团体之通性，应有代表若统率团体之机关，家之机关即为家长（一一二三Ⅰ）。故家者又可解之为由家长及家属所组织之团体也（同上Ⅱ）。今就其法律关系，分家属及家长二款说明之。

第一款 家属

第一项 家属身分之得丧

第一目 家属身分之取得

在普通团体之团员取得其团员的资格，或依团体之设立行为（结社），或依个人与团体间之契约（入社），或据对故团员之继承权等。家属之取得其身分，虽亦有同于上述三者之方式（如妍度、入籍、遗继）者。然以其他契约，单独行为或自然事实而间接取得者为多。换言之，契约、单独行为及自然事实之本体，虽非以取得家属身分为其主目的，而其效力，必生取得身分之结果者也。今略举述之如下：

第一　出生

婚生子女一出生即取得其父母家之家属身分。此盖纯依出生之事实，而取得家属身分，此外无任何取得行为之必要者也。出生时生父母因婚姻解消而异家，或本无婚姻关系亦不同家者，理论上子女兼为父家及母家之家属。然一人同时不能有两家籍，故出生后一个月内父母及其家长等不为子女出生登记于父家户籍者,原则上由母负出生登记于自家之责,即暂时先为母家之家属(《户籍》五一、五二)。嗣后如依关于子女监护之法规,应由父负监护之责者,则转籍于父家,为父家之家属。其不知生父之非婚生子女,则为母家或母所属家之家属(《户籍》五一Ⅰ2),自无待言。

第二　认领

未成年非婚生子女,经其生父认领(如其生母尚在,而与生父无反对之特约)时,则认领之结果,当然取得父家之家属身分。但若非婚生子女已成年者,则又应以子女无反对之意思者为限。盖成年子女依《民法》第一一二七条、第一一二八条之规定,已非绝对无条件应与父同家故也(见后述)。

第三　收养

收养之结果,养子女取得养亲婚生子女之身分(一〇七七),故同时入养父母之家,取得其家属身分。然养子女之已成年者或有配偶者,是否取得养家家属身分,应依收养时是否有反对之约定定之。盖收养契约不必定以同家共居为要件,与认领场合相同也。

第四　婚姻

男女结婚后,开始同居生活,即所谓"有夫有妇然后为家"是也。妻以夫之住所为住所,成夫家家属,赘夫以妻之住所为住所,成妻家家属(一〇〇二)。随父母赘嫁之子女,是否亦随之取得父赘家或母嫁家之家籍,解释上不无疑义。其为未成年子女者,则依所谓"以法定代理人之住所为住所之规定"(二一),盖无条件可取得其家属身分。若子女已成年者,则似应对赘家嫁家独立的另为入籍之契约也。

第五　遗继

被指定继承人承认遗嘱继承后,是否取得被继承人家家属身分,应与收养场合同论(参照本目第三)。

第六　复籍

未成年养子女终止收养关系后,当然回复本生家家属身分(一〇八三),本生家不能拒绝其复籍。然已成年若已结婚者,则其回复本生家家属身分,应另须独立的为入家之合意也,其理由与本目第二第三相同。

第七　入家——入籍

入家云者,由一定人以共同生活及同居之目的,愿加入一定家团,取得其家属身分之意思,与一定家团对此承诺之意思相合致之契约也。入家之人,同时取得其家户籍,即以其家籍为本籍,故又可谓之入籍。本项与前六项不同者,前六项或依自然事实,或依其他亲属契约或单独行为之法效,直接或间接取得家属身分者。本项则直接以取得家属身分为目的之契约也。本项可分为亲属入家及普通入家之二种。

亲属入家云者,原有家属身分之适格,不过本人已届可与家分离之时期或状态,愿否入家为共同生活,应经过一度合意,法律上非当然发生入家之效力者也。如第二之被认领人,第三之收养子女,第五之遗继子女之已成年或已结婚者等是。但此等亲属如愿入家时,在家团方面如无正当理由者,即不能拒绝其入家(一一二八之反面解释),此与下述普通入家不同之点也。

普通入家者,原无家属身分之资格,纯以当事人间之契约而取得家属身分者也。素无家属适格之人,入家而为共同生活,依理自应得家团全体之同意——实际上至少应由家长代表承诺之,反是者,自难免失灭共同生活目的之本意也。

第八　创家

创家云者,素无家属关系之数人,各以永久同居共同生活为目的,组织家团之共同行为也。各人之取得家属身分,即基于创家之共同行为。以当事人现均无家籍者为要件。前述第一乃至第四及第六之事由,如具此要件者，同时亦可谓之创家。但纯以共同行为而创家者，事不常有，如姘度盖其适例也。

第二目　家属身分之丧失

家属身分既为家的共同生活上之地位，与亲属身分之以血统的自然事实为基础而发生者，自异其趣。原则上如不能达同居及共同生活之目的，应可自由抛弃其身分，而脱离家团。但因家同时为亲属团体之故，故于因正式脱离行为，而丧失其家属身分外，复因亲属身分之丧失，而同时发生家属身分丧失之效果也。今举其丧失原因之主要者如下：

第一　死亡

除自然现象之死亡外，自包括宣告死亡。

第二　收养终止

第三　婚姻之撤销及离婚

第四　出继出养

以上第二乃至第四为亲属身分上法律行为之效果，而致丧失家属身分者。

第五　出籍

出籍为入籍之反面。如成年子女，或已结婚子女，由家分离。或非亲属之家属，解除家属契约而去家等是。

第二项　家属之权利义务

家属虽为家团之组织分子，固仍为独立人格者，不因加入于家之故，其私法上所应享受之权利义务，而受任何影响也。故本项所说明者，系家属在家团之下所得享受或负担之特殊权利义务也。特殊权利义务维何，试举之如下：

第一　维持共同生活之权利义务

家团既以共同生活为存在目的，则凡为家属者，应有维持团体目的之义务。详言之,消极的不应有破坏行为,积极的应谋所以增进共同生活之福利。如家属违反此种义务时,应解为可由家长除籍之。第一一二八条但书之所谓正当理由者,盖即指此乎。

第二 同居之权利义务

同居既为构成家团之一要件,则家属自有与家团同居之权利及义务。如无正当理由而拒绝,或被拒绝同居者,自为违反此项义务或侵害此项权利。

第三 扶养之权利义务

家属有扶养家长之义务,同时有要求家长扶养之权利,已述于扶养章,兹不赘。

第四 服家长权之义务

家长于管理家务上有使家属处理之必要时,家属应有受家长之指挥而执行之义务(一一二五),及接受家长之命代理家长职务之义务(一一二四)。

第二款 家长

家长云者,为家之首长,负管理家务专责之家的机关也。

第一 家长者,家之首长也

家长,系相对的名词,非在任何意义上均为绝对的最高地位之谓也。不过在团体的共同生活事务上,立于统率的代表的地位而已。非于年龄、辈分均必具备最高性质之义也。

第二 家长者,管理家务之机关也

家既为团体,则必有机关,家长盖即其机关也。所谓家务云者,家团目的之共同生活上所必要的一切事务之谓也。而家长即负处理一切家务之责任者也。

家长在沿革上本曾为绝对的权威,家者家长之家,与所谓朕即国家者,同其趣旨。有公法性质的权力。洎后虽因时势之变迁,随个人主义之发展,家属渐由家长权而解放。其结果或为家族制度之总崩溃,或仍虽保持家制,而家长权已不复如昔矣。我国《民法》既对历来家制,予以革命的整理,而家长者则仅为家团共同生活事务上所必要范围内之存在矣。换言之,家长者仅系团体之机关,其管理家务以义务为前提——亲属法上义务之一种。其对家属有优越地位,系基于团体机关之职权,而非纯粹特殊身分权也。

第一项　家长之选任及免罢

第一目　家长之选任

家长之选任方法有二：一、推定，二、轮值(一一二四)。

第一　推定

《民法》关于家之性质,尽可能以普通团体理论处遇之,已如屡述。故其机关之家长,原则上尽先由家属中自行推定之。被推定人之资格,只需有家属身分,其是否亲属或是否尊辈年长均非所问。家长之必限于有家属身分者,盖基于家为亲属团体之特殊性质,与普通团体之机关,不必限于团员者不同之点也。被推定后可否辞其职务,法律既无如监护人场合,"非有正当理由,不得辞其职务"之规定(一〇九五)。不能作否定解释,盖可无疑。且在实际上如辞而不就时,其结果即为等于无推定。无推定时,则有次项轮值之办法,家务亦不致一时陷于无管理之状态。故应解为被推定,可辞其职务。然被推定者既系家属,则对共同生活原负有维持之义务者,故虽可辞任,自以有正当理由者为限也。

第二　轮值

家属推定家长,被推定者辞而不就。或于新家组织后,或因前家长死亡或因故离籍后,未为推定家长时,则由现存家属中之亲属法上辈行最尊者任之。尊辈相同有数人时,则以其中之年长者充之。

如最尊辈或最年长者,轮值应当家长,然因年龄健康知识等,无能力或不愿管理家务之场合,则选任之方法既穷,而家务又不可无实际主持之人,故《民法》特许由轮值家长指定家属一人代理行使家长之职权。

第二目　家长之免罢

家长除因一定事由而免罢者外,盖为无一定终任期之职务也。今举其免罢事由之主要者如下:

第一　死亡

第二　辞任

其就任出于推定者,自得因故辞职。其轮值者如家属愿另推定一人继任时,自可辞任。否则,除得指定代理人外,不能推卸也。

第三　离家

如家长因赘嫁养继而脱离家籍时,则家长之任务,因丧失家属身分而免除。

第四　代理之撤销

代理家长由家长本人撤销其代理时,代理因此终止,盖无待言。

第二项　家长之权利义务

家长本系由家属所充任者,故保有其家属应享有之权利义务,自无待言。兹就家长特有之权利义务,分项说明之。

第一　管理家务之权利义务

管理家务,即为家长职权之内容,故其管理应以职务义务为前提;而家务者,为家团目的之共同生活上一切事务,故换言之,应以家属全体利益为前提者也。家长在此范围内。对外代表全家利益,对内应有最后决定之权。实际处理家务虽以家长亲自为之者为原则。有必要时得将家务之一部,委托家属处理之,此盖为家务统率上应有之职权也(一一二五)。家长之有此种特权,无非使谋共同生活事务之圆满发达。然共同生活固为各家属有平等的共同利害关系者，故在管理家务上于注意家属全体共同利益外，又应顾虑各个家属间之平等利益。即分配利益或使分负义务，应持公平，不能偏重侧轻也。管理家务上应负何种注意义务，法无规定，自成问题。余意以为家团究以亲属为中心之团体，家属无非父母子女夫妻，若亦律以普通委任理论，未免过酷。故似以负与处理自己事务为同一注意之义务为宜乎。

第二　允许或命令家属分家之权

家属间之团结，除共同目的之共同生活外，有另依婚姻、亲权以及迎养扶养关系而联络者。此种联络，自各依特殊法规之规定，而决其续废。惟纯以家目的而为维系者，一旦感觉已无团结之必要，或已不能继续团结者，则依家属个人之意思，固可请求由家分离。而依家之便益上，亦可命家属分离。而家之此种对家属进退决定权，一操于家长之手。家长之得专操此权，固因亲属法之特殊理由。亦以家团组织以各家属合作义务为枢纽，若家属而不愿合作或违反共同生活义务时，家长系代表其他家属全体之利益者，为保护全体共同生活上之利益，应有专断决定之职权也。即为被命分离家团之家属个人着想时，有时亦有使其分离家团，独立谋生，转为个人前途之利益之场合也。故家长之允许或命令家属之分离，应以全家及其个人之利益，应兼顾并虑，不能以一己之情感为标准。

第三　指定家属一人代理家长职务之权

本项为轮值家长之特权。关于指定，无须特别法定原因，一任家长之任意。故被指定人有违反家长职务，而不能保护家属之利益，或显有私偏行为时，亦得任意撤销其代理。或更为指定其他家属，或亲自执行家长职务，亦属任意也。

第四　对家属扶养之权义

家长有请求家属扶养之权利，同时对家属负扶养之义务，已述于扶养章,兹不赘。

第三节　家之成立、废灭及分离

第一款　家之成立

家之成立现行法既无一定法定方式,如独身男女结婚场合,则于结婚成立时,即为家之成立。独身女人之分娩子女及独身男子之认领未成年私生子,独身男或女收养未成年子女等场合,认领收养成立时,即为家之成立。以上为依一定事实之结果或法律行为之效果而成立家者。其他如不经结婚而同居之独身男女,或独身男子间或独身女子间,以共同生活之目的,为同居,同一户籍之登记时,盖纯以组家契约而成立家者也。

第二款　家之解散及废灭

二人以上之人为结合时,始得谓之家。若一家之人只剩一人时,则家者自因此而消灭也。现行法对家之解散废灭,亦无一定方式,亦随各种事实之结果或法律行为之效果,间接废灭之,参照前款。惟后述第三款因分家之结果,而须消灭分前之原家者,则此种分家契约,盖同时即为家之解散契约也。

第三款　分家

拥千百口共爨,累十余世同居,原为儒者欲挽孝亲睦族之教化于季世浇俗,所倡道之一礼治政策也。然因政治方式经济方式之变易,此种政策成果之留于今者,已发生价值上之动摇,为适应于政治经济变动后之新生活,应予以附条件的整理。或至少予以整理的指针,已如前述。

故《民法》首于第一一二七条、第一一二八条为宣言的规定。即在不否认孝亲睦族的固有国民道德之范围内，不助长若维持貌合神离，为礼教之形式，而违失共同生活本义之大家庭是也。今就《民法》规定说明之。

第一　家属已成年或虽未成年而已结婚者，得请求由家分离。

家属在服亲权时期内，其不能由家分离而独立，盖无待言。一旦成年或虽未成年而已结婚，则已有与世之独立能力。仍愿与其他家属继续同居，固无不可。若因种种关系，而不愿继续者，则因共同生活非单享受权利，亦非单负担义务之故，自应听个人之自由。若子女成年或结婚后，即可弃父母等而离家时，在我国社会或不无认为不合于国民道德之行为者。子女虽分家，然而对父母自仍负优先的扶养义务，固不因分家而稍受影响。若欲尽孝道，亦不必限于同家而后可也。若只有单身年老且不能自度的父若母之家，子女欲由家分离时，则或成为次项之问题，或成为遗弃问题，非本项之所谓分家者也。

分家家属应向家长请求之。家长对此种请求，有否否拒之权，不无疑问。若从家之成立基于各家属就共同生活上之合意推之，则似以消极解释者为妥。盖家属之请求，即为表示不愿为继续共同生活故也。

第二　家长对于已成年或虽未成年而已结婚之家属，得令其由家分离。

家长得令分家的家属之普通适格，与前项请求分家者相同。即家属已成年或虽未成年而已结婚者。盖已成年或已结婚之家属已有独立能力，即由家分离，在理论上已不为社会之累故也。家属团体，既系以共同生活为其唯一维系目的，则各家属在共同努力于共同生活之繁荣之间，家长自不能违抑家属个人意思，而令其离家也。故家长虽有令家属离家之权，但此系职权，非身分上特权。即家长在家务管理上认一定家属之离家为必要者，换言之，即一定家属之离家，在一定家属本身及其他家属共同生活上均为利益者,而后始得命令之也。《民法》同条但书所谓正当理由者,盖即指此项意义而言者乎。故命令一定家属离家之结果,虽于其他全家家属有利益,而同时违反公序良俗,或有遗弃之嫌者,仍不能谓为理由之正当也。如前项年老独身尊亲属,令其离家者是。命令之效力如何,即家属对家长之命令系应绝对的抑相对的服从,换言之,家长之命令是否以家属之同意为要件,不无疑问。余以为家属虽可以命令分家为无正当理由抗辩之,但无经其同意之必要。

第七章　亲属会议（德：Familienrat；法：conseil de famille）

第一节　总说

第一款　意义

亲属会议云者,为保护特定亲属之利益或处理特定亲属身后事务,而负特定任务,由其亲属数人所组织之合议机关也。

第一　亲属会议者为保护特定亲属之机关

《民法》亲属会议所应保护之特定亲属,即亲属会议之命题人——以后简称本人,为未成年人、禁治产人,及被继承人之三者。前二者因其为无能力人。后者为于其死亡后,无法定继承人若遗嘱继承人,或有继承人而抛弃其继承时,其身后陷于无人管理之状态者。亲属会议即本亲属扶助合作之精神,为共同保护其身心上或身后之利益,所特别组织之机关也。

第二　亲属会议为合议机关

亲属会议以其会员多数之意见,经决议之形式,作成团体的意思,依此意思,以保护特定亲属之利益者也。然亲属会议因非法人之故,其权利主体,常为各个人会员。不过各个人会员之独立意思,若使其直接发生法效时,各人意思偶尔一致者固不成问题,若有出入者,则赞否各持,无所适从,将不能遂其保护亲属利益之使命。故由各会员集组为合议体,以多数决之方法,而采定其关于保护上之统一意思也。

第三　亲属会议非常设机关

亲属会议遇有会议必要之特定事项发生时,随时召集之,俟其议决会议目的事项之任务终止时解散之。无常设的恒久性。但为无能力人若被继承人而设者,则迄无能力之状态终止,或遗产及身后事务处理完了时,继续存在,盖其例外也。

第二款　沿革

古有"族燕""族饫"之礼,族燕者,居无事,则为燕以申好,即所谓"以饮食之礼,亲宗族兄弟,以脤膰之礼,亲兄弟之国"(《周礼·大宗伯》)者也。族饫者"因国而饫,有大疑谋,则有饫以图事"(《陈氏礼书》)。又"王召士季曰,子弗闻乎。禘郊之事,则有全烝。王公立饫,则有房烝。亲戚宴飨,则有殽烝。夫王侯诸公之有饫也,将以讲事成章,建大德,昭大物也"(《国语·周语》)。族燕纯为敦睦邦族之社交的会合。至族饫虽为有议事性质之会合,但与《民法》之所谓亲属会议,其性质盖有间也。我国历来政治方式,以教化为重心,国家庶政偏于消极,人民亲属生活,更多赖礼教之力,听任宗族自治。故关于亲属间问题,多由宗族自治的解决之。律例虽有以解决权赋之于宗族之规定,如"取具阖族甘结","须凭族长择昭穆相当之人继嗣","应听户族另行公议承立"(见于清律"立嫡子违法")等,盖为指示其积极的权限者。又"不许宗族指以次序告争"(同上)等,盖为其消极的权限也。但宗族处理事务时,应有如何组织等,迄无准则的规定也。其亦因听任宗族自治之故欤。后世儒者所倡道礼治的自治规约中,多有具体的关于内容之条款,实为窥知此前之所谓亲族会议大略之资料者也。今摘"讲宗约会规"周咨族众条,以资参考焉。

"一,先问会中诸族人有身家难处之事,内外难处之人,即对众请教,众随所见,与细心商榷。凡可解免其患难,裨益其身心者,无不具告。乃见家人一体之意,此会不为空设云云。"

同此类性质之自治规约上会议,殆普行各地,为亲属生活上之一种无文法。惟因无统一国法之故,故其组织任务、权限、议决之方式及效力,均无统一的准则及性质而已。

第二节　亲属会议之组织

亲属会议由会员五人组织之(一一三〇),今就此说明之。

第一款　会员之人数

组织亲属会议之会员为五人,此为法定数,有强行性,不能任意增减。《民法》之所以定此不变数者,良以会员人数,若有伸缩性时,则依亲属意见之不同,就决定会员之数时,即可起无谓之争执,招致会议进行之迟延。若谓关于会员数,可临时由法院决定,则每遇会议之召集,必声请法院,亦徒繁程序,而对会议任务之应决议事项本体,仍无直接裨益也。且为一亲属之事项,由亲属五人之智能,为之考量顾虑,亦可期其万全,固亦无须乎多于此者矣。若少此者即为三人，依理三人亦未始不可，然三人往往可以一人之意见，左右持反对意见之其他二人意见，亦易生流弊也。

第二款　会员之资格

会员之法定适格有三：一、亲属，二、能力者，三、非监护人。

第一　亲属

得为亲属会议之会员者，必限于本人之亲属（一一三一、一一三二）。如后述指定会员解释上虽可包括血亲、姻亲及配偶。若法定会员则必限于血亲。此盖为亲属会议性质上当然之理论，亦为立法例之通则（但有例外如《日民》）。

第二　有行为能力

亲属会议之决议，对于遗产之管理及监护行为之监督等，均直接发生法律效力，且各会员对会议之决议，直接自负其责任者。为会员者应以有完全行为能力者为限，盖无待言。故凡未成年人及禁治产人，均不能有会员之资格也（一一三三）。然本项之未成年人是否限于未结婚者，不能无疑问，余意以为以消极解释者为妥。

第三　非监护人

监督监护人职务，为亲属会议的使命之一。若现为本人之监护人者，亦有亲属会议会员之资格，加入于监督自己之会议时，是以自己监督自己，其为消失监督之本义，复待言乎。故监护人不能为亲属会议之会员（一一三三）。但本条之监护人自系本人之监护人，非谓现为其他无能力人之监护人之故，而剥夺会员资格也。

第三款　会员之种类

会员可分为法定会员及指定会员二种。

第一　法定会员

亲属会议既系由本人(会议之命题人)之亲属所组成之会议,例如,某某未成年人或禁治产人之亲属会议,又如为某某被继承人之亲属会议等,已如前述。则所谓法定会员云者,即为本人之血亲属而依法律规定有充会员资格者之谓也。本人之血亲属,其取得会员资格之法定顺序如下(一一三一):

一　直系血亲尊亲属。
二　三亲等内旁系血亲尊亲属。
三　四亲等内之同辈血亲。

上血亲中充当会员之顺序,系尽先顺位之全体亲属充任之。如第一顺位血亲不足法定数时,然后由第二顺位亲属中有先充任之资格者充任之。以次而及于第三顺位焉。尽第三顺位之亲属,仍不足法定会员数时,则即为会员不足法定数,发生次项指定会员之问题,非谓尽第三顺位不足数时,依亲等之近远顺序,而递次及于四亲等以外之旁系血亲也。

上述法定顺序之亲属,如在同一顺位之人已超过法定会员数时,则以亲等近者为先,例如,本人不但父母俱在,且父系及母系之祖父母、曾祖父母亦均健存,则其第一顺位之直系血亲尊亲属总数已有十四人,超过法定会员数者九人。在此种场合,亲等最近之父母,固尽先为会员,次及于较近之父系母系之祖父母者是。

亲等相同者,以父系之亲属为先。即如前例,合父母及父系母系祖父母已有六人,超过法定会员数者一人,则父系祖父母先得会员之资格者是。

又同系而亲等同者,以年长者为先。如前例,合父母及父系祖父母仅四人,尚不足一人。此一人自应由母系祖父母中一人充之。然母系祖父母固为同亲等者也,于是以其中年长者充之者是。在其他顺序之亲属,发生同样问题时,亦依此类推。

本项之所谓血亲系包括自然血亲及法定血亲,自无待言。

第二 指定会员

无前条规定之亲属或虽有而不足法定人数时,不能依亲等近远顺序,递次及于四亲等以外之旁系血亲,已如前述。在此种场合,应因召集(亲属会议)权人之声请。由法院于其他亲属中指定之(一一三二)。法院之指定何人,虽为法院之自由裁量,但第一必限于本人之亲属。然是否包括姻亲及配偶,不无疑问。就法文推之,自应作肯定解释。关于亲等之近远,即是否可置亲等较近之亲属,而指定其较远者,亦无限制。夫亲属会议之目的,原在保护本人之利益,故只须认定其个人对本人平素关系如何(素有亲密交情或向相反目等)而定之,不必以亲等之近远为标准也。

第四款 会员之辞任

会员之担任会议职务,系基于亲属间扶助合作义务,即为一种强制负担,与监护人之监护职务,同其性质。故亲属之依法应为亲属会议会员者,即不能辞其任务(一一三四)。然如因居住异乡,与本人住所相隔甚远,为出席会议,往返须费相当费用及时日者,若仍强其负担,而不许辞任时,在有会员义务之亲属,固属过酷。而在会议事务之进行,亦多不便。故《民法》对有正当理由者,特许例外的辞任焉。所谓正当理由云者,盖指事实上实在不能执行会议职务之谓也乎。理由之是否正当,应由何人判定,即辞任应向何人为之及由何人准之,法律虽无明文,但在法定会员,因会员义务系法定且有强行性之故,其辞任似以向法院为之为妥乎。至指定会员本系法院所指定者,其得辞任与否,应由法院判定,盖更无论矣。此种辞任程序,系属于非讼事件,应于非讼事件法中有详细规定焉。立法例对准许辞任之裁定,任何人不能声明不服,但辞任会员对驳斥辞任之裁定,可为即时抗告。

第三节　亲属会议之开会

第一款　亲属会议之召集

亲属会议每遇须开会议决之事项发生时,由当事人法定代理人或其他利害关系人召集之(一一二九)。今分应召集事项、召集权人及召集程序三项,述之于下:

第一项　召集之议题事项

亲属会议每遇议题事项之发生时,召集开会。然何者为议题事项,何者则否,固可随利害关系之不同而异其解释。故应召集之议题事项,若非定有一定标准者,将无由明确亲属会议之责任范围矣。《民法》之所谓应开亲属会议之场合,依本法之规定(一一二九前段)云者,盖即所以限定召集之议题事项乎。《民法》中所规定为应开亲属会议之事项者,仅将其条文序数及其事由,举之于下:

一　亲属编

1. 第一千零九十条,关于纠正亲权滥用事项。
2. 第一千零九十四条,关于未成年人之监护人选定事项。
3. 第一千零九十九条、第一千一百零一条、第一千一百零三条,关于监护人之管理受监护人财产之监督事项。
4. 第一千一百零四条,关于决定监护报酬事项。
5. 第一千一百零六条,关于撤退监护人事项。
6. 第一千一百零七条、第一千一百零九条,关于监护人终任时之监督事项。

7. 第一千一百一十一条,关于选定禁治产人之监护人陈述其意见事项。

8. 第一千一百一十二条,关于监督禁治产人之监护人监护行为事项。

9. 第一千一百一十三条,关于监督禁治产人之监护人管理受监护人财产及其终任任务、决定报酬、撤退监护人等事项。

10. 第一千一百二十条,议定扶养之方法事项。

二 继承编

1. 第一千一百四十九条,决定遗产酌给事项。

2. 第一千一百七十四条,受理继承人抛弃继承之书面事项。

3. 第一千一百七十七条,选定继承人有无不明之遗产的管理人事项。

4. 第一千一百七十八条、第一千一百七十九条、第一千一百八十条,关于呈报及监督遗产管理事项。

5. 第一千一百八十三条,决定遗产管理人报酬事项。

6. 第一千一百八十五条,监督遗产移交国库事项。

7. 第一千一百九十七条,认定口授遗嘱真伪事项。

8. 第一千二百一十一条,选定遗嘱执行人事项。

9. 第一千二百一十二条、第一千二百一十三条,认定普通遗嘱及开视密封遗嘱事项。

10. 第一千二百一十八条,改选遗嘱执行人事项。

第二项 召集权人

亲属会议之召集权人,法定为下列三种(一一二九):

第一 当事人

本目所谓当事人者,盖指议题事项之当事人也。如在滥用亲权场合,为未成年之子女。监护场合,为未成年及禁治产之本人、监护人,及亲属会议所指定之监督执行人。继承场合,为继承人、遗产管理人。遗嘱场合,为继承人、受遗赠人及遗嘱执行人。以及各种会议之会员本身。盖会员为讨论决议议题之当事人故也。

第二　法定代理人

法定继承人、遗嘱指定继承人及受遗赠人之法定代理人是。

第三　其他利害关系人

如滥用亲权场合之直系尊亲属,受监护人之债权债务人,监护人之继承人,无人继承或抛弃继承场合之遗产债权债务人,受遗赠人,或次顺位之法定继承人等是也。

第三项　召集之程序

亲属会议直接由召集权人召集之,不必声请法院。在会员不足法定数场合,于召集前,须先声请法院为补缺指定。但此与召集无关,盖虽声请法院经指定补缺后,亲属会议之召集与否,仍为召集权人之自由也。

召集应对各个会员发召集通知,明记会议日期、场所、议题及召集人姓名等,盖为合议机关开会时应有之程序要件也。欠缺此种要件时,自成为影响于决议效力之原因。召集于通知会员外,应否通知当事人,法定代理人及其他利害关系人等之有召集权而非本会议之召集人,法无规定,不无疑问。就第一一三七条"有召集权之人对于亲属会议之决议,有不服者,得于三个月内,向法院声诉"之法文,若将"三个月"解为除斥期间,且自决议之日起计算者,则如不于同时而为通知时,上述有召集权而未预闻该决议之会议者,将受不测之损害。故依此解释时,对此等人亦应通知之者为妥。退一步言之,即将此项期间,解为自不服人知悉有决议之日起算时,亦以通知之者为妥。盖不然者,决议将继续其因不服而遭撤销之状态,固非以决议而保护利益之道也(参见后述)。惟抛弃继承及无人继承之场合，就遗产有债关系之利害关系人，依法有一定公示催告程序者，自在例外。

第二款　亲属会议之议事

亲属会议之议事，应分下列各项说明之：

第一　议题

议题限于《民法》有规定，已如前述，兹不赘。

第二　日期及会场

会议之继续日期，法无限定，盖随议题事项之简复而定其日程也。

会议地点，法亦无限定。盖以本人之住所地为原则，而由召集权人及会员酌斟情形定之乎。

第三　参与议事者

参与议事者，限于会员，盖无待言。然召集权人及其他对议题事项有利害关系人，可否列席，法无规定。依理召集权人及其他利害关系人应有出席及向会议报告其事实或陈述其意见之权利。在会议关于议题之研究讨论上，亦有是项之需要也。否则会议将因不明事实及当事人之意见，不易为适当的决议。故应解为有列席于会议，相机陈述意见之权。但其意见不能拘束会员之决议，及不能参加表示，盖无待言也。

第四　开会及决议之方法

会议非有会员三人以上之出席，不得开会。非出席会员过半数之同意，不得为决议（一一三五）。出席会员虽已有三人。但其中一人于所议事件有个人利害关系，依第一一三六条规定，不得加入决议，而余二人意见又相反。或出席会员四人，关于议题之意见，赞否适各二人，则成为议而不能决之僵局。然此盖必待未出席会员之出席后，从新会议也。又出席会员为四人，其中一人亦以第一一三六条之情由，而不能加入决议。议题虽以其他三人中二人之多数决议,但仍非出席会员过半数之同意,其决议是否有效。依文字解释,盖亦须未出席会员之出席,从新会议乎。最后,出席者为会员全体,设其中一人亦以第一一三六条情由,不能加入决议,其他四人赞否对持,则如何处遇乎。此即所谓"决议不能"之情形也。在亲属会议本身已无解决方法矣。《民法》亦未规定救济方法,盖除向法院请求为代决议之判决外,无他法也。又会员应避忌加入决议之情由,即对"所议事件有个人利害关系"者,盖指所议事件与本身有直接利害关系者而言也。

第四节 对亲属会议之决议不服之诉

亲属会议之决议,虽经会员周详考虑而决定者,然会员固犹人也,人之判断自难免有错误,则其决议,又安能期其万妥。若或狃于感情,囿于偏见,其判断之错误,系出于故意者,则更无论矣。故其决议虽有最后决定的效力,如有不服者,仍予以救济之机会焉。若不然者对议题有利害关系者之利益,固无由保护,而会议本身,亦失所以存立之本旨矣。《民法》特于第一一三七条予不服者以声诉之权利。此即所谓不服之诉者也。今分项说明之。

第一 不服之诉之性质

所谓不服者,系专对亲属会议决议之违法无效者而言乎。即如参加决议者系无会员资格者;开会决议均不足法定人数,决议违反公秩良俗等是。抑系专对其决议实质上失当者而言乎。如决议之成立完全合法,而其内容虽非违反公秩良俗,但显有偏颇不公平之嫌等是。违法无效之决议,本不能谓决议,尽人可主张其无效,不待不服者之声诉也。故为不服之诉之标的者,仅为实质上失当之决议乎。其声诉之目的,为失当决议之撤销,而非更变其决议,或请求代决议之判决也。

第二　声诉权人

不服之诉之诉权人为有召集(亲属会议)权之人。即当事人、法定代理人,或其他利害关系人,详见前述。

第三　声诉期间

声诉期间法定为三个月,系除斥期间。然有疑问者,此期间之起算点,为决议之日乎,抑为不服者知悉有决议之日乎,法文颇不明了。推亲属会议开会本非公开,其决议亦多系非可公示者,而对非现会召集人之其他有召集权人,法无应通知之规定。则其他有召集权人,知悉决议案之前,自无由对此决其服与不服也。依此推论,似应解为自有召集权人知有决议之日起算也。

第四　不服之诉之相对人

关于不服之诉之相对人为何人,法亦无规定。关此应分二项研究之。一为监护人监督机关之亲属会议。因其迄监护终了止,继续存在之故,对此项决议有不服者,应以亲属会议全体会员为相对人。不问其中个人会员曾否出席,或曾为赞成或反对决议,或于前决议时尚非会员。此盖以整个监督机关之监督意思为标准。其组织分子如何变动,不能左右其整个意思之存在也。反是者,若因单纯的一回的事项而召集会议,决议后会议即随之解散者,则于为不服之诉时,会议已不存在,依理已无相对人,若是者将不能贯彻《民法》所以设不服之诉之制度矣。故在此种场合,应以决议当时之会员为相对人。若起诉时决议会员已有死亡者,则以残存者为相对人。若已全体死亡时,则诉权因相对人死亡而消灭。盖亲属会议之会员身分,系专属于一身,非可继承故也。若在诉讼进行中死亡者,可否由其继承人继承之,法无规定,解释上自有疑问也。

附录一

服制(附服制图)

斩衰三年

子为父母,女在室并已嫁者及已嫁被出而反在室者同,子之妻同。子为继母为慈母为养母,子之妻同(继母父之后妻,慈母谓母卒父命他妾养己者,养母谓自幼过房与人者)。庶子为所生母为嫡母,庶子之妻同。为人后者为所后父母,为人后者之妻同。嫡孙为祖父母及曾高祖父母,承重嫡孙之妻同。妻为夫,妾为家长同。

齐衰杖期

嫡子众子为庶母,嫡子众子之妻同(庶母父妾之有子女者,父妾无子女不得以母称矣)。子为嫁母(亲生母父亡而改嫁者),子为出母(亲生母为父所出者),夫为妻(父母在,不杖)。

齐衰不杖期

祖为嫡孙。父母为嫡长子及嫡长子之妻,及众子,及女在室,及子为人后者。继母为长子众子。前夫之子从继母改嫁于人为改嫁继母。侄为伯叔父母及姑姊妹之在室者。为己之亲兄弟,及亲兄弟之子女在室者。孙为祖父母,孙女在室出嫁同。为人后者为其本生父母。女出嫁为父母。女在室及虽适人而无夫与子者为其兄弟姊妹及侄与侄女在室者。女适人为兄弟之为父后者。妇为夫亲兄弟之子及女在室者。妾为家长之正妻。妾为家长父母。妾为家长之长子众子与其所生子。为同居继父而两无大功以上亲者。

齐衰五月

曾孙为曾祖父母,曾孙女同。

齐衰三月

玄孙为高祖父母,玄孙女同。为同居继父而两有大功以上亲者。为继父先曾同居今不同居者(自来不曾同居者无服)。

大功九月

祖为众孙,孙女在室同。祖母为嫡孙众孙。父母为众子妇及女已出嫁者。伯叔父母为侄妇及侄女已出嫁者(侄妇兄弟子之妻也,侄女兄弟之女也)。妇为夫之祖父母。妇为夫之伯叔父母。为人后者为其兄弟及姑姊妹之在室者(既为人后则于本生亲属服皆降一等)。夫为人后其妻为夫本生父母。为己之同堂兄弟姊妹在室者(即伯叔父母之子女也)。为姑及姊妹之已出嫁者(姑即父之姊妹,姊妹即己之亲姊妹也)。为己兄弟之子为人后者。出嫁女为本宗伯叔父母,出嫁女为本宗兄弟及兄弟之子。出嫁女为本宗姑姊妹及兄弟之女在室者。

小功五月

为伯叔祖父母(祖之亲兄弟)。为堂伯叔父母(父之堂兄弟)。为再从兄弟及再从姊妹在室者。为同堂姊妹出嫁者。为同堂兄弟之子及女在室者。为祖姑在室者(即祖之亲姊妹)。为堂姑之在室者(即父之同堂姊妹)。为兄弟之妻。祖为嫡孙之妇。为兄弟之孙及兄弟之孙女在室者。为外祖父母(即亲母之父母)。(为在堂继母之父母。庶子嫡母在为嫡母之父母。庶子为在堂继母之父母。庶子不为父后者为己母之父母。为人后者为所后母之父母。以上五项均与亲母之父母服同。外祖父母报服亦同。其母之兄弟姊妹服制及报服,亦与亲母同。姑舅两姨兄弟姊妹服亦同。为人后者为本生父母之亲属降服一等。再庶子不为父后者,为己母之父母服一项,若己母系由人家所生女收买为妾,及其父母系属贱族者不在此例。)为父母之兄弟姊妹(兄弟即舅,姊妹即姨)。(其义服详载为外祖父母条下。)为姊妹之子(即外甥)。(其义服详载为外祖父母条下。)妇为夫兄弟之孙(即侄孙),及夫兄弟之孙女在室者(即侄孙女)。妇为夫之姑及夫姊妹(在室出嫁同)。妇为夫兄弟及夫兄弟之妻。妇为夫同堂兄弟之子及女在室者。女出嫁为本宗堂兄弟及堂姊妹之在室者。为人后者为其姑及姊妹出嫁者。嫡孙众孙为庶祖母,孙女在室者同。生有子女之妾为家长之祖父母。

缌麻三月

祖为众孙妇。曾祖父母为曾孙玄孙,曾孙女玄孙女同。祖母为嫡孙众孙妇。为乳母。为曾伯叔祖父母(即曾祖之兄弟及曾祖兄弟之妻)。为族伯叔父母(即父再从兄弟及再从兄弟之妻)。为族兄弟及族姊妹在室者(即己三从兄弟姊妹所与同高祖者)。为曾祖姑在室者(即曾祖之姊妹)。为族祖姑在室者(即祖之同堂姊妹)。为族姑在室者(即父之再从姊妹)。为族伯叔祖父母(即祖同堂兄弟及同堂兄弟妻)。为兄弟之曾孙及兄弟之曾孙女在室者。为兄弟之孙女出嫁者。为同堂兄弟之孙及同堂兄弟之孙女在室者。为再从兄弟之子及女在室者。为祖姑及堂姑及己之再从姊妹出嫁者(祖姑即祖之亲姊妹堂姑即父之堂姊妹)。为同堂兄弟之女出嫁者。为姑之子(即父姊妹之亲子)。(其义服详载为外祖父母条下)。为舅之子(即亲母兄弟之子)。(其义服详载为外祖父母条下。)为妻之父母。为婿。为外孙男女同(即女之子女)。(其义服详载为外祖父母条下。)为兄弟孙之妻(即侄孙之妻)。为同堂兄弟之子妻(即堂侄之妻)。为同堂兄弟之妻。妇为夫高曾祖父母。妇为夫之伯叔祖父母及夫之祖姑在室者。妇为夫之堂伯叔父母及夫之堂姑在室者(夫之堂姑即夫之伯叔祖父母所生也)。妇为夫之同堂兄弟姊妹及夫同堂兄弟之妻。妇为夫再从兄弟之子,女在室同。妇为夫同堂兄弟之女出嫁者。妇为夫同堂兄弟子之妻(即堂侄妇)。妇为夫同堂兄弟之孙及孙女之在室者。妇为夫兄弟孙之妻(即侄孙之妻)。妇为夫兄弟之孙女出嫁者。妇为夫之曾孙玄孙及曾孙女玄孙女之在室者。妇为夫兄弟之曾孙(即曾侄孙),曾孙女同。妇为夫之小功服外姻亲属。女出嫁为本宗伯叔祖父母及祖姑在室者。女出嫁为本宗同堂伯叔父母及堂姑在室者。女出嫁为本宗堂兄弟之子,女在室者同。

今将服制图附之于后,以供研究新旧亲属范围变动之参考焉。

1. 丧服总图

斩衰 三年
用至粗麻布为之不缝下边
齐衰 五月 杖期 不杖期 三月
用稍粗麻布为之缝下边
大功 九月
用粗熟布为之
小功 五月
用稍粗熟布为之
缌麻 三月
用稍细熟布为之

2. 本宗九族五服正服之图（图中亚拉伯数字表示民法亲等）

凡姑、姊妹、女及孙女在室，或已嫁被出而归，服并与男子同。出嫁而无夫与子者，为兄弟姊妹侄不杖期。

				高祖父母 4 齐衰三月				
		出嫁曾祖姑无服 5	在室曾祖姑缌麻	曾祖父母 3 齐衰五月	曾伯叔祖父母 5 缌麻			
	出嫁族祖姑无服 6	在室祖姑缌麻 4	出嫁姑缌麻 4	在室姑小功 2	祖父母 2 不杖期齐衰	伯叔父母 4 小功	族伯叔祖父母 6 缌麻	
出嫁族姑无服 7	在室堂姑缌麻 5	出嫁姑大功 3	在室姑大功 3	父母 1 斩衰三年	伯叔父母 3 期年	堂伯叔父母 5 小功	族伯叔父母 7 缌麻	
出嫁族姊妹无服 8	在室再从姊妹缌麻 6	出嫁堂姊妹缌麻	在室堂姊妹大功	在室姊妹期年	己身	兄弟妻 2 小功	兄弟期年	堂兄弟妻 4 大功	再从兄弟无服	再从兄弟妻 6 小功	族兄弟妻缌麻	族兄弟无服 8
	出嫁再从侄无服女 7	在室堂侄女缌麻	出嫁侄女小功	在室侄女大功	众子妇长子妇 长子 1	侄妇 3 大功	堂侄妇 5 小功	再从侄妇 7 缌麻无服	
		出嫁堂侄无服女 6	在室侄孙女缌麻 4	出嫁侄女小功	众孙妇嫡孙妇 众孙 嫡孙 2 期年	侄孙妇 4 小功	堂侄孙妇 6 缌麻		
			出嫁侄曾无孙服女	在室曾孙妇缌麻	曾孙 3 缌麻	曾侄孙妇 5 缌麻			
				玄孙妇无服	玄孙 4 缌麻				

凡嫡孙父卒，为祖父母承重，服斩衰三年。若为曾、高祖父母承重，服亦同。

凡同五世祖族属，在缌麻绝服之外，皆为袒免亲。遇葬则服素服，尺布缠头。

凡男为人后者，为本生亲属孝服皆降一等，本生父母亦降服不杖期，父母报服亦同。

3. 妻为夫族服图（图中亚拉伯数表示民法亲等）

夫为人后，其妻为本生舅姑服大功。

夫为祖父母及曾高祖父母承重者，并从夫服。

				夫高祖父母 4 缌麻				
			夫曾祖姑 5 无服	夫曾祖父母 3 缌麻	夫曾伯叔祖父母 5 无服			
		夫堂祖叔 6 无	出嫁夫祖姑无服 / 在室夫祖姑 4 缌麻	夫祖父母 2 大功	夫伯叔祖父母 4 缌麻	夫族伯叔祖父母 6 无服		
	夫族姑 7 无	出嫁夫堂姑无服 / 在室夫堂姑 5 缌麻	夫亲姑 3 小功	舅姑 1 斩衰三年	夫伯叔父母 3 大功	夫堂伯叔父母 5 缌麻	夫族伯叔祖母 7 无服	
夫族姊妹 8 无服	夫再从姊姊 6 无服	夫堂姊妹 4 缌麻	夫姊妹 4 小功	父母在齐衰不杖 / 夫为妻 杖期	妻为夫 斩衰三年	夫兄弟及妻 3 小功	夫堂兄弟及妻 5 缌麻	夫再从兄弟 6 无服	夫族兄弟 8 无服
	夫再从侄女无服 / 出嫁夫再从侄 7 缌麻	出嫁夫堂侄女缌麻 / 在室夫堂侄女 5 小功	出嫁夫侄女大功 / 在室夫侄女 3 期年	众子妇 2 大功 / 长子妇 1 期年	长子 1 期年	夫侄 / 夫侄妇 2 大功 / 期年	夫堂侄 / 夫堂侄妇 4 缌麻 / 小功	夫再从侄 6 缌麻	
		出嫁夫堂侄孙女无服 / 在室夫堂侄孙女 6 缌麻	出嫁夫侄孙女缌麻 / 在室夫侄孙女 4 小功	孙妇 2 缌麻	孙 2 大功	夫侄孙 / 夫侄孙妇 4 小功 / 缌麻	夫堂侄孙 6 缌麻		
			出嫁夫曾侄孙女无服 / 在室夫曾侄孙女 5 缌麻	曾孙妇 3 无服	曾孙 3 缌麻	夫曾侄孙 5 缌麻			
				玄孙妇 4 无服	玄孙 4 缌麻				

4. 出嫁女为本宗降服图

				高祖父母 齐衰 三月				
				曾祖父母 齐衰 五月				
			出嫁姊妹 无服 / 在室缌麻	祖父母 期年		祖兄弟 缌麻		
		出嫁姊妹 无服 / 在室缌麻	出嫁姊妹 小功 / 在室大功	父母 期年 己 身	伯叔父母 大功	父堂兄弟 缌麻		
		出嫁堂姊妹 缌麻 / 在室小功	出嫁姊妹 大功 / 在室小功		兄弟 大功	堂兄弟 小功		
			出嫁侄女 无服 / 在室堂缌麻	出嫁侄女 小功 / 在室大功	兄弟子 大功	堂侄 缌麻		

5. 外亲服图

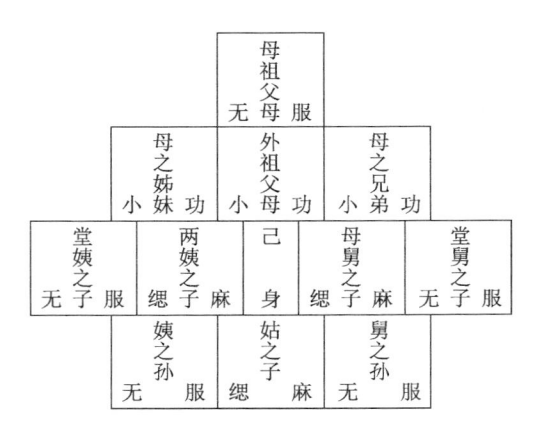

			母祖父母 无服			
		母之姊妹 小功	外祖父母 小功	母之兄弟 小功		
	堂姨之子 无服	两姨之子 缌麻	己身	母舅之子 缌麻	堂舅之子 无服	
		姨之孙 无服	姑之子 缌麻	舅之孙 无服		

6. 妻亲服图

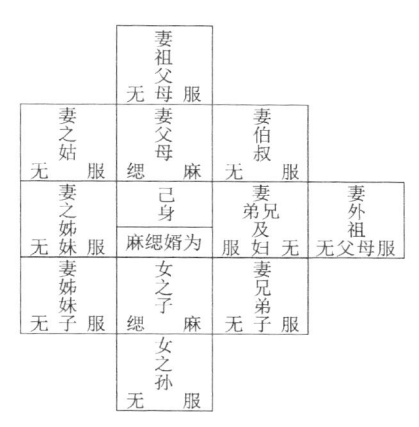

		妻祖父母 无 服		
妻之姑 无 服	妻父母 缌 麻	妻伯叔 无 服		
妻之姊妹 无 服	己身 为婿缌麻	妻兄弟及妇 缌麻无服	妻外祖父母 无服
妻姊妹子 无 服	女之子 缌 麻	妻兄弟子 无 服	
	女之孙 无 服		

7. 三父八母服图

同居继父两无大功亲（谓继父无子孙己身无伯叔兄弟之类）齐衰三月	同居继父两有大功亲（谓继父有子孙己身亦有伯父兄弟之类）齐衰期年	不同居继父（谓先曾与继父同居今不同居）齐衰三月	先曾与继父自来不曾同居者无服
从继母嫁（父死继母再嫁他人随去者）齐衰杖期	继母（谓父之后妻）斩衰三年	嫡母（妾生子女称父之正妻）斩衰三年	养母（谓自幼过房与人）斩衰三年
慈母（谓所生母死父令别妾抚育者）斩衰三年	出母（谓亲母被父出者）齐衰杖期	嫁母（谓亲母因父死再嫁他人）齐衰杖期	庶母（谓父之有子女妾即嫡子众子所生母）齐衰杖期
	乳母（谓父妾乳哺者即奶母）缌麻		庶母所生子斩衰三年

附录二

出征抗敌军人婚姻保障条例 三十二年八月十一日国民政府公布施行

第一条　本条例称出征抗敌军人,谓优待出征抗敌军人家属条例第二条第一项各款①所定之军人军属。

第二条　出征军人在出征期内,其妻不得请求离婚。

第三条　出征军人在出征期内,其妻与他人订婚者,除婚约无效外,处六月以下有期徒刑、拘役,或一千元以下罚金。其相与订婚者,亦同。
出征抗敌军人在出征期内,其妻与他人重行结婚者,除撤销其婚姻外,处七年以下有期徒刑,得并科五千元以下罚金。其相婚者亦同。

---

① 优待出征抗敌军人家属条例三十年十二月二十日国民政府公布施行,三十二年四月二十七日第二次修正
第二条　合于下列各款之一者,其家属得享受本条例所定之优待。但少校以上军人家属,不给与本条例所定之优待物品。
　一　直接参与作战之军人家属。
　二　调回后方休养整训之军人家属。
　三　空军勤务人员及对空作战之部队。
　四　准备拨补前方服役之运输士兵。
　五　国民兵团常备队之备补兵及补充团队之新兵。
凡编入战斗序列或担任战地助守任务之警察及地方团队,准用前项之规定。

第四条　出征抗敌军人在出征期内,其未婚妻,除依民法第九百七十六条第一款、第五款、第七款或第八款规定外,不得解除婚约。

不依前项规定而与他人订婚者,除其婚姻无效外,处拘役或五百元以下罚金。与人结婚者,除撤销其婚姻外,处一年以下有期徒刑或拘役,得并科三千元以下罚金。

第五条　对于出征抗敌军人之未婚妻,以胁迫引诱或诈术相与订婚或结婚者,处三年以下有期徒刑,得并科五千元以下罚金。

第六条　出征抗敌军人生死不明,满三年后,其妻或未婚妻,始得向法院声请为死亡之宣告。

第七条　出征抗敌军人之妻,自其夫死亡逾六个月后,始得再婚。

第八条　出征抗敌军人因伤或残废后,其妻或未婚妻非取得本人同意,不得离婚或解除婚约。其以胁迫利诱或诈术取得本人同意离婚或解除婚约之证据者,处三年以下有期徒刑或拘役。

第九条　出征抗敌军人在出征期内,其妻与人通奸者,处三年以下有期徒刑,得并科三千元以下罚金。其相奸者亦同。

第十条　本条第三条第一项、第四条第二项或第九条之罪,须本夫或未婚夫告诉乃论。如因障碍无法告诉时,该管检察官得依利害关系人之声请,指定代行告诉人。但不得与本夫或未婚夫明示之意思相反。

第十一条　依本条例所处罚金,应由司法机关拨交当地之出征抗敌军人家属优待委员会充作优待资金。

第十二条　本条例自公布日施行。

中国文化服务社 1947 年版

民法继承编讲义

绪　论

第一节　继承法之概念

继承法云者,规定继承之主体(继承人)、客体(被继承人之权利义务)、方式、条件及其效果之法规也。此盖为继承法之本来的概念也。然《民法》于继承编于关于遗产继承之规定外,并包含关于遗嘱之规定(一一八六—一二二二),且成为其主要部分之一。考遗嘱之性质,决非继承,虽遗嘱之内容,屡有关于继承者在实际上或许关于继承者为大多数,然在理论上严格的言之,究不能认为继承法之一部分。诸国立法例及《民法》将性质绝不相同之遗嘱,归编于继承法中者,即基于遗嘱在实际上多以有关于继承事项为内容之事实故也。换言之,因遗嘱之大多数有关于继承,故权宜的将遗嘱亦归编于继承法之中耳。故现行之继承法云者,规定遗产继承及遗嘱之法规也。

第二节　继承法之性质

继承法所规定者为继承及遗嘱,即为人民个人私生活上之一种法律关系,且为《民法》中之一部分,列为《民法》法典之第五编,故继承法为私法。

凡中华民国人民无论何人,不论其身分如何,均有适用,不如特别法之仅规律有特殊身分者,或专施行于一特定地方者,故继承法乃为普通法。

继承法中所规定者为继承之主体客体及其法律关系,遗嘱之方式及效力等之实体者也,故为实体法。实体法必附随程序法,而继承法之程序法,即《户籍法》《民事诉讼法》等是也。

法律有强行法与任意法之别,继承法乃为强行法。继承法之适用,原则上不允当事人之自由意思,必遵由法律规定。如应继人之顺位、应继分、特留分等不允当事人之自由更动者是。其间如遗产继承人之指定（一一四三）、遗产分割之禁止（一一六五）等,虽不无尊重被继承人若遗嘱人意思之规定。但同时有"无直系血亲属者""二十年为限"等之限制,故究极的仍属有强行性也。

继承法在法律系统上究为财产法抑身分法,自来议论纷歧。因继承制度多以亲属关系为基础,故学者有主张为身分法,立法例亦曾有编入于亲属法中者。然现今之继承法,大体既为规定财产移转之方式、条件、效果或财产之终意处分等之法规,其内容之重心,既在财产之移转或处分,其为财产法盖无疑乎。不过其财产之移转,多以直接亲属关系为基础,与普通财产法不尽相同。故继承法者,盖多以亲属身分为要件之特殊财产法也。

第三节　继承法之位置

立法例有将继承法独立的编为特别法者。有采法典主义,编入于民法典,成其一编者。前者为英国所采之主义。后者为我国及大多数国家所采者也。然则采法典主义者,其在民法典中之位置如何,盖为有研究价值之问题也。自来立法例,大体有下列四种：

一　在 Institutionensystem（罗马法式）之民法典,将此加入于财产编中之"取得"项下。如法民法、日旧民法是。

二　编入于亲属编中者。如古时之普鲁士地方法（Preussisches Ollgemeines Landrecht）及瑞士之旧地方法（Catonrecht）等是。但现已无存者。

三　编入于物权编中者。此种立法因认继承权为无体物权，故在论理上必生此种编制。如一七八六年奥国 Joseph's Gesetzbuch 是也。现已少实例。

四　成为民法典中之一独立编。此即所谓 Pandektensystem 是也。首创于一八五二年之《撒克逊民法》。其后诸国如德、日、瑞士以及我国《民法》，均仿效之，且均连于亲属编之后。其理由，因继承多以亲属身关系为基础，与身分法之亲属法有特殊密切关系故也。

诸国民法典之全编制，大体为总则、债、物权（债与物权之顺序，有互易者，物权前于债者，为 Sachsen-System，债前于物权者，为 Bayern-System）亲属、继承之顺序。然对此大体编别顺序，仍有非议之者。以谓民法中除总则外，亲属编为任何人均有适用者，应先于其他民法编。债物权二编只有财产者，始有适用，其范围较亲属编为狭，而继承编之适用范围，较债物权尤狭。盖继承法在有财产者，亦不尽有适用，如虽有财产而无继承人等是。故应依各法适用范围之广狭，而定其编次之顺序。即总则、亲属、债、物权、继承之顺序，较为合理云云。盖不无相当理由也。

第四节　继承法之沿革概略

继承制在沿革上大体可分为二种，即身分权继承及遗产继承是。随社会思想及组织之变迁，有二制并行者，有前后接替者。然身分权继承制，先行于遗产继承制，乃为学者所公认。盖在社会未充分开化时代，普通多以一族一家为社会组织之单位，一族一家以血统为联结之枢纽，在族长家长统率下，坚固团结，以营共同生活。族长家长操全族家对内外一切大权,所谓族产家产均为其所有,为构成族长家长身分权之一要素。族家员个人初无独立的人格及权利。故一旦族家长死亡或遇其他故障,丧失其身分时,因其统率全族家之故,即发生继承接代族家长之问题,此即身分权继承制之权舆也。继承族家长身分权之结果,其附属于身分权之族产家产之所有权,亦随同移转于继承者。故在古时所谓继承者,以继承身分为主题,财产继承为附属,不成独立考虑之标的。

迨世运进步,人文发达后,族家员渐认识个人人格,族家长之专制,亦渐失其威力,或减缩其范围。族家员个人因参加战争而得虏获,或因军功而受赏,或因独自经营商工业而获赢利等所取得之财产,不缴纳于族家长,可保为己有,自由处分。于是遇此种有私财之族家员死亡时,因其无特殊身分之故,其遗产即成为独立的继承之问题。此即遗产继承之所由发生也。

至近世个人主义极度发达之结果,各人均视族家为发展个人之累赘,以各自独立营生,各自享受所得财产,为人生之天经地义。于是所谓族家之组织,至此遂不得不遭破灭之运命。所谓族长家长之身分权者,一变而仅为保护幼少子女之亲权,留保其残骸而已。而身分权继承制,同时亦渐由立法例而消失其形迹。近世文明国,除日本外,所谓继承者,盖纯为财产继承之法也。

我国此前之所谓宗祧继承者,在沿革上亦即身分权继承制之一种。考宗祧继承为周时宗法制之骨子,男系嫡长子孙继承父祖地位,以奉父祖之祭祀之谓也。限于男系之嫡长子孙,故次庶子孙及女子孙,均在除斥之列,异族异姓者更无论矣。其继承之标的,为对祖先之祭祀权,并非主为被继承人之遗产。不过祭祀须产,故宗祧继承,同时亦继承祭祀所必要之财产。盖无可疑。

严格的宗祧继承制,周末时已经废止,即在其始施行时,当时之适用范围及其成效如何,亦仍属疑问。在《民法》施行前之所谓宗祧继承者,与周时原制意义相失,盖已不可以道里计,所留存者不过为男系血统之继承而已。其他如主祭权,已非嫡长子孙所专袭。供祭祀用之财产,亦非嫡长子孙所专有。被继承人之遗产,不论嫡庶长幼众子均可均分等,盖已非严格的宗祧继承矣。《民法》起草时,虽有废止宗祧继承之立法原则,在实质上所废止者,亦仅男系血统相传之原则,及根据神不歆非族之观念必限于男系宗族长之形式上主祭权而已。现行《民法》既将此种形式上之男系宗族长主祭权——身分权继承制废除,故继承法中所应规定者,仅为遗产之继承。

第五节　继承法之立法主义

遗产继承之立法主义,依法人 Frédéric Le Play(1806—1882)之学说,可分为三种,即:

一　强制保存主义(Conservation forcée)。此为遗产必由一继承人承袭,禁止数人分割者也。

二　强制分割主义(Partage forcé)。此为前者之反,遗产必强制分割之立法主义也。

三　自由遗赠主义(Liberté testantaire)。此为遗产之处分,一任被继承人之自由,不为任何强制的保存若分割之规定者也。

强制保存制盖为一子继承之封建制度之必然附随制度。利于资本之集积。然一子继承,显失公平,且有形成特殊阶级之可能。反之,强制分割主义,众子分割,虽合公平平等之正义观念。然财产细割碎分,易减削其经济效能。至自由遗赠主义,在前世纪末个人主义绝顶时代,虽被歌颂为理想制度。然在个人主义发生破绽之今日,所有权已失其绝对性，根据于所有权绝对性之自由遗赠主义，亦应同样受相对的限制矣（详见后述）。总之，上述三种立法主义，各有利弊得失，不能为绝对的论评。立法者应依准支配当社会之正义观念及经济理论之要求，斟酌当社经济组织之实状。如有家族组织者，同时复应顾虑其家族在社会之职能，而定其立法主义之取舍，盖为不刊之论乎。

我国《民法》施行前之遗产继承制，似采放任主义，分割保存均不加强制的干涉。分割则为均分主义。保存可分为全部保存及部分保存。如数世同炊不析产，前者之例。于众子分割外，留一部遗产不分割，或为专供祭祀之用，或为公同共有，永久保存，为后者之例。对于自由遗赠虽无直接明文，但间接制止遗赠之规定及族规谱例颇多，盖大体为不许自由遗赠者乎。《民法》所采者为强制分割主群（如一一六五之规定是），又兼采限制遗赠及遗继主义（遗赠以不侵害特留分为限，遗继以无直系卑亲属为条件）。在自古来对遗产习于兼行分割及保存之社会，聚加以强制分割之规律，是否合于正义信念及固有经济组织，盖尚有研究之余地乎。

第六节　继承法之编制

继承法与其他私法之关系，及关于继承法之编纂沿革等，因亲属继承相连之故，与亲属编相同，均已述于亲属讲义，兹不赘。今就其编制内容举之：

继承编分为三章。第一章遗产继承人，所规定者为继承人之资格、继承之顺位、继承人之应继分及继承权之丧失及侵害等。第二章为遗产继承，分五节，即遗产继承之效力、限定之继承、遗产之分割、继承之抛弃、无人承认之继承。第三章为遗嘱，分通则、方式、效力、执行、撤销等五节规定之。本章之第六节为特留分，其所规定者为各种继承人之特留分额，及关于其保全之方法。考特留分为法定继承人之法定最少度限继承分，全系关于继承之事项，直接与遗嘱无关。《民法》编入于遗嘱章中者，盖因特留分有不足时，直接由遗赠扣减之，与遗赠有密切关系，故为立法技术上之便利，而附于本章也。讲义为说明便利计，对编制章节或须更动之。

本　论

第一编　遗产继承

第一章　总说

第一节　继承之意义

继承云者,自然人死亡时,法定之生存者承袭其法律上地位之谓也。被承袭之死亡者谓之被继承人,承袭者谓之继承人。今就此定义解说之如下:

一　继承为法律的事实,而非法律行为

考继承 successio 之语,有时兼移转及承受之意,被继承人死亡时,其法律地位法定的移转于继承人,继承人亦法定的承受之,其间毋庸被承袭人及继承人意思之介在。换言之,被继承人死亡时,继承人法定的当然承袭其地位,而为新主体,无须为惹起继承之意思表示也。民法于被继承人死亡前——继承开始前,被继承人虽可以遗嘱为指定继承人之行为。及继承开始后,继承人可为承认及抛弃之意思表示。然指定并非指定人——遗嘱人直接负移转其法律上地位于继承人之义务,不过由指定人自己预定将来继承之人而已。承认及抛弃亦非以继承人之意思表示惹起或阻止继承之本体者也（均详于后述各项）。被继承人一旦死亡时，无论其生前有否指定继承人，或继承人是否承认或抛弃，继承固仍自开始，不受任何影响。故继承乃为法律的事实，不问当事人之意思如何，法律上当然发生法律的事实之效力。

二　继承开始于被继承人之死亡

继承既为继承人承袭被继承人之法律上地位之谓，故必以被继承人之死亡，即法律地位之原主体消灭时，始有由继承人接继承袭之必要。而此被继承人死亡之自然实事，即为继承的法律事实开始之唯一原因。罗马法格法之"无论何人不能为生存者之继承人"（Nemo est haeres viventes），盖即表明此意者也。

三　继承行于被继承人与继承人之间

学者有解为继承行于有一定亲属关系者之间者。在遗产继承人限于法定，而不认遗嘱立继之立法例，作如是解，盖为论理的当然。因遗产继承不许被继承人遗嘱立继。为继承人者，均由法律预为规定。而法律所规定为继承人者，因测度被继承人之意思，将其遗产移转于其近亲属，认为最合理，故以与被继承人有亲属关系者为限。从而学者遂有上述之解释。在《民法》于法定继承人外，复许遗嘱指定继承人。被指定者初不以一定亲属关系为资格要件。虽第一〇七一条有指定继承人视同婚生子女之规定，然此在继承开始后，被指定者承认继承后之法效，非继承本身之成立要件。不能谓一旦被指定后，不论被继承者承认与否，即与被继承人发生亲属身分关系也。故继承者只行于被继承人与法律所谓继承人之间，继承人与被继承人之间，有否亲属关系，非所问也。

又受遗赠人即承受遗嘱人依一一八七条所处分之遗产者，其性质虽与一一四二条之继承人相同（如一一八〇等），然受遗赠人既未被明白指定为继承人者,则虽同样承受遗嘱人之遗产,其承受即不能目之为继承也。

四　继承者继承人承袭被继承人死亡时所有之法律上地位也

人之法律上地位,实即由属于其人之一切权利义务,所包括的构成者也。死亡时所有云者,即于其人死亡时法律上属于其人之谓。故继承云者,即为继承人包括的承受被继承人于其死亡时所有之权利义务也。然各种权利义务之中,有以主体之身分为发生原因若存立基础,一旦主体死亡时,此种权利义务即无所附丽,亦随之消灭者。有主体虽更易,而权利义务之性质及内容,不受影响者。前者即为亲属法上之身分权义。后者为除此外之其他权义也。亲属法上之身分权义,因以主体之身分为要件,故随主体之死亡而消灭,不能包括于继承客体之权义中。从而继承云者,又可解为乃为被继承人于死亡时,除亲属法身分权义外,所有财产上之一切权义,包括的移转于继承人之谓也(一一四八)。

立法例中认包括的继承主义为不合理,而认个别的继承主义者。又认继承为无形物,认继承权为物权之一种,而采无形物权主义者。后者为近代法律思想所不采。前者为英美法规所维持者。其与包括的继承主义,不过为观察上之差异,其结果仍属相同。我《民法》所取者自以包括的继承主义。

第二节　继承权

第一款　继承权之基础

凡制度之存立,必有其所以存立之基础理念。继承制——继承权之所以在社会生活上非认许不可者,其理由何在,其基础原则为何,解释继承法以前,盖为第一应检考之问题也。

为何而设继承制度,对此问题,自来解说纷纭,不胜枚举,就大体言之,可大别之为否认论及是认论。否认论中又有自然学派与社会主义二派。前者之唯一法理论，以谓一切权利义务，随其主体之人格者死亡而变为无主，人格者所为之遗嘱，欲于其死后拘束其遗产，继承人于其死后，继为其权利义务之主体，均为理论上之不可能。然此派对现存之继承制，亦不否认，认为不合理之现象而已。社会主义者尤其共产主义者，如圣希蒙、马克思等，则彻底否认之。因此派否认私有财产制，则与以私有财产为根基之继承制，在否认之例，盖为论理上之当然。然在认许私有财产制之社会，而无继承制以辅之，亦不能完私有财产制之功能。例如，苏俄废继承制留一部分私有财产制后，破绽迭出，卒之不能弥缝，不得已复于一九二二年五月二二日复承认继承制是也。反之，若仅设继承制而无私有财产制，为之先导，则使继承者为何物，是为无意义，亦为不可能也。故是认论者自以私有财产制之存在为前提，盖无待言也。

然自来学者对此之说明，亦学说各持，不一而足，举其大者于下：

一　先占说　此说谓：人死亡后其权利义务变为无主物，无主物可以先占取得之。在事实上死者之近亲，在可最先占之地位，故诸国法律使近亲为遗产之继承人。

二　遗意说　此说谓：凡财产之所有权者必欲自由处分其财产。不仅其生前，其死亡后亦同。继承者即为遗产处分之一端。若以遗嘱明白处分其遗产者，固应从之。未为遗嘱处分者，应推度其意思，而定遗产之归属者。而与被继承人之亲属关系，及情谊等，均应为推度其意思之标准。故各国法律，即以其最近亲属如子孙等，为法定之继承人。

三　共有说　此说以共有权之实行，为继承之基础。即亲属多为共同生活，凡权利义务均有连带共通关系。关于财产者亦同。继承即基此关系而使亲属取得死者之遗产也。

四　公益说　此说以继承为基于公益上之必要。盖人死亡后，遗产变为无主物，若任先占者即可取得时，则社会将变为夺掠斗争之修罗场。

国家为维持治安秩序计,制定继承法,使遗产得依法归属于继承人。

上述各说虽不失为解说继承制度之一家言,然仍不谓已阐明继承制度之基础也。

继承制之起源,在于人类之保种本能,而现在之存续基础,则在现在社会共同生活上之必要。在社会组织分子个人之所有冲动,尚未醇化圣化,而社会组织之机构,又未能净绝此种冲动之时,若绝对禁止财产私有,是徒减失财货之社会的效用及劳力之社会的能率。苏俄实已体验之。故财产私有,在现在不但不能废绝,且为维持社会之要具。换言之,财产私有,在纯理上或为恶害,然亦不得已也。既认许财产私有制,则在所有权本质所允许范围内,应听任所有者可以满足其所有欲者方可。人之所有欲者,不仅于生前欲自由支配其所有物,于其死后亦欲支配之。然则在生前既已尊重所有者之意思,且惟此亦为社会之利益矣。则于其死后应无不应尊重之理。人在社会,时间上横面的,与同时代人为共同生活。时间上纵贯的,亦与前后时代人为共同生活。则在横的共同生活上所必要之私有财产,何妨使与为纵的共同生活之异时代人所有人。换言之,在横的共同生活为有益之所有权,移转于纵的共同生活时,即为无益,恐无是理也。故"继承权者,仅为所有权之结果现象"(Anton Menger 氏 Neue Staatslehre 中语)。从而继承权之基础,与所有权者相同,在使满足个人之所有欲,同时亦为合于社会共同生活利益之功利的目的也。

若继承权之基础,仅在个人所有欲之满足者,则遗产之继承,一任被继承人之自由意思——遗嘱赠继主义,盖为最彻底者也。然其基础既在社会共同生活之功利,则使满足个人之所有欲者,同时亦应使社会满足其功利目的。个人所有欲之满足,与社会功利目的之满足,应两相调和,兼利并益,然后制度之存在,始有意义也。

在前世纪个人主义自由主义之绝顶时代,为尊重个人之自由,不惜牺牲社会全般利益,故社会之安全及存在,遂日受其威胁,而有岌岌不可终日之势矣。近代之社会思想,以为个人与社会应并重,不可偏枯,个人之利益虽应尊重,但为社会之福利,应加以制限。其具体化者,即为所有权之绝对性及契约自由等之限制等是。故以所有权为前提之继承权,亦应受种种之限制。如对自由遗赠主义,而为特留分之制度。于无限制法定亲属继承主义,而扩张国家继承之范围,或励行高额继承税等是。

《民法》兼采法定亲属继承主义及自由遗赠主义。然亲属继承之范围极狭,除直系亲属外,仅及于旁系二亲等亲属。遗继限于无直系卑亲属者。遗赠则有特留分之限制。

第二款 继承权之性质

继承权之语,在民法上可解为有二种用例若意义。即,一、谓继承开始前继承人之地位。换言之,即将来可继承之权利,或将来为继承人之权利(jus succedendi; Recht, Erb zn werben)。如第一一四〇条"或丧失继承权者云云",即其用例也。二、谓继承开始后继承人之地位。换言之,即继承之权利,或现是继承人之权利(jus successionis; Recht, Erb zn sein)。如第一一四六条"继承权被侵害者云云"是。

继承开始于被继承人之死亡,则所谓本来意义之继承权者,亦于斯始得发生焉。然则,在继承开始前所谓继承人者,不过于将来继承开始后,有继承之希望者而已。固无所谓承受被继承人地位之现实的权利也。况所谓继承开始前之继承人之地位,在继承开始前,固不能谓之已确定。如先序继承人之出生,依一一四五条之规定而失格等,在在有临时丧失之虞乎。然《民法》仍称之为继承人若继承权者,何耶?盖《民法》以法定继承人之继承为原则,对于法定继承人均有所谓特留分之法定最少限度继承利益。故法定第一顺序。继承人之地位,在继承开始前,已有相当之法律保障。在法律上既为有相当保障之法律地位,名之为权利,应无不合权利本质之法则。不过此种权利,既非既得权又非请求权,而其内容又不若普通权利之强固,故通说特名之为期待权(Anwartschaftsrecht)。或谓于继承开始后可取得继承人地位之条件附权利也。

于继承开始后继承人之地位,盖即本来意义之继承权也。继承权发生于被继承人死亡之事实,无待继承人之任何意思表示。与继承开始同时,继承人无条件取得继承权。继承人之承认继承,非继承权取得要件。继承之抛弃,亦非继承权之解除条件。承认与抛弃,惟对已取得之继承权,始得为之。换言之,继承之承认及抛弃,即为继承权之发动。此为继承人应有之地位,法律保护之,不许任何人之侵害者也。

第二章　继承之开始

继承之开始云者,发生被继承人之权利义务,由继承人承袭之效力之谓也。换言之,被继承人之权利义务,不须任何意思表示,移转于继承人。此种移转之实现,即为继承之开始。兹分开始之原因、时期及处所三项述之。

第一节　原因

继承开始之原因,为被继承人之死亡。人之死亡,在法律为人格之消灭,即权义主体之消灭。唯权义主体消灭时,始有由继承人承袭其地位而为新主体之必要。故死亡为继承开始之唯一原因(一一四七)。死亡自包括自然死亡与宣告死亡。前者为自然现象,如有问题,应就具体而为判定。

后者为法律现象,应依第八条、第九条等之规定。若判决内所确定死亡之时,与实际死亡之时有不同,或尚生存者,则因死亡宣告而开始之继承,应受更动,盖无待言。

第二节　时期

继承既为因死亡而开始,则死亡事实成立之瞬间,即为继承开始之时期,为论理上毫无疑义者。继承既为法律的事实,则事实之实在开始期,盖最为解决一切继承上问题之机纽也。如(1)确定继承人资格之有无？开始时继承人之存否？先顺位继承人之存否？(2)确定应继权利义务之范围。(3)限定继承之主张期间之起算点。(4)继承权回复请求权消灭时效之起算点。(5)应继分特留分之算定。(6)遗产禁止分割期间之起算点等,莫不准此时期而定焉。

第三节　处所

继承应何处开始,法无规定。立法例有死亡地主义及住所地主义等。前者为被继承人之死亡地为开始地。后者不问被继承人现实死亡何处,一以其死亡前最后之住所地为开始地。开始地即为关于继承问题诉讼审判管辖之基础。而调查被继承人之遗产关系,自以住所地管辖法院为便。故采住所地主义者为通说。

第三章　继承主体(继承人)

继承人云者,依法于继承开始时,包括的承袭被继承人之权利义务之人,即继被继承人后之新主体也。

第一节　继承人应具备之要件

第一款　继承能力

继承法既属私法,则继承权为私权。人之权利能力始于出生,终于死亡(六)。故凡自然人无论何人均可享有之。法人虽亦得为权义之主体。但《民法》之继承人限于法定或指定。法定继承人之资格,为被继承人之近亲(一一三八)。指定继承人之效果,为取得被继承之婚生子女身分(一〇七一)。法人不能有亲属法之身分,故法人无继承能力。继承人仅限于自然人。

第二款 继承开始时生存者

继承人为于被继承人死亡时,继接其法律地位者,故于开始时已死亡及未出生者,均无继承之适格。惟胎儿以将来非死产者为限,关于其个人利益之保护,视为既已出生(七)。故为拟制的例外。其理由:尊重被继承人之意思,血统继承沿革上之因袭。既以非死产为要件,故必以胎儿离母体时尚生存者为限,始得于开始时视为既已出生。若离母体时已为死体者,则此种拟制推定失效,胎儿与继承不生任何关系。学说有以胎儿能得继承权者,于生产外,须具有能生存之力者,民法解释如何?

死亡宣告撤销时,失踪者溯及于继承开始时有继承权。

第三款 失格

继承人之所以得继承被继承人之地位者,以其依法有继承权故也。若一旦依法丧失其继承权时,虽本有可继承之地位,而仍被摈斥于继承之外,此之谓继承人之失格。今就失格之法律问题,而为分项说明于后。

第一项 失格之原因

《民法》于第一千一百四十五条详为关于丧失继承权之规定,考其用意,无非继承者原为尊重被继承人之意思,使贯彻纵的共同生活之协作,同时即为社会之利益故也。今若继承人对被继承人有敌对行为,或显有违拗被继承人之意,而毁灭其纵的协作之可能者。是则继承制之本义已消失,尚何继承之可言。故《民法》凡有此种嫌疑之场合,明白为规定丧失继承权原因之事由焉。

第一 故意致被继承人或应继承人于死或虽未致死因而受刑之宣

告者

故意致被继承人或应继承人于死伤,推其用意,无非欲促早继承之开始,或欲减少分继遗产之人。其为悖德忘义,宁尚待言,故为失格之原因。故本款之事由为绝对原因,即本项事由成立时,绝对的丧失继承权也。本款事由之成立,成具备下列三条件:

一 致被继承人或应继承人于死或未致死

应继承人云者,指继承顺序在先之人或同顺序之人而言。继承须依法定顺序,顺序在后者,不能越在前者而先继承。同顺序者,为共同继承,均分遗产者。

致死或未致死,系包括既遂及未遂。

致死不必基于直接杀人行为。只须自始企图其死的结果者,即可包括于本项。反之者则否。自己下手、教唆、帮助,均属相同。

意图使受死刑之宣告而为诬告者如何?

二 出于故意

故意云者,明白认识被害者为被继承人或应继承人而为之者之意。故不知或误认,均不能谓本项之故意。

三 受刑之宣告

有杀人之事实,因公诉权消灭,而未为刑之宣告者如何? 宣告而未执行者如何? 同时受缓刑之宣告者如何?

第二 以诈欺或胁迫使被继承人为关于继承之遗嘱或使其撤销或变更之者

第三 以诈欺或胁迫妨害被继承人为关于继承之遗嘱或妨害其撤销或变更之者

上第二第三二款之行为,以其逆拗被继承之意思过甚,故使丧失其继承权以制裁之。今摘述其要点于下:

一　关于继承之遗嘱云者,直接间接与继承有关系之遗嘱也。如指定继承人、应继分、遗赠等,直接有关系者也。认领非婚生子女,间接有关系者也。遗嘱之是否有关于继承,应就各个具体情形定之。

二　用诈欺或胁迫之手段。

三　第二款为积极的违反被继承人之本意,使立关于继承之遗嘱,或使撤销或变更其已立之遗嘱者也。使立之遗嘱,或已立遗嘱之本体,是否以有效者为要件？遗嘱之内容,是否以有利于行为者——失格者为限？

第三款为消极的违抑被继承人之本意,妨害其立关于继承之遗嘱,或妨害其已立遗嘱之撤销或变更其内容。被继承人所欲立之遗嘱,是否以有害损于行为者为限？所妨害其撤销或变更之遗嘱,是否以有效者为要件？

第四　伪造、变造、隐匿或湮灭被继承人关于继承之遗嘱者

此类行为之结果,为灭失遗嘱之原意。即想违反被继承人意思于其死后者,其成为失格之原因,与前二款相同。本为无效之遗嘱,而加以此类行为时,是否仍构成失格原因？以上第二款至第四款之事由,为相对的失格原因,与第一款为绝对的不同。虽为悖德忘义,其程度究不若第一款之罪大恶极。故事后如经被继承人宥恕,认为仍无害于继承者,则仍应尊重被继承人之意思,不丧失其继承权也。宥恕明示默示均可。

第五　对于被继承人有重大之虐待或侮辱情事经被继承人表示其不得继承者

继承为基于社会纵的共同生活上之必要,对被继承人加以重虐待或侮辱,宁非为失却纵的协同精神之表现。虐待或侮辱是否重大,虽以当事人之身体精神之状况,社会上地位,及德义观念,而为判定之标准。然是否已失灭纵的共同生活之意义,要以被继承人主观的判定焉。故本款必经被继承人认定为不得继承,而为此项之表示时,始成立失格之原因。

继承法以上五款为法定失格原因,除此外即无剥夺继承权之事由。均在解释上应取严格,不许类推。又应注意者,(1)由第一千一百四十五条"有下列各款情形之一者,丧失其继承权"之条文推之,一旦失格事由成立时,法律上当然消失继承之资格,盖不必以判决宣告其失权。(2)失格原因之存否,除第一款刑之宣告,第五款被继承人之意思表示外,均以事实定之。

第二项　失格之效力

失格者因失格原因之事由成立,而当然丧失继承权。然所丧失者仅为失格者自身对当事被继承人之继承权。对他人之继承权,不受影响。例如对父之继承失格者,对母及祖父母兄弟姊妹仍不丧失其继承权。又失格者之直系卑亲属对当年被继承人,仍有代位继承权者是。

失格原因之事由成立时,失格者当然丧失其继承权,除斥于继承顺序之外,无须特别意思表示或判决等,已如上述。故失格原因发生于继承开始前者,失格者固无实际上继承之机位。若失格原因有发生于开始后者,如前述第二第三第五三款事由,虽必发生于开始前。然第一第四二款事由,发生于开始后者,或反较多。在此种场合,失格原因发生前,为失格者已开始之继承,因失格原因之发生,溯及自开始时起归于无效。故于失格原因发生前所为继承为无权继承,其所占有之遗产,为恶意占有,应依九百五十七条、九百五十八条等清理其权义。其对第三人之效力如何,法无规定。然既为无权继承,则在理论上,原因发生前,对第三人所为之行为,亦应同样全归无效。然学说有"对善意第三人之效力,以从裁判宣告后发生,为合于实际之需要云云"如何?

第二节　继承人之种类

《民法》继承人可分为二种:一、法定继承人。二、指定继承人。

第一款　法定继承人

法定继承人云者，依法律规定当然为继承人者之谓。《民法》所规定为法定继承人者，为被继承人之配偶、直系血亲卑亲属、父母、兄弟姊妹、祖父母（一一三八）。规定为法定继承人者，立法例大概以被继承人之亲属为原则。其理由：亲属原则上为最营密切共同生活者，大概可适合被继承人之意思。至其定为法定继承人的亲属之范围，则各国均随其习惯，风俗及经济组织之需要而定，颇不一致。最广者为德国及巴西。对于前者直系尊亲属及其卑属，无亲等上之限制，高远祖父母及其卑亲属，均为法定继承人。后者六亲等内之亲属均为法定继承人。最狭者为苏俄，限于配偶及直系卑亲属。《民法》施行前我国之宗祧继承人仅惟同宗昭穆相当之侄，在亲等上无任何限制。如"先尽同父周亲，次及大功小功缌麻，如俱无，方许择立远房及同姓为嗣"（立嫡子违法条例）。尊亲属，同辈亲，及女系均不能为继承人。《民法》废除宗祧继承，而专为遗产继承，且斟酌立法例而为上述之法定继承人。

然所谓法定继承人者，非一一三八条所举之人全体，于继承开始同时共同继承之意。诸法定继承人中，有一定先后顺序（后述），在现在法定继承人中顺序在最先者，得继承之意也。故顺序在后者，不得先在先而继承，同顺序者得同时共同继承之，此为后述继承顺序之原则。惟有例外，即依法顺序虽在后，而可与顺序在先者共同继承，即所谓代位继承者是也。又虽非法定继承人，但依法可酌受遗产者，其性质盖亦为一种法定遗产分继人也。今将此二种人之法律性质分述之于下：

第一项　代位继承人

代位继承人云者，继承人于继承开始前死亡或丧失继承权时，依法由其直系血亲卑亲属，袭代继承其应继分之谓。有此种继承权之人，即为代位继承人。《民法》得为代位继承者，限于被继承人之直系血亲卑属之直系血亲卑亲属（一一四〇）。依第一一三八条之规定，除配偶外，第一顺序之法定继承人为直系血亲卑亲属。凡直系血亲卑亲属，无亲等上之限制，均为法定继承人。则直系血亲卑亲属之直系血亲卑亲属，本为法定继承人。不过其继承顺序，亲等远者，后于亲等近者而已（一一三九）。若亲等近者死亡或失格时，亲等远者即可依次继承，本无所谓代位。例如，被继承人之独子，于继承开始前死亡者，则依一一三八、一一三九二条由其孙继承者是。然设亲等近而且同之直系血亲卑亲属继承人有数人时，依法纵其中一人有死亡或失格等情，仍由其余继承人尽先共同继承，亲远者本无继承之机会。在此种场合，仍许死亡或失格者之直系血亲卑亲属替代继承其应继分者，此即本项所谓代位继承。故代位继承乃为法定继承之一种。代位继承人之代位继承权，为自己固有之权利。即直接继承被继承人之承祖继承权，非代表或继承被代位人之继承权也。盖其权利为法律直接所赋予，且发生代位继承场合即继承开始时，被代位人已死亡或已失格，其间无继承上之联络故也。不过其应继承分及顺序，乃承袭被代位人者而已，故特称代位继承人以区别之。代位继承既为承袭被代位人之顺序及应继分，故代位继承人如有数人时，亦仅就被代位人之应继分依共同继承之法则处遇之。又由上述推论，代位继承人，只须于继承开始时，生存或为胎儿者即可。被代位人失格时，已否出世，非所问也。其理论构成如何？

第二项　酌分遗产人

依《民法》一一四九条"被继承人生前继续扶养之人，应由亲属会议依其所受扶养之程度及其他关系，酌给遗产"之规定，对被继承人生前继续扶养之人，应酌给遗产，是虽非继承人而有酌分遗产之地位。虽无如继承人之有一定应继分，而于得酌继遗产之点，性质上殆相似也。故附于此说明之。酌分遗产人云者，虽非继承人而法律上有酌分被继承人遗产之地位者之谓也。《民法》以被继承人生前所继续扶养之人,为酌受遗产之人。即得酌受遗产者,以被继承人生前所继续扶养为要件。生前所继续扶养云者,迄被继承人死亡时止,继续受被继承人扶养之意。此之所谓扶养,系基于亲属法上之扶养权义而为者?抑并无法律上扶养权义,不过本于情谊而供给生活费用者之意?学说两峙。由前者之说,酌分遗产人,惟于法律上有扶养权义者,始得有酌分遗产之地位。其理由为现行法有扶养关系者之范围颇广,不妨以法律上本有扶养权义为前提。且其中有继承权者(如父母、兄弟姊妹、祖父母)有不然者(配偶之同居父母、媳婿、家长家属)。又同有继承权者之中,以继承顺序之限制,有不得继承者。故使有扶养权义而无继承权者,及有继承权而不得继承者,酌受被继承人之遗产,为合乎所以设酌给遗产制之本旨。后者之说,以谓扶养即赡养,若以亲属法上之扶养权义为前提要件,取义过狭,不足以发挥本制之社会的主义云云。按酌给遗产,无非尊重被继承人之意思,如被继承人生前所继续扶养之人,偶非法律上有扶养权义者,推一一四九条之法意,固无无视被继承人生前所以继续扶养之意,而除斥之之根据也。夫遗产继承制,既基于社会纵的共同生活上之必要,而法定扶养权义乃为横的共同生活之法定。纵横相济,然后财产私有制之共同生活,始能完成其功能。故法定扶养关系,不能谓非酌给遗产之一基础。如受酌给人之对被继承人亲疏远近,其现况是否具备受扶养之要件等,于决定受酌给者之顺序及其酌给额时,尤为不能忽视之要件也。

第二款　指定继承人

指定继承人者,由被继承人以遗嘱所指定继承其遗产之人也。依一一四三条之规定,指定行为限于遗嘱。故无遗嘱能力者(一一八六)不能为指定人。又遗嘱上须有指定为继承人之明白表示,及指定者以无直系卑亲属为要件。否则,或仅有遗赠之效力或为无效。

所指定之继承分,为遗产全部或一部,均随指定人之自由,但以不违反特留分之规定为限。被指定者,无特殊条件。男女,亲属非亲属均可。所应研究者(1)如被指定者为指定人之亲属时,应否有辈分尊卑上之限制?(2)被指定者之继承顺序如何?关于(1)者,已详于亲属法,总之,由指定人"无直系血亲卑亲属"及被指定者"与婚生子女同"(一〇七一)之规定,其辈分应较指定人为卑者,可无疑义。其卑辈之限度如何?即以侄辈为限,抑由此而卑者亦可耶?推法定继承人之直系血亲卑亲属,既无亲等上之限制,则在无直系血亲卑亲属者之指定继承人,亦应可类推也。关于(2)者,被指定人之本人,依法固可超越顺序而继承其指定分,不生问题。然继承顺序之先后,即然实际继承权之有无。若指定继承人之顺序不推定,则其他法定继承人之继承权,不能确定。又指定分以不违反特留分规定为限云云,系何人之特留分,亦无由能确定也。例如,指定人有十万元遗产,以二万元指定继承人,则其余八万元,依理应由其他法定继承人继承之。如被指定人即就所指定者继承,别无所谓顺序者。则其余财产,应由次顺序之父母与配偶共同继承,其指定分应以不超过父母及配偶之特留分为限。若其继承顺序,即为指定人直系血亲卑亲属之顺序者,则其余财产,应由其配偶继承焉,所应保留之特留分,亦仅为配偶之特留分也。理论指定既以无直系血亲卑亲属为要件,又发生视同婚生子女之效力,其为拟制若填补第一顺序之法定继承人,虽为有理由之推论。然由指定不能侵害特留分观之其不能变更法定继承人之顺序,似无可疑。则欲除斥第二顺序父母之继承权,应有明文始可也。学说虽多于无意中推定其为第一顺序之继承人,但未见有明确且意识的理由。

指定人之无直系血亲卑亲属,以何时为标准,即以立遗嘱时乎抑遗嘱发生效力时乎?法定继承人可否为被指定人?

第三节　继承人之顺序

在法定继承主义之立法例，必罗列数种法定继承人。诸法定继承人与被继承人之关系，自有亲疏及情谊厚薄之分，同时在继承遗产之地位，亦应有优劣先后之别。故多为斟酌此种情形，而为定各种法定继承人继承之先后也。此即本节所谓继承人之顺序者也。顺序在后之人，不得逾越顺序在先者而继承。顺序在最先者实际上有继承之权，在同一顺序者，共同取得继承权。换言之，继承人顺序之先后，实为实际继承权有无之关键。故继承人之顺序，在继承法上为有最重要意义者也。

《民法》诸法定继承人之顺序为：一、直系血亲卑亲属。二、父母。三、兄弟姊妹。四、祖父母是。此四类法定继承人应依此顺序，而取得实际继承权，故可称之为顺序继承人。又配偶虽亦为法定继承人，但不受顺序之限制，可与任何顺序之法定继承人而为共同继承，故可名之为统序继承人。兹就顺序继承人说明之：

第一顺序　直系血亲卑亲属

直系血亲卑亲属，可优先其他一切顺序继承人而为继承。凡为被继承人之直系血亲卑亲属者，不论其人数多少，自然血亲，拟制血亲，亲等近远，均为第一顺序之继承人。惟依一一三九条之规定，以亲等近者为先。则子先于孙，孙先于曾孙，在第一顺序中，亦仍有顺序也。此类顺序中之顺序，其效力性质虽与普通顺序相同。但有代位继承之例外。即具代位继承之要件者，可打破此种顺序，而与先顺序者，共同继承之（一一四○及参照前节）。指定继承人以无本顺序之继承人，为其取得继承权之要件，故解释上应推定为本顺序之继承人者为妥，已于前述。

第二顺序　父母

父母在无前述第一顺序之继承人场合，始得为遗产继承人。是否包括自然血亲及拟制血亲者,法无规定,立法例虽有取否定主义者,民法解释以肯定为妥。

第三顺序　兄弟姊妹

无直系血亲卑亲属又无父母场合,遗产由兄弟姊妹继承之。对于异父同母或异母同父之兄弟姊妹,有取否定说者。然法律上既无除外根据,以包括者为妥。

第四顺序　祖父母

祖父母在《民法》为最后顺序之法定继承人。无前之顺序之继承人时,始得继承之。父系母系、自然拟制均包括之。

第四章　继承之客体

第一节　遗产之继承

第一款　遗产之意义

遗产云者,被继承人于继承开始时所有财产上之一切权利义务也(一一四八)。分说之于下:

第一　为被继承人之财产上一切权利义务

既为财产上之一切权利义务,则被继承人身分上之权利义务,自不包括于继承标的的遗产之内。既云一切,则无论权利浮于义务或义务浮于权利,均包括的称之为遗产。又虽同为财产上之权义,其性质为专属于被继承人本身,而不能移转者,如以被继承人之人格为要件之雇佣契约上权义等,应不算入于遗产之内(同条但书)。

第二　被继承人于继承开始时所有时

遗产为继承之标的,于被继承人死亡的瞬间,移转于继承人。则何者为遗产,何者则否,应于斯时为确定之标准。故遗产者,乃为继承开始时,依法应属于被继承人之财产上之一切权利义务也。

第二款　继承之费用

与继承开始同时,遗产包括的移转于继承人,则如遗产管理费用、分割费用、遗嘱执行费用等,论理当然应由继承人负担之。然此等费用若由继承人之自己所有财产支付者,则于继承人抛弃继承时,固对继承人为过酷。即为限定继承场合,亦无由贯彻限定继承制之本旨也。故《民法》特为一一五〇条之规定。继承上之费用,原则上由遗产负担之。

关于继承之费用,本不限于《民法》所规定管理、分割、遗嘱执行之三项费用。其他如遗产清算、清偿债务、交付遗赠及关于遗产之诉讼等所需费用,不能谓非继承上之费用,而除外之也。《民法》之仅举三项者,盖为例示规定乎。解释上自应包括继承遗产上所需之一切费用。然此仅就遗产继承上所必需者而言。若显因继承人之过失,而为支付非必要之费用者,仍由遗产负担时,将无以保护遗产债权人之利益,故应由继承人自行负责(同条但书)。

第三款　继承之共同

遗产于继承开始时移转于继承人,如继承人只有一人者,则仅为新旧权义主体之变更,事属简单。若继承人有数人时,各人虽各有应继分,然在割前遗产中之何部分,为何人之应继分,无由明了。而分割又非于开始瞬间,能即时实行。且《民法》又认遗嘱禁止廿年内不分割为有效。则在分割前,诸继承人对遗产之关系,及其相互间之关系,应如何处遇,成为繁复问题。《民法》对此乃为"继承人有数人时,在遗产分割前,各继承人对遗产全部为公同共有"(一一五一)。除继承法另有规定外,以《民法》八二七条以下之规定规律之。兹就公同共有遗产之管理及公同共有继承人之被继承人债务之责任,说明之。

第一项　公同共有遗产之管理

公同共有遗产,得由共同继承人互推一人管理之(一一五二)。但如共同继承人另约定有管理方法者,则从其约定。盖《民法》对管理方法,未为强行的规定也。若未为推定,亦无其他约定时,则依八二八之规定,由共同继承人共同管理之。至推任遗产管理人之权限如何,继承法既未规定,盖应适用八二○条之规定也。

第二项　对被继承人债务之共同关系

于继承开始后,若遗产上之债务,由各共同继承人,按其应继分额,负清偿之责时,设继承人中有无力清偿者,则被继承人之债权人,将有不能受清偿之虞。《民法》为保护债权人之利益计,遗产之债务,由共同继承人负连带清偿之责(一一五三Ⅰ)。适用关于连带债务之规定(二七二—二八二)。然此种连带责任永久继续时,大为诸继承人之累,亦非所以保护继承人之道。故《民法》复为免除连带责任之规定。(1)于遗产分割时,遗产债务之分割,经债权人同意者,于同意时起,免除连带责任。未经同意者,自分割之时起,如债权之清偿期在遗产分割后者,则自清偿期届满时起,经过五年者,免除连带责任(一一七一)。

共同继承人对外负连带责任,已如上述。其对内相互间,则为按其应继分比例负担之(一一五三Ⅱ)。如共同继承人中一人,因清偿公同共有遗产之债务,致其余继承人同免除其连带责任时,则除自己应负担部分外,其余部分,可向其余继承人,请求偿还其各自应负担之部分。如继承人相互间关系,另有约定者,则从其约定。

第四款　应继分

应继分云者,各共同继承人对继承财产可分继之分额,换言之,对公同共有遗产之应有部分也。此种应有分额,由法律规定者,谓之法定应继分。由被继承人指定者,谓之指定应继分。由亲属会议议定者,即为遗产酌给额。试分项说明之。

第一项　法定应继承分

就各种法定继承人分述之。

第一　配偶之应继分（一一四四）

一　与第一顺序之继承人同为继承时，其应继分与他继承人平均。

如属于第一顺序之继承人有三人，其中一人为养子，配偶之应继分，应与亲生子女同？如被继承人无直系血亲卑亲属，而有指定继承人场合，则除指定继承分外之遗产，是否即为配偶之应继分？

二　与第二顺序或第三顺序之继承人同为继承时，其应继分为遗产三分之一。

如被继承人无直系血亲卑亲属及指定继承人，而有父母或兄弟姊妹场合，配偶可不顾第二或第三顺序之继承人人数多寡，其应继分为全遗产二分之一。

三　与第四顺序之继承人同为继承时，其应继分，为遗产三分之二。

如被继承人除祖父母外，无其他顺序继承人者，配偶得全遗产三分之二。

第二　法定顺序继承人之应继分

一　无配偶为共同继承人时，其应继分为遗产之全部。

二　有配偶共同继承者，为除配偶应继分后之余额财产。

第三　同一顺序继承人之应继分

"同一顺序之继承人有数人时，按人数平均继承"（一一四一）。此原则各顺序均同。惟第一顺序继承人有数人时，随继承人之种类不同，有例外焉。即（1）同顺序中有养子女时（详于第四）。（2）一人被代位人有数人代位继承人时，不适用同一顺序继承人平均继承之原则。各代位继承人之应继分，非与第一顺序中之先顺序继承人相同。即数人代位继承人,只得被代位人之应继分而均分之。

第四　养子女之应继分

一　养父母有直系血亲卑亲属为继承人时,其应继分为婚生子女二分之一。

二　养父母无直系血亲卑亲属为继承人时,其应继分与婚生子女同。然设有指定继承人时,其应继分如何?

第二项　指定应继分

《民法》为详定法定应继分,而无关于指定应继分之规定。在解释上承认应继分可以指定时,因应继分指定之结果,同时即认许被继承人可变更法定应继分,是否合法,论者惑之。然推继承法之意趣,其许指定应继分,毫无疑义。盖(1)指定继承人之继承分,非即为一种指定应继分乎。(2)酌给遗产之酌给分,由亲属会议酌量"受扶养程度及其他关系"议定,由遗产酌给之。酌给之结果,即为继承人应继分之更变。是亲属会议尚可尊重被继承人之意思,而变更法定应继分,谓被继承人自身反不能指定应继分,有是理乎。指定可否委托第三人为之,论者亦赞否各持。指定应继分所应顾虑者,无非变动法定应继分,已如上述。亲属会议尚可推度被继承人之意,而更动之。何况直接承受遗意之第三人乎。似无妨取肯定说。

又指定行为是否限于遗嘱,或生前行为亦可,亦无定论。遗嘱指定,或为指定之常则。然生前行为,亦无否定之理。推第一一七三条但书规定,非明白认许之乎。且被继承人生前明白记载于分书者,亦习见不稀。但指定行为之解释须严格耳。指定应继分之额,虽随被继承人之自由,然亦应以不违反特留分之规定为限。其理论构成如何?

第三项　遗产之酌给分

受酌给遗产人之酌给分,虽与应继分有别,其亦为分受遗产之点,固相同也。且既由遗产分给，即为减少遗产，从而应继分亦受变动，故附于本节述之。酌给分之多寡，既无法定，亦非被继承人指定，而由亲属会议议之。亲属会议为此项酌给分议定时，应以受被继承人生前扶养之程度及其他关系为标准。所谓其他关系云者，如酌给遗产人与被继承人之亲疏远近，情谊厚薄，对遗产有无贡献，遗产之多寡，应继人之多寡贫富等均是。至酌给最高限度，前大理院制例为"应少于继承人之应继分"（七年上字六一一号），学说有维持判例说者，有以不侵害特留分为度者。似以判例为妥，其理论构成如何？

第五款　特留分

第一项　意义

《民法》兼采法定继承制及自由遗赠制。然此二者之并存，往往不易调和。充法定继承之极，可以消失自由遗赠之余地。放任自由遗赠，而不加以限制时，亦可废灭法定继承制之存在。为调节二者而设之缓冲制，即为本款之特留分制也。既认法定继承制，则应使法定继承人可确保其最少度限之继承利益。复认自由遗赠为必要，则应认许被继承人有可以排除法定继承范围之一定自由。故特留分云者，谓法定继承人必可继承之最少限度继承利益也。换言之，被继承人之继承遗产中，须为继承人遗留，不能因遗赠等而减损之部分也。今试就此定义，条记其要点于下：

第一　特留分为被继承人遗产之一部分

特留分非指继承财产中之特定财产，而为一定之财产额，即全财产额中之一部分额而已。

第二　特留分为被继承人不能自由遗意处分之财产额数

被继承人虽可以终意行为而自由处分其财产。但特留分额，必须为继承人之利益而留保，不能以终意行为而侵害之。

第三　不能减损之继承财产部分

应继分为继承人原则上可继承之分额,而特留分则为继承人不能受减损之必得分额。

第二项　特留分权利人

特留分制既为保持法定继承制之最后壁垒,则得有此权利者,必为法定继承人,盖为当然之理。惟继承人欲取得特留分,必具备下之要件:

第一　必为当序之继承人

特留分既为法定继承人之最少限度继承利益,故以实际在应继承顺序者为限。

第二　必为确定继承人

虽为当序之继承人,而抛弃其继承或失格时,即不能有特留分权利。已确定继承者则不问其限定继承或单纯承认,均应有之。然单纯承认即为无条件承继者,应无限制负担被继承人之债务,遗赠为遗产债务之一种,若亦有特留分权时,似与上述无限制债务责任相抵触。试组织其理论构成!

第三项　特留分之法定分额

特留分既为法定继承人之最少限度继承额,故《民法》即以各法定继承人之应继分为比例,定各特留分权利人之特留分额(一二二三)。即:

第一　直系血亲卑亲属、父母、配偶之法定特留分额,为各人应继分二分之一。

第二　兄弟姊妹、祖父母之法定特留分额,为各人应继分三分之一。

第四项　特留分之算定

因被继承人所为遗赠及指定继承分而侵害特留分额时,特留分权利人得行使扣减权保全之(详后述)。保全行为之对象,当然为特留分之实在确额。故特留分实在确额之算定,最为检查特留分有否侵害之先决要件。《民法》于第一二二四条为规定计算特留分之方法。其方法为:

一、先算定被继承人于继承开始时所有财产之总价额。二、再加以第一一七三条之赠与价格。以上二者之和即为应继财产。三、由此应继财产中除去被继承人所负之债务总额。其剩余即为算定特留分之基础额。例如，被继承人于继承开始时之财产价额为五万元，第一一七三条之赠与价额为十万元，债务总额为三万元。前二者之和为十五万元。除去三万元，为十二万元。此十二万元即为算定特留分额之基本额。如被继承人之独子及配偶为共同继承人，其积极财产之应继分额为各六万元。则其特留分额，为各三万元。兹再就算定方法应注意之点述之：

第一　算定被继承人于继承开始时所有财产之价额

就继承开始时被继承人所有一切积极财产，结算其总额。不论其为动产不动产，债权及其他权利，以及债权之债务者资力有无，均依其时值及券面额算入。条件附债权及存续期间不确定债权，应如何决定其价额，法无规定，不无问题。如争执不决时，盖必由法院选定鉴定人评定乎。被继承人对特留分权利人之继承人所有债权，亦应算入。

又遗赠亦包括于继承开始时之财产。盖遗赠在继承开始时，尚为被继承人之财产故也。

以上各种财产依继承开始时之现状及时价估算之。

第二　加算被继承人于继承开始前所为第一一七三条赠与财产之价额

即被继承人于继承开始前对继承人因结婚、分居或营业等所为之赠与，亦算入于继承财产。盖特留分无非为继承人因继承而得之最少限度利益，若继承人由被继承人于其生前已得有利益，而不算入时，是将不能贯彻上述特留分之本旨。但对此项价额之算入，被继承人有反对意思表示者，为尊重被继承人意思，即可免于算入。又赠与价额，应依赠与时之价值计算之（详后述）。

《民法》应算入者仅限于继承人所受有之赠与。至被继承人对第三人所为之赠与,不在应算入之列。若被继承人于生前,将其财产全部赠与第三人时,继承人即无可据为救济,而特留分制,在此种场合,亦完全消失其意义矣。学说有在被继承人明知侵害特留分,对第三人所为之赠与,继承人可依侵权行为之规定,而主张损害赔偿,如何?

第三　除去债务全额

被继承人所负债务,不论其为私法上的及公法上的包括之。

债务全额与第一第二两价额之总和相等,或前者大于后者时,依本项之计算法,继承人已不能有特留分。盖特留分原为继承人保留因继承之最少限度利益。今继承财产已无积极财产之剩余,其不能因继承而得利益,乃为当然之理。至债务总额超过积极财产时,可以限定承认而避免其损害,故亦可不因无特留分权利而蒙不利益。

第五项　扣减权

特留分制,在继承人方面言之,为保全其继承上最少限度之利益。在被继承人方面言之,即为遗产自由处分范围之限制,已如前述。若被继承人超越自由处分范围,而为遗产之处分时,即为继承人特留分之侵害。在此种场合,继承人非有所以保全其特留分权利之道者不可。为保全特留分,所赋予于继承人之权利,即为扣减权。扣减权云者,继承人为保全特留分,撤销被继承人逾越其自由处分范围所为遗赠或指定继承分之一部或全部,而请求其目的物或权利使归己有之权利也。故扣减云者,就遗赠或指定继承分言之,为使其一部或全部失其效力。若就特留分言之,则为回复其因遗赠或指定继承分而受侵害之部分之行为也。亦可名之为特留分之保全行为。今更将关于扣减权之要点,分述于下:

第一　得行使扣减权者为特留分权利人及其权利之让受人

扣减权为保全特留分之权利,故惟特留分权利人得有之。但其性质非专属于权利人一身者,故亦可由其继承人及权利让受人继承之。

第二　扣减之客体

扣减行为之客体,为被继承人逾越自由处分范围所为之遗赠或指定继承分。遗赠不论其为对第三人所为者,或对继承人所为者,均在扣减之列。反之,任何赠与均非扣减之标的。第一一七三条之赠与,实质上虽已在扣减之中(见前述),但非本项之所谓扣减。死因赠与为赠与之类似于遗赠者,学说有主张在解释上,应亦可扣减之,如何?

第三　扣减权之义务者,为受遗赠人及指定继承分人以及其继承人

扣减权为一种债权,故不能对由受遗赠人或指定继承分人让受遗赠或继承分上之利益者,而主张扣减权。若受遗赠人及指定继承分人并存或有数人时,共同均为扣减义务人。按其所得遗赠或指定继承分价额比例扣减之(一二二五后段)。如被继承人于诸扣减义务人中之一人或数人,以遗嘱免除其扣减义务时,此种遗嘱免除扣减义务是否有效?

第四　扣减权之行使,以保全特留分所必要者为其限度

此盖扣减权为特留分权之一作用,特留分权利范域外,扣减权即无存立之基础故也。然侵害特留分之遗赠,并非当然无效,须特留分权利人行使扣减权时,其侵害特留分之部分,因此失效。如遗赠已交付于受遗赠人者,应按特留分因侵害而不足之数额,请求现物或其价额之返还。如尚未交付者,则就不足之数额,表示扣减之意思,遗赠受扣减后尚有剩余者,将其剩余交付于受遗赠人。如已无剩余者,则以扣减之意思表示,同时即为解除遗赠之行为。

第五　扣减权之行使,不必为审判上之请求

扣减不经特留分权利人之请求,不生效力。扣减之请求,应对扣减义务人——应受扣减之受遗赠人或指定继承分人,以意思表示行为之,不必取审判上诉之形式。如依审判外之请求,而不能扣减时,自可请法

院扣减之。此即所谓特留分回复之诉者是也。

第六　扣减权之消灭时效

关扣减权之时效，《民法》既未为特别时效之规定，则依一二五条因十五年间不行使而消灭。扣减之客体为因继承而生之遗赠及指定继承分其权义关系颇属复杂。适用普通时效，长使此种复杂关系，继续其不安定状态，是否妥当？

第六款　遗产之分割

第一项　分割之意义

在数人继承人为共同继承场合，原属于一个主体之被继承人遗产，欲于继承开始同时，依各人应继分使各别分属于数个主体，为事实上所不可能者也。如遗产价额之算定，或性质上不可分财产占遗产之大部分，或有否其他继承人尚属不明，或继承人是否抛弃其继承等，非至继承开始后，时间上有相当经过，不易明白确定也。故《民法》对于数人为共同继承人之场合，如各继承人不能于继承开始同时分别继承遗产时，将继承财产全部先认为公同共有，各别的分别继承之实行，留保于继承开始之后。本款所谓遗产之分割云者，即消灭数人继承人之公同共有关系，而确定各别继承关系之谓也。

第二项　分割请求权

遗产之分割，以各继承人之应继分为标准，故在分割时继承人之地位及其应继分，均非已确定者不可。惟确定继承人原则上始得有请求分割继承财产之权。然分割既系终止公同共有关系为目的，故分割请求权为一种财产权，而无专属于权利者一身之性质。从而确定继承人之法定代理人，继承人之继承人，由继承人让受应继分之第三人，理论上均可代继承人而行使权利焉。然《民法》于胎儿为共同继承人时，关于遗产之分割，以其母为代理人（一一六六Ⅱ）。考父母原为未成年子女之法定代理人(一〇八六),本无另为规定之必要。且限于母为遗产分割胎儿之代理人,更未解理由所在。如胎儿之父已失格,胎儿为代位继承人场合,其父为分割代理人,非转较妥当乎

第三项 分割之时期

在普通共有,以共有关系为前提,分割乃为其终结。在遗产之公同共有,实以分割为前提,共有关系不过为分割之预备手段。故前者依《民法》八二九条之规定,于公同共有关系存续中,不得请求分割。后者之共有,既为一时之便宜策,而非其终究目的,故《民法》为规定除法律另有规定或另有约定外,继承人得随时请求分割之(一一六四)。今就此规定而有分述其要点于下:

第一 随时分割

除法律另有规定或另有约定外,继承人于继承开始后,不论何时,均可请求分割,别无法定要件。惟继承人中有胎儿时,其他继承人欲分割遗产,必须为胎儿保留胎儿之应继分,换言之,只须保留胎儿之应继分,即于其未出生前亦可分割。不以胎儿之出生,为分割时期之条件也。

第二 禁止分割时期

如法律另有规定者,继承人即不能随时请求分割。所谓另有规定者,盖即指一一六五条二项而言。即遗嘱禁止分割者,其禁止之效力,以二十年为限是也。如被继承人有此项禁止分割之遗嘱时,继承人应遵依遗嘱,在遗嘱禁止分割期间,不能为分割之请求。被继承人之禁止分割,(一)必以遗嘱为之。盖所以期禁止分割意思之确实也。(二)禁止期间只限于二十年以内。禁止之有效,原为尊重被继承人之遗意,若允许禁止可以无期间上之限制时,不但阻碍继承财产之融通力,亦非所贯彻遗产继承制之立法主旨。故遗嘱中禁止期间如逾越二十年法定期间者,其禁止虽非无效,其效力不能延至二十年以上而已。如遗嘱仅有禁止分割

之意思,而别无关于期间上之文义者,应如何解释?

第三 约定不分割期间

所谓另有约定云者,当然指继承人间以契约约定不分割遗产之谓也。然可得约定不分割期间之长短,法无规定。《民法》八二三条不能适用于八二九条。然遗产在分割前,法定为公同共有,而非共有。则除继承人之不分割契约上,明白约定将公同共有改为共有者外,其不能适用八二三条二项之规定,盖为论理之必然。推遗产公同共有之性质,原为出于一时之权宜,依此理论,虽应适用八二三条之规定。但如继承人依八二七条为约定其不分割期间者,固不能谓之违法,而不许其适用八二九条之规定也。

第四项　分割之方法

遗产原则上虽应比例各共同继承人之应继分分割,然应继分乃为各共同继承人继承被继承人权利义务之分率,而遗产内容之各种权利义务,应如何具体分配于各继承人,即为本项分割方法之问题。兹就分割方法之大概说明之于后:

第一 被继承人定有分割之方法者,依其方法(一一六四Ⅰ)

被继承人之指定分割方法,必以遗嘱。其内容有仅指定分割方法者,或于分割方法外同时指定应继分者,或仅指定一部分之分割方法者,均属有效。但以不违反特留分之规定者为限。

第二 被继承人托他人代定者,从他人代定之方法(一一六四Ⅰ)

委托亦必以遗嘱。委托代定分割方法之范围,亦与前项指定相同,就方法之全部或一部委托代定之。受委托人依遗嘱所委托之范围,而为代定其分割之方法。受委托人无非执行被继承人之遗意,故继承人应从其代定方法分割之。如第三人未为代定其方法者,是为遗嘱执行之不能,继承人可依次项协议而自定之。代定亦不能违反特留分之规定。

第三　协议分割

被继承人未为指定或托第三人代定分割方法，或受委托之第三人不为代定其方法，或指定或代定均为方法之一部分时，继承人自行协议定其全部或一部之分割方法。原物分割或价金分割，及各种物及权利如何搭配，亦均以协议定之。

第四　判决分割

协议不成立时，则请求法院以判决而定分割之方法。审判上之分割，以原物分割为原则。在原物分割不能，或因分割显有不利益场合，始得为价金分割。

第五项　分割之效力

第一目　原则的效力

分割前之遗产为继承人公同共有，则其分割，实即为公同共有物之分割。公同共有物分割之效力，为使公同共有人，对依分割而得之物，为独占的权利人。然各公同共有人之此种独占的权利，系依分割而始取得之乎？抑系于公同共有关系开始时已为各人原有，不过依分割而承认之乎？换言之，分割前各人之权利及于公同共有物之全体，分割后各人取得其应有部分之独占权利，就此部分其他公同共有人所有权利，由自己让受之。将其他部分上自己所有权利，移让于其他公同共有人。即分割为公同共有权利互相移转之行为乎？抑各人所取得之独占权利，本为于公同共有关系开始时各人所原有，不过因分割而确认之而已。即分割不过为各人原有独占权利之认定行为乎？前者为分割效力之转移主义，后者认定或宣言主义。在遗产之分割，因分割前之公同共有，原属权宜，且继承之效力，为于继承开始时，继承人直接承袭被继承人之地位，而取得其权利者，故《民法》于一一六七条为明白采认定主义之规定。即"遗产之分割，溯及继承开始时发生效力"是也。就此规定而为文义解释时，盖即分割前之遗产,虽认为公同共有,至其分割时,则与以认定的效力,各继承人于分割前犹同不曾有公同共有关系,各人直接由被继承人取得其应继分者也。此种溯及效,在我《民法》解释,不过仅就遗产额及应继分之计算,以及确定各人取得权利负担义务之始期,为有意义。至继承开始后,分割前,就遗产之处分行为,尤其遗产之负担行为,受溯及效之影响,实不多也。盖分割前既明认为公同共有,则应受公同共有法之规律,盖公同共有之权利及于公同共有物之全部(八二七Ⅱ),公同共有物之处分及其他之权利行使,应得公同共有人全体之同意(八二八Ⅱ),不能如共有物各共有人得自由处分其应有部分(八一九Ⅰ)。则在分割前依上述规定就公同共有物所为之处分或所设定之负担,盖即为公同处分或公同负担。此种公同行为,自不得因分割之溯及效,而失其效力,使各人免除公同责任也。至个人继承人违反公同共有法所为个人自由处分行为,即不借分割之溯及效,亦属无效故也。

第二目　特殊的效力

《民法》遗产分割之效力于前目所述原则的效力外,共同继承人相互间复使发生特殊效力,即相互间负担保之责任是也。共同继承人对分割相互间负担保责任,乃为分割取移转主义时应有之效力,与前目之认定主义不无矛盾之嫌,然《民法》期实现遗产继承上之均分主义,及继承人间利益分配之公平起见,遂为此二种效力并存之规定矣。遗产分割后,继承人相互间,《民法》虽规定为"负与出卖人同一之担保责任"。然继承人之互负此种责任,原与出卖人之责任,性质上不尽相同。即(一)各应继分之相互移转,无如卖买场合之对价关系。(二)继承人间有相互补偿关系,即有补偿义务之继承人,自己仅按其应继分而负责任,与出卖人负全部责任者不同等是。此于解释继承人间之担保责任时,不可不特别注意者也。兹就《民法》规定说明之。

第一　遗产分割后各继承人按其所得部分,对他继承人因分割而得之遗产负与出卖人同一之担保责任(一一六八)

所谓"与出卖人同一之担保责任",即为追夺担保及瑕疵担保(三四九—三六六)。既云遗产分割后负担保责任,则凡分割以前所生之事由,无论其在继承开始前或开始后,均负担保之责任。

实现担保责任之方法,虽随各种具体情形,依法所允许者定之。然契约解除之理论,可否适用于分割,自来学说有正反二论。反对说以谓分割之效力既采认定主义,故不能认分割为契约。一旦分割成立后,即继承人中有所得之应继分全被追夺者,亦不能据以撤销原分割而重行分割。肯定说,以谓分割效力虽为认定的,但分割行为之本身,究基于继承人之合意。认此合意为契约,于理自无不可。故买主得为契约之解除时,立于买主地位之继承人,当可请求撤销原分割,而为重新分割。似以后说为适合实际之需要。盖《民法》对认定主义,亦并无想贯彻之意旨。而分割及本项之责任,无非在求各继承人利益继承之均分及公平。且在一继承人之所得分全被追夺场合,其他继承人按其应继分履行其补偿责任时,在实质上已等于重行分割也。

又遗产之分割,由法院以判决行之场合,学说以谓法院分割遗产,据《民诉法》规定(十六)为诉讼事件,其分割之判决,当然有既判力。故无论不能请求为重行分割之判决,即利益偿还之请求,亦似在所不许。余以为分割与担保责任系二事,法院除对于担保责任有判决者外,分割判决不能排除一一六八条等之适用。犹继承人之协议分割,仍负担保责任者相同。故在判决分割场合,虽受既判力之拘束,不能请求为重行分割之判决。但其他现实担保责任之方法,固仍可适用也,如何?

第二　遗产分割后,各继承人按其所得部分,对于他继承人因分割而得之债权,就遗产分割时债务人之支付能力负担保之责(一一六九Ⅰ)

本项债权为:(1)未附条件之债权,(2)已届清偿期之债权,(3)不定期限之债权。前二者债权可即时行使。后者一经债权人催告债务人即应履行。故只就分割时债务人之支付能力,互负担保之责。

若附有停止条件或未届清偿期之债权,皆非可即行行使者,故须就清偿时,债务人之支付能力,负担保之责(一一六九Ⅱ)。

在普通债权卖买,出卖人仅担保债权之成立及有效,非有特约不担保债务人之支付能力。而继承人则无条件担保债务人之支付能力,实较出卖人所负之责任为大。此盖在卖买有对价关系,价金即以权利之确实与否为转移,系相对的。在遗产分割,无对价关系,一以期继承人间之平分公平为理想故也。

此种担保责任既系法定,实为法定保证债务之一种。如分得债权之继承人对主债务人表示免除债务时,他继承人当然亦共同免除担保责任。

若分割时债务人尚有支付能力,分得债权之继承人允许其延期,至届所延之期时,而债务人已无支付能力场合,则依七五五条,以担保义务之继承人对债权继承人之许允延期有否同意为断。

第三　继承人相互间之担保责任,由各继承人各自按其所得部分——应继分负担之

分割之担保责任,既为期遗产继承之均分公平,故不论担保之权利人及义务人,均按其应继分分别负担之。即受担保之权利人本身,亦比例其应继分负担责任。此与出卖人须就买受人之损失全部负担保责任者不同。

第四　负担保责任之继承人中,有无支付能力,不能偿还其分担额,其不能偿还之部分,由有请求权之继承人与他继承人按其所得部分比例分担之(一一七〇)。

遗产之瑕疵及债务人之支付能力，由各继承人按其应继分负担保之责任，已如前述，如负担保责任之继承人中，有无支付能力不能偿还其分担额场合，若他继承人只有担保请求权者一人时，则因担保义务人之无支付能力，其损失由自己负担，亦属事之无可如何。若除担保请求权人以外，尚有其他继承人时，则不使其他继承人共同分担无支付能力继承人之分担额，不足以贯彻均分公平之原则，故《民法》特为本条之规定。但不能偿还之部分，由有请求权人之过失所致者，他继承人自无对请求权人之过失仍负责任之理，故其损失应由请求权人自行忍受之（同条但书）。

第五　关于继承人间担保责任之规定，被继承人能否以遗嘱排除其适用？

关此法无规定。学说有肯定及否定二论。肯定论系由权论一一六五条一项及一一四三条之规定，而得之结论。否定论则以法无肯定之规定，且一一六八乃至一一七〇条解释上系强行性法规为论据。讲义取后说。盖当事人欲排除强行性法规之适用，必于法律有根据，自为论理之正。然既认强行性法规不能任当事人意思左右之，则间接的以其他法律行为之结果，而招致排除适用之类似脱法行为，亦不能使其发生排除之效力也。例如，根据一一六五条之规定，被继承人以遗嘱指定各特定遗产，使归属于各特定继承人。各继承人之各得特定种类遗产，系被继承人之遗意，纵有瑕疵，在法律效果之解释上，学说认为可发生排除适用之效力。余意以为分割方法与担保责任，截然为二事。分割方法之如何，不应使左右担保责任之规定，于理为较彻底乎。

第三目　对遗产债权人之效力

分割为消灭遗产之公同共有关系，故遗产债务亦在分割之列。如移归一定之人承受，或划归各继承人分担是。前述分割前各继承人之连带责任关系,理论上亦应因分割而消灭。然债务之分割,即为债务之处分。债务之处分,应得债权人之同意。若不能得债权人之同意时,债务虽分割,各继承人仍不能免除连带责任。此为保护遗产债权人之利益,所加于分割效力之一限制也。然于公同共有关系消灭后,长使未分受遗产债务之继承人,负连带责任,固非权义平均各别继承之本旨,亦非保护继承人利益之道。故《民法》复为连带责任消灭时效之规定。未准债权人同意之债务分割,自遗产分割时起,如债权清偿期在遗产分割后者,自清偿期届满时起,经过五年而免除各继承人之连带责任也(一一七一)。

第七款 分割之计算

分割之计算为:(1)先确算继承开始时,被继承人所有财产之价额。(2)算定继承人由被继承人所受之赠与价额。(3)上述二项价额之和,得应继遗产之总额。(4)以各继承人之应继分率除应继遗产总额,而得应继分。(5)然后由此应继分扣还该继承人对被继承人之债务额及扣除赠与价额。(6)其残余即为该继承人之实得应继分。(7)如须酌给遗产,或有遗赠场合,则先由继承遗产总额扣留之。兹就注意点述之:

第一项 对被继承人负有债务之扣还

被继承人所有之债权,不问其债务人为继承人及其他第三人,自为构成继承遗产之分子。若债务人之继承人一人单独继承时,则其债关系因混同而消灭,不成独立考虑之问题。如数人为共同继承,且其中或有对被继承人负有债务者,或有未负债务者,若亦因继承人之故,适用混同之规定时,则未负债务之继承人将不免因此受损失。故《民法》为"继承人中对于被继承人负有债务者,于遗产分割时,应按其债务数额,由该继承人之应继分内扣还"之规定,以贯彻分割公平之原则。如债务额远大于应继分额,将应继分全部扣没后,尚不足清偿其债务时,继承人是否仍须偿还未经扣还部分之债务额,法意不明。主张仍须偿还者为通说。盖因(1)法无积极的免除之规定,(2)贯彻所以扣还债务之立法意旨,故以通说为妥。

至继承人对被继承人所有之债权,应如何处遇,法无直接规定。然第一一五三条之被继承人债务,自包括对继承人所负债务在内。且债权之行使与否,属债权人之继承人自由,故另无特设规定之必要。

第二项　从被继承人受有赠与之扣除

第一目　意义

财产之生前处分,无论其为有偿或无偿,听任所有人之自由,于其死亡后,不以继承权之效力,追溯的更动之,为我《民法》之原则。然有例外。即(1)无偿处分——赠与,(2)受赠人为法定当序继承人,(3)赠与中之有特殊性质,即可解为继承财产之预付者,具备此三要件之赠与,虽为生前处分,仍得以继承权之效力而更动之。其理由:(1)以充实法定继承主义之本旨,(2)不违反被继承人生前处分之原意,(3)期共同继承人利益之平均。其更动赠与之实现方法,为将赠与价额算入于继承遗产额中,作为共同继承之标的是也。就其性质言之,盖为以继承权而追溯的撤销赠与也。所谓扣除云者,不过为分割上之便利,及计算确实应继分之方法而已。今试述要点于下:

第二目　扣除之权义人

第一　扣除之义务人

为受有赠与之当序继承人。问题有三:(1)受有赠与之当序继承人,抛弃其继承时,仍复有受扣除之义务? 学说有肯定否定二论。肯定说解说此类赠与为应继分之预付。其性质既为应继分之预付,即不得借口于继承之抛弃而免除其扣除之责任云云。余意以为既认为应继分之预付,则抛弃继承者,已与继承立于无关系之地位,应无应继分之可留保,故在此种场合,应返还其赠与之全部,不应以赠与额之多或少于其应继分而定其扣除之义务也。其法律上根据,为一一七三条,该条固明白将赠与认为应继之遗产。抛弃继承者,宁尚可依其抛弃前之应继分,而对应继遗产有所主张耶?故讲义袒肯定说,而异其理论构成。(2)失格继承人是否为受扣除之义务人?受有赠与之失格继承人,如其失格系基于一一四五条一项二款乃至五款之事由,在继承开始前已确定失格,而未经被继承人表示撤销其赠与者,则其赠与已变为非继承人之赠与,自无受扣除之义务。如其失格在继承开始时者,则其所受赠与之价额,应加入于应继承遗产之中。同时因失格而丧失其应继分权,从而为应继分预付之赠与价额,依理应全部返还之。(3)在此种场合,失格者之代位继承人,是否负受扣除失格者所受赠与价额之义务?学说有肯定论。余意以谓代位继承人以自己权利而为继承,除其应继分袭被代位人者外,非继承被代位人之权利义务者。故代位继承人除自己受有赠与,据当序继承人负扣还义务之原则,应受扣除外,对被代位人所受赠与,应不负代受扣除之义务。

第二　扣除之权利人

继承人所受赠与之受扣除,无非为维持继承遗产分割之公平,故惟共同继承人为扣除之权利人。扣除权之基础,既在维持继承遗产分割之公平,故各继承人之行使扣除权,原则上即以其应继分之不足部分为范围,各自单独行使之,不以共同继承人之共同行为为必要。受遗赠人及继承人之债权人,有否此种权利?

第三目　受扣除之赠与

受扣除之赠与为(1)因结婚,(2)分居,(3)因营业所受之赠与。除此三种赠与外,其他任何种类及性质之赠与,均不在扣除之列。又只需基于结婚、分居或营业之事由,无偿的与继承人以利益者,不问是否移转所有权于继承人,或仅提供财产之使用收益权,解释上均可认为本项之赠与。《民法》之所以限于基此种三事由所为之赠与,应受扣除者,盖我国继承财产,于继承开始前,由被继承人亲自析产,使诸共同继承人分居者,即继承财产分割于继承开始前者,为悠久之惯行,而对继承人因其结婚或营业所给与之财产,即抵充分授财产之一部分,亦为一种无文律。继承法不过对此种惯例予以法律技术的术语的整理之而已。故学者解此种赠与为应继分之预付,盖为使法律形式与实际法序融合上必要之解释方法也。

第四目　扣除之时期

赠与价额之扣除,为所以期遗产分割之公平,故扣除《民法》定于遗产分割时实行之(一一七三)。扣除权利人不于遗产分割时为扣除之意思表示,而承认其分割结果者,应认为抛弃其扣除权利。但分割时扣除权利人不知有受扣除之赠与者,则于分割后依不当得利之规定,请求返还其利益。

第五目　赠与价额之计算

"赠与价额,依赠与时之价值计算"之(一一七三Ⅲ)。盖我国旧习被继承人之为此类赠与,实即为继承财产之分割或应继分之预付。分受物或其收益之所有权,实际上已移转于继承人。嗣后此类分受物之存灭或其价额之增减,均为继承人自己之计算。《民法》继承财产之分割,限于继承开始后,故形式上将上项之分受物规作赠与,于遗产分割时将其价额算入于继承遗产之中,抵充受赠人应继分之数。非将分受现物返还于遗产,而重新分割也。既为以赠与价额抵充应继分之数,故其价额依赠与时之价值计算,最为合理故也。

第六目　扣除之免除

扣除之理由,无非为期遗产分割依各人法定应继分之确实实现。然依现行法之精神,被继承人之指定应继分,解释上应可成立。依此推理,如被继承人对赠与价额之扣除,有反对之意思表示——免除扣除之意思表示者,实为一种应继分指定之变相,自无不应尊重其意思之理。故《民法》特为但书规定之(一一七三Ⅰ但书)。然若免除扣除赠与价额之结果,而侵害其他继承人之特留分时,此时免除行为是否应受特留分扣减权之限制?免除之意思表示,学说有主张明示默示均可者如何?

第二节 继承人之选择权

第一款 总说

第一项 意义

继承开始后,被继承人之权利义务归属于继承人。其归属之方式,自来有三种立法主义:(1)因继承开始之事实,当然发生归属之效力,不能以继承人之意思而左右之。(2)必须继承人为承诺之意思表示,然后始生归属之效力。(3)归属之效力,虽因继承开始而当然发生,但其已生之效力,可由继承人之意思而消灭之。《民法》所取者为(3)之主义。详言之,继承开始时,被继承人之权利义,当然归属于继承人,此为继承开始原有之效力,已如屡述。但在继承人方面,于继承开始后,对为自己所开始之继承效力,可以意思表示完全拒却之,或虽不拒却,而对其效力之发生,附以一定限制的条件。此种继承人对继承关系上所有之法律地位,即谓之继承人之选择权。继承人选择权云者,谓继承人决定自己对继承关系之取舍之权利。非对已开始之继承效力,加以根本否认之权力也。

我国旧来无此种制度及习惯,所谓"父债子还""无产告过继",继承人绝无选择之余地。此种选择权利,完全系新继受之制度,容或不合于旧习。然(1)旧习之无选择权,系基于宗祧继承,所谓祖祀不可斩之思想。基此思想演化派生"父债子还"之铁则。现行法既废止宗祧继承,一以遗产继承为主。则此种思想上之原则,自无维持之必要。(2)民法原则,供债权之担保者,仅以债务者之财产总额为限。如使债务人之继承人无条件负连带责任,是为违反民法原则。(3)继承人必负担先人巨额债务之结果,姑无论一生将完全陷于债奴之运命,其或因债务之巨大,竭一生精力,亦无清偿之希望时,易使继承人由悲观绝望,而致自暴自弃,堕为无益有害之人,决非社会政策上之得策。故《民法》之采用选择权制,实为有价值的革命立法也。

第二项　选择权之内容

继承人于继承开始后,或知有继承开始之时起,对自己所开始之继承效力,愿无条件承受,不愿有所选择者,则依法继承被继承人之权利义务,不须为任何之意思表示,即所谓单纯承认是也。若欲有所选择者,则或为全完拒却或附条件承受,应为选择之意思表示。选择权之内容,即为全完拒却或附条件承受是也。全完拒却民法谓之抛弃继承,抛弃继承云者,对已开始之继承,不使对自己发生效力,而自己全完立于与继承无关系之地位为目的之意思表示也。附条件承受即民法所谓限定承认云者,限定以因继承所得之遗产,偿还被继承人之债务为条件而承认其继承之谓也。民法以无条件承认即单纯承认,为继承之本则,即为继承人原有之权利义务,其效力之发生,为法定,不必有待于继承之意思表示。故选择权之内容,在民法之理论上不应包括单纯承认也。

第三项　选择行为之性质

分项说明之于下:

第一　选择行为为法律行为。

选择行为为继承人对自己开始之继承效力,予以限制或拒却之行为,故为法律行为。从而限于行为能力人有选择能力。无行为能力或限制行为能力之继承人,以其法定代理人行之,统依总则规定。

第二　限定承认抛弃均不能附任何条件。

附条件时,使继承人之地位,系于条件之成否,而不能随限定承认或抛弃之意思表示而确定。从而害次顺序之继承人或遗产债权人之利益。故凡附条件之限定承认或抛弃行为为无效。无效意思表示,即为自始不存在。如不另为限定承认或抛弃之意思表示,而徒过得为限定承认或抛弃之法定期间时,即以单纯继承论之。

第三　限定承认,抛弃之意思表示,必为包括的。

即对全个之继承而为限定承认或抛弃。不能对全个继承,一部分为限定承认或抛弃,其他部分则否。因继承本身为包括的而非可分的,故此种部分的可分的意思表示,非认其为全部的限定承认或全部的抛弃,即为全部的无效。如不另为意思表示,而徒过选择之法定期间时,随情形之不同,或即以单纯继承论之。

第四　适法的限定承认或抛弃,其效力为绝对的,对任何人均发生效力。

第五　已为完全无瑕疵之限定承认或抛弃行为,不能撤销。

一经继承人为限定承认或抛弃之意思表示后,继承人之地位,随之确定,一切随限定承认或抛弃而来之复杂法律关系,亦因此发生。若可随意撤销,法秩将无由保持矣。

第六　限定承认或抛弃,均绝对的溯及于继承开始时发生效力。

第四项　选择权利人

选择权原为继承权之一作用,故原继承权者,即不能有此权利。继承人之为法定或指定,非所问也。

继承开始后,选择行为之法定期间经过前,继承人未为限定承认或抛弃之意思表示而死亡时,死亡者之继承人继承其选择权。然死亡者之继承人,必以不抛弃其对死亡者之继承为限。盖对前继承(即死亡者为继承人之继承)之选择,非代死亡者行使,乃为后继承人(即死亡者之继承人)自己固有之权利也。此为后继承人一人为单独继承之场合。若后继承人有数人为共同继承之场合,则如何?

第五项　关于选择意思表示之撤销

完全无瑕疵之选择行为,因继承关系之特殊性,绝对不能撤销,已如前述。然如选择行为人为无行为能力人,或为限制行为能力人而未经其法定代理人之允许者,或选择行为系因被诈欺或被胁迫而为者,其为无效或得撤销,盖与普通法律行为相同。关此未设特殊规定,适用总则,自无待言。

第二款　限定之继承

第一项　意义

被继承人之权利义务,于继承开始时,依法规定当然包括的移转于继承人,为民法继承之原则。然被继承人之权利即遗产多于义务即债务场合,继承人固可因继承而得利益。如债务浮于遗产或两者多少不明时,继承人将因继承而受损失,至少亦负损失之危险。继承后被继承人之遗产,与继承人之固有财产混同之故,上述继承人之损失若危险,可影响于继承人之债权人之利益,如继承人之自己债务亦浮于其财产者,则被继承人之债权人利益亦有受损害之危险。在此种场合,而继承人又不愿抛弃其继承者,法律特允许继承人对元来之继承效力,以意思表示,得加以一定之限制,此即本款之所谓限定之继承是也。限定之继承云者,继承人限定以因继承所得之遗产,偿还被继承人之债务为条件而继承之谓也。继承人之此种意思表示,特称之限定承认,为继承选择权之一内容,其性质已述于总说款,兹不赘。

第二项　限定继承之效果

依《民法》规定,限定继承之重要效果有三:一、由限定继承制度之目的所生者。二、为达此项目的之手段上所生者。三、对其他共同继承人之效果。分说之于下：

第一目　基于制度目的之效果

继承人为限定之继承后，仅以因继承所得之遗产，清偿被继承人之债务可矣。在任何情形，无以自己财产清偿之必要。换言之，在任何情形，遗产债权人不能对继承人之固有财产请求清偿或为扣押是也。又应注意者，限定继承人并非以遗产为限度而继承被继承人之债务，债务之继承本无限制，不过以限定继承之效果，在遗产所能负担之限度外债务，虽继承而无履行之责任而已。从而继承人逾越遗产所能负担之限度，而以自己之财产清偿遗产债务时，可否以非债清偿为理由而请求返还？

第二目　手段上之效果

限定以因继承所得之遗产，而偿还被继承人之债务，为达此目的首应将继承财产与自己固有财产，各自分离独立，不因继承而使混同。换言之，犹如将继承财产成立一个财团，继承人自己之固有债权人，不能就继承财产向继承人请求清偿。继承人亦不能以继承财产而清偿自己债务。继承财产为被继承人之债权人之共同担保，继承人之债权人，不能侵害之。同此理由，继承人对被继承人所原有之权利义务，亦不因限定继承而消灭。其权利仍对继承财产行使之，其义务亦仍向继承财产履行之（一一五四Ⅲ）。限定继承既以继承财产为限，而清偿被继承人之债务，则继承人对被继承人所负之债务，即为继承财产之构成分，其仍应履行，为当然之理。反之，继承人对被继承人所有之债权，亦非可行使之不可。何则，若不能对继承财产请求清偿时，（1）其结果将害继承人自己债权人之利益。（2）将以自己固有财产而充被继承人之债务清偿矣。

第三目　对其他共同继承人之效果

在数人为共同继承之场合，其中一继承人为限定继承之意思表示时，其他共同继承人，亦受此意思表示之效果，视为同为限定之继承（一一五四Ⅱ）。依理各继承人对继承之选择权，系各别所有，即选择与否应由各人自主，原则上不应受他人选择意思之影响。然限定继承制原为保护继承人利益而设者。且继承人之为限定继承，大概为债务浮于遗产，或继承人显有被不利益之虞场合。故以一人限定继承之意思表示，而使其他继承人同受其效果，固不悖制度之本旨，亦无妨于其他继承人之利益，然亦所以谋整理继承关系之简便也。

第三项　限定继承权利之丧失

选择权既为继承权之一作用，则凡继承人无论其为法定或指定，均可为限定继承之选择。然限定继承制之根本目的，在限定以遗产偿还被继承人之债务，用以保护继承人及遗产债权人之利益，已如前述。故若继承人有足以毁灭此项目的之行为，或为非单纯继承即不应为之行为时，应剥夺其主张限定继承之权利，而以单纯继承论之。盖不然者则无以贯彻限定继承制之本旨及保护遗产债权人之利益矣。故《民法》特于一一六三条为规定丧失限定继承权利之事由，今分说之于下：

第一　隐匿遗产。

第二　在遗产清册为虚伪之记载。

上二种行为必以出于继承之恶意为要件。因遗产仍在继承人管理之下，且负造具财产清册之责任，若偶因过失或错误而为此种行为，遽行剥夺其选择利益，未免过酷故也。此等基于故意之行为，其在为限定继承之意思表示以前者，固不必论。即在已为限定继承之选择后，亦仍受本条之适用，而以单纯继承论之。

第三　意图诈害被继承人之债权人之权利，而为遗产之处分。

限定继承之效力，溯及于继承开始之时。故继承人在为限定继承之意思表示以前，对遗产已为非单纯继承人即不应为之分处即出卖赠与清偿债务设定负担或加以变更等时,其不能再以限定行为,而撤销其处分,盖当然之理。况其处分系基诈害遗产债权人权利之意图者乎。故在此种场合,即以单纯继承论之,丧失其主张限定继承之利益。所谓处分,以继承人知其为遗产,且有诈害之意图为必要。又只须有处分行为为已足,是否有效亦非所问。

第四项　为限定继承之时期及方式(一一五六)

第一　时期

限定继承应于继承开始时起三个月内为之。此期间不问继承人知悉其得继承与否,自开始时起算。其理由为保护遗产债权人及受遗赠人之利益。若期间过长或以继承人之知悉有继承为起算点时,使遗产债权人及受遗赠人之权利,久陷于不确定状态,非法序所宜。在继承人因不知有继承而徒过限定承认之期间时,仍可抛弃其继承(后述),亦不至无所保护。如继承人因正当情事,不能如期决定选择之态度,或遗产复杂,不能于三个月内调查完竣时,若不许其声请延展者,仍不能贯彻所以设限定继承制之主旨。故《民法》复为"前项三个月期限,法院因继承人之声请,认为必要时,得延展之"之规定。法院之准声请延展与否,及准许延展之期间长短,均以其职权裁量定之。

第二　开具遗产清册

继承人欲为限定之继承,必须先开具遗产清册,此为限定继承之要件。遗产清册为遗产之总纪录,限定继承即限定以遗产偿还被继承人之债务。故必须先明白造成纪录遗产总额之清册,然后(1)法院得据以稽核继承人有否一一六三条之情弊,(2)遗产债权人及受遗赠人得准此而行使权利,(3)继承人亦可依此而履行限定继承上之义务。开具遗产清册,既无法定一定方式,解释上自以记载忠实——无虚伪及记载完全——无脱漏为已足。

第三　呈报法院

"为限定继承者应……开具遗产清册呈报法院",开具遗产清册,既为限定继承之先行程序,已如前述,则呈报法院云者,盖即为限定继承之意思表示之法定方式也。限定继承之意思表示必须对法院为之者,盖期其郑重及明确也。此之法院,在现行法,盖指继承开始时被继承人普通审判籍所在地之法院也(《民事诉讼法》第十六条)。继承人有数人时,依一一五四Ⅱ之规定,由其中一人为之,与数人共同为之,其效果相同。

第五项　遗产之管理

继承人为限定继承之意思表示后,遗产应由何人管理,因《民法》无明文规定,学说虽解释应由继承人负管理之责,然关于理由之说明,颇详而未切。盖限定继承固仍为继承也,不过与单纯继承不同者,限定以遗产偿还被继承人之债务而已。除此以外,两者之本质因未有若何差异,从而继承人之法律地位,固未有如何更动也。非如抛弃继承场合,继承人完全立于与继承无关系之地位者也。关于遗产之管理,当然系继承人之责任,已于一一五〇条及一一五二条规定之,在限定继承自无再为规定之必要。关于管理上之注意义务如何,法无规定。学说有主张仅应与处理自己事务为同一之注意者,有主张应以善良管理人之注意为之者,讲义从前说。盖限定继承人之管理遗产,乃为继承人之固有权义,与委任管理有别。且遗产于清偿被继承人之债务后,如有剩余归属于继承人,乃为继承原来之效力,非视作管理上之报酬而受之也。

第六项　遗产之清算

限定继承之效果,为限定以遗产清偿被继承人之债务。继承人为遂行此种债务,应有一定法定程序。此种法定程序,即为本项限定继承遗产之清算。今就法定清算程序,分目说明之。

第一目　公告遗产债权人及受遗赠人

继承人既决定为限定继承后,第一应使遗产债权人及受遗赠人知道自己为限定继承之事实。同时为催告其于一定期限内报明其债权及遗赠,俾按其额数以遗产分别偿还。此种公告,限定继承人呈报限定继承于法院时,由法院依申报权利之公示催告程序为之。公示催告期间为三个月以上(一一五七)。三个月以下为违法。三个月以上之确定日数由法院裁定。期间之起算时日,应适用《民事诉讼法》五一〇条之规定。应注意者为一一五七条所规定受催告人仅为被继承人之债权人,而不及受遗赠人。按限定继承之遗产清算性质,及与一一七九条并规定受遗赠人者相比较研究,谓对限定继承之受遗赠人不必催告,受遗赠人亦无申报其遗赠之必要,断无是理也。故在解释上应为之补充之。

第二目　清偿债务交付遗赠

第一　清偿交付之时期

关于清偿债务之时期,《民法》于一一五八条为"继承人在前条所定之一定期限内,不得对于被继承之任何债权人偿还债务"之规定。释言之,即在公示催告期间届满以前,不得为任何债务之偿还是也。关于遗赠之交付时期,虽仍无所规定,然由一一六〇条非偿还债务后不得对受遗赠人交付遗赠之规定推之,即无特别规定,在解释上不能在公示催告期间届满以前,交付遗赠,盖毫无疑义。

公示催告期间届满后,限定继承人能否以遗产或债务数额等尚未确定为理由,拒绝清偿或交付?学说有积极消极二说。余意以为遗产或债务数额尚未确定云者有二义:(1)遗产中有附条件或期限之权利,或为附条件或期限之债务,公示催告届满时,条件尚未成就或期限尚未到来,从而不能确定其数额之谓。(2)尽遗产之数额比例债务之数额,而为公平之偿还,乃为限定继承之根本原则。此种比例计算,于公示催告期间届满时,尚未揭算清楚者,亦为尚未确定其数额之一种情形。以(1)之意义为拒绝清偿债务之理由,自不能成立。盖附条件或期限之遗产债权及遗产债务应于造财产清册或公示催告期间届满时,依理可请法院命鉴定人评定其价额,实为清算程序中应有之方法,自不能以之而为拒绝偿还债务之理由。不然此时无以保护确定债权人或已届清偿期债权人之利益矣。(2)为事实问题,例如于公示催告期间届满前一日所申报之债权,而附有条件或期限者,则评定其价额,自在期间届满以后,若继承人以此而拒绝偿还债务,不能谓无理由。盖继承人负一一五九条按债务额数比例计算之责任故也。

第二 偿还债务交付遗赠之顺序

其顺序依《民法》规定为:债务之偿还先于遗赠之交付(一一六〇)。且有优先权之债权先于普通债权而受清偿(一一五九但)。未于公示催告期间内报明其债权而又为继承人所不知者,仅得就剩余遗产行使其权利(一一六二)。兹摘记其注意点于下:

一 对于债务之偿还

1 有优先权之债权,应先于普通债权而受清偿。《民法》所谓"不得害及有优先权人之利益"(一一五九但)即此意也。有优先权之债权,例如有抵押权、质权、留置权等之债权是。但供担保之物或权利不足清偿其债务时,其不足之额应与普通债权竞合而受清偿,无复优先受偿之权利。

2 除前项有优先权之债权外,其他普通债权以于公示催告期间已由债权人报明或纵未报明而为继承人所已知者为限,继承人应以遗产分别清偿之。如债权浮于遗产,全遗产不足以清偿时,则应按各债权之数额,比例算计,尽遗产分别偿还之(一一五九)。

未届清偿期之债权如何处遇?附条件或期限之债权如何处遇?

二　对于遗赠之交付

继承人非于前述债务清偿后，不得对受遗赠人交付遗赠（一一六〇）。是则遗赠之交付，必在清偿债务后。其理由：遗赠至被继承人死亡后始生效力，始行确定，而被继承人之债权人之权利，在被继承人死亡前，已确定而生效力。换言之，遗赠实为就已负有确定债务之遗产成立之故也。故其交付，必在清偿债务以后，不然者，凡债务人均可以终意行为，侵害债权人之既得权利矣，无是理也。

受遗赠人有数人，而清偿债权后之剩余遗产，不敷交付全部遗赠时，如何处遇，法无规定。受遗赠人应公平受遗赠之交付，应与债权之偿还相同。故主张准用第一一五九条关于比例偿还之规定，亦应按其数额为比例计算之交付者为通说。

死因赠与之交付顺序如何？

三　于公示催告期间未为报明及为继承人所不知之债权之损失

以公示催告被继承人之债权人于一定期限内报明债权者，非无为期遗产清算之确实，而使各债权人得公平之偿还也。若于公示催告期限内不报明债权而又为继承人所不知者，则在债权人是为不依法行使其权。在继承人亦无所据为计算，预留一部财产，为他日偿还之地也。故此种债权自不能再主张遗产清算程序上应有之利益，仅得就剩余遗产行使其权利（一一六二）。所谓剩余遗产云者，系指清偿于公示催告期限内报告与继承人所已知之债权，以及交付遗赠后所余之遗产而言。如遗产已无剩余，则为债权人之损失。因为限定继承之故，亦无从对继承人行使其权利也。

问题1　公示催告期限后偿还债务前向继承人报明之债权，可否要求加入比例计算？可否要求先遗赠交付而受清偿？

问题2　如在遗赠交付后，可否向受遗赠人行使求偿权？

问题3　一一六二条仅规定债权,对遗赠是否亦同适用?

问题4　就剩余遗产交付遗赠,应否受特留分规定之适用?

第三目　继承人之赔偿责任及受害人之求偿权

第一　继承人之赔偿责任

限定继承人为遗产之清算人,应负遗产清算人之责任。遗产之清算,无非为保护遗产债权人之利益,尽可能使得受公平之偿还。故《民法》特为规定清算之程序(一一五七乃至一一六〇)。如继承人清算遗产时违反上述清算程序之规定,因致遗产债权人受有损害者,应负赔偿之责(一一六一Ⅰ),乃为当然之理。赔偿责任以违反清算程序规定,因而致受损害为要件。即违反与损害并存,而有因果关系者为限。如有违反而无损害,有损害而不违反,或违反与损害虽并存而无因果关系者,皆非本项之问题。

问题1　本项受害人仅列债权人,而未及受遗赠人,解释上应否若可否包括之?

第二　受害人之求偿权

受害人除得向继承人请求损害赔偿外,复得向因违反清算程序受有不当受领之债权人及受遗赠人请求返还其不当受领之数额(一一六一Ⅱ),是为受害人之求偿权。求偿权之根据何在,学说纷纭,尚无定论。有谓基于不当得利者,有谓基于侵权行为者。有谓直接基于本条第二项之规定者。讲义取第三说。盖为遂行清算,以达公平偿还目的之手段上,应有之权义也。

第三款　继承之抛弃

第一项　抛弃之意义

继承之抛弃云者,继承人对已开始之继承,拒却其对自己发生效力,而使自己完全立于与继承无关系之地位为目的之意思表示也。《民法》

继承之效力，于继承开始时，当然发生之，无须继承人之任何意思表示。故继承人欲拒却其对自己发生效力时，必须以意思表示之。此种意思表示之效力溯及于继承开始时，已如前述。故继承人抛弃其继承之结果，溯及的自继承开始时起与非继承人者相同。

第二项 抛弃行为人

惟当序之继承人得为继承之抛弃，继承人之种类如何，非所问也。继承人于继承开始后，未为抛弃而死亡时，其继承人继承其抛弃权利。继承人有第一一六三条之情事时，是否亦应丧失其抛弃之权利，法无明文。在限定继承场合，限定继承人仍不失其继承人之地位，尚复剥夺其限定继承上之利益，而以单纯继承论之。至抛弃继承之人为与继承立于无关系之地位者，若仍为处分遗产或隐匿遗产等情事时，其在抛弃以前为之者，解释上亦应与限定继承场合同一处断，是为通说。惟于抛弃后为之者，理论上似以侵权行为论之为妥乎？数人为共同继承场合，各人独立的有抛弃权利。不如限定继承以一人之限定继承，而拘束其他继承人也。

第三项 抛弃之时期

"抛弃应于知悉其得继承之时起，二个月内"为之（一一七四Ⅱ前段）。以继承人知悉其继承之时为期间之起算点。其期间为二个月。此与限定继承不同。盖限定继承多行于债务浮于遗产场合，即使继承人不知悉有继承开始，徒过三个月之法定期间，而不能为限定继承之选择者，于知悉时复可为抛弃，以资救济。至抛弃则为继承人。对继承全个受拒之问题，其关系自较限定继承为重大，故必以继承人之知悉时为期间之起算点。对继承开始之事实是否是知悉，否则上自就继承人本身决之。无行为能力人或限制行为能力人，应就法定代理人决之。

第四项 抛弃之方式

一旦继承开始后，被继承之权利义务，当然归属于继承人，此为继承之法定效力。今继承人对此法定效力,欲完全拒却之,则其拒却之意思表示非有一定形式及接受之确定对手方不可。故《民法》特为规定抛弃必以书面(一一七四Ⅱ),所以保持其意思表示之确实也。又应向法院亲属会议或其他继承人为之(同条项)。接受抛弃意思表示之对手方罗列三个,盖任继承人之便利,向任何一个为之均可,非必对三个均应为之也。因抛弃为单独行为,一经以书面向三个中一个为表示意思时,即可成立也。

第五项　抛弃之效力

第一目　一般效力

"继承之抛弃,溯及于继承开始时发生效力"(一一七五)。则继承人自继承开始时起,与未为继承人者相同。即不因继承取得被继承之权利,亦不负担其义务。继承人自己固有财产与遗产亦完全分离。对被继承人所原有权利或义务,就遗产行使之,或对遗产履行之。

抛弃人所受有一一七三条之赠与价额,是否算入于应继遗产之中?换言之,抛弃人是否应返还其赠与价额于应继承遗产?夫抛弃继承者,实即为抛弃其应继分,故若贯彻赠与价额之所以扣除之理论——认赠与为应继分之预付之理论时,则抛弃人应返还其赠与,于解释上亦似较为妥适。但有反对说及抛弃人所受赠与价额之侵害他继承人应继分部分应返还之折中说如何?

第二目　对于其他继承人之效力

第一　法定继承人抛弃继承场合

"法定继承人中有抛弃继承权者,其应继承分归属于其他同一顺序之继承人,同一顺序之继承人均抛弃其继承权时,准用关于无人承认继承之规定。"(一一七六Ⅰ)本项所应考察者,即为同一顺序之继承人均抛弃时,准用关于无人承认继承之规定是。推法定继承人中有抛弃继承权者时，其应继承分之所以归属于其他同一顺序之继承人者，盖法定继承制之本旨，原在不论继承人人数多寡，其遗产应由当序继承人继承之之意。故数人当序继承人中有一人抛弃时，其应继承分仍由其他同一顺序继承人继承之。然则，同此理由，前序继承人抛弃其继承时，其应继分应由次顺序继承人继承之，宁非当然之理乎。必至全法定继承人均抛弃其继承时，然后始应准用关于无人承认继承之规定也。故上述规定除解为立法之疏漏外，实不解其理由所在也。学者对此规定之解释，又意见各持，有主张准用搜索继承人之规定者，有主张准用归属国库之规定者。归属国库必至搜索继承人公告期间届满后，仍无人承认继承时，始可行之。如有法定后序继承人存在者，其不能直接准用此项规定，毫无疑义。然俨然有后序继承人存在，仍须为法定搜索继承人之程序，宁法所以便人之意耶。

配偶原为统各顺序而得为共同继承之人。然在抛弃场合，是否应解为同一顺序之继承人，为应研究之问题。就形式上言之，配偶既得统序继承，自不能为有一定顺序者。就实际之应继分言之，配偶有独立法定应继分。与顺序继承人为共同继承时，不论顺序继承人之多寡，均保持法定应继分率，不受影响。故在顺序继承人中有抛弃其继承时，其应继分归属于其他同一顺序之继承人，配偶不能参与分配也。然同一顺序继承人均抛弃其继承时，依上述理论，应由配偶与后序继承人共同分配之。

第二　指定继承人抛弃继承场合

其继承分归属于被继承人之配偶及第二顺序之继承人。

抛弃继承溯及于继承开始时发生效力，故他继承人亦溯及于继承开始时承受抛弃人之应继分，如他继承人于继承开始后，抛弃人之抛弃前死亡者，仍不失其承受抛弃人应继分之权，由其继承人继承之。然抛弃人之应继分与他继承人自己固有应继分为不可分。若抛弃自己固有之继承分时,即不能再主张抛弃人应继分之承受。

第六项　遗产之管理问题

继承人在抛弃其继承以前,对遗产当然负管理之责。然抛弃之结果,为消失其继承人之地位。故其管理义务,理论上应与抛弃同时消灭。若与抛弃同时由其他继承人或亲属会议所定之遗产管理人继续管理时,自不成问题。如不然者,则在他继承人接续管理或遗产管理人选定以前,遗产将一时陷于无管理之状态。依理在此种场合,应仍由抛弃人暂为管理,为合乎所设抛弃制之法意。然法无规定,盖待判例为之补充外,无他法也。

第五章　无人承认之继承

第一节　总说

第一款　意义

无人承认之继承云者,继承开始时,继承人有无不明之场合之谓也。从而(1)确有继承人,不过继承开始所在不明或其抛弃与否尚属未定。(2)确实无继承人或虽有继承人至继承开始时其不存在业已确定者,均非本章无人承认之谓。盖确有继承人而其所在不明,则可依《民法》第十条之规定管理其继承财产。或抛弃与否未定者,则继承遗产依一一四八条当然归属于继承人。无继承人业已确定者,则遗产因被继承人之死亡而变为无主之财产,或归属国库,或归属于先占之人,法律均已有相当办法,不成问题。惟在继承人有无不明之场合,既不能期其必有,亦不能期其必无,则对被继承人之遗产,即不能不有适当之处置。否则,放置于无人管理之状态,自难免毁损失灭。是则不但非所以保护或有继承人之利益,同时因继承人有无不明之故,继承债权人受遗赠人亦不能行使其权利，殊非法序之所宜。故《民法》对无人承认之继承，特为取适当取置之规定也。其处置之方法有二，即一方为搜索继承人之规定，一方为管理其遗产之规定是也。

继承人有无不明之继承遗产，其主体为谁？为首应解决之问题。立法例有将遗产为法人，自成为独立主体。则遗产管理人系为法人之管理人，为法人而执行清算职务，在理论上本属妥当。一旦继承人出而承认其继承时，法人固因此而消灭，然消灭前法人所为之行为，不因此而失效，盖为当然之理。继承人出而承认其继承后，其效力溯及于继承开始时，是则两相抵触矣。故遗产法人之立法例，亦无以自圆其说。《民法》有鉴于此，不取法人制。拟制的以无有不明之继承人为遗产之主体，遗产管理人为继承人之代理人（一一七八）。以备一旦继承人出现时，可贯彻继承之溯及效也。然此代理人系法律所规定，系一种法定代理，其代理权限即为法定遗产管理人之职务，其职务以继承人出现为终任期，既为拟制法定的代理人，故出现之继承人，虽为未成年人，其代理权亦应终止焉。

第二款　继承人之搜索

在继承开始后继承人有无不明场合，法定先由被继承人之亲属会议选定遗产管理人。亲属会议于选定遗产管理人后，应将继承开始及选定管理人之事由呈报法院，请求法院依公示催告程序公告继承人，命其于一定期限内承认继承（一一七八Ⅰ）。此即为搜索继承人之程序。所以必由法院以公示催告程序搜索者，盖期正确也。搜索之期间为一年以上，其一年以上之确期由法院量定之。期间之起算点，当然亦为自最后登载公报或新闻纸之日起算。

第三款　遗产之管理及清算

第一项　管理人之选定

选定者为被继承人之亲属会议。被选资格法无限定。亲属会议之召集权人,为被继承人之债权人受遗赠人及其他有利害关系之人(一一二九)。管理人既由亲属会议选任,亦得由其撤免之。

第二项 管理人之职务

管理人之职务,《民法》于一一七九至一一八二条规定。兹略说之于下:

第一 编制遗产清册(一一七九Ⅰ1)

管理人应于就职后三个月内编制之(同Ⅱ前段)。所谓三个月内云云,系三个月以内编制完竣之意。

第二 保存遗产必要之处置(一一七九Ⅰ2)

此之所谓处置,盖为管理上所必要之事实行为及法律行为的处分之意。

第三 对于遗产债权人及受遗赠人之公告及通知(一一七九Ⅰ3)

声请法院依公示催告程序,限定一年以上之期间,公告被继承人之债权人及受遗赠人,命其于该期间内报明债权及为愿受遗赠与否之声明。被继承人之债权人及受遗赠人为管理人之所已知者,应分别通知之。

第四 清偿债权或交付遗赠物

一 时期

为一一七九条一项三款之公示催告期间届满后。其理由在期清偿债权及交付遗赠物之公平。

二 顺序

债权先于遗赠(同条Ⅱ中段)。担保债权先于普通债权,其理由参照限定继承遗产之清算。

未于公告期间申报之债权及遗赠物,仅得就剩余遗产行使其权利(一一八二)。

三　遗产之换价处分

清偿债权交付遗赠物，既为管理人之法定职务，则为实施清偿及交付之一种方法之换价处分，管理人理应有权为之。然换价处分影响于遗产之原来价值者甚大，是否有此必要或妥当，应慎重审详，始得期遗产及遗产债权人受遗赠人两不损失。故管理人欲为此项换价处分时，必须经亲属会议之同意（同条Ⅱ后段）。

第五　遗产之移交

有继承人承认继承时，移交遗产于继承人。否则，除清偿交付后尚有剩余时，将剩余遗产移交于国库。有继承人时，须即时移交，不问管理或清算至何程度。对受移交人——继承人或国库应为管理之计算。如无剩余财产时，应对管理监督人之亲属会议，为管理之计算。

第六　遗产状况之报告及说明

因亲属会议，被继承人之债权或受遗赠人之请求，管理人应报告或说明遗产之状况（一一八○）。报告或说明以书面或言词均可。

第三项　管理人之报酬

遗产管理人就管理上之劳务，得请求报酬。其数额由亲属会议按其劳力及与被继承人之关系酌定之（一一八三）。对被继承人之关系云者，管理人与被继承人有否亲属关系，被继承人在日情谊如何等之意也。

第四款　遗产之归属

搜索继承人公告期间届满后，无人承认继承时，其遗产于清偿债权及交付遗赠物后，如有剩余，归属国库。此为旧律"酌拨充公"（卑幼私擅用财例文）之遗制。搜索期间届满后，仍无人出而承认继承，在形式上无继承人已可确定。管理人代理继承人管理遗产之拟制，失其根据，应使管理人解除其管理责任。同时将遗产确定其归属人，以期其经济效能之融通。故于公告期间届满清偿债权及交付遗赠物后，如尚有剩余，即归属于国库。国库承受剩余遗产之法理,自来立法例及学说,不一其说,有力者有二。一、国库继承人说。国库仅承受其剩余遗产,不负担任何义务,继承人说,自难认为允当。二、国库取得无主物说。无主物说通常仅能适用于不动产,至动产必先占取得(八〇二),即必以所有之意思占有无主物为要件,国库不能为此,故此说亦不足以解释《民法》。在《民法》解释即根据一一八五条,国库为原始取得者。归属国库后,被继承人之债权人及受遗赠人,对国库仍否可主张其权利,即依此解释而得解决之。又搜索期间届满后,归属国库前,继承人出现时,仍否可主张继承?

第六章　继承之回复请求权

第一　意义

继承开始后继承人因不知有继承开始之事实或虽知而误信自己非继承人,放任继承于不理,同时本非继承人之人,冒称为继承人,行使继承人之权利,占有继承财产时。正当继承人之继承权,虽受侵害,但无即因此而被剥夺之理。在此种场合,正当继承人应可主张其继承权,请求排除不法之侵害,回复其继承权之原状也。此即本章之继承回复请求权是也。凡私权受侵害时,皆可请求排除侵害,回复原状。继承权既为私权之一种,自可依一般回复请求权处遇,固不必特另设规定。然因继承权受侵害时,请求回复其原状,其内容颇为复杂,如应先为继承权有否之确认,继承财产之返还请求,身分登记之变更等,欲完全达回复之目的,必经数种程序,综错烦重,非所以保护继承人之利益者。故《民法》特为另设继承回复请求权制。以一个请求权,而使发生上述各种之效果也。故继承回复请求权之性质,为人的请求权——对冒占继承人请求确认其继承权及物的请求权——请求冒占继承人回复其继承物之混合体也。

此种请求权如在审判上主张时,其性质为给付之诉。

第二　请求权人

请求权人为被害人及其法定代理人（一一四六Ⅰ）。所谓被害人即为继承权被侵害之正当继承人,及其继承人。

第三　请求之对手方

请求之对手方为冒称继承人而占有继承物之人。日人称之为表见继承人。讲义姑名之为冒占继承人。冒占继承人之原来身分如何,无关于冒占继承之成立。即冒占继承人原为与继承全无关系之第三人,或本为继承人而失格者,或为后序继承人,或已为抛弃继承之人均同。

第四　回复请求权之效果

一　对于冒占继承人之效力

所谓回复者系回复其未侵害时之权利状态也。故冒占继承人应返还占有之遗产及孳息。如不能返还,则依不当得利之规定,以定其义务。

二　对于第三人之效力

依理由冒占继承人就遗产取得权利之第三人,不能以此而对抗回复请求权人。盖冒占继承人对遗产所为之处分行为为无权处分,当然自始无效。由无权利人所取得之权利,不问其有债无债,及取得人之为善意恶意,均无发生效力之可能。学说有主张对善意第三人之效力,应以不溯及既往为原则,如何？

第五　回复请求权之消灭时效

继承权被侵害之继承人,固可请求回复。然若久不行使其权利时,则复杂之继承关系,将永续其不确定状态,殊有害于交易之安全。故《民法》特为规定回复请求权之消灭时效也（一一四六Ⅱ）。即：

一　继承人自知悉其继承权被侵害之时起,二年间,不为回复之请求者,消灭其请求权。

二　自继承开始时起逾十年而不为回复之请求者,不问知悉与否,消灭其请求权。

第二编　遗嘱

第一章　总论

第一节　遗嘱制度之效用

人为念虑自己死亡后,一家近亲之幸福及自己财产之运命,而预为筹划布置,乃为人情之常。对先人之遗志,想尽可能尊重之,实现之,又为人子及后死之亲近者,驱于德义心之志愿。人情德义乃为维持及继续社会生活之一要素,故法律为维护此种人情德义,对人生前之意思表示,于其死后,在一定限度内,予以支配其死后关系之效力也。此即本编遗嘱制之所以存立之根本理念也。

第二节　遗嘱之意义

遗嘱云者,于表意者死亡后发生效力之要式的独立的意思表示也。分说之于下:

第一　遗嘱者独立的意思表示也

独立的云者有二义:一、自主之谓。即在任何场合,不许以他人之意思补充代理之意也。二、无对手方之谓。即普通所谓单独行为之意。不必对一定对手方而为之,且无须一定之受领人。

第二　遗嘱须依法定方式为之

遗嘱虽无必为要式行为之理,然诸国立法例,均以此为要式行为,口头遗嘱原则上不发生效力。此虽不切于实际需要,亦不得已也。其理由:(1)所谓遗嘱之意思表示,非即时发生效力,表意与生效之间,有时间之经过。(2)生发效力时,表意者已不存在。(3)其内容系有重要关系者居多。故非有一定形式,不足以保持意思表示之确实也。

第三　遗嘱于表意者死亡后发生效力

此为遗嘱所以异于普通法律行为之特性。死亡后发生效力云者,谓意思表示本身于表意者死亡时,法律上始发生效果之意。非必表意者所期待之法律行为之效果,随其死亡而当然发生也。

第四　遗嘱之内容不以法律有规定之事项为限

遗嘱须依法定方式为之,其效果必至表意者死亡时始发生之,除此等之特性外,其本质原为法律行为之一种,故凡不违反公序良俗及强行法规之事项,均可以遗嘱为之。《民法》于监护人之指定,继承人之指定,遗产分割之禁止,遗赠,遗嘱执行人之指定等,均规定必限于遗嘱行为者,盖此等行为之性质,惟适宜于遗嘱行为故耳。非除此等行为以外,即不许以遗嘱为之也。

第三节　遗嘱能力

遗嘱为法律行为之一种,关于遗嘱行为能力,依理应可适用总则之规定。然遗嘱有种种特性,不尽与普通法律行为相同,故关于遗嘱能力,亦不能全适用总则规定也。今试略说之于下:

第一　无行为能力人

"无行为能力人,不得为遗嘱"(一一八六Ⅰ)。依总则无行为能力人之意思表示虽为无效,但可由其法定代理人代理之(七五、七六)。遗嘱则必须本人自为,不能由他人代理。故凡无行为能力人,即绝对不能为遗嘱。

即(1)未满七岁之未成年人,及(2)禁治产人,为绝对无遗嘱能力。立法例中有于禁治产人在精神回复原状中,以医师之莅场鉴证,可以为遗嘱(如瑞士、日本)。有绝对不认有遗嘱能力者(法、德)。《民法》同后者例。但我国无准禁治产之制,因心神耗弱致不能处理自己事务之人,解释上亦可包括于禁治产适格之内。在此类之禁治产人及精神回复原状中之禁治产人,无得为遗嘱之例外规定,实际上是否适当?

第二 未满十六岁之未成年人

七岁以上之未成年人为限制行为能力人,其所为之法律行为,原则上须经法定代理人之允许或承认,始得有效(七八、七九)。然在遗嘱则仍无适用。因(1)遗嘱为独立行为,无须乎法定代理人之允许或承认。(2)尽可能予有意思能力之限制行为能力人,有自立遗嘱之机会。故《民法》复为异于总则之规定(一一八六Ⅱ)。即七岁以上十六岁未满之限制行为能力人,仍为无遗嘱能力人。至满十六岁以后,大概知能发育,虽未满二十岁,对于身后事已能熟权利害,故特认为可以独立的为遗嘱行为也。

第三 决定遗嘱能力之时期

遗嘱能力之有无,依遗嘱人于订立遗嘱之时决定之。遗嘱发生效力,即死亡时,是否有遗嘱能力,对于遗嘱之发生效力,无任何影响。

第四节 受遗赠能力

凡接受遗嘱之人,其能力何如,本为本节应讨论之命题范围。然除遗赠以外之遗嘱。其接受者之资格及能力,可依其他规定遗嘱行为所属之法律行为之民法编章,比附援用解决之。故本节所检考者,仅为受遗赠人之能力如何问题。受遗赠能力云者,谓接受遗嘱上所指定一切利益之人之能力也。承受遗赠,原则上为承受遗嘱人一定之利益,多为基于法效之事实行为。故本节所谓受遗赠能力,与普通法律行为能力异其性质。严格言之,乃为法定受遗赠人之资格。故依理任何人均可为受遗赠人。然受遗赠人既为原则上受遗嘱人之利益者,故如受遗赠人对遗嘱有敌对行为或以种种不正手段违拗遗嘱人之意思,而使为有利于己之行为时,论理自应消失其受遗赠之资格,以为制裁也。故《民法》特为如受遗赠人有一一四五条之情由时,应准用之之规定也(一一八八)。详言之,受遗赠人如有一一四五条各款所定丧失继承权原因之一时,即丧失其受遗赠之资格是也。一一四五条所谓被继承人,应解为遗嘱人。所谓关于继承之遗嘱,应解为关于遗赠之遗嘱。至所谓应继承人虽应解为受遗赠人,然应继承人法定有种种继承上之条件,不同受遗赠人之简单。且应继承人多为法定,而受遗赠人则定于遗嘱,两者显多不同之点。故《民法》仅规定为准用也。又受遗赠人非于遗赠发生效力,即遗嘱人死亡时,系生存者不可。此即所谓"同时存在之原则",亦即为受遗赠能力之一要件。法人于其目的范围内有受遗赠之能力。盖遗赠与继承性质不同故也。惟遗嘱发生效力时,尚未设立之法人,有无受遗赠能力,学说是否不一。然依同时存在之原则,其不能有受遗赠能力,无待辨证。《民法》六〇条之遗嘱捐助,形式上虽类似于尚未设立之法人,亦有受遗赠之能力。其实遗嘱捐助,为以遗嘱设立财团之行为,与纯粹之遗赠,不同其性质,故遗嘱捐助不能以遗赠论之。

第二章 遗嘱之方式

第一节 总说

遗嘱之所以必依法定方式为之者,已于总论述之,兹不赘。《民法》所规定遗嘱方式,颇为复杂,且罗列数种以凭遗嘱人选择。其理由:第一为适应所以规定遗嘱方式之根本原则。即(1)确实保存遗嘱人之真意,防止伪造及变造。(2)使不谙文义或不能自书文字者,亦得为遗嘱之订立。(3)使在生命危急之际,亦可订立遗嘱。(4)使遗嘱得确实保存,无丧失之虞。(5)如遗嘱人于生前不欲使人知有遗嘱之成立若其内容者,应使其得守秘密。(6)尽可能务求其订立程序之简便与费用之俭省。第二因上述各项方式上之根本原则,事实上得此失彼,不能兼收并行于一个方式之中。故《民法》取长补短,技术的为配成五种方式,以供遗嘱人依其境况意欲而抉择焉。

第二节 遗嘱之种类

《民法》之遗嘱方式有五种,从而遗嘱亦可分为五种。即:

一 自书遗嘱

二 公证遗嘱

三 密封遗嘱

四 代笔遗嘱

五 口授遗嘱(一一八九)

以上五种依其性质又可归纳之为二大类:

一 普通方式之遗嘱,或可名之正式遗嘱。第一种至第四种之遗嘱属之。

二 特别方式之遗嘱,或曰略式遗嘱。第五种之遗嘱属之。

兹试分节略举各种遗嘱之要点于后。

第三节 普通方式之遗嘱

第一款 自书遗嘱

"自书遗嘱者,应自书遗嘱全文,记明年月日,并亲自签名。如有增

减涂改,应注明增减涂改之处所及字数,另行签名。"(一一九〇)

一　须自书遗嘱之全文。全文云者凡遗嘱上之文字,均须自书之谓。非遗嘱内容之文义,必完全之意。

二　须记明年月日。反之无效。盖不然者,因无第二人参加之故,至遗嘱发生效力时,遗嘱人是否有遗嘱能力,如遗嘱有二个以上时,其前后如何,均无由判定焉。

三　须亲自签名。为所以表证系遗嘱人自书遗嘱之意。只能识别其为遗嘱人本人所签之名者即可,不必拘何名。但不适用第三条之规定。

四　增减涂改之注明及签名。

本方式简便是其长点,然容易伪造变造是其短处。

第二款　公证遗嘱

"公证遗嘱应指定二人以上之见证人,在公证人前口述遗嘱意旨,由公证人笔记、宣读、讲解,经遗嘱人认可后,记明年月日,由公证人见证人及遗嘱人同行签名。遗嘱人不能签名者,由公证人将其事由记明,使按指印代之。"(一一九一Ⅰ)

一　指定二人以之见证人。指定者为遗嘱人本人。

二　须在公证人前口述遗嘱意旨。非口述而以目书遗嘱意旨文稿交公证人者如何?依理能由公证人心证其出于己意且为见证人所公认者,应认为可代替口述。盖本方式之重心点在于公证,非在口述之形式也。

三　应由公证人笔记、宣读、讲解。遗嘱正文必由公证人书写。为本方之核心点。

四　须经遗嘱人认可。

五　须记明年月日,由公证人见证人及遗嘱人同行签名。遗嘱人如不能签名者,由公证人将其事由记明,使遗嘱人按指印代之。

前项所定公证人之职务,在无公证人之地,得由法院书记官行之。侨民在中华民国领事驻在地为遗嘱时,由领事行之(一一九一Ⅱ)。

本方式之优点在证据力之强。但须费,且程序繁复,是其缺点。

第三款　密封遗嘱

"密封遗嘱,应于遗嘱上签名后,将其密封,于封缝处签名。指定二人以上之见证人,向公证人提出,陈述其为自己之遗嘱。如非本人自写,并陈述缮写人之姓名、住所。由公证人于封面记明该遗嘱提出之年月日,及遗嘱人所为之陈述。与遗嘱人及见证人同行签名。"(一一九二Ⅰ)

一　遗嘱人须于遗嘱上签名。须先自签名于遗嘱者,所以明遗嘱之作成者,及明遗嘱无碍于保守秘密之责任。

二　遗嘱人须将遗嘱密封,于封缝处签名。此为防止遗嘱内容之泄漏。

三　须指定二人以上之见证人,向公证人提出,并为陈述其为自己之遗嘱。如遗嘱本文非遗嘱人自写者,并陈述缮写人之姓名住所。

四　须公证人于封面附记遗嘱所为之陈述,并提出之年月日。

五　由公证人遗嘱人及见证人同行签名于封面。

密封既须公证人执行职务,故在无公证人之地方,而为密封遗嘱时,不得不设关于代行公证人职务者之规定。即公证人职务,在无公证人之地,得由法院书记官行之。侨民在中华民国领事驻在地为遗嘱时,得由领事行之是也(一一九二Ⅱ)。

遗嘱务须依法定方式。方式即为遗嘱发生效力之要件。故原则上以甲方式所为之遗嘱,不能发生乙方式遗嘱之效力。然如甲方式其一部分原即为乙方式,而甲方式因其他部分不具备致不能发生效力场合,使其已具备之乙方式部分,使发生乙方式之效力,于理应无不可。而本款之密封遗嘱,其本文如系遗嘱人自书,且由遗嘱人于本文曾记明年月日者,实已具备自书遗嘱之方式,若因不具备其他公证方式时,虽不能为有效之密封遗嘱,然使发生自书遗嘱之效力,固仍不违失遗嘱人所以立遗嘱之真意。故《民法》于密封遗嘱不具备公证方式时,特设例外规定也(一一九三)。

本类遗嘱之特点在遗嘱之内容,得随遗嘱人之意思,保守秘密。而订立遗嘱之事实,则须公开是也。

第四款　代笔遗嘱

"代笔遗嘱由遗嘱人指定三人以上之见证人,遗嘱人口述遗嘱意旨,使见证人中之一人笔记、宣读、讲解,经遗嘱人认可后,记明年月日及代笔人之姓名,由见证人全体及遗嘱人同行签名。遗嘱人不能签名者,应按指印代之。"(一一九四)

本款方式大体与公证遗嘱相同。所不同者非公证而已。即凡公证遗嘱属于公证人之职务,由见证人中之一人执行之是已。故见证人必为三人以上,而代书遗嘱之见证人,以代笔人之资格必另签姓名,此即为代笔遗嘱之特征亦为要件也。本款遗嘱简便省费为其长处,然容易以诈欺胁迫之手段及见证人之勾串伪造,是其短处。

第四节　特别方式之遗嘱——口授遗嘱

第一款　理由

在生命危急之时,多无为公证遗嘱、密封遗嘱或代笔遗嘱之犹预及可能,复因本人不能书写文字而不能自书遗嘱。在此种场合,若不有应受方式,以资救济,则凡在生命危急之间者多无立遗嘱之可能矣。故《民法》特设口授遗嘱之特别方式,以备非常之用也。即"遗嘱人因生命危急或他特殊情形,不能依其他方式为遗嘱者,得为口授遗嘱"(一一九五Ⅰ)

是。所谓生命危急,如因疾病危笃而届临终是。所谓其他情形,如因罹传染病而受隔离,从军交战中,航海遇难,天灾地变陷入绝境等是。

第二款　方式

"口授遗嘱应由遗嘱人指定二人以上之见证人,口授遗嘱意旨,由见证人中之一人据实作成笔记,并记明年月日,与其他见证人同行签名。"(一一九五Ⅱ)

一　须指定二人以上之见证人。

二　须口述遗嘱意旨。

不能口述者不能为之。如遗嘱人自为笔记者,只须自行记明年月日,则虽见证人亦同行签名,依理应使发生自书遗嘱之效力。盖自书遗嘱虽无须乎见证人,但亦无因有见证人之签名而失效之理也。

三　须由见证人中之一人笔记。

四　须记明年月日同行签名。

其他见证人须与笔记见证人同行签名。口授遗嘱大概为遗嘱人不能自书遗嘱场合之略式遗嘱,故不以本人之签名为要件。

第三款　口授遗嘱之有效期间

口授遗嘱原为应急之简易方式,其所以保证遗嘱正确之条件,诸多未备,只于不能从容选择其他普通方式时始用之。若遗嘱人一旦脱却此种危急状态时,自应依照普通方式,重为订立,方合遗嘱制之根本原则。故《民法》特为规定"口授遗嘱,自遗嘱人能以其他方式为遗嘱之时起,经过一个月失其效力"(一一九六)之规定也。在遗嘱人生存之间,法律命其丧失效力,是为口授遗嘱之特质。何时遗嘱人能以其他方式为遗嘱,应就各种具体情形定之。

第四款　口授遗嘱之认定

口授遗嘱虽亦以具备法定方式时而有效成立。然其成立究在危急仓猝之间，且所以保证其正确之条件，亦简而未备。从而因本人垂死，意识模棱，或心意错乱，言非本意或正意者有之。或因证人误听，笔记不实不正者有之。或证人别有意图，串通伪造者有之。若使直接即行发生效力，不但有失制度之本旨，且弊害所及将伊于胡底。故《民法》对口授遗嘱，特以提经认定为其效力之确定要件。即"口授遗嘱，应由见证人中之一人，或利害关系人，于为遗嘱人亡故后三个月内，提经亲属会议认定其真伪"（一一九七前段）。提经认定之权义人，为见证人或利害关系人。见证人应全体负提经认定之义务，其中之一人为提经认定时，其他见证人之义务，自可解除。利害关系人应解为不限于就遗嘱有直接利害关系者，凡遗嘱人之继承人债权人及受遗赠人均系包括之。认定之机关为遗嘱人之亲属会议。亲属会议之认定仍非最后决定，如对其认定有异议者，可声请法院判定之（一一九七后段）。认定之标的，为遗嘱之真伪，非遗嘱之方式及其内容之如何。真遗嘱经认定后而确定其效力。如认定为伪遗嘱，或不由法定人提经认定，或过三个月法定期间而未为提经认定，口授遗嘱自不能发生效力。

第五节　遗嘱见证人之资格

除自书遗嘱外，其他各种遗嘱，均以见证人之参加，为法定方式要件。其效用在使见证人保证遗嘱之真实及其方式之正确，于遗嘱人死亡之后。其在遗嘱上使命之重大，自不待言。故对于为见证人之资格，即不可不有一定之规制。《民法》所规定不得为遗嘱见证人者如下（一一九八）：

一　未成年人。

二　禁治产人。

上二类人以其无行为能力，故不适为见证人。

三　继承人及其配偶或直系血亲。

四　受遗赠人及其配偶或直系血亲。

上二类人因间接或直接与遗嘱有利害关系者。若许其为见证人时，难期其不公平无私，而保证遗嘱之真实。

五　为公证人或代行公认职务人之同居人、助理人或受权人。

此类人系立于指挥命令遗嘱作成之地位者，即直接或间接担任遗嘱作成之职务者。作成兼见证，亦难期其内容之正确也。

除上列五类外之人，虽均有为见证人之资格。惟见证人必须亲自签名，不能亲自签名，在实际上亦不能为见证人也。

如上述不能为见证人之人，亦列为见证人而签名于遗嘱时，其遗嘱是否因之无效？此问题应分别论之。如合格见证人之签名于遗嘱，已足法定见证人人数时，则虽有无资格人亦签名于其间，似应解为遗嘱不因之而失效。若签名为见证人者虽多，其中合乎资格者，不足法定见证人人数时，是为法定方式之不备，遗嘱自不能有效也。又在代笔遗嘱，代笔人为无资格之见证人时，亦为违反法定方式，应作无效论。

第三章　遗嘱之效力

遗嘱之内容，本不限于关于财产关系——尤其关于遗赠者。然身分关系不如财产关系之复杂，且身分关系，往往多与财产关系有密切关系。又在实际上关于遗赠者为遗嘱中之大部分。故《民法》关于遗嘱之效力者，多就遗赠为之规定。其他除遗赠外之遗嘱效力，自可比附而为类推解释。兹就《民法》规定而为略述之于下：

第一节　遗嘱发生效力之时期

遗嘱系以死后发生效力为目的之独立行为，故于遗嘱人死亡时发生效力(一一九)。在遗嘱人死亡前遗嘱虽已成立,受遗嘱人自不能因此而即时取得遗嘱上所指定之权利,或负担义务。一旦遗嘱人死亡时,遗嘱即时发生效力。亦不待受遗嘱人任何意思表示之协同,在遗赠亦不待受遗赠人之承认为其效力之发生要件。

以遗嘱为捐助者,在遗嘱人死亡当时,财团法人尚未成立,依理其财产之归属于财团,应在财团法人经向主管官署登记之日起发生效力。但《民法》既未对此为例外之规定,故财团取得财产之效力,仍依一一九九之规定,溯及于遗嘱捐助人死亡之时也。

关于遗赠之遗嘱,其遗赠物之所有权,是否于遗嘱人死亡时当然归属于受遗赠人,即其效力系物权的抑债权的？学说未有定论。讲义取债权说。盖依七五八条不动产物权,依法律行为而取得设定丧失及变更,非经登记不生效力。依七六一条一项动产物权之让与,原则上亦非将动产交付不生效力。关于遗赠物之移转,既未为特别规定,自应适用上述一般原则。故遗赠物而为物权的取得前,尚须于登记或交付。且遗赠物之移转在实际上往往不必如遗嘱人所预期而能实现。如受遗赠人容或抛弃其遗赠。或因侵害特留分而受扣减。或在限定继承场合,甚或有不能受遗赠交付之情形等,若认为于遗嘱人死亡时即有物权的取得之效力,则将生综错复杂之法律关系矣。又从"继承人承受被继承人财产上之一切权利义务"之继承法原则言之,则为遗产一部分之遗赠物,先由继承人承受,然后再依遗嘱所定,为履行其遗赠义务,盖尤为理论之正也。不过其交付遗赠之效果,依一一九九条溯及于遗嘱人死亡时而已。故遗赠虽于遗嘱人死亡时发生效力,其效力系相对的即债权的。

遗嘱既为法律行为之一种,自亦可以附以条件或期限。但遗嘱至表意人死亡时始发生效力,此为异于其他法律行为之特性。故遗嘱如附条件或期限时,其发生效力之时,与条件成就或期限到来之时之间,发生综错问题。《民法》虽于一一二〇条①仅就附停止条件之遗赠而为规定,然此所以例示附条件或期限遗嘱之标准情形,非谓除停止条件外,不许附解除条件或期限也。亦非除遗赠外,其他遗嘱不能附条件及期限也。同时亦所以例示遗嘱发生效力之时,与条件成就或期限到来之时之关系也。兹试据此规定,而为类推附各种条件或期限遗嘱之效力发生关系如下:

一　遗嘱附有停止条件者　自条件成就时发生效力(九九Ⅰ、一一二〇②)。则(1)条件成就在遗嘱人死亡以前者,与未附条件者相同,遗嘱人死亡时发生效力。(2)条件成就在遗嘱人死亡以后者,则于条件成就时,发生效力。如遗嘱人有使溯及于其死亡时发生效力之反对意思表示者,则从其意思。

二　遗嘱附有解除条件者　自条件成就时失其效力(九九Ⅱ)。则(1)条件成就在遗嘱人死亡以前者,与无遗嘱者相同。在遗嘱人死亡后者,于条件成就时失其效力。如有反对之遗意,从其遗意。

三　遗嘱附有始期者　于期限届至时发生效力(一〇二Ⅰ)。则(1)期限届至先于遗嘱人死亡者,与未附期限者无异,于遗嘱人死亡时发生效力。(2)期限届至后于遗嘱人死亡者,于期限届至时发生效力。

四　遗嘱附有终期者　于期限届满时失其效力(一〇二Ⅱ)。则(1)期限届满先于遗嘱人死亡者,与无遗嘱同。(2)期限届满后于遗嘱人死亡者,于期限届满时失其效力。

---

① 《中华民国民法》第一一二〇条:"抚养之方法由当事人协议定之,不能协议时由亲属会议定之。"第一二〇〇条:"遗嘱所定遗赠附有停止条件者自条件成就时发生效力。"此处疑指《中华民国民法》第一二〇〇条。——编者注

② 同上注。

第二节　关于遗赠之特别效力

第一款　以遗嘱处分遗产之范围

遗嘱人以遗嘱处分其财产之情形,不外二种:即应继分之指定及遗赠是。关于应继分之指定者,已于前述。兹仅就遗赠言之。关于遗赠之情形,亦有二种:即包括的处分遗产之一部或全部者,通常称之为包括遗赠或包括名义之遗赠。在此场合,受遗赠人不仅取得权利,并负担与之相对应之义务。各别的处分特定财产者,通常称之为特定遗赠或特定名义之遗赠。在此场合,通常只有权利之取得,而无相对应之义务。后述遗赠之附有义务者,形式上虽酷似于对应义务,其实并无对应关系,其义务系因受领遗赠而新发生,非原有义务之移转。立法例有以包括的遗赠,即认为继承人之指定者。有仍以遗赠处遇之者。《民法》从前者之例。关于继承人之指定,于一一四三条规定之。而本编之所谓遗赠者,盖仅指特定遗赠也。遗嘱处分其财产,虽为财产所有人之自由。然若绝对无限制时,容或可以消失所有权制之在社会生活之功能,已如前述。故《民法》特为一一八七条之规定,即"遗嘱人于不违反关于特留分规定之范围内,得以遗嘱自由处分遗产"是也。违反特留分规定之遗嘱,其效力如何?就本条及特留分之规定文意推之,遗嘱非因此即全部归于无效,仅于违反特留分之限度内不能有效而已。盖特留分权人仅能按其不足之数,由遗赠扣减之(一二二五),不能因此主张将未侵害特留分部分之遗赠,可免除其交付义务也。

死因赠与与遗赠,就其同为无偿行为,同为于赠与人或遗赠人死亡后确定其效力之点言之,两者颇相类似。然(1)遗赠为独立行为,死因赠与为契约。(2)遗赠为要式行为,死因赠与则否。(3)遗赠可任意撤回,但不能抛弃其撤销权。死因赠与虽不能任意撤销,但其撤销权则可抛弃之。

第二款　遗赠之失效及无效

第一项　遗赠之失效

遗赠通常为着眼于受遗赠人之人的关系而订立者,若受遗赠人于遗嘱发生效力前死亡者,则所以为遗赠之意义已消失,自无仍使其发生效力之必要。故《民法》特为一二〇一条之规定。此即所谓遗赠之失效。在此种场合,有受遗赠人之继承人,可代位承受遗赠利益之立法例及学说。《民法》既无代位承受之明文,则无扩张解释之根据。如遗嘱中有是项之表示者,则其继承人为附条件之受遗赠人,自当别论。受遗赠人必于遗嘱发生效力时生存者,然后遗赠始可发生效力。此即继承法上之所谓"同时存在之原则"也,已如前述。受遗赠人为胎儿,而于遗嘱发生效力时尚未出生者,应可依第七条之规定,而解为遗赠有效。若以将来出生之人为受遗赠人,而于遗嘱发生效力时,尚未怀胎者,则依上述同时存在之原则,遗嘱自不能生效也。关此虽有肯定之立法例,而《民法》无明文规定,学说有主张肯定说如何？

遗嘱原则上于遗嘱人死亡时,发生效力。然如遗嘱附有条件或期限者,则随其条件或期限之成就或到来,定其效力之生灭,已如前述。故在附停止条件或始期之遗嘱,受遗赠人虽后于遗嘱人死亡而死亡,但其死亡在条件成就或期限到来前者,则仍适合于"受遗赠人于遗嘱发生效力前死亡"之要件,受一二〇一条之适用,其遗赠仍不生效力。

第二项　遗赠之无效

遗赠云者,以遗嘱而与他人以财产上利益之谓,已如屡述。换言之,受遗赠人就遗嘱人之遗产而取得利益之谓也。受遗赠人既为仅能依遗嘱就遗产而取得利益,则如遗嘱人于遗嘱中曾指定某特定财产为遗赠之标的,而此特定财产,于继承开始——遗嘱人死亡时,已不属于遗产者,则为标的之失灭,遗赠应归无效。为遗赠标的之财产仅一部分不属于遗产而其他部分仍属于遗产者,遗赠仅就此不属于遗产之部分无效。如标的全部不属于遗产,则全部遗赠为无效(一二〇二)。只须标的于继承开始时,单纯的不属于遗产为已足。其所以不属于遗产之原因若何,非所问也。然遗嘱人为预防遗赠因标的不属于遗产,而致无效起见,于遗嘱中有特别意思表示者,则仍应从其意思,而排除一二〇二条之适用也。

第三款 遗赠之标的

第一项 标的之变更

为遗赠标的之特定物,因天灾地变或其他不可抗力而致灭失毁损,受遗赠人除得于其物现存之限度内享受遗赠之利益外,盖非忍受其损失不可。若遗赠物之灭失毁损变造或丧失物之占有,系基于人之行为,而遗嘱人因此对行为人取得权利时,此种权利虽已非遗赠之原标的物,但系以遗赠标的物所换得者,推遗赠之本质为以遗嘱而与受遗赠人以利益者,则以原遗赠标的所换取之权利,以代替之,当不背于遗嘱人之意思也。故《民法》于一二〇三条前段为"推定以其权利为遗赠"之规定。既属推定,自可以反证推翻之。又遗嘱人所换得之权利,以于遗嘱人死亡前,尚未受清偿者为限。如遗嘱人生前已受清偿者,则为前款于继承开始时不属于遗产之财产矣,应受前款遗赠无效之处遇。

又遗赠标的物因他物附合或混合而对于附合或混合之物,取得权利时,亦与上述同一处遇(一二〇三条后段)。

第二项 标的之返还

以遗赠物之所有权为遗赠者,乃为遗赠之常则。然亦有以物之使用收益权为遗赠之标的,而并不移转其所有权者。在此种场合,受遗赠人依遗嘱所定为使用收益后,应将遗赠标的返还于遗嘱人之继承人,盖当然之理。然则受遗赠人应于何时为遗赠标的之返还,非有法定,将无所依据,而资处遇。故《民法》为"以遗产之使用收益为遗赠,而遗嘱未定返还期限,并不能依遗赠之性质,定其期限者,以受遗赠人之终身为其期限"(一二〇四)之规定。释此规定,可得下列三种期限:

一　遗嘱定有返还期限者,依其期限。

二　遗嘱虽未定期限,而能依遗赠之性质,定其期限者,应依遗赠性以定返还期限。

三　遗嘱未定期限,而又不能依遗赠之性质定其期限者,以受遗赠人之终身为期限。

第四款　附有义务之遗赠

第一　意义

附有义务之遗赠云者,附有命受遗赠人负担一定义务之附款之遗赠也。或称之为负担附遗赠。负担附遗赠虽与条件附遗赠类似,而实则不同。盖条件附遗赠,其条件之成就与否,直接影响于遗赠效力之生灭。负担附遗赠,义务之履行与否,非为遗赠效力发生与否之条件。

第二　负担之内容

负担之内容,为债务之设定。是否为遗嘱人之利益,抑为第三人之利益,是否限于有财产价格者,抑无财产价格者,均非所问。又所附负担之本身为无效时,是否影响于遗赠之效力?

第三　负担义务人及负担履行请求权人

负担义务人,当然为受遗赠人,盖无疑义。受遗赠人于未为遗赠之抛弃而死亡时,如其继承人承认其继承者,则除抛弃遗赠外,应负履行负担之义务。如受遗赠人抛弃其遗赠者,其继承人,当然无代位履行之义务。

因负担之履行而受利益者,或为遗嘱人之继承人,或为第三人,或为社会公众,固随其负担之内容而不同。然得对受遗赠人请求负担之履行者,为限于继承人?抑除继承人外凡受利益人亦均有请求之权?因法无规定,学说分歧。讲义以为受利益者应亦可向受遗赠人而为负担履行之请求。盖(1)《民法》既认遗赠可附负担,则凡可容易实现负担履行之方法,应无禁止之理。受利益人直接向受遗赠人请求履行,当然为最简便方法。(2)受遗赠人承认遗赠之事实,其后面未始不可解为愿对受利益人直接履行之约束。(3)类推解释四一二条二项之规定,可准用于一切受利益人。

第四 负担履行之限度

负担履行之限度,《民法》于一二〇五条为规定之,即"遗赠附有义务者,受遗赠人以其所受利益为限,负履行之责"是。依此规定推论:(1)负担履行请求权人,不能逾越受遗赠人所受利益之限度,而为负担履行之请求。(2)负担附遗赠,因特留分权人之扣减而致减少时,受遗赠人可按照其减少之比例,免除负担之义务。

负担附遗赠之受遗赠人抛弃其遗赠时,依一二〇八条之规定,遗赠标的,仍属于遗产,归继承人取得,则因负担而受利益之人,仍否可向继承人请求负担之履行?

第五款 遗赠之抛弃

遗赠之本体因系独立行为之故,一旦遗嘱人死亡时,不问受遗赠人之意思如何,当然发生效力。然受遗赠人若不愿承受其遗赠时,则法无违反本人之意思,而强制其取得利益之理。故《民法》特为"受遗赠人得抛弃遗赠"之规定。今分述其要点于后:

第一项 抛弃遗赠之时期及效力

第一 时期

抛弃必于遗嘱人死亡后为之。盖遗嘱人死亡以前,遗嘱尚未发生效力,受遗赠人尚未取得何种权利,将何所抛弃耶。至应于遗嘱人死亡时后何时为之,《民法》无积极的期限上之规定。盖(1)遗赠之抛弃与否,仅关系于继承人及就遗赠有利害关系之人之利害,其所及影响少,因无为硬性的期限规定之必要。(2)依一二〇七条继承人及他利害关系人可为抛弃与否之催告故也。

第二　方式

关于遗赠抛弃之方式,法无规定,盖为非要式行为。对遗赠义务人之继承人表示其抛弃之意思即可。如对遗嘱执行人而为之,则何如？抛弃可否附条件或期限？抛弃可否撤销？

第三　效力

"遗赠之抛弃,溯及遗嘱人死亡时发生效力。"(一二〇六Ⅱ)

第二项　承认遗赠之催告

遗嘱人死亡后,遗产对受遗赠人当然发生效力,□□□遗赠人任何行为之□□,然许受遗赠人得为遗赠之抛弃等,大概与继承之效力相同,已如前述。惟遗赠之抛弃,未有如继承抛弃之有法定期限,依理于遗嘱人死亡后,任何时期,均可为之。是则关于遗赠标的之财产关系,将因受遗赠人之不时抛弃,而受突发变动之危险,殊非所以保护继承人及其他利害关系人之道。故《民法》特设催告承认遗赠之规定也(一二〇七)。催告承认遗赠,实即为向受遗赠人扣实其是否抛弃之意,非受遗赠人对遗赠须为承认之意思表示也。故于催告期限届满,不为任何之意思表示时,即以不抛弃论之。催告权人为遗嘱人之继承人或其他对遗赠抛弃与否有利害关系之人。催告之内容,为要求受遗赠人于一定期限内为承认遗赠与之确答。此一定期限,盖由催告权人自行定之。其期限长短,虽无标准的规定。然应使受遗赠人有考虑其抛弃与否之犹裕者方可乎。

第六款　遗赠无效及抛弃之效果

遗赠无效及抛弃之效果如何？《民法》特于一二〇八条规定之。即

"遗赠无效或抛弃时,其遗赠之财产仍属于遗产"是也。遗赠无效之情形,按《民法》所规定者,为下列数种:

一　三〇一条之情形。

二　依一一八八条之规定,受遗赠人丧失其受遗赠资格时,遗赠虽非当然失效,但其结果与一二〇一条相同。

三　违反一一八七条所为之遗赠,其违反部分。

四　表示遗赠之遗嘱,不具备法定方式时,遗赠因遗嘱无效而无效。

五　无遗嘱能力人所为之遗赠。

六　其他违反强行法规或公序良俗之遗赠。

七　一二〇二条所规定者亦为遗赠无效之一种。然其原因既在因标的不属于遗产之故,自不发生本项之效果问题。

遗赠无效及抛弃后,其标的之财产,归属于遗产,为继承人取得。如遗赠附有负担者,其负担是否应由继承人负履行之责?

第四章　遗嘱之撤销

第一节　意义

遗嘱既为意思表示之一种,自无不能撤销之之理。惟其性质多与普通意思表示不同,从而其撤销之性质亦异。而不能无条件适用总则关于撤销之规定也。故遗嘱之撤销云者,基于遗嘱人之意思,对其已有效成立遗嘱之一部或全部,以不使发生其效力为目的之法律上或事实上行为之谓也。

第一　撤销必基于遗嘱人之意思

一般意思表示之撤销,可由其法定代理人为之。遗嘱之撤销,则必基于遗嘱人本人之意思。直接为撤销之意思表示者,固不必论。遗嘱人虽未为明白的撤销意思之表示,而其一定行为之结果,可推解其为有撤销之意思者,亦使发生撤销之效力。

第二　撤销之效力为使遗嘱不发生效力

一般法律行为之撤销,为对已发生效力之法律行为为之。因撤销之结果,使其效力归于消灭。遗嘱之撤销,为对尚未发生效力之意思表示,使其不发生效力之谓。故遗嘱之撤销,性质上实为遗嘱之撤回或废止之意。故遗嘱之撤销,遗嘱人可随时任意为之。不如一般法律行为必须有法定原因时,始得撤销之也。

第三　撤销可对遗嘱全部或一部为之

遗嘱之撤销,既系撤回性质,故得就遗嘱之全部或一部为之。

第四　撤销不限于意思表示

一般法律行为之撤销,限于撤销之意思表示,而在遗嘱撤销则否。事实行为若法律行为之结果,依具体情形均可发生撤销之效果。

第二节　撤销之种类

遗嘱之撤销,不限于直接之撤销意思表示,凡其他法律行为若事实行为之结果,可推解遗嘱人有撤销之意思者,均以撤销论之,已如前述。故其撤销可分为明示撤销及法定撤销之二大类。今分述于下:

第一款　明示撤销

明示撤销云者,遗嘱人以撤销意思表示而撤销其遗嘱之谓也。遗嘱人之撤销其遗嘱,仍须以遗嘱为之。然撤销遗嘱之第二遗嘱方式,不必与被撤销之遗嘱(第一遗嘱)方式相同。可对原遗嘱之全部或一部为之。遗嘱人得随时撤销之,无时期上之限制,亦无须一定之法定撤销原因(如瑕疵等)(一二一九)。

第二款 法定撤销

法定撤销云者,遗嘱人虽无显明之撤销意思表示,然其一定法律行为或事实行为之结果,可解为有撤销之意,法律即与撤销之效果者之谓也。今就《民法》规定者述之于下:

第一项 前后遗嘱抵触

在遗嘱人遗有数个遗嘱场合,如各遗嘱各不相关者,或相关而无害于其并存或相互呼应协调者,自无问题。若各遗嘱间相互抵触者,则因抵触之故,在法律上或事实上为不能并存,应何所取舍,又不能起已亡之遗嘱人而询问之。故《民法》特为"前后遗嘱相抵触者,其抵触之部分,前遗嘱视为撤销"之规定(一二二〇),以解决之。其理由为遗嘱之性质上,原为遗嘱人最终意思之处分,故应以较后成立之遗嘱为准也。前后遗嘱之抵触,是否基于遗嘱人意识的企图非所问也。如前后遗嘱全部抵触者,前遗嘱全部视为撤销。仅一部分者,就抵触部分视为撤销。有无抵触及其程度如何,应就具体各遗嘱内容,为解释决定之。

第二项 行为与遗嘱抵触

"遗嘱人于为遗嘱后所为之行为,与遗嘱有抵触者,其抵触部分,遗嘱视为撤销。"(一二二一)以遗嘱人于为遗嘱后生前所为之法律行为之结果,而使发生撤销遗嘱之效果者也。是为法定撤销之第二种。此种生前法律行为,是否意识的为撤销遗嘱而为者,固非本项之撤销效力之要件。即遗嘱人于为此种抵触行为时,曾明白表示无撤销之意思者,亦注重于行为之结果,而使发生撤销之效力。又抵触行为亦不限于与遗嘱内容同性质者。又抵触行为必限于遗嘱人亲自所为者。

第三项 遗嘱人破废或涂销遗嘱书面

"遗嘱人故意破毁或涂销遗嘱,或在遗嘱上记明废弃之意思者,其遗嘱视为撤销。"(一二二二)本项为遗嘱人对遗嘱书面所加行为之结果,而使发生撤销之效力者。为法定撤销之第三种。可分二段说明之。一、虽无显明废弃遗嘱之意思,但其所以破毁或涂销遗嘱,系出于遗嘱人之故意者。故非出于遗嘱人之故意,而致遗嘱破毁或涂销场合,依理非本项之撤销问题。如因天灾地变等不可抗力,或第三人之行为而致遗嘱书破毁者,除因破毁之结果,遗嘱书全体失灭或撕成碎片,已不能辨认其内容者外,自不能影响于遗嘱之效力。遗嘱人故意破毁或涂销遗嘱,随其所破毁或涂销之程度或范围,而定其撤销之程度或范围。即破毁或涂销一部分者,即就此一部分视为撤销。全部者视为全部之撤销是。二、对遗嘱书虽未为破毁或涂销,然记明废弃之意思。则就记明废弃之部分(一部或全部),视为撤销。

第三节 遗嘱撤销之效力

遗嘱经撤销者,其受撤销之部分(一部或全部),即自始不能发生效力。换言之,与自始与无此部分(一部或全部)之遗嘱者同。兹应考研者,遗嘱人对撤销遗嘱之行为,复为撤销时,原遗嘱是否仍可回复其效力?学说及立法例有二种主义,即:

一 原遗嘱当然回复效力主义 此主义谓将撤销原遗嘱之行为,更为撤销时,是本人之意思欲将原遗嘱使其复活故也。故应尊重本人之意思,而使回复原遗嘱之效力,乃为当然之理。此主义在以第二遗嘱明示撤销原遗嘱后,遗嘱人复将第二撤销遗嘱全部破毁涂销或废弃,或再以第三遗嘱撤销第二遗嘱场合,以此解释遗嘱人有复活原遗嘱之意思,自属允当。

二　原遗嘱非当然回复效力主义　此主义谓第二撤销行为对第一撤销行为,为撤销之撤销,理论上虽非不可解为第一撤销行为,因此而全失其撤销之效力。但此仅就第一撤销行为本体之效力而言。然第二撤销行为之效力,究不能因此使已发生被撤销之效力之原遗嘱复活也。如原遗嘱成立后,因遗嘱人有抵触之法律行为,依法原遗嘱视为撤销场合,其后又将此抵触之法律行为撤销之,抵触之法律行为,虽因第二撤销行为而撤销,然原遗嘱因抵触之法律行为而已生之撤销效力,不因此而消灭焉。

总之上述二主义均各依其立法例而组织之理论构成,不能执此律彼。《民法》关此既未为任何规定,则审酌具体情形,推察遗嘱人之意思,而为定原遗嘱之复活与否可也。

第五章　遗嘱之执行

遗嘱之执行云者,谓具体实现遗嘱内容上所必要之处置也。然依各种遗嘱性质之不同,有随其效力之发生而即可贯彻遗嘱人之意思,无须另为执行者(如继承人之指定,应继承分之指定,禁止遗产分割等)。有必须执行而后始可实现遗嘱人之目的者(如遗赠,遗产分割方法之委托等)。故遗嘱之执行,非任何遗嘱均有需要之情形也。又遗嘱之执行,必以遗嘱已发生效力为前提,故在遗嘱人生存中,自无执行之可言。遗嘱之执行必在遗嘱人死亡以后,则充执行之任者,其为遗嘱人以外之人,亦无待言。表意人与其意思表示之具体实行人,既非为同一人,则关于执行上之问题,自与普通法律行为者不同矣。故《民法》特另为规定之,今依《民法》规定,说明其要点于后。

第一节　遗嘱之提示及开视

第一款　遗嘱之提示

"遗嘱保管人知有继承开始之事实时,应即将遗嘱提示于亲属会议,无保管人而由继承人发见遗嘱者,亦同。"(一二一二)

不论何种遗嘱于遗嘱人死亡后执行前,必先经提示。提示为所以确认遗嘱之有无。故与遗嘱之认定不同。认定为检查遗嘱之真伪。未经提示者,虽无关于遗嘱本身之效力,不过其执行因其程序之不备难免欠缺适正保障耳。

接受提示者为遗嘱人之亲属会议。召集人为继承人遗嘱利害关系人。

提示义务人为遗嘱保管人及发现遗嘱之继承人。

提示日期,为知悉继承开始事实后"即时"。如提示义务人于知悉继承开始事实后,不即时提示时,则将如何,法无规定。

第二款　遗嘱之开视

"密封遗嘱非在亲属会议当场,不得开视。"(一二一三)

开视为密封遗嘱之特有事项,其他方式之遗嘱无之。经开视后是否仍需提示?应解为开示而兼提示之效力。

开视之功用在保持遗嘱之真实。开视在须执行之遗嘱,固亦为执行之顺序要件,与前述提示同其性质。但在无须执行之遗嘱,自亦必须开视,则在不经开视,而径私开场合,而遗嘱内容适有疑义时,或可牵涉于遗嘱之效用问题。故讲义以为开视不仅为执行之顺序要件,同时亦为密封遗嘱性质上之方式要件。如何?

开视人为遗嘱人之亲属会议。

提交开视义务人及开视日期,应与提示同断。

第二节　遗嘱执行人

第一款　遗嘱执行人之指定

第一　遗嘱人自为指定或委托他人指定（一二〇九）

须执行之遗嘱，遗嘱人认为须另指定执行人执行之者，自可附于原遗嘱或另为遗嘱指定执行之人。若不自行指定，亦可以遗嘱委托他人代为指定之。此之所谓他人，系对遗嘱人自己而言。即遗嘱人以外之人也。学说有主张继承人无受委托之资格者。讲义以为（1）法无明文规定。（2）遗嘱执行人之指定或委托指定，除有特殊情形者外，无非尊重遗嘱人之遗意。如遗嘱人未为指定或委托指定，又无必须另人执行之场合，遗嘱之执行，原属继承人应有之责任。谓遗嘱人委托继承人指定执行人场合，继承人转无受委托指定之适格，断无是理也。故得受委托之人自包括继承人及受遗赠人在内。指定之委托，系独立行为，无须受委托人之同意，即生效力。然受委托人之受委与否，自属受委托人之自由。受委托人接受委托时，应即为指定遗嘱执行人，并通知遗嘱人之继承人（一二〇九Ⅱ）。

第二　亲属会议选定或法院指定（一二一一）

在遗嘱必须执行人执行场合，遗嘱人并未以遗嘱指定或委托他人指定。或已以遗嘱指定，而被指定人不欲就职或不能就职。或已以遗嘱委托他人指定，而被委托人不欲指定或不能指定。或已指定而被指定人不欲就职或不能就职时，由遗嘱人之亲属会议选定之。如亲属会议因种种原因不能召集，或虽召集而不能得合法之决议而选定执行人时，由遗嘱之利害关系人，声请法院指定之。

第二款　遗嘱执行人之资格

遗嘱执行人有管理遗产并为执行上必要行为之职责，自非完全有行为能力者，不能胜任也。故《民法》特规定"未成年人及禁治产人，不得为遗嘱执行人"（一二一〇）。除此二种无能力人以外，其他任何人或法人，均可为遗嘱之执行人。本条系强行性之规定，故指定或选定之人，为未成年人或禁治产人者，即不能有效。指定或选定时虽为完全行为能力人，遗嘱执行中变为无能力时，当然丧失其资格。

第三款 遗嘱执行人之地位

遗嘱执行人之法律上地位如何，自来立法例学说分歧，迄无定论。《民法》于一二一五条二项规定之曰"遗嘱执行人……视为继承人之代理"。有此规定虽可杜绝关于遗嘱人地位之争论。然理论上未必正确也。盖遗嘱执行人固为遂行遗嘱人最终意思而行动，然亦为遗嘱受益者之利益而行其职务。故未始不可谓为遗嘱受益人之代理人。又从另一方面观之，遗嘱执行人虽为受益人而行其职务，然同时亦不能专偏于受益人之利益，而将继承人利益供其牺牲也。故同时亦有保护继承人利益之任务，从而视为继承人之代理人亦未始不可。然遗嘱执行人既应公平保护遗嘱关系人各方面之利益，其不能专以继承人之代理人论之，盖为自明之理。故就其地位之实质言之，决非任何人之代理人。其执行任务上所有权利义务，系根据于遗嘱之意旨及法律之特别规定之独立的职务也。《民法》之所以视为继承人之代理人者，因遗嘱通常遗产而为执行。遗产因继承开始而归属于继承人。故执行人就遗产所为之执行行为，无异代继承人而为之。故以其为继承人之代理人，为切于实际也。然既为法律之拟制，非出于继承人之委任，故《民法》特以"视为"之语表出之。

第三节 遗嘱执行人之职务

第一 编制遗产清册

"遗嘱执行人就职后，于遗嘱有关之财产，如有编制清册之必要时，

应即编制遗产清册交付继承人。"（一二一四）

此虽为遗嘱就职后之首要任务，但非任何遗嘱之执行，均有此任务。仅于执行上必须编制者为限。应编制清册之财产，亦非遗产之全部，仅就与遗嘱有关之财产为之。编制与否，及受编制财产之范围，依遗嘱之内容性质及遗产之状况定之。

执行人编制完竣后，应将清册交付于继承人。盖遗嘱人之全财产，因继承开始，而全部移转于继承人，继承人乃为遗产继承主体故也。执行人编制财产清册时，继承人有否要求在场之权？

第二　管理遗产及为其他执行上之行为

"遗嘱执行人有管理遗产，并为执行上必要行为之职务。"（一二一五I）

管理之客体，为与遗嘱有关之财产。

执行上必要之行为云者，为实现遗嘱内容上所必要之一切事实行为法律行为及诉讼行为是也。此种行为为执行人之权利同时亦其义务。

第三　继承人行为之限制

"继承人于遗嘱执行人执行职务中不得处分与遗嘱有关之遗产，并不得妨碍其职务之执行。"（一二一六）

继承人行为之受限制，应解为其行为单纯以妨碍执行职务为目的者为限。不然者，将无以解决前后法规之冲突也。例如在限定继承场合，设被继承人对遗赠另为指定继承人以外之人为执行人，继承人为清偿债权而处分与遗嘱有关之遗产时，不能谓此种继承人之行为为违法，使其无效也。本条文义为全称的否定规定，不无不周之嫌。

第四　数人执行人执行职务之方法

执行人之人数，法律既未限定，自随指定者或选定者定之。一人亦可，数人亦无不可。如为数人时，则其执行之方法，即不能不有准则也。《民法》于一二一七条规定之。即"遗嘱执行人有数人时，其执行职务以过半数决之。但遗嘱另有意思表示者,从其意思"是。

如执行人之数为偶数,而对于执行之意见,赞否同数,而不能决定时,则将如何？将就决于亲属会议乎？或径诉决于法院乎？

如遗嘱人对上述方法,另有特别意思表示者,从其意思所定,盖无待言。

第四节　遗嘱执行人之解职

"遗嘱执行人怠于执行职务或有其他重大事由时,利害关系人得请求亲属会议,改选他人。其由法院指定者,得声请法院另行指定。"（一二一八）

所谓怠于执行职务云者,盖指不依一二一四条、一二一五条之规定,积极的履行其职务义务之谓也。所谓其他重大事由云者,可分二大种类：一、延不就职。无论其理由是否正当,依理均可成为改选之理由。二、于就职后虽执行其职务,但利用其地位,而有侵害利害关系人之利益之行为场合也。

解职之请求权人为继承人受遗赠人及其他利害关系人。

解职权人在遗嘱人指定或委托指定或由亲属会议选定之执行人,为亲属会议。由法院指定者为法院。亲属会议或法院为解职之决定后,同时应选定或指定继任执行人。

执行人如有正当理由时,可否辞职？依理应为肯定解释。

国立武汉大学 1933 年版

劳工法讲义

第一编　总论

第一章　劳动阶级之生成与劳动立法之使命

　　凡人类社会,盖必有劳动者,有劳动者必可形成其阶级,同时亦必有关于劳动者之立法。然劳动者,固为国家社会之组织分子,其身分地位,自随社会经济组织之改革,政治方式之更易而变迁。从而劳动者阶级之内容及性质,以及关于劳动立法之使命及作用,亦随之而异,盖为一定之演进法则。古代之奴隶劳动,中世之隶农劳动,固均为此种演进之陈迹。即自中世以后之手工业时代而至工厂劳动,由工厂劳动,再进展至全体被佣者阶级之形成,亦莫不然也。兹为阐明现今劳动阶级之生成及劳动立法之意义起见,就自中世以后手工业时代迄现今之演进出过程略述之于后。

　　在十九世纪中,大工业组织出现以前,所谓劳动者,大概分为作头、伙计、徒弟之三阶级。此三者之间,虽亦时有抗争之事,然与现今之所谓劳动者及其阶级全异其趣。当时之阶级,系一时的而非永久的,系身分的而非经济的。只须本人有取得身分之能力,徒弟可升为伙计,伙计可升为作头。由被佣者阶级,而跻于雇主阶级,不过时间上之问题,其间无不能逾越之深沟高壁。此种软性的劳动者身分,及其阶级,因十八世纪以来之产业革命,遂为根本破坏而无余。即因自然科学之进步,而促进蒸气、电气之发明及应用。向来之手工业渐次消灭,而代以机械工业。小资本之作坊,受大资本组织之压迫而溃灭。非有大资本者,绝无自营工业之可能。同时向之作头、作坊主,遂永久消失其独立资格,伙计徒弟亦永无递升出世之希望。换言之,机械工业,发达之结果,遂驱迫大多数之国民,除依附于少数工业主之下,无其他求其生活之路矣。于是所谓雇用人之工业主与被佣人之劳动者,演成不能逾越之对峙阶级。

劳动者既消失独立自营之机会,永久陷于经济的劣弱者之地位,为维持生活,自非屈从于由工业主单方所决定的劳动条件,听任苛求不可。工业愈发达,资本愈集中,陷于贫穷者愈多,而希望劳动者亦日益增加,工业主对于供过于需之劳动者,益苛酷其劳动条件,又为必然之理。且工业组织愈发达,所使用劳动者愈多,对劳动者之处遇,不但不能如手工业时代,作头、作坊主对伙计之有亲睦感情,直视同原料品及机械等生产手段之一种,其间毫无人类的情感接触,与古时奴隶劳动时代,以牛马视劳奴者之状态,殆有过之无不及。此种状态之结果,当然为节约生产费而低下工资,延长工作时间以恣榨取,酷使女工童工,以及劳动者疾病灾害之频仍而已。至此工厂劳动者问题,已非仅为劳动者本身之问题,乃为关于国民保健、人口、教育等国家自身盛衰隆替之问题矣。

以上仅就工厂劳动而说明者,因产业勃兴之结果,其他如矿业劳动者、海员、农业劳动者以及其他女佣侍役等之劳动者等,亦处于与工厂劳动者同一运命,相合而成为所谓筋肉劳动者之一种职业阶级。近来更与商业使用人、事务员、技术员、学校、教职员等之所谓精神劳动者,互相提携团结,形成为被佣者阶级,以与雇用者阶级相对立。故在新社会骤变其向来以身分的阶级为基础之组织,而易以职业的经济的阶级为骨子之组织。换言之,即企业者阶级与被佣者阶级,资本家阶级与无产者阶级之对立，乃为新社会之普通基本形态也。

自前世纪以来，社会之实际组织，既经此嬗变，而产生被佣者乃至无产阶级，且国民归入于阶级者又为最主要最多数之部分。已如前述。然法律对此主要部分国民之保拥，除《工厂法》以外，殆不可见。且所谓《工厂法》之保护工人，与一般法律之保护企业者以及有产者，其轻重厚薄，亦不啻泥云之别，其故何也。此盖从来之法律制度，多宗罗马法个人主义之思想，其目标专注于财产及所有权之保护，而对于劳动之人格的价值，迄未顾及也。观各国民法中关于给付不能之规定，多数当事人债之规定，危险负担之规定，以及总则上诸规定，均以经济货物之交易，所有权之得丧变更为重心，曾无涉及劳动之形迹者可知也。然后述罢工及怠业等与劳动契约之关系，以及在经营障害之场合，劳动希望者有无工资请求权之问题等，欲以民法上之债务不履行、侵权行为、危险负担等原则，为处断之准则，自属不可能。又如团体协约当事者间之债关系，及工会之对外责任关系等，亦同样不能以民法上多数当事人债关系，及合作关系之理论解释之。总之，以人格发露之劳动为对象的法律关系，与以无生命的经济货物为对象之法律关系，本显为二物，其所以规律之法律，应异别其根据原则，又何待言。此就私法范围之性质而言者。至公法范围之劳动关系，亦理无二致。如工厂劳动者以外之劳动者之保护立法问题，一般劳动者团结自由之程度，同盟罢工权之问题，失业救济之设施立法，社会保险之问题等，均于公法上具有特殊性质者也。

以上立法上诸问题，在本世纪以前，不但未为立法者所经意，亦同时为法律学者及法院所忽视也。盖十九世纪为历史法学之全盛时代，学者均没头于罗马法学之钻研，孜孜于罗马式个人主义法律学之建设，于社会之实际生活，日趋日远，其不能对近世社会进化之趋势，予以相当之观察及注意，盖为必然之势也。故在前世纪，传统的法律学之保守，与跃进的经济社会之变化，遂成为绝大之矛盾现象，以迄世纪之末。

本世纪法律思想之特色，在于打破前世纪个人主义的财产主义的桎梏，而突进于团体主义的人格主义的社会观。例如，所有权之绝对思想，变为义务本位之观念。契约之绝对自由，而受公益上之限制。放任于个人自由竞争之生产关系及消费关系，而受国家之干涉等是。同时劳动，亦脱却与商品同等之地位，加以人格的价值。于是劳动不但被承认为劳动者个人之法益，且被公认为社会之共同法益，受社会的爱护。换言之，本世纪之法律思想，一方攻击向来个人主义之财产法制及其理论，同时他方对于无产阶级之劳动生活，想在可能范围以内，予以充分的法律保护。其理想：第一，使劳动者得保障其人类应享受之生存权。第二，为国家社会自身之利益见，务谋全劳动力之健全发达。实现此种理想，不外二种手段：第一，由法院及法律学者对现行法，为合乎理想之解释及运用。第二，以立法手段制定新法。然前者因现存劳动法制之不备，及劳动理论之未臻发达，不如后者立法手段之能顺应急速进展之劳动生活。盖于充分保护劳动之外，复能收指导劳动理论之效也。故现今各国均从事于新劳动法规之制定，以应上述之要求。我国于民国八年华盛顿第一次国际劳动大会后，始稍稍注意于劳动法之拟订，至民国十二年三月中公布《暂行工厂通则》，盖为我国劳动立法之嚆矢也。其后国民政府建都南京后，自十六年起陆续订立劳动法规，至今无论其量与质，均有凌驾先进国之势，至可欣慰焉。

综上结论，十八世纪以来，大规模工业之发达，各种产业之勃兴，其结果在社会上产生被佣者之阶级。此种被佣者阶级，占国民之绝大且主要部分，其安危直接影响于国家及社会之盛衰，然又均为经济上之劣弱者，国家有谋全体国民福利之使命，对此经济上劣弱者，自非妥善保护之不可。而劳动立法者，盖即直接保护被佣者阶级之特别手段也。

第二章　劳动立法之存立理由

　　劳动立法系被佣者阶级之特别保护手段,有重大的社会意义,已如前述。然从各个被佣者之立场及一国产业上之场合而论,是否适宜,从来各方面多有怀疑之者。今举反对论之主要者,并附对此之反驳论,以为释明劳动立法重要性之助焉。

　　第一责难者,以谓劳动立法,系明白限制被佣者各个人之自由,侵害个人之利益。例如,被佣者中,有愿于休假日、夜间,或超过法定工作时间而为工作,以图多得工资者。或依其家庭之状况,非如此工作而不足赡养其家属者。又依各人体力及能力之差异,或可较普通人而能长时间之劳作者。然设定关于工作时间等作业限制之规定,承认劳动协约有法的效力,以束缚或强制各个人被佣者。不顾个人之境况、体力、能力之差异,使为一律的劳作,一律的待遇,一律的生活,宁非侵害个人的自由者乎云云。驳之者,以谓劳动立法,虽诚为限制个人自由,不顾个人的特殊事情。然劳动立法,以谋被佣者阶级全体地位之同上,及全劳动力之社会的维持培养为目的,由此种高远之目的著论时,被佣者个人自由之有牺牲,盖亦不得已乎。况征既往历史经验,各个人的被佣者,在企业者之前,实太无力。欲以其个人单独之意思及力,与企业者抗衡,以遂其社会的目的,已证明其为不可能之事。于兹可见超越个人利害的团体,以及阶级为本位之立法,在个人被佣者为必要。而国家对个人劳动者之强制法规,亦为不可缺者矣。虽然,劳动者个人自由之限制及束缚,亦仅以上述为全体福利之目的范围内为限,越此范围者,固仍保有其个人之自由权也。

第二对于工作时间之短缩问题,而怀疑者。以谓若多予被佣者以自由时间时,彼等将恶用所剩余之时间,以事游惰。其结果将嫌恶而作,而养成饮酒赌博之恶习。于被佣者无益,于风纪上则大有害也云云。然无条件的短缩工作时间,容或招致此种恶果,盖为不可讳言之可能。但工作时间之保护,决非片面的政策。对于短缩工作时间时,同时对于被佣者所剩余时间之利用方法,立法上亦自加以考量。故在立法上工作时间之保护,必为双面的政策。例如,对于年少者设补习教育之制度。对一般被佣者,谋使容易入剧场、图书馆、博物馆及其他可资精神修养场所之方法。改善住宅若娱乐场之设备,使多得安适的家庭生活之机会。发放工资之日时,与酒场开闭时间之合理的安排,以防止彼等工资之浪费等。用此等方法,以资奖励剩余时间之利用,防止其恶用,盖非难事。且工作时间短缩之本体,在人道主义上亦有种种之理由存也。

第三之攻击劳动立法者,大旨与第二者相同。以谓若国家以监护人的地位,赋予被佣者以多数保护法规时,反可使被佣者溺陷于惰弱,失其独立心。将专以国家之津贴、保险给付等,为依靠之目标,而度其生活矣。然此亦属杞忧。德国自从保护立法以及社会保险制度设施以来,工作能率反而增高。如此等制度所颁布之一八八五年乃至一九一四年之间,工业为未曾有之勃兴,乃为世界公认之事实也。

第四之忧虑者,以谓劳动立法系加负担于一国之产业,徒使生产费增高,其结果将不能竞争于国际市场云云。此种攻击在劳动立法之初期时代,殆为各国之有力通论。然在今亦仅为杞人之忧。盖第一,劳动立法中,有全与一国产业上负担无关者。例如,关于契约保护之立法,其内容仅为确保被佣者对雇主结契约时之对等地位,明确其契约之缔结,使受契约条项履行之完全而已。固未曾对企业经营上加以任何限制及拘束也。第二,即假定加一定负担于企业经营。然随企业之种类,其中亦有全与国际竞争,毫无关系者。例如,国内铁道、市营电车、煤气、自来水事业等,凡在以一国一地为经济区域之企业,无论如何高度的劳动保护法,亦与一国产业之盛衰,无直接关系。更进一步言之,第三,纵令在国际市场有关系之企业,劳动立法亦不至如论者所忧,成为企业上之负担也。例如,疾病灾害防止之施设,工作时间之短缩,休息休假等立法,在实际上反而为增进劳动者能率之原因,就前述在德国之成效,已不难窥知。且第四,一国产业因劳动立法而生之不利益,依国际的劳动立法之发达,亦可补救之。若世界各国准据国际的所协定之劳动保护条件,在自国产业事情所允许之范围内,采取为国内的劳动立法时,且可不必忧虑国际市场之如何,而踌躇劳动立法之断行也。各国基此理论,自一九一九年华盛顿会议以来,于日内瓦或惹纳城①例年开催国际劳动会议,以条约或劝告之形式,协定各种劳动保护条件。如八时间制、妇女年少者之就业限制等条项,已不少经各国先后采用矣。要之,国内劳动立法之发达,多须于国际劳动立法运动之发展者,乃为不可否认之关系也。

以上为就各种反对论,而为消极的辩护劳动立法之功效者。然劳动立法于此外,实尚有其积极的存立理由也。就中最主要者,为人类之正义观念,人道的情感,以及社会平等思想之要求等是也。劳动立法实受此等超个人的超物质的要求之引率,愈巩固其特殊地位,而为长足之进步矣。更进一步言之,一国产业事情及政治关系之如何,对劳动立法之关系,实仅有相对的第二次的价值。而人类此等要求,乃为使劳动立法

---

① 惹纳城,即今意大利的热那亚(意大利语:Genova;英语:Genoa),1920年在该城召开第二次国际劳动会议。——编者注

合理化之绝对的第一次的原因也。我国自国民政府奠都南京以来,超越实际产业情事,所为极进步的劳动立法,盖即以此等要求为基础理念之民生主义,所以具体化之一端者乎。

第三章　国际劳动立法运动之概略

　　劳动立法之原始的使命,在于保护劳动者阶级,以及国内劳动立法与国际劳动立法之发展,有密切关系,已如前述。然在资本主义的经济组织,根本否认以前,对资本家之发展,只能为合理的节制。换言之,在以立法的手段保护劳动者阶级时,同时应顾虑于资本家之存在机能,如资本家之产业经营中有带有国际竞争之机能者,若片面的对劳动者为丰厚的保护,致该项产业之生产费,为高度的增加,而其他国家不为同样之政策时,则该项产业之国际竞争,将受极度之不利,因而害其国之经济组织,自无待言。故在此种场合,一国之劳动立法,往往陷于进退维谷之苦境。又如前述,劳动立法以人类的正义人道观念之要求,为其最高指导原理,此种人性之要求,当非一国或少数国所特有者,亦无待言。故文明各国,惩于前者之苦境,激于后者之要求,乃不约而同的,希望国际的取共同一致之步调,以谋劳动立法之统一矣。此即国际的统一劳动立法运动之所由来也。

　　当十九世纪后半期,社会政策的思想,始渐萌动,于一八八一年,在瑞士开第一次社会政策的国际会议。但因时机尚早,各国均坚持自国之利益,不肯相让,会议致告失败。一八八九年,再由瑞士唱议开会,至翌年,依德皇威廉二世之主张,开会于德京柏林。会期三月十五日至二十二日,与会国为英、法、德、比、瑞士、奥、意、丹、荷、葡、西、瑞典、挪威、卢森堡等。所讨论者为星期日劳动、妇女幼少年劳动、矿山劳动等。讨论中,与会国分裂成三派。左派德及瑞士,主张制定国际劳法。中央派英、法及比,为附许多保留条件之赞成。其他属右派,则为无条件的反对。此为第二次会议之结果。其后一八九七年之周林显①会议,比之巴拉赛尔②会议,以及一九〇〇年巴里会议,各国均惩于前二次会议之失败,规避激烈之讨论。其结果先暂设立劳动状况之调查报告机关于瑞士之巴塞尔。此后每年一会,均以此项调查报告为会议之内容,无积极的成绩可言。至一九〇六年,瑞士柏龙之国际会议,为禁妇女夜工,禁止使用黄磷之决议,始渐具生气。至欧洲大战后,缔结巴里讲和条约时,始如《凡尔赛和平条约》第十三篇为四十一条的国际关系之规定。于此规定之前,冠以下记意义之序文,"国际联盟以确立世界和平为目的。而世界之和平,以社会正义为基础时,始得确焉。然在多数人民处于不正、困苦、穷乏之现今劳动状态,不但觥觥不安,且有危及世界和平之虞。因此以工作时间之制定,尤其一日若一周间之最长工作时间之限定,劳动供给之调节,失业之防止,维持相当生活的工资之规定,对劳动伤害及疾病之劳动者之保护,儿童、年少者及妇人之保护,对老年及残废之施设,被雇用于国外的劳动者之保护,结社自由原则之承认,职业及技术教育之组织等等手段,改善上述劳动状态,实为刻下之急务也。然若有一国不为采用惬于人道的劳动条件时,其他诸国虽欲谋改善劳动条件,亦将受阻碍。故缔约诸国基于正义人道之本旨,及确保世界永久和平之愿望,而为下列事项之约定"。其实现方法为组织二种机关:1. 每年须一次以上

---

① 今译为苏黎世,1897 年于此召开工人大会。——编者注
② 即比利时的布鲁塞尔。——编者注

开催的加盟各国代表者总会。2. 常设国际劳动事务局。前者于一九一九年十月在华盛顿开第一次会,其后每年开催以及于今。所谓各国代表者,系由各国政府代表二人,资方代表一人,劳方代表一人组成之。各代表均可随带各方所必要之顾问。资劳两方代表之产生,于该条约第三百八十九条,为如有能代表各方之产业上团体者,应与其团体协议后任命之之规定,故关于此点常起资格审查问题之纠纷。会议之决议,其性质仅为条约案及劝告。前者于总会闭会后一年以内付各国宪法上有批准条约权能之机关审议。经其批准者,通知于国际联盟之事务总长,然后始成为国际条约。劝告仅为希望各国于其国内法实行之之意。各国关此项劝告之处遇,亦应通知上述之事务总长。国际劳动事务局,常设于瑞士之日内瓦市,由局长及其他职员组织之。事务局处理劳动事务受劳动理事会之管理。劳动理事会者由政府代表十二人,资劳二方各六人共二十四人所组织的事务局之决议机关也。以上为迄今国际劳动立法运动之梗概。其目的在谋国际的劳动立法之统一。依现在各国产业之进步程度及社会状态之不齐,彻底实现是项理想,尚有辽远时日。然各国为国际竞争而牺牲劳动保护政策之苦境,多少自得因此而缓和,盖无可疑也。

第四章　劳动法之概念

劳动法律学系本世纪新发展之科学。其学术上之历史尚浅,对其概念之构成,仍多消极之论。即持肯定说之学者,亦见解各持,纷纭聚讼,犹未能如其他法律学之有定说。比较的有权威之学者，所主张关于劳动法之定义，有下列四种：

一　劳动法云者，人的劳动之法也（Das Recht der menschlichen Arbeit）——Sibberschmidt, Schlüter 诸氏。

二　规律"由他人决定之劳动"（Fremdbestimmtheit der Arbeit）之法也——Honiger—Wehrle 氏。

三　关于"劳动之种类决定"（Generelle Bestimmung der Arbeit）之法也——Jacobi, Nikisch 诸氏。

四　从属劳动者之法（Das Recht der abhängigen Arbeiter）或谓被佣者之法（Das Recht der Arbeitnehmer）或谓经济非独立者之法（Das Recht der wirtschaftlichen Abhängigen）或谓之职业的劳动阶级之特别法（Das Spezialrecht der berufsmässigen Arbeiterklasse），主唱或赞成本说者，为 Kaskel, Sinzheimer, Melsbach, Dersch, Matthäi 及日本之孙田、山口诸氏。

本讲义取第四说之通说。兹就此解说之如下：

第一　劳动法者从属劳动者之法也

劳动云者，凡人类有意识且有目的之肉体的或精神的活动连续之谓也。连续的为肉体活动之人，即谓之肉体劳动者。连续的为精神活动之人，即谓之精神劳动者。总括称之为劳动者。受劳动法规律之劳动者，非广泛的包括一切劳动者，仅为社会的经济的非独立之劳动者，即仅为从属劳动者。换言之，劳动者之是否受劳动法之支配，一以是否有从属性而定。所谓从属性者何，即提供劳动之人，对雇主在事实上立于不对等地位，缔结劳动契约时，失其自由及独立之状态之谓也。换言之，由十八九世纪产业组织及资本主义经济组织所产生之被佣者阶级，无论社会的经济的均从属于资本家若雇主，对劳动条件之决定，丧失其自由选择之能力，不得不屈从于雇主一方决定的契约内容之状态也。劳动者之从属地位,系包括人的与物的二方面。人的方面之从属,虽有程度上轻重之别,因劳动之给付,不能与劳动者自身身体分离,故劳动者自身身体,亦自非同时从属于雇主不可。《凡尔赛和平条约》第四百二十七条所谓劳动不得与商品同视,盖即指劳动者之人的方面从属而言也。劳动者受雇主之工资,以维持生活,即为经济的物的方面之从属,盖无待说明也。故劳动法所规律之劳动者,谓凡对雇主立于人格的经济的从属关系之地位,而负担劳动义务之被佣者也。依此推论凡非立于人格的经济的从属地位之劳动者,如一定之手工业者、医师、律师等,即不受劳动法之规律。然劳动之是否有从属性,往往有难为显著区别之场合。如非从属劳动者中于人的方面,亦有听受领劳动的人之指挥命令者。于物的方面,其所受之报酬,形式上虽有彼此区别,至其内容,往往与从属劳动者之工资,不分轩轾者。故关于此点,往往为实施劳动法时,发生疑问之原因。不过在概念上既有截然之区别,依此概念再酌以社会通念,而判断实际情形,自属可能。

第二　劳动法者职业的从属劳动阶级之法也

职业的劳动阶级云者,提供其劳动力,从事于从属劳动,为其谋生的主要活动之人群也。劳动立法之出发点,为保护劳动者,已如前述,故劳动法为专规律此阶级之法律,自无待言。故非以从属劳动为职业之人,虽一时为从属的劳动者,自非属于劳动阶级,亦不受劳动法之支配。如工人之常人代理人,一定之手工业者等是。又如雇主虽以劳动契约之一方当事人资格,参与劳动关系,然雇主以自己危险,雇用劳动者,经营事业,固无从属性。虽亦成社会之一组织层——阶级,然不能将雇主活动,称之为职业。有主张雇主终日营营孜孜,经营事业,其劳动亦不亚于被佣人者,应亦为劳动者之一分子。然此说从自然科学上解说时,未始无理由,盖其为 energy 之消耗,与被佣者相同故也。然此地系社会科学上之劳动观念，两者不能混同。劳动法虽为从属劳动者阶级之法，然其概念之构成上发生问题者，为劳动法规中，有直接以雇主为对象者，例如关于劳动者保护法规，多为国家对雇主科以公法的义务之规定者是。此种法规，在其形式上为国家与雇主间之法律关系，似与劳动者直接无关系者。然其究极目的，乃为保护劳动者之利益，国始科以强制的负担，是仍为被佣者阶级而设之法规也。故劳动法概念，一以被佣者之有否关系为断。雇主对劳动法之关系如何，非概念上之要素。换言之，法规之是否为劳动法，不能以其所规定之对象事项为标准，一以其所关系之人中，是否或有否属于从属劳动者阶级为定耳。

第三　劳动法由公法私法交错融合之特别法也

劳动法所包容之事项，其范围极广，有规定劳动者与雇主间关系之劳动契约，及劳动者参与产业经营之产业会议——如工厂会议等。有规定劳动者相互关系之组织事项——如工会法等，及团体的支配事项——团体协约等。有国家直接参与之劳动者保护法——如《工厂法》等，劳资争议处理法，社会保险，失业保险等。此等复杂且广泛之法规，若依已成法律学的概念，归纳解说时，雇主与劳动者之劳动契约，盖为私法的关系也。劳动者相互间之组织关系，以及国家之对劳动者保护等，盖为公法的关系也。然此等法律关系，在本世纪法律思想革命的转换方向以前，尽归纳于私法范围解释之。然至本世纪发觉此种企图之不可能不合理。于是渐参和公法性质的解释，然亦不能彻底。故近来对劳动法之解释，舍弃其既成概念的私法公法并用之方法。认定劳动法之性质，决非公私法之混成法规，乃由公法私法所融合而成的特别法律规范，即属于新法域的社会法之一种。例如劳动契约，其所根据者虽为民法契约之一种，然解释时，全根据于民法之理论，即为不可通之方法者是，故劳动法为不属于私法或公法范畴，而兼有公私法性质之特别法也。

第五章　劳动法之基本关系

在现代劳动制度之下,劳动法所规律之基本关系,当然为劳动提供者与接受劳动之人间之劳动接受关系,即劳动关系是也。提供劳动之人,谓之被佣者。接受劳动之人,谓之雇主。此等基本关系之当事人,学者统称之为劳动法上之人(arbeitsrechlliche Personen)。兹于解说劳动关系,以资助劳动法概念之明确以前,先就劳动上之人,为分别说明之。

第一节　基本关系之人

第一款　雇主

雇佣他人,使服有偿的劳动之人,谓之雇主(Arbeitgeber, master, employer, patron employeur)。换言之。雇主云者,有报酬的与他人以劳动机会之劳动契约关系之一方当者之谓也。得为雇主者,不限于自然人,私法人的公司、公法人的国家及其他公共团体,均可。又雇主之观念,与所谓经济的企业者之观念有别。在同一企业者,往往同时得有纯粹企业者及雇主之二重地位。劳动法之人,仅限于在雇主的地位之企业者。至在经济的地位上之企业者,乃为民商法及经济法上之对象。又雇主对被佣者固为雇主,有时对其企业者或其他机关,亦立于被佣者之地位者。如包工头、小包作头等。自己佣使补助劳动者,自是立于雇主地位。但对被承包人之企业主,则仍为被佣人也。故雇主系相对的而非绝对的概念也。

第二款 被佣者

第一项 被佣者之意义

被佣者(Arbeitnehmer, servant, workman)云者,谓基于契约,立于从属的关系,职业的从事于有偿劳动之自然人也。被佣者之观念,含有次列六项要素也。

一 被佣者限于自然人。

无论何种法人,均不得为被佣人。此盖劳动法为属于特殊社会阶级的人群而设的保护法之当然性质也。

二 被佣者为直接从事于劳动之自然人。

被佣者以此点而区别于承揽人。盖承揽人系非直接提供自身之劳动者,不过承揽一定劳动之结果——一定工事之完成。劳动者则以提供其自身之劳动为目的,而不领受劳动之结果。是即为两者根本不同之点。至劳动者之工资,以论件计之场合,虽近似于承揽,然此不过为计算支薪之方法,非对一定件数负契约上完成之责也。又佃农在种种情形,多与被佣者相类似。然佃农受地主之田,以自己计算经营之,与承揽人之性质相仿佛,故亦不能归入于被佣者之类。然由地主直接雇用之农工,其为被佣者,自无待言。

三 被佣者为基于契约而从事劳动者。

工人、银行员、公司员、车夫、司机人、兵伕、俘虏、囚人、官公吏、政治家、教育家、律师、企业者等,虽均为劳动者之一类,然其中仅以基于契约而从事于劳动者,为被佣人。

又所谓基于契约,亦不必限于有效的契约。基于契约云者,仅为以契约形式为前提之意。故虽劳动契约无效或被撤销之场合,只要现在仍服于劳动者,当然可取得或保持被佣者之资格,受劳动法之保护。

四　被佣者为服于有偿的劳动之人。

无偿劳动,非劳动法所规律之范围,盖劳动法为保护以劳动为唯一护得生活资源之手段的被佣者阶级之特别法故也。但所谓"有偿"云者,非以金钱支给者为限。其他有价值或利益之报酬均是。例如食料、公司住宅等物的供给,茶房侍役等有酒资赏金可期待之地位。又学徒之学习技艺之机会等,均为广义的报酬——有偿也。

五　被佣者为职业的从事于劳动之人。

所谓职业云者,谓谋生之直接基本活动也。故为研究调查之目的,运动娱乐之目的等所为之劳动,均不能谓之职业。为此等劳动之人,即不能称之为被佣者。

六　被佣者为对雇主立于从属关系而从事于劳动之人。

从属关系之意义,已如前述。

总之劳动法所称谓被佣人者,必具备上记六项要素。如具备者,其所从事之劳动种类性质如何,非所问也。详言之,无论其为肉体的若精神的劳动。工业的、商业的、农业的及其他行业的劳动。女子若男子劳动,成年者若年少者劳动,屋外若屋内劳动,工厂、矿山若家内劳动等等,均一律为劳动法上之被佣人。

第二项　被佣者之类别

被佣者一方可依其所被佣使之业务的种类为标准而分类。他方又可以其所提供之劳动种类为标准而分类。兹就此二者分述于下：

第一　依业务种类之分类

被佣者依其所被佣使之业务,可分为工业被佣者、矿业被佣者、农林业被佣者、商业被佣者、海运业被佣者、家事被佣者等等。本项分类之实益,在于被佣者可随其所被佣使之业务种类之不同,受依各业务种类所设定之劳动法规保护。例如,工人适用《工厂法》等劳动法规,海员适用海员工会组织规则等劳动法规,店员适用店员解雇标准等法规是。

第二　依劳动种类之分类

依前项业务之种类,而为纵断的分类,以制定各种劳动法规,此为从来劳动立法之方针。然晚近之劳动立法,有趋于统一的倾向。不问业务之种类如何,横断的以劳动的种类为分类标准,就各种类劳动,而为各种法规。例如,将被佣者分为使用人、劳动者、学徒、官公吏等数种。同种类之被佣者,即予以一种统一的总则的法规是。此种倾向现正在生长发育之期,在欧洲各国虽已有着手于此种统一计划之实现,然尚无大成者。但此后有充分使其日趋具体化之理由者,盖为各国为政者及学者所公认也。今根据一九二三年德国所发表之《一般劳动契约法草案》(Entwurf eines Allgemeinen Arbeitsvertragsgesetzes)中所划分之种类,即将被佣者分为学徒、劳动者、使用人及官公吏四类。兹将此四类之概念,略述之于下,以资参考。

一　学徒(Lehrlinge)

学徒云者,以习业之目的,而受雇之被佣人也。学徒在经济的社会的见地上,均与其被佣人性质不同,自应独成一个阶级,而予特别劳动法规者为宜。

二　官公吏

官公吏云者,基于公法上之劳动契约,对国家及其他公共团体,而负劳动给付义务之一种被佣人也。官公吏受各种官公吏法之规律,兼有参与国家的事务之特殊地位,且又受异于其他被佣者之严格的身分拘束者也。故对官公吏与劳动法之被佣者同视,学说及判例,不无反对之者。

三　使用人（Angestellter, employee, employé）

使用人系主指从事于高级劳动若精神劳动，以及商业的若事务的劳动之人而言，此定义最初被采用于一九二一年《奥国使用人法》。其翌德国《劳动契约法草案》，亦袭用之。据此等立法，使用人之观念，有二元的用法：第一，如为商业的若事务的劳动时，不问其劳动之高级下级，凡从事者，均一律名之为使用人。如在其他业之劳动，仅限于从事于高级劳动者，方可称使用人。前者之劳动，所以不分级之高下，均认为使用人者，其理由为下级商业使用人事务员等，从其所担任工作之性质论之，多为实行的机械的，实与筋肉劳动者无择，应归入于劳动者之部类。然从其教育之程度，社党的生活状态论之，则与纯粹筋肉劳动者有别。所以使与精神劳动者，受同一法规之规律，转为妥当故也。属于使用人阶级者，大体为公司员、银行员、其他事务员、商店之掌柜跑街账房、私立学校之教职员、新闻杂志之记者、保姆、家庭教师、病院之医员、看妇人、各种艺技人、乐手、船长及其他船舶职员等。

四　劳动者（Arbeiter, workman, labourer, ouvrier）

除学徒、使用人、官公吏以外，其余即均为本项之劳动者。此为德国《劳动契约法草案》所采之劳动者定义，其不为积极的，而为此消极的定义者，盖若积极的为劳动者之定义时，则将于劳动者与使用人两阶级之间，必剩出许多所属不明之被佣者故也。但从事于实行的及肉体的劳动之点，仍为本项劳动者独有之特征也。

第二节　劳动关系

劳动关系云者，被佣者以给付劳动之目的，受雇主有偿的佣使之契约关系也。此为现今劳动关系之解说。然由此前溯及于上古时，其间之

沿革,因各时代法律思想之不同,关于劳动关系之法律性质,亦随时代而异。今为明劳动关系法律性质之沿革,分四期略述之于下:

第一　不自由劳动之思想

在希腊时代之上古,供给劳动者,殆均为奴隶。奴隶提供其劳动之法律的形式,对其主人提供者,为基于公法的支配关系。为主人以外之自由人提供劳动时,因奴隶对主人之关系,与主人之其他所有物相同,故其法律关系为由主人赁贷于他人,犹牛马之赁贷关系。当时于奴隶之外,自由人亦间有供给劳动于他之自由人者。然其供给劳动,亦假与奴隶类似之形式行之。自由人对雇主,应受之工资,先以消费贷借之形式领受之。为还偿此项借金,在一定期间,自由人当作债奴,服债权者雇主之佣使。或提供劳动之自由人,先自堕落于奴隶类似之地位,将自身赁贷于为雇主的自由人等是。在自由人供给劳动之场合,必以此种法律形式行之者,盖因当时之思想,认劳动为除奴隶及其类似者以外,其他普通人类所不应为之事故也。故当时劳动制度之特质,在于"不自由",换言之,完全认劳动为无人格的价值之思想形态也。

第二　劳动赁贷借之思想

一　罗马时代

罗马亦有大量的奴隶,其关于劳动之法律形式,大概与上古同样以奴隶之赁贷借形式行之。但与上古不同者,在此时代,自由人之劳动关系,已脱不自由劳动之思想,而进入于自由劳动契约时代。即自由人被佣于他自由人时,已不必履行自己赁贷若债奴之形式,简直的将自己之劳动赁贷于对手方,而成立劳动赁借贷之契约。认劳动关系为二人格者间之债关系。此种劳动赁借贷契约之观念,在劳动思想上,实为划期的进步也。然此时期之所谓劳动赁借贷者,仍与后述第十八世纪启蒙时代以后之劳动契约概念,即将法律上之人格,与其劳动力切离之思想不同。

其较上古不自由劳动形式稍为进步者,不过以自由劳动之形式,劳动者为自己赁贷而已。然此种赁借贷,在当时亦非就各种劳动均可行之者。可行者仅限于下级人民之劳动及筋肉劳动而已。在高级人民之劳动及精神劳动,即不能适用此种法制。高级人民若精神劳动,只许用委任契约,无报酬请求权,但可受谢金。在法制上有此区别者,盖同为古时人民轻视劳动之思想所致也。

二　日尔曼时代

日尔曼之劳动思想,与罗马完全不同。不但不同,且为正反对。在罗马为债法的契约关系,在日尔曼行为身分的忠勤关系。即主从间之忠勤关系。以上下身分的结合,为其基础理论。后至十二三世纪顷,此种忠勤关系,渐次分化,而掺和债法的理论。然迄十八世纪止,仍保留其身分的色彩,以主从间之服从关系,支配劳动关系也。又此外日尔曼与罗马法不同之点,为不分高下之劳动阶级,万民均一律是也。

三　继受时代

自第十四世纪以迄第十六世纪之间,罗马法之继受,盛行于德国。至十九世纪德国普通法上之劳动理论,除劳动之不分阶级,及带有强固身分色彩之日尔曼固有思想特点,仍未受影响外,均受此种罗马法赁借贷思想之支配矣。此为罗马法继受后日尔曼法之特色也。

第三　雇佣契约(自由契约)之思想

十八世纪之自然法思想,认一切人的支配关系,为违反人伦,凡拘束或压迫人的法律制度,均应撤废。努力于人类束缚之解放,以期成就自由的绝对人格。故在法律上人与人间之一切关系形式,认为完全自由平等的人格者间之契约。劳动关系亦受此理论之支配,渐失前述之身分的要素,而增加债的要素。其结果,成为纯债的关系,即认劳动关系为二人格者间劳动对报酬之交换关系,或劳动商品之卖买关系。此即十八世纪启蒙思想所发露之一方面也。

此种纯债的劳动关系,虽为人格绝对主义思想之副产物,但其结果,将劳动关系于无形中,逆转于上古奴隶赁借贷同一渊源之劳动赁借贷之理论。与当时本来之基础思想,即自由主义,适成为正反之矛盾。故于法国革命以后,中欧诸国均舍弃此种劳动赁借贷之陋见,而另创设新契约典型于法典之中,以图避此种矛盾。例如,一七九四年之《普国普通法》中设"关于行为之契约"(„Verträge über Handlungen")之章,一八一一年《奥国民法》亦新设"关于劳动给付之有偿契约"(„Entgeltliche Verträge über Dienstleistungen")之章,一八六五年《撒克逊民法》中乃设"雇佣契约"(„Dienstleistungen")之节规定之是。其后一八九六年《德国民法》,及同年《日本民法》,一九一一年《瑞士债务法》及我国现行《民法》,均特设"雇佣契约"之专款也。此为劳动关系,由赁贷借的概念分离,而予以独立地位之此前趋势也。而劳动关系之债关系化,亦因此而益形鹄实矣。

第四　劳动契约之思想

受雇人甲将其劳动力提供于雇用人乙,雇用人乙给与受雇人甲以对价的报酬,此即一般雇佣契约之概念内容。换言之,雇佣契约为劳动力与报酬,即二个经济价值之交易关系,同时亦为法律上对等的甲乙二人格者间之个人关系。此种雇佣契约之思想,即为自十八世纪末叶,亘十九世纪之劳动关系的法律构成。然将劳动关系仔细分析观察时,可发见其中包含有其他债关系所不能见之特殊身分的要素,同时并包含个人的要素以外之社会的要素也。分述之于后:

一　盖被佣者所提供之劳动,系存在于劳动者身内,为所以构成其人格的价值者,绝不能与其本人分离。故不但不能如物的给付,为外部的存在,可与其本人分离,而有其独立的经济价值,此其一。又如前述被佣者对雇主立于从属地位,提供其劳动力时,在实际上亦同时为被佣者自身人格之提供,此其二。综此二者考论,劳动关系,与其他一般雇佣关系,其性质实有不同。换言之,劳动关系于债的要素以外,复包含身分的要素,即不对等的人格者间之人的关系也。劳动关系之有此特质。近来渐为多数学者所公认。在德国《劳动契约法草案》所揭劳动契约之定义,亦为"劳动契约云者,被佣者以给付劳动之目的,受雇主有偿的佣使之契约也"。《奥国使用人法》第一条亦同。此为明示被佣者对雇主立于身分的从属关系之实情于法条者也。总之,向来对等人格者间之雇佣契约关系(Dienstverhältnis),与此地所谓不对等人格者间之劳动契约若佣使契约关系(Arbeits-od Anstellungsverhältnis),二者在法律上显有区别者也。

二 凡劳动力从其所有者之被佣者本人观之,似纯为个人之私有物。但从社会生活之全体观之,盖有社会共同利益之性质也。如劳动分配、劳动时间、劳动薪资、劳动争议等,均直接或间接与社会共同利益有重大关系者。例如,一工厂中之一工人的劳动,为其所属工厂组织全体之一构成要素,亦即为工厂之一部分利益者是。推而广之,其对于一国企业组织、经济组织全体之关系亦同。

故在从来法律观念将各个劳动关系,视作个人间之关系者,在现在之社会法立场上,应同时视作社会全体关系观察之。惟因劳动力为社会全体之利益,故国家有不断的为特殊注意或监护之使命及义务也。后述之强行劳动契约法规,及劳动者保护法规之大部分,要之为国家遂行此种使命或履行义务之具体化者也。

第六章 劳动法之法源

劳动法之法源云者,系组成劳动法之各种法的规范之意也。一切法规中凡事关劳动者,无论其原属者之为私法法规或公法法规,均得认为劳动法之法源。故劳动法不但收容民法、商事法、行政法、刑法等实体法规,及民事诉讼法、刑事诉讼法、行政诉愿、诉讼法等程序法规中有关系之规定。且有在其他普通法规上所不能多见之自主的渊源也。今举其直接渊源之主要者,宪法、法律命令、劳动习惯、判决例及劳动规范等,略为说明之。

一 宪法

本世纪之新宪法与旧世纪者不同,于宪法中多特设关于劳动关系之条款,直接为劳动法及其立法之渊源,盖为近世政治的兼社会的立宪思想之当然趋势也。我国于二十年六月一日所颁布训政时期之临时约法中第三十七条乃至第四十二条均为关于劳动关系之规定也。摘录之于下:

第三十七条 人民得自由选择职业及营业,但有妨害公共利益者,国家得以法律限制或禁止之。

第三十八条 人民有缔结契约之自由,在不妨害公共利益及善良风化范围内,受法律之保障。

第三十九条 人民为改良经济生活及促进劳资互助,得依法组织职业团体。

第四十条 劳资双方应本协调互利原则,发展生产事业。

第四十一条　为改良劳工生活状况,国家应实施保护劳工法规。

妇女儿童从事劳动者,应按其年龄及身体状态,施以特别之保护。

第四十二条　为预防及救济因伤病废老而不能劳动之农民工人等,国家应施行劳动保险制度。

二　法律　命令

劳动法法源中,最主要者,当然为关于劳动之法律及命令。近时劳动立法已渐趋于统一的倾向,欧洲二三国且完成或着手于有系统的劳动法典之编纂。法国、苏俄、西班牙已先后实现,德国正在制定中。我国于最近五六年之间,高速度的制定不少劳动法规,有与先进国并驾齐驱之势,已如前述。兹举其主要者:《修正工会法》、《修正工会法施行法》、《修正人民团体组织方案》、《人民团体职员选举通则》、《民法总则》"法人"、《工会章程准则》、《工厂法》、《工厂法施行条例》、《工厂检查法》、《劳资争议处理法》、《团体协约法》、《商店店员解雇标准》、《民法》债编雇佣及和解、《劳工教育实施办法大纲》、《修正劳工卫生委员会规程》、《职业介绍所暂行办法》、《工人储蓄暂行办法》、《海员管理暂行章程》、《整理海员工会纲领》、《海员工会组织规则》、《民船船员工会组织规则》、《中华海员工会整理委员会组织规则》、《海商法》及其施行法、《行政执行法》、《诉愿法》、《最低工资公约》、《铁路员工服务条例》等。其详参照顾炳元氏编《中国劳动法令汇编》。

三　劳动习惯及判决例

劳动立法之历史,为日尚浅,未达大成时期,即已成之成文法,亦尚多缺漏之点。日常劳动关系上之情事,多须赖各地习惯为之辅行。故习惯为其主要法源,自无待言。劳动生活,日趋复杂,关于劳动之法律理论,亦随之发展。故关于劳动之争议,自亦有加无已,而判例为劳动法之渊源,盖为必然之理也。

四　劳动规范

劳动规范云者,规律各个劳动契约之自主的规范也。劳动法之渊源,虽以国家制定法为其主要部分,然此外由团体或个人制定之规则,亦可视为劳动法之渊源者,如团体协约及工作规则即其主要例也。今分述之于下:

1　团体协约

称团体协约者,谓雇主或有法人资格之雇主团体,与有法人资格之工人团体,以规定劳动关系为目的,所缔结之书面契约也(《团体协约法》第一条)。在近代为各个劳动契约内容之诸种劳动条件,不由各个契约当事者,个别的自行订定。而由各个当事者所属团体,以团体的交涉,为准则的协定之。此种所协定之原则,对劳动者有法的性质及效力,已为一般学者所公认。故亦为劳动法法源之一。其详见后述。

2　工作规则

工作规则云者,为统制企业内之劳动而订立之当企业内所施行之当规则也。工厂规则,即其一种。其他如矿山、公司、银行等之服务规则均是。因其有规律所属劳动者之性质及效力,故亦为劳动法源之一。

第七章　劳工法之体系

关于劳动的法规,范围广泛,内容复杂,若欲作有系统的解说时,应依如何标准而为排列其次序。换言之,欲将一切劳动法规作统一的编纂时,应如何组织其体系者。自来学之著述,及法典之编制,颇多出入,迄无一定的定设及定型。兹斟酌学者之通说,将劳动法之全范围,依各类劳动法规之法律的性质,分下列之编目及顺序,以本讲义解说之体系焉。即(一)劳动契约法,(二)失业劳动之调整,(三)劳动组织,(四)团体协约,(五)劳动争议法,(六)劳动者保护之六项是也。

第二编 各论

第一章 劳动契约

第一节 总说

第一款 劳动契约之意义及性质

劳动契约（Arbeitsvertrag，contract of service，Contrat de travail）云者，一方以给付劳动之目的，有偿的受佣使于他方之契约也。今就此定义分解之于下：

第一 劳动契约以给付劳动之本体为目的之契约也

契约标的之劳动，虽不问其为高级劳动或下级劳动，但以给付所约定之劳动的本体为限。必给付所约定之劳动的本体者，盖即为劳动契约之所以别异于下誉诸种类似契约者也。即第一以此而区别于承揽契约（Werkvertrag）。承揽云者，谓当事人约定一方为他方完成一定之工作，他方俟工作完成，给付报酬之契约也（《民法》四九〇条）。就其此规定解释，盖在任何之场合，均非约定直接提供劳动力之本体之契约也。第二与合伙契约不同。劳动契约之劳动给付，专为契约当事人他方之利益。在合伙契约合伙人,虽亦有以劳务而代替物的出资者,但其劳动之提供,为共同事业之遂行决非单为其他契约当事人之利益也。第三与一定之卖买契约亦有区别。例如家内手工业者用自己材料,制造物品,发交与约定商店之场合。此人系以家内劳动者之资格,而为劳动契约之当事人耶。抑为独立的企业者,以货物的卖主资格,而为卖买契约之当事人耶。遇此种场合,一以其所给付者为劳动之本体,抑为货物而定。若为前者,则依劳动契约的理论而为处遇。否则,纯受民法之支配。

第二　劳动契约为有偿契约之一种

被佣者之提供其劳动力,必以一定之报酬为对价。换言之,雇主负担报酬债务为劳动契约之必要要件。

第三　劳动契约者为一方被佣使于他方之契约也

一方为被佣者,他方必为雇主。所谓被佣使云者,被佣者对雇主之关系为从属的,即所谓服于从属的劳动之意也。详见总论。此为劳动契约之特征,所以别异于雇佣契约、承揽契约、居间契约、寄托契约、委任契约、行纪契约、经理人及代办商契约,以及运送契约等所谓广义的劳动契约者也。

第二款　劳动契约之种类

劳动契约依其标准之不同,可得各种之分类,今举其主要者于后:

第一　依业务及劳动种类之分类

依被佣者所从事之业务种类而分类时,劳动契约可分为工业劳动契约、商业劳动契约、矿业劳动契约、农林业劳动契约、海运业劳动契约、家事劳动契约、其官公吏劳动契约的受特别契约法支配之劳动契约,与受普通法的民法支配之民法的劳动契约法之二大类。我国现在除官公吏外,关于劳动契约已有特别法规为之规定者,如工厂工人之工作契约、

《商店店员解雇标准》，以及《海商法》中关于海员雇用之规定等而已。故除官公吏契约外，在我国之特别劳动契约为，工人劳动契约、商店员劳动契约及海员劳动契约等。此外盖均只暂称为《民法》的劳动契约也。又以被佣者所提供之劳动种类为标准而分类时，可分学徒劳动契约、劳动者劳动契约、使用人劳动契约等。

第二　依报酬支付方法之分类

依报酬支付之方法，可分可论时间计算工资（或报酬）契约及论件数计算工资（或报酬）契约之二种（《民法》四八六条、《工厂管理法》二二条）。论时计资契约（Zeitlohnvertrag）云者，依劳动之时间，而定报酬额类之契约也。例如，每小时工资几何，每日、每周、每月、每年几何等是。论件计资（Akkordvertrag）云者，以劳动成绩为标准，而定报酬额数之谓也。例如，每制成几个给与工资几何，每生产若干量给与若干，每搬运几车、每采凿几尺得几何工资等是。以此种方法而定工资之契约，即统称之论件计资契约。论件计资劳动若由多数劳动者共通的接受之场合，别称之为团体的论件计资契约，仍为论件计资契约之一种。

第三　依劳动契约当事者人数之单复的分类

在普通的劳动契约，无论雇主方若被佣人方，以个人为缔约之当事人为常则，即所谓单独劳动契约者。然常有雇主或被佣人方之多数人参加于契约之缔结者，在此种场合，普通称之为多数当事人劳动契约。而多数被佣人集团的参与契约缔结之场合，又特名之为集团的劳动契约（Gruppenarbeitsvertrag）。又随被佣人集团之方式，可分为本意集团（Eigengruppen）之劳动契约及事业集团（Betriebsgruppen）之劳动契约。前者由被佣人方自动的结合，而共同担任一定工事者。后者系由雇主方集合多数被佣人，接与一个共同工事者，故性质系被动的集团。

第二节　劳动契约之缔结

第一款　缔结之自由及方式

劳动契约之缔结，以当事人间自由意思之合致为原则，盖与普通债契约之适用契约自由原则者相同。即各个的雇主及各个的被佣人各随其所好而选择其缔约之对手方，及从其所求之内容而缔结劳动契约。然今日此种契约自由之原则，不过仅存其名而已。在实际上如契约之缔结、内容、权利行使、解约等均受种种限制，不仅已失自由之意义，且有实变为强制契约之性质。换言之，劳动契约之自由，一方基于公益上之理由，而受劳动法规之限制。他方为增进维持雇主若被佣者团体之阶级的利益，复直接应受团体协约之拘束。且后者团体协约，将随劳动理论愈益阶级化，其干涉个人间劳动契约之范围愈益扩充，其结果所谓个人的劳动契约之自由，亦愈限制而趋消失矣。

劳动契约为诺成且不要式的契约，观各种成文法及其本质可知之，无待说明焉。

第二款　契约当事者

劳动契约之当事者，自为雇主与被佣者。原则上任何个人均得为雇主若被佣者。国内人、外国人、自然人法人均非所问。唯劳动法上之劳动，系限于有从属的性质者，故被佣者亦仅限于自然人，法人则无此适格。其他盖均依《民法》之规定。然稍应注意者，契约当事人为未成年人之场合，原则上未成年人之为法律行为，应得其法定代理人之允许，然(1)以被佣人资格与雇主缔结劳动契约之场合，缔结劳动契约，其目的无非冀以劳动力而换得生活资料者,即所谓依其年龄(《工管》第五条、第六条)及身分为日常生活所必需者(《民法》第七七条但书),故例外的未成年人不但可以独立订立契约,且在劳动关系上之一切法律行为,如所得工资之处分、解约等,均与成年人相同。(2)未成年人为雇主之场合,在普通情形,未成年人虽为雇主,与被佣人缔结契约时,自仍应得其法定代理人之允许。但其所以雇佣劳动者,系为遂行其一定营业,而就此一定营业曾经其法定代理人之允许者,则就此一定营业订立劳动契约,自不必经其法定代理人之允许也(《民法》第八十五条第一项)。

第三节 被佣者之义务

被佣者对雇主之劳动契约上义务有三种:(1)劳动义务,(2)忠实义务,(3)附随义务。分款说明之于下:

第一款 劳动义务

劳动义务(Arbeitspflicht od Gieustpflicht)云者,劳动契约上所约定的给付劳动之义务也。分项释明之:

第一 劳动提供者

劳动原则上应由被佣者亲自为之。不能随便使第三者代服劳务。若任意使第三者代理时,即为违法,成为解雇之理由(《民法》第四八四条第二项、第三项)。此种劳动给付原则上必限于被佣者自身者,盖劳动关系本资上原为人的关系故也。但对此原则亦仍有例外,举之如下:

一 契约当事人间之合意 若有雇主之同意时,被佣者使第三者代服劳务,自不成问题。此种之同意,预先于订立劳动契约之初,总括的承诺者亦可。于劳动关系继续中,个别的准许者亦可。

二　劳动之性质上可允许代理之场合　着佣者应给付之劳动,其性质上少个性的要件,无论由何人为之,其成效均属相同之场合,应解为纵无雇主之同意,被佣者可任意使第三人代理之。盖在雇主之利益上无任何损失,而拒绝第三人之代理,显属权利滥用之一端故也。

三　交易上之习惯

第二　劳动之对手方

劳动给付原则上应对雇主本人为之,亦惟斯为已足。故雇主非经被佣人之同意,不能将其劳动给付请求权,让与第三人(《民法》第四八四条)。即所谓劳务请求权原则上无可让性是也。违反被佣人之意思而让与第三人者,其行为为无效。盖若听雇主将请求权任意让与时,在被佣人为劳动对手方之变更,有扩大劳动给付之内容及忠实义务之范围,从而加重其责任,陷于不利益之虞故也。但让与之结果,反而增进被佣人利益之场合,只要无反对之特约,让与自属可以成立。盖照劳动法之根本意义,(即劳动者保护),以如此解释为妥也。

原雇主之权利,若有效让与时,则让受人继承其地位,对被佣人行使雇主之权利。然让受人仍非当然继受原雇主之义务者。若另无移转原雇主义务之债务移转行为时,如未给付之报酬等,仍属原雇主之债务。与让受人无涉也。

第三　劳动给付之界限

被佣者从其契约所约定有提供其劳动之义务,已如前述。然此项义务在任何场合均非履行不可者乎。是则不然。盖仍有一定之界限也,界限维何,举之如下:

一　雇主若违反关于保护被佣者之公法的规定时,被佣者可就此范围内拒绝其劳动给付。如雇主未为或怠忽《工厂管理法》第四十一条、第四十二条所规定之必要设备时,被佣人自得拒绝其劳动。被佣人在此项拒绝劳动期间,仍不丧失其工资之请求权。关此虽无直接明文,理论上自如此解释不可。

二　雇主不能将罢工劳动(Streikarbeit)强制其他被佣者

罢工劳动云者,为因被佣者同盟罢工而终止的一定部类工作上之劳动也。其他被佣者云者,谓非从事于现罢工的工作之劳动者也。此类被佣者对罢工劳动,本无劳动义务,若由雇主强制的使从事于罢工劳动时,自得根据劳动契约而否拒之。盖同盟罢工为被佣者之主要争斗手段,一方希望其适法的遂行,他方自应禁止不法之妨害,而完成其罢工之效果也。

与罢工劳动类似者有间接罢工劳动(indirekt Streikarbeit)。间接罢工劳动云者,谓以罢工劳动为前提之劳动也。例如有大规模之货栈,其中劳动者向分为装载货物之工人及搬运货物之工人二部。如装载工人罢工时,搬运工人之劳动,即为间接罢工劳动是。在此种场合,搬运工人是否可拒绝其劳动,成为问题。学说为对于罢工劳动虽可拒绝,但若货物已由他人装载完妥者,则不能拒绝搬运。若搬运夫亦宣言与装载工人而为同情罢工,自系另一问题。

第四　劳动给付之场所

劳动给付之场所,原则上依当事者之合意而定。若无是项合意时,则随劳动之种类、性质、交易上之习惯等定之。

第五　劳动给付之时

一　劳动给付与一般债契约上之给付,稍异其趣。即普通不用同时履行之原则,例要先雇主之反对给付而为之。即被佣者不得以雇主报酬债务之履行为抗辩。《民法》第四百八十六条之所谓"一,报酬分期计算者,应于每期届满时给付之。二,报酬非分期计算者,应于劳动完毕时给付之",亦即释明此意也。然劳动契约上有约定者,或无约定而有履行之特别习惯者,自应依其约定或习惯(《民法》同条)。又如雇主违反被佣者保护之公法的义务时,被佣者不但可拒绝劳动给付,而且仍可行使报酬请求权,已如前述。

二 被佣者在定有劳动时间之场合,则负在此时间内完成劳动之义务。纵有论工计资之约定,在约定劳动时间内,仍不能任意中止工作。盖虽为论工计资之契约,而劳动时间之存在,不但被佣者有其利益,雇主亦同有利益故也。故被佣者于履行论工计算之契约上给付外,应仍守时间契约之义务也。

三 关于被佣者劳动时间,基于公益上之理由,应受种种之制限,其详当于后述"劳动者保护"之章中述之。此处应考虑者,在劳动时间受此种公益规定制限之场合,若被佣者与雇主合意,超过法律上所定之劳动时间,而为劳动时,法律上应如何处遇之之问题是。例如不顾《工厂管理法》第十一条"童工每日之工作时间,不得超过八小时"之规定,雇主经童工之承诺,约定每日使为十小时之劳动之场合。普通解释,此种契约自属无效。被佣者对超过时间劳动契约,无报酬请求权。雇主方面依同法第六十八条之规定,受违法之制裁而已。若依此解释,雇主之损失,或属咎有应得。但在被佣者实为莫大亏损。盖被佣者对此时间既不能有报酬请求权,则至多不过以不当得利为理由,向雇主请求返还其利益而已。而请求不当得利之返还,较之直接请求报酬者,在请求之实行上于被佣者自多不利故也。关于此种矛盾之救济,学者虽多学理上各种解释的方法。但以劳动法为劳动者保护法规之性质,为救济此项问题之基础理论者,较为妥当。即劳动者保护法规,系国家所以课雇主以保护被佣者之公法的义务者。其方法即为命雇主一定的作为若不作为,以禁止劳动力之榨取。故法规上首应受保护者为被佣者,而非雇主。故在上举例中,童工对超过劳动时间之劳动契约为无效,且不能请求报酬时,是在被佣者较无此种保护法规之场合,更为不利益矣。非矛盾之尤甚者乎。故应解释为:(1)含有超过劳动时间之契约,不应全部无效。法定时间内之劳动,应属有效,即契约在此范围内应有效。关于法定时间内之劳动,有完全报酬请求权。(2)法定外所超过时间之劳动,虽属无效。但被佣者既经劳动,雇主亦已受领其劳动之成果时,依保护劳动者之法意,对此事实上所给付之劳动,亦应予被佣者以报酬之请求权也。(参照《民法》第四百八十三条)。

第六 劳动义务之减免及不履行

被佣者之劳动义务,依法律规定、团体协约、服务规则及当事者间之特约等,有时得免除其全部或一部。例如,休息、休假、经营障碍、雇主之受领迟延、因不可归责于被佣者事由之履行不能等场合是。此等盖均非基于被佣者违反其所负担劳动义务而生者也。若反是者,即被佣者劳动义务之履行迟延若履行不完全等,系由可归责于被佣者之事由而生者,则成为被佣者契约违反之问题,从而劳动义务自不能因此而生免除之效果。关此自应稍为说明之,然关于被佣者劳动义务上之关系,系与雇主之给酬义务等有连带关系。故为便于说明计,将归并于后章雇主之给酬义务中述之。

第二款 忠实义务

在普通债契约,其内容一以经济价值之融通转换为止境,在劳动契约于此种经济的关系以外,复以雇主与被佣者间之身分的关系为支柱。换言之,劳动契约实包有在普通债契约及历来雇佣契约上所稀见之身分的义务者也。所谓身分的义务之者即被佣人对雇主之忠实义务,雇主对被佣人之保护义务是也。

被佣人之忠实义务的范围及轻重之程度,固依劳动关系之种类而不同,亦随雇主与被佣人间人的关系之疏密而差异。例如,雇主对工业矿业劳动者,人的关系自属最疏,公司员事务员次之,而家庭被佣人则最亲密也。

忠实义务依事情之性质,虽可以特约较本来的应有之程度加重之或减轻之。但自以不违反禁止规定若公序良俗者为限。

忠实义务举其主要如下:

第一　服务义务(Gehorsamspflicht)

被佣者在劳动时间中负服雇主指挥监督之义务。即负服雇主之指督权(Direktionsrecht, Bestimmungsrecht)而忠实的从事于劳动之义务也。但虽在劳动时间中,若雇主之命令系恶意者,或有害于健康若违伤教宗信心者,自无服从之必要。又在劳动时间外,原则上自无是项义务。然被佣者之行为,间接或直接有毁伤雇主及其企业之信用令誉者,雇主干涉时,应解为仍属契约上之权利焉。从而对被佣者之不履行其服从义务者,雇主固可请求损害赔偿,同时亦可有侵权行为上之损害赔偿请求权。有不得已时并可即时终止劳动契约。

第二　守秘义务(Schweigepflicht)

被佣者负严守关于雇主之业务上秘密之义务。此为第二种之忠实义务。业务上之秘密云者,谓雇主之技术上商略上及其他因第三者之不知即为其利益之事项也。事项之是否为业务上秘密,一以各个具体情形定之。守秘义务虽常有依法规若当事者之特约而课于被佣人者,然即无法规及特约,亦为劳动契约性质上当然有之义务也。

第三　促进义务(Förderungspflicht)

忠实义务之第三种为促进义务。促进义务云者,被佣人应竭诚为雇主业务尽力,随时留意于业务上进之义务。如收受他人之贿赂,故意二三其意见,而乱业务之方针。或怠于为业务上必要之意见若报告,致雇主招致不利益等,均为违反是项之义务。不必基于法规及特约,为劳动契约上当然之义务,与前者相同。

第三款　附随义务

被佣者于负担上述劳动义务及忠实义务外,依法规及特约有时复负与上述二义务有关系之种种附随的义务。其中应说明者,即为契约罚之特约。

契约罚之特约(Strafabrede)云者,约定被佣者若违反劳动契约上义务时,应受违约金等一定制裁之特约也。契约罚之通常形式为金钱罚,然亦不仅限于违约金、损害赔偿等之直接金钱的支付。如罚薪减资等之间接方法,又如上工之停止、受奖资格之丧失、谴责、惠工施设利用之停止等,亦普通所使用之方法也。

第四节　雇主之义务

雇主之义务,亦有三。即给酬义务、保护义务及使用义务是。

第一款　给酬义务

给酬义务(Lohnzahlungspflicht)云者,支给劳动契约上报酬之义务也。与被佣者之劳动义务相对称。雇主义务中之最主要者也。对于劳动之报酬,虽以明示的定于当事者之特约若团体协约中者为常则,但亦有认为默示的契定之场合。"如依情形,非受报酬,即不为完成其工作者,视为允与报酬"(《民法》四九一条)之规定,即为此种之场合也。

第一　报酬之种类

报酬可分为金钱报酬、实物报酬及混成报酬之三种。金钱报酬

(Geldlohn)云者,谓由金钱所代表一切报酬之总称也。故不限现金支付。其他支票、债券等均是。金钱报酬以外其他一切报酬,总称之为实物报酬(Naturallohn)。故如食品、燃料、被服等之现物支付,以及住宅、土地之利用、收益机会、学徒之习业等均是,金钱报酬与实物报酬两者并用者,称之为混成报酬(Gemischter Lohn)。

第二　报酬之形式

无论为金钱报酬若实物报酬,若从其形式观察时,又可分为主要的下列数种:

一　论时计薪(Zeitlohn)

其意义已于前述。唯应研究者:(1)被佣者对于休息日仍否可以请求报酬。论日计薪以下之被佣者,其无此项之请求权,盖无待言。论周、论月、论年计薪者,有请求之权。雇主不能扣除休息日应给之薪水(如《工厂法》第十八条)。(2)对于罢工日可否请求报酬。此问题与(1)之场合不同。不论其为时薪或日薪乃至年薪,雇主得将罢工时内之薪水,扣除之。但在罢工时期内如有休息日者,则不能将此休息日而算入于罢工时期内,混同扣除也。然因罢工之奏效,有往往决定薪水仍应支付者,盖此为罢工交涉上之另一协定,已非劳动契约上当然之权利矣。

二　论件计薪(Akkordlohn)

论件计薪之意义,已于前述。本项又可分为下列三种:

甲　单一论件计薪　此为被佣者担任统一的一个工事之场合所有之形式也。如工人被佣做一个机械,公司员被佣做一个特定事务等,就其成绩而支薪者是。被佣者之劳动给付,虽无回归的反复性质。而其所受报酬则往往分回数领受之者。此种计薪形式,其外形上酷似于承揽契约,故两者多有难于区别之场合。

乙　论数计薪　同种若同样之生产品,依其个数、车数、分量或其他数目,以同一薪率而支给薪水之方法,谓之论数计薪。此种方法通常在工厂最通行之。依生产品之数量等而为计算薪水之单位。此单位之递增,即为薪水额之递加。故在论数计薪有二个要素,即一为薪水率,二为工作之做就数量。

丙　依成递加制度　此种虽亦以预定薪水率为常则。但与论件计薪之薪水率稍其异趣。如每生产五个递加一角,每十个则二角二分,每十五个则三角五分等,于普通薪水之外,再依其生产之成数,而递加其薪水者是:此种形式,其用意多在于奖励劳动者。普通所行者,有下列四种:

(1)依量的递加。(2)依质的递加。(3)节约原料的递加。(4)严守时间的递加。

论时薪与论件办二种形式,往往有相互结合而并用之者,谓之两者之现实的结合(reale Kombination)。又两者虽不并用,但有使交互为条件的结合者,谓之条件的联同(ideelle Kombination)。

三　加薪及津贴(Zulage, Beihilfe)

此为附加于基本报酬而支给之报酬形式也。加薪及津贴原则上应基于当事者间契约上之合意。但实际上多定于支薪之规则章程。亦有以团体协约协定之者。

四　年金或退职金(Pension, Ruhegehalt)

此为在劳动契约消灭后所支给之报酬形式也。其性质与赠与若终身定期金不同。以一定期间继续勤务为条件的一种劳动报酬也。关此之特约系属劳动契约之一部,有民法上停止条件附契约之性质。

五　赏封及贺仪(Bonus, Gratifikation)

有支给一定赏封及贺仪之习惯地方,则此二者亦有报酬之性质。

六　分配红利(Gewinnanteil)

有被佣者亦可分配红利之约定的场合,则应分受之红利,亦为报酬之一种。有仅分红利者(Gewinnbeteiligung, Profitsharing)，有进而参加于资本者(Kapitalbeteiligung)。

第三　报酬受领人

报酬由被佣者亲自领取为原则。若报酬请求权移转于第三人之场合，或被佣者与雇主间预有约定报酬领取托由第三人代理者，第三人之得行使报酬请求权，自无待言。被佣者为禁治产人场合，原则上应由其法定代理人领取之。

第四　报酬之额

报酬额原则上依当事者间自由合意定之。但有下列数种之限制：

一　报酬额在团体协约有协定者，则因协定额为有不可变性之故，协约所支配之劳动契约上报酬额，自以协约所定者为准。如劳动契约上之报酬额有异于协约上之报酬额者，其相异部分为无效，仍依协约额。但异于协约之约定额，为协约所容许，或为被佣者之利益而变更，协约并不禁止者，自不在此限(《团体协约法》第十四条、第十六条)。

二　有最低报酬率之法规者，当事者应不抵触此项法规而为报酬率之约定。

三　在无上二项(协约及最低报酬率之法规)限制之场合，当事者间而为所"饥饿报酬"(Hungerlohe)之约束，亦属无效。饥饿报酬云者，纯为榨取劳动力之目的，与被佣者之劳动价值不相称的少额报酬之谓也。因其违反公序良善，故应无效。

反是者，报酬过大，劳动价值过小之场合，如乘雇主之无力穷困，被佣者以榨取雇主之目的，而为过大之报酬请求，同时具备不法之要件时，亦属无效。报酬额之是否过少或过大，自依各种事实问题定之。

第五　报酬发给之场所

发给报酬之场所，现行法上无任何限制，盖一任契约当事者之合意也。不过从报酬债务,系收取债务之一种,原则上应解为就债务者之雇主处领取之。

第六 报酬发给之时

报酬发给之时云者,现实的发给报酬之日时也。此与论时计薪之日时月年等不可混同。盖例如日薪之场合亦有每周发给,或每月发给之场合故也。发给报酬之时,原则上由当事者间之约定,无约定依习惯。无习惯,依(一)报酬分期计算者,应于每期届满时,(二)报酬非分期计算者,应于劳务完毕时给付之(《民法》第四百八十六条)。发给报酬之时前,所预支者,自仍属报酬之发给,为基于当事人间之合意,非契约上之应有权利,盖无待言。

第七 劳动义务不履行与报酬之关系

劳动义务不履行可分为(一)被佣者之履行迟延,(二)履行不能,(三)不完全履行之三者。

一 履行迟延

被佣者能劳动而不于履行期履行时,依民法一般原则之规定,被佣者应负迟延之责。但被佣者对此以有过失为要件,自无待言。例如,被佣者自始不着手于其担承之劳动,中途随意抛弃其工作,上工之迟刻,提早退工等是。应注意者依工作之性质,因劳动给付之迟延,多有变为履行不能者是。

因被佣者之履行迟延,对报酬之影响如何,应为考察之问题。仅因履行迟延,当然非即为消灭劳动契约之原因,依理被佣者仍保有其报酬请求权。但通常报酬于劳动给付后始达其清偿期,故雇主在其劳动完全给付以前,可拒绝报酬之发给。故在实际上被佣者请求权之行使,多属不可能也。

二 履行不能

劳动因可归责于被佣者之事由,致给付不能者,雇主得请求损害赔偿(《民法》二百二十六条)。履行不能及于劳动之全部者,固不必论。若仅为劳动之一部分者,雇主对其尚属可能部分,则请求其履行。对其不能部分,则要求其赔偿之。所谓归责于被佣者之履行不能云者,例如因过失而害其健康,因泥醉而负伤,因犯罪受拘禁,于工作中任意去旅行,或另承受其他不相容之工作,工作中因不注意而损坏机械,致不能作业等场合是。在此种场合,被佣者虽因之免除其劳动义务。但在全部不能之场合,丧失其全部报酬。一部分者丧失其一部分之报酬。

三　不完全履行

被佣者违反其劳动契约上债务之本旨,而为给付其劳动者,成为不完全履行之问题。被佣者应任其责。例如,工作欠注意而制造粗劣之物品,弛怠工作致所定劳动时间之空过,而业务上散漫的报告,不顾雇主之利益而缔结交易上契约等皆是。

在被佣者不完全履行之场合,被佣者仍有与完全履行场合相同之报酬请求权。盖劳动契约为给付劳动本体之契约,非如承揽契约担承工事之完成者故也。但对于不完全履行,被佣者有过失之场合,则对雇主负损害赔偿之责任,无待言也。

第八　劳动义务之合法的免脱与报酬之关系

本项所述者与前项不同。本项为在劳动义务适法的免脱之场合,关于报酬及其他权利义务应如何处遇之问题也。属于本项之主要问题为休假、休业、雇主之受领迟延、因不可归责于被佣者的事由之履行不能、经营障碍等。略为说明之于下:

一　休假(Urlaub)

休假云者以继续的劳动关系为前提,使被佣者得休养起见,所生的劳动义务一时的免脱期间也。就其性质推解时,其与休息及休业均有区别。被佣者在休息时之不服劳动,因无劳动之义务故也。休假系劳动义务仍属存在,不过受免脱之处遇而已。至休业系纯基于当事者之特约,且原则上不受报酬,故亦不同。

休假非直接或间接法律上有根据者,不能请求之。如无法规,则依当事者间之合意而定之。合意通常于团体协约或经劳协约行之者为多。否则,则定于各个劳动契约。

休假中如无反对之规定,被佣者仍保有其报酬请求权(如《工厂管理法》第十八条)。

报酬额发生疑问时,在论时薪场合以其过去之论时额为准。论件薪则以其过去一定期间之全报酬平均额为准。

二　休业(Werksbeurlaubung)

休业云者,以雇主与被佣者之合意,在维持其劳动关系的条件下,一定期间休止事业之谓也。休业既非消灭现存的劳动关系,故雇主与被佣者仍不失其身分关系。不过因事业休止之结果,被佣者合法的受劳动义务之免脱,雇主原则上亦免除支给报酬之义务而已。故休业亦与解雇不同。解佣系基于雇主一方之行为,且以消灭劳动关系为目的者也。休业则仅一时的中断现实劳动关系而已。此种休业特约,多因企业不振、天灾事变、敌军之占领等,不能继续经营事业之场合行之。不直接采取解佣之形式,而为休业之特约者,在雇主于企业再始时,可免招工之烦。在被佣者可减少失业之忧。企业再始时,休业特约之被佣者有优先其他普通被佣者就工之权利,盖为休业之法律效果也。

三　雇主之受领迟延

被佣者虽提供其劳动,而雇主因原料不整备、事业之放掷等,拒绝其受领,或不能受领时,则雇主陷于债权者之迟延(《民法》二百三十四条)。解释上债权者之迟延,不以其过失为要件。故雇主之不受领,系出于何种情由,均可不问也。自受领迟延后,被佣者自其提供劳动之时起,免除因不履行而生之一切责任。然有报酬全部之请求权。

四　劳动义务之履行不能

因可归责于被佣者事由之履行不能，已于前述。本项所述之履行不能，系因此外事由而生之履行不能也。

甲　可归责于雇主之事由而生之履行不能

例如雇主怠于煤炭原料品之定购，不为机械之购置及修缮，因此被佣者不能劳动者是。其与雇主受领迟延不同者，为被佣者所负担之劳动义务，因劳动时间之空过，而成履行不能之点是也。在此场合被佣者虽可免除劳动义务，而雇主则仍负反对给付（支给报酬）之义务。唯因劳动义务免除之结果，而被佣者因此而受有利益者，在此度限内之利益，应偿还于雇主（《民法》第四百八十七条）。

乙　不可归责于雇主及被佣者双方之事由而生之履行不能

本项与次项经营障碍有牵连关系，于次项并述之。

五　经营障碍（Betriebsstockung）

经营障碍云者，例如当企业内之部分罢工，因他企业内之罢工而中断动力等之供给，工厂因落雷火灾等之破坏，扰乱，敌军占领等，虽有劳动希望者，而非中止其事业场合之谓也，在此种场合，对不得已而中止劳动之被佣者，因其保有劳动之意思及能力，故不能一概否定其报酬请求权。然此种结论，系最近多数学者所努力之结果也。对此结论之理论的构成，学说尚多，其中较为稳妥者为"企业者之责任论"。其大略谓："劳动关系为被佣者对企业者立于从属地位，而提供其劳动力。同时将自己亦组入于企业劳动组织之中，成其一部分之关系也。换言之，被佣者为听任企业者处分其劳动力之故，而投入于企业组织中之关系也。故从企业者方观之，被佣者纯主为立于企业经营上一种手段之地位，与其他物的生产手段，在一定程度之下，无任何区别者。因是企业者事业经营上之危险负担问题,同时亦及于被佣者乃至劳动力之上。即企业者既负担工厂机械材料等物的要素因火灾水难等事变而灭失毁损之危险,则同样对其所支配之被佣者乃至劳动力发生障碍,而胁迫其生存时,企业者亦应视作企业上之危险而负担之,盖为当然之理也。同为构成生产组织之要素,自不应因其为物的要素或人的要素之区分,在法律上二三其理由也。"云云。

第九 报酬之保护

报酬为被佣者之唯一生活资源,自应有使其确实到手,不发生生计上障碍之保障。此即为报酬应如何保护之问题。主要的保护手段如下:

一 发给方法及时期之限制

以物或金钱作报酬均可。契约当事者采取何种,原则上亦属自由。惟我国已颁布之《工厂管理法》则有限制的规定。即工厂对工人应以当地通用货币为工资之给付(第二十一条)。工资之给付应有定期,至少每月发给二次,论件计算工资者亦同(第二十二条)。此种发给物品制之禁止,为先进各国所通行之制度,属于保护薪资方法中最重要者。

二 报酬减少之防止

雇主若将被佣者之报酬一部分扣存,如过被佣者不遵守劳动契约时,即将扣存部分之报酬,抵作违约金或损害赔偿金,其结果被佣者之报酬,易受不当之减损,自不待言。故在《工厂法》特为禁止的规定。即"工厂对于工人不得预扣工资,为违约金或赔偿之用"(第二十五条)盖即防止减少报酬之方法也。

第二款 保护义务

雇主之第二劳动契约上义务,为对被佣者应为适当的保护之义务(Fürsorgepflicht)。此义务与被佣者对雇主之忠实义务相对称。由劳动契约身分的方面所发展之特别性质的义务也。即雇主对被佣者之生命、健康、风纪、信教等加以庇护。如被佣者被收容于家庭内之场合,则对其起居场所设备以及饮食等加以留意,使得为适应的生活者是也。虽无法规之规定及当事者间之特约,为劳动契约上当然课于雇主之义务也。

第三款　使用义务

普通原则上雇主有请求劳动给付之权利,而无使被佣者现实的劳动之义务。但在特殊场合,雇主往往亦负此种义务。例如,艺技人为播扬自声名,对于出场表现,有特殊利益之场合。又在实施红利分配制度若依成加薪制度之企业,被佣者为增加其所得,于劳动有特别利益之场合等,若无反对之约定,雇主应负使被佣者为适当劳动之义务。在被佣者行为有"就工请求权"(Recht auf Beschäftigung)者也。此前之债法的理论上虽不能认许此种权利之存在,但近来欧洲之学说判例及立法例均渐趋是认之态度。如德国新《劳动契约法草案》第六十四条为"如被佣者因劳动而能受特别利益时,纵无关此之特约,雇主亦负使被佣者得为适当劳动之义务"之规定是。此种趋势以后将更为发展,盖可无疑也。

第五节　被佣者之发明权

如被佣者有发明时,关此发明上之权利,应归何人——被佣者或雇主,盖为应考察之问题也。然因此问题与被佣者保护问题有牵连关系,在立法政策上有重大意义,故先进诸国或直接以劳动法规,或以特许法及其他特别法规为独立规定,以期其权利关系之明确也。被佣者之发明权关系,依其发明系在何种情事之下或在何时日,而可分为三种场合观察之。

第一　自由发明（freie Erfindungen）

被佣者在劳动时间外，例如退工回家后在自由时间中所为之发明。其发明上之权利，自为本人所有，不必移转于雇主。依理任何关于移转于雇主之特约，亦应属无效。盖从保护弱者的被佣者之法理推论，自非作如此解释不可也。

第二　事业发明（Betriebserfindungen）

发明有以经年累月的事业内多数经验及成绩为基础，由多数被佣者前后相继协同之结果而产生者。在此种场合因无特定一人或数人之发明者，由全体观之，无异由当事业自身所为者，故关此种之发明权利，应归属于雇主。

第三　勤务发明

勤务发明云者，被佣者在劳动时间内，关于其劳动上所为之发明也。此种发明权之归属，自来有正反二说。代表雇主方之意见，以为"被佣者之发明系在劳动时间内，且为利用雇主之器具机械材料等之结果，其实为劳动义务范围内之事项，其发明权应归属雇主，为理之当然"。代表被佣者方之意见，以谓"人之精神的创作乃为绝对的。其所使用之器具机械，系何人所有，其创作之时期，是否负有劳动义务，盖均非足以毁灭创作之绝对性者也。故理论上其发明权利，应为创作者所保有"。总之二说之正否，姑不具论。由公益及奖励被佣者发明努力之见地，在立法政策上似应采取后者说为妥当乎。

第六节　劳动契约之终止

第一　终止之事由

劳动契约于因一般的消灭原因而消灭外，复因下列特别事由而终止：

一　劳动之完了

契约目的之特定范围劳动完了时，劳动契约亦同时终止。此种终止方式，往往多行于论件计薪之劳动契约。如劳动契约同时复定有存续期间者，则在期间届满前，劳动虽完了，而契约迄期满止应视为尚属继续者。

二　存续期间之届满

劳动契约有一定期间之约定者，则因其期满而终止（《民法》第四百八十八条）。如当事人犹欲继续者，应由双方明白之合意者方可续约（《工厂管理法》第二十六条）。若契约未为预定继续期间，或本为无定期之契约时，则适用关于预告之规定（《工法》第二十七条）。

三　当事者之死亡

被佣者死亡时，原则上契约关系因此而终止。盖劳动义务原则上本为专属于被佣者一身之债务故也然。劳动给付系无专属的性质，任何人为之，均能得同样结果者。或曾经得雇主之允许，可使第三人代服劳务者。或在交易习惯上被佣者可使劳动补助者遂行工事者。在此等场合，被佣者虽死亡，劳动契约似不应随之而终止。随情形之如何，例外的亦有使继承人继承其劳动契约之场合。

雇主死亡时，劳动契约原则上不因此而终止。盖雇主之报酬债务性质上初非一身专属故也。然亦有例外之场合，即劳动与雇主一身有特殊关系时，例如劳动事务即为雇主之看护教养，或以个人信任为基础之秘书劳动等，其劳动契约应与雇主之死亡同时终止。又即无上项之特殊关系，若由雇主之继承人继承其雇主的地位，有加重被佣者之劳动义务忠实义务，使陷于不利益之情形时，劳动契约亦以因此终止者为要当（参照《民法》四百八十四条第一项）。

四　预告（Kündigung）

解约之预告，为劳动契约消灭原因中最重要，且对被佣者有密切利害关系者也。兹就《民法》及《工厂管理法》等所规定者说明之：

甲　当事者间劳动契约未定期限者，原则上各当事者得随时预告终止其契约(《民法》四百八十八条第二项)。此之谓通常预告（ordentliche Kündigung）。惟雇主方欲终止契约者，应于事前一定期间内为解约之预告。此一定期间，即所谓"预告之期间"者是也。预告期间原则上可由当事者自由约定。如无约定依《民法》及习惯。在工业劳动契约场合，则依《工厂管理法》第二十七条，即(1)在厂继续工作三个月以上未满一年者，于十日前预告之。(2)在厂继续工作一年以上未满三年者，于二十日前预告之。(3)在厂继续工作三年以上者，于三十日前预告之。但在工人方欲终止契约时，应于一星期前预告工厂(《工厂法》第三十二条)。

乙　当事人之一方有重大事由，其契约纵有期限，仍得于期限届满前，预告终止之(《民法》四百八十九条)。此谓之特别预告（ausserordentliche Kündigung）。所谓重大事由云者，对达成劳动契约之目的，惹起重大障碍之事由也。《民法》仅为此抽象之原则规定，其具体的事由盖实际劳动关系之情由及各种特别法而定也。《工厂管理法》关此为第三十条之规定。即(1)工厂为全部或一部之歇业时。(2)工厂因不可抗力停工在一个月以上时。(3)工人对于其所承受之工作不能胜任时。其他商店店员之解约，亦有同样之规定(参照《商店店员解雇标准》)。以上因各种事由之解约，仍应履行预告期间之规定，盖无待言。

丙　即时解约，本项之解约虽亦因重大事由，但与上述二项不同者，解约方可不遵预告期间之规定，而即时告知解约也。如(1)工人屡次违反工厂规则时。(2)工人无故继续旷工至三日以上，或一个月内无故旷工至六日以上时。为工厂方得即时解约之事由也。《工厂法》第三十一条也。如(1)工厂违反工作契约,或劳动法令之重要规定时。(2)工厂无故不按时发给工资时。(3)工厂虐待工人时等,工人得即时解约之事由也(《工厂法》第三十三条)。关于商店店员之解约,亦有类似详细规定。

第二　随于终止之当事者权利义务

劳动契约因解约预告或即时解约而终止时,当事者间因终止复生特种之权利义务。如预告期间加给薪资义务(《工厂法》第二十九条),损害赔偿义务(《民法》第四百八十九条第二项)等,即其例也。兹就工厂法中有说明之必要者,分雇主之义务,及被佣者之义务二项述之于下:

一　雇主之义务

甲　应与另谋工作之时日(《工厂法》第二十八条)

此种义务盖为雇主对被佣者保护义务中之一种。依理为劳动契约上有应之义务。在出外另谋工作时日间之工资,仍应照给。

乙　赔给解约预告期间之工资(《工厂法》第二十九条)

解约经预告者,除工人以应得工资外,并须给以第二十七条所定预告期间工资之丰额。不经预告期间即时解约者,仍须照给第二十七条所定预告期间之工资。

丙　容继住工厂住宅

在继续的劳动关系之场合,由雇主供给被佣者以工厂工人住宅者,于解约后相当期间内,应容认被佣者暂时居留之。此盖亦为雇主保护义务之一内容也。

丁　工作证明书之给与(《工厂法》第三十五条)

工作证明书(Arbeitszeugnis)云者,系记载被佣者工作履历等之书面,以供被佣者另谋工作之便,由雇主所作成者也。此种证明书之给与,盖亦为雇主当然义务之。然若由被佣者所希望之解约,而不遵守预告期间之规定,或因被佣者之责任而被即时解约之场合,盖被佣者已违反其应有义务,故雇主依情形如何,得拒绝是项证明书之给与。

二　被佣者之义务

甲　事务之处理及其他应急处分之义务

被佣者于劳动契约终止后,在忠实义务所驱使之范围内,应结束其残务,办理交代。其他应急处分者同。

乙　不为竞业之义务

被佣者在劳动关系存续中负忠实义务,应严守雇主之业务上之秘密,已如前述。如将业务上所体会之秘诀,泄露于其他同种之企业,或利用秘诀直接自营同种之企业,乃为违反契约上之义务者也。此种义务于解雇后若不继续课赋于被佣者时,则雇主之利益仍无由保护也。故关于禁止竞业,往往以当事者间之特约保障之。此种特约亦非无限制可以订立,普通就时间上若地域上附以相当条件者为常行。

第二章　劳动之调整

第一节　失业之观念

第一款　失业之意义及范围

失业(Arbeitslosigkeit, unemployment)云者,谓被佣者虽有劳动能力及劳动意思,而不能得相当劳动机会之状态也。在此种状态之被佣者,即谓之失业者。惟失业必须具备下列五个要件:

一　失业为仅限于被佣者所有之事项　企业者及雇主纵偶失其经营事业,亦不得称之为失业。故得称为失业者,必其人属于如学徒、劳动者、使用人以及官公吏等所谓被佣者之部类者方可。

二　失业以有被佣者的劳动能力为前提　若在因疾病灾难等致绝对丧失其劳动能力者及生来本无劳动能力者,即不能成立失业之观念。

三　失业以被佣者有劳动意思为要件　如懒惰者、乞丐、流氓、常习犯罪人等因无劳动意思而不就职者,不能称之为失业者。但应注意者,若被佣者因劳动条件及其他等不合为理由而解约,或因同盟罢工而脱退劳动关系者,自不能视为无劳动之意思者,而与上述诸种人相提同论也。盖此类并非因不欲为被佣者之劳动,而抛弃其劳动者。实因欲得其他适当之劳动,或欲获得有利的劳动条件故也。

四　失业以不能得适应于被佣者能力的劳动为要件　在实际上失业观念多以此种之求职困难而成立之。例如,使用人拒绝国家对彼所拟不相当下级筋肉劳动的失业救济等是。然在此种场合,国家以救济失业的意思,所提供之劳动,是否适应于失业者之能力,自应就各个事实问题而为判定,而不能专依其从来职业为标准,自无待言。

五　失业者不能得劳动机会之状态也　不能得云者,不仅为劳动机会客观的不存在之意,且包含劳动机会事实上虽俨然存在,而不能得之场合也。又失业云者,亦不必仅指有职被佣者脱离其从来之职业场合,迄今无任何职业的所谓向无职业者,亦包括在内。

第二款　失业之沿革

在古代时,因常时劳动多由奴隶担任,而奴隶犹劳动之动物,故自无失业问题之发生。即在由手工业职人、下层农民等自由人而服劳动之场合,如总论所述,普通彼等须先降堕于奴隶同样地位,然后服下级劳动。

故虽间有失业问题,然亦不能有重大意义。传说在希腊及罗马曾早有类似失业之现象,国家亦曾以国库救济无职者贫穷者,并有关此之事例及法制云。然当时之此种事例,不但与今日所谓社会问题者,异其性质及程度。而国家对此之对策,系一种带有侮蔑及压迫的救济贫民及流氓之处置而已。与今日国家之失业政策,亦完全不同。

在中世亦仍未有如今日之失业问题。第十一世纪迄第十六世纪前半间,专受尚农经济之支配,因当时之农业,大部分由隶农阶级所担任,从而少发生失业问题之余地。且即在自由农民中有失业者时,因受封建制度家族制度之势力,身分的结合极为强固。同时亦因基督教之相互扶助精神支配社会各阶级,故对失业者大概多能于事前的及自助的救济之,不成为独立的普遍的问题。在当时之大都会,虽已对于手工业职人及普通市民之失业,有作整个考察之趋势,但亦未成一般的社会问题也。

失业之大规模的在各文明国家出现,乃为自第十六世纪后半迄第十八世纪间之近世初期。即在社会向现代资本主义进行之过程时代也。在此时代农业已渐呈衰颓现象,再不能如曩时之有希望。先有英国次节及于大陆诸国,均受农业衰颓之侵袭。三十年战争后德意志农民之穷窘,尤为不可名状。而地主之横暴与农民间之关系日趋恶劣,实为陷农民于绝地之主因。其结果农民不堪穷困之压迫,渐离弃乡井,流窜于都会。当时为求自由而丛集于都会之平民、流氓逃难者、被追放者,在都会遂形成新普罗阶级(Proletariat)。加之,当时手工业亦渐趋衰运,同行公会已丧失维持手艺工人之能力,因此失业者愈益增加矣。近世之失业问题,视作大家现象乃至社会问题处遇之者,先由都会发其轫,职此故也。但都会当处遇此种问题之初,仍与今日之所谓社会问题者,异其意义。即国家对失业者仍视为赘累,以处理乞丐流氓者处理之,与从来之思想仍无轩轾也。因所谓"给与一定材料及器具,使利用其劳动力,以自衣食"之失业问题的根本思想,在该时尚未出现故也。

由第十八世纪亘第十九世纪,为所谓近世产业革命之发展时代。生产方法之改革,予经济组织以急激之变动,其结果为资本主义之勃兴,大部分人民迫变为赁银劳动者,到处演成劳动者与资本家阶级的对峙之现象。加之,经济的自由主义容许资本家以绝对的支配劳动者之权能,而机械工业之发达,又复多方剥夺劳动者劳动之机会。劳动者受此二重之威胁,遂朝夕在失业的危险之下,度其不安定的生活矣。不但是也,国民经济发达之结果,所谓失业现象者,已不能局限于一企业一地方,势必波及于全国。而劳动者失业之可能性,亦愈益增加,愈益恶性矣。失业之惨祸,无论在人的关系及地域的关系,其范围既有日益扩大之势,则谋所以救济之问题,自为近世国家之最大的社会问题,而为为政者及识者所不能忽视者也。

然此问题入本世纪后,成为更有重大意义之问题矣。所谓对失业问题之考察,应以人类之生存权(Recht auf Existenz)为出发点。有劳动意思及能力而无得劳动之机会者,是完全基于一国经济组织社会组织之不完备。国家在此种场合,应负对各人各供与相当的劳动机会,使确保其生存之义务。而人民对国家应有要求劳动之权(即劳动权[Recht auf Arbeit, droit au travail])云云,盖即本世纪对劳动问题根本理论之梗概也。于是前世纪来仅以经济问题处遇之劳动问题,一变而兼为人道问题及伦理问题矣。故近今诸国所行之失业对策者,盖即不外此种思想为立脚点之社会的伦理施设而已。

第二节　失业对策

第一款　劳动调节

在今日之被佣劳动组织之下,最紧要者厥惟使失业者及雇主在可能范围以内,迅速且容易,觉得对手方缔结劳动契约。换言之,设备劳动市场,以便劳动供给者及劳动需要者之相互发见,无论时间的、地域的以及职业的,尽力调节其需供关系,俾保两者之平衡是也。此种过程,即谓之劳动调节。劳动调节之主要者,为劳动介绍、劳动分配、劳动维持及劳动增加之四者。分项说明之:

第一　劳动介绍

一　劳动介绍之意义及职分

劳动介绍(Arbeitsvermittlung)或职业介绍(Stellenvermittlung)云者,媒介就职并告知求人求职之谓也。即对求职者,与其所求之职,对雇主使得所需之劳动力,使两者成立劳动契约为目的之行为也。故在劳动介绍之观念上,应具备下举之二前提要件。第一,为劳动契约之自由。换言之,即以现行被佣者劳动制度为前提。故在古代之奴隶劳动及中世之隶农劳动的经济组织之下,即不能有劳动介绍之存在也。第二,以劳动与劳动机会之对立为前提。此盖为自明之理,无待说明者。劳动介绍亦只对此劳动及劳动机会而为机械的技术的牵合行为而已。若对一方缺乏之补正手段,或对相互间之调节手段,乃为后劳动分配、劳动维持、劳动增加等三项之范围。而非本项之问题也。

二　劳动介绍之种类

劳动介绍可分二大类,营利的与非营利的是也。

甲　营利的劳动介绍(gewerbsmässige arbeitsvermittlung)

此系私人或团体以营利之目的所为之劳动介绍也。所谓荐头行等，即其例。此种劳动介绍弊害百出黑幕重重，为世公知。介绍营业者挟持求职者之弱点，恣意榨取，甚或买卖人口。不然者利诱威胁唆使废弃劳动契约，造成多次介绍之机会，以博多额之佣费等，殆无恶不作。故近代国家均一方设警察规定，严重取缔。他方设公营介绍制度以代之，用以限制或禁绝私营者。我国于二十年十二月三日由实业部公布之《职业介绍所暂行办法》，盖即此种政策之初步办法也(参照附录)。

乙　非营利的劳动介绍(nichtgewerbsmässige arbeitsvermittlung)

本项可分三种。合作的劳动介绍、公益的劳动介绍及公营劳动介绍是。

1. 合作的劳动介绍(Arbeitsvermittlung durch berufliche Orgauisation)

合作社为其所属社员非营利的所为的劳动介绍，谓之合作的劳动介绍。又可分为被佣者合作、雇主合作及劳资协同合作之三种。

2. 公益的劳动介绍

此为当作公益事业所为之劳动介绍也。其主体为有公益法人者，有为个人者。其所经营劳动介绍之范围，有涉于一般失业者，有限于特种范围之失业者。或于劳动介绍外，更兼出狱人保护、贫困救济等慈善事业者。

3. 公营劳动介绍(Arbeitsvermittlung durch öffentlichrechtliche Körperschaften)

由国家及其他公共团体所经营之劳动介绍，名之为公营劳动介绍。此为防杜营利的劳动介绍之弊害而产生之制度，较其他劳动介绍在沿革上为最新者也。有国家直接经营维持之者，有由地方自治团体经营维持，国家为之补助之者，英葡匈等之国制度及美国战时中之制度，属于前者。法德奥意荷丹等诸国采用后者之例也。

第二　劳动分配（Arbeitsverteilung）

劳动分配云者，在劳动机会不足应求职者，即供过于求之场合，将劳动机会在可能范围内合理的分配于求职者之间之方法也。将少数之劳动机会分配于多数之求职者，应如何始得合理，此盖纯为组织的政策的问题也。通行方法有三，即劳动制约、劳动延长及劳动移让是。

一　劳动制约

劳动制约者，系使劳动机会与劳动力相互平均之方法也。有场所的、职业的及时间的之三种：

甲　场所的劳动制约者，系由劳动力过剩之地方，将劳动力移转于不足约地方之方法也。

乙　职业的劳动制约者，依奖励被佣者改换职业，或禁止职业限制职业等方法行之。详言之，为缓和劳动过剩起见，对特种部类之被佣者，奖励其改换职业。同时，为防止新劳动过剩起见，限制或禁止向现在有劳动过剩危险的职业之改业。

丙　时间的劳动制约者，政府用向民营企业增加或扣减定货，或命令其扩充或缩少事业等方法，以资调济劳动之供求者也。

二　劳动延长（Arbeitsstreckung）

劳动延长云者，辄感不足之现有劳动机会，在可能范围内，为求职者延长之分配之，使均沾之之意也。劳动延长为就各个的事业所行之劳动分配手段，一方以防止现在业的被佣者之失业，同时他方复使雇用失业者之方法。通常以缩短劳动（Kurzarbeit）之形式行之。详言之，例如一定事业在实际上已不能使用一定数之被佣者。但国家不许雇主解佣原有之被佣者。或现在之被佣者实已足使用，但国家强其再新雇用一定数之失业者。然为调济此等非妥善的情况起见，缩短被佣者之劳动时间，及减少其报酬额,使雇主或企业在可融通之范围内,予多数失业者以劳动机会之方法也。

三　劳动移让

劳动移让云者,考虑失业者个人的事情,与就职上优先的地位之谓也。依各人家庭事情、年龄,及贫穷之程度等,对失业者之保护上而生厚薄之差,盖为当然之理。例如,有妻子者应优先于无妻子者,负有扶养义务应优先于无此义务者,战伤者优先于普通人等,而诸国之法例上所常见之方法也。本项问题固不仅限于劳动之分配,其他如解雇限制、失业津贴等,亦应同样处遇者也。

第三　劳动维持

为维持现在劳动机会而防止其减少起见,限制特定事业之废毁或休止之方法,谓之劳动维持(Arbeitserhaltung)。劳动力过剩于劳动机会之场合,固不必论。即现在两者保其均衡之场合,为预防失业起见,亦应维持现有之劳动机会,盖为自明之理。其具体手段,即为国家对一定企业,于一定期间,强制的使负继续其事业经营之公法上义务是也。国家同时依其企业之状况,应交付相当补助金,亦无待言。然依此方法,企业之继续仍为不可能时,国家或竟依公用征收之法理,收为国有,由国家直接继续经营之。为贯彻劳动维持之理论,固为不可中止之步骤也。但此多于国家社会主义思想浓厚之国家,始易实行之。

第四　劳动增加(Arbeitsvermehrung)

劳动增加云者,有紧急救济失业之必要场合,特新创公共事业,以谋增加劳动机会之谓也。或依国家若地方自治团体,以自己资金,经营事业之方法。或由国家若地方自治团体融通资金若交付补助金于私人若团体,使其经营事业之方法行之。以此种方法所给与失业者之劳动机会,谓之紧急劳动(Notstandsarbeit)。

第二款　失业救正

前款所述劳动介绍、劳动分配、劳动维持及劳动增加四种劳动调节之方法，相须而成所谓第一线之失业对策。第一线失业对策之要旨，在于积极的若消极的调济劳动供求关系，尽可能的与失业者以劳动机会。同时极力防止新失业者之发生。由法律的言之，其目的均为使失业者缔结劳动契约，濒于失业者维持其劳动契约，以维持被佣者依报酬自食其力之常态。质言之，实均为防止被佣者因失业而生的个人损害之方法也。故其为有损害预防的若损害转换的性质者，与其他一般的劳动保护方法相同也。

若依上述失业对策仍不奏其效时，即劳动契约之缔结及维持为终究的不可能时，于是应开始第二线之失业对策。第二线失业对策者，即失业津贴（Erwerbslosenunterstützung）及失业保险（Arbeitslosenversicherung）之方法是也。失业津贴云者，对有劳动意思及能力且具备法定条件之贫困失业者，由国家及其他公共团体所发给之财产的救济之谓也。失业津贴与失业保险固不相同，但与贫民救济亦有区别。失业保险普通以职业合作为基础，企业者及自由职业者共同参与者为常则。且被保险者例负保险出捐之义务。然失业津贴则不然。（1）与职业合作全无关系。（2）只要贫穷失业者，不问其是否职业合作社员，均得受领津贴。（3）受津贴者个人并不负财产出捐之义务，由公财产片面的支给之，此为二者不同之要点也。又贫民救济（Armenunterstützung）为国家及其他公共团体对贫民所为之单纯的救济。而失业津贴系基于失业者之公法上请求权，故二者亦有区别。总之失业津贴及失业保险，为填补失业者个人因不可避免的失业而受之损害之方法也。其性质为失业损害之补救（Schadenheilend），与第一线对策之损害预防的，损害转移的（Schadenwendend）者，性质上大有径庭也。

第三章　劳动组织

支配现代劳动法之思想,不外下列二系统,一为视被佣者之劳动力为交易之目的物,即保持从来旧观念者也。一为欲将劳动力升跻于人格化的经营主体之地位,即反抗前者立场之新趋势也。依前者思想,完成劳动契约制度,被佣劳动组织,应为劳动立法之中心点。而确保劳动力之圆滑且公正的交易,为其究极目的。依后者思想,排斥契约制度,应为劳动立法之中心点。其究极目的虽不能概论,至少应确立劳资共定之劳动组织。现在此二种思想,常并流于劳动法之内部,资方始终想依据前者,而劳方则时刻想脱却前者,努力于依据后者。若就世界大势言之,劳动立法之渐次脱却劳动契约之范域,进而努力于开拓劳资共定劳动法之新分野,盖为显著之趋势也。

流贯于劳动法之思想,既有前述二者之并存。从而关于劳动组织之立法及理论,亦分二分野而对峙。即在以劳动契约为中心之系统,劳动组织为多数被佣者之合作团结,依其团结力自助的,对雇主努力于劳动条件之维持改善。在劳资共定为目标之系统,则所谓劳动组织者,以工厂乃至经营委员会制度等之形式出之,使被佣者以与雇主对等之权利,参与于企业经营者也。从二者结团之性质而为考察时,前者以社会的职业阶级之共通意识为基础而发展者也。后者以被佣使于同一经营的同一生产参与者之共通意识为基础而生成者也。故依此种区别,劳动组织可分为：职业的组织或职业的团结（Berufsorganisation）及经营的组织或经营的团结（Betriebsorganisation）之二者。

第一节　职业的组织

第一款　总说

说职业的劳动组织之形体，即劳动公会——工会（Gewerkschaft，union，syndicat ouvrier）是也。与雇主职业的所成之雇主公会相对立。学者普通多将此二种合并，称之为职业公会说明之。立法例中亦有将二者一括的规定之者。然雇主公会本来多为对抗劳动公会而成立者，故其存在在劳动法上仅有其消极的理由而已。兹顺为略言其意义、性质及职分外，略之，盖本节以说明劳动公会为主题故也。雇主公会云者（Arberitgeberverband，employers association，syndicat patronal），为对抗被佣者之劳动公会，决定关于劳动条件及其他劳动法上诸问题时，以谋增进资方共同利益之目的，企业者所为之团结也。此种团结，系因被佣者组织合作团体，依其团体之势力对抗雇主之结果而生者，故将来势将随劳动组织之发达而更益发展也。但雇主公会与经济的团结（die wirtschaftlichen Verbände）在观念上应严明区别之。经济的团结虽同为企业者所组织之团体，然此系由经济的企业者，以其他经济上目的而组织者。非以雇主的企业者资格而行动者也。从而二者之职分亦各不同，在雇主公会，以对抗被佣者之要求，确保劳动关系上之利益为目的使命。而经济的团结，以保护增进农工商及其他一般的职业利益为目的。又在团结之态样，二者亦不同。雇主公会为获得强大的团体力之必要上，团结之范围愈趋愈广及频生各种联合之情势。经济的团结，因产业的利害之不同及各生产关系之特殊性等,势必止于小范围之团结。

第二款 劳动公会之沿革

在希腊罗马既以奴隶劳动为主,自由人之参与劳动者,其范围极少。故当时以维持改善劳动条件为目的之自由人团结,自无由发生。始发生类似现今劳动公会之团结形体者,在欧洲直至第十四世纪中叶也。所谓伙计部类的职人,相互结合,依其结合之力,对作头同行会所定之赁金,劳动时间及制裁等劳动条件,主张改善变更等,盖即其最初形态也。然当时结合上之机纽,多系于宗教上感情。故其团体之外形,亦仅为宗教的团体或公济会等而已。其后渐次带被经济的利益团体之色彩,内部的结束亦渐趋强固,团员之范围亦渐扩大,迄第十五世纪末时,已粗具职业的结合之实质及形体矣。

然及中世纪之末叶时,此种团体运动旋受国家禁止的法规之束缚。盖在此时代,因手工业之衰颓,作头与伙计职人间之感情已不能如昔日,不但渐生疏隔,且相互间频发关于劳动条件上之抗争。国家有鉴于此,设警察规定,禁制职人之团结,不嫌巨细为规定劳动之条件,为彼等依据之准则。且认此等为国家公益上所不可缺之处置,亦即国家对职人之恩典也。因此种观念之结果,自第十六世纪以后,随所谓警察国家思想之传播,各国相继均为关于禁止团结之立法。认职人之团结的抗争,为一种犯罪,应受刑之制裁。以劳动条件为目的之团体运动,解为反抗官署之运动,一律均予严重的取缔。故近世初期之劳动组织,在此种立法主义之下,严受官权之干涉,剥夺个人自由,压迫团体活动,其结果遂招诱第十八世纪之反动思想。

第十八世纪之时代思想,为打破一切束缚自由,阻禁活动之法律制度,而建设各人自由之天地,此种思想上之努力,其在劳动法制之范域上所得成果,为各人不受任何之干涉及掣肘,以自由的立场,而结缔劳动契约。但其结果,适得其反。受其利益者非为劳动者,而为经济的优者之雇主。在法律上虽属平等,而实质上劳动者除隶属于雇主之外,曾不能得独立地位也。至此劳动者乃组织劳动公会,以为自助之手段,依团体的势力,企谋劳动条件之改善。此种运动,自前世纪以来,日益旺盛,近则有不可向迩之势矣。

然此种在近世复活之团结运动,当其初期,各国均不愿轻易解放也。此其故,因迄近世止,各国均曾由特殊阶级支配政治,尤其贵族僧侣及其他一部阶级掌握国家权力,专横无所不至。而摧毁此种特殊阶级,创设现今个人本位之法治国家者,固为法国革命之功绩。然在法国革命后,诸国所最厌忌者,自为在国内再现其他阶级的组织。盖以摧毁阶级为一种的之当时革命思想,所万难认许者也。故当时各国对有形成新阶级可能之劳动公会运动,仍以极力妨害之态度出之,又为当然之理也。如制定特别刑法为制裁之具,以威胁团结运动。在私法方面,尽可能不予周到保护,以阻害其发达等,即其所用之妨害手段也。然劳动者团结运动,不但不因是衰息,反因此激煽其反抗心,而愈促其发展矣。自前世纪末以来,以劳动公会之势力,遂迫使国家撤废关于禁止若限制团结之法制,确认团结权,施行公私法上之特别保护等。而为国者亦见其势之不可再侮,均先后予以承认若允纳。故近世称为文明国者,对劳动组织,在法律上已殆无不容认之矣。

第三款　工会之意义及性质

劳动公会即由被佣者所组织之团体,我国劳工法括称之为工会。工会之定义,依《工会法》之规定,则为工会云者,由同一产业或同一职业之男女工人,以增进知识技能,发达生产,维持改善劳动条件为目的,所组织之人格团体也。今试分说于下：

第一　工会以增进知识技能，发达生产，维持改善劳动条件为目的之团体也。

一　增进知识技能

考工会之臻至今日地位者，系工人基于互相合作之精神，以与雇主奋斗之结果也。奋斗之命题，固为劳动条件之维持改善。但劳动条件之维持改善，在工人方自以有适应之知识技能，然后争斗方得合理化也，此其一。人生决非为食而生，乃为生而食，此乃先哲之名言也。即无论何人于其为生而食之外，复应有为生而生之活动也。换言之，个人应有完成其人格之使命及机会也。工会既为工人之合作组织，应予其完成其人格之机会，即有谋所以增进工人知识技能之使命，盖无待言也，此其二。综上二理由，所以现行法以增进知识技能为其目的之一也。然此乃工会所以存立之消极的应有的附带目的也。

二　维持改善劳动条件

在现在资本制经济组织下，工会之存立目的，自以劳动条件之维持改善为其最主要者，盖无待辨证者也。其他如失业救济、灾害互救、生产消费购买信用住宅等各种合作事业、政治运动等，未始非其目的之细目，但均为附带性质，与前项相同。工会既以劳动条件之维持改善为其主要存立目的，故与下举四种团结，应有明白之区别也。

甲　共济合作

此种合作，亦系由被佣者所组织之相互保险的团结也。但专以补偿社员若其家属因疾病灾害老废死亡失业等所受之损失为成立目的者。工会虽亦有以此项事业为其目的之一，但非其存立目的。

乙　消费合作

此系被佣者以独立的资格为拥护经济的利益所组织者。自始即不以维持改善劳动条件等为其目的者也。

丙　生产合作

此为被佣者以独立的生产者之资格,为对抗企业者,而拥护其利益所组织者。非如工会之以被佣者资格,为劳动条件而团结者。

丁　劳动政党

此以政治运动为其存立之主要目的,其与工会有别,自无待言。

三　发达生产

此为近代经济的立宪思想,所产生工会之新目的。被佣者团体的参加于雇主企业经营,与雇主共负经济的任务者也。将于经营的组织节中述之,兹不赘。

第二　工会者以被佣者为组织主体之团体也

由工会之性质考察时,应纯由被佣者组织之,盖为当然之理。从而由被佣者,雇主或其代表者,及其他第三者所成之混合团体,即不能称之为工会。因工会为改善维持劳动条件之一方当事者,与雇主立于对等地位之职业阶级者的团结故也。自与普通之修养团体、教育团体等,异其性质。但虽同为被佣者,因职业若产业之有特殊性质,有不能与一般被佣者同样可以享受《工会法》上之一切结团利益者。如《工会法》第三条所列之被佣者,多不能有缔结团体协约权者是(《工会法》第十六条)。

第三　工会为法人(《工会法》第十条)

工会应否赋与人格——应否为法人,自来学说纷纭,立法例亦各不一致。如法、比诸国则规定为法人。苏俄公认其为有财产取得能力及行为能力。德国则任工会之自由取舍。工会为对外易于回避责任起见,则以非法人为有利益。若雇主欲实行其对工会之权利,及国家对工会之监督,则以有法人格者为利便。德国之任工会自身自由取舍者,盖侧重保护工会利益之意趣乎。我国之所以明定为法人者,盖被佣者之组织能力,尚属幼稚,为便于国家监督扶持之故欤。法人之性质如何,由"工会不得为营利事业"之规定推之,其非营利法人,盖无待言。为公益法人乎,就其存立目的及性质推之,固亦不能为肯定之断语也。然则其为自治团体一种之自治法人也。

第四款　工会之种类

工会依其组织主体被佣者之种类及其范围,可为各种分类,其种类应由命令定之(《工会法》第一条第二款)。今试举其主要者概念于下,以资参考焉。

第一　职业工会

以同一若类似之职若技能之被佣者为单位所组织之工会,谓之职业工会。例如在印刷业之排字工、印刷工、铅版工、装订工等。又在机械工业之旋盘工、铸造工、锻冶工、制型工等,在一种工业之中各种工人横断的所组织之团体,均得谓之职业工会也。此种组织在一个企业固可,合多数同种企业横断的组织之亦可。又为组织标准之职若技能的范围,亦可任意广狭之。如前例自排字工以下之各种工人,合组成为印刷工会,而与同工厂内其他工人如动力工等相并立者是。

第二　产业工会

产业工会云者,以同一若类似之产业为本位,凡从于同一若类似产业之一切被佣者,包括的所组织之团体之谓也。不问职若技能之差异,及熟练不熟练之差别,一律加入于组织之方式也。例如,纤维工业、机械工业、炭坑业等,各以其产业为大本营,从事其中之一切被佣者,从断的所组织之工会是。此种组织方法,于以一个企业为单位外,有时亦有以一地方,或全国同一若类似之产业为组织之基本者。现时因经济的立宪思想之普及,及工厂会议制度之确立,工会多有次渐取此种方式之倾向,盖为必然之势乎。

第三　雇佣单位之工会

此系以同一雇主为中心所组织之工会也。此与纯由雇主同行所组织之雇主公会，不可混同。例如，上海永安公司，于其百货商店外，复经营工业、保险等事业。凡从事于永安公司所经营各种产业若职业之被佣者，合纵连横的组织一个工会者是。此种组织若雇主只有一种产业之场合，则同时又为产业工会矣。

第四　单独工会与工会联合

由各个单独工会联结而成之大团体，谓之工会联合会（《工会法》第四十五条）。联合会有联合多数同一职业或产业工会者，有混合多数职业工会及产业工会而成者。后者之广范围的混成工会联合会，学者特称之为尖头联合会（Spitzenverband），以与雇主公会之尖头联合会相对立。

第五款　团结权

团结权（Koalitionsrecht, droit de coalition）云者，普通谓为维持改善劳动及经济条件之目的，利害关系者纠结团体的社会法上之权利也。即组织被佣者公会（工会）、雇主公会、佃农公会、地主公会、房客公会、房主公会等之权利是也。但此系广义的团结权，非本款之狭义的团结权。本款之团结权谓"被佣者及雇主各为其利益，得组织合作团体之权利也"。

学者认团结权仅为有消极的内容之权利，而非有积极的内容者。详言之，非以"积极的非团结不可"为其内容，不过"消极的若欲团结时，国家及地方团体不得滥加限制及禁止"为其内容之权利而已。故虽为权利其名，其实质与私法上之所谓权利者不同，乃为"团结上之自由权"。即宪法上所谓人民基本权利中之结社集会自由之一端而已。

团结自由权虽为关于团结之自由权。但同时亦为不为团结,亦不加入任何团结之自由(negative Koalitionsfreiheit)权。不妨害团结之自由,其反面即为保障不团结不加入团结之自由。故团结自由权云者,个人之团结不团结,对特定工会加入不加入,有完全自由,不受国家、地方团体及任何特定工会之掣肘之谓也。换言之,不仅抽象的"与他人团结,组织团体,不受妨害"之意而已。且更有"选择自己所意悦之工会加入之,或反是者脱退之自由,不受任何妨害"之具体的意义者也。《工会法》关此点,特于第二十条详为规定之,所以宣明团结权之真意义者也。

第二节　经营的组织

经营的劳动组织之形体,即为所谓"工厂会议制度"是也。工厂会议云者,由工厂代表及当工厂内全体被佣者团体所选出之同数代表,所组织之合议机关也。由被佣者方面观察时,则为代表被佣者全体利益之工人代表,直接参与雇主企业经营之劳动组织之一种也。被佣者亦可参与雇主之企业经营,盖为劳动力被认为有人格价值后,第十九世纪后半纪以来新产生之思想也。在曩时奴隶劳动制度,劳动赁贷借制度,及个人的自由契约制度之下,所梦想不到者也。故在曩时事业主关于事业之经营上,一切均系独裁,被佣者犹其四肢,唯命是谨而已。现今则许设立工厂会议若经营参议会(Fabrikausschusse, Betriebsräte, works' counsils, shop committees),且赋予特定权限。自此以后,被佣者不但抬高其地位,且在特定范围内,以与雇主对等之权利,而当遂行经济的任务之冲矣。故人谓在十八世纪,国民依政治运动,而由君主专制主义解放,获得参政权,由国家之隶民的地位,而跻至国家公民的地位。在现代依上述参与经营运动,被佣者由雇主之专制解放,获得共助权若共同决定权

（Mitwirkungs-od Mitbestimmungsrecht），由经营隶民之地位，而跻至经济公民之地位。十八世纪之所谓政治的立宪主义（politischer Konstitutionalismus）矣。

我国《工厂法》第十章关于工厂会议之职务（第五十条）为列举的规定。由被佣者方观之，虽亦可解释为有共助权及共同决定权。但工厂方对被佣方之意见及希望，采用与否，法律上仍无最后决定的受束缚之义务也（第五十一条）。如两方争执而不能解决时，最后仍依《劳资争议处理法》办理。故其实际性质，除资方愿接受若合作者外，不过为意见之建议，工作事务之协商，以及纠纷之调解等而已，盖仍不外普通工会应有之任务也。

第四章　团体协约

第一节　团体协约之社会的意义及发达

团体协约为现代劳动法长足进步上之一产物。以前被佣者之劳动条件，不论巨细，均依雇主与被佣者间之自由契约定之。然自由契约制度之结果，适成为经济的优者雇主榨取劳动者剩余价值之护符。换言之十八世纪思想上理想产物之契约自由，遂为剥夺弱者之被佣者一切自由，使陷于雇主的隶属者地位之武器。于是被佣者为自救之穷余策，组织合作团体，依团体之势力，以谋获得有利的劳动条件焉。即依团体的折衡，为劳动条件之一般的组织的协定，确保其最低条件，以牵制佣主借契约而专横者是也。故现今被佣者之劳动条件,大概由其所属团体先为概括的协定,各个人被佣者例不个别的与雇主协商也。然此种团体的协定——团体协约制度,不但为被佣者之自助的保护手段,即在雇主方亦为有利的办法。即雇主因之可免在协约期间中因同盟罢工及其他劳动争议等所生之损害,此其一。因劳动条件预有一般的则定之故,得期事业经营上之安定,此其二。又网罗广范围雇主之故,各企业相互间可防止不正若无益之竞争,此其三。此三端均为雇主因团体协约而有之利益也。要之,团体协约一方对被佣者确保其有利且妥当的劳动条件,规范其有组织的统制之团体行动。他方易保产业上之平静及企业经营之安定等,盖为社会的和平施设上所必不可少之制度也。

与团体协约相类似之制度,在欧洲于中世手工业时代曾有之。但与今日之所谓团体协约者,异其性质。团体协约既系救济十八世纪个人契约自由思想所生之弊害而生者,其发达之时期,自在个人主义万能时代之末期即十九世纪末叶以后也。欧美诸国即于此时期起,团体协约始渐发达,关此之立法亦渐开始。就中在文明国中为先进工业国之英国,虽已于十八世纪末叶时,曾有关于团体协约的事实。但完全现在意义的团体协约之出现,盖均在前世纪六十年代以后之事也。至现下虽已普行于欧米各国,为劳动交易上之日常形式。然在其发始时代,仅为两方当事者间之谅解若绅士协定而已,未认为有法效的法律行为也。最初为法律的形式处过之者,盖为本世纪之初,瑞士学者 Lotmar 氏之《劳动契约论》(Der Arbeitsvertrag nach dem Privatrecht des Deutschen Reiches)公世以后之事也。现在各国不但均认其为法律的构成,且关此均制定特别法以规律之。反是者,转为特殊之例外矣。

第二节　团体协约之法律的构成

第一款　团体协约之定义

团体协约（Tarifvertrag, kollektiver Arbeitsvertrag, collective agreement, convention collective de travail）云者，雇主若雇主团体与被佣者团体间，为作各个劳动契约的基础或准则起见，所决定之报酬额及其他劳动条件之一般的协定之谓也。即团体协约者，预定标准的劳动条件，以为将来各个雇主与被佣者间缔结劳动时，便有所准据，以此项用意为目的之协定也。

第二款　团体协约之性质

欲明团体协约之性质，应先明下列诸种法律观念：

第一　团体协约非劳动契约

在劳动契约，被佣者负劳动给付之义务，雇主负报酬给付之义务。在团体协约不为任何个人创设劳动关系，因此亦无由发生此种义务。虽当劳动争议终结之间，因团体协约之缔结，被佣者有负再复劳动之义务，雇主亦有负再使彼等复职，给与一定薪金之义务等，其外形上虽与劳动契约无异，但此非直接由团体协约所生之效果，系协约整理劳动契约之结果，仍基于旧有劳动契约所生之效果也。

第二　团体协约非劳动契约之预约

无论何人不因团体协约之成立，而负缔结劳动契约之义务。不过其后有人结劳动契约时，团体协约始发生其规范力而已。

第三　团体协约非协约团体之协定

协约团体之协定者，由被佣方及雇主方相合共同作成关于劳动条件上之协定(如工厂会议之决议),在法律上系一种合同行为。非如团体协约,雇主方及被佣者方均为契约上之当事者,在法律上为一种契约行为也。

第四　团体协约非合作契约

盖团体协约之目的,非为双方当事者共通且同一之利益故也。

关于团体协约之法律的构成之学说中,为一般所赞同者,盖为一九二二年 Kaskel 氏所发表之理论乎。其说为"团体协约有二种性质完全互异且受各别法理支配之构成分"是。换言之,团体协约非由单一要素所成之统一的行为,由在观念上可互分别的而在经济上有不可分关系之二个构成分结合而成之行为也。K 氏名其一构成分为规范的部分,名其他一为债务的部分。

第一　规范的部分(der normative Teil)

规范的部分为团体协约之核心。团体协约之所以缔结者,其效用目的原为此部分也。此部分包括各种为劳动契约内容准则之协定。日后雇主与被佣者之契约上权利义务,均应准是而发生者也。如关于薪水、劳动时间、休暇、竞业禁止、解约预告期间及其形式,以及各个劳动契约之方式等之协定,均包罗于是。本部分与后述债务的部分性质完全不同。不拘束任何当事者,亦不发生当事者间任何债务关系。因而在本部分不能有协约违反之观念。至各个雇主与被佣者正式缔结劳动契约时,如发挥其规律的效力。故对未来之劳动契约有契约法的性质,同时亦得为劳动法之法源。如《民法》中关于雇佣之规定,名之为劳动契约之普通法时,则本部分即名之为劳动契约之特别法,亦无不可。故学者有指团体协约为团体的规范者,盖非无因也。

第二　债务的部分(der obligatorische Teil)

本部分与前项不同。与各个劳动契约完全立于无关系地位者也。

和平义务协定,再雇用协定,第二章所述职业介绍所之设置利用协定等属之。本部分系直接互拘束协约当事者,使负履行协约义务之责。故其性质实系一种双务的债契约。因其不能归纳于民法中所有各种契约的典型之故,盖一种无名契约也。然其性质既明为一种债契约,故在其性质之可能范围内,应依民法债编之规定,而定其法律关系也(《团体协约法》第十九条、第二十条),自无待言。又因其仅为契约性质,故对各个劳动契约之缔结,万不能如前项之有规范的效力也。

第三节　团体协约之缔结

第一款　合意及方式

团体协约依当事者之自由意思而成立之。只要自由意思之合致,是否基于当事者自发的意思或由争议处理机关之仲裁若调解而决意者,均非所问。例如,劳动争议之场合,依调解程序当事者和解者,固不必论,即依仲裁程序而受裁决者,当事人双方受其拘束而承服时,仍不失为意思之合致也(《劳资争议处理法》第三条、第七条)。

团体协约为书面契约,系要式行为。反是者无效(《团体协约法》第一条)。

第二款　协约当事者(Tarifpartei)

团体协约有行之于各个雇主与被佣者团体之间者。有行之于雇主团体与被佣者团体之间者。此各个雇主、雇主团体、被佣者团体,即各为协约之当事者。自来学者关于团体为协约之当事者时,然其性质有种种议论。唱代理说者,以谓"协约之主体,实为团体所属之个人,协约即为各个雇主与各个被佣者间之契约,团体不过以代理人之资格,代缔结契约而已"。主张团体说者,以谓"当事者为团体自身,并非团体所属各个人"持并合说者,"协约为团体而缔结,同时亦为个人而缔结云云"。三说中以团体说为最允当,且为通说。盖团体协约为各个人离弃其个人的意识、个人的利害,以阶级的意识、阶级的利害为出发点,想产生各人所服膺之普遍的团体规范,所为的一种自主的立法行为故也。故个人意思应没入于团体意思之中,不能如代理说之各个人独立自为主体也。我国现行法其以团体为当事人,盖无待说明也(《团体协约法》第十四条、第十五条等)。

第三款　协约能力（Tariffähigkeit）

若欲为团体协约之当事者,第一应有协约能力。协约能力者犹普通之所谓行为能力,即得有效缔结团体协约之能力若资格是也。在雇主方,雇主之个人若其团体,均得有此能力。若在被佣者方,只限于其团体有之,个人则不能有也。此盖因团体协约之沿革上,原由被佣者之团结而发展者故也。然由双方之团体为缔结协约时,均应具备下举客观及主观二要件焉。

第一　客观的要件

无论其雇主团体若被佣者团体,必已取得法人资格(《团体协约法》第一条)。其为产业团体若职业团体,以及雇主之各种公会,均非所问也。故虽为团体而无法人资格者,即不能为协约之当事人。

第二　主观的要件

团体必有缔结协约之权能（Tarifberechtigung）。无此权能之团体,即不能有协约能力。如由《工会法》第三条所列之被佣者所组织之团体,不能有此项权能者是(《工会法》第十六条)。此种权能以依其团体定款之规定,或其团体会员之决议,而赋予者为常则。若无赋予此种权能之明白表示场合,则依其团体本来目的任务推断,而得有此种之权能者,亦常有之事也。(《团体协约法》第二条)

第四节　团体协约之种类

团体协约依各种标准,可分下列种类:

第一　自由协约与强制协约　基于当事者自由意思之合致者,谓之自由协约。基于仲裁裁断而成立者,谓之强制协约。

第二　完全协约与不完全协约　团体协约有时仅由债务的部分而成者,此种协约称之为不完全协约。规范的部分及债务的部分二者俱完备者,谓之完全协约。

第三　大氅协约与特别协约　团体协约中仅协定其大纲,其细目须俟其他各个小协约补充者,学者称之为大氅协约(Manteltarifvertrag),或轮廓协约(Rahmentarifvertrag)。例如,前述雇主方及被佣者方二方尖头联合会间,就长期及广范围地域或产业,先为大纲之协定,其细目由有时间的地域的部类的限制之多数小范围的协约定之者是。后者小范围的协约,普通称之为特别协约(Orts-，Bezirks- und Reichstarifvertrag)。

第五节　团体协约之效力

团体协约之效力,可依其构成部分,分款说明之。

第一款　规范的构成部分之效力

规范的部分既有规范的性质,故对各个劳动契约为有规范的效力,即有法的效力者也。因之可分为适用范围之问题及对劳动契约当事者之拘束力问题,二项考察之。

第一项 适用范围

适用范围又可分为关于人的,关于职业的,关于场所的及关于时的之四种。

第一 关于人的适用范围

应适用团体协约者,为该团体协约之关系人(Tarifbeteiligte)。所谓团体协约之关系人:

一 为团体协约当事人之雇主。

二 属于团体协约当事团体之雇主及工人。或于团体协约订立时或订立后加入该团体之雇主及工人。但对于团体协约订立后始为协约关系人者,除该团体协约另有规定者外,其关于劳动条件之规定,自取得团体协约关系人资格之日起适用之(《团体协约法》第十四条)。

第二 关于职业的适用范围

团体协约有以一定种类之职业,为其协定之对象者。则此种协约之效力,仅能及于从事此种对象职业之被佣者。例如,为机械工人而立之团体协约,其效力仅能及于机械工人。若同此机械工人,因种种关系,转职而服于同机械工厂之建筑劳动时,则上述团体协约之规范效力,对此种转职工人,而无由发生。故事项之适用范围,全以现实的所提供之劳动种类如何为限界。协约关系者之一般的职业关系如何,非所问焉。

第三 关于场所之适用范围

团体协约有以一定之地域或其他空间为限界者,则其规范效力,仅能及于协约上所定之一定地域若其他空间之范围内。此种约定范围,有即以一定行政区划为标准者。有用列举特定事业之方法,而指示其范围者。若在协约中未为关于场所之约定者,其适用范围如何,应照其周围情况如何,而为判定之。

第四 关于时之适用范围

团体协约原则上限于其存续期间有效力。团体协约有预约定定期者,有未约定定期者。定期之约定,虽属协约之自由。但协约既系所以指示各个劳动契约条件之准则者,而劳动条件系须随经济生活之变化,而变化者。故定期亦应有一定限制。现行法之标准最长定期为三年(《团体协约法》第二五条、第二六条等)。约定定期即以此三年内有伸缩之余地。又约定定期亦不必通协约全部而为同一之期限。例如工资等比较富有变动性,特为较短期之约定,其他行为较长期之约定者是。协约上无定期者,原则上当事者于协约订立一年后,得随时为终止协约之通知。通知期间如无约定者,应于三个月前,以书面以行之(《团体协约法》第二四条)。又协约与一般法律行为相同,可约定溯及的效力。溯及效之约定,有明记于协约中者,有将协约订立之日月溯早者。后者特称之订立日月之溯早(Rückdatierung)。协约有溯及效之约定时,溯及期间对一切劳动契约均发生其规范的效力。例如,关于工资增加之协约,订立前溯及期间之工资增加额,应照补给者是。

协约之规范的效力,于其协约本体废止后,在一定形式之下仍继续维持之(《团体协约法》第十七条、第二九条)。此谓之团体协约之余后效力(Nachwirkung Weiterwirkung)。此种场合,因协约本体已经废止,故对于废止后新缔结之劳动契约,自不能再有任何规律力。不过对在协约存续间,依协约之约款,而缔结之劳动契约内容,依然保其效力而已。又协约存续间之规范效力本为不可变性,但废止后则变为可变性而已。即当事者如两愿时,即可自由更变其契约内容者是。契约内容经变更后,则规范之余后效力,于以消灭焉。

第二项　对劳动契约当事者之拘束力

团体协约之发展，本基于保护弱者被佣人之利益者。故协约上之规范条项，应有对拘束雇主方及被佣者方之效力。此之谓协约规范之不可变性（Unabdingbarkeit）。但此仅就保护被佣者利益之条项而言者。若在劳动契约上所变更之协约规范条项，系属被佣者利益，则其契约应为有效，盖非此之所谓不可变性之意义也。例如，协约上所协定之日薪为一元，而劳动契约上为八角，则此契约为无效。又如雇主以日薪一元为太昂，而解除劳动契约，则此种解除为无效者（团体协约法第十八条）是。反之，如其他劳动条件均照协约所定者，惟日薪契约上增为一元二角，则此种契约自属有效也。

第二款　债务的构成部分之效力

本部分系有一种债契约性质者也，故由此而生之权利义务关系，应依债法之理论而为处遇之。但团体协约既系团体的行为，故不能以个人主义的法理，而害此种团体行为性。今分义务及权利二方面考察之：

第一项　协约上之义务

第一　义务之种类

协约义务中之最主要者为：

一　实行协约之义务（Durchführungspflicht）

协约当事人之雇主应负从协约行动之义务。当事团体负使其所属员遵依协约行动之义务。例如，于缔结劳动契约之际，使遵守若准据协约条项，及统制团体员之义务（《团体协约法》第二十条）是。

二　和平义务（Friedenspflicht）

和平义务云者，协约当事者在协约期间保持产业和平之义务也。详言之，在被佣者团体方不为同盟罢工及其他争斗手段，在雇主若其团体方不为闭锁工厂等手段,同时约束其团体员不为同样行为之义务也(《团法》第二十条)。此种义务盖即债法上之诚实信用义务也。但当事者虽负此种义务,如当事者一方或为防卫他方之攻击,或为强制他方使履行协约上之义务,而取争斗手段者,自不在此限。又为贯达协约条项以外之目的,而取争斗手段者,亦属例外。故如防卫罢工、同情罢工、示威罢工、防卫的闭锁工厂等,即不能谓之违反和平义务也。

三　闭塞约款(Absperrungsklausel)

闭塞约款云者,约束雇主方不得雇用非协约当事人的被佣者团体所属之被佣者之协定也。对此种约款之效力问题,自来有赞否二说。反对者以谓此种约款,其结果将侵害个人之团结自由权。其理由谓团结权之本质在于自由选择团体及自由加入团体,不受任何妨害者也。今若有此种约款时,被佣者之此种自由,须受实际上之胁迫及牵制,故与宪法上结社自由之精神,显有抵触云云。我国之《团体协约法》虽承认闭塞约款,但非绝对无条件,而有种种限制(第八条)。盖斟酌被佣者之实际利益,及宪法上之基本权利而定者乎。

四　此外如关于学徒关系,一企业内之劳动组织,关于职业介绍机关之利用,关于劳资纠纷调解机关或仲裁机关之设立或利用等(《团法》第一条第二项)协定上义务,亦属之。

第二　协约义务之不履行与责任

协约当事者负履行协约上债务之责,盖为当然之理。当事者一方,如遇他方怠于履行其协约义务时,则可于其履行前,拒绝履行自己之协约义务。在此种场合,一方当事者,对他方定相当期间,催告其履行。如仍不履行者,可解除协约,同时可请求因不履行而生之损害赔偿,并可声请法院科以法定之罚金(《团法》第十九条、二十条、二十一条)。

协约当事者系团体场合,协约义务常由团体负担之。故负协约义务不履行责任者,亦仅为团体,而非团体所属之各个人。盖各个人只对所属团体负其责任,对外直接不负任何责任也。故例如,被佣者违反和平义务,而为同盟罢工时,彼等对自己所属团体不能不负其责任。但对协约当事者之对手方直接不负责任。故对此项同盟罢工之协约违反责任,亦仍其所属由团体负之。若团体对此种所属员之行动,事前曾予以注意,或曾为使其依协约行动上所必要之处置,而所属团体员仍不顾其注意及处置,而为罢工等之违协约行动时,团体当然可不负责任。

第二项　协约上之权利

团体协约当事人之团体既限于人格者,则协约上之权利,自亦有团体享有之。实际行使此权利者即为团体之机关。协约上之权利,虽归属于团体,但团体协约究为团体所属个人之利益而缔结者,故于团体外,同时亦归属于所属个人。个人此种权利受对手方之侵害时,损害赔偿之请求权,应以团体名义或由团体直接为个人行之(《团体协约法》第二十一条、第二十二条)。

第六节　团体协约之终了

团体协约主要的终了原因如下:

第一　存续期间之届满

团体协约有存续之约定期间者,随约定期间之届满而终了。约定期间长于三年法定期间者,则届满三年时而终了(《团体协约法》第二五条、第二六条)。

第二　终止通知

团体协约未定存续期间者,则于经过法定最短期间一年后,得由当事人一方,随时通知终止之(《团体协约法》第二十四条)。但应遵守通知期间之规定。

第三　裁决终止

团体协约订立时之经济界情形,于订立后有重大变更,如维持该团体协约,有与雇主事业之进行,或与原来工人生活标准之维持不相容,或依团体协约当事人之行为,致无达到当初目的之希望时,则虽尚未届满约定期间之协约,亦得因当事人一方之声请,由主管官署裁决废止之(第二八条)。

第四　当事团体之解散及当事人之死亡

团体协约当事团解散时,其团体所属各员在团体协约上之权利义务,不因其团体解散而失其效力。即团体协约不因此而消灭。但在不定期之团体协约,于当事团体解散后,经过法定终止通知期间后,消失其效力。

若团体协约一方当事人为雇主个人场合,而雇主死亡时,团体协约亦不因此而消灭。协约上之债权债务移转于其继承人,个人雇主仅为协约当事团体之一所属员者,其死亡与协约之存立,自更不生任何影响也。

第五章　劳动争议

劳动争议(Arbeitsstreitigkeiten, labour disputes)云者,以劳动关系为中心所发生一切争议之谓也。此为广义的定义。在此定义下应包括之争议,为由各个雇主与被佣者间之劳动契约关系上所生者。由雇主及被佣者对国家及其他公共团体间,就劳动者保护关系及劳动者保险关系所生者；由雇主团体若被佣者团体各自内部关系所生者；由雇主若雇主团体与被佣者团体间之团体的交涉上所生者等。然本章所述者非为此种广义的一切劳动争议。仅就各个雇主与各个被佣者间所生者，及雇主若雇主团体与被佣者团体间所生者二项说明之。

各个雇主及各个被佣者间所生劳动争议，即系劳动契约上之争议，谓之个别争议。雇主若雇主团体与被佣者团体间所生之劳动争议，乃系关于团体协约，或以此为目的所生之争议。可名之为团体争议。

第一节　个别争议

个别争议（Einzelstreitigkeit）之对象，为劳动契约上私法权利之发生、消灭及其效力等。个别争议之所以区别于团体争议者，即在此以私法权利为对象之点。故个别争议又可称之为权利争议（Rechtsstreitigkeit）。从其实行权利之程序方面观之，又可称为劳动审判（Arbeitsgerichtsbarkeit）。

个别争议我国现行法依民事诉讼程序，由普通法院解决之。其审判程序与普通私法上权利争议相同。在理想上，关于劳动审判，为劳动者之利益起见，应设置特别法院，以图程序之简便，处理事件之捷速，为最要着。盖被佣者之契约上利益，尤其报酬请求权关系等，若不能于短时日间予以捷速解决者，往往完全消失其所以争议之意义故也。故各国为此种争议特设劳动法院，施行特别诉讼程序，复为期审判之妥适公正起见，于职业的法官外，使雇主方及被佣者方之代表亦参加之。于司法的自治基础之上，而为审判之实施也。各国之所谓工业法院、商业法院、矿业劳动法院、手工业劳动法院等，即本此趣旨而生之劳动特别法院也。在其沿革上，一八〇六年法国里昂市所创设之劳务会议所（Conseils de Prud'hommes），盖即为其起源，以后遂成各国现在特别法院之模范矣。

此种特别劳动法院制度,将随近代潮流之立法自治、行政自治、司法自治等思想之发展,而愈益发达,盖可无疑也。

第二节　团体争议

团体争议(Gesamtstreitigkeit)之对象,多为团体的利益,非如个别争议之为劳动契约上权利。团体争议之发生原因虽有种种,如关于既存团体协约之内容及解释等,亦可成其原因,但大体以设定新劳动规范为目的者居多。然规范之设定,其目的要不外为各个劳动条件之改善维持,故其内容为阶级的利益,而非权利之本体。从而团体争议由其对象方面观察时,为一种利益争议(Interessenstreitigkeit),而非权利争议也。又从解决争议之程序观之,与前节劳动审判之对照上,可名之为劳动争议处理方法。以其为雇主若雇主团体与被佣者团体间之争议,故现行法名之为《劳资争议处理法》。以下先就各种争议手段之概要述之,而后再后说明《劳资争议处理法》之大意也。

第一款　劳动争议手段

劳动争议手段虽种种不一,普通常用者被佣者方为同盟罢工、怠业、不买同盟等。雇主方为经营闭锁、黑表等。今为分项解说之于下。

第一项　同盟罢工(strike, Streik)

第一目　意义

同盟罢工为被佣者阶级对雇主阶级之最有力且有效的争斗手段。有对各个雇主行之者。有同时对多数雇主行之者。有对雇主公会行之者。无论其罢工之对方为何人,同盟罢工有广狭二种意义,应先明白区别之。广义的同盟罢工云者,系一切多数被佣者以谋劳动位向上等之目的,为有统制的组织的中止劳动之谓也。故在此种意义之同盟罢工,如被佣者为谋达此项目的之间接手段的政治的罢工、革命的罢工、宗教的罢工等类,均可包括之。但本项所说明者非此种广义的,而为狭义的同盟罢工。即同盟罢工云者,"事业内全体被佣者若一部分被佣者以谋报酬等劳动条件之维持改善,及获得其他经济的利益之目的,共同的休止业务"之谓也。依此定义时,同盟罢工应包含下列五项要件。

第一　同盟罢工为一种斗争手段。

雇主方与被佣者方之利害相反,而至不能依团体的和平协定而调和之状态时,始得施用之手段也。

第二　同盟罢工以维持改善劳动条件及获得其他经济的利益,为其直接间接之目的者也。

同盟罢工有时往往复附带革命的、政治的、宗教的目的。但劳动法所应研究之同盟罢工,限于直接间接有经济的目的者。

第三　同盟罢工为业务之单纯休止。

旧时学说及法国判例解罢工为破弃劳动契约之行为。但通说及诸国立法例均认为罢工非当然消灭契约关系之行为。盖在被佣者固毫无因罢工而脱离劳动契约之意思。不过欲达一定经济的目的,而出此种强制的手段而已。而就罢工本体之性质考之,亦无同时消灭劳动契约之法效(见后述罢工之合法性)。故在罢工终结场合,所谓被佣者之"再雇用",亦不能视为新劳动契约之缔结。不过以旧契约之延长,而再就工而已。

第四　同盟罢工由被佣者所为之业务休止也。

被佣者之概念,已于前述,故如佃农、房客等团体对地主、房主而为不作为行动时,其形式虽酷似罢工,但非本项所述之罢工。

第五　同盟罢工者由多数被佣者有组织的休止业务之谓也。

一个人被佣者之休止业务，固不能谓之罢工。但亦不必以一企业内全体被佣者之参加为要件。要之被佣者之一部分，其人数已达因同时休业之结果，是以影响若压迫雇主企业时为已足。故部分罢工（Teilstreik）与其他大规模的罢工，在性质上固无差异也。然罢工之成立，于上述相当的人数外，罢工者间有一定程度之团结为必要。即彼等之相互间虽不必以有法律的结合体之团结为要件，但无论一时的或较久的，必有共通目的利益团体性质之内部组织。总之，若无团体的组织的之业务休止，即成为个别的契约违反行为（wilde Streik），不能以罢工论之，亦不能享受劳动法上之保护。

第二目　同盟罢工权（Streikrecht, droit de grève）

关于同盟权之性质，学说颇不一致，有谓系完全权利者。有谓系宪法上所谓自由权之一种。有谓系社会法上之权利而有积极内容者。有谓虽为社会法上之权利，但非有积极内容，不过犹如宪法自由权，仅有消极内容而已者。最后说较稳当。盖对被雇者之同盟罢工，国家及公共团体固不能滥加禁止限制故也，而罢工权即以此为其内容之权利也。然不归属于宪法上自由权范畴内，而特称为社会法上之权利者，盖同盟罢工自来非仅受公法理论之支配，而依超越公私两法域的社会法域之特有理论解释之支持之故也。

上述罢工权，系仅为被佣者对国家之关系上所有之权利，而非为被佣者对雇主关系上有此权利也。换言之，被佣者对国家纵的关系上，虽为一个权利行为。被佣者对雇主横的关系上乃为事实行为，而非权利行为。即同盟罢工对雇主，系被佣者就劳动条件为"讲价"之方法，讲价非法律行为，故同盟罢工对雇主亦非法律上之行为。同盟罢工应分此两面观察之，此即普通所谓同盟罢工之二面的观察者也。

第三目　同盟罢工之效果

第一　刑事法上之效果

同盟罢工以前述既系一种权利及基于被佣者基本权之行为,故在刑事上无发生责任之理由。在昔被佣者此种基本权尚未认许或受严格限制时代,罢工常以普通犯罪行为处遇之。但在现在已成为史迹。若罢工而超越本来限界时,应发生刑事上之责任,盖无待言。

第二　私法上之效果

一派学者对罢工之私法上之基础理论,以谓"被佣者有同盟罢工权,得以之对抗雇主,故在私法上为无责任"云云。此说之无理由,据上述罢工权理论,已无待辨证。其在私法上无责任之根据,仍应于罢工之本质中求之,不能以公法上的权利而为私法上无责任之理由也。本世纪国家及法之努力,为如何可使契约在其实质上达到对等的理想。在此目标之下,几经努力,迄今日已得相当成果。如多种社会的法制之颁布,基于不均衡的实势关系而结之契约上效力,予以限制之判例等均是也。而同盟罢工者,盖即与上述国家及法之理想,全然一致的合理的之一种努力也。不过罢工为被佣者自助的努力,而为国家所容认为法所采用而已。既为国家所容认法所采用之行为,被佣者不发生侵权行为上并契约不履行上之责任,盖为当然之理。但应注意者,此种无责任只限于经济的罢工。即以维持改善劳动条件及获得经济的利益为直接间接目标之罢工。此外如纯粹的政治的罢工、宗教的罢工等,则即应负侵权行为及债务不履行上之责任,盖无待言也。

第二项　怠业(Sabotage, passive Resistenz)

怠业云者,故意弛缓工作之谓也。亦为争议手段之一种。怠业亦以相当多数被佣者之团结为要件,与罢工相同。亦为合法的行为。不负刑事上民事上责任。若各个被佣者间无联络的,而为怠业时,谓之个别的怠业。以避忌劳动若不完全履行论之。反违契约上诚实信用义务,同时违反被佣者忠实义务,负债务不履行之责任。

第三项　不买同盟(Boykott)恶评宣传

此为对第三者所发之间接争议手段,与上述直接对抗雇主者不同。其内容亦非工作之休止及弛缓,为对特定企业者之生产品,向国民或其一部分宣传若要求"大家的不买"。此种手段多对酿造业者、制面业者、屠宰业者、其他食料品制造业者、饮食店等采用之。既为常用争议手段之一种,故亦不生任何法律上之责任。若越一定界限,纯为诽谤营业者,或为不实的宣传继续的威胁其营业时,则仍不能免妨害名誉信用及营业等民事上及刑事上之责任也。

上述为普通所谓不买同盟之意义。而劳动法上又有特有的Boykott。即一团被佣者以阻塞特定雇主所需之劳动力为目的,相互约定不与结劳动契约,复宣传要求第三被佣者亦不与结劳动契约之场合是也。

第四项　经营闭锁及团体解佣(lockout,Aussperrung)

经营闭锁为雇主方所用之有力的斗争方法。雇主为谋劳动条件之有利于自己起见,使多数被佣者团体的脱退劳动关系之谓也。或为防争议于未然,或为捷速终结既起争议起见,雇主方所常用之手段也。经营闭锁普通可分为二种形式若方法。

一　雇主于短期间闭锁工厂若其他经营,以对抗被佣者方之主张,而促其反省之方法也,称之为单纯闭锁。在此种场合,劳动契约仍不消灭,不过为雇主之受领迟延。故在闭锁期间仍负支给报酬之义务。

二　团体解雇　此为经营闭锁中最通行之形式。兹有疑问者,即雇主为团体的解雇之通告时,劳动契约是否即时因此消灭者是。就团体解雇既为一种斗争手段着想时,则解雇通告之意义中,固仍含有希望对方让步之意在也。详言之,通告之语意不外"若被佣者方仍固持其主张者,则只有解雇云云"。故当团体解雇通告时,劳动契约应尚未消灭,经相当时日,被佣者表示其坚决拒绝之态度时,于是始发生解雇之效力。

第五项　黑表(black list, schwarze Listen)

黑表亦为雇主方之斗争手段。此为将特种被佣者(过激危险分子、工会之有力分子等)雇主间互相关知,共约定不雇用,予以打击之方法也,或名之为雇主方之 Boykott,以与前述被佣者 Boykott 相对称。雇主之用黑表亦只能限于合法的范围以内。若越此范围,而致损毁被佣者之名誉,甚或褫夺良民就职之自由,是为违反公序,雇主及雇主团体应负民刑事上之责任,盖无待言。

第二款　劳资争议处理方法

我国对于劳资争议,于二十一年九月特颁有《劳资争议处理法》,今就此为述其概略于后。

第一项　《劳资争议处理法》之意义

《劳资争议处理法》云者,解决被佣者与雇主间产业的集合争议之程序之总称也。

第一　处理之对象,为被佣者与雇主间之争议。

只须为雇主与被佣者间之直接争议,其为商业上劳资争议,或工业上劳资争议,或其他产业上劳资争议,均非所问。总之,就争议产业,如已有特别争议处理法者,应先适用外,一切劳资争议均用本法处理之。

第二　处理之对象,限于产业的集合争议。

个别争议,即各个被佣者关于劳动契约上之权利争议,非本法所应处理之对象。所谓集合云者,有工会组织之团体,固不必论。即无公会组织之被佣者,就争议而取同一步骤,有十五人以上时,即成为此地所谓集合之观念。但集合争议必同时为产业争议可方。所谓业争议云者,被佣者为维持或变更雇佣条件,而发生争议者之谓也。从而因政治的目的、社会的目的、宗教的目的而生之争议,自在本法适用范围之外也。

第三 处理法者,解决争议之程序之总称也。

现行法解决争议方法有二,一调解,二仲裁。调解云者,第三者处于争议当事者两造之间,谋两者意见之疏通,怂恿其妥协,劝告互相让步,用以解决争议之任意的手段也。其特色在就争议之点,促使两造自动的接近,而越于合意也。仲裁云者,由争议当事人以外之第三者,就争议独立的作成一定解决案,即所谓裁决,强制两造接受,以平息争议之处理方法也。其特色在两造意见已不能再为接近,就不能接近之点,而为独立的裁决之之点也。而所谓劳资争议处理法者,即包括此二种处理程序之总称也。

第二项　调解

第一目　调解之意义、范围及效力

调解云者,由依法所组织之机关,谋争议当事人两造意见之接近,促其互相让步,用以解决争议之方法,已如前述。必以第三者介乎其间,此与和解不同。而此第三者必为依法组织之机关,又与私人调解者不同。只要合乎第一条所谓产业的集合争议之要件,任何争议,均可为调解之对象。由处理争议之程序言之,即任何争议除当事人双方声请径付仲裁者外,应先付调解,而后始可交付仲裁(第六条)。争议之付调解与否,原则上属当事人之自由,即以任意调解为原则。但依产业争议之性质,主管行政官署认为有付调解之必要者,则不问当事人之意思,可径付调解,此之谓强制调解(第三条第一项后段)。争议经调解机关调解,其调解案不能得双方同意者,则谓之调解不成立,或调解无结果。除所谓"曾经调解"之争议处理过程上,应保有之程序阶段效力外,就调解内容上,直接自不发生任何效力。如调解案经双方同意且接受者,则调解于以成立,当事人间发生拘束力。在无法人格之当事人间,视同契约。当事人之一方为工会时,视同争议当事人间之团体协约。

第二目 调解之机关

调解劳资争议之机关,谓之调解委员会(第八条)。分说之于下。

第一 性质

一 调解委员会为公机关。系依《劳资争议处理法》,由主管行政官署所设置,而非当事人任意设定之私机关也。召集开会虽有基于当事人之声请。但召集权专操之于主管行政官署,故性质上其为公的机关,盖无容疑。调解委员会虽为公设机关,然非排斥私设的调解机关。雇主若雇主团体与被佣者团体,依团体协约之协定,而自设调解机关,为自治的处理争议之用者(如《工厂法》第五十条第一项第二款,《团体协约法》第一条第二项第四款)自无不可。

二 调解委员会为临时机关。随争议发生后,有需调解委员会之必要时,始临时召集开会。调解事务完了,随之解散。故非常设机关。

第二 组织

调解委员会由委员五人或七人组织之。五人或七人当由召集权者之主管行政官署,酌量争议事件性质及当地情形定之。委员由主管行政官署及双方争议当事人三方合同选派。其分配额为争议当事人双方各派代表二人,主管行政官署代表一人或三人。但主管行政官署所派代表不必以主管行政官署之职员为限。与争议无直接利害关系之第三者——任何人均得被指委代表(第九条)。争议当事人于接到主管行政官署"付调解"之通知后,三日内,各自选定或派定代表,并将其代表姓名住址具报。此项三日期限,主管行政官署于认为有必要时,得延长之。但逾期后,当事人仍未将其代表姓名住址具报者,得依职权代为指定之

(第十条)。此种选定自与当事人自行派定者,同其效力。同一劳资争议事件,该主管行政官署有二个以上者,如各该主管行政官署在同一省区时,指派代表及召集开会之主管行政官署由省政府指定之。于必要时其代表得径由省政府指派之。同一劳资争议事件,不在一省区时,则上述省政府之权限,直接由实业部行之。如争议事件系属于国营事业者,则上述省政府若实业部之权限,直接由事业之主管机关行之(第十三条)。调解委员会开会时,以主管行政官署所派代表为主席(第十一条)。调解委员会之主席,得调用各该主管行政官署之职员,办理纪录、编案、拟稿及其他一切庶务(第十二条)。

第三目 调解之程序

第一 开设

调解委员会系临时机关,随调解争议而开设者,已如前述。故其开设必须有发端,发端有二:一为当事人之声请。一为主管行政官署职权之发动。前者由当事人双方为之亦可,一方为之亦可。无论由一方或双方声请,必具调解声请书,向主管行政官署提出之(第三条第一项前段,第二十一条)。声请书中应记明(1)当事人之姓名、职业、住址,或商号、厂号,如为团体者,其名称及事务所所在地。(2)与争议事件有关之劳工人数。(3)争执之要点(第二十二条)。后者于争议事件发生后,当事人未为调解或径付仲裁之声请,听任争议事件之拖延,或情势日益重大时,主管行政官署得不问双方当事人之意思如何,以职权之发动,提付调解。决定提付调解时,该行政官署须将应付调解事项,以书面通知于双方当事人(第二十三条)。

第二 调查

调解委员会系立于争议当事人两造之间,谋使两造意见之疏通及接近,提示其妥协案,以平息争议,为其唯一使命。故调解委员会开设后,首应明确认识争议事情之前因后果,及双方争执重心点,然后始可进行斡旋活动,并制作公平的调解意见也。故调解委员会,于召集后二日内,应开始调查:(1)争议事件之内容,(2)争议当事人提出之书状及其他有关系之事件,(3)争议当事人双方之现在状况,(4)及其他应调查事项等(第二十四条)。并得因调查之必要上,传唤证人,或命关系人到会说明,或提出说明书,或由委员会直接向关系工厂商店等调查或询问之(第二十五条、第二十六条)。但自调查开始后,迄调查完竣,其期间不得逾七日(第二十四条)。又委员不得泄漏调查所得之秘密事项(第二十七条),此盖为谋争议之迅速解决及防纷纠之扩大上所应有之职务义务也。

第三 调解

调解委员会于前述调查程序完毕后,应于二日内为调解方案之决定。但于此二日期间内,如依争议事情之复杂,有不及决定者,或依其性质有不能决定者,委员会得以职权延期。在委员会方虽无是项延期之必要,而由双方当事人同意延期者,亦同(第二十八条)。

调解委员会于作成调解方案后,提示于争议当事人双方代表。如双方代表同意于调解方案时,由三方共同签名于调解笔录后,调解于以正式成立。委员会应将调解之结果,报告于主管行政官署备案。

第三项 仲裁

第一目 仲裁之意义、范围及效力

仲裁云者,由依法所组织之机关,就争议当事人双方所固执,而不能互让妥协之点,为独立的裁定其解决方法,强制双方接受,以平息争议之处理方法也。其所裁定之解决方法特名之为裁决。其效力虽与判决相近似。但其性质不尽相同。判决必依法律为之。裁决一以事实裁量为重心。虽不能违法,但在此范围内,不受法律规定之拘束。此其一。判决例可用上诉等种种方法颠覆之。裁决不能声明不服。此其二。判决于确定时，可据此直接强制执行。裁决之法定效力，为当事人间成立契约，故裁决本身无直接执行力。此其三。

原则上任何争议事件，均可付仲裁。付仲裁与否，亦属当事人之自由。此之谓任意仲裁。但依争议事件之性质及争议之情状，有必付仲裁之必要者，此之谓强制仲裁。强制仲裁云者，不问当事人双方之意思如何，必付仲裁机关仲裁之谓也。应强制仲裁之争议事件，有二类：一、关于公益事业上之劳资争议。如（1）供公众需要之自来水、电灯或煤气事业。（2）供公众使用之邮务、电报、电话、铁道、电车、航运，及公用汽车事业等之争议（第四条），曾经调解而无结果时，当事人声请仲裁者，固不必论。未为声请者，主管行政官署应将此项争议，提付仲裁，因事关社会公益，不容听任争执不决也。二、虽非公益事业上之争议，若因调解无结果，遂放置不理时，或争议情势本属重大，或虽非重大而有致纷纠扩大之虞，或即无是虞，旷日弥久使双方当事人长在睽视敌对状态之下，度其不安定生活，自非当事人及社会全体之利益。故在此种场合，主管行政官署视情形之必要上，虽无当事人之声请，亦得以职权提付仲裁（第五条），仲裁在常则上虽对已经调解而无结果之争议为之。然如依当事人双方之同意，不经调解程序，而径付仲裁，亦自无不可（第六条）。

争议事件经仲裁委员会裁决后，即时发生裁决之效力。其效力维何，即以裁决视为当事人间之契约。如当事人一方为工会者，则视为当事人间之团体协约。关于此点，其与调解成立后之效力相同。盖违反调解与违反裁决，同为违反契约若协约义务，同样受罚则之制裁，同样可以声请强制执行故也。与调解不同者，在调解，当事人不同意时，可继续其争议，或更声请仲裁。在仲裁，则一旦裁决后，不问当事人双方愿与不愿，应停止其争议，依裁决履行其契约上若协约上之义务，绝不能声明不服也。

第二目　仲裁之机关

仲裁劳资争议之机关,称之为仲裁委员会(第十四条)。今分说之于下:

第一　性质

仲裁委员会为公机关。由主管行政官署设置。但同时并不能排斥私设的仲裁机关(《团体协约法》第一条第二项第四款)。亦为临时机关,随需要而设立,随裁决完了而消灭等,与调解委员会性质相同。兹不赘。

第二　组织

仲裁委员会由仲裁委员五人组织之。五人委员之产生方法及分配数如下:(1)主管行政官署派代表一人,(2)省党部或该地市县党部派代表一人,(3)地方法院派代表一人,(4)与争议无直接利害关系之劳方及资方代表各一人(第十五条)。(4)款之劳方及资方代表产生方法为:省政府或不属于省之市政府,于其所辖区域内,每二年应命工人团体及雇主团体,依实业部所定推定方法,各推定堪为仲裁委员者二十四人至四十八人,开列名单,送请核准后,咨实业部备案。实业部每二年应命国营事业之工人团体,并分别函令各该事业之直接主管机关,同样推定同数之人开列名单,送请备案。遇有仲裁事件时,(4)款之代表,由主管官署即就上述名单中,分别指定与争议无直接利害关系之资方及劳方代表各一人充之(第十六条)。又(1)款之代表,如同一劳资争议事件,其范围不限于一省者,除国营事业外,则(1)款代表,由实业部指派。(4)款代表,由实业部就相关各省之仲裁委员名单指派之(第二十条)。以上由各方面所派委员,如就现付仲裁之争议事件,曾为调解委员会之委员者,无论何人,即应避忌,不能为本事件之仲裁委员(第十七条)。仲裁委员会既系合议体,应有主席。主席即由有召集仲裁委员会权之主管行政官署代表为之。但所仲裁之劳资争议,其范围不限于一省者,则以实业部所派代表为主席(第十八条)。主席为仲裁事务之必要上,得调用其所属官署,或其所在地地方法院之职员,办理纪录、编案、拟稿及一切庶务(第十九条)。

第三目 仲裁之程序

第一 召集

仲裁委员会亦系临时机关,因召集而成立。召集权者为主管官署。主管行政官署应召集仲裁委员会之发端有二:一为争议当事人之声请。当事人声请仲裁时,应向主管行政官署提出仲裁声请书。声请书应记明:(1)当事人之姓名、职业、住址,或商号、厂号,如为团体者,其名称及事务所所在地。(2)如争议事件曾经调解而无结果者,则其调解不成立之事由。(3)请求之目的。(4)未经调解径付仲裁者,并应记明与争议事件有关之劳工人数及争执之要点(第三十条、第三十一条、第三十二条)。二为职权之发动。主管行政官署于接受当事人声请书,或虽未由当事人声请,对争议事件认有提付仲裁之必要时,应从速于该行政官署所在地,或争议事件所在地,召集仲裁委员会。

第二 调查

关于调查争议之职权及程序,与调解委员会相同(第三十三条)。兹不赘。

第三 仲裁

仲裁由仲裁委员会全体委员之合议行之。取决于多数。赞否相同,取决于主席。仲裁于开会后二日内,应为裁决,作成仲裁书,送达于双方当事人,并送主管行政官署备案。当事人不论仲裁程序至何程度,均得成立和解。但须将和解条件,呈报仲裁委员会(第三十四条、第三十五条)。

第四项 争议当事人行为之限制

工商业之雇主或工人若工人团体,于调解或仲裁开始即主管行政官署通知调解或仲裁于争议当事人之日起,迄调解完了,或仲裁成立之日止之间,不得停业开除工人及罢工。此系就普通事业上争议而言者。若就公益事业——自来水、电灯、煤气、邮务、电报、电话、铁道、电车、航运、公用汽车等事业而发生劳资争议者,则雇主绝对不能停业,工人绝对不能罢工。盖因争议而许用此种手段时,直接有关于全体社会之安宁秩序故也。又罢工、怠业等虽为工人之争议手段,但不能逾越适法度限已于前述。故如封闭商店或工厂,擅取或毁损商店工厂之货物器具,强迫他人罢工等,因或为违法,或为超越适当限度,或为拘束他人自由意思,特为禁止之(第三十七条)。对违反上述限制者,主管行政官署及调解委员会或仲裁委员会,得随时制止之。不服制止者,得处以二百元以下之罚金。其行为已犯刑法者,仍依刑法处断(第三十九条)。

第六章　劳动者保护

第一节　劳动者保护之法律的性质

关于狭义的劳动保护,即劳动者保护之性质及系统,学说纷歧,犹不能得有力定见。大体归纳之可得四大系统:

一　曩者,凡为劳动者利益之一切惠福的施设及手段方法,总括的称之为劳动者保护。即自救贫、保险、卫生等施设起,以至劳动时间及工资之保护等,均包括之。自前世纪末叶以来,各国均新设劳动者保险制度。而因此制有种种特性,遂独立自成一个体系后,学者遂将从来劳动者保护法中除去此项,予以独立范域,将残余者仍称之为劳动者保护法。而劳动者保护法与劳动者保险法,在劳动法上遂成为相对立之二大法域矣。

二 自一九〇二年瑞士学者 Lotmar 氏发表其《劳动契约论》后,关于劳动者保护创辟新见解,L 氏以谓劳动者保护云者,系指限制雇主与被佣者间劳动契约之自由的一切法律制度而言也。依此见解,劳动者保护,在其本质上,仅为劳动契约法之一部,初无独立自成一个法域之可能者也。奉持此说,现仍有不少学者。

三 洎近时复生发一种较进步的新见解。其说为:劳动者保护法者不仅为限制契约自由之法规,且兼包关于规定国家直接所赋课于雇主的保护被佣者之公法的义务之一法规也,换言之,劳动者保护者,在法律概念上,一部分为以被佣者为权利者,使雇主负私法上保护被佣者之义务。其他一部分为以国家为权利者,使雇主负公法上保护被佣者之义务。关于创定此两种义务的法规之全体,即为劳动者保护之法域也。

四 第四说为:劳动者保护法云者,谓规定国家所课于雇主保护被佣者的公法上义务之法规全体也。唱之者为 Raskel 氏。讲义姑取本说。因上三说均包括劳动契约于劳动保护之内,故今为说明其本质即同时以劳动契约理论为对照焉。夫劳动者保护之理论,以"国家为全劳动力之庇护者"的思想为其基础。即被佣者阶级之劳动力应认为社会的法益(sozial Gut)。因其为社会的法益,故在肉体上、风纪上以及经济上均应尽可能为之庇护、助长、培养。从而保护之手段,系公法的且有权的。关于是点,即与劳动契约全不相同。在劳动契约,系雇主与被佣者间,创设相互的义务。此种义务无论法律的若经济的,以同样价值,为联结之机纽。然在劳动者保护则不然。仅由国家独自的向雇主课以一方的公法上义务者也。故从法律关系当事者观察时,在劳动契约,当事者为雇主及被佣者双方。在劳动者保护,国家与雇主系当事者。被佣者在任何意义,均不能为当事者若权利者。是故在观念上即不能有被佣者可对雇主免除其保护义务或抛弃关此权利之事也。

又劳动者保护,于义务执行之机关及管辖,亦与劳动契约不同。劳动契约上义务之履行,系限于当事者间之事项,直接不受国家之强制。至不履行时,始依当事者之诉请,由民事法院开始纠正于事后而已。在劳动者保护,因雇主之义务,系由国家直接所赋课者,故其履行上之强制,依监理劳动之方法行之。总之,劳动者保护与劳动契约,无论在其存立之基础,义务之性质,及强制义务之态样,均各不同。前述诸说中除第一说在今日已为陈废外,第二第三二说,即认劳动者保护应包括劳动契约之理论,依上所述不同之点观之,其不及第四说者,亦可明矣。

第二节　劳动者保护之目标

劳动者保护之目标,在于全劳动力之国家的庇护及保养,已如前述。以此种理论为基础的现代之劳动者保护,常取直接的及间接的二种形式表现之,即

一　劳动者保护之直接方面,即为劳动力本身之保护。国家对劳动力应消极的使免于雇主之榨取(Nichtausbeutung der Arbeitskraft)。积极的应谋所以维持之之手段(Erhaltung der Arbeitskraft)。前者即为劳动时间、就工限制、夜工禁止、防止危险施设之强制等。后者为宿舍其他卫生施设之改善,补习教育之供与等。

二　劳动者保护之间接方面,为被佣者经济的利益之保护及其人生趣的生活之保障。例如,依物品报酬制之禁止,薪金扣押之限制,发薪日期及时间之限制等方法,以保证各被佣者所得之确实,用以保护其经济

的利益是。又如依强制雇主为厂宅,图书馆,交际室,礼拜堂,娱乐所,演艺场之设置,讲演会之开催等各种惠工施设,使被佣者得享受人生趣的生活,间接期图其劳动力之健全的发达是也。

第三节　劳动者保护之种类及系统

第一款　损害预防法

劳动者保护为雇主对国家之公法的义务。从而其系统,即为公法的义务系统。依此种系统的公法义务之种类,劳动力之损害预防法,可分为三种:一关于佣使之态样者。二关于佣使之条件。三关于佣使之时者。从而劳动者保护,亦可分为经营保护、契约保护及时间保护之三种。然统此三种之保护上,关于年少者、妇女、老弱者等,较一般被佣者尤须为特别的保护。故又可将此三种横断的,分为一般保护及特别保护之二种,法律亦多依此分类,而为特别之规定焉。今依此分类分项说明之。

第一项　经营保护(Betriebsschutz)

经营保护云者,以防止若缓和经营内危险为目的之保护手段也。经营内危险者,作工上之灾害若疾病,因多数被佣者为麇集生活,而报致风纪上之颓废等,即其例也。经营保护者,即使雇主负担于便于预防,除去若缓和此等危险,而组织其经营,完备其施设之公法的义务也。故经营保护又称之为危险保护(Gefahrenschutz)。

经营保护大体分三方面行之。即一关于作工场所者。二关于劳动材料者。三关于佣使方法者。

第一　关于作工场所之经营保护

作工场所云者,被佣者劳动上所必要的空间全体之谓也。此可分为：直接劳动上所使用者，及间接的所使用之二种。前者即为工作场。后者为附属之场屋。在工作场，成保护上问题者，为其设计、建筑材料、大小广隘、采光、通风、暖房、排水、消火等之装置是。关于附属场屋，成问题者，为食堂、休憩所、洗濯场、浴堂、厕所等之设备，关于事项之保护问题，各国立法上均为周深之注意。我国于《工厂管理法》虽有规定（第八章）。但此仅就工厂劳动者保护而言，对此外之劳动者尚未有同样之立法也。

第二　关于劳动材料之经营保护

劳动材料云者，劳动原料、器具机械、被服保健具等之总称也。关于劳动原料者，为禁止若限制雇主被佣者处理有害危险之物质（例如黄磷等）。关于器具机械者，为强制雇主使用或不使用一定种类之器具机械。关于被服保健具（如工服、面罩眼镜、手套等）者，为强制雇主，为保健上卫生上使被佣者着戴使用之是。

第三　关于佣使方法之经营保护

此为雇主当佣使被佣者时，应施之保护也。前述二者为关于物上之保护。本项为关于人之保护。分五方面说明之，即（1）雇佣上之限制。此为禁止或限制雇主雇佣一定之人之保护方法也。（2）经营内秩序。此为使雇主励行在一定工作场内禁止吸烟，以及禁止工人以外之人出入工作场等保护方法。（3）关于生产过程上之保护。即在工作中防制一切危险之谓也。（4）关于保健卫生者，此为命雇主励行被佣者之健康检查，及完备救护设备等是也。（5）关于风纪者，此为命雇主分离男工女工之工作场、宿舍、厕所等之保护方法也。上述五类保护方法中，以（1）雇佣上之限制——所谓"就业限制"者最为重要。就业限制又可分（A）最低年龄，（B）危险有害业务之就业禁止，及（C）病者产妇及母性之就业限制之三者考察之：

一　最低年龄

最低年龄之限制，不仅为被佣者本人利益，且为国家之公益上，亦为不可少之保护方法也。即在本人之教育保护卫生上，固应有此限制。而由谋全体国民精神上及肉体上之健全的发达上观之，尤为有重大意义之制度也。故各国关此之立法均为深切审慎之注意。曩者华盛顿会会议亦曾为关此之条约案也。我国在《工厂管理法》关此亦为明详之规定。即工人就业之最低年龄为满十四岁。未满十六岁者，只准从事轻便工作是(《工厂法》第五条、第六条)。其他如矿业、土木业、建筑业、运送业海员等之被佣者，现虽尚未颁布同样限制法规，从劳动者保护之理论考察之，亦应理无二致。

二　危险有害业务之就业禁止

无论在工厂或矿山及其他，总难免工作上之危险，及卫生上之恶害。尤其有毒气体、尘埃等散布之场所，或处理有爆发性、引火性，或有毒质之物品等，在身体抵抗力弱少之童工女工更易受伤害。关此之劳动者保护立法常用二种方法：一、使雇主完备防止此种危险及害恶之施设。二、在此等工作不使佣使女工及童。本项所述者即为后者之方法。关此《工厂法》于第七条特为详密规定焉。

三　病者、产妇，及母性之就业限制

病者之保护，于本人之利益外，同时亦为其他共同劳动者之利益。普通立法例为对罹一定疾病之工人限制其就业。罹有传染性疾病——如虎列拉、鼠疫、天然痘、肠窒扶斯等，固不必论。其他无传染性之疾病，亦同(《工厂法》第四十五条)。

关于产妇者，《工厂法》于第三十七条规之。

关于母性者，立法例于普通工人休息时间外，复为规定如本人希望时，应特予哺乳及特殊休息时间等之保护法，我国《工厂法施行法》第二十条之"应于可能范围内设托婴处所,并雇用看护人妥为照料"规定,即系此种立法意也。

第二项　契约保护(Vertragsschutz)

契约保护云者,关于佣使条件之保护也。此处之所谓佣使条件者非指劳动契约内容之劳动条件。乃谓:关于契约之缔结、履行及其他等,国家课于雇主之条件也。即国家使雇主保护被佣者契约上之利益,以确保其经济的安全之意也。如庇护被佣者缔结契约时之劣弱地位,保持契约当事者势力之均衡,确保契约上之权利等,可总称之为契约保护。被佣者之契约保护,本可设定强行的私法,以限制雇主契约之自由。然此地之所谓保护方法者,系由国家对雇主课以一方的公法义务,使强行之者也。契约保护可分为四种说明之。一、关于契约之缔结者。二、关于契约之内容者。三、关于其履行者。四、关于其终了者。

第一　关于契约缔结之保护

本项为雇主应负对被佣者明示劳动条件之公法义务。在工作之中,应知晓其劳动条件,盖为被佣者第一有利害关系之事项。故国家特强制雇主明确制定此种条件,而使被佣者周知之。《工厂法》第七十五条之"工厂规则之订定及变更须呈准主管官署并揭示之"中所谓"须揭示之",即其例也。

第二　关于契约内容之保护

本项为国家直接干涉劳动契约之内容。关于一定契约内容事项,对雇主强制之限制之禁止之场合也。例如,《工厂法》第二十四条"男女作同等之工作而其效力相同者,应给同等之工资"。第二十五条"工厂对于工人不得预扣工资为违约金或赔偿之用"即其例也。

第三　关于契约履行之保护

此为关于工资支给之场所、时、方法等之保护方法。如"工厂对工人应以当地通用货币为工资之给付"(《工厂法》第二十一条),"工资之给付应有定期,至少至每月发给二次,论件计算工资者,亦同"(第二十二条)。

第四　关于契约终止之保护

本项为关于契约之消灭,或以契约消灭为原因之保护方法也。例如,终止契约之预告期间工资之赔偿(《工厂法》第二十九条)。为另谋工作得请假出外,请假期间工资之照给(《工厂法》第二十八条)。工作证明书之交付(《工厂法》第三十五条)等即其例也。

第三项　时间保护(Arbeitszeitschutz)

时间保护云者,就劳动时间、休息、休暇等所行之保护方法也。前述经营保护系对经营内危险,而保护被佣者之身体者。契约保护系使雇主负保护被佣者之经济的利益者。本项时间保护者,系保庇被佣者劳动力之过度消耗榨取,同时谋与被佣者以休养、家庭生活、人生乐趣之机会者也。故时间保护者,于生理的及经济的理由外,复有文化的理由也。在劳动者保护系统中,为最占重要的地位者。欧洲大战以后,关于劳动时间之保护法制,为划期的进步,所谓八小时劳动制,已为现今各文明国之根本原则。我国亦同。今举其大略如下:

第一　工作时间(Arbeitszheit)

工作时间云者,被佣者所应劳动之时限也。工作时间通常以日、周若月为标准定之。以日为标准者,谓之劳动日的保护(Arbeitstagesschutz)。以周为标准者,谓之劳动周的保护(Arbeitswochenschutz)。以月为标准者,谓之劳动月的保护(Arbeitsmonatesschutz)。劳动日的保护,我国《工厂法》以八小时为原则。但例外的为十小时(第八条)。劳动周的保护者,《工厂法》第九条之"凡工厂采用昼夜轮班制者,所有工人班次,而少每星期更换一次"者是。劳动月的保护者,如工厂因特别事故每日须延长工作时间,虽得延长至十二小时,但其延长之时间总数,每月不得超过三十六小时(第十条)者是。以上为对成年工人所施之时间保护者。对童工女工于此外复施以特别保护。如童工每日至多不得超过八小时。童工在午后七时至翌晨六时之时间内,女工在午后十时至翌晨六时之时间内,不得工作。即禁止或限制夜间工作者是(第十一条、第十二条、第十三条)。

第二 休息

休息云者,继续的工作之间,予以中断的休养机会之谓也。有时的休息,日的休息。时的休息有二种,一为休息时(Pause),如"工人继续工作至五小时,应有半小时休息"(第十四条)者是。一为休养时(Ruhezeit),如继续为八小时工作后,应与以睡眠之时间。又如昼工与夜工夜每周轮班者是。日的休息,或谓之休日(Ruhetag),如"凡工人每七日中,应有一日之休息"(第十五条),"凡政府法令所规定应放假之纪念日,均应给假休息"(第十六条)等是。

第三 休假

休假云者,长期继续工作之被佣者,应与较长的休息期间,俾资息养之谓也。已于劳动契约中述之,兹不赘。

第二款 损害填补法

本款为于被佣者发生不可避免的损害后,对此损害,使雇主负填补之之公法上义务也。与前款使雇主负损害预防义务者,迥异其性质及目的。其性质实与"健康保险法"相类似。而学问上亦以广义的"灾害赔偿理论"处遇之者为常行。兹以其现行法制上之地位,仍并于劳动者保护部类中述之。

第一项 工人津贴及抚恤之性质及根据

雇主对工人之津贴及抚恤,可括称之为扶助义务。扶助义务云者,以被佣者因执行职务,而致负伤、婴疾,或死亡等一定事由发生为条件,雇主应给与工人津贴及抚恤等财产的填补之国家所课赋的公法的义务也。此种财产的填补之给付,系雇主对国家履行其公法义务,而非对被佣者之私法的义务。盖劳动者保护法者,即根本为雇主对国家之义务故也。但关于扶助的规定,同时亦可视为强行的契约法规之一种。故就给付关系论之,亦为雇主被佣者间之私法关系也。故在被佣者为可请求雇主给付之一种劳动契约法上之权利也。

依上述理论,所谓扶助义务者,应与民法上之损害赔偿义务,在观念上应有区别焉。损害赔偿以雇主之故意若过失,因而侵害被佣者之权利为要件。扶助无是项要件之必要。即雇主有否过失均非所问,只要因执行职务而致伤病死亡等时,国家即命令其支给之。故扶助请求权与损害请求权,有时就同一原因,而并时成立之,被佣者如无反对之特别规定时,亦得将两者同时行使之。

第二项　扶助之种类

第一　医药补助费

雇主应对于因执行职务而伤病之被佣者,应给医药补助费。此为医治伤病上直接所需费用。由雇主代为医治,或使本人自行医养,属被佣者之自由。

第二　伤病津贴

对于因伤病暂时不能工作之工人,除担任其医药费外,每日结以平均工资三分之二津贴。此谓之伤病津贴。如经过六个月,尚未痊愈,其每日津贴得减至平均工资二分之一。但以一年为限。

第三　残废津贴

对于因伤病成为残废之工人,永久失其全部或一部之工作能力者,应给残废津贴,其津贴以残废部分之轻重为标准。但至多不得超过三年之平均工资,至少不得低于一年之平均工资。以上第二第三之扶助,由雇主一次给与亦可,按期给与之亦可。

第四　丧葬费

对于因伤病而死亡之工人,应给与五十元之丧葬费。

第五　遗族抚恤费

对于死亡者之遗族,应给与遗族抚恤费三百元及死亡者二年之平均工资。所谓遗族者,除死亡者之配偶外,为其子女、父母、孙、同胞兄弟姊妹及死亡者遗嘱指定人等。以上第四第五之扶助,应由雇主一次给与之。

以上关于劳动者保护所说明者,多以《工厂法》之规定为基础,被佣者之应受雇主保护,固不限工厂工人。但其他种类产业职业之劳动法规尚未颁布,无可据为考察,故只就工厂工人而为说明之对象焉。

国立武汉大学1933年版

地方自治纲要

目 录

第一编　总论
　第一章　治权作用之分类
　第二章　行政作用
　　第一节　行政作用之观念和其地位
　　第二节　官治行政与自治行政
　　　　第一款　官治行政与自治行政之意义
　　　　第二款　官治行政与自治行政之得失
　　　　第三款　中央集权与地方分权
　　第三节　行政官厅
　　第四节　自治
　　　　第一款　自治之意义
　　　　　　第一项　广义的自治
　　　　　　第二项　狭义的自治
　　　　第二款　自治制度之要素
　　　　第三款　自治之效用
　　第五节　公共团体
　　　　第一款　公共团体之性质
　　　　第二款　公共团体之种类

　　　　第一项　地方团体
　　　　第二项　公共合作社
　第六节　营造物
　　　第一款　营造物之性质及种类
　　　第二款　营造物之法律关系
　　　　第一项　营造物上之私权
　　　　第二项　营造物之主体
　　　　第三项　营造物成立之时期
　　　　第四项　营造物之所在地关系
　　　第三款　营造物之使用及使用费
　　　　第一项　营造物之使用
　　　　　第一目　自由使用
　　　　　第二目　许可使用
　　　　　第三目　特许使用
　　　　第二项　营造物之使用费
第二编　各国地方制度之概略
　第一章　英国地方制度
　　第一节　英国地方制度之沿革
　　　　第一款　十八世纪以前之制度
　　　　第二款　千八百三十年以后的制度
　　第二节　英国现行地方制度
　　　　第一款　州
　　　　　第一项　州主及知事
　　　　　第二项　治安推事
　　　　　第三项　州会

第二款　区

　　　　第一项　村部区及市部区

　　　　第二项　寺区

　　　　第三项　联合区

　　　第三款　市

　　　　第一项　箔路市

　　　　第二项　伦敦市

第二章　普鲁士地方制度

　第一节　普鲁士地方制度之沿革

　　　第一款　舒坦因及哈屯堡二氏之改革

　　　第二款　社会阶级间之纷争时间

　　　第三款　辫阿那斯氏之改革

　第二节　普国之现行地方制度

　　　第一款　州

　　　　第一项　州知事

　　　　第二项　州评议会

　　　　第三项　州会

　　　　第四项　州参事会

　　　　第五项　州长

　　　第二款　县

　　　　第一项　县知事

　　　　第二项　县厅

　　　　第三项　县参事会

　　　第三款　乡

　　　　第一项　乡长

第二项　乡参事会
         第三项　乡会
         第四项　治安推事
      第四款　市、村里及独立私领地
      第五款　柏林市特例
  第三章　法国地方制度
    第一节　法国地方制度之沿革
      第一款　革命以前之状态
      第二款　革命后的制度
      第三款　拿破仑帝政以后之制度
      第四款　第二帝政以后之制度
    第二节　法国之现行地方制度
      第一款　县
         第一项　县知事
         第二项　县评议会
         第三项　县会常设委员
         第四项　县会
      第二款　乡
         第一项　乡长
         第二项　乡会
      第三款　区
      第四款　市村里
      第五款　巴里市及里昂市之特例
  第四章　北美合众国地方制度
    第一节　北美合众国地方制度之沿革

　　　　第一款　合众国北部新英兰诸州地方制度之沿革

　　　　第二款　合众国南部勿罗力达诸州地方制度之沿革

　　　　第三款　合众国中部滨西尔凡泥、阿海阿诸州地方制度之沿革

　　第二节　北美合众国现行地方制度

　　　　第一款　州

　　　　　第一项　州会

　　　　　第二项　州知事

　　　　　第三项　哥伦比亚区

　　　　第二款　乡

　　　　第三款　村

　　　　　第一项　村会

　　　　　第二项　村执行机关

　　　　第四款　市

　　　　　第一项　市会

　　　　　第二项　市之行政机关

第五章　日本地方制度

　　第一节　日本地方制度之沿革

　　　　第一款　明治维新以前之地方制度

　　　　第二款　明治维新以后的沿革

　　第二节　日本现行地方自治制度

　　　　第一款　府县

　　　　　第一项　府县会

　　　　　第二项　府县参事会

　　　　　第三项　府县行政机关

　　　　第二款　市

　　　　第一项　市会

　　　　第二项　市参事会

　　　　第三项　市行政机关

　　　　第四项　区

　　　第三款　町村

第三编　我国地方制度之沿革

　第一章　清朝以前地方制度之沿革

　　第一节　周朝地方制度

　　第二节　秦汉以后之制度

　　第三节　隋唐以后制度

　　第四节　元明之制度

　第二章　清朝地方制度

　　第一节　沿革

　　第二节　保甲

　　　第一款　保甲之编制

　　　第二款　保甲之事务

　　第三节　乡村

　　第四节　地方——地保

　　第五节　清末地方制度之改革计划

　第三章　民国纪元以后的沿革

　　第一节　全国的沿革

　　第二节　各地自动的自治例

　　　第一款　翟城村、定县之自治例

　　　第二款　山西省自治例

　　　第三款　云南省村制例

第四编　现行地方自治制度

绪言

第一章　乡镇

　　第一节　乡镇自治施行法

　　第二节　乡镇之法律上性质

　　第三节　乡镇之构成

　　　第一款　乡镇之区域

　　　　第一项　乡镇区域之界限

　　　　第二项　乡镇之户数

　　　　第三项　乡镇对区域之关系

　　　　第四项　乡镇区域之变更

　　　　　第一目　区域变更之种类

　　　　　第二目　区域变更之程序

　　　　　第三目　因区域变更而生之事务上移接

　　　第二款　乡镇之人民

　　　　第一项　公民

　　　　　第一目　公民之义务及其语源

　　　　　第二目　公民之要件

　　　　　　第一　积极要件

　　　　　　第二　消极要件

　　　　　第三目　公民之权利义务

　　　　　第四目　公民权之取得及丧失或停止

　　　　第二项　间邻居民

　　　　　第一目　居民之要件

　　　　　第二目　居民之权利义务

第四节　乡镇之自治权

　第一款　自治权之基础

　第二款　自治权之作用

　　第一项　组织权

　　第二项　公约制定权

　　第三项　公共事务经管权

　　　第一目　公共事务之意义

　　　第二目　公共事务之分类

　　　　第一　固有事务和委任事务

　　　　第二　必要事务和任意事务

　　　　第三　设施事务　公务　公营业

　　　第三目　公共事务经管权之意义

　　第四项　调解权

　　第五项　监察权

第五节　乡镇之机关

　第一款　乡镇大会

　　第一项　乡镇大会之组织

　　第二项　乡镇大会之开会、会期及期间

　　第三项　乡镇大会之职权

　　　第一目　选举权　罢免权

　　　第二目　创制权

　　　第三目　复决权

　　　第四目　预算决算审核权

　　　第五目　审议事项

　第二款　乡公所　镇公所

第一项　公吏

第一目　公吏之意义及与官吏之区别

第二目　无给职及有给职

第三目　公吏对自治团体之法律关系

第二项　乡长　镇长　副乡长　副镇长

第一目　乡长镇长副乡长副镇长之选任及罢免

第二目　乡镇长之职权

第三目　副乡镇长　闾长　事务员　乡镇丁

第三款　乡镇务会议

第一项　乡镇务会议之组织

第二项　乡镇务会议之性质

第三项　乡镇务会议之职权

第四款　调解委员会

第一项　调解委员会之组织

第二项　调解委员会之职权

第一目　民事调解事项

第二目　依法得撤回告诉之刑事调解事项

第三目　和息契约之执行

第五款　监察委员会

第一项　监察委员会之组织

第二项　监察委员会之职权

第三项　监察委员之职权

第六节　乡镇之财政

第一款　财政管理权

第一项　财政管理权之意义

　　　　第二项　财政管理权之内容
　　　　　第一目　财产管理权
　　　　　第二目　财政之支出
　　　　　第三目　财政之收入
　　　第二款　乡镇之会计
　　　　第一项　预算
　　　　第二项　出纳
　　　　第三项　决算
　第七节　闾邻
　　第一款　闾邻之组织
　　　第一项　闾邻之编成
　　　第二项　闾邻之区域
　　　第三项　闾邻之改编
　　　第四项　闾邻人民
　　第二款　闾邻之法律上性质
　　第三款　闾邻之机关
　　　第一项　议决机关——闾邻居民会议
　　　　第一目　组织
　　　　第二目　职权
　　　第二项　执行机关——闾长邻长
　　　　第一目　任免
　　　　第二目　职权
　　第四款　闾邻之财政
　第八节　乡镇联合
　　第一款　联合之意义

　　　　第二款　联合之性质

　　　　第三款　联合之设立

　　　　　第一项　联合之种类

　　　　　第二项　设立之程序

　　　　第四款　联合公约

　　　　第五款　联合之消灭

第二章　区

第三章　县　市

第四章　地方自治之监督

　　第一节　自治监督之基础观念

　　第二节　监督之机关

　　第三节　监督之形式

　　第四节　监督权之内容

第一编　总论

第一章　治权作用之分类

总理在民权主义中说："在我们的计划之中,想造成的新国家,是要把国家的政治大权,分开成两个。一个是政权,要把这个大权,完全交到人民手内。要人民有充分的政权,可以直接管理国事。这个政权,便是民权。一个是治权,要把这个大权,完全交到政府的机关之内。要政府有很大的力量,治理全国事务。这个治权,便是政府权。"这是总理指示我们建设新中国的根本原则。

总理的意思,以为既想把中国造成一个完全民主国家,国家的主权,当由人民最善的来行使才好。但近世民主国的人民,以主人公的资格,行使其主权时,其方式,不外采用直接民主制,或代表民主制。但这两种民主制,均有不妥当或不适宜的缺点。直接民主制,是由人民全体,亲自直接管理一切国家事务,用不到另行组织政府来代庖。但全体人民直接管理全国事务,当其实施管理时,要非先把人民全体对于管理上的意见来一致决定不可。每遇一件事体,必要先征求全体意见一致,如果全体人民,为数极少,并且都聚在一处,或许可以办到。倘使人民不止少数,并且散在四方,征求意见一致,要费时日才可得到,那从国家事务之繁多复杂上推论,是极端不便当,并且为绝对不可能的事实。即使如瑞士国中,几个小州,组织有一个执行政府——州参议会。但其权限极小,遇事须经全州民会决议,动受拘束,在行政上也不能发挥充分的能率。至于代表民主制,也是不妥当。这种制度,因为人民全体,既不能直接管理国家事务,于是推选少数代表,代去管理。其原意无非想救直接制之穷,而实现主权在民之实。然其结果,适得其反。观近世各行此种制度的国家,其代表一经选出,执行国家事务,其权力即为无限。为主人的人民,不但不能行使其主权去过问,并且往往受其所选派代表的害。因其代表有无限权力,去代行国政,其结果转来侵害剥夺人民自由,演成喧宾夺主的滑剧。前者的缺点,在于政府无权,或权太小,不能充分替人民尽力,致国政滞顿。后者的缺点,在于人民权力太小,容易演成少数人的独裁政治。其救济之法,总理主张:于人民有选送代表的权力以外,应再有罢免、复决、创制等制止改正指导的力量和机会。所以总理把权和能来分开,把权即政权交给人民,使人民有充分行使主权的机会。把能即治权交给政府,使政府可尽量发挥治理之能事。然后人民和国家,才能调和,民主国家始可期于完美。

  政府既受人民托付,接受人民交来的治权,去治理全国事务。要用甚么方法,去运用这个治权,才可以充分替人民做工夫呢?总理又指示我们,应用五权宪法。什么叫做五权宪法呢?就把这个整个的治权,依其作用之不同,分为立法、行政、司法、考试、监察五部类,每部类的作用,各设有系统的机关,各去发挥其机能。详言之,就是关于制定一般的法规的治权作用,设一个立法机关去执行。关于审判民事刑事诉讼的治权作用,设一个司法机关去执行。关于检定参与国家或公共团体事务的人员之资格的治权作用,设一个考试机关去执行。关于纠劾上项人员之非违的治权作用,设一个监察机关去执行。除上述四种以外的一切治权作用,设一个行政机关去执行。这五部类的机关,互相辅行,互相牵制,不使偏枯独荣,然后这个治权,才能充分收其功效。这种把国家治权的作用,分作五部类,各设机关行使的国家组织,就是五权分立的宪法。

近世立宪国家,大都多采行三权分立制。这三权分立的学说,为法人孟德斯鸠所首创。他以为国家权力,若统归于一人或一机关独揽,容易发生权力滥用的弊害。必定要把国家权力,划归三种不同机关分掌,使其互相抑制,然后可免独裁专制,乃至侵害人民自由的弊害。此学说出后,首为美国采用,其后各国也争相仿效,风行至今。但这种制度优点固不少,也有种种缺点。总理采其优点,将其因行政兼考试,立法兼弹劾所生的种种弊病,用我国固有的考试和谏台御史等制度之精华来补救。就于各国所通行的行政、立法、司法三权之外,再加考试、监察二权,合成五权分立,以作政府行使治权时的唯一准则。

第二章　行政作用

第一节　行政作用之观念和其地位

行政作用,已如前述,是为立法、司法、考试、监察四作用以外的治权作用。换言之,从治权中除去立法、司法、考试、监察四作用后,所剩留的作用,就是行政作用。这是从其实质上观察所得的,广义的行政观念。但普通所谓行政是指——不论其内容如何——由行政机关所行的一切作用而言。这是从形式上观察所得的狭义的行政观念。

行政观念既明，我们再检考其与其他四种作用的关系，和其地位。推原行政作用，实为国家治权作用中，最元始的作用。立法、司法、考试、监察等作用，必先有行政作用，而后始产生，而后始发达。在近世的国家，未发达以前，君主一人掌握统治大权，无所谓立法司法之分立。然有国家的地方，必有君主或其他首长，治理国政。换言之，就是必有行政作用，活动其间。再借耶林捏（Jellinek）氏的话来说："我们容易发见无立法司法的专制国，而不能想像世上有无行政作用的国家。"于此可见行政作用为治权作用中，最基本的作用。再从现行制度实际上考察，立法是预给行政作用范则，是预防行政权滥用的作用。监察是纠弹行政权于滥用后的作用。考试是帮助行政作用，使其充分发挥的作用。司法是从广义行政中，把法政刑政来担任，即分担行政作用一部分的作用。就上述观之，这四样作用，或示范于事前，或防范于事后，或积极的帮助其工作，或消极的分担其工作，无不以行政权为中心。于此我们又可见行政作用，在治权诸作用中之地位，和其关系了。

第二节　官治行政与自治行政

第一款　官治行政与自治行政之意义

　　国家的行政机关，可分为二种：（一）行政官厅，（二）公共团体。由行政官厅所行的行政，叫做官治行政。由公共团体所行的行政，叫做自治行政。行政官厅是国家的机关无独立的人格。其所发表的意思，是国家的意思，官厅自身无独立的意思。所以官治行政是国家自己直接所行的行政。反之，公共团体直接不是国家的机关，依法律之规定，有其独立的人格，即为国家以外的公法人，所以其所发表的意思，是公共团体自身的意思,非直接的国家的意思。然而国家所以承认公共团体,有行政之权,换言之,国家所以将行政权之一部分,分授与公共团体的理由,无非将自治行政作自己行政之一手段而已。所以自治行政亦可以谓之国家之间接行政。因之,公共团体又可称之为广义的国家的行政机关。

第二款　官治行政与自治行政之得失

国家对于行政作用之实施,应采用官治行政,或自治行政,为大可考究的问题。国家因行政官厅为自己机关,以施行政,自能指挥如意,易保行政上之统一,这是官治行政的优点。行政事务由各地方公共团体,自行执行,行政当然随地而异,虽期统一,这是自治行政的缺点。然而公共团体能随各地方需要缓急,即所谓因地制宜,而施最适当的行政,这又是自治行政的得。以一官厅之能力,而施行适合于情形互异的各地方行政,实为不可能的事实,这又是官治行政之失。无论什么制度,总是有一利一害,万不能免的。所以只有各采用其优点,而舍其缺点,凡全国有统一的必要的行政事务,由官厅行之,其因地制宜的行政事务,由公共团体行之。两者并用,始可期行政之完美,近世文明国家差不多均采并用主义。

第三款　中央集权与地方分权

官治行政与自治行政之区别,往往容易和中央集权与地方分权之区别混同。其实这两这种区别,不是相同的。中央集权是把政治上的权力统统集中于中央官厅的主义,地方分权是把政治上的权力分割于地方。换言之,把行政事务之大部分,委任于地方官厅及自治团体的主义。中央集权固然非用官治组织不可。但是地方分权可以用官治组织,亦可以用自治组织。所以自治行政是地方分权的一部分,不是其全部分,两者不同点就在于此。集权分权之区别,虽然和官治自治之区别,不是相同的观念。但是两者仍有密切的关系。

中央集权和地方分权之利弊得失,乃是实际政治上的问题。偏倾于中央集权,地方行政自然容易陷于萎靡不振的情况。偏倾于地方分权容易变成封建时代割据的状态,其结果使中央政府等于守府,要想保持全国行政之统一,无异缘木求鱼。使这两主义各不趋于极端,常常保持中庸的状态,实为政治上最理想的政策。总理在建国大纲中,主张均权制度,就是这个缘故。

第三节　行政官厅

在此训政时期,百事均带有预备或训练的性质。以人民的知识程度和政治教养为前提的自治事业,尤其是不能一跃而跻于理想的境地。所以在现在情形之下,自治实是摇篮时代,多半还是靠官治来扶持培养的。因此对为保姆的行政官厅,时时发生繁琐的交涉。例如县长省任非民选(《县组织法》第十一条),县参议会设立之延期(第二十八条),区长之县遴省委(第三十五条),和民选之延期(第三十四条),区监察委员半委半选的办法(第三十七条)等是。因有这种关系,我们在研究自治以前,应把行政官厅,稍为说明。

凡属行政院系统的,即上自行政院起,在一定范围内,有处理行政事务权限的国家机关,叫之行政官厅。官厅有以一人组织的,有以数人组织的。以一人组织的官厅,叫之独任制,或单独制的官厅。以数人组织的,叫之合议制官厅。独任制官厅,虽以一人组织,但不必一定是一人总理一切事务的意义。独任制官厅,实际上以一人处理事务的例很少。普通必定有许多附属官吏来辅佐的。这种辅佐官吏,叫之补助机关。例如部长、厅长、县长、市长、公安局长、监运使、统捐局长等等,均是独任制官厅。但其下必定有次长、司长、科长、署长、参事、秘书、技师、书记、录事等等的补助机关,来分掌辅佐其主管事务。所以在各机关内部,发生交涉事务的时候,咨文公函上,虽常常由为补助机关的官吏,出名办理。但对外部,要代表国家,表示意思的时候,就非当该独任制长官出名不可。所以独任制官厅的意义,是由组织者一人来决定机关的意思,并非以一人处理一切事务的意义。反之合议制官厅,就不是这样。以所组织的数人,共同平等的来负当该机关的责任。其代表国家决定意思时,将数人的意思合起来,来决定的。不是像独任制官厅,由长官一人可以专独决定的。所以数人决定意思时,必定有一定方法。这种方法如无特别规定,普通以多数决,如可否同数时,取决于议长或主席为原则。其对外部发生交涉时,当然以合议制官厅全体名义。例如编遣委员会、建设委员会、导淮委员会等是。

这两种制度,也各有其利弊得失。独任制官厅,因其一人可以专决,能敏速的处理事务,固是其长处。但一人的思虑有限,往往易生武断的错误,这是其短处。反之,合议制官厅因必经多数人的考虑,而后始可决定,对于事务易致滞顿,这是其害处。但一件事体经多数人的酌议,当然容易得到周到正确公平的好处。所以国家为事务设机关,应先考察当该事务性质,是适宜于独任制,或合议制,而后定机关之组织。

行政官厅受国家所委任处理的事务之范围,谓之行政官厅的权限。官厅有执行其权限内事务的责任,这种责任,谓之职务。官厅于处理事务时,有可强制行使命令权的,有不然的。可以行使强制命令权的场合,谓之官厅的职权。官厅是国家的机关,并非有人格的。所以当执行其权限内的事务时,虽常用自己名义出面,但其所行的事务,是国家的事务,其所决定的,是国家的意思,并且因此所生的权利义务,统是国家的权利义务,从而官厅在权限内,所行的行政行为,不因当该官厅之废止变更,随之无效的。假使其行为是违法的,也应当依正当程序,来取消或变更。在其取消或变更以前,人民非仍服从不可。但官厅在其权限外所行的行为,那是非官厅的行为,是组织官厅者个人的行为,人民当然无服从的义务。

其次,我们来研究官厅的权限,可否委任于他人,或使他人代理的问题。官厅的权限,是由官制或法令规定,是呆板的。不能像权利一般,可以由个人任意委任于他人。如官厅将其权限内的事务,委任于别的官厅办理时候,一定在官制或法令上有明示或默示的规定方可。在这委任的场合,受委任的官厅,不是以委任者之代理人的资格,去执行委任事务。受任者以自己名义,当作自己权限,去执行的。所以关于处理事务上的责任,也是由受任者自己负的。反之,官厅之代理,是他人代理组织官厅的个人,去处官厅权限内事务。处理事务时,仍是用原官厅的名义。所以在法律上,仍和原官厅自己处理一样。委任和代理的不同点,就在于此。

官厅以处理自己权限内的事务为生命,在原则上,是不许由他人代理的。但在独任制官厅,以一人处理一切错杂繁多的事务,实际上是不可能。并且有遇疾病事故等,一时不能执行事务的时候。所以官制和法令上,往往有关于代理的规定。但被代理者对于决定有否设代理的必要,和代理人之选任,要负全责。在代理中,对于代理人之行为,仍负监督的责任。

官厅之权限,有依土地管辖区域而定的,有依其所执行事务性质而定的。因有这种区别,遂有中央官厅、地方官厅、普通官厅、特别官厅之分类。官厅权限能及全国的,谓之中央官厅。权限只能及于一定地域的,谓之地方官厅,如县长等。其所执行职务,有一般性质的,谓之普通官厅,如统捐局长、监运使等。其所处理事务,有特别性质的,谓之特别官厅。

第四节 自治

第一款 自治之意义

自治就是自治行政之略称。详言之,就是公共团体所行的行政。对于自治的意义,从来学者见解不一。这是因为近代式的自治,是由英国发源,后来输入欧洲大陆,因受欧洲大陆种种政治思想的影响,遂转化为大陆式的自治。所以虽同是自治其名,因沿革的不同,而其实质也就不同了。因此有广义的自治,和狭义的自治之区别。今为详说之于后。

第一项 广义的自治

广义的自治,亦谓之政治上的自治。这种自治的涵义,是人民对于自己有利害关系的公共事务,不依赖国家所任官吏来支配,亲自去处理,或亲自去参与的意义。换言之,就是人民政治。英国的自治(Selfgovernment)观念,就是这种自治。这种自治,是不一定限于行政范围的,在立法司法范围内亦时时有之。例如公选议员参与立法,就可谓之立法上自治。陪审员参与审判,就可谓之司法上自治。这种自治范围很广,所以亦可谓之公民自治(Bürgerliche Selbstverwaltung)。

这种政治思想,英国发生最早。因为英国国民性,最富于自由思想,所以凡可以发现民意的制度,无不先人创设。例如国会制度、陪审制度,以及地方自治制度等是。自十八世纪末以迄十九世纪初期之间,凡欧洲大陆的政治运动,其动机无非想在自国内,建设和英国同样的制度。所以近世文明诸国之国会制度、陪审制度,以及地方制,均是以英国为模范的。

第二项　狭义的自治

狭义的自治,亦名之法律上的自治。其涵义是国家内的团体,受治权的委任,自己处理团体内的行政事务的意义。这种意义的自治,是以团体自身为主体,在一定程度内,有可以对国家主张独立自营的权利。所以亦可谓之团体自治(Körperliche Selbstverwaltung)。这是欧洲大陆的自治观念。大陆自治制,本来模仿英国的制度。但大陆和英国的政治情形不同,受政治环境的影响,就一转化为这种与母法不同的制度了。我国的自治制度,就总理在《建国大纲》中所说:"县为自治之单位"一语推论之,其指示自治范围,是以县即地方团体为中心,不像英国一般的以公民为中心,是很明了。现行制度也根据总理的指示,模仿欧大陆及日本各国的自治制精神。所以我国的自治,是本项所述的自治。

第二款　自治制度之要素

自治制度之要素,可列举说明之如下:

一、公共团体,用自己经费,以处理自己事务的态度,去处理由治权所委任的自己团体内事务。

凡百行政均是国家作用。但为便利上,将行政之一部分,委任于国家以外的团体,亦未始不可。公共团体就是为执行这一部分行政而存在的团体。在这种场合,行政权之主体,不是国家,乃是公共团体。公共团体虽也为行政权主体之一,但未受委任的行政事务,就不能自名为行政权主体,任意去执行。公共团体既受国家所委的事务,当作自己的事务,去执行,其所要经费,当然由公共团体自己筹支。

二、公共团体,可依自己意思,用自己机关,去执行事务。

公共团体是有人格的法人,所以非用机关来决定自己意思不可。这种已经法定意思,又必定以自己的机关来执行才好。公共团体决定自己意思的方法,有团体员全体为决定机关的,有由团体员所选的议会,来作成自己意思的。普通以后者场合为多。所以议会是团体的机关,议会的意思就是团体的意思。

三、公共团体,必在于国家监督之下。

公共团体是国家内的一种团体,并且受国家的委任,去处理事务。当然要受国家的监督。但国家之行使监督权,要宽严适得其宜才好。如国家监督过于宽懈,容易失国政上的统一。过于严格,即极端的抑压团体的意思时候,自治之名常变为官治之实,抹杀自治的意义。

四、此外,自治要素还有名誉职可以指举。因为普通的自治人员,多以名誉职充之的缘故,名誉职的观念,是自己本有行业的人,来兼管自治事务而不受薪俸的意义。自治的目的在于广使人民参与行政,所以能够于自己行业以外,再来兼理自治事务,实是自治行政上最理想的事情。但地方之情况,以及事务之性质,单以名誉职来处理公务,在事实上往往做不到的。所以名誉职不能举以为自治之要素。

第三款 自治之效用

德国有名自治学者辫阿那依斯(Gneist)氏,以自治为国家与社会之连锁,即中间组织(Zwischenbau)。他说:"若社会随其自然趋势放任之,那末富者愈富,贫者愈贫,社会组织失其均衡,其结果贫富间必生冲突,非社会安宁之福。所以对于富者应课以较重义务,随其力之大小,使为公家服务。这是抑强扶弱,泯灭社会阶级于无形,避免贫富冲突于事先的要诀。这就是自治制度的效用。"反之,拉棚达(Raband)氏,他以为不然。他说:"社会不能为权利之主体或客体,因社会毫无法律上的关系。所以自治制,不是国家和社会的中间组织,乃是立于国家和人民中间的介在物。因为自治团体一方面服从于国家,同时他方面受国家的委任,对人民行使命令权的缘故。"总之,辫阿氏从政治上著论,拉氏从法律上着眼,论点虽不同,论自治制度之效用则同。今更将其最大效用,条说之于后:

一、各地方有各地方的情形,使地方团体各自行其政,最能适应各地方的需要,施行最有效益的行政。

二、自治是以有直接利害关系的人民,参与行政事务,各人均能诚心诚意地去努力做工夫,并且能最经济的办理。

三、人民在自治范围内,多行使直接民权和参与公务的机会,借此可以养成宪政时代参与国政的一切资格。

四、使人民参与地方公务,可以教养人民公德心和奉公的义勇。

第五节　公共团体

第一款　公共团体之性质

执行自治行政的团体,谓之公共团体。亦名之为自治团体。详言之,就是以执行自治行政为其存立目的的公法人。今为分条语明之如下:

一、公共团体是法人。非自然人在法律上有人格者,谓之法人。有自存目的,并且得为权利义务主体的资格,谓之人格。公共团体虽为自然人的集合,但非自然人的本体,其人格是由法律赋与的,所以谓之法人。

二、公共团体是公法人。法人有公法人和私法人之分。这两者区别标准,从来学者议论纷纭,莫衷一是。就中以统治关系说,较为妥当。其说为:法人对团体员有统治关系,对团体员可以下命令,使其服从的法人，是公法人。反之，为私法人。对此说亦有非难之者，以为命令权的关系，在私法人亦常有之。例如股份有限公司，依股东大会之决议，可以命令各股东交付股金，股东对此有服从的义务，所以依命令权之有无，不能为分法人公私之标准。但这种理由，不足以攻难本说。因公司与股东间的关系，是债权关系。如股东不履行义务时，只有诉诸司法权。此外不能以自己权力，直接去强制股东。在公法人，则不然。如团体员不服从命令，可用统治权力，直接强制其服从。这就是公法人和私法人区别的要点。公共团体是分受国家治权之一部分，去执行公务，所以是公法人。但公法人也有如任用吏员、教育人民、修理道路等，可不用命令强制去执行的公务。也有如卖买借贷等，纯粹私法上的事务，这等大概和私法人相同。

三、公共团体，受国家委任，处理一定事务，为其自己生存目的的法人。法人之设立，必有目的。仅在其目的范围内，有享受权利和负担义务的资格。所以目的为法人的生存要素。又公共团体是以处理国家所委任的事务为目的，如无这种目的，公共团体就无设立的必要。所以处理国家所委任的事务，为其生存目的。

四、公共团体受国家积极的监督。如公司、银行等之私法上团体，虽也受国家的监督，但这种监督，是单监督其有无违背法令，和有无妨害公益而止，所谓消极的监督。这是因为私法人事业之隆替，直接对国家无甚关系，只要其无害于国家，就可以完监督的作用。但公共团体是直接受国家的委任，其所处理事务，有否完善执行，对国家有直接影响，所以国家必积极的监督之方可。应该用什么方法去监督，让后详说。

第二款 公共团体之种类

公共团体可依种种标准，分类之如下：

一、依设立程序不同之分类

根据法规之规定,应当设立的团体,谓之法规设立公共团体。依官厅或团体员之意思而设立的团体,谓之非法规设立公共团体。

二、依加入程序不同之分类

团体员之加入团体,不论其意思如何,国家强制其加入者,谓之强制加入公共团体。加入可随团体员之自由意思者,谓之任意加入公共团体。

三、依事务范围不同之分类

以执行一般的地方公共事务,为生存目的者,谓之普通公共团体。执行特别事务者,谓之特别公共团体。

四、依构成要素不同之分类

以土地人民为其构成要素者,谓之地方团体。单以人民为构成要素者,谓之公共合作社。

以上四种分类之中,要以末后一种最为重要,今特详说之于后:

第一项 地方团体

地方团体是以一定土地和一定人民为构成要素的公共团体。地方团体以土地为构成要素,是和国家以领土为构成要素相同,所以亦可谓之领土团体(Gebietskörperschaft)。地方团体因其和国家一般,可以支配地域,所以(一)积极的对在其区域内的任何人民,可行使其自治权。(二)消极的在其区域内,可排除其他地方团体的自治权之行使。地方团体虽有这种权力,但因其所领区域和人民,仍是国家及上级地方团体的区域和人民,所以在其区域内,所行之国家的治权及上级地方团体的自治权,当然是不能排除。

地方团体可以支配土地人民,其性质和国家相同。但地方团体之自治权,是由国家分授的。不是像国家的治权是绝对的固有的。这就是地方团体和国家区别的要点。

地方团体可分为普通地方团体和特别地方团体二种。前者为普通行政组织的地方团体。例如现行制中区村里是。后者为特别行政组织的地方团体。如区联合、村里联合、村里学校合作、区村里义仓合作等是。

第二项　公共合作社

公共合作社是单以一定人民为构成要素的公共团体。例如某村里林业公会等,亦有以一定地域,为其成立基础。但这种公共合作社之对地域的关系,完全和地方团体之对地域的关系不同。公共合作社之所以要地域做基础,单是为定其团体之目的范围,和定社员的资格。在合作社区域内的人民,不是个个要作其社员,服从其命令权力。社员亦有任意加入的,亦有因具备法定资格非加入不可的,合作社仅对其社员可行使权力。不是像地方团体,以地域为其绝对行使权力的区域。社员的法定资格,是随各种合作社法规规定,原无一定标准。

公共合作社,亦是以处理公共事务为其存立目的的公法人。地方的公共事务,普通以由地方团体处理为原则。但往往有特种的公共事务,其所发生利害关系的区域,往往和地方团体的区域,不相吻合。遇这种情形,乃有另行组织合作社的必要。换言之,就是有超越本来的地方区域,集合有利害关系的人民,组织合作社,共同处理这种特别公共事务的必要。凡合作社均为这种目的而设。例如林业公会、商会等是。

地方团体之设立,原则上是根据国家的意思,普遍的,用法律强制设立之。公共合作社之设立,原则上是根据社员的意思,个别的,经国家认许设立之。但合作社当其设立时,依社员参加性质之不同,可分为强制参加、半强制参加和任意参加三种。强制合作社是不管有社员资格者的意思如何,由国家强制设立之,凡有社员资格者,依法律当然为社员的团体。半强制合作社,是根据多数有社员资格者的意思,发起设立,并经过国家认可时,凡在其区域内,其余有同一资格的人民,不管其意思如何,强制其参加的团体。任意合作社,是由有社员资格的人民,任意协议,发起设立,国家单核准备案,不采强制手段的团体。

第六节 营造物

第一款 营造物之性质及种类

营造物是新近发达的观念,所以关于这种观念的学说,尚未一致。德国之公营造物(Öffentliche Anstalt)的观念,大多数是有公法上人格的自治团体。现行本省村里制中的营造物,是没有人格的,即不是法人。今将其定义揭之如下:

> 营造物是为继续的,直接供公共利用起见,由行政权主体经营的,以人、物,或人和物合成的设备。

再将此定义,分项说明之:

一、营造物是继续的,直接供公共利用的东西。

公共利用是什么意义呢?是人民为自己利益,得自由使用之的意义。国家之种种设备,虽直接间接,均以谋人民利益为目的。但如果不是继续的,直接供公共利用的设备,不能谓之营造物。例如国家训练军队、建筑炮台,以及设立官厅以保持国家安宁秩序,等等,均是间接的为谋增进人民幸福利益。但此等设备,不是以直接供公共利用为目的,所以不能谓之营造物。又必定以继续的,供公共利用,为其要件。所以单是一时的供公共利用的,如国货展览会、博览会等,也不是营造物。

二、营造物是由行政权主体所经营的。

供公共利用的设备,不必一定限于行政权主体来经营,虽私人亦可经营。例如私立学校、私立病院等是。但营造物是为行政上的设备,所以非行政权主体所经营的,不能称之为营造物。换言之,行政主权,通常非国家即是公共团体,所以非国家或公共团体所经营的设备,不是营造物。

三、营造物以人、物,或人和物,所组成的。

营造物之构成要素,有单是人的,有单是物的,或由人和物合成的。因此营造物可分为三种类:

1　单由物构成的营造物,普通谓之公有物。例如道路、桥梁、河川、湖沼、运河、港湾、公园,以及牛马畜种等,其性质上均为营造物。

2　由人和物合成的营造物者,是于物的要素以外,再加人的活动,方才可以供公共利用的设备。例如学校、讲习所、图书馆、博物馆、动物园、植物园、病院、养育院、贫儿院、感化院、自来水、铁路、电车、电灯、电报、电话、煤气事业、邮务、小菜场、屠宰场等等均是。这种营造物,从其人的要素考察时,这人的要素,实际上往往是为营造物主体的国家或公共团体的机关,换言之,官署或公署。但营造物的要素的官署或公署,是没有命令权。这一点是和普通行政官厅不同的地方。

3　单以人为构成要素的营造物,和普通官署公署的性质相同,例如公证人、种痘医等是。

以上所述,是营造物之普通意义。和德国的营造物观念相同。不过德国的营造物,大概均有人格。我国现在这种法例很少。英美诸国的营造物观念,与此不同。他们普通以前述第一种营造物,当做财产。第二种营造物,当做官事业,或公共事业。第三种营造物,当做营造物主体的机关。其说明方法,和德日诸国,迥乎不同。

第二款　营造物之法律关系

第一项　营造物上之私权

营造物之主体，和其构成要素的物之所有者，不必限于同一个人。营造物之构成物，除法律上有特别规定外，可以离营造物独立，并且可以为私权的目的。一个私人在营造物的构成要素的物上，可以有如所有权等私权。但这种私权之行使，不能妨害其供公共利用的目的。换言之，即这种私权，常受不妨害公共利用的目的之制限。

第二项　营造物之主体

营造物之主体，普通虽为国家或公共团体。但有时究竟是属于国家，或哪一个公共团体，往往不易明了。既不能以构成营造物的物之所有者，定其主体，前项已经说明。亦不能以营造物之管理者，或其费用负担者，为定其主体之标准。如小学校为国家的营造物，即国家为其主体。但其管理及负担费用者，为区村里，即是此例。决定营造物的主体，既无一定标准，只有研究其所为目的的事业，是应由国家经营的，或是应由哪一个公共团体经营的。应由国家经营的，是以国家为主体。应由哪一个团体经营的，是以那一个团体为主体。

第三项　营造物成立之时期

营造物以其主体之设置意思决定后，且其构成要素已经完备，可以供人利用时，为其成立时期。例如道路桥梁等，虽已完工，在于已可通行状态，但其主体未表示开通意思时，尚不能称之为营造物。但主体之意思表示，不一定限于明示。事实上营造物，已经完备，对于公共来利用，并不反对时，即为主体的意思表示之默示。

第四项　营造物之所在地关系

为营造物主体的地方团体，可否将自己营造物延长到别的地方团体,或设置在别的地方团体？譬如甲区村里,可否将自己营造物,如自来水、电灯、墓地等,设置于乙区村里内？推原营造物之设置,本为供人利用,无独立人格,亦无命令权。所以在自己区域外,不妨为营造物之设备。不属于当该营造物主体的地方团体的人民,倘无法规特别规定时,对此当然无公法上的义务。不过单以对付一个私有财产的态度,对付之足矣。

第三款　营造物之使用及使用费

第一项　营造物之使用

营造物为供公共利用的设备,一般人民对此,有要求使用之权。这为营造物当然的性质。营造物之使用,可分为自由使用、许可使用,以及特许使用三种。分项说明之于后：

第一目　自由使用

自由使用,是不要经官厅特别认许,任意可以使用的意义。例如道路、公园、邮务、电报等之使用是。自由使用是否一种权利,学者间议论纷歧。多数学者以谓：自由使用为法所不禁的自由,所以是一种反射权。为营造物主体的国家或公共团体,不过以警察权禁止妨害自由使用之行为,所以无权利的性质。一部分学者以谓：这种使用权是物权或人格权。但这说不从权的本质推究,只从其作用归纳,未免有将未明白的新观念,想硬编入于旧观念的牵强。吾人以谓这种使用权,是团体员对营造物主体之一种公权,最为妥当。这种自由使用,也不是绝对、无制限的自由使用。当然要受营造物规则,和警察上取缔等,种种制限。

第二目　许可使用

许可使用,是经营造物管理者许可后,方可使用的意义。例如学校、病院之使用。在道路旁、公园中搭马戏棚帐等,非经管理者许可不可是。

第三目　特许使用

特许使用,是使用者排斥他人,将营造物一部分专占的使用的意义。例如在道路树立电杆,敷设轨道,又公园内开设小店之类是。这种特许使用权,是依公法上设定行为所得的私法上权利。

此外营造物使用时,往往在使用者或管理者,同时发生一定义务。即(一)在使用者有时发生使用的义务。在这种场合,如果使用者不使用时,必定强制使其使用。例如义务学童之就学,及种牛痘是。又邮政电报等,使用与否,固属任意。如果使用时,必定使用国家的独占事业的邮务局或电报局。(二)被使用者有时发生被使用的义务,即非被使用不可。例如邮务局对于已合法定要件的邮件,就发生必定受理的义务。使用者即投信人在法律上,就有要求其办理的权利。如果邮务局不办理时,就为侵害个人的权利。

第二项　营造物之使用费

营造物之使用,虽有如道路公园等,完全可无偿的使用。但多数营造物,对于使用者,常征收一定使用费。这是因供公共利用的营造物,一般人民虽有使用的权利。但不是现在实际使用的人,就未受实际的利益。所以对现在受实际利益的人,要交纳相当的报酬,亦为事理之平。所以营造物使用费,常带报偿的性质。但其征收额之高低,当以能填补营造物之设立维持费用为度。不可越此度限,横征暴敛,转失营造物设立的本意。

第二编　各国地方制度之概略

第一章　英国地方制度

第一节　英国地方制度之沿革

第一款　十八世纪以前之制度

英国在脑尔曼(Norman)王朝时代,始确立国民团结的基础,地方制度也于该时渐趋完备。当时国王仍照爱克罗撒克生(Anglo-Saxon)王朝时代旧制,将名叫 Shire 的州行政区划,设于全国。任命自己所亲信的官吏,做州知事(Sheriffs or Vice Comites),使掌一州行政。当时政治组织虽日趋巩固,国民的团结,亦日益坚固。但因为地方团体的自治,尚未充分发达,所以州知事的制度,颇不孚人望。后来不久另设治安推事的官,以分其权。州知事的权力,更日就减削。

治安推事(Justice of Peace)为英国地方制度上最重要的官职。于行政司法之外,又有指挥监督下级地方官吏的权限。多数推事,虽直接或间接,由中央政府任免。但因为是名誉职,并且大多数均由管辖地内的富有阶级人民中选任的缘故,无形之中,已隐然占得和中央政府对抗的独立地步。而地方自治之基础,实亦肇端于此。但治安推事既得了这种强有力的地步,其结果往往不受中央政府的监督,驯致地方行政不统一的弊害。

第二款　千八百三十年以后的制度

治安推事总揽地方行政实权,已如前述。当时的国会议员,亦多从治安推事中选出。但千八百三十年救贫税增加后,地方税额大为增加。地方势力,亦随之增加。换言之,对于地方纳税者,不得不与相当的发言权,以为交换。同时工商业发达的结果,为工商业主的中等社会的地位,亦大增高。向来为贵族和富豪所专有的政治权力,渐渐地移到于中等社会。加之,当时市政府的行政,因受国王及贵族等之干涉选举的结果,大为纷乱。救贫税加重后,格外弊害丛生。因此于千八百三十三年,设救贫法调查委员会,调查这种弊害及其矫正方法。其翌年颁布救贫法之改正条例,把从前救贫区的寺区联合起来,设置联合区。区内设由民选的贫民监督所组织的监督局(Board of Gardians)。凡救助贫民的费用,悉经监督局决议后施行。并且将从来为名誉职的监督官及治安推事所掌管的救贫行政之大部分,移归到有薪的专任官吏的手里。这等专任官吏及监督局,悉受伦敦的中央救贫法事务局之严重的监督。千八百三十五年,再制定市府条例,以期全国市政之划一,涤除向来所行特许状的恶弊。英国国会制度,虽早已施行,但政府往往利用地方团体来维护中央政权。其结果遂生种种恶弊。这种特许状,就是其一。因君主为要求市政府来奉行自己政策,故先给与自治行政的特许状,以为交换条件。所以当时政治运动,盛极一时,同时贿赂亦随处公行。人民为这等败德的自治运动,受害已不堪名状。故这次市政府条例之制定,在英国地方行政改良上,有莫大的关系。这条例后来在千八百八十八年制定州组织法时,仍为其基础。这条例发布后,向来为治安推事所管的事务之大部分,划分与特定行政官吏。治安推事的地位,自此亦大受影响。

第二节　英国现行地方制度

英国为有名的保守主义的国家,重实际不重形式。对于古来法令,可及的总想保守。如有万不得已情形,仅将其一部分改废而已。所以英国的地方制度多零碎繁杂,而缺少秩序和统一。地方自治事务亦固守所谓特许状的旧惯例法。如市府有重要事业,须逐件的要经国会特别许可后,方才实行,初无一定通则。所以英国的地方制度,不但在其形式上,远不及德法二国制度。而其实质上他国亦少参考的益处。英国是为英伦(England)、威尔斯、苏格兰(Scotland)、爱尔兰(Ireland)联合而成的王国,其地方制度,亦各地互异。今将英伦及威尔斯二处之地方制度,略述之如下。

第一款　州(County)

在英伦及威尔斯二处,共有六十二州。州的现行制度,是依千八百八十八年之地方政务条例的规定,各州设州主、知事,及治安推事,执行行政事务。设州会,掌理州立法及州之行政监督事务。

第一项　州主(Lord Leutenant)及知事(Sheriff)

州主为终身官,有奏请任免州内治安推事,及关于兵事有代表君主的职权。现在这种州主,大抵由州内大地主中选任,其地位已不甚重要。知事以及其他官吏,则由州会任免。这种官吏当初本为国王任免,后来另设治安推事,州因此得到自治团体的地位。这种官吏权力,遂为减削。现在任期一年,除办理国会议员之选举,及执行上级审判厅之宣告外,无他职务。

第二项　治安推事

治安推事自千八百三十五年实施市政府条例以来,其地位大为低落。为由有土地所得百镑以上的地主中选任的名誉职。其职务为民兵之编入、地方税之赋课、寺区之监督、治安警察行政上之警察事务,及民事商事之小事件的审判等司法和行政事务。

第三项　州会(County Council)

州会系由通常议员(Councillor)、州参事会员(Aldermen)及议长组织之。有住屋且每年有十镑以上纯收入的土地之人民,有州会议员之选举权。有国会议员及州会议员的选举权,居住于州内或州外十五哩以内地方,并且在州内有五百至一千镑的财产,或每年纳十五镑至三十镑的救贫税的人民,不分性别,有被选举权。通常议员任期三年,期满全体改选。参事会员任期六年,每三年改选半数。参事会员数,为通常议员数三分之一,由州会选举。议长亦由州会选举,任期一年。惯例上议长由参事会员中,参事会员由通常会员中选举。州会有任免州官吏,决定州官厅组织,及各官吏俸额,并指挥监督之权。又对于州财政、州财产、营造物等,以及国会议员选举事务,均有管理之职务。依千九百二年教育法,关于教育事务的权限,亦给与州会。总之自地方政务条例颁行后,从来属于地方官厅的权限,大都给与州会。其结果使州会及人口二万以上的市之市会,在实际上变为地方官厅。

第二款　区(District)

第一项　村部区(Rural District)及市部区(Urban)

州以下的地方区划,颇呈错杂混沌状态。大概可分为村部区及市部区。其数村部区六百七十二个,市部区八百十一个。村部区皆各有区会。区内更有卫生合作区、学校合作区等特种小区。村部区之单位为寺区。寺区本来为宗教上的教区,经过种种变迁,成为今日的救贫区。寺区共有一万二千九百八十五个。其大小与我国村里相当。千八百三十四年,为救助贫民,将寺区联合起来,设联合区(Union)。本项的区,就是这种联合区。

第二项　寺区(Parish)

寺区在村部及市部,本来占重要地位。后来因为在村部设联合区,在市部设卫生区,其地位就大为低落。村部区的寺区有寺区会议(Parish Meeting)。人口三百人以上的寺区,更置寺区会(Parish Council)。寺区会有任委寺区管理人,课征行政费,办理慈善救济及其他公共事务的权限。联合区即村区,经中央政务局核准时,有执行寺区会之全部或一部分职务的权限。如无寺区会时,可依自己职权或经寺区会议的决议,执行寺区会之权限。

第三项　联合区

联合区是依千八百三十四年之条例,为救助贫民,将寺区联合起来,所设置的区。其上有贫民监督局,以半为治安推事,半为人民所选举的议员组织之。各寺区内选出议员数,以各寺区内人口数为比例。监督局为有薪专务职,受中央政务局的监督,并经中央政务局之核准,可以任委必要的吏员。监督局当其设立之初,本为专管救贫法施行事务。后来渐渐兼管村部卫生区及道路区等之事务。千八百九十四年,设置区会(District Council)后,监督局之事务,大部分移管于区会。区会的议员,同时变为监督局的职员。区会自此就管理卫生道路等事务,及向来为寺区会所管的事务。

第三款　市（City）

第一项　箔路市（Borough）

旧箔路之组织依千八百三十五年市政府条例，完全改造后，全国市始统一为同样制度。市本来为州内的国会议员的选举区。其大都市称为特别市（County Borough）。行政上离州行政厅而独立，完全有一州的组织。其法人的资格，须国王核准而获得。后来又将千八百三十五年的市政府条例，以及其后所发布的关于市的种种法令，合编起来，成为《编成市府条令》（Consolidated Municipal Corporations Acts），于千八百八十二年发布施行，即为现行的都市制度。

市之内容大概仍千八百三十五年条例之旧，即市会（Municipal Council）是由市长（Major）、市参事会员（Aldermen）及议员（Councillors）三者组成。议员由市公民选举。其被选举资格为市内有财产，纳一定税额，且在市外十五哩以内居住者为合格。议员任期三年，每年改选三分之一。市会每年开会四次。议决卫生、警察、学校、房屋等事项，以及关于市税的财务事项。有公立学校的市，设立学务会，以司学校行政关于救贫行政，有联合区及贫民监督局等掌管。所以现在市会的权限，仅为：财产之管理，税额之确定，吏员之任委监督，及依国会特别条令所定的地方自治事务而已。市长、市参事会员，是由议会中互选。参事会员任期六年。每三年改选半数。市长任期为一年。英国现在人口一万以上的普通市有二百五十八个。

第二项　伦敦市

伦敦市与其他普通市不同，完全有独立的制度及沿革。依千八百八十八年条令新设名为伦敦州的特别州。以伦敦及其他二十三市组织之。伦敦市由首都（Metropolis）及伦敦市本部（City of London）组成。伦敦市本部,设市长一人,区长二十六人,及市会议员二百零六人,分掌市之行政。市内划分四方面,二十六区的警察区,依陆军的编制编成之。为首都的警卫,直隶于中央政府。这种警察的长官,谓之警视总监。经君主核准,由内务大臣任委之。这是伦敦市组织的崖略。

第二章　普鲁士地方制度

第一节　普鲁士地方制度之沿革

第一款　舒坦因及哈屯堡二氏之改革

普鲁士在十九世纪初叶以前,全国在封建制度支配之下,社会间阶级严分不相泯融。全国土地均为国王、僧正、骑士,及诸侯伯等分领。人民在领主专制权力之下,过半奴隶的生活。在政治上社会上绝无势力。十二世纪以来,地方团体——尤其是市,本来有设市会市长等种种特权及自主权,已有相当的自治团体的基础。当时国王弗力特里舒·威廉一世(Friedrich Wilhelm Ⅰ)极端的施行官治制度,对于市政府既得的特权,极力剥夺抑压。市团体的势力,自此坠失殆尽。又十五世纪以来,农民因不堪诸侯的专制压迫,屡起反抗。但这种暴动旋起旋被镇压。人民的势力,因此格外消衰。并且当时政府为一部阶级的利益,特设种种法令,以妨害商业上劳动上的自由。人民不但无势力,并其福利亦尽供政府的牺牲。所以在千八百六年一遭法国之侵略,国本遂为摇动,顿呈瓦解土崩的现象。

舒坦因(Stein)男爵,愤祖国之遭强邻侵凌,而无力抵抗。乃起而为行政首长,锐意图强。奈仅在位年余,为拿破仑势力所迫,不得不弃位而去。舒氏行政改革之理想为废止官职世袭制度,使司法及警察统归于国王所任委官吏掌管,创设立法部,使有财产的人民有参与国家立法和行政的权利义务等。但氏在位日浅,这种理想计划,均不能充分实行。但为氏所创案,于千八百八年发布的市制,实为确立德国地方制度的基础。氏的地方制度改造案为:将全国分为州(Provinz)、州分为县(Regierungs Bezirk),县更分为乡(Kreis)。州设州知事,为一州行政长官。另设几个顾问官。使辅佐知事,掌理一州事务。县设合议制的县厅,掌管内务、宗教、教育、土地、山林、租税等事务。乡设乡长,乡长在原则上,由有骑士资格的大地主中任委之。如无适当候补人员,即以专务职官吏充任之。这是舒氏原案之大略。继舒氏而当国政者为哈屯堡(Hardenberg)氏。哈氏以为:在给人民自治权以前,应先救济贫民,在经济上使得能独立。所以首先仿法国分州县乡设置多数有薪专务职的官吏,统归中央管辖。自己则掌握大权,坐镇中央。哈氏经营数年,将舒氏理想中社会上经济上的改革事业,均着着实现。国家的利益,实为增进不少。

第二款　社会阶级间之纷争时间

当千八百二十二年哈屯堡殁时,改革尚未成就,对此之反动运动,已接踵而起,因哈氏改革,而特权受剥夺的大地主,于哈氏死后,进说于国王,将地方政治脱离中央干涉而独立,地方设立法部由人民自行立法。在千八百四十七年,又想由人民选出代表,组织国会。但工商业阶级的人民,对此大为嫉恨,亦起反动的革命,相抗争。于千八百五十年,制定宪法,规定选举权,不限于土地所有者得有之,凡有财产者均得有之。同时并努力于可以减削地主特权的种种运动。其结果地主又起反动相抵御。自千八百二十二年来普国历史，完全是社会阶级间之轧轹争斗史。至威廉一世即位，中央权力，又复强固，社会间纷争，亦归镇静。

第三款　鹡阿那斯氏之改革

柏林大学教授鹡阿那斯博士，为近世地方行政学之最有名的公法学者，鹡阿氏研究英国地方制度后，自创乡制案，并主张普国地方制度有改正的必要。此说出后，虽受政府部内多数反对。但当时贤相卑士麦（Bismark）大为赞同，并极力援助其实行。千八百七十二年十二月十三日，遂将乡制，当作法律公布，此前已先后施行市制及村里制，加今乡制，普国地方制度，已略完备。此次改革之目的为：（一）扩张地方自治，使人民得训练政治能力。所以将地方行政，均由名誉职的人员执行，以广人民直接参与政事之机会。（二）为预防将来政党或一部社会阶级——为自己利益——滥用政权起见，对于行政官吏之行为，加以行政审判官署的监督。

第二节　普国之现行地方制度

普国之地方制度，除柏林、箔逊（Bcsen）州及荷海作伦（Hohenzollern）州为特别制度的地方以外，全国分为州，州分为县，县分为乡及市乡，乡更分为市村里及私领区。县为纯粹的行政区划。州、乡，及市乡，都为行政区划兼自治团体。自此以下的市村里等，均单为自治团体。当改革之初，一般为行政而设的行政区划，多有与地方公共团体的区域不相一致，尤其在州为更甚。因此行政官吏和团体行政吏员，当然亦不能一致。千八百七十二年的改革，其目的就在谋这等区划和区域之一致。其目的大部分虽已达到,惟独州的一般行政官吏,和自治团体的机关,仍不能合并一致。

第一款　州(Provinz)

全国分为十二州。各州有州知事,及州评议会,掌理国政事务。州会、州参事会,及州长,掌理自治事务。州不仅为行政上的区划,同时并为军区,及宗教区,又为历史上的归来区划,所以州为普国最大的地方自治团体。

第一项　州知事(Ober Prasident)

州知事为大统领所任委的专务职官吏,为一州的行政长官。掌理全州,或关联二县以上的一切行政事务。发布警察命令。监督下级官吏、地方团体、及教会。执行关全军团一切事务。又为州评议会、州学务会及州卫生会的议长,分掌征兵、特许、慈善、捐款等等事务。又有任委治安推事(Amts Vorsteher),及遇战争和其他非常事变时,可取任意手段的权。

第二项　州评议会(Provinzial Rath)

在千八百七十五年以前,州知事握州行政全权。自该年改革以后,另设州评议会。州评议会为民选议员所组成的合议制机关,可直接参与州的行政。以州知事为其议长。评议员由州参事会,于有州会议员被选资格的人民中选任之。任期六年,评议会之职务有三种:(一)监督州知事之行为。凡州知事之命令,均须经评议会之决议。(二)对于县参事会之裁决,为行政控诉法院。(三)裁决关于市场、道路等的行政诉愿。

第三项　州会(Provinzial Landtag)

州会为州之自治事务的决议机关。由乡会及市会所选出的议员组织之。其被选资格为:州内有住所,在州内一年以上有土地的公民,并且品性善良者。议员任期六年。州会由知事召集,每年常会二次。有必要时可召集临时会。法律所规定关于州行政权限的范围,颇为广泛概括。所以州会的权限,亦是笼统概括的。除属于州的义务事务以外,在不抵触州制范围以内的一切地方事务,州会有决议之权限。今将其主要事项举之如下:道路之建筑维持。关于其他交通事业的资金之支发。农业上之改良。救贫院、美术馆、博物馆等设置维持事项。又州预算及州规约之审议。关于有薪吏员之设置事项。

第四项　州参事会(Provinzial Ausschuss)

州参事会与州长均为自治事务之执行机关。以议长一名,议员七名至十三名组织之。参事会员,从有州会被选资格者中选出。任期六年。每三年改选半数。均为名誉职。唯办公费川旅费等,得实报实销。州参事会的权限为:准备执行州会之决议。管理州之财产及营造物。任免及指挥监督州之吏员。对于上级官厅之咨问,陈具意见。

第五项　州长(Landes Director)

州长由州会选出,为有薪吏员。任期六年至十二年。隶属于州参事会。执行州参事会所议决的州行政事务。对外部有代表州民之权。

第二款　县(Regierungsbezirk)

各州分为二县乃至六县。全国有三十五县。县为纯粹的行政区划。有县知事、县厅、县参事会,分掌县的行政事务。

第一项　县知事(Regierungsprasident)

县知事及县厅为县行政之常设机关。知事为专务职的官吏。县知事不得兼州知事。县知事在县行政上有二种地位:(一)县知事为有独立处分权的长官。在这种地位,县知事在县参事会监督之下,管理警察事务,及监督下级官厅——尤其是地方团体——事务。(二)县知事为合议制县厅的议长。掌管官有地、国税、教育等事务。

第二项　县厅（Bezirksregierung）

县厅是由县知事、各课长、参事官等所组织的合议制的官厅。这等县厅组织员均为中央政府任委的官吏。关于民政、财政、农工商、宗教、教育、卫生、外交及军政等之地方行政,如无其他特设地方行政官厅管理时,统由县厅管理。所以县厅为最重要的行政官厅。普通县厅分三课,即民政课,寺院及学校课,官有地、森林及租税课。依千八百八十三年之改革,将县会及县行政审判厅合并,设置一个县参事会。因此县厅之组织,亦受变更。即将县厅中最重要的民政课废止。向来为民政课所管理的事务,或由县知事单独担任,或移管于县参事会,或县知事在县参事会监督之下管理之。

第三项　县参事会（Regierungsausschuss）

县参事会由县知事所兼的议长,和六名参事会员组织之。其中一名为司法官。又一名必须具有高等行政官的资格。这一名当任委时被指定为议长之代理人及候补行政审判厅厅长。即参事会审判行政诉讼时,彼即为议长。其他四名由州参事会于县民中选任之。县参事会之目的,与州参事会相同。其权限较州参事会为广大。其主要职务为监督县知事使注意人民之利害。即如县事所发警察命令,亦须经其承认。监督下级官厅及地方团体之行政。对于行政及司法有上诉管辖权。

第三款　乡（Kreis）

乡的性质和州相同。即乡一方面为行政区划,同时他方面为自治团体。一方面为执行国政事务的机关,同时他方面为执行自治事务的机关。但州有三种机关分掌,乡则一种机关兼管。乡之机关为乡长、乡参事会、治安推事及乡会。乡又可分为普通乡（Landkreis）及市乡

(Stadtkreis)二种。本款所述者为普通乡。其数四百九十个。

第一项　乡长(Landrath)

乡长为专务职官吏,由政府任委。但乡会有推荐权。乡长的资格为:在乡内居住一年以上。曾任书记或自治机关的职员四年以上者。为行政区划长官的乡长,是和州知事、县厅、县知事的地位相同。关于乡的行政有独立的职权。其在自治团体的职权,是为兼职参事会的议长,及执行乡参事会议决案等。

第二项　乡参事会(Kreisausschuss)

乡参事会亦为兼管国政事务和自治事务的机关。其在国家行政官厅的地位,一如州评议会、县参事会之对州县的关系。有监督乡长等一定职权。其在自治行政机关的地位,有执行乡会决议的职务。乡参事会为千八百七十二年所设置,由乡长兼的议长,及由乡会中互选的六人名誉职参事会员所组织。任期六年。至少一半期间,必须义务的从事于职务。如无正当事由,拒绝就任时,科以一定增加税罚之。乡参事会掌管乡财政,乡会议案之审查,并执行其议决案。任委乡吏员。监督下级自治团体,以及审理第一审的行政诉讼。其组织系仿英国治安推事的小法庭及特别法庭的制度,所以另兼警察的职务,以及监视道路监理官和治安推事的行为。

第三项　乡会(Kreistag)

乡会不仅为乡行政之决议机关,并且有选举州会议员,征收一切州税的重大权限。其组织极为复杂。普国向来多数财产阶级,有各种特权。所以在改革后地方制度上,仍不能实行普通选举。普国村部的乡,即以人口二万五千以下的市及村里所组织的乡,其乡会议员的选举资格为:(一)在乡内居住的自然人。(二)虽不在乡内居住但有一定职业者。(三)在乡内有住所的法人三种。但这种选举人,再分三种选举阶级。

各选举阶级其资格及效力,又各不相同。第一级,由纳地租及房屋税二百二十五马克的大地主,及纳二百二十五马克营业税的大营业主,不曾受刑之宣告而剥夺公权者所组织。虽法人、无能力者、妇人,只要有上项资格,亦可派代理人投票。但这种纳税额,州会得依照各乡富豪之多寡,增至四百五十马克,或减至一百五十马克。第二级,由(a)里之代表者,(b)和里受同一待遇的私领地所有者的代表,(c)第一级以下的地主及营业者之代表所组织。第三级,为乡内市部的市会代表。以上三级各级应选的乡会议员数,是依人口、市的个数或其他地方数分配。如乡内市之个数在二个以上,市部的议员,不能超过议员总数二分之一。如市只有一个时,则市部议员,不能超过议员总数三分之一。市部以外的议员数,第一第二二级各选举市部剩余数之半。其选方法,各级均不同。

乡会的权限,与州会的权限相同。决定乡行政费、乡事业。制定乡吏员遵守则。并赋课征收由州指派与乡的分赋金。但其征收总额,不能超过国税总额之五成。如欲越此制限,必经中央监督官厅——内政、财政二部长——之核准方可。在法律所许范围外,要发行乡公债时亦同。其他关于教育、慈善等新制度之设立,道路铁路之修筑,均要经乡会之议决。总之凡州行政之所不能及者,均归属于乡会行之。

第四项　治安推事(Amtsvorsteher)

治安推事亦名为之区长。系仿英国制度。将全国划分为五千六百五十八小区。每区设一治安推事。这种区是一种行政区划,称之为治安推事区(Amtsbezirk)。治安推事为由乡会推荐经州知事任委的名誉职。任期十二年。其职务以警察为主。其次处理卫生、教育、道路、治水、土地、森林、渔猎、商业、旅店、房屋、火灾等杂务。对于短期徒刑的罪犯,有发直接拘捕命令的权。并且可以指挥村长及巡长。但治安推事违法时,受乡参事会的惩戒。

第四款　市（Stadt）、村里（Landgemeinde）及独立私领地（Selbständige Gutsbezisk）

市、村里为最下级的自治团体。独立私领地为封建地主制度的遗物，受村里同一待遇的自治区。市统依市制的编制。有人口二万五千以上的市，谓之市乡。不隶属于乡，和乡有同等地位。亦是自治团体兼行政区划。凡在乡区由乡长、乡参事会及乡会所行的职权，在市区均由市长、市参事会及市会行之。此种市连柏林在内，共有三十六个。人口二万五千未满的市，是属于乡范围以内的自治团体。但人口十万以上及一万以下或二千五百以下的市，均得依市制规定设特例。

村里的区域极小。地方行政的重要职务，均为州及乡所掌管。村里所掌管的为：关于共同牧畜耕作的农业事务，及关于村里道路、学校、教会的公共事务。村里之组织，是依千八百九十一年之村里制的规定。全国有三万六千余个。其决议机关为村里会（Gemeinde Vertretung）。执行机关为村里长（Gemeinde Vorsteher）、村里参事会（Gemelnde Vorstand）。

第五款　柏林市特例

柏林市亦为市乡之一。但同时为德国首都的关系，所以有种种特例之设定。其主要点如下：

一、府知事　箔蓝堡（Brandenburg）州知事，同时兼柏林府的知事。监督柏林府自治行政。处理州评议会事务。州评议会由知事及部总长组织之。其他州事务由部总长直辖之。

二、警视总监　柏林警察事务，特设警视总监。管理箔蓝堡州柏林府的警察事务。兼管柏林府的宗教事务。

三、地方租税局及直接税管理局　二者均直辖于财政部。地方租税局掌理箔蓝堡州及柏林府的间接税事务。直接税管理局掌柏林府的直接税事务。

四、府参事会 府参事会与其他县参事会相同。不过议长为由大统领特任的专务职。参事会员由市会选举。市会议员及市之吏员无被选资格。其权限为：执行行政诉讼事务及决议处分的事务。这种权限均由法律委任。如无法律委任的事务，由府知事执行之。

第三章 法国地方制度

第一节 法国地方制度之沿革

第一款 革命以前之状态

法国的历史，差不多就是治者和被治者之轧轹史。在封建时代，因诸侯专政，诸侯和市邑之权力争夺，殆无时无之。后来贤相科尔培尔（Colbert）等力谋恢复国王权力，救济市邑，抑压诸侯。诸侯自此日益衰微。其所领土地，渐渐为国王收编为州。派亲信官吏，赴各地严重监督行政事务。州设与州知事相同的安台达（Intendant），隶属于中央参事院。参事院直隶于国王。君主专政，中央集权之基础，于是大成。但当时各地方向来有称为配迭泰（Pays d'état）的地方会议，监督安台达的行政。在大都市地方，尚存人民选举吏员的旧制。国王因彻底的实行中央集权的结果，这种地方上特权，又渐次剥夺无余。所以千七百八十九年革命爆发之时,地方行政制度,完全在于中央集权的专制政治之下。

第二款　革命后的制度

千七百八十九年八月十日之夜,即为法国大革命爆发之期。革命进行,当然首先扫荡封建时代的流毒,消灭有特权的社会阶级,铲除专制君主政治的业根。当时革命目的,以社会的政治的改革为主。对于行政的改革,本不甚注意。但于地方制度上,亦成就二大事业:(一)确立自治制度。(二)整理复杂的地方制度而归划一。

向来法国之最下级地方团体,大自寺领地,小至小部落,其数有四万之谱。且各小团体均有很古的历史。一时想统来改革,当然不是容易的事业。当革命之际,对于最下级团体,仍各仍其旧,一未染指。惟将上级地方行政区划,悉行改革。法国旧制,本来分三十二州(Provinz)。州设知事(Intendant)治之。其下再设郡长(Subdelegies)。均直接代表中央政府,有无限权力。革命政府废州及州知事。将全国划分八十九县(Department)。县再分乡(District)。乡之下为市村里。县乡的行政组织,是为公选议员所组成的决议机关,及由议员中所选出的执行机关。最下级自治团体的市村里,不分其大小,均施行简单的划一的自治制度。市和里不立区别。统称之为市邑(Commune)。市长、市吏员及议员,均由一般市民选举。这制度之缺点,就在于都会地和村落地的行政组织,没有设适当的区别。例如人口五百以上五千以下的小市,和人口数万的大市,完全施行同样制度。不但有种种不便,且弊害百出,至今仍受其患。县的区划,最为整齐。均是由人为的将面积和人口,可及的,使各县均等。所以其制度之整齐划一,为近世各国中所稀有。自治制度之基础,虽为革命时所确立。但其运用,至今百余年,尚未充分惯练。

第三款　拿破仑帝政以后之制度

千七百九十五年,法国政权由第一次共和政府掌握后,本来为民选主义的县之行政机关,改为官选主义。地方分权一变而为中央集权。本来为县和市村里之中间区划的乡,改废为区(Canton)。并将其范围缩小。为最下级的行政区划。人口十万以上的市,更分为数区,名之为市内区(Municipalitis Cantonales)。例如巴里分为十二区。里昂及马耳塞,各分为三市内区。千八百年,拿破仑就任为第一议政官,掌握法国政权后,仍袭前共和时代政策,将地方自治的主义,根本破坏。县知事变为县行政的唯一行政官。县会及县参事会,均由官选议员组织,不能代表地方利害,徒存人民机关的虚名。市长、市会议员,革命初年,本为市民公选,该时亦改由中央政府任委。

这种绝对的中央集权制度,不但未随拿破仑大帝没落,同时崩坏。且经过王政回复时代,直至千八百三十年之革命后,路易·菲律浦(Louis Phillip)的共和政时代。千八百三十一年三月始以法律规定市会议员公选制度。市长及市吏员均由市会议员中选任。至此地方自治始呈复活气象。千八百四十八年废止制限选举而行普通选举。同时凡人口在六千以下的市,其市长吏员均由市会选举,脱离中央政府之干涉。

第四款　第二帝政以后之制度

至千八百五十二年,路易·拿破仑(Louis Napoleon)即帝位,开始第二次帝政。法国的地方制度又遭厄运。凡管理地方政务者,悉由中央任委。且中央不时加以种种干涉。又完全恢复中央集权主义。这种状态直至第二帝政灭亡后第三共和政府树立为止。千八百七十一年,第三共和政府成立后,即将前二次共和时代的地方自治政策,尽行回复。但在起初数年,政府因惧王党之乘机活动,外国之借口干涉,虽回复旧制,仍未努力振兴。逮后共和政府基础渐趋巩固,各地的自治精神亦日益发旺,政府乃依舆论之要求,锐意努力于地方自治之完备。千八百七十一年之改革,是将全国划分八十七县,全体县统照统一法典改织。县会由人民公选,并将其权限大加扩张。于县会议员中,再选设常设委员数人,使执行从来属于县知事职权的一部分事务。自此以后,宪政政治的成绩,始着着实现。

第二节 法国之现行地方制度

法国的现行地方制度,为八十七县、三百六十二乡、二千八百九十九区,以及三万六千百九十一市村里所组织。县及市里村为自治团体。乡及区为纯粹的行政区划。赛奴(Seine)县的巴里市,因为一国首都,龙(Rouen)县的里昂市,因为大都市,均施行特别制度。

第一款 县(Département)

县一方面为执行中央行政的行政区划,同时他方面为掌理自治事务的地方团体。设县知事、县评议会、县会及常设委员统理全县行政。

第一项 县知事(Préfet)

县知事为由内务部长推荐,大统领任委的有薪专务职的官吏。任用资格无任何限制。所以知事为中央政府之代表者,同时又为地方行政之执行者。今分说之如下:(一)对于国政事务,受各部总长之指挥监督,执行法令。任免属下官吏、国道监督官,以及小学校教员。又知事对于下级地方团体行政,有莫大监督权。关于诉讼有代表中央政府之权。(二)对于自治事务,为编制县预算。执行县会决议案。管理财政。指挥土木工事。任免县吏员。对于县之法律行为,及县之诉讼行为,则为县之代表人。

　　第二项　　县评议会(Conseil de Préfecture)

　　县评议会,由大统领所任命的议员组织之。议员为有薪专务职。所以有官吏的性质。评议会为知事之咨问机关,同时兼行政审判厅。知事对一定事项,虽非咨询评议会不可,但不必一定要从其意见。此外评议会尚有数种独立的权限。例如村里欲为诉讼行为时,必要得评议会同意等是。

　　第三项　　县会常设委员(Commission Départementale)

　　县会常设委员是仿比利时的制度,监督知事行政,并执行其职权所属的一部分事务。因为县会每年仅开会二次,在休会时间,对于知事之执行其决议,往往不能施以充分监督。所以特设常设委员,以补其缺。常设委员普通四人乃至七人,由县会议员中选举之,为名誉职,每月开会至少一次以上。其职务为代表全县利益,以监督知事行政。其中最主要的为审查会计及监视土木事业之经营。

　　第四项　　县会(Conseil Générale)

　　县会由民选的无薪议员组织。其选举为普通选举。每区选出一人。凡人民二十五岁以上,在县内居住六月以上者,有被选举资格。但议员总数之四分之一虽非县内居住人民,只要纳直接国税及有土地所有权者,亦得补充之。议员任期六年。每三年改选半数。县会通例每年开会二次。但以大统领的命令,或三分二以上议员之要求,得召集临时会议。法律所委任于县会的职权事项:为财产、财政及租税之监督,道路设备之监督,公共救恤,公债募集,直接国税之分赋,选举区划之决定,市村里行政之监督等。发行县公债,要经中央政府许可。且于分赋国税于乡时,可在预算法范围内,课以县税的附加税。县会议决案中,多须经中央政府认可方为合法。县会的决议,如违法越权时,大统领得取消之。但县会对此取消处分,有不服时,可诉之于行政审判机关的参事院。大统领如遇县会无故不议决法律所规定的必要经费时,得强制追加,或规定特别征税方法。

第二款 乡(Arrondissement)

乡为单纯的行政区划,不是自治团体。乡的行政机关为乡长及乡会。

第一项 乡长(Sous-préfet)

乡长为大统领所任免,有薪专务职的官吏。其最大职务,为传达及实施知事命令。其职务在行政上不甚重要,舆论时常主张废止。但迄未实行。其原因为县知事在行政惯例上,多由乡长中选任。所以乡长制度在实际上兼为养成适当的知事候补者的机关,因此不忍废止。

第二项 乡会(Sous-conseil)

乡会由民选议员组织。其选举方法,与县会同。因乡不是自治团体,所以乡会的职务,亦不甚重要。除担任执行中央外行政,县会对乡内各市村里所赋课的直接国税之分配额,亦由乡会决定。

第三款 区(Canton)

区为县会议员及乡会议员的选举区,并为治安推事而设的治安推事区。亦不是自治团体。无区长等制度。不过设二三官吏办理征兵及收税等事务。平均十二市村里划为一区。

第四款 市村里(Commune)

市、村里在乡、区之下。为最下级行政区划,同时兼为自治团体。市和村里无区别,通称之为康蔑(Commune)。适用同一种法律。本来市村里为自然发达的团体,各有不同制度。其关系亦甚复杂。革命时施行划一制度以来,其间虽经过中央集权及地方分权等种种政制上变迁,而市村里制迄今仍保持其革命时原制。

市、村里有市村里长、市村里会,及一名之助理员,办理行政事务。市村里长为自治行政的执行机关,同时受上级官厅之监督,兼执行国政事务。

第五款　巴里市及里昂市之特例

巴里市为依特别市制组织的自治团体。市政之执行机关,为赛奴县知事及警视总监。这二者均由大统领直接任免。不另设市长。市长事务由知事执行。警察事务由警视总监掌管。有市会,为市之议决机关。由民选议员八十名组织之。市内分二十区。区为行政区划。区的事务由大统领所委任的区长及二名助理员处理之。考巴里市制在千七百九十年时,市之吏员全由人民选出,因弊害百出,于共和三年,市长改由知事任委。共和八年,划区为十二,各设区长,废市长以县知事兼市长职,均由大统领直接任委。自此遂由民选主义一变而为官选主义,以迄于今。

里昂市亦为特别市。市之保安警察,由市之所在县,即龙县知事鞅掌。市之一般行政,由市会所选举的市长处理。以五十四名民选议员所组成的市会,为决议机关。市分六区。每区公选的助理员二人,处理区的事务。区为纯粹的行政区划。

第四章　北美合众国地方制度

第一节　北美合众国地方制度之沿革

合众国为近世新兴国家，无如欧亚诸国之有悠久历史。且其人民均由欧洲各国迁移而来，不是土著。当移住之初，移民各在其移住地方，自为经营。后来各地移民渐次增加，各种特别制度，亦自然的渐次发达。由小村落渐次扩大为乡州。当离英国独立时，仅有十三州。此后累增至四十八州。独立之际，只制定全国的宪法。对于各州的地方制度，取放任主义。任各州各自为政，初无全国划一的方案。所以各州仍保有其互异的制度。欲将各州制度，详细介绍，非本讲义目的，仅将大要述之于后：

合众国的州以下的地方制度，归纳起来，可分为三大系统。第一系统，是以村为单位。如北部新英兰（New England）诸州是。第二系统，是以乡为单位。如南部加罗力那（Carolina）、福罗力达（Florida）诸州是。第三系统，是介乎上二种之间的混合制。如中部纽折尔（New Jersey）、纽约（New York）诸州是。

第一款　合众国北部新英兰诸州地方制度之沿革

新英兰诸州之第一次移民，为清教徒。其政治思想，多信奉共和主义。且大多数本为英国城市之住民，习于政治生活。故一迁居于新英兰之海岸附近地后，即各组织小社会。每一小社会，环以寨栅，以备土人之侵袭。且初到蛮地荒原，又远离通商口岸，故此小社会中万事非谋自给不可。于是有共谋获得及保持生活资料的组织发生。又为信奉同一宗教的教徒所集会的社会，对于宗教上的设施，当然亦渐谋实现。小社会于解决上述二项事情时，均由住民全体出席，推宗教上资深的人为议长，共同讨论，及执行所议决事项。在当时这种小社会，实际上是个小共和国。英国政府亦以地方辽远放任之，不加干涉。其后小社会渐渐扩张成大村落。各大村落为防卫蛮人袭侵起见，联合组织规模宏大的保卫团，俾守望相助，以保共同安宁。于是由各村防卫蛮人的联合，渐变为各种行政上的合作。组织乡的行政机关，以执行乡务。设乡会以决乡事，由各乡再联合而成为州。

第二款　合众国南部勿罗力达诸州地方制度之沿革

合众国南部诸州之移民，既不是清教徒，又不是于移住出发前预有组织的团体，或大家族。其移民不过偶以探险而至其地，或在祖国本为地痞土棍，因无处容身，亡命而来者。见其地平旷沃腴，遂为久住之计。不但无政治训练、自治经验，直不解政治为何物。所以在移住地方，毫无如北部诸州之组织。然因田地广袤，土质肥沃。且旷野荒原均为无主之物，任人自取。所以稍事耕作者，无不立致巨富。地近热带，气候较热，不惯欧人劳作。稍积资本者，均输入大帮黑奴，使劳作于大规模农场。未几南部诸州遂成为地主封建社会。政治上种种活动均以大地主为中心地。每一地主有田地数万英里至数十万英里不等。地主即筑住宅于地产中心，以管理四周地产。故每一地主住宅相隔辄数英里，不如北部诸州之有密集村落。南部诸州之地方制度，遂以这种大地主的封建乡为基本单位。亦无所谓人民会之设。取决政治上事务者，有产阶级之大地主而已。

第三款　合众国中部滨西尔凡泥、阿海阿诸州地方制度之沿革

合众国中部诸州如滨西尔凡泥州等,在新英兰诸州开发以后,为英国人民所移殖或征服之地。当初亦无所谓村及村会,即以乡为最初之组织。但乡亦不如南部诸州有地主封建的性质。其移民多以工商业为生活根据,因此工业特别发达,人口亦自较南部诸州为集密。且人民以经商往来于各处之故,将北部诸州的村单位的制度,亦渐渐输入。于南部诸州的乡制之下,再参以北部诸州的村制,而成为混合的地方制度。

第二节　北美合众国现行地方制度

合众国地方制度,无全国划一的准则,差不多随地而异,已如前述。若逐一叙述,不但连篇累牍,且在事实上仍难免挂漏之讥。今择其有价值的,为抽样的叙述于后:

第一款　州

第一项　州会

合众国全国由四十八州及一区所组织。当千七百八十三年独立时,只有新英兰等十三州。不久又将七处殖民地改编为州。其余二十八处稍后亦经国会特别法律之许可,编制为州。各州各有宪法,各有州会,为会之立法部。普通州会分上下两院——但亦有一院的州。上院议员之选举区比较广大,其议员数以不逾越当州所选出国会议员数为原则。但议员数之多少,不以人口为比例。例如人口最少的内乏达州(Nevada),

人口十二万议员十七人。人口最多的纽约州(New York)，人口一千万，议员五十一人。加里方尼州(California)人口三百二十万，议员四十人。议员任期亦不等，大概二年乃至四年。例如加里方尼州为四年，纽约州二年。

下院议员数之多少，亦不以人口为比例。纽约州人口最多，议员数为百五十人，每人口七万得出议员一人。加里方尼州议员八十人，是每四万人出一名议员。又如内乏达州人口最少，议员三十七人，每人口三千人可出一人。议员任期亦无一定准则，大概一年至二年。纽约州为一年，加、内等州为二年。

两院议员在开会期间，有可得百五十至千五百美金的总报酬的州，亦有每日一至八美金的日报酬的州。州议员之选举权资格为：二十一岁以上的人民——不分性别，并且在州内或选举区域内居住一定期间以上者。州会开会隔年一次。但州知事于必要时，可以召集临时会议。然知事对于州会无解散或停会之权。

两院之任务，原则上是相同。共同有处理凡不属于中央政府权限的事务，以及州宪法规定为州会权限的事务。惟关于预算案，有必先提出于下院的惯例。又上院有审判下院所弹劾的吏员，核准或驳斥州知事所任命的官吏之权。

第二项　州知事

州知事掌一州之行政权，由州人民直接选举之。任期各州不同，大概一年至四年。例如纽约州为二年，加里方尼州四年。普通二年的州最多，其次为四年。知事之报酬，亦多少不等。有一年仅有二千美金的州，有多至一万二千美金的州。知事有监视法令有无完全实施的任务。又有指挥州内陆军的权限。知事对于州会的关系，亦随州不同。有几州知事可向州会提出预算案。有几州则不然。全国大多数州的知事，对州会决议案,可以行使否拒权。知事对决议案行使否拒权时,将原再由两院审议,如两院仍一致维持这议案时,否拒权即失其效。州事务行政人员如书记、出纳吏及其他各种委员,均由一般人民直接选举。任期与各州知事同。但其中一部分吏员、知事得录用自己亲信者。

第三项　哥伦比亚(Columbia)区

哥伦比亚区是于一千七百九十一年由美丽兰州划分出来的特别区。是供给与中央政府使用的地域。即现在首府华盛顿所在地。区面积约六十方哩。区无立法机关。区民对于国政及区政无发言权。一千八百七十八年依国会所制定的法律之规定,区之政治由大统领直接委任的三个委员处理进行之。

第二款　乡

乡之组织及性质,各州均互不同。北部诸州的乡,大概仅为审判区及道路区的性质。审判区之内往往有刑事审判所及民事审判所之分设。这种审判所的审判官承发吏及其他所员,均由人民选举。乡之行政人员称为乡委员。其人数各州不同。普通三人至五人。乡委员之外,另设财政员一人。均为有薪职员。乡委员之职权为管理审判官署、监狱等建筑物。如村与村间开筑道路时,必须经乡委员认可。如乡有需要费用时,有决定市村税额,及向各市村分课之权。

至于南部诸州地方制度以乡为单位,已如前述。乡的范围较北部诸州为大。乡为法人。乡行政机关之组织为乡务委员、评价员(评断课税财产价值)、收税员、财务员、教育管理员及道路修理员等。凡此皆为有薪职。大抵由人民直接选举。任期一年以至二年。各吏员于其名称上所定之职掌外,兼理乡警察监狱等事务。此外又有民选的审判官,执达吏等掌理司法事务。

第三款　村

第一项　村会

村为地方制度中最小组织,每村人口平均三千为通例,时或有达一万二三千的地方,亦有少至二百人以下的地方。以全村丁年人民集会,决议一村事务。每年开会至少一次。会期通常在于春季。如有必要可召集临时会,每年至多二三次。召集开会时,应至少十日以前,通告会期、会场及应议事项。此等事项均为村长老之职务。村会有选举职员及制定村约之权,审议村委员之报告,选举次年之村长、学务委员及行政委员,决定设置学校、救助贫民及修筑道路等之费用,以及赋课支发上列费用之村税。

第二项　村执行机关

村之行政机关,由村长老数人组织之。其定额各地方不等。至少三人,至多九人。任期一年。由村会于前一年选定。处理村会决议事项,以及村中日常事务。此外有书记,其职务为记录村会议案,及编制村民生产死亡表册。有会计员及评价员。会计员专司村财政之出纳。评价员司评估征税财产之价值。有课税员,司征收租税事务。又有畜牧委员、墓地委员、村书库委员。这种不是到处皆有,随各地需要而设。学务委员惟大村设之。其下再设小学务委员,以管理各小学区。各种委员均为名誉职,不支薪,惟办公费由村开支。

第四款　市

合众国都市发达之速,世界中无其比类。在千七百九十年,人口在五千至四万之间的市,全国仅有十三个。至千八百八十年,人口逾五千之市已达四百九十四个。逾四万之市有四十个。逾十万之市有二十个。

其速率之大，实可惊异。至今人口逾十万之市已近四十个。惟各州之市，无统一的制度，各异其法律。即同一州内之市，其组织亦不偶同。小市与大市间固异。然大市与大市之间，亦不相同。千差万别，欲为划一的研究，颇不容易。略将纽约等大市之制度，述之于后。

第一项　市会

市会大概与州会性质相同。通例为上下二院制——但亦有一院制的市。其议员由市内人民直接选举。市内分选举区，普通与选举大总统国会议员同时行之。但选举上院议员，有不另分区的市。议员任期通常一年，亦有二年者。上院任期较下院为长，有至四年者。大市议员有时为有薪职。小市皆为无薪职。市会之权限为：制定市条例，审议市预算决算，选任一部分市行政人员，惩戒下级职员，制限市长发案权及弹劾其失政，以及通过小市特许状等。

第二项　市之行政机关

市设市长一人，为市之行政长官。由市民直接选举。任期各市不等，大概一年。但得连选连任至四五年。市长掌市警察全权。如有紧急时，召集民兵，宣布戒严令。对于市会议决案子，有否拒执行权。但这否拒权，市会得以三分二以上的多数排斥之。多数之市市长有任命各局所长官或行政委员之权。但须得市会二院或一院之同意。市长为有薪职。其俸额各市不等，年俸有达一万美金以上的市。市长以下设数个行政局，直隶于市长，分掌市政。这等行政局，有独任制的，有合议制的。其任期大概一年至四年。直接由人民或市会选举为多。但间有由市长任委者。教育事业，近来一般受特异待遇。即教育为独立事业，市长及市会均不能干涉。其事务另设教育委员处理之。教育委员由市民直接选举，或由市长委任，其职权为赋课教育税及指挥监督教育行政职员。

此外又有高等审判官数名，任期五年以上。警察审判官数名，任期较短。均由市民直接选举——但亦有由州会选任的州——其职权为掌管州之司法事务。其他收税员评价员等，其性质与村中的相同。

第五章　日本地方制度

第一节　日本地方制度之沿革

第一款　明治维新以前之地方制度

古时日本大概以氏族制度为国家组织的基础。氏族为同一血统结合的团体。各氏族的公共事务，统由氏上——我国的族长——支配。君主为最高最大的氏上，以统治全国氏族。然随人口之增殖，文化之进步，交通之发达，血族团体的氏族制度，亦渐就衰颓。向来为氏族制度的下层组织的户，升而为社会组织的单位。但以户为社会组织的单位，感觉过于单弱。于是仿我国周朝五家制，编五户为一团体，名之为五保制。不久又以人口日益繁殖，社会日益复杂的缘故，户又分解为家。向来组织五保制的五户，改由五家组织之。称之为五人组制。此为明治维新前的自治制度。五人组的组织为互相邻接的五家编为一组，推其中一家为版头。版头应每年将法令禁止事项，及应奉行事项，记录于名为五人组账的簿子上，提揭于组役所——办公处——使组员遵守。其内容普通为：须完纳钱粮，须遵守法令，须告发信仰基督教及其他违禁宗教者以及犯罪者，禁止赌博，毋侵渎寺院，毋滥入官有林山，慎斗殴讼争，修理道路桥梁,注意水利,奖励农业储蓄等。大都会如江户,即现在东京、京都、大阪等,在德川时代,于政府所任委町奉行,所司代之下,设町年寄数人。掌理行政事务。町年寄多数为世袭职官吏。其下又设组头、町代、总年寄等官吏,为行政上助理机关。这等助理机关吏员,多由人民推选。其他在商工业发达的都会有公选的合议机关,称之为会合众,以管理司法行政事务。

日本的村与我国的相同。多以血族团体为基础,或以神社为中心。在德川时代支配村事务的人员,谓之名主或庄屋。名主或庄屋之职掌为:对外代表全村。征收租税。执行审判。传达告示。奖励农事殖产。管理道路堤防及其他土木工事。名主庄屋之下,又有组头、百姓代等助理员,均为民选的名誉职。

此外又有庄园的制度。私领的地域,谓之庄园。庄园无论其为官宦所有,或寺院所有。庄园的领主有支配其领域内行政司法的权力。和德国现存的私领区相同。但这种制度,自然是封建制度之支流,维新时废止之。

第二款　明治维新以后的沿革

日本明治帝以前,实际上支配国政者,为幕府。幕府之起源,远在我国南宋时。各地历来为诸侯割据,诸侯中之强有力者,能以实力号召众诸侯时,即自设政府,代天皇宰制天下。这种政府,日本称之为幕府。德川氏即日本最后的幕府主人。

日本向奉中国文化,尤信佛教,儒释二种思想支配全国。欧洲势力东渐后,西人亦以通商传教二事,欲与日本交通。日本以西洋为蛮夷之邦,不足与交,儒释二教徒排之尤甚。于是有锁国政策之实行,严禁西人传教。西人百端寻衅侵凌,其目的在使日本开放。在日本认为莫大国难。于是有志之士竞为救国之谋。对内主张王政奉还,废藩置县。对外初则主张尊王攘夷,继复主张开国进取。

明治帝以英明之资,应时即位,登用国内青年有为之士,竭力图强。首先削夺幕府权力,继后废藩置县,根本绝灭封建遗制,以成维新伟业。

废藩置县于明治四年实行。于县之下同时规划自治制度。划设郡区町村区为大小区。翌年改名主庄屋为户长副户长。九年制定各町村金谷公借,共有地管理及土木起工规则。一方面认许区町村有经营公共事业,处分公共地所建筑,公借金谷之权。他方面认许人民有参与地方行政之权。十一年发布郡区町村编制法,府县之下划分为郡,改大小区为三府五港。其他人口稠密的市街地方,划为区。全国设三十余区。此外为郡,全国分八百三十九郡区。郡区之下设町村。郡设郡长。区置区长。每町村或数町村置一户长。十三年定区町村会法,设区会、町会、村会。其决议由区长或户长执行之。因这区町村会法的内容极不完备。乃于十七年,设町村法调查委员调查之。翌年六月竣事。旋又从德顾问穆赛(Musse)氏之意见,设地方制度编纂委员会。任穆氏为委员之一,使起草市町村制,穆氏草成后,并附以市町村制理由书,提出于内阁、法制局及元老院。均经通过。遂自明治二十二年四月一日以后,由府县知事,酌量地方情形,呈请内务大臣核准,在内务大臣指挥之下逐渐施行。

上述市町村制于二十一年公布,其后实地施行时,发现种种不完备不便当的缺点。四十四年又将其全部改正。同年冬实施。其后大正十一年及十五年又二次改正一部分,以迄于今。

郡在维新以前,本为单纯的行政区域,而非自治团体。市町村制发布后,又于二十三年发布府县制,这二制均为自治制度。但中间无联络组织。于是仿德国制度,设郡的自治团体,以联络之。于是有郡制之颁定。然郡制施行以来,对郡制之赞否,议论纷纷。经种种曲折,竟于大正十年将郡制废止。

府县当初亦不是自治团体,不过为一种行政区划。明治十一年发布府县会规则,在这规则中,已多少认府县为自治团体。其后经明治二十三年、三十二年、大正三年、十一年、十五年五次之改正,成为现行的府县制。

第二节　日本现行地方自治制度

第一款　府县

府和县不过为名称上和区域大小上有些区别。制度上除东京府因为日本首都所在地的关系,有一二特例外,两者无甚区别。府县均为法人。为最上级的地方自治团体。同时为国家的行政区划。但府县的自治权范围,较市町村的为狭。不但府县知事是国家的官吏,即其他补助机关的吏员亦是政府任委,不是民选。且府县会仅对于法律上列举的事项有决议权,不像市町村会对于市町村一切事务,有包括的意思决定权。府县知事除在法律上所列举事项,须经府县会决议者外,其他事项知事即不受府县会的拘束,可以依自己意处分。府县由府县会、府县参事会及府县知事等行政机关组织之。

第一项　府县会

府县会由民选议员组织之。凡府县内有住所之公民,均有选举权及被选举权,但警察官、检察官、收税官吏无被选举权。议员数以各府县人口为比例。议员为名誉职,任期四年。议长副议长由议员中公选,处理会务。通常每年开会一次,遇有必要时,可开临时会。均由知事召集之。府县会之职权,为决定预算,审议决算,赋课征收使用费手续费夫役及府县税,议决关于不动产之处分买进让受事项,积立金谷之设置及处分事项,负担义务抛弃权利事项,决定财产及营造物之管理方法等。此外可将一部分权限委任于府县参事会。

第二项　府县参事会

参事会由议长及名誉职参事会员十人组织。名誉职参事会员由府县会于议员中选举之。并同时选举同数候补参事会员,以备出缺补充。其任期与府县会议员同,议长由知事充任。参事会之职权为议决由府县会委托事项。本为府县会权限,遇紧急情形,一时不及召集开会时,有代府县会决议之权。关于财产及营造物之管理,在府县会已议决范围内,有重新决定管理方法之权。议决关于工事执行事项。议决属于府县的诉愿诉讼及和解事项等。

第三项　府县行政机关

府县行政机关首长为知事。知事对外代表府县。知事之职务为执行府县行政。须经府县会参事会议决事项可发案提议之。管理财产及营造物。发收支命令及监督会计。保管证书及公文书类。赋课征收府县会参事会议决的使用费手续费夫役及府县税。其他对于府县会及参事会所为的超越权限或违背法令的议决案,可呈请内务大臣取消之。对于府县会参事会所为的不当的府县收支议决案亦同。又对于府县会有命其停会之权。对于属下有直接惩戒或免职之权。

第二款　市

市为自治团体兼国家行政区划,与府县同。市之机关为市会市参会及市长以下行政机关。市在府县之下,直接承府县之监督。市之下层组织为区。区设区长。承市长之命处理区内事务。

第一项　市会

市会由民选议员组织之。议员数、选举、任期、待遇均与府县会议员同。市会随时由市长召集之。市会之职权为制定及改废市条例及规则。决定关于市的诉愿诉讼及和解事项。关于市吏员身分保证事项。其他与府县会相同。

第二项　市参事会

市参事会由市长市助役及市参事会员组织之。市参事会员由市会议员互选。普通定额六名，为名誉职，任期与市会议员同。由市长随时召集开会。以市长为议长。其职权为受市会之委任议决市会权限内之事项。

第三项　市行政机关

市长为市行政首长，由市会选举，为有薪专务职，任期四年，其职务权限与府县知事相同。其下设市助役——市副——一人，辅助市长执行市政事务。市长有事故时，代行市长职务。助役由市长推荐于市会定之。为有薪吏员。又置市参与数人，亦由市长推荐于市会定之。以名誉职为原则，但亦有有薪职。市参与承市长之指挥监督，担任市经营的特别事业。

第四项　区

市下划分为区。东京大阪京都三大都会之区为下级自治团体，有法人格。设区长区会。区会为区之决议机关。区长执行区会议决之区事务外，承市长之命，执行市政及国政事务。其他都市的区，为单纯的市下的行政区划，及选举区，而非自治团体。设区长一人办理市国政事务，而无区会。

第三款　町村

町村为最下级自治团体，为公法人。町和村仅为名称上之区别。受同一制度之支配,在法律上完全相同。带有市街性质的地方,名之为町。纯为农家或渔民所成的部落,名之为村。与我村里之区别相同。

町村和市之区别,亦甚些微。市于市会之外有参事会。町村则仅有町村会。此外市为众议院议员之独立选举区,町村则不然。

(一)町村以町村会为议决机关。其组织、选举、集会、职权与市会相同。不过因町村无参事会,凡在市属于参事会权限的事项,在町村由町村会兼掌。议员之待遇,任期等亦与市会议员相同。

(二)町村以町村长及助役一人,为执行机关。町村长及助役之产生、任期、职权,与市长及助役相同。

町村之议员及吏员均为名誉职。如当选而无故不就职,要受一年以上四年以下之停止公民权的制裁。

第三编　我国地方制度之沿革

第一章　清朝以前地方制度之沿革

第一节　周朝地方制度

据《周官·大司徒》载有"五家为比,比置比长。五比为闾,闾置闾胥。四闾为族,族置族师。五族为党,党置党正。五党为州,州置州长。五州为乡,乡置乡大夫"之制。又于《周官·遂人》载有"五家为邻,邻置邻长。五邻为里,里置里宰。四里为酂,酂置酂长。五酂为鄙,鄙置鄙师。五鄙为县,县置县正。五县为遂,遂置遂大夫"之制。是皆为地方行政组织,且寓有乡党相助之意。称之为比闾邻里之制。比长以上的各级团体首长,所掌职权,虽轻重不一,但不外教化劝农、祭祀、警察、军事等地方政务。且各团体所属人民,在一定约束之下,对于团体有协力义务。其协力范围,大概是随地方情形而定。但这种比闾邻里制度,在当时曾否实施,现在无从考证。但后来管仲在齐国所施行的地方制度,其性质与此相同。由此推之,此种制度或在周时曾经施行。

管仲行于齐国者,为轨里连乡之制。《齐语》中之"五家为轨,轨为之长。十轨为里,里有司。四里为连,连为之长。十连为乡,乡有良人焉，以为军令"即为比制之大略。此法本来为军队编制便宜上所设的制度。但从下文之"伍之人祭祀同福，死丧同恤，祸灾共之，人与人相畴，众与众相畴"之数语观之，亦含有乡党相助之意。

战国时秦商鞅行什伍之法。其法以五家为伍，使一人主之。十家为什，亦使一人主之。凡同伍同什之人，使互纠发奸非。如有隐匿不告者，相连坐。是什伍制之目的专在检举奸宄。与周制相较，其目的大为狭小。

第二节　秦汉以后之制度

什伍之制，自秦始皇以后，直通行于前后两汉。考之两汉书所载，可无容疑。什伍。法之外秦汉另有里亭乡之制。以百家为里，里置里魁。十里为亭，亭置亭长。十亭为乡，乡有三老，有秩、啬夫、游徼。里魁同什伍共察人民善恶，告之于吏。亭长掌禁盗贼。三老管教化。有秩掌平人民赋役。啬夫职听讼。游徼掌巡检奸盗。按《汉书·高帝纪》，三老选乡民中年龄五十以上有众望者充之。三老以下皆为有禄秩，列于官吏之班。总上考察，其举乡民之长者，使治乡党之事，有自治之意，含蓄其间，甚为明了。晋以后战乱相寻，闾阎为墟。此种制度，一时扫地无存。迨北朝后魏孝文帝之时，复设三长之制。邻长里长及党长，谓之三长。五家为邻，邻置邻长。五邻为里，里置里长。五里为党，党置党长。各举乡人之强谨者充之。各查察所部。使课有常准，赋有常分，后北齐亦行此制，以图版籍赋役之齐正。

第三节　隋唐以后制度

　　隋朝以五家为保,五保为闾,四闾为族,各置正领之。使互相检察。又每五百家置一乡正,使理民间词讼。乡正听讼之制,行之不久,即行废止。唐朝以三家为保,四家为邻,百户为里,五里为乡。里置里正一人,使按比户口,劝课农桑,检察奸非,催驱赋役。选官六品以下者或白丁之清廉精干者充之。自后魏以后制度,大概皆仿周礼比闾邻里制度。尤其唐之里正,其职掌范围广大,凡一般的地方政务,皆其承办,更与周礼之闾正族师等相仿佛。五代周之显德五年,以百户为一团。团中选三大户为耆长,使纠举奸盗,检察民田之兴废。至宋朝使乡户办督课捕盗等事务。里正耆长等,皆变为徭役之一种。弊端丛生,大苦人民。太平兴国三年,两京诸路,每县选熟谙农事者一人为农师,使劝稼穑,察民勤惰。但行之不得其宜,大扰百姓,不久亦即废止。熙宁二年王安石为相行保甲法,其法以十家为保,五十家为大保,十大保为都保。举壮丁之半,授以弓弩,教以战阵。保甲之名,始于此时。此外程颢为留城令时,行保伍之法,使人民患难相互。范仲淹为袁州万载令时,亦行之以驱除奸宄。朱熹创社仓之制,同时于每十家置甲首一人,五十甲置社首一人,使当劝善惩恶之任。

第四节　元明之制度

　　元世祖至元七年,以五十家为一社。选高龄且通晓农事者为社长,使劝课农桑,诫饬游荡,防察奸宄。其职守之范围,较宋之农师为广,较里正稍狭。明洪武十四年,以百十户为里。分百户为十甲,其余十户——大概择丁粮多者——使分充里长及甲长,掌管赋役催征之事。此谓里甲之制。嗣又仿元制,于河北诸州县设社制,凡土著人民,每一里分二社。屯田客民,每一屯分二社。使各劝课农事。又洪武二十一年,令各里老人督责耕种。二十八年下诏令人民于春耕秋获之时,帮助同里无丁男人家。要之明代里甲之制,以劝农催赋,为其主眼。此外又有里老或老人之制,其制为选民间之高龄公正而为众所信服者,使劝民为善,并使掌乡里词讼。此制当初行时,人民颇利便之。宣宗以后,选任失宜,致不逞之徒混迹其间,借为渔肉闾阎,钳制州县之资,消失制度本意。

明朝保甲虽未通行全国,然一二行省亦曾施行之。如王守仁为江苏巡抚时,行十家牌法。十家编为一甲,每家揭一小牌于门,上记人丁之名数、行业及其田粮,以便稽查。又周孔教为江苏巡抚时,以十家为甲,甲置甲长。十甲为保,保置保正保副。在城之保使统率乡间之保等是。

第二章　清朝地方制度

第一节　沿革

顺治元年令各府州县之乡村地方,每十家置一甲长,百家置一总甲,凡有盗贼逃人奸究事件发生,由甲内之家报于甲长,由甲长报于总甲,由总甲,由州县,由知府,递相申报,以至于兵部。一家有隐匿盗贼及其他罪犯者,邻右九家及甲长总长不申报时,皆坐罪。这种制度,由其申解于兵部推之,其仅为施行于近畿地方,可无疑义。此制为清朝邻保制之权舆。其专以弭盗为目的,与保甲制度相同。三年施行里甲之制,以百十户为一里,分其中百户为十甲,其余十户充甲长,另设里长一人统之。使其催征钱粮,勾摄公事,州县官借以编造赋役册。此制为明之遗制。其目的专在防丁口之脱漏,保赋役之均平。与总甲制之以弭盗为目的者不同。但总甲制仅行于近畿地方,此制则遍行于南北各行省。十七年更设里社之制。合地方人民二三十家或四五十家设一里社,在农忙期使互协力耕耨。此制亦是仿明旧制,以劝课农事。但似未遍行于全国而即废止。此外各团体,仍杂然并存。当时邻保制度之杂乱无章,观《皇朝通考》之按文,可以知之。按文中有说:"考十七年,令民间设立里社,则有里长社长之目。惟八旗庄屯以设催领,不更设里长。南省地方以图名者有图长,以保名者有保长,其甲长又曰牌头,以其为十家牌之首也。"即于里社外,尚有图保等团体。此等团体在南省地方尤盛行之。因南省地方尚多保存先朝之遗制也。

至康熙末年,始确立保甲制,普行于全国。在皇朝通考康熙四十七年条里有说:"申行保甲之法,先是顺治元年,即议力行保甲。至是以有司奉行不力,言者请申饬。部臣议奏,弭盗良法,无如保甲,宜仿古法,而用以变通。一州一县城关各若干户,四乡村落各若干户。户给印信纸牌一张,书写姓名、丁男、口数于上。出则注明所往,入则稽其所来。面生可疑之人,非盘诘的确,不许容留。十户立一牌头,十牌立一甲头,十甲立一保长(中略)。无事递相稽,有事互相救应(中略)。月底令保长出具无事甘结,报官备查,违者罪之。"又在《皇朝通考》雍正四年条里有说:"自康熙四十七年整饬保甲之后,奉行既久。"观此二文,可以知清朝保甲之始期及奉行之广。

保甲制度施行后,里甲制度渐次废颓。因当时创丁赋编入于地粮之制,即将康熙五十年之现在丁数,以定丁赋之额,嗣后滋生丁口,概不课赋。因此里甲之严查丁口的必要，自大减少。且督催赋税的事务，后亦改由州县之差役掌执。里甲不过负连带督催责任而已。职务既渐减削，制度亦自归弛废。

关于乡老之制，文献可征者甚少，无由知其沿革。惟《皇朝通考》（二十一卷）关于顺治元年设置总甲制的按文里有说："又有耆老一项，例有顶带，亦与闻乡里之事。考顺治三年，金都御史李日丸言：耆老不过宣谕王化，无地方之责，非州县乡约比。若以连坐之法加之，似于情法未协。乃定议：耆民在九家内者连坐，在九家外者免其株连。"从此观之，清初于甲长总甲之外，另有耆老参与乡村公务，可无容疑。又从"非乡约比"一语推之，则其职务，似又不仅止于维持风教。当时所谓乡约者，为集乡民宣讲皇谕之职。选年高有德望者充之，给以冠带。每月朔望，在乡约所，讲解皇谕。纯掌王化宣传工作，类似现在之社会教育。乡长选乡民之年高有德望者任之，亦是明之遗制。

第二节　保甲

第一款　保甲之编制

保甲制自康熙四十七年确立后，其后无甚改变。不过屡下诏申饬励行。今引《嘉庆会典》一节，以明其组织之一斑，及其适用之范围。会典里有说："凡编保甲，户给以门牌，书其家长之名，与其丁男之数。而岁更之。十家为牌，牌有头。十牌为甲，甲有长。十甲为保，保有正。稽其犯令作慝者而报焉。城市、乡屯、灶厂、寺观、店埠、棚寮、边徼皆编之。凡海船亦令编甲焉。"牌头甲长保正，据会典附注，是由各所属团体人民公选诚实解文字，且有恒产者充之。且限年更代。

保甲在普通州县,由州县官统辖。保正以下头目,皆受其指挥监督。但随地方之不同,亦有特设机关以统辖保甲事务者。例如在京城内由步军统领,兵马指挥使等统之。在各省则设保甲总局或分局,以道台或有府县官资格者为其长官,以统辖管内保甲事务。

第二款　保甲之事务

保甲之事务,以警察及户籍为主,其中尤重警察。保正甲长牌头向州县官领受门牌、牌册后,分给与所属各户。每户将家长名姓、丁男记入于牌,揭之于门。复将同样事项,记入于牌册,呈交于州县官。州县官将此牌册汇集后,编造保甲清册。保甲内如有犯盗窃、赌博、赌具、邪教、窝逃、私铸、私销、私盐、踩曲、贩卖硝磺,巧立名色,敛财聚会的罪。或其他形迹可疑者。牌头甲长保查明后,呈报于官。又有使保甲兼管征税事务的地方,但这种恐是保甲和里甲二制度混存的地方。例如嘉庆十九年上谕里有说:"汪志伊等奏:闽省牌甲保长,人多畏避承充,皆由易于招怨。今拟将缉拿人犯催征钱粮二事,不派牌甲保长,专责成以编查户口,稽查匪类。凡有匪徒藏匿,令其密禀地方官,作为访问,俾免招怨等语。人果存心公正,何虑怨尤。惟私心不免遂喜市恩而畏招怨。近日内外臣工竟成此病,此等微末牌长又足责。所有缉拿人犯、催征钱粮二事,自毋庸再派伊等管理。"

观此例可知当时福建地方保甲兼管里甲事务。但这种究是例外。普通保甲制之本来目的,单是警察事务,即治安及户籍二事。

保甲制此外应注意者,其为连带责任的制度。观顺治元年之总甲制中"一家隐匿,其邻佑九家甲长总甲不行首告,俱治以罪"之规定,可知凡属保甲的团体员对于治安负共同责任。团体内有一家藏匿奸宄,其他九家及甲长总长,皆一律连坐同一罪名,即共同负连带责任。其后《乾隆会典》

中有说:"有藏匿盗匪及干犯禁令者,甲内互相觉举。如官吏奉行不善,及牌头甲长保正,瞻徇容隐,或致需索扰累者皆论。"则此制至乾隆时,连带责任范围已缩少,仅及于牌头甲长保正而不及邻佑九家。至嘉庆时,连带责任之制渐趋废弛,同治时纂修之户部训例中虽仍有"甲保各长果能稽查详慎,首报得实,酌量奖赏。倘应报不报,应查不查,按例分别治罪"等语,已成为敷衍公事,实际上已少奉行之者。总之咸同以后天下愈益多事,保甲制之本体,亦渐呈崩坏之象。上不申饬,下不奉行,仅存具文而已。

第三节 乡村

清初以来,有耆老处理乡里事务,按前举《皇朝通考》,已可无疑。又《惠福全书》(卷二十一)中,选保长之条里有"乡别有长,所以管摄钱谷诸事"之语。考《惠福全书》是康熙三十三年上梓,可证当时对于保甲制之外,另有乡村制度。但这制度是明里老之遗制,观《皇朝通考》顺治三年之按文中有"甲中有合设耆老者,于本乡年高有德,众所推服者中选充。不许罢闲吏卒及有过之人充应"等语,可以证明。据《惠福全书》所记乡长是掌征税事务,是和里甲制中之甲正里长,相差无几。此外似尚有执行地方官厅所委任的事务的义务。总之清朝地方制度极不完备,即一种制度是否通行全国或编行一方,无一定施行程序。即通行全国,其名称亦往往随地而异。此种乡长制度或即里甲制之别称。至清末年,政治窳败,官纪废颓,地方官率皆媚上营私,置地方政务、人民利益于不顾。其能不法外扰民者,人民已目之为泽被群黎。乡村事务地方官既置之不理,亦无法规使人民自理。但人民既族聚村居,对于公共事务,非自谋解决不可。于是人民推乡村中有德望有知识或有资产者,奉之为长。凡乡村之道路桥梁庙宇之修筑,盗匪火警之卫防,保婴济贫养老备荒村塾之经营维持等等，均悉听其处理。这等公共事务，大概多以神庙为中心。须经全体同意的事务，乃由乡村中素为人所推信者——或庙众干首召集人民代表会议。这种代表亦无一定资格，大概为房族长、有功名者、有资产者，及有德望者。即以神庙为议场——俗谓开庙门。推最有人望者为议长，开诚布公地讨论所要办事项。议决后即由召集者或另组推干事执行。有犯族规的刑事案件，往往由族长征村绅意见，自行制裁。其他如家族间的纷争、田产上的纠葛以及闲斗口业等小件讼争事件，大概亦由前述的众所推服者，出为调解，多不假州县之手。以上为清末时地方上自然发达的实际情形，与国家官府之法制，毫不相关。从现代的自治制度精神衡之，或转可谓之真正的自治。

第四节　地方——地保

下级地方制度，此外尚有地保可举。据皇朝通考（二十一卷）顺治三年之按文中有说："地方一役最重，凡一州县分地方若干，一地方管村庄若干。其管内税粮完欠、田宅争论、词讼曲直、盗贼生发、命案审理，一切皆与有责。遇有差役，所需器物责令催办。所用人夫，责令摄管。稍有违误，扑责立加。终岁奔走，少有暇时。"又据王凤生之《保甲事宜》一书有说："里长甲长专查本里容留奸匪，其一切催征钱粮、命盗词讼等事，仍归地保办理，于甲长概不责成。""牌甲内有曾犯窝窃有案之户，不准编入保甲，摘归另户册，交地保收管。倘有为匪不法，该保随时禀究。如敢徇隐，察出重处。"观此二文，地保实为有清全代且普遍的制度。且以地方警察事务为其最主要的职责。普通由里长或甲长迁派。其生活补助费，亦由里长向殷户摊征。从这点观之，其性质实近现代的自治机关。但由州县可以无条件的驱使供役，且其所管掌的催征钱粮、办理命盗等观之,纯是国家之行政警察兼司法警察。由上种种推论地保制度之起原,大概为州县之驻地方的差役,因其必以熟悉就地情形者,方为合格的缘故,遂渐改由里甲长委派。

第五节　清末地方制度之改革计划

光绪三十四年八月下诏预备立宪,筹备各种新制度,想逐年实施。地方自治亦为此等新制度中之一种。其计划为第一年颁布《城镇乡地方自治章程》(光绪三十四年十二月颁布),第二年(即宣统元年)颁布《府厅州县地方自治章程》,第三年为自治之准备,第四年起施行,期于第七年完成。自治之范围,除京兆为首都所在地的关系,将府亦编入于自治范围外,其他地方只止于厅州县,不及于府。其后宣统二三年间,在各地已着手组织自治机关,乡董、董事会及议事会等亦多产出。三年八月武昌起义,遂告停顿。

该时所颁布厅州县及城乡镇自治章程,大概译自日本府县市町村制,故其内容亦大同少异。凡厅州县衙门所在地的城厢地方为城,其他市镇村落地方,人口五万以上者为镇,人口五万未满者为乡。

第三章　民国纪元以后的沿革

第一节　全国的沿革

清政府推翻后,革命告一段落。南北和议成立,全国政权旋为袁世凯所攫夺。袁氏欲帝王自为，自不得不先抑压摧残民意。故凡可以摧抑民意者，无不全力赴之。为保育民意的最基本的自治制度，自在铲除之列。遂于民国三年下令取消清末所颁布的各种自治制度。于是数年来略已萌动的自治意识，又遭毁灭。当取消时虽曾颁布另订之自治试行条例，此条例系划一县为四区至六区，作为自治区域。然颁布后并未施行。其后于八年曾公布县自治法及施行细则，十年公布自治制与乡自治制，亦均未见诸实行。自三年取消城乡镇自治条例后，于各城及乡区，设县委的自治委员。其性质本为准备自治上的种种事前设施的筹备专员。后因军阀递相争夺政权，内乱连年，地方自治当然无人过问。于是此等自治委员，遂寖假变为常设地方官吏。其职务为传达县署公事，管理乡城区学务，调解小件讼争事件，以及报荒办赈等事务。人民因无完全自治机关的缘故，一时亦颇利便之。但往往为土豪劣绅所盘踞，用以鱼肉乡民，则又每况愈下矣。

第二节　各地自动的自治例

民国纪元后，地方自治制虽数公布而皆未实施，已如前述。各地有志之士，鉴国家缔造，端在自治。于是不待国家颁布明令，自动的从事于地方自治之建设者，最先为河北省定县翟城村米鉴三先生父子，其后定县山西省云南省等地方，亦均相继制定章程，实施自治。

第一款　翟城村、定县之自治例

翟城村秀才米鉴三先生，当二十年前，国人盛倡新学之时，在村中创设国民学校半日学校及女子私塾三所。旋又增设高等小学校及女子两等学校，村民均为翕然奋起。至其子迪刚先生留日回后，以其所学益继父志，为谋村人幸福。乃与村人合议组织村制，实行自治。当时不但未得当道之扶持，且屡遭军阀之猜忌，其苦心孤诣，惨澹经营。可想而知，迨民国三年孙发绪氏来长定县，大加赞许，且锡以模范村之名。而定县全县遂由孙氏之提倡，以翟城村为模本，施行自治。

翟城村自治制为：分村为八自治区，各设区长一人，办理各区自治事务。区长隶属于村长。村长一人总理全村事务。下设村佐二人助理之。凡村长村佐及区长均为人民公选。设村会议决重要事务，即以上列人员为议员。定县其他各村之制度，因以翟城村为范本，所以大概相同。不过于村下不分区设长，村长村佐均直接由县遴委等不同而已。

第二款 山西省自治例

山西省自民国三年阎百川先生揭橥用民政治，实行保境安民，力避牵入内乱旋涡以来，对于内治整顿，不遗余力。民国五年，孙发绪氏以办定县自治，著有声绩，来长是省。乃首先着手于全省施行地方自治之计划。后孙氏虽以政争故，在位未及一年辞去，而其计划继由阎氏之努力，着着实现，至今蔚然成为模范省政。

该省自民六年起，所施行之村制为：平均以一百户为一村，村设长副各一人。其下每二十五家为一闾每闾五邻。每邻每闾各设长一人。邻闾长纯为民选。村长副先由人民选举定额加倍之人数；送由县知事择任之。村长之候选资格为三十岁以上之村民，确无嗜好，且朴实公正，粗通文义者，或有不动产价值一千元以上者。村副候选资格，大概相同。不过不动产价值为五百元以上，知识资格为能识文字。无村议会之设，且由其根本原则之用民政治一语推之，其为明清里甲制之蜕化，带有浓厚的官治色彩，可想而知。在人民知识未开之时，以官治培养自治，转易收实效，或亦政治上必经之过程欤。

第三款　云南省村制例

　　云南省于民国十二年颁布《云南村自治条例》，施行后其成效若何，尚无精确的调查。观其条例之内容，颇为周密。且似完全模仿日本町村组织<small>参照日本现行章制</small>。于条例中指定公共庙宇，充村自治公所，可谓制宜之规定。在县行政官任用条例内规定有关于提高村长资格之条例，树求名于野之风声，使向之争名于朝，加入政争之酿乱分子，皆有收视返听，提供才智学识于下层工作之机会，尤为立法政策中之上乘。例如《云南全省暂行县行政官任用条例》中第二第三第四第五各条，规定关于任用县长行政委员分治员县佐等之资格，皆以市村长中成绩优异，经保荐考试合格，注册给有凭照者为主要资格之一者是。

第四编 现行地方自治制度

绪　言

　　省政府有感从速训练人民政治知识及能力，以建立自治基础，为训政时代初期之第一要政。于是决在中央制定及公布自治法规以前，先制定暂行本省单行区制街村制及其施行程序，以为训练自治之准则。该制及程序于十七年六月六日，经省政府委员会第百二十次会议议决公布。由民政厅督同各市县政府，筹备施行。当由民政厅通令市县，限自令到日起四个月内，将境内街村一律组织完成。各市县奉令后，开始筹办。未满三月，于同年九月，中央颁布《县组织法》，各省施行时期及县政府区村里闾邻成立期限一览表。其中所规定之村里闾邻的编制组织，与本省原颁的街村制，大有出入。民政厅以本省单行制本为制宜办法，原非正式之地方制。中央既有正式制度颁行，本省自无独异之必要。惟中央为本省所限定村里闾邻的实施时期，为自十八年八月一日起至十九年一月完成，且中央原制中所规定村里自治施行条例，尚待由部另定。一时虽欲遵守期限，亦无法施行。况本省的街村制，业已陆续实行，在中央法定时期以前，仍照原制进行办理，于法固无不合，且可免训练之中途停顿。于是决俟施行法由中央颁布后，再行遵限改组。惟名称国制既以省制中之街为里,不妨先行照改,以归统一。中央于十八年六月五日又续颁新县组织法,旧县组织法同时废止。新县组织法之内容,多与旧县组织法不同。如旧组织法中之村里名称,在新组织法中改为乡镇等是。关于本省施行完成期限亦未新颁。于是省政府决在中央关于县组织法之各种附属法令,完全颁布以前,不便再行率改,以淆人民对法律之信仰,而多无为之手续。中央于同年十月三日公布《县组织法施行法》。其中分别规定各省完成县组织日期。依其规定,本省应自奉到中央该法施行日期命令后施行,限于十九年六月终完成。续又颁《区自治施行法》及《乡镇自治施行法》,明令于十八年国节日施行。本省暂行村里制自应废止,施行国制。在省政府对于废施省国二制之程序及日期颁布以前,省制自仍有效。本编以说明国制为主,同时附省制之说明。训练人民政治及能力,以立自治基础,应先从下层组织之乡镇闾邻着手,为最彻底且易收功效。本编抽绎制度意义,亦先从下层组织之乡镇闾邻说起,而后次及于区,次及于市县。

第一章　乡镇

第一节　乡镇自治施行法

乡镇为自治之基本单位。在此训政时代,因人民政治训练尚甚幼稚,万事不能照自治本来精神,彻底实现完全自治。对外须赖行政官厅之保育扶持,对内又多属创行试练性质。所以在乡镇制中,尚须在纯粹自治制中所不必要的种种规定。即于本来的自治实体规定以外,尚有许多施行手续的规定。这种规定,在人民自治训练成熟后,自属无用,可以废除。所以《乡镇自治施行法》是训政时代暂行法规,至宪政时代自应另行修正改颁。该法第一条首先规定施行期间,以明本法之精神。

第二节　乡镇之法律上性质

凡百户以上的村庄地方,即以农村或渔村为中心而编成的区域,名之为乡。百户以上的市街地方,即商铺众多,大概为四周村落之经济中心地方,编称为镇(《县组织法》第七条——以后《县组织法》简称为《县组》)。

乡和镇不过为名称上之区别,在法律上受同一制度之规律,性质相同。

乡镇据《县组织法》及《乡镇自治施行法》之规定,为本自己意思(《县组》第九条,《乡镇自治施行法》第二十一条——以后《乡镇自治施行法》简称《乡镇》),以自己费用(《乡镇》第六十一条),由自己所组织的机关(《县组》第四十二条、第四十四条,《乡镇》第三十三条),受治权之委任(《乡镇》第三十条),在国家监督之下(《县组》第三条),以处理自己事务的态度(《乡镇》第二十一条),处理一切乡镇公共事务(《乡镇》第三十条)的公共团体。以一定地域及人民为其构成要素(《县组》第八条、第十条,《乡镇》第三条、第四条),所以是公共团体中之普通地方团体。乡镇既以处理一切乡镇行政事务为其存立目的(《县组》第四十条),而其处理事务之权利及义务,又为国法所赋与(《乡镇》第三十条、第三十二条、第三十四条),所以是法人。依法有支配其区域及区域内人民之自治权(《乡镇》第四十一条、第三十五条),又是法人中之公法人(参照第一编第二章第五节)。

本省村里制——以后简称省制——之村里,大概与国制之乡镇相当,其法律上性质亦与乡镇相同(《省村里制》第三条、第七条、第十条、第十二条、第十五条、第二十六条、第三十八条——《省村里制》简称《村里》)。

第三节　乡镇之构成

第一款　乡镇之区域

第一项　乡镇区域之界限

乡镇为地域团体,已如前述,则区域为其构成上之不可缺的要素,自无待言。确定乡镇区域之界限,实为自治制之第一要务。惟我国各市街村庄间之地界,向无明确境界,有之亦惟各地方地保之责任区域。所以法律对于乡镇区域,首先规定由县政府派员会同区长划定之(《乡镇》第三条,《县组》第八条)。其划定之标准,如原有明确境界之乡镇,依其原有区域(《乡镇》第四条)。如无明确境界者,则由区长召集有关系之乡长镇长协商后,呈县政府决定之。区长与乡长镇长协商,及县政府决定之标准,自应依据一般划界通例。本省村里制施行程序关于划界标准,有明确之规定,即:

一、各村里现有产业为准。但不得插花。

一、以山之分水岭为准。

一、以溪河沟涧为准。

一、以道路堤埂为准(《村里制施行程序》第八条——以后《村里制施行程序》简称《村里施》)。

凡施行《乡镇自治施行法》的省分的土地,自一律编入于乡镇。换言之即凡施行自治的省分的地方,无寸土不是乡镇之区域。观法意甚为明了，无待论证。但此单就陆地而言。若国家之领海，即乡镇沿岸的水面，是否亦为乡镇之区域。换言之乡镇既有支配其领域之自治权，这自治权可否及于其附近沿岸之水面。法律既无明文规定，不能遽下积极的断语。然从《乡镇自治施行法》第三十条第一项第十二款之规定推之，乡镇既有保护及取缔渔业之责，若其权力不及于沿岸领海或水面，何由尽保护及取缔之能事。又据《渔业法》既认省县有管辖所属之领海及水面之权责(《渔业法》第二条)①，县由乡镇集合而成，凡县属水面或领海，自应分属于各乡镇，为理之当然。况同法第七条固明白认作渔场为最近沿岸所属乡镇之区域②。所以总上推论，乡镇之对领海或水面问题，自以积极的解释，为较妥当。

村里区域之界限亦同(《村里》第三条，《村里施》第八条、第十条第一项第九款)。

第二项　乡镇之户数

凡一个村庄或一个街市，其固有户数在百以上者，即得独立编成一乡或一镇。其不满百户之村庄或街市，既不能独立为乡镇，则联合附近村庄或街市编为乡。一个村庄或一个街市之户数，只要其为固有的，即至数百户数千户，法律既无最高户数之限制，自依其固有区域编为乡镇，不成问题。此地所应研究者，即不满百户之小村庄或街市联合编成为乡，其应联合之村庄或街市之数，以何为准度，不无疑问。推法意，其联合村庄或街市之数，以各村庄或街市之户数之总和，能凑近法定基本数百户以上时止，较为适当。若无限制联合无数小村庄或街市，则区域

---

① 《渔业法》第二条　本法称行政官署者，在中央为农矿部。在各省为农矿厅，未设农矿厅者为建设厅。在各地方为渔业局，未设渔业局者为县政府。

② 同法第七条　法院之土地管辖，依不动产所在地而定者，以渔场最近岸沿所属乡镇或相当行政区域，作为不动产所在地。

辽阔,对于乡镇自治行政上易发生种种不便及弊端,固非所以设乡镇的自治组织之原意。但因地方习惯或受地势限制及有其特殊情形之地方,虽不满百户,法律既例外的允许其成为独立乡镇(《县组》第七条条文),则在同样例外的条件之下,自无不可联合比较多数不满百户之村庄或街市为乡。

村里之编成户数与国制乡镇之户数不同。国制乡镇之编成户数,除因特别情形,设有例外外,至少以百户为原则,已如前述。省制则无此制限,省制中虽有"区域过狭小,户口稀少者"云云(《村里》第五条)之规定,但极模棱含糊,对于户数仍大有伸缩余地。省制对户数最高数转设原则的规定(《村里》第四条)。在施行市制地方依户数划分为里,固为合理。若在地方繁盛市集,亦依制定户数编制,则往往将户数在千以上的本来整个的镇集,割裂为数个互相独立的里——自治团体。不但有削足就履之嫌,且与同制第三条矛盾。省制对于联合村之应联合的村之基准数,虽亦无制限,然有在平原不得过五里,在山乡不得过十里等距离上之制限(《村里》第五条),似较国制为明了。

第三项　乡镇对区域之关系

乡镇对于地域,积极的可以支配在其区域内任何人民,消极的可以排除其他乡镇或同级自治团体的自治权之行使。但有种种制限及例外,已详总论(参照第一编第二章第五节第二款第一项及第六节第二款第三项)。

村里对区域之关系亦同。

第四项　乡镇区域之变更

乡镇区域如前述依法定手续划定后,不是永久的绝对不能变动。有变动的法定原因发生时,自可依法定手续变更之。

第一目　区域变更之种类

区域之变更,可分为废置分合,及境界变更二种。废置分合是由新乡镇之设置，或旧乡镇之消灭而来之变动。如由不满百户之数个街市或村庄而编成的乡，其中村庄或街市之人口渐渐增加，超过百户时，各欲分立成为独立的乡或镇，于是将原来一个的乡，分而为数个独立的乡或镇。或本来互独立的数个乡或镇，因天灾地变时疫移民等结果，人口大为减少，不能为独立的乡或镇。于是将各独立的乡或镇废并而成一乡。或本为大镇，后因工商业发达，人口集密的结果，将四周乡镇合并，升而为市。或市周乡镇，因市扩大的结果，编入于市等等。均为发生区域变更之原因。

境界变更与废置分合不同。乡镇本身仍是各独立的乡镇，不发生废置分合的问题，不过相互间境界，发生变动时，谓之境界变更。例如乡镇之一方发达膨胀的结果，为自治行政上种种设施的便利起见，往往有要求对方，将其区域之一部分划入自方的情形。该时二方间的境界，自非变更不可。

第二目　区域变更之程序

区域变更之最高决定权在省政府。良以区域为乡镇构成上不可缺的要素，故特慎重将事。其程序为先由区长召集有关系乡长镇长会议，得两方同意后，绘制所变更区域或境界之图形，附以说明，及所以变更之理由书，呈请县政府转报省政府核准，并由省政府咨内政部备案（《县组》第八条，《乡镇》第三条）。

在原为二个以上乡或镇，合并而成为一个乡或镇的场合，可依《乡镇自治施行法》第四条之规定，类推适用。即将原有乡或镇之区域合并为一区域。本由二个以上村庄或市街联合而成之乡，各分立而为独立的乡或镇的场合，可依同法第三条第一项划定区域之程序。乡或镇间因授受而生区域一部分变动时，则依镇或乡间之契约。如遇两方争执时，应依同法第五条之规定决定之。

其次区域变更会议时,乡长镇长之权限如何?即乡长镇长对区域变更,是否有专断之权?抑或须经乡民大会或镇民大会之决议?或事后必须提交大会追认?法律既无明文规定,不无疑义。区域变更在废置分合的场合,系为乡镇本身之生死问题,依理自须经乡镇最高机关的乡镇民大会的决议,可无疑问。至于境界变动,虽与乡镇本身生死问题,无大关系。但事关为构成要素的区域之扩缩,在乡镇自属重要。在理应与废置分合的场合同断。况废置分合或境界变更的结果,同时自治公约的适用上,亦大受影响。换言之,即自治公约亦随之发生制定废改及适用范围之扩大或缩少等问题。自治公约之制定或修正,既为乡镇民大会之职权(《乡镇》第二十一条第二款),则为制定或修正自治公约的原因之区域变更,自非经乡镇大会之决议不可,实理之自明。所以亦应类推适用《乡镇自治施行法》第六条第二项之规定,乡镇长于参列变更区域会议前应先由乡公所或镇公所将变更区域之问题,提交乡民大会或镇民大会决议。在大会未开时,得呈请区公所核准行之。但仍须提交大会追认,乡长镇长不能有专断的权限。

第三目　因区域变更而生之事务上移接

乡镇因废置分合或境界变动的结果,关于因此而生之事务上移接问题,即新乡镇或新增区域的乡镇应如何接收前乡镇的全部或一部的事务?及前乡镇或新减缩区域的乡镇应如何将全部或一部的事务,移交于新乡镇或新增区域的乡镇?这个问题极为复杂。法律既无明文规定,惟有委诸各个发生区域变动问题时,具体的依照普通私法人间权利让授或继受的通例解决。至于移交或接收的形式上的程序,自应类推适用《乡镇自治施行法》第四十三条关新旧乡长或镇长移接之规定。

其次新乡镇或新增区域的乡镇的预算,自非从新编制不可。但预算一时不及编制时,则在新预算成立前,新乡镇公所或新增区域的乡镇公所应暂时作成预算,呈报区公所核准,转报县政府备案后执行之。前乡镇预算之全部或一部自应自变动之日起废止。但变动前所有决算,前乡镇仍负全责结束。

村里区域之变更,大概与乡镇区域变更相同。惟村里区域变更时,由关系村里委员会联合议决,呈报市县政府核准。与乡镇之单由乡镇长会议不同。又村里无村里民大会之组织,其最高机关,即为村里委员会。从法理推论,既以各关系村里之最高机关的村里委员会联合议决,即可为最后的决定,可不必再经村里民之议决或追认。盖此亦为与乡镇不同之一点(《村里》第六条、第二十六条,《村里施》第八条)。

第二款　乡镇之人民

人民为乡镇构成要素之一,与前款之地域相同。乡镇自治施行法关于公民及间邻居民,均有特别规定。对于公民及居民以外的一般人民,无任何规定。详言之,公民及居民以外的人民,以及在普通日常生活上之公民居民,对乡镇之应享有权利,或应负担义务,均无详明规定。从制度上评论,不能谓之非一大缺憾。虽说乡镇的人民即国家的人民,关于一般人民之权利义务,将来可规定于宪法中,以资补救。但宪法中所能规定者,是规定人民在国民的地位之权利义务。在地方制度中所应规定者,是团体员的人民对为团体的乡镇间之权义关系,其性质完全不同。况宪法须俟至宪政时期,方可颁布。即有详细规定,在目下训政时期之一般人民,将何所依据,而享受其权利,或履行义务呢？这个问题应如何解决呢？按现行地方自治制,即《县组织法》《区自治施行法》及《乡镇自治施行法》等,其所根据而制定者,无非是总理遗教。吾人只有引据总理之《地方自治开始实行法》的遗教,来补充制度之不备。按《地方自治开始实行法》里有说"不论土著或寄居,悉以住居是地者为准,一律造册,列入自治之团体,悉尽义务,同享权利"。又指示具有下列特别情形者,能享权利而不必尽义务。

一、未成年之人(成年年龄《民法》已有规定,当依据《民法》)[①]悉有享受地方教育之权利。

二、老年之人(老年年龄及供养方法内容当随各地方情形及经济状况,由乡镇定之)悉有享有地方供养之权利。

三、残疾之人(残疾之程度,当以不能自力谋生及医治者为限)有享受地方医治供养之权利(其供养方法及内容,由乡镇定之)。

四、孕妇于孕育期内免一年之义务,而享有地方供养之权利(孕妇享受地方供养,亦以不能自给者为限。其供养方法及内容,由乡镇定之)。

除上列四者外之一般人民——自包含在日常生活上之公民及居民——对于乡镇,即应尽团体生活上所应尽的义务,及享有团体生活上所可享的权利。

一般人民中之具有《乡镇自治施行法》上之公民资格及居民资格者,然后方可享受公民或居民之权利,及负担公民或居民之义务。兹就《乡镇自治施行法》中所规定之公民及居民,分项说明之如下。

第一项　公民

第一目　公民之义务及其语源

凡可参与县区乡镇之公共事务——自治行政的人民,谓之公民。从主权在民的理想说起来,凡有中华民国国籍的任何人民,均应有参与自治行政的权利。然欲期政治之理想的圆满地运用,自非稍加以限制不可。即如知识能力不充分的人民,及其他品性不良、劣迹已著的人民,或已丧失为国民的人格的人民等,即使参与,对政治亦有损无益,自非除外

---

① 《民法》第十二条　满二十岁为成年。

不可，实亦政治上万不得已的事情。现行制于一般人民中具备一定资格及条件者，即知识能力已相当发达，适于参与政治；对于所住地已发生相当爱护观念，并对于自己已有相当觉悟，经法定意思表示者，始与以参与公务之机会及资格。有这种资格及机会的人民，就叫之公民。

公民二字，本非我国固有的观念，其源发于德国。公民即德语之Bürger，公民权即德语之Bürgerrecht。德国的Bürger及Bürgerrecht的语，最初发达于都市。欧大陆当中世封建制度时代，诸侯割据，互相争城夺地，岁无宁日。当时各诸侯最所焦心苦思谋筹者，厥惟战费。地方农村均因战祸疲弊，已罗掘无门。于是均向产业发达、资力丰厚的都市筹借。都市亦向诸侯取得各种政治上的特权以为交换。寖假都市遂成为自主独立的团体。但都市中之握自主独立之权者，即为对诸侯借款，出多量金钱之人民。尽相当义务，必可享相当权利，亦为当然之理。这种握市政权之人民及参与市政之权，即为"公民"及"公民权"之语源。其后诸侯衰削，王政复古，一时盛行中央集权政策，自治的都市亦渐就消灭。不久自由民权之思想勃兴，自法国大革命起后，欧洲大陆思想益起变动。法学上亦唱自然法学说，以谓人类生来自由平等的。地方团体其本质，亦元来是自然的存在，为有独立处理地方事务的能力之人格者。这种思想影响于普国宰相舒坦因氏的地方制度的创设上。即以这种思想为地方制度之根底。舒氏又鉴自治之实际运用上，及向来沿革上，对市村里人民中之具有特定条件者，与以参与公务之权。具特定条件之人民，呼之为Bürger。参与公务的权，名之为Bürgerrecht。其后遂为各国所采用。

第二目　公民之要件

普通人民应具何种资格及条件，方可以为公民呢？第一，积极的要件，即为公民者必不可缺的要件。第二，消极的要件，即为公民者必不可有的情事。兹分述于后：

第一　积极要件

公民的积极要件为：一、中华民国人民。二、在本乡镇区域内居住一年或有住所达二年以上。三、年满二十岁。四、宣誓。五、登记（《乡镇》第七条第一项）。更将这五个要件，分析研究之。

一、中华民国人民　关于这件大概容易明了，毋庸说明。只要其已取得中华民国国籍者①无论其原为任何国人的男女，均所不论。

---

① 《国籍法》第二章　国籍之取得
　　第二条　外国人有下列各款情事之一者，取得中华民国国籍。
　　　　一　为中国人妻者。但依其本国法保留国籍者，不在此限。
　　　　二　父为中国人，经其父认知者。
　　　　三　父无可考或未认知，母为中国人，经其母认知者。
　　　　四　为中国人之养子者。
　　　　五　归化者。
　　第三条　外国人或无国籍人，经内政部许可，得归化。
　　　呈请归化者，非具备下列各款条件，内政部不得为前项之许可。
　　　　一　继续五年以上，在中国有住所者。
　　　　二　年满二十岁以上，依中国法及其本国法为有能力者。
　　　　三　品行端正者。
　　　　四　有相当之财产或艺能，足以自立者。
　　　无国籍人归化时，前项第二款之条件，专以中国法定之。
　　第四条　下列各款之外国人，现于中国有住所者，虽未经继续五年以上，亦得归化。
　　　　一　父或母曾为中国人者。
　　　　二　妻曾为中国人者。
　　　　三　生于中国地者。
　　　　四　曾在中国有居所，继续十年以上者。
　　　前项第一第二第三款之外国人，非继续三年以上，在中国有居所者，不得归化。但第三款之外国人，其父或母生于中国地者，不在此限。
　　第五条　外国人现于中国有住所，其父或母为中国人者，虽不具备第三条第二项第一款第二款及第四款条件，亦得归化。
　　第六条　外国人有殊勋于中国者，虽不具备第三条第二项各款条件，亦得归化。
　　　内政部为前项归化之许可，经国民政府核准。
　　第七条　归化须于国民政府公报公布之。自公布之日起，发生效力。
　　第八条　归化人之妻，及依其本国法未成年之子，随同取得中华民国国籍。但妻或未成年之子，其本国法有反对之规定者，不在此限。

（转下页）

二、在本乡镇区域内居住一年,或有住所达二年以上　关于这一件应分二起说明之:

甲、在本乡镇区域内居住一年,这居住二字,即《民法》总则第二十条之"以久住之意思,住于一定之地域"的意义。① 换言之,其所居住的场所,即为居住者之民法第二十条所规定之住所。亦即为居住者之生活活动之中心根据地。居住者既自始以久住之决心,来住是地,对于当地之公共事务,自为容易发生爱护心。所以法律仅以一年为期。一年满后,即可与以参与当地公务之机会,当不致发生弊害。

乙、在本乡镇区域内有住所达二年以上,这里住所二字,从字面观之,虽与《民法》第二十条之住所相同②,但其意义乃是《民法》第二十二条之居住③。因光是有住所而无久住之意思者,或久住意思之有无不明了的场合,特于住所之上加一个有字以别之。如这种单有住所而无久住之意思或久住意思不明的人民。换言之,即有无爱护本乡镇之心,尚无

(接上页)第九条　依第二条之规定,取得中华民国国籍者,及随同归化人取得中华民国国籍之妻及子,不得任下列各款公职。
　　一　国民政府委员,各院院长,各部部长及委员会委员长。
　　二　立法院立法委员,及监察院监察委员。
　　三　全权大使公使。
　　四　海陆空军将官。
　　五　各省区政府委员。
　　六　各特别市市长。
　　七　各级地方自治职员。
前项限制,依第六条规定归化者自取得国籍日起,满五年后,其他自取得国籍日起,满十年后,内政部得呈请国民政府解除之。

① 《民法》第二十条　以久住之意思,住于一定之地域者,即为设定其住所于该地。一人同时不得有两住所。
② 见上注。
③ 《民法》第二十二条　遇有下列情形之一者,其居所视为住所。
　　一　住所无可考者。
　　二　在中国无住所者。但依法须依住所地法者,不在此限。

客观的证明事实的人民,若遽与以参与本乡镇公务之权利,转非所以慎重公务,而设公民制度之本意。所以法律特以二年为期,较自始决心久住斯土之人民的年限长一倍。其理由,无非欲使其与闾邻住民,发生更亲密关系,以煦育其爱护本乡镇之心。亦以杜不肖者临时设住所,用以操纵或捣乱他乡镇公务之机会,及公民权之滥用。

公民在本来久住地方,固可行使其公民权。同时在已有住所达二年以上之他乡镇,亦可行使公民权。其结果岂不是一个公民,同时可行使二个以上之公民权吗?法律既无明文制限,自不能遽下消极的断语。但这个问题,应分段研究:(1)一个公民在原则上可否行使二个以上之公权?(2)如一个公民同时只能行使一个公民权,则应行使那个地方的公民权?

(1)人民一律平等,是近世民权思想的根本原则。即总理所说"必要各人在政治上的立足点都是平等"的意思。国家所赋与人民之公民权。凡有公民资格的人民,自应享有等量的权利。换言之,即每个公民只能有一个公民权。不应以各个人民的经济上或其他社会地位上之优越,而享受比他人优越的权利,方符平等之原则。本件从条文字面解释,虽非不可以作一人可享二个以上之公民权的解释。但其规定之重心,在于享受公民权者之必备条件,并非默认一个人可享受二个以上公民权的意思。况根从民权思想之原则上立论,更非如此解释不可者乎。

(2)一个公民同时只能享受一个公民权,已如前述。但设有某甲者本为居住 A 乡之公民,同在 B 镇有住所已逾二年以上,依法在 B 镇亦可行使其公民权。则某甲之行使公民权(a)应在 A 乡呢?抑应在 B 镇?(b)设或 B 镇和 A 乡之乡民大会及镇民大会之会期,不是同时。则某甲出席于 A 乡民大会后,至 B 镇民大会开会时,复可出席行使其公民权吗?凡此等要点,法律均无明详规定,为规定实体兼程序的《乡镇自治法》之极大缺憾。

（a）从《民法》第二十条一人同时不得有两住所之法意①及本要件侧重于居住一方推论,某甲应首先在 A 乡行使其公民权为原则。因久住地终究比寄寓地的关系来得密切的缘故。若本人愿在有住所的 B 镇行使时,则从本人意思。为尊重个人自由意思起见,自无不可。至于（b）的问题,只有以选举年度为准,以较允当。如本年度已表示愿在 A 乡行使,则该年度之公民权,只许在 A 乡行使。如欲在 B 镇行使,只有俟诸次年度。不许在同一年度内,忽而在 B 镇,忽而在 A 乡行使公民权,以淆乱法律秩序,而阻碍公务进行。

三、年满二十岁

普通人到二十岁前后时,大概身体发育,智识亦发达,对事情之利害得失,已能充分辨别。参与公务,其得失所及,辄系全乡镇区县之幸福。非智识发达,而能熟权利害者不可随便参与。所以法律规定年满二十岁为公民要件之一,职此故也。满二十岁者,自出生之日起,依民法第一百二十三条及第一百二十四条之规定计算②满二十年时,即为成年之时期。

四、宣誓

私权为一个人利益而设。其行使与否,或如何行使。听权利者个人之自由,其影响于社会者少。至公权之行使与否,及其行使之方法如何,因公权直接为谋共同生活之安宁幸福而设,其影响于社会共同生活者必

---

① 见第 601 页注①。
② 《民法》第一百二十三条　称月或年者,依历计算。
　　月或年,非连续计算者,每月为三十日,每年为三百六十五日。
　　第一百二十四条　年龄自出生之日起算。
　　出生之月日,无从确定时,推定其为七月一日出生。知其出生之月,而不知出生之日者,推定其为该月十五日出生。

大。因此法律特规定欲享受公民权者,于前述物的要件之外,再加以心的要件,即宣誓。若个人对公共生活,已有觉悟,愿捐弃一切自私之念,忠诚奉公时,国家始与以公民权,方可期其公民权之为最善的行使。在人民亦因有背誓的重大制裁的缘故①自少明目张胆的滥用公权,以自陷于罪累的行为。宣誓即为自愿捐弃一切为私之念,忠诚奉公的觉悟之意思表示。这种意思之表示须赴乡镇公所,或乡镇公所筹备处,亲自签名于誓词,在区公所派员监视之下,举行严重典礼。其誓词式如下:

□□□正心诚意,当众宣誓:从此去旧更新,自立为国民。尽忠竭力,拥护中华民国,实行三民主义,采用五权宪法。务使政治修明,人民安乐,措国基于永固,维世界之和平。此誓。

中华民国　　年　月　日　（签字）　立誓（《乡镇》第八条）

五、登记

登记为公民积极要件中之法的要件。人民虽已具备前述诸要件,若不登记,在法律上仍未取得公民的资格。盖国家尚未公式的承认其为公民也。乡镇公所登记后,公民的积极要件始全完备,人民始完全取得公民的地位。登记在乡镇公所一方面因为造具公民名册之一程序,但他方面亦兼有检查来登记人民之有否齐备公民的积极要件及有否公民缺格

---

① 普通人民背誓者,除由背誓而来之行为,有触犯刑事法规时,即据据其行为,为刑事上的制裁。或背誓有时为动机或犯意之证明事实外。对于背誓本体,初不议处。惟党员背誓时,要受《党员背誓罪条例》之制裁。公民而为党员,自当适用同条例,固不待论。至非党员的公民背誓时应如何处遇,不无问题。按公民虽未入党,不能谓之党员。但一经当众宣誓,愿尽忠竭力,拥护中华民国,实行三民主义,采用五权宪法后,其对国家所处的地位,已与以党救国、以党治国的国民党党员的地位相同。所以宣誓后公民背誓,应以准党员论,较为合理。即背誓时,亦应受同条例之制裁。

情事的作用。在登记时如乡镇公所发见有《乡镇自治施行法》第七条第二项公民缺格情事之一时，乡镇公所应指摘证据事实，为拒绝登记之裁决。关于这点法律又无直接明文规定。但按同法第十条乡镇公所于公民登记后，发觉上开第七条第二项公民缺格情事之一时，犹有呈由区公所转请县政府，取消其公民资格之权。由此类推，在登记之初，乡镇公所自应有审查及拒绝之权。按照登记之原理及作用推论，亦以如此解释，最为合理。在这种场合，乡镇公所除有疑难复杂情形，不能自行决定者外，似不必呈由区公所转请县政府裁决。但人民对于乡镇公所所为拒绝登记之裁决不服时，可抗诉于区公所。对区公所之裁决仍不服时，可上告于县政府。虽亦无明文规定，但为法理上自明之理。

乡镇公所将登记公民制成公民名册三本。一存公所，一呈存区公所，一检同誓词，汇请区公所转呈县政府备案。在乡镇公所未成立时，由区公所登记者亦同。即一本存区公所，一本连同誓词，汇报县政府备案。乡镇公所成立时，即将其他一本移交于乡镇公所（《乡镇》第九条）。

第二　消极要件

消极要件，即为公民者必不可有的情事。法律规定为五款：一、有反革命行为经判决确定者。二、贪官污吏土豪劣绅经判决确定者。三、褫夺公权，尚未复权者。四、禁治产者。五、吸用鸦片或其代用品者。人民如有这种情事之一者，虽具备积极要件，亦不得为公民享受公民权。兹将这五种情事，逐款说明之：

一、有反革命行为，经判决确定者

构成本款情事，须具备二种要件。即甲、有反革命行为。乙、因反革命嫌疑，经审判机关为有罪之判决而已确定者。

甲、反革命行为　凡为反革命行为者，谓之反革命。反革命行为为：

（1）意图颠覆中国国民党及国民政府或破坏三民主义，而起暴动。

（2）意图颠覆中国国民党及国民政府或破坏三民主义，而与外国缔结损失国家主权利益或土地之协定。

（3）利用外力或外资，勾结军队，而图破坏国民革命。

（4）凡以反革命为目的而有（a）以炸药烧毁或其他方法，损坏铁路或其他交通事业及关于交通各种建筑物或设法使不堪用之行为。（b）引导敌人军队船舰，使侵入或接近国民政府领域之行为。（c）盗窃刺探或收集政治军事上之重要秘密消息文书图画，而交付敌人之行为。（d）制造收藏贩运军用品之行为。（e）以款项或军需品接济反革命之行为。

（5）宣传与三民主义不相容之主义，及不利于国民革命之主张。

（6）凡以反革命为目的，组织团体或集会。

（7）凡（1）至（3）所列行为之预备或阴谋。（以上参照《暂行反革命治罪法》第一条乃至第七条、第九条）

乙、社会情形复杂万分，人之行为亦诡谲百出。除彰明昭著，一望而知其为反革命行为者外，普通的反革命行为之是否触犯反革命治罪法，在普通无刑事学识者不易判断。况人心不古，亦难免有借端诬陷之者。所以法律规定虽有反革命行为，亦必经审判机关之侦审，审判机关侦审结果，已判断其确为反革命行为，为有罪之判决。然仍防万一有错误，故又特予以上诉机会，使受罪者万无不白之冤。此法律所以又规定虽判决有罪，必至判决确定，方认为构成公民缺格之要件。盖亦保障人权之至意也。判决确定者，判决后经过上诉期限，被告不为不服上诉时，判决因此确定。此后对判决,再不能用上诉或故障等方法攻击之之状态也。同时判决遂发生执行力。①

二、贪官污吏土豪劣绅经判决确决定者

构成本款缺格情事,亦必具备二种要件。甲、有贪官污吏土豪劣绅之行为。乙、经审判机关为有罪之判决而已确定者。

甲、贪官污吏土豪劣绅之行为,再分二起说明之:

(1)贪官污吏之行为　官吏而贪污者,谓之贪官污吏。官吏即《刑法》之所谓公务员,即职官吏员及其他依法从事于公务之议员及职员之总称也。② 自治团体之公吏职员(详细说明见后)亦包括在内。公务员而有《刑法》第四章所规定之行为者即为贪官污吏。其行为为:

(a)对于职务上之行为,要求期约或收受贿赂或其他不正利益。

(b)对于违背职务之行为,要求期约或收受贿赂或其他不正利益。

(c)对于处理或审判之法律事件,要求期约或收受贿赂或其他不正利益(此系对于有审判职务之公务员或公断人而言)。

(d)在未为公务员时,预以职务上之行为,要求期约或收受贿赂或其他不正利益,而于为公务员后履行之之行为。

(e)明知法律而故为出入之行为(此系对于有审判职务之公务员或公断人而言)。

(f)意图取供而施强暴胁迫;及明知为无罪之人,而使其受追诉处罚;或明知为有罪之人,而无故不使其受追诉处罚之行为(此系对有追诉

---

① 《刑事诉讼法》第三百五十八条　当事人对于下级法院之判决有不服者,得上诉于上级法院。
第三百六十三条　上诉期限为十日,自送达判决书后起算。但于判决谕知后送达前之上诉亦有效力。
第四百七十六条　裁判于确定后执行之。但有特别规定者,不在此限。
② 《刑法》第十七条　称公务员者,谓职官吏员,及其他依法令从事于公务之议员及职员。

犯罪职务之公务员而言)。

(g) 违法执行刑罚(此系对有执行刑罚职务之公务员而言)。

(h) 对于租税及各项入款,明知不应征收而征收;及对于职务上发给之款项物品,明知应发给而抑留不发或克扣。

(i) 对于主管或监督之事务,直接或间接图利(参照《刑法》第四章)。

(2) 土豪劣绅之行为　人民而有《惩治土豪劣绅条例》中之行为者,谓之土豪劣绅。其行为为:

(a) 武断乡曲,欺压平民,致伤害。

(b) 欺人之孤弱,以强暴胁迫行为而成婚姻。

(c) 因资产关系而剥夺人身体自由。

(d) 重利盘剥。

(e) 包庇私设烟赌。

(f) 挑拨民刑诉讼,从中包揽,诈欺取财。

(g) 胁迫官吏为一定或不为一定之处分。

(h) 逞强纠众,妨害地方公益或建设事业。

(i) 伪造物证,指使流氓,图害善良。

(j) 持强怙势,勒卖勒买动产或不动产。

(k) 盘据公共机关,侵蚀公款,或假借名义,敛财肥己。

乙、事实上虽已有前述贪官污吏土豪劣绅行为之嫌疑,若未经审判机关侦审属实而已判决者,在法律上仍不能谓之贪官污吏土豪劣绅。判决而已经确定,乃始受贪官污吏土豪劣绅之待遇,剥夺公民权。与前款有反革命行为者相同。(参照前款)

此款之贪官污吏土豪劣绅及前款之反革命者,一经有罪判决确定后,推法意,是为终身的公民缺格原因。即终身不能享受公民权。因一,法律对这二款只言经判决确定,而未言缺格效力之消灭期限。二,按刑法凡宣告六月未满有期徒刑拘役或罚金者,不得褫夺公权之规定推论。① 若贪官污吏土豪劣绅所受之刑罚较轻,设其为罚金时,则判决虽已确定,一经依判缴纳罚金,而身仍自由,且未褫夺公权的缘故,即得享受公民权,似与法律特规定"经判决确定者"之用意矛盾。三,犯其他罪,虽经褫夺公权,一俟褫夺公权期满,即可复权。若贪官污吏土豪劣绅之褫夺公权者,亦同此论断,则尽可于第三款褫夺公权一项包括之,何必特设此二款以别其他罪犯呢? 良以贪官污吏土豪劣绅为国蠹民贼,反革命者为新中国之公敌,国民应决然弃之绝之,使永无参与公务之机位。然后民众利益,始可保障,党治精神始可发展,国民革命可期完成,新中国可望欣欣向荣。故法律特首先特别规定二款,以别其他罪犯。总上推论,凡反革命者及贪官污吏土豪劣绅之受有罪判决者,无论有否褫夺公权,一经判决确定后,即终身不能为公民而享受公民权。

三、褫夺公权尚未复权者

褫夺公权②为从刑之一种③。依《刑法》之规定④,无期褫夺公权者,无复权之期,自是终身不能为公民。有期褫夺公权者,其褫夺公权之期限,自主刑执行完毕或免除之日起算,至期满时,即为复权,仍得享受一

---

① 《刑法》第五十八条 宣告六月未满有期徒刑拘役或罚金者,不得褫夺公权。
② 《刑法》第五十条 从刑之种类如下:
　　一 褫夺公权。
　　二 没收。
③ 《刑法》第五十七条 褫夺公权分为无期及有期。
　　有期褫夺公权以一年以上十五年以下为限。
　　宣告死刑或无期徒刑者,其褫夺公权为无期。
　　宣告十年以上有期徒刑者,其褫夺公权为无期或有期。
　　宣告六月以上十年未满有期徒刑者。其褫夺公权不得逾十年。
④ 《刑法》第五十九条 褫夺公权于裁判时,并宣告之。
　　褫夺公权于裁判确定时,发生效力。但有期褫夺公权之期限,自主刑执行完毕,或免除之日起算。

切公权。① 受有罪之判决,而未受褫夺公权之宣告者,在徒刑拘役执行期间,或罚金未缴纳以前,自不能享受公权。盖私的生活之自由,都受拘束,公生活上权利之应受剥夺,亦理之当然。

四、禁治产者

心神丧失或精神耗弱,致不能处理自己事务,由本人配偶或最近亲属二人之声请,受法院为禁治产之宣告者,谓之禁治产者。② 对于自己事务都不能处理的人,其无处理公众事务的能力,更不待言。此法律所以列为公民缺格情事之一。如禁治产之原因消灭,已由法院撤销其宣告时,则本人必在已回复常人状态,同时亦应恢复其为公民的资格。

五、吸用鸦片或其代用品者

鸦片之毒,以其言有吗啡(Morphin)也。故凡含有吗啡而非以鸦片名者,如各种戒烟丸等,其实仍是鸦片。又其毒分虽非吗啡,而有与吗啡类似之功效者,例如高根(Cocain)、安洛因(Heroin)及其化合质料等——如金丹红丸等,即此地之所谓鸦片代用品。③ 吸用云者,除吸食外,施打吗啡或其他代用品的针,亦包括在内。又光是偶尔当作药剂吸用者,非此地之所谓吸用。此地所谓吸用,是指吸用而成常瘾者而言。

---

① 《刑法》第五十六条　褫夺公权者,褫夺下列资格。
　一　为公务员之资格。
　二　依法律所定之中央及地方选举,为选举人及被选举人之资格。
　三　入军籍之资格。
　四　为官立公立学校职员教员之资格。
　五　为律师之资格。
② 《民法》第十四条　对于心神丧失或精神耗弱,致不能处理自己事务者,法院得因本人配偶或最近亲属二人之声请,宣告禁治产。
禁治产之原因消灭时,应撤销其宣告。
第十五条　禁治产人,无行为能力。
③ 参照《刑法》第十九章鸦片罪各条之规定。

凡现在吸用而成瘾者,方为公民缺格情事之一。如前虽曾吸用,而现戒除者,当然不在此限。

村里制关于一般人民——住民的权利义务,亦无原则的规定,与乡镇制相同。惟村里制一般住民,在村里委员会会议时,对村里地方公共事务,有提案之权。与国制之限于公民者不同。其他应与国制同样解释。关于公民资格之规定,二者颇多出入。第一积极要件,村里制只要是村里住民,有本国国籍,年龄在二十岁以上者,即有选举邻长之权而为公民。(一)村里住民云者,即《民法》之所谓以久住之意思,住于村里之地域者。换言之,在村里有《民法》第二十条之住所者,即为村里住民。只要能证明,有久住之意思,在村里设住所以作生活本据者,即可成立要件。初无时间上之制限,亦无如国制之或有住所达二年以上的选择规定,此其不同者一。(二)不必经宣誓,此与国制不同者二。(三)无如国制之登记规定。村里委员会于整理公民人数时,事实上自非有类似登记之行为不可。或认为已包括于《村里制》第十条第一款之人事登记事项中的解释,亦未始不可。但此等事实或规定,均不足认登记为公民之要件。因登记非公民之要件,村里委员会之关于公民登记行为之作用及权限如何,自难揣断。第二消极要件,即缺格情事,大体与乡镇制相同。惟有共产及其他反动之言论行为者,和有土豪劣绅之事迹者二款,光是有此等行为,即成为除斥原因——缺格情事。而无国制之必经判决确定后的制限。在此社会事象复杂,人心不古之时,实为多起纷纠之原因。起纷纠后,其结果或许亦必至为国制之经判决确定,始得解决。但其间社会已受其纷扰不堪,甚或影响于自治事务进行,亦属意中事。第三款有精神病者,其病之程度,亦无明确规定。大概指心神丧失,致不能处理一切事务者而言。转不如国制之明指禁治产者为愈。其范围虽较省制之有精神病者狭小,但可免许多无谓的纷争。第四款吸食鸦片或服用其他麻醉药品者,第五款褫夺公权尚未复权者,与国制相同(《村里》第十四条、第十条)。

第三目　公民之权利义务

公民有出席乡民大会或镇民大会,行使选举罢免创制复决,及其他属于乡民大会或镇民大会职权之权(《乡镇》第七条第一项、第二十一条),和出席闾邻居民会议之权。关于出席闾邻居民会议一点,虽无明文规定,公民亦即各闾邻之居民,而出席闾邻居民会议之积极要件为在区域内居住一年或有住所达二年以上,年满二十岁之男女之数者(见后居民款)。但这数件亦均为公民之已备要件,所以公民有出席闾邻会议之权,自属理之当然,毋庸规定。公民有履行誓词之义务。详言之,公民应有实行三民主义,采用五权宪法之义务。对于履行这种义务,又应尽忠竭力。即对于公民的职务,负有应尽忠竭力的义务。如公民已具备法定资格(见后),而被当选为乡长、副乡长、镇长、副镇长及乡镇监察委员时,即不能无故辞而不就职。如无正当理由,辞而不就,即为违背尽忠竭力之义务。虽说公选的公职,其就与否,从尊重个人的自由意思立论,自应经被当选者之承诺。又因被当选者此后对于乡镇发生特别服务关系的缘故,二者之意思,尤有一致的必要。但经宣誓后,公民对于被当选后就职之事,应有预期,即无异已经宿诺。所以至真当选时,再表示不就,是实为悔诺背誓,而违反义务。从理论作如此解释,似较允当。乡长、副乡长、镇长、副镇长及乡镇监察委员,均为无给职(《乡镇》第二十条)。趋逸避劳,本人之常情。况际此人民知识未开,奉公之心未发达之时,其必多当选规避,实亦意中事。这种当选规避之人,即违反誓约义务者,因未犯罪章,既不能以《党员背誓条例》绳之。而法律又未有如各国之停止公民权或加税等等之制裁的规定。实为立法政策上之大失策。其救济方法,惟有赖各乡民大会镇民大会或区民大会之自动的制定强制的方法或制裁的罚则,于乡镇公约或区公约。但这等强制方法或制裁罚则,均为制限人民自由权之事,依理应由中央颁布制裁方法的原则,方合法治之精神。

村里制公民权为邻长选举权及对村里委员会之提案权二者。公民之具备《村里制》第十六条村里长村里副闾长邻长之要件者,除有疾病或精力衰弱,不能常任职务者,及确有他项职业,不能常居境内者外,被当选为村里长村里副闾长邻长时,有就职之义务(《村里》第十七条)。但对于无上述二款情事,辞而不就者,亦无制裁的规定,正与国制同病。

第四目　公民权之取得及丧失或停止

人民之无公民缺格情事者,积极要件中之国籍年龄居住三者均完成后,即可赴乡镇公所宣誓登记。誓宣登记完讫,即为取得公民权之时。公民之消极要件,有一件完成时,即为丧失或停止公民权之时期。如反革命或贪官污吏土豪劣绅的场合,则自判决确定之日起,此后永久丧失其公民权。如褫夺公权禁治产及吸用鸦片或代用品的场合,至其复权,禁治产之撤销或断瘾为止,停止其公民权,即暂时丧失公民资格。

第二项　闾邻居民

闾邻为构成乡镇的下层组织(详见后)。其团体事务虽不如乡镇之复杂,然处理事务不得其当,则人民之受害相同。故法律对闾邻人民之参与闾邻事务者,亦加以相当制限,即设一居民资格以限制之。凡可以出席闾邻居民会议,选举或罢免闾长邻长,及参与其他闾邻公共事务者,谓之居民。以别其他无此资格之闾邻人民(《乡镇》第十九条)。

第一目　居民之要件

居民之积极要件为:一、在闾邻区域内居住一年或有住所达二年以上,二、年满二十岁。关于这二件之说明,已详公民款,兹不赘述。惟应注意者:(一)如已具备这二要件时,无论任何外国人民,依《乡镇自治施行法》第十九条文面解释，均得为居，出席居民会议。如有出席居民会议之资格，即可被当选为闾长邻长(《乡镇》第十九条第二项)。然依《国籍法》第九条第一项第七款之规定[①]，固无论外国人，即已归化之外国人，亦不得任各级地方自治职员。二法规定相反，应何所适从呢？外国人在内地聚数十百户而居，在在皆是。领事裁判权撤销及租界地收回后，自应一律受中国法律之支配。即纯为外国人聚居地方，亦应依法编制为乡镇闾邻。在这种场合又将如何处遇呢？纯为外国人聚居地方，因外国人不得为公民，其自治行政，将如何处理，惟有俟诸将来国际条约决定。关于杂居于中国人间之外国人，除得享受及负担乡镇一般人民所能享受及负担之权利义务外，依国籍法之规定，不得享受居民权，作如此解释，似较允当。(二)譬如某甲本来居住于同一乡或镇之第 a 闾第 b 邻，又在第 c 闾第 d 邻有住所达二年以上时，其所发生问题，正与公民的场合相同。即某甲可行使二个以上之居民权吗？如只能行使一个居民权，则其行使地应在何处？凡此等问题，应同公民的场合同一论断。

居民之消极要件，与公民的消极要件，完全相同(《乡镇》第十九条)。参照公民款。

第二目　居民之权利义务

居民有出席闾邻居民会议，议决法令范围内一切自治事务(乡镇第七十四条第二项)，决定闾邻经费筹集方法(第七十一条)，及审查闾邻经费收支之权(第七十七条)；和行使选举或罢免闾邻长之权(第十九条)。居民被选为闾长或邻长时，有就职之义务。无故违背义务，辞不就职时，应如何制裁，虽法无明文，应参酌前述公民款的办法处理。

村里制无闾邻居民会议之组织。

---

① 见第 600 页注①。

第四节　乡镇之自治权

第一款　自治权之基础

人类既族聚群居，为谋共同生活上之福利繁荣，自不能不有所组织而共同活动。这种为共同活动而组织的集合体，本为社会的实在存在，与法律初不发生关系。国家因欲谋其正常发达繁荣，势非有以指导之规律之及保障之不可，乃制定自治法规，示以一定目标以指导之，一定范则以规律之，分授治权一部分之一定权力以保障之。于是这种社会存在的集合体，由实在的存在一变而为公法上的存在。对国家发生种种法律关系。这种由国家赋予的一定权力，在自治团体——乡镇区等，即称之为自治权。所以自治权是由国家授予，而以法律为其基础。①

---

① 观历朝制度，关于地方行政，虽有类似现代式自治制度之编制。但考其所经管事务，大概不外按比户口、催征赋役、纠举奸宄、劝课农桑，等等，大半是国政事务。虽亦有直接为人民谋福利而设施，然均消极的而非积极的。考其当事人员，大多数是国家委派的小官吏，虽间有民选者，然皆对国家负责，所以是被动的而非自动的。考其依编制所组织的团体之性质，则只有对国家共同负担治安上催征上等种种义务，而不能对国家可以主张权利。又是所谓义务的组织而非权利的团体。虽未尝积极的允许人民团体，关于其共同生活上之事务，对国家有可要求任何权利。但对人民之自动的为谋共同利益所为之活动，亦默许不其加干涉（所谓放任主义）。吾人祖先在这种政治环境之下，自动的自谋族群繁荣之道，以生以养，以至于今。从民族的质地上观察，虽少改善之绩——或许是退后，因体格和知识，在国际民族上已为落伍者。但从民族数量上观察，不能谓非自动的努力之功。这种自动的活动，均因政治组织不良，国家未予以合理的利导和保护，所以其组织多杂乱无章，其进行程序又无一定系统，致未能遂其健全的和理想的发达。这种公众活动的实在存在，其精神实近近代式的自治活动，已如前述。现今国家制定自治法，实行自治，即对于这种由历史上发达而来的实在存在的社会集合体，用国家的力量和法律来整理之保障之，使其正常的发达繁荣而已。

第二款　自治权之作用

国家既为地方团体之自动的活动和正常的发达繁荣起见,特予以自治权以保障之。这种自治权之效力,不但可及于为团体员的人民和在团体区域内之非团体员的人民及物,并且及于团体之公共事务。兹为说明便利起见,依自治权作用之不同,分为组织权、公约制定权、公共事务经管权、调解权、监察权及财政管理权之六者。除财政管理权,在后另款说明外,逐项述之于后。

第一项　组织权

凡法人——自然人以外的法律上有人格者之第一紧要事务,无过于组织之权力。因法人不如自然人之有自然的身体感官,必须先有组织——机关,而后始可行使权利负担义务。譬如国家必先有组织政府之能力,而后始可为国家的活动。私法人如公司等必先有经理监察等之组织,而后方可着手于营业上之活动。这种首先为团体组织之权限,谓之组织权。组织权又包含有二个作用:一个为定组织大纲之作用。一个为实行组织之作用。乡镇为公法人之一种,当然应有这种组织权。但乡镇所有组织权中之定组织大纲之作用,大受制限。与私法人之得随定款而自由定组织大纲者不同。因乡镇以执行公共事务,为其生存目的,其组织大纲如何,能直接影响于事务之进行。事务之良窳,又直接影响于国家之隆替。所以国家对于乡镇定组织大纲,不取放任主义,先于法律内详明规定之。例如乡镇民大会、乡镇公所、乡镇监察委员会等之组织内容,均有详密的规定。乡镇之意思关于这方面,少自由活动之余地。仅对于事务员乡丁镇丁之人数职务及待遇等,保留其有自由决定权(《乡镇》第四十四条)。关于实行作用即组织的行为,除因人民政治训练未成熟时期,即在区长民选以前,其组织行为半受官厅制限外(《县组》第四十五条),

乡镇要怎样组织或改组,即选举或罢免,均为乡镇之自由,国家不加干涉(《县组》第四十二条、第四十三条)。

第二项　公约制定权

公约在乡镇之地位,实与法律在国家之地位相同。法律为国民尽人所应遵守,公约亦为乡镇人民尽人所应遵守。换言之即其效力所及,及于乡镇内任何人民。公约制定权,实为乡镇之立法权。学者特名之为自主权,以别其他自治权。关于公约之内容,法律除设"不抵触于中央及省县法令规则之范围内"的外延制限外,无任何规定。乡镇在这种制限范围内,当然可以自由制定之。不过公约既为自治团体之公约,则公约内所能规定的,关于人民权利义务事项,亦只限于人民在自治团体员的地位上,所应受的,权利上之制限及义务上的负担。不能越此度限,而为不相称的或无关于自治的规定。关于经管公共事务的事项,即与人民权利义务无直接关系者,亦可以公约规定之。然应注意者:(1)完全与人民权义无关系事项,例如乡镇公营业内部分的经管规则。(2)只有利用乡镇设施——营造物的一部分人民有关系事项,例如小学校的校规、公立病院患者入院规则等等。虽亦以制定公约的程序制定。但其性质似和公约不同。而其名称亦不必以公约名之。即袭称之为规则章程等等,自无不可。从习惯上亦以不概称公约为妥。公约之制定,依乡镇民大会之决议程序为之。但制定后,要对外部发生效力,必定经过公示的程序方可。盖一般法律均以公布为效力发生要件,公约亦理无独异。如公约中附有施行期日,则自期日起施行。如未附施行期日,则自公示之日起发生效力。

第三项　公共事务经管权

第一目　公共事务之意义

公共事务云者,是于现行法令、区自治公约,及乡民大会或镇民大会决议交办范围内,由乡公所或镇公所办理,交由乡长或镇长执行的一切事务之总称也。这是公共事务的形式上意义。其实质上意义,则凡可以增进乡镇全体人民之福利或乡镇本身之利益的事项。均可谓之公共事务。从这个公共事务的实质上意义推论时,即在《乡镇自治施行法》第三十条第一项所列举以外的事项,倘有符合其实质上意义的事项,只要不违反现行法令的范围内,乡镇当然可以举办。第三十条所列各款事项,不过是国家示给乡镇应办的公共事务之标准事项。并不是除此以外国家就不允许乡镇举办其他有益乡镇全体人民或乡镇自身之事务。

第二目 公共事务之分类

第一 固有事务和委任事务

地方团体是为经管国家所分授的一部分事务而存在的法人,已如前述。则地方团体之一切事务,根本上均是国家所委任的事务,本来无所谓固有事务。然同是国家所委任事务之中,其委任方法有不同,遂生此项分别。有一部分事务,其性质是宜于地方自行办理的,于是国家将这一类事务划分出来,设地方团体办理之。地方团体对于这一类事务,无异生而有之。所以便宜上谓之固有事务。即国家于设地方团体时,用法律条举划归于地方团体办理之事务。现行制乡镇之固有事务,为《乡镇自治施行法》第三十条第一项第一款乃至第十九款所列事项,第三十二条、第三十四条、第三十五条各事项。

本非地方团体的生存目的事务,即国家于设立地方团体时,并未条举划归与其办理,不过便宜上有必要时,临时的委任地方团体办理的事务,谓之委任事务。《乡镇制》第三十条第一项第二十款县政府及区公所委办事项,第二十一款之其他依法赋与该乡镇应办事项,均属此类。

第二 必要事务和任意事务

依法令或上级团体之委任,地方团体必须办理的事务,谓之必要事务。前述之委任事务，大都属于此类。现在办理与否，可随地方团体之资力及事情，而自由定其举办之规模及先后的事务，谓之任意事务。前述之固有事务，多属此类。事务中有为当务之急，不论乡镇资力如何，非先举办不可，国家特用法律规定，责其必办者。或虽无特别规定，在乡镇存立上，自非必办不可者。其形式上虽为固有事务，而其实质乃必要事务。这类事务，大概无因地制宜之性质，本来是直接国政事务。国家于设立乡镇时，即于自治法中条举委任之。其委任方法与其他委任事务不同，所以其形式上遂变为固有事务。《乡镇制》中之第三十条第一项第一款户口调查及人事登记事项、第二款之土地调查事项，第三十二条之调解事项，第三十四条、第三十五条之教育事项。乡镇对这类事项，不能以资力不足等等理由，迁移缓办。关于教育事项，如资力不足，可联合他乡镇合办之。

第三　设施事务　公务　公营业

公共事务中之继续的直接供公共利用为目的，以人、物，或人和物合成的设备，谓之设施事务，即营造物。关于这类事务之性质，法律关系及人民利用关系，已详第一编第六节营造物，兹不赘述。乡镇于管理设施事务之必要上，可制定各种规则。乡镇制属于这类事项者，为三十条第一项第一款之人事登记事项、第三款乃至第八款事项、第九款乃至第十三款之前段事项、第十五款事项，第三十二条调解事项，第三十四条第三十五条之教育事项。

除前项供公众利用为目的的设施事务以外，乡镇又有为维持自身生存的事务；为整理或改进人民生活而制限人民权利或强制其义务的事务；为保护一部分人民利益，而制限其他人民之权利或增加其义务的事务；等等。凡此等事务不必有所设备，直接由机关处理之者，谓之公务。乡镇制之各种组织事务（如选举开会等），第三十条第一项第一款之户口调查、第二款土地调查、第五款第七款第八款事项、第九款乃至第十三款之后段事项、第十四款第十七款乃至第十九款事项,等等均属之。

以上二类事务,乡镇或施行设备或定案处理,均直接以公益为目的,其所费经费,以消耗的性质,即无偿的使用之。学者称之为公经济的事务。此外直接与公益毫不相关,光是乡镇为谋自身财政收入之增加,以营利的方法而经营的事务,谓之公营业(《乡镇》第三十条第一项第十六款)。公营业除受监督官厅之监督外,其他与一般私营业相同。不过业主为法人的乡镇而已。公营业之种类,法律既无制限,依法文解释,似可为任何营业。不过投机事业及其他不宜于乡镇经营之营业,从公营业性质及其目的推论,乡镇不应经营。

第三目　公共事务经管权之意义

不问其为固有事务与委任事务,凡可以直接或间接增进地方公共福利之各种事业设施,均得经营管理之之法律上力量,谓之公共事务经管权。国家所以予地方团体特种权力,及法律上人格者,无非欲地方团体经管一切宜于地方自行办理的行政事务。地方团体之存立,实以经管这类事务为使命,已如屡述。所以前述之组织作用公约制定作用,以及后述的监察作用调解作用自治财政权等,均是为这种经管公共事务权之辅佐机能。

第四项　调解权

地方团体对于人民间私法上法律关系之争执事件,和初级法院管辖之直接侵害个人法益及告诉乃论之刑事事件,得先行调停和解;如调停和解成立时,法律上即发生拘束力和执行力;这种法律上力量,谓之调解权。调解权其实是地方团体之司法权。国家司法作用中除民事诉讼为当事人主义,国家不取干涉主义外;刑事诉讼大体是采国家追诉主义。惟恐一概以国家之代表的检察官来行使原告职权,未能尽保护社会和人民利益之能事,故特予人民关于初级法院管辖之直接侵害个人法益之罪及告诉乃论之罪,有自诉之权。① 对这二类罪犯,国家既听人民自诉,则由地方团体先行和解,于国家追诉主义当无抵触。且这类刑事事件和一般民事事件,先由地方团体调解时有种种利益。(1)因由地方团体调查事实,采集证据,均较容易而且精确,讼争容易解决,且易得公平,可免由司法机关处理时之拖延日子,废荡家产之害。(2)亦符合我国历朝关于小件民刑案件,委由地方有德望者调解之制度,及由士绅自行调解,不经官厅之习惯。

第五项　监察权

地方团体之自治行政,直接受上级团体及地方官厅之监督。但上级团体及地方官厅之监督,只能由团体外部行之。即团体之自治行政大体上有否依法进行,或违反法规,事前予以指导和督促,事后予以纠正而已。至其内部之日常行政,在实际上往往有鞭长莫及之虞。且自治行政是以因地制宜为原则,何者为适合团体之利益,非团体自身往往不能体会入微。况上级团体及行政官厅若过事监督时,其结果必事事干涉,转失自治之精神。综上理由,国家于监督之外,特予乡镇以监察权,俾自行纠举弹劾,以贯彻自治精神。乡镇监察权者,检查乡镇乡财政,纠举乡镇长以下自治职员违法失职之法律上力量也。

关于自治权在法律上之基础,村里制与乡镇制大概相同。惟村里制无监察及调解二权之制度,与乡镇制不同。又法制上所条举公共事务两者亦多出入,但理论相同,兹不衍述。

---

① 《刑事诉讼法》第三百三十七条　被害人对于下列各款之罪,得自向该管法院起诉。
　　一　初级法院管辖之直接侵害个人法益之罪。
　　二　告诉乃论之罪。

第五节　乡镇之机关

乡镇在法律上可以为权利义务主体的法人,而非自然人,无如自然人之有生成的生理上官能,所以欲享受权利负担义务,非有组织的机关不可。乡镇制中法定机关之重要者,为乡镇大会、乡镇公所、乡镇务会议、乡镇调解委员会、乡镇监察委员会等。此外又有乡镇教育机关。但教育机关为乡镇应办的必要事务中之设施事务之一,由乡镇公所直接经管。法制上虽有机关名目,然非独立机关。附在乡镇公所款中说明之。兹将上开五种机关,分款解说之于后。

第一款　乡镇大会

乡镇大会为乡公民大会或镇公民大会。由乡公民或镇公民所组织之乡镇最高意思决定机关。

第一项　乡镇大会之组织

乡民大会或镇民大会以到会之乡公民或镇公民组织之。乡镇制对于乡镇公民应到会之基准数,即乡镇大会应有全乡镇公民总数几分之几,或最少限度若干名公民到会方可成立等,无任何规定。则不论到会人数多少,即可成立乡镇大会。此地所谓到会云者,以于正式宣告开会时,已到会场者而言。即乡镇大会以正式宣告开会时在场之公民组织之。大会议事,有到会公民过半数之同意时,即成立决议案。乡镇之最高意思,遂以此决定。此地所谓过半数者,即以正式宣告开会时在场之公民总数计算。但此地应注意者:(1)临案件表决时退席之公民数,(2)开会时未到,临案件付表决时始到会之公民数,应如何处遇问题是。(1)到会公民于案件临表决时无故退席,是自放弃权利,和不到会者同断。应可自到会公民数中除去之。(2)开会时未到,临一案件表决时始到的公民,无论理由如何,对临表决的案件,未有充分认识是实在情形。若亦予以表决权利,未免轻率,非所以慎重公务之意。所以从严格解释,似以不予参加当该案件之表决为妥。赓续讨论其次日程之事件时,不妨由主席提交大会同意后,始予以列入到会公民数内,参加讨论表决《乡镇》第二十一条、第二十二条。

乡镇大会以乡镇长为当然主席。如为讨论乡镇长本身事件时,乡镇长应回避之,其主席由到会公民推定。但乡镇制施行后第一次乡镇大会,依法应由区长召集,即以区长为当然主席《乡镇》第二十三条、第二十四条。

其他议事通则,应依照县政府所颁定者行之。大会之图记亦由县政府颁给《乡镇》第二十七条。

第二项 乡镇大会之开会、会期及期间

乡镇大会可分为常会和临时会二种。常会每年二次,由乡镇长召集之。常会会期,法无规定。如无特别情形,二会会期,在一年中,应间隔均匀为妥。每年第一次常会,为乡镇会计年度及选举年度前之大会,法定应于乡镇长任满一个月前举行,即本会计年度及选举年度完了前一月举行。办理乡镇长以下自治职员之改选,审核本年度之决算及制定次年度之预算,均在这次常会中举行。比其他常会大为重要。乡镇长应将开会期日、同乡镇长等自治职员候选人名册,于开会前一个月公布。其他常会期日之通告,虽亦无规定,然至迟亦应于开会前五日,同送达预算决算案于乡镇公民时,同时公布之。

临时会如有特别事件或乡镇公民十分之一以上之要求时,不论何时,应由乡镇长召集之。如关于乡镇长本身事件,应由监察委员会召集之。如关于监察委员本身事件,监察委员回避不召集,而乡镇长又推诿迁移不为召集时,则由各该乡镇过半数之闾长联名召集之《乡镇》第二十

五条。

乡镇大会开会期间,随议事日程完了,就可宣告闭会。但会期间至多不得过六日《乡镇》第二十六条。六日期满,尚有未解决案件时,只有将未了案结束,移至次回大会处理。如次年度预算尚未通过,即预算不成立时,只有蹈袭本年度预算案进行。如有特别事情,非解决不可者,即以临时大会形式延期数日自无不可。但延期至多亦不能过六日。

第三项　乡镇大会之职权

法人无如自然人之有身体官能,一切活动全赖机关为之。法人机关之活动,若无依准范则,必不能对法人尽机关之功能。所以设立法人时,关于机关之权限,必同时有明白之规定。机关即依规定行使职权。机关不能处理其权限外之事务,同时在其权限内之事务,亦不受任何其他机关之侵犯。此为关于法人机关权限之原则。乡镇大会为决定乡镇意思之最高机关,如其决议案在不抵触中央及省县法令规则之范围内,在乡镇区域内之任何人民,均有遵守服从之义务,其职权更非有明白规定不可。今将乡镇制规定为乡镇大会之职权者述之如后《乡镇》第二十一条。

第一目　选举权　罢免权

乡镇之组织权分为定组织大纲作用及实行组织作用,已如前述。这实行组织作用,又可分为积极作用和消极作用。积极作用便是选举权,消极作用便是罢免权。

政府之各种机关,原则上大多数由政府于考试合格人员中委任组织之。然乡镇机关之组织,由乡镇大会选举行之——积极作用。机关之所以由大会选举组织者,无非欲得善良有能,且为多数人所信任之机关,若机关一旦悖负多数人之信任,而违法失职时。则组织之者,自应有撤换之再选良者改组之权。不然不能完选举权之功能——消极作用。所以选举权和罢免权在乡镇制,同为实行组织作用。不过是实行组织作用之二面，互为表里，相辅而行。乡镇制之乡镇长，副乡镇长，监察委员，调解委员等机关，均由乡镇大会选举之或罢免之《县组》第四十二条、第四十三条、第四十四条、第四十五条、第四十六条，《乡镇》第十四条、第十六条、第十七条、第三十三条、第三十八条、第四十七条。所以乡镇大会，实握乡镇之实行组织之大权。①

乡镇大会之选任机关，通常于每年第一次常会《乡镇》第二十五条。机关职员如因出缺必须补选时，则召集临时大会选举之。

选举程序，法无定规。在普通选举法颁布以前，票选或推选，及票选推选之方法，应由大会自定临时程序行之。

选举权之客体，即被选人之资格及名额，受法律种种之制限。第一被选人之资格上制限。选举乡镇长、副乡镇长及乡镇监察委员时，必于有《乡镇制》第十一条之资格而无缺格情事者中选举之。调解委员必于乡镇长、副乡镇长以外之公民中选举之《乡镇》第三十三条。选举法定资格以外之人民，即为选举无效。第二被选职员之名额上制限。乡镇长、副乡镇长，只能依照法定名额选任《县组》第四十条、第四十五条，《乡镇》第十四条。监察委员之名额，虽不确定，但亦不能超出三人至五人之范围以外。超额选举时，选举亦无效。

上述制限，即为乡镇组织权中之定大纲作用为国家保留之一端。仅调解委员之名额，监察委员三人至五人间之伸缩，以及乡镇公所之事务员、乡镇丁等之定大纲权，委予乡镇自行定之。这一部分之定大纲权，亦由乡镇大会行之《乡镇》第十六条、第三十三条、第四十四条。但第一次监察委员之名额，由区长决定之。

---

① 乡镇大会自身之组织大纲固为法定。但其实行组织权，仍属大会自身。法律虽有由乡镇长监察委员等召集之规定，粗视之其实行组织权，好似在于乡镇长或监察委员等之手。其实不然。召集是组织之法定预备行为或会期通知行为，非组织行为之本体。实行组织者仍是大会构成分子之公民，不过公民个人当然不能组织，公民集合时，方才成立大会。所以组织权仍在大会本身。

机关既由大会选任，职员之选任状，当然由大会名义发给，自不待言。

罢免权在常会固不必论，如有行使必要时，无论何时，都可依法召集大会行之。罢免权之客体，当然包括乡镇机关之任何职员。从大会为乡镇最高意思决定机关推论，自无疑问。

罢免程序依法律之规定（《县组》第四十三条）。

第二目　创制权

乡镇大会虽为乡镇之最高意思决定机关，但乡镇为服于国家治权之一自治团体，乡镇之意思当然不能凌驾国家而支配之。所以大会决定乡镇之意思，亦在此限度内为有效。即在不抵触中央及省县法令规则之范围内，大会有创定一切乡镇制度，及各种事业设施计划之权。《乡镇制》第二十一条第二款之制定或修正自治公约权，即为创制权之一种。自治公约可以为制限全乡镇人民之权利或加增义务之规定。在乡镇为最重要事务之一。所以法律特别规定之，以为其他事务之标准，非创制权之不能包括制定公约权也。创制之草案，由公民自行起草，或由大会组织委员会起草，或大会议定当案之大纲或原则，交由乡镇公所起草均可。草案经由大会过半数同意通过后，创案遂由此成立。如创案须经费时，依同样方法编定该案预算，交由大会通过成立之。关于这类预算由大会编定者，特称之为预算创定权。

决定调解委员监察委员之名额，以及事务员乡镇丁之人数职务及待遇等《乡镇》第十六条、第三十三条、第四十四条。关于定组织大纲之作用，亦为创制权之一。

第三目　复决权

原案已由乡镇务会议或乡镇公所决定，在乡镇公所未执行前，已为人民发觉其不妥当；或已施行，而为人民所不满时，乡镇大会有要求将该案付大会复决之权。如大会仍照原案可决时，乡镇公所或乡镇务会议即照原案进行。如将原案修正时,照修正案施行。如遭否决时,则原案自否决时起取消。如原案为上级机关制定时,则先推究原案之是否为委任事务必要事务或固有事务任意事务。如原案为固有事务任意事务,则可完全行使复决权。如为委任事务必要事务时,大会只能依本乡镇之资力及实在情形,予以修正,不能完全否决之。如上级机关之原案虽为委任事务必要事务,本以付各乡镇复决的性质交议时,当然可行使复决权,自无待言。

第四目　预算决算审核权

预算云者,乡镇一会计年度间收入支出之估配额数表也。预算除大会创定预算外(参照创制权目),大概由乡镇公所编造《乡镇》第三十条第一项第十九款。大会对这种预算有审核之权。预算审核云者,检查预算之支出目的,是否符合实际需要;是否违背自治公约及法令;支出金额,是否为本乡镇资力所能负担;收入财源,是否合法;收入手续,是否正当等之总称也。如预算经大会审核而通过时。谓之预算成立。这预算成立有二种意义:(1)乡镇大会对于预算上乡镇公所于一年度内可支出之金额,及充此支出目的的收入财源,予以同意的意思表示。(2)为乡镇大会对乡镇公所等乡镇机关,以后即可依预算订定之额数收入之,或支出之之准许。如审核结果,有所增减时,即照已增减的预算执行。增加的场合,如乡镇资力所许,自无制限。但减少时,就不能无限制。其限制有二:(1)乡镇各机关的日常行政费。(2)必要事务之维持费。大会对这二类预算之减削,应有限度。如减削至机关及必要事务均非停息不可时,自为自治团体存立上所不允许的事,即为违法。

以数年的计划,继续经营的事务,其预算已于创设之第一年度成立时,则其后年度之预算,当然赓续列入这种经费。对这种继续事业之预算项目,乡镇大会亦不能任意减削。

乡镇大会既有审核预算之权，当然有审查公所是否有依预算执行之权。欲知公所之收支是否悉依预算，必审查公所之决算方可。决算者，一会计年度中收支之总结账也。这种审查公所是否依预算执行之权，谓之决算审核权。审核决算为(1)审查决算之计算是否正确,(2)收支是否适法,(3)是否遵依预算之三点。如审核结果，无任何错误时，乡镇公所之责任，就可解除。如有错误时，公所应负错误之责。

第五目　审议事项

以上所述为乡镇大会之自动的权限，此目所述审议事项为大会之受动的职务，即大会在对乡镇地位上应尽之职务。大会应审议事项，法定为三类。今分述之如下：

一、审议上级机关交议事项　　上级机关(官厅及上级自治团体机关)所交议事项，虽纯为增加乡镇负担事项，大会亦有审议之义务。不能以无益于乡镇，拒而不议。盖乡镇虽为自治团体，究竟是国家组织之一分子，国家命令当然有接受之义务。倘拒而不为审议，国家即不待其审议，直接强制执行之，以为违反义务者之制裁。如交议事项而为委任事务，大会只能以资力不足及就地情形不合等理由，为修正性质之审议。如以复决的性质交审议者，则可为可否之审议，已如前述参照复决权项。

二、审议本乡镇公所或乡镇务会议交议事项　　大会关于公所或乡镇务会议之创案，有复决之权，已如前述。这种复决权是大会对公所或乡镇务会议之创案，发觉不满不合时，要求公所或乡镇务会议将创案付复决之作用。本项所说之审议，是公所或乡镇务会议对于自己创案或计划，因各种原因(如顾虑人民不满或不适于人民等)不敢断行；或创案或计划所须经费未列入预算，恐遭人民攻击；或已着手于实行创案或计划的结果，发生特别事故，预见须超出预算或须变更方针时，必须要求大会予以通过——批准——的审议。其实际上效果，或许与复决相同。但主动的主体不同。对这种由公所或乡镇务会议所交议的事项,大会亦有审议的义务。如要求审议而拒绝不审议时,因此致事务停顿时,公所或乡镇务会议,自可不负责任。审议的结果,即可否或修正,自是大会之权限。

三、审议所属各闾邻或公民提议事项　乡镇大会为代表全乡镇人民之利益,所属各闾邻或公民提议事项,大会当然有审议之义务。

前三项审议事项之交议人,无论其为上级机关,公所乡镇务会议,闾邻或公民,交议人之代表,乡镇长或公民,均得出席大会,为交议事项之说明。说明人除原为公民者外,不得参与讨论,及加入表决,自不待言。

第二款　乡公所　镇公所

乡镇公所为处理乡镇大会之决议案及一切公共事务之机关。应设于该乡镇适中地点《乡镇》第二十九条。其组织为独任制,乡镇长为其主任首长,握乡镇事务执行意思之决定权参照第一编第二章第三节。法律上即乡镇长一人为执行机关《县组》第四十条,《乡镇》第三十条第一项。乡镇长虽为乡镇执行机关,而握乡镇事务执行意思之决定权,但实际上非一人办理事务,必有补助机关为之襄理。其补助机关为副乡长副镇长、闾长、事务员、乡镇丁等。乡镇公所即为乡镇长以及其补助机关之总称。乡镇长以下之公所职员,普通谓之自治团体之公吏。先将公吏之在法律上普通意义,略为说明。然后再将各项吏员,分项解说之。

第一项　公吏

第一目　公吏之意义及与官吏之区别

由特别选任方法选任,对自治团体负有忠实的尽无定量的勤务之义务者,谓之公法人——自治团体之吏员。或简称之公吏。公吏与官吏有别。其区别之点,不在于其所担任职务之不同。盖国家之官吏有为自治团体之机关,而担任自治团体之事务者。自治团体之吏员亦有为国家之机关,而担任国家之事务者。亦不在于其选任权之所属不同(属于国家或属于自治团体)。盖自治团体之吏员亦有由国家选任之者。二者区别之点:(一)在于选任权之根据不同。官吏之选任,其渊源常在国家之治权或政权。而公吏之选任,其根据在于自治团体之自治权,或国家对自治团体之监督权。(二)其勤务义务之对手方不同。官吏对国家负勤务义务,公吏对自治团体负勤务义务。官吏虽有为自治团体之机关,而担任自治团体之事务,但仍是国家之使用人,对自治团体不负勤务义务。公吏虽有时以国家机关的资格,处理国家所委任的事务,但仍是由其为自治团体的机关而来的勤务,而非国家之使用人。

第二目 无给职和有给职

公吏有无给职和有给职之别。无给职云者,自己得有本业,不以公吏的职务为其专职,且不受俸给者之谓也参照第一编第二章第四节第二款。对于其执行职务之劳力,是义务的,无金钱上之给与,故有是名《乡镇》第二十条。虽无俸给,但有就职之名誉,故又名之名誉职。因其尽义务的,或又谓之义务职。地方自治之本旨,以无给职为原则。如事务繁剧,决非有本业者所能兼管得了的地方,自可设有给职的吏员。无给职亦非全无金钱上的给与。如有情形必要时,得酌支办公费。但办公费非如薪俸之为吏员的生活费用,不过为其勤务上必要的反对给与而已。无给职因无金钱上的报酬,人民志望者当然不能如官吏之勇跃,往往不易得有能适任者,且必多当选规避。现行制对当选规避不就职者,无相当制裁的规定,实为立法政策之失策。其救济之法,惟有以公约制定罚则等制裁方法,已如前述参照第四编第一章第三节第二款第一项第三目"公民之权利义务"。

第三目 公吏对自治团体之法律关系

公吏对自治团体之法律关系,大概和官吏对国家之法律关系相同。

公吏是为对自治团体服特别勤务而选任的职员,所以与普通人民之对自治团体之法律关系自不相同。其对自治团体之勤务义务,不光是单纯的经济上劳务的供给,且必尽忠竭力——包含有伦理上的义务。又不仅限于特定的行为,凡自治团体所命令的任何——无限量的勤务,有履行之之义务。但公吏因为无给职(即于公职之外,得有本业),其无专心尽公职之义务,是与官吏及有给职吏员,略有不同。自治团体因受国家之监督,所以公吏于服从自治团体之职务命令及惩戒权外,又应依法服从国家之由监督权而来的命令。

第二项　乡长　镇长　副乡长　副镇长

第一目　乡长镇长副乡长副镇长之选任及罢免

乡镇长副乡镇长由乡镇大会选任之《县组》第四十二条,《乡镇》第十四条。乡镇长副乡镇长之候选资格,即法定资格为第一为本乡镇公民。第二年满二十五岁。第三必有下列各款要件之一者。

一、候选公务员考试,或普通考试、高等考试及格者。

二、曾在中国国民党服务者。

三、曾在国民政府统属之机关,任委任官以上者。

四、曾任小学校教职员,或在中学以上毕业者。

五、经自治训练及格者。

六、曾办地方公益事务,著有成绩,经区公所呈请县政府核定者。

虽具备前述三项以上之资格,若有下列情事,即当选停止原因之一时,亦不能当选,当选作为无效。

一、现役军人或警察(军人或警察如仅假归仍未脱离军籍或警籍者当然仍是现役)。

二、现任职官(除自治团体之公吏员以外的现任职的官吏)。

三、僧道及其他宗教师。

若为归化外国人,受《国籍法》第九条之制限,尚未解除者,虽具备前述资格,仍不得为候选人《乡镇》第十一条、第十三条。

在区长民选实行以前,乡镇长副乡镇长,由乡镇大会选出加倍之人数,报由区公所转请县长择任之《县组》第四十五条。

候选人资格上发生争议时,在区长民选实行以后,由乡镇大会审查解决之。候选人对于大会之裁决有不服时,可请求区长裁决。如再不服时,或在乡镇长由县长委任时,统由县长裁决之。

乡镇长副乡镇长之任期一年。任期满后,连选得连任之。连任既无制限,当然不限次数。但中途被选者,其任期以继原任所余之任期为限《乡镇》第三十七条。如本为县长委任之乡镇长,任期中途,适遇实行区长民选时,即应改选。其任期,即以改选时为完了《乡镇》第三十八条。

乡镇长副乡镇长,除任期届满当然退职外,由乡镇大会罢免之《县组》第四十三条,《乡镇》第十四条。罢免不论时期,乡镇长副乡镇长有违法失职之情事时,即可由大会罢免之。违法云者,除违反国家及上级团体之法令外,违反自治公约亦包括在内。失职云者,违背公吏职务上应履行之勤务义务之谓也。是否失职之解释及举证之权责,因监察委员负纠举之责,大会操罢免全权,自在监察委员会及大会。如实际上乡镇长本非失职,因不得于公民,公民砌词罢免时,现行制对于乡镇长无任何保障,除乡镇长副乡镇长得于大会为辩护之演说或辩明书外,别无他法。如大会对乡镇长副乡镇长之声辩,仍无效果时,当然非去职不可。盖既与大多数公民感情不洽,即尽忠职务,亦动辄受非难攻击,于自治事务进行上,亦少利益。

由县长所择任之乡镇长副乡镇长违法失职时,由乡镇大会报由区公所转请县长罢免或县长自动罢免之。盖选任权既半属县长,罢免权亦应半属县长,为理之当然。如乡镇大会呈请罢免,而县长不准时,大会得为再度之呈请罢免。再度呈请罢免如无特别情事时，县长应有照准之义务。盖县长所有任免权，是根据于对自治团体之监督权，非渊源于国家之治权。经再度请求罢免，已可知真正民意所在，自应尊重团体之自治权，不可过事干涉。乡镇长改选后，旧任乡镇长应将图记文卷款产契约及一切物件，分别造册，移交新任。新任接收后，应具接收册结，报由区公所核转县政府备案《乡镇》第四十三条。

第二目　乡镇长之职权

乡镇长为乡镇之执行机关，对内负责执行乡镇之一切事务，对外代表乡镇之利益《县组》第四十条，《乡镇》第三条、第五条、第三十条。为无给职。但因情形之必要，得支办公费《乡镇》第二十条。乡镇公所既为独任制机关，乡镇长为其首长，即负乡镇事务执行上之全责。后述之乡镇务会议，虽为执行上之决议机关，但对大会直接负责者，仍是乡镇长。所以凡乡镇制中所规定为公所主管办理者，实仍属于乡镇长之职权。不过规定为公所主管之事务，乡镇长于办理时，多应经乡镇务会议之议决。规定直接为乡镇长主管办理，或国家直接委任乡镇长办理者，原则上可不必经乡镇务会议之议决。所以本讲义为便于说明起见，均于本目述之。

第一　关于乡镇组织上之职务

一　乡镇区域有更变时，乡镇长应应区长之召，出席区域更变协商会议《乡镇》第三条、第五条。乡镇长于出席前，应先经大会之同意，或事后须得大会追认，方得为决定的协商。已如前述。

二　闾邻经第一次编定后，闾增至超过三十五户，减少不满十五户；或邻增至超过七户，减少不满三户时，应于每年闾长邻长任满一个月前改编之。因此全闾邻号数须更动时，应将更动号数，报由区公所转呈县政府备案《乡镇》第六十六条。改编前应先经乡镇务会议之议决。

三　决定闾长邻长选举日期。是项选举日期应于五日前公布外，并应报区公所查核。直接监督闾长之选举,并命闾长监督邻长之选举。闾邻长选定后,据闾居民会议主席或闾长之报告,为汇报区公所,转呈县政府备案《乡镇》第七十九条、第八十条、第八十二条。

四 召集乡镇民大会之常会及临时会《乡镇》第二十五条。除关于乡镇长本身事件外,为大会之当然主席《乡镇》第二十三条。每年第一次常会开会时,应将任期内之经过情形,以书面或口头报告之《乡镇》第四十条。每月应召集一次乡镇务会议,自为主席《乡镇》第三十一条。

五 办理公民宣誓事务。公民宣誓前,应先报请区公所派员监誓。誓词预为制备。如公民不谙文义者,应代朗读誓词《乡镇》第八条。

第二 关于登记上之职权

关于人事登记者,应依特别法之规定执行之。

本文所述者是关于公民登记及乡镇吏员候选人登记事项。

一 公民登记时应先调查公民积极要件有否具备,再检查缺格情事。如发见积极要件不具备,或有缺格情事之嫌疑时,可为拒绝登记之裁决。已如前述参照公民项。如在登记后始发觉有要件不备情事时,得呈由区公所转请县政府取消其公民之资格。《乡镇制》第十条虽单规定缺格情事为呈请取消之原因,但事后发觉有积极要件不备时,依理当然可同一处断。登记后应制成公民名册三份。一份存公所,一呈报区公所,一汇同誓词呈请区公所转呈县政府备案《乡镇》第九条、第十条。

二 公吏候选人之登记。应随时查调适格者登记之。这项已登记候选人应于每届选举前三个月,造具表册二份,一呈区公所,一呈由区公所汇报县政府。经县政府核定后,即行公布。其公布时期,不得迟于选举前一个月。候选表册分别载明候选人姓名、年龄、住所(这住所系包括一年以上之居住及二年以上有住所者而言),及登记为乡镇公民之时期,并将合于第十一条第一项候选人资格之一款或数款,具体载明《乡镇》第十三条。

本文所述二种登记事务,如有必要时,应付乡镇务会议议决。

第三　县区及其他依法赋与该乡镇应办事项之执行

县区及其他依法赋与该乡镇应办事项,据《乡镇制》第三十条第二项规定,可不必经乡镇务会议之议决,径由乡镇公所办理执行之。但此为原则的规定,如此等事项须要乡镇负担经费时,亦自非经乡镇务会议议决不可。例如第三十四条、第三十五条之教育事项,实为依法赋与乡镇应办之必要事务,乡镇长于执行前应付乡镇务会议之议决。

乡镇公所应设立之教育机关为初级小学、国民补习学校、国民训练讲堂。此三种教育设施原则上均应免费。但在国民教育基金未确立以前,依乡镇之财力,得酌量征收学费或油灯纸笔书籍等费。如资力不能独立举办,可联合邻近乡镇设立之《乡镇》第三十四条。乡镇内达学龄之男女,均应使受初级小学教育。十岁至四十岁之失学男女,自乡镇公所成立日起四年以内,均应使受国民补习学校或国民训练讲堂一年半之教育。只要在四年以内,受足一年半之教育。不必一定连续一年半。随是项人民之忙闲,分期授之亦可。人民之应入国民补习学校或国民训练讲堂,公所应斟酌本人之学力及志望定之。一旦决定后即不应自由易换。如欲易换应以新入学论。即在前教育机关内所过期间,不算入一年半之期限内。国民补习学校每星期至少应有十小时之课程。国民训练讲堂每星期至少应有四小时之讲演。其课程及讲演之主要科目为:一中国国民党党义。二自治法规。三世界及本国大势。四本县详情。教材应用经教育部或其他教育机关审定者《乡镇》第三十五条。

第四　闾邻自治事务之监督

乡镇为闾邻集合之总体,闾邻为乡镇之下层组织。闾邻当然服乡镇之指挥监督权。闾邻长办理闾邻自治事务,或办理县政府区公所及乡镇公所交办事务,均由乡镇长直接或间接指挥监督之《乡镇》第七十二条、第七十四条。间邻居民会议有违反法令或自治公约时,乡镇长据间邻长之报告核办之《乡镇》第七十六条。或将居民会议之决议,直接取消;或仅将违反部分加以修正后交间邻长执行之;随实际情形而定。

第五　综理所务

乡镇长既为乡镇公所之主任首长,凡乡镇制规定为公所主管办理事务,其实均是乡镇长对外负责。此不过对外责任上而言。公所内部实际处理事务者,非乡镇长一人,有副乡镇长间长事务员等补助机关为之襄理《县组》第四十条、第四十一条。乡镇长于处理属于公所主管之事务时,除依县政府所颁定之办事通则外,得将事务分类设股,指定副乡镇长间长主任办理之。如副乡镇长间长等仍不够分配时,或办理事务上有设专任人员必要时,得依自治公约之规定,设置事务员。事务员及乡镇丁之设置,乡镇长提出适当人员,经乡镇务会议议决后委任之《乡镇》第四十四条。

第六　关于财政之职权

乡镇长为财政上之收支,应依预算。每年第一次乡镇大会时应提出次年度之预算,及上年度之决算。但乡镇施行后第一年度预算,由区长提出之《乡镇》第四十条。这项预算决算应于开会五日前送各该乡镇公民,以备检阅。预决算经大会通过后,应呈区公所查核,汇转县政府备案《乡镇》第六十三条。财政之日常收支状况,应于每三个月终公布一次《乡镇》第六十五条。遇有紧急事件,须有预算外之支出,而不及召集临时大会时,乡镇长得负责支出之。支出后应即提交大会追认《乡镇》第六十四条。特别捐之募集,应先由乡镇务会议决定其总额。乡镇长于募集时,不得有强制行为。如认为无募集之必要,或捐额太大,得拒绝执行;或自行付大会复决《乡镇》第六十二条。

第七　国家直接委任乡镇长个人办理事项

一　《乡镇制》第四十一条所规定乡镇长之职权,为国家之检察事务。在这场合乡镇长以国家的检察吏员的资格执行之。乡镇长有专断之权,不必经乡镇务会议之议决。

如人民违反现行法令,违抗县区命令,违反乡镇自治公约或一切决议案时,乡镇长应分别轻重缓急,报由县政府或区公所处理之。如违反乡镇自治公约或一切决议案,其情节较轻,无大影响于自治事务之进行;或自治公约订有专条罚则;或人民自愿受罚者;即由乡镇长依公约执行之。不必报由区公所处理。如触犯刑法或与刑法性质相同之特别法,而其情节在刑事调解事项范围以外,且有逃亡之虞者,乡镇长本于检察吏员之职责,应将嫌疑者先行拘禁后,除分别呈报区公所及县政府外,并应即函送该管司法机关核办。

二 乡镇长于调解委员会办理调解事项,不能调解时,应根据调解委员会之报告,呈报区公所或函报该管司法机关《乡镇》第四十二条。

第八 对于乡镇务会议之权限

《乡镇制》第三十条第一项第一款乃至第十九款之事项,以及其他性质上不宜于乡镇长专断事项,乡镇长于执行前,应由乡镇务会议议决之。如未经议决,乡镇长遽而执行,执行为违法。但乡镇长为负执行上之全责者,如乡镇务会议之议决,为乡镇长不同意,或为乡镇长所不能执行者,乡镇长可拒绝执行。或乡镇长之提案,不为乡镇务会议同意时,乡镇长可将该案付乡镇大会复决。经复决后,应照复决案执行之(关于乡镇务会议之权限见后)。

第三目 副乡镇长 闾长 事务员 乡镇丁

副乡镇长为无给职。其名额随乡镇之户数而定,如乡镇户口在百户以上者,每增百户,增设一人《县组》第四十条。居常为公所补助机关之一,襄助乡镇长办理事务。其职权和其他由乡镇长指定办理公所事务之闾长相同,亦得由乡镇长指定为一部分事务之主任。如乡镇长以故不能执行职务,或因公他适时,副乡镇长代理行使乡镇长之职权(即用代理乡镇长某某之名负责)。但因公他适,或因私事他往,仍由自己出名负责不以代理者出名。副乡镇长有二人以上时,互推一人代理之《乡镇》第三十六条。如互推不能决时,由乡镇务会议推选之。其因乡镇长出缺之代理,法律虽无继任之规定,自以后任乡镇长选出或原任乡镇长之任期满为止,为其任期。

闾长除执行本闾自治事务外,受乡镇长之指定,襄助办理公所事务《县组》第四十一条。在这种场合,闾长为公所补助机关之一,其性质上非本来闾长之职责(闾长本来之职责见后)。闾长受指定后,无故不能推辞。但其所以担任公所事务,是根据于闾长之身分而来,所以其在公所任期,亦同其本来的任期。即本来闾长任期满时,所担任公所之职责,亦同时完了。不应以担任公所事务,而延长其任期。乡镇长如发觉闾长违法失职,或不听指挥命令,可取消其指定,另指定其他闾长担任之。

事务员为乡镇长委任之专务职的公所职员。其职务除依各乡镇自治公约规定外,承乡镇长命令办理一切公事务。违法失职时,由乡镇长撤免之。

乡镇丁为公所之使役,直接由乡镇长任免之。承公所吏员之命,服一切勤务。其人数职务及待遇等依自治公约之规定,与事务员同(《乡镇》第四十四条)。

第三款　乡镇务会议

第一项　乡镇务会议之组织

乡镇务会议,由乡镇长、副乡镇长及乡镇所属闾长组织之。由乡镇长召集之。常会每月至少一次。其日期由乡镇长或第一次乡镇务会议定之。有必要时,不拘何时均可召集临时会。如乡镇长延不召集,各闾长可否自行集合，虽法无规定，从至少每月一次推之，自无不可。开会时以乡镇长为当然主席。开会之出席人数，照第三十一条字面解释，非全体出席不可。但事实上全体出席，往往有不可能。关于有全体人数几分之几，或最少数几人出席，方可开会等之法定数，又无任何规定，于实际施行上，及乡镇务会议决议之效力上不无问题。既无规定，只有依照普通开会法定人数通则，即至少有半数以上之闾长出席，方得开会等之规定，规定于自治公约中，以资补救。开会应通知监察委员列席，以资监察。如会议所讨论事项，为关于邻的自治事务时，并应通知当该邻长列席。邻长除应会议之咨询，得为说明的陈述意见外，与监察委员同不能参加讨论或表决(《乡镇》第三十一条)。

第二项　乡镇务会议之性质

乡镇务会议为乡镇自治事务之行政上的合议机关。从其以全体闾长为组织之中坚观之，实是各闾之代表会议。乡镇既以办理全体闾邻之自治事务，以增进人民福利，为其存立目的。其办理方法方针及步骤等，自应适合全体人民大多数之要求者，为最理想。欲达此项理想，莫若征求全体代表之意见，为最捷便。此由各闾代表之闾长所组织之乡镇务会议所由设也。此乡镇长于执行直接委任于个人之委任事务以外之乡镇自治事务之前，必先经乡镇务会议之议决也。乡镇大会为乡镇之最高意思决定机关，乡镇务会议为乡镇自治事务之执行步骤上的意思决定机关。前者为乡镇之立法会议，后者为行政会议。

第三项　乡镇务会议之职权

凡有因地制宜性质的乡镇之固有事务，以及委任事务中之须增加乡镇负担的事务，乡镇务会议均有议决之权。于审议公所提案外，又有自行提案之权。案经议决后，乡镇长除表示否拒执行外，有照决议案执行之义务，已如前述。乡镇务会议之议决案，遭乡镇长否拒执行；或不经其议决,径行执行时,会议可通知监察委员,或径由半数闾长联合召集大会复决之。虽无专条规定,依理自无不可。或案件重大,会议不能决时,由乡镇长或即以乡镇务会议名义,提交大会审议之(《乡镇》第二十一条第五款)。会议议案,除由会议决定大纲,交公所办理外,得自行组织委员会办理,交由乡镇长执行之。

村里之机关与乡镇之机关,组织上大不相同。今分述之如下:

第一 村里委员会

村里制无村里住民大会之组织,其最高机关为村里委员会。从为村里之最高意思决定机关之地位着想,殆与乡镇制之乡镇大会相埒。但组织职权等,尽不相同。其组织实与乡镇务会议相仿佛,但乡镇务会议为执行机关的乡镇公所之行政议决机关,其权限远不及村里委员会之大。总之村里委员会为兼国制之乡镇大会及乡镇务会议二者之混合组织。决议执行,合一。

一 村里委员会之组织

村里委员会以村里长副及所属全闾长为委员组织之(《村里》第二十五条)。常会每月一次。有应议事件时,可随时召集临时会。置常务委员二人,由村里长副兼任之,处理日常事务,兼负召集开会之责。主席由委员会临时互推(《村里》第二十七条、第二十八条)。无乡镇务会议当然主席之制度。委员会须有全委员过半数出席,方得开议(《村里》第二十九条)。乡镇务会议无此项规定。因事务之必要,得雇用事务员,其待遇人数及职务等,当然由村里委员会自定之(《村里》第三十五条)。

二 村里委员会之职权

(1)村里委员会无选举权及罢免权。村里之选举权及罢免权,由村里邻长集会行使之。

(2)创制权。村里委员会为自治行政之意思决定机关,凡村里一切制度,以及各种事业设施计划,悉有自行决定之权。《村里制》第二十六条之(a)制定村里规约;(b)规划村里事务之应兴应革及整理事项;(c)规划村里经费之筹集,及征收方法;(d)编制村里经费预算及决算;(e)管理村里公共事业;(f)管理村里经费及财产;(g)管理村里营造物及公共设备等;关于一切公共事务,无不可自行创制,交由村里长副执行之。

村里委员会之议决事项,须呈经市县政府核准,并于核准后向住民公告之(《村里》第三十二条)。村里委员会议决事项,有违背党义、抵触法令、逾越权限或妨害公益者,市县政府得撤销之(《村里》第三十三条)。如市县政府认有修正必要者,得呈准民政厅修正之(《村里》第三十四条)。又村里之预算决算,均呈报市县政府核准,向住民公告之。凡此各项,国制均为乡镇大会之权限,而村里制均服官所或上级团体之监督权。因此无复决权及预算决算审核权等之制度。二制之官治彩色与自治精神,于此可见一斑。

(3)关于审议事项者。对于办理政府命令及委托事项,村里委员会,自有审议之义务。因无复决权之制度,自不能为可否之审议。只能随村里之资力及情形,为如何实施命令及委托事项之审议(《村里》第二十六条第一项第八款)。对于住民之提案,当然有审议之义务。此与乡镇制同(《村里》第三十条)。又村里委员会所办理事项,应按月公告住民,并呈报市县政府(《村里》第三十六条)。按年刊印年报。年报内应记载规约、预算决算、财产目录、统计表、办理事务记录等,分送村里职员。并呈报市县政府,转报省政府民政厅。

第二 邻长集会

村里委员会虽为村里意思最高决定机关,但无任免村里职员之权。用以防遏村里委员会之专权,不为无见地。村里制操任免职员——实行组织——之全权者,为邻长集会(《村里》第十五条、第三十三条)。邻长集会光是以行使选举及罢免二权,为其使命。其他无任何职权。邻长集会除主席规定由集会邻长互推外(《村里》第十五条),关于发起召集之手续,及邻长应到会之最少法定数,均无规定。若照条文字面解释,似为非全部邻长皆出席不可,但事实上或为不可能。既不能期全数出席,则过此以下,人数即大有伸缩余地。实际施行时,惟有依民权过半数原则办理,否则必多纷纠。

村里职员选任或罢免之结果,均应呈报县政府及村里委员会备案。应由何人呈报,法文不明,大概即以邻长集会名义由主席行之。

第三　村里长副

一　村里长副之任免　村里长副均由邻长集会任免之(《村里》第十五条、第二十三条)。任期均一年。连举得续任,但只限一次(《村里》第十八条)。此与乡镇制无限制者不同。村里长有事故不能执行职务时,由村里副代理之。村里长副出缺时,由邻长集会补选。不能以村里副或次多数者递补。补选职员之任期,以补足前任未满之期为限(《村里》第十九条、第二十二条)。

村里长副为义务职。但办公费用及因公用旅膳费,得提由村里委员会议决,列入村里委员会经费预算(《村里》第二十四条)。村里住民被选为村里长副时,非(1)确有疾病或精力衰弱,不能常任职务者,或(2)确有他项职业,不能常居境内者,不得谢绝当选,或于任期内告退(《村里》第十七条)。对违反此种义务之人民,只有于村里公约设定制裁方法以救济之,已如前述(参照《乡镇》公民款)。村里长副有不称职时,除由邻长集会罢免外,得由市县政府直接撤免(《村里》第二十三条)。

二　村里长副之候选资格　候选资格亦分积极要件及消极要件二者说明之。

(1)积极要件为:(a)在村里居住一年以上之住民,不论男女。此地所谓居住是指以久住意思来住斯地而言。(b)具有中国国籍。照字面解释,光是新取得中国国籍之归化人,亦包括在内。但受《国籍法》第九条之制限,尚未解除者,自应不在此限(参照居民款)。(c)年龄在二十四岁以上。(d)诚实公正为人民所信赖者。这(d)项要件,在法律上实无任何意义。人民不信赖不为被选。如被选即不信赖,亦是信赖。邻长选举时,即不规定诚实公正,理论上当然选良与能。且诚实公正的观念太抽象,可以主观的解释,异其内容。法律不能干涉选举者之自由意思及感情。所以均为无益的赘文。

(2)消极要件为:(a)有共产及其他反动之言论行为者。(b)有土豪劣绅之事迹者。此二项说明见前村里公民款。(c)国民党党员曾受除名处分而未回复党籍者。(d)不识文字者。(e)不务正业者。除无业游闲者外,虽有行业而社会观念上认为不正当者,亦包括在内。(f)有精神病者。精神病之程度如何,虽无标准,大概与(g)有废疾不能任事者之以不能任事为度者相同。(h)吸食鸦片或服用其他麻醉药品者。(i)褫夺公权尚未复权者。(j)失财产上之信用者。失财产上信用之法律上观念为破产,及因财产上债务而受强制执行者,此外为社会上的观念。此地大概包括二者言之。(k)现充军人者。(l)现充官吏或警察者。(m)现充小学教员者。此款系指专任教员而言。如小学校长而兼课,以及村里长副以下村里职员兼任小学教课者,当不在此限。(n)现为僧道或其他宗教师者。

三　村里长之职权(《村里》第二十条)

(1)执行村里委员会议决事务

村里长为村里之执行机关,兼村里委员会之常务委员,处理委员会日常事务(《村里》第二十七条)。在村里委员会虽占有重要地位,但村里委员会为村里意思最高决定机关,村里长在这范围内,受村里委员会之指挥。对于村里委员会之议决案,有执行之义务。如不合己意之议决案,村里长既为执行首长,理论上应有拒绝执行,再付委员会复议之权。如村里委员会仍维持原案时,村里长或照案执行,或辞职,方合行政与立法分立之精神。村里制既无规定又无如乡镇制之付大会复决之制度,自非绝对服从村里委员会之议决不可。但在实际执行上村里长自有执行上一切权限,且于必要时得指定闾长分担执行之,亦为行政首长之村里长应有之权限。

（2）办理政府命令或委托事项

此款之政府命令及委托事项,系政府直接命令或委托村里长个人办理者。由村里委员会之职权条亦有同样之规定观之可知。盖村里委员会条所规定者,为命令或委托于村里之事务。此项为委托或命令村里长个人之事务。村里长于办理时,除命令或委托事项有增加村里负担者外,可不必经村里委员会之议决。

（3）宣达党义及法令事项

宣达党义为村里长在以党治国时代之党务职务。直接受上级党部之指挥,宣传党的主义,使住民认识党的立场及使命。宣达法令,与前款办理政府命令一而二,二而一。

（4）整饬风纪及秩序事项

（5）发生特别事故之报告及处理事项

"发生特别事故"一语,究何所指,文义含糊,无从揣测。大概除因天灾地异等不可抗力而发生之事故外,为有关秩序之重大刑事案件。因天灾地异等不可抗力而发生之事故时,村里长除报告上级团体及官厅外,应为救灾上种种应急施设,自无待言。其关于重大秩序上刑事案件,可合第四款整饬风纪及秩序事项同时说明之。

此二款为村里长之检察及警察职务。如情节较轻者,除依村里规约规定者处理外，依《违警罚法》办理之。如情节重大者，一方面应依《刑法》第一六二条规定①，向该管公务员②或将被加害之人报告之。一方面随事件之轻重缓急，为各种预防之处理。有必要时得将嫌疑者拘捕之，转送该管机关。情节较轻者，村里长一人依法处理之。情节重大者，可召集村里委员会，协同办理之。

四　村里副亦为村里委员会常务委员之一。居常为村里长之补助机关，襄助村里长办理村里事务。遇村里长有事故，不能执行职务，或出缺后补选前，代理执行村里长职务(《村里》第二十二条)。

五　其他村里长服务上应守服务规则，由省政府颁定之(《村里》第二十四条)。

第四款　调解委员会

调解委员会为职司乡镇调解权之机关。关于调解权之理论，已详自治权节中。兹将调解委员会之组织及职权述之于后：

---

① 《刑法》第一百六十二条　于犯罪可以预防之际，知有将犯下列各罪，而不向该管公务员或将被加害之人报告者，处一年以下有期徒刑、拘役或三百元以下罚金。
　　一、内乱罪。
　　二、外患罪。
　　三、第一百八十七条、第一百八十八条、第一百九十条、第一百九十二条、第一百九十三条、第一百九十七条之公共危险罪。
　　四、强奸罪。
　　五、杀人罪。
　　六、强盗及海盗罪。
② 《刑事诉讼法》第二百二十二条　公务员因执行职务而知有犯罪之嫌疑者，应为告发。
　　第二百二十八条　下列各员为司法警察官，应听检察官之指挥，侦查犯罪。
　　一、警察官长。
　　二、宪兵官长军士。
　　三、依法令规定，关于税务、铁路、邮务、电报、森林，及其他特别事项，有侦查犯罪之权者。

第一项　调解委员会之组织

关于调解委员会之组织大纲,法律将全权委予乡镇,由乡镇自行定之。但第一次组织大纲由区公所提交乡镇大会决定。以后由乡镇公所提交乡镇大会修改之(《乡镇》第三十三条第二项)。委员人数任期待遇及委员间职务之分配,亦未有任何准则的规定。委员人数所以不规定准则者,俾各乡镇得随户口多少而为增减。且为调解委员者,必德望素孚,为众所信服者,方能片言解纷,消弭讼祸于无形,初不在人数多少。若有法定人数,为敷衍法定人数,不肖者充数其间,转足阻调解之进行,不如悉听各乡镇特殊情形,自为酌定。但为谋容易进行调解事务起见,人数至好为奇数。委员意见不一致时,俾可取决于多数。委员间职务之分配,即何者为某案件之调解主任,何者司书记,及其分配方法如何,均于组织规约中定之。

调解委员之候选资格,为普通公民,不必具备乡镇长副乡镇长之候选资格。但乡镇长副乡镇长均不得被选兼任。盖亦则行政不干涉司法之法治精神也。由乡镇大会选举之。第一次委员与第一次选举乡镇长时,同时行之。其后之选举期因任期未定,随各乡镇于定选举规则时订定之。其违法失职时由乡镇大会随时罢免之。

第二项　调解委员会之职权

调解委员会得办理者为:(一)民事调解事项。(二)依法得撤回告诉之刑事调解事项。

第一目　民事调解事项

调解委员会之处理民事调解事项,应注意问题有二:(1)不论其审级管辖如何,及诉讼种类如何,均得调解之否?(2)无论任何民事诉讼均必先经调解委员会调解,非至调解不和息后,不得起诉否?抑请求调解或径行起诉,均属当事人之自由否?

（1）推法律之所以设调解委员会专司调解者，无非为杜息人民争执，减少重累。所以凡民事案件，不论其审级管辖如何，调解委员会应均有试行调解之权。但民事中之人事诉讼如声请禁治产之宣告等，原为保护心神丧失或精神耗弱者及善意第三者之法益而设，且其效力所及为广泛不定的人民，自非仍就法院行之不可。

（2）民事为当事人主义，或请求调解，或投诉法院，推当事人主义之精神，自属当事人之自由。当事人虽无一定请求调解之义务。但调解委员会，既以调解为职责，自应自动的出而为调解之试行。如以地方法院为初审之案件，纷争价格较大，或案情复杂，非有法律专门知识不能解决者，调解委员虽试行调解，而人民仍愿径行起诉者，自应听之。

试行调解，或由当事人二造或一造请求调解，委员会均应先定期日，通知二造当事人，使二造当事人到场，开始言词辩论，即当事人应就系争关系为事实上及法律上之陈述，提出证据及证据方法后，委员即为试行调解。如须调查证据，或事情复杂不能即决者，再约定期日为之。第二次期日，不应离第一次期日过久，愈短愈好，最多三四日。调解和息者，应由委员中之司书记职者，将和息结果附载于当事人系争关系之陈述记录后，由二造当事人及调解委员签名画押。如当事人要求时，应调制和息状二纸，同样签名画押后，交二造分执一纸。调解于以成立。调解成立后关于当该案件，在法律上有与法院判决同等效力。即调解对二造当事人发生拘束力。调解不和息，应即由主任调解委员，以调解委员名义，将不能调解之经过，报告乡镇长（《乡镇》第四十二条）。

第二目　依法得撤回告诉之刑事调解事项

刑事诉讼在取绝对国家追诉主义时代，人民私和刑事案件，悬为禁例。现行制一部分刑事案件采人民自诉主义，乡镇制又有本项调解刑事之制度,此后自治团体调解刑事,自为国法赋予之权限。其基础理论,已于前述调解权项说明。兹将自治团体可以调刑事之范围,即依法得撤回告诉之刑事事件,略为说明之。

依《刑事诉讼法》之规定,告诉权人①及自诉人②于告诉后,第一审辩论终结前,得撤回告诉之刑事事件③为:(一)初级法院管辖之直接侵害个人法益之罪,(二)告诉乃论之罪。兹分项解说之。

第一　初级法院管辖之直接侵害个人法益之罪

据《刑事诉讼法》第八条规定,属于初级法院管辖案件为:

(1)最重本刑为三年以下有期徒刑,拘役或专科罚金之罪。但《刑法》第一百三十五条第一百三十七条之渎职罪,第一百五十条至第一百五十二条之妨害选举罪,第一百六十一条及第一百六十四条之妨害秩序

---

① 《刑事诉讼法》第二百十三条　犯罪之被害人,得为告诉。
　　第二百十四条　被害人之法定代理人,保佐人,或配偶者,得独立告诉。被害人已死之者,得由其亲属告诉。但不得与被害人明示之意思相反。
　　第二百十五条　刑法第二百四十五条之妨害风化罪,非下列之人,不得告诉。
　　一、本夫,或其父母、祖父母、曾祖父母、高祖父母。
　　二、妇女之父母、祖父母、曾祖父母、高祖父母。
　　刑法第二百五十六条之妨害婚姻及家庭罪,非本夫,不得告诉。
　　刑法第三百三十五条第一项之妨害自由罪,被略诱人之亲属,亦得告诉。但不得与被略诱人之意思相反。
　　第二百十六条　被害人之法定代理人、保佐人,或其亲属为被告者,被害人之亲属得独立告诉。
　　第二百十七条　告诉乃论之罪,于第二百十四条第二项及第二百十六条情形,而无被害人之亲属得以告诉者,管辖检察官得依利害关系人之声请,指定代行告诉人。
② 《刑事诉讼法》第三百三十八条　被害人之法定代理人、保佐人,或配偶,得独立自诉。
　　被害人已死亡者,得由其亲属自诉。但不得与被害人明示之意思相反。
③ 同法第二百十九条　告诉乃论之罪,告诉人于第一审辩论终结前,得撤回其告诉。
　　撤回告诉者,不得再行告诉。
　　第三百四十七条　自诉于第一审辩论终结前,得撤回之。
　　自诉人经传唤,无正当理由不到者,以撤回自诉论。
　　自诉经撤回后,自诉人不得再行自诉或告诉。

罪,第二百零一条之公共危险罪,第二百八十三条第四项及第二百九十一条之杀人罪,第三百条之伤害罪,不在此限。

(2)《刑法》第二百零二条之公共危险罪。

(3)《刑法》第二百七十一条及第二百七十三条之鸦片罪。

(4)《刑法》第二百九十三条第一项之伤害罪。

(5)《刑法》第三百三十七条之窃盗罪。

(6)《刑法》第三百五十六条之侵占罪。

(7)《刑法》第三百六十三条之诈欺及背信罪。

(8)《刑法》第三百七十六条第二项之赃物罪。

但上列案件虽属初级法院管辖,有侵害社会法益者,如(2)之公共危险罪,(3)之鸦片罪,以及其他最重本刑为三年有期徒刑以下,而其所侵害者为社会法益者均属之。有侵害个人法益者,如伤害罪窃盗罪侵占罪等等,以直接侵害个人法益为目的,而为犯罪行为,而行为之结果,所侵害者仅为个人法益之罪均属之。调解委员会所可处理者,仅为后者,即直接侵害个人法益之案件。

第二 告诉乃论之罪

告诉乃论之罪,普通谓之亲告罪。告诉乃论云者,关于特定犯罪,非经告诉权者之告诉,检察官不得提起公诉之谓也。亲告与自诉不同。亲告为检察官提起公诉之要件。未经告诉权者之告诉,检察官径自起诉时为违法。自诉云者,便宜上允许告诉权人,得不经检察官之手,向法院自行诉追之谓也。凡得自诉之罪,为检察官发觉。如告诉权人不自告诉时,得径自起诉。非如亲告之为公诉之要件也。

何者为亲告罪,何者为非亲告罪,《刑法》于每亲告罪均有规定。如妨害名誉及信用罪、妨害秘密罪、妨害风化罪、妨害自由罪等等之全部或一部分均属之。

第三　刑事事件之调解

刑事事件发生后被害人或其他告诉权人先向公所告诉,乡镇长接告诉后,先检查案件之性质及审级管辖。如案件为地方法院管辖,或为侵害社会法益者,应依《乡镇制》第四十一条之规定,将嫌疑人先行拘禁之。除分别呈报区公所及县政府外,并应即函送该管司法机关核办。已如前述。如案件为初级法院管辖,且为直接侵害个人法益者,即将案件发交调解委员会,试行调解。如犯人有逃亡之虞者并同时将犯人拘禁之,以待调解委员会之发落。调解委员会接受案件后,应即传唤二造当事人开始辩论,试行调解。其程序与民事案件同。如调解不和息,或犯人无力赔偿损失时,应即报告乡镇长,并将有逃亡之虞的犯人,同时移交之。乡镇长仍依第四十一条办理之。

第三目　和息契约之执行

调解和息后,调解对当事人发生拘束力或执行力,恰与法院判决确定,有同一效力。如当事人无异议的履行和息契约中之义务时,自无问题。如当事人之一造不履行和息契约中之义务时,若在法院可以用强制执行程序,强使履行。但调解委员会既不同法院,而法律关于委员会之执行问题,又无任何规定,委员会自不能径自执行。调解而不能执行,则狡黠者正可利用委员会之调解,以为躲罪藏奸避债免诉之工具,是欲弭争而反拖讼,非设委员会之本旨。依理国家既设调解委员会之制度,于调解和息后,对于调解执行上,应予委员会相当权力使执行之,方可完调解制度之功能。然违反和息契约,实即违法。法律关于调解执行,既无规定,只有适用第四十一条之人民违反现行法令款之规定。如有违反和息契约,不履行义务者,对手人可请求乡镇长执行之。如案件较大乡镇长不便执行时,乡镇长报由区公所县政府或该管司法机关执行之。

第五款　监察委员会

监察委员会为鞅掌乡镇监察权之合议制机关。关于乡镇监察权之理论,已详前节。今就委员会之组织及职权,分项说明之。

第一项　监察委员会之组织

监察委员会应设于各该乡镇公所所在地(《乡镇》第五十四条)。为合议制机关,由监察委员及同数之候补监察委员组织之(《乡镇》第十七条)。第一次委员之名额为三人或五人,由区长决定之。以后由前一次之乡镇民大会决定之(《乡镇》第十六条)。委员由乡镇大会任免之。选举每年于选举乡镇长时同时行之。定额监察委员选出后,即以得票次多数者为候补监察委员。任期均一年。连选得连任。均为无给职。但因情形之必要,得支办公费,与乡镇长等相同。监察委员缺额时,以候补监察委员中得票较多者,递顺补充之。如不足法定人数,无可补充时,应由乡镇大会补选之(《乡镇》第五十六条)。并应同时补足同数候补监察委员。补充或补选之监察委员,以继满原任所余任期为限(《乡镇》第五十七条)。

监察委员之候选资格,与乡镇长之候选资格相同(《乡镇》第十一条)。但乡镇长等之自治职员,均不得当选兼任(《乡镇》第五十九条)。

监察委员任满时,应为乡镇长同时改选。违法失职时,由乡镇大会罢免之(《乡镇》第十八条)。

监察委员会每月须开会一次常会。如有特别事件,得开临时会。均由委员会主席召集之(《乡镇》第四十八条)。常会主席由各委员依当选票数顺次轮充。临时会主席由上次常会主席任之(《乡镇》第四十九条)。如上次常会主席或轮值主席不能召集时,其次轮值者召集之。开会时须有过半数委员出席。否则流会,改期再行召集。委员会之意思,须有过半数委员出席,出席委员过半数之同意决定之(《乡镇》第五十条)。

第二项　监察委员会之职权

监察委员会之职权，依县组织法之规定为：一、监督各该乡镇财政。二、向乡镇民纠举乡镇长之违法失职(《县组》第四十四条)。据此规定，监察权含有二个作用：(1)监督作用。(2)弹劾作用。兹分项述之。

第一　监督作用

委员会得随时检查乡镇公所之账目及款产之现实状况等(《乡镇》第五十一条)。如发见财政之收支与预算不合，或有预算外之收支，及管理公款公产有不尽妥善等情时，得指摘事实，用书面或口头，向公所诘问，要其答辩，并同时提出应纠正之点，要其纠正之。办理其他公共事务有不当时，亦同(《乡镇》第五十一条、第五十二条)。如有争执，或公所不听纠正时，得呈请区公所纠正之。

第二　弹劾作用

如发见公所关于财政之收支，有浮支虚报；管理款产，有舞弊侵占；办理一切公共事，有违法失职之情事；或委员会区公所要其纠正，而顽不听命时，委员会可先要求乡镇长召集乡镇大会。如乡镇长稽诿不召集时，得自行召集弹劾之。或将乡镇长及其他职员之违法失职情事，指摘证据，向人民宣布，俾公民自动的集会罢免之。

第三项　监察委员之职权

以上所述为委员会的职权，而非监察委员个人之权限。即以过半数委员出席，出席委员过半数之同意，所构成的委员会之监察意思。有非委员个人之意思。实际办理检察事务，往往宜于个人的活动，非合议制的委员会所尽检察之能事。依理委员会虽为合议制机关，各个委员对机关的职权，负等量的责任。即各个委员个人负有独立的监察责任。委员个人虽可负监察责任，尽其检举之义务。但对外行使权力时，现行制非以委员会的名义，即非经委员会之议决不可。如委员一人发见公所有违法失职情事时，须向委员会报告，要求委员会行使监察权。如委员会同意，自不成问题。如不能通过时（譬如大多数委员碍于情面，或其他原因，不予同意时），该委员除寝其弹劾案外，现行制别无他法。但知有应检举事实，而不能检举，宁非违背委员应尽职责。依理该时委员个人，应有独立行使监察权之机会，才合所以设监察委员之立法精神。遇这种场合，现行制既无任何规定，只有准用中央监察院之规定①办理之。即委员提出弹劾案，不为委员会通过时，得为再度之提案。如仍不为通过时，可将弹劾案由个人提出于乡镇大会，或径向人民宣布，付人民公判。经乡镇大会集会审查，审查结果，该弹劾案不成立时，当该委员应引受其责。必如是方可贯彻监察制度之精神，亦可免土劣把持之弊害。

候补监察委员，于委员会开会时应到会列席。对于监察事务，虽得发表意见，但不能加入讨论及决议。自为列席者之通例。至补充为监察委员后，方得执行监察委员之职务，自不待言（《乡镇》第十七条）。

---

① 　国民政府监察院组织法
　　　第一条　监察院以监察委员行使弹劾职权。
　　　第二条　监察院得随时派员分赴各公署及其他公立机关，调查档案册籍，遇有疑问，该主管人员应负责为详实之答复。
　　　第七条　前条弹劾案经审查，认为不应移付惩戒，而提案人仍复提出时，监察院应即将被弹劾人移付惩戒。
　　　前项弹劾案，经官吏惩戒委员会议决，不应受处分时，原弹劾人应受监察委员保障法规定之处分。

第六节　乡镇之财政

第一款　财政管理权

第一项　财政管理权之意义

地方团体（县市区乡镇）既受国家委托，以办理自治事务，为其存立目的。则为完成这种目的，及为谋人民福利起见，自不得不锐意经管一切公共事务，已如屡述。国家既全盘托委，则凡经管公共事务上，所要费用，亦自非自己筹划措办不可。地方团体于经管此项公共事务上所需要之经费外，又有所谓自治负担的义务。自治负担通常可分为事务负担及经费负担之二种。如《乡镇制》第三十条第一项第二十、第二十一款之县政府及区公所委办事项，及其他依法赋与该乡镇应办事项等之委任地方团体办理事项；及同制第四十一条所规定直接委任团体之执行机关（乡镇长）办理事项等，均为事务负担之实例。办理这种事务时，不论其委任于团体自身，或委任于团体之机关。其所要经费，均非由地方团体负担之不可。其次，事务仍由国家自己经营，未委与地方团体办理，但因这事务对特定地方，有特别利益，国家遂将这事业之一部分经费，命该受利益地方负担之。这种即谓之经费负担。地方团体于负担自己本来事务所要费用之外，又须供给这种自治负担的经费。为备供给这二种负担经费起见，对于财政上自非有相当权能不可。此国家所以允许地方团体有管理自治财政之权也。

第二项　财政管理权之内容

财政管理权之内容可分财产管理、收入、支出之三者。就中以收入最为重要。兹分目说明之。

第一目 财产管理权

乡镇既为法人,当然可以为财产权之主体,自无待言。乡镇财产为便利起见,可分类说明之。

第一 财产之分类

一 行政财产及收益财产

行政财产云者,有行政上目的的财产也。又可分为公用财产及公共用财产。公用财产,如乡镇公所之基地、公所之房屋等,有公法上目的的财产是。公共用财产者,供公家使用的财产也。此类即为营造物的物的要素。例如学校之校舍、基地、校具,铁路之轨道,电车之车辆等是。

收益财产云者,乡镇以收益为目的而管理之财产也。如乡镇所有的山林、田地、房屋及其他动产的资本等均是。

二 基本财产及普通财产

基本财产云者,不消费财产之本体,光是将其所生之收益,以充收入之财源者之谓也。其不然者,谓之普通财产。基本财产只要以收益为目的,即乡镇之所以有此财产,完全为收益而留存,实际上有无现实的收益,在所不问。譬如乡镇所有的山场,现虽荒芜,毫无收益,仍不失为基本财产。反是,以筑建校舍而购置的基地,暂时赁租与人;或公园之一部分,特许商贩搭棚摆摊,而征收使用费等;虽有现实的收益,但仍为普通财产是。基本财产又可分为一般的基本财产及特别基本财产二种。二者关于不消费其元本,仅使用其收益之点,完全相同。所不同者,前者之收益,以充乡镇一般经费之财源。后者之收益,仅充设置此财产的目的之财源。譬如为充学校之建筑修缮费用,特置田产若干,这特置田产上之收益,仅能充学校建筑之用,不能移挪等是。

另有一种积聚金谷,其性质略与上二类基本财产相似。例如为特定目的,有所作为,但一时经费不足,不能举办,乃分年将金钱、有价证券,以及谷类积聚之,以备使用等是。然与基本财产亦微有不同。基本财产,不能消费其元本。积聚金谷因为特定目的而积聚,只要为这种目的,本利均一起使用。例如为建筑修缮学校而置之基本财产,只能用其收益。如为积聚金谷,自可使用其全部。

第二　财产之管理及处分

乡镇对于财产之所有,是与普通私法上财产所有者之地位相同。同受民法上关于所有权规定之规律。不过乡镇为公法人,以公共利益为其生存目的,故关于所有财产之处分,受《民法》之支配外,更应受关于公法人财产规定之支配。

第二目　财政之支出

凡经营管理公共事务上所要费用,以及县区或其他依赖与乡镇或直接委任乡镇长办理事项等所要费用,乡镇均有支办之义务。支出依其性质之不同,可分为必要支出及任意支出二种。任意支出云者,大概需费用的事务,是为固有事务或任意事务,其事务之举办与否,可随乡镇之自由,因之费用之支出,亦可任意者之谓也。反是,必要支出者,依法令,乡镇非支出不可者之谓也。如初级小学等乡镇教育经费是。此项经费如乡镇拒而不为支出时,即不办初级小学等教育事业时,监督官厅或上级团体,应如何使其支出经费设立学校,法无规定。依理国政事务,既不能随各乡镇任意玩抗,而不纠正,则法虽无明文,监督机关应根据监督权之作用,行使强制预算。强制预算云者,乡镇依法应负担经费,而不编入预算时,监督机关(上级团体或官厅)根据自治监督权之作用,将所需经费,强制的载入于预算内之谓也。这种强制预算,可不经乡镇大会之审核,即以此成立。但强制预算,只限于必要事务的经费,不能滥用于普通的任意事务。

支出即以后述乡镇的收入为其财源,如不足时或起债或募捐,由乡镇自定之。

第三目　财政之收入

乡镇为办理各种自治事务，须支出多额经费，已如前述。欲得这种经费，自非有收入之途不可。现行制规定为乡镇收入之财源者，为：

第一　公产及公款之孳息

前述收益财产所生之果实及利息。这类为乡镇收入中之最通常最基本者。

第二　公营业之纯利

乡镇以营利目的所经营的事业，谓之公营业。由营业上所得利益除去一切营业费及生产费，所剩余的利益，谓之纯利。

第三　依法赋与之自治款项

国家将以何种款项，赋与地方，以作自治经费。除此训政初期，或为尚早问题，亦未可知。在依法赋与以前，自不能为揣摩的说明。然国家用法律划归地方团体之款项中，最占重要者及最简便者，无过于各种自治税，即乡镇税或区县税。兹就各国自治税之普通理论，略为介绍，以供参考。非为乡镇制之解释，特请注意。自治税普通分为附加税及独立税二种。附加税者征收国税或省税县税时，附加征课者之谓也。独立税者，自治团体独立的征课之税也。附加税以国税或省县税为基础，随此附带征收的缘故，收入比较确实，且手续简单，不费周折。独立税各团体自行起征，虽不能如附加税之简便确实，但税额可随自己之需要而定，可免过不及之弊。二者各有短长。

纳税义务者，普通分为人税、物税、行为税之三种。人税，全团体人民均为负担纳税义务者。即非本团体人民，普通凡合法定要件者，均受同样处遇。物税，凡存在团体区域内的土地、房屋、物件，均为课税之客体。房屋土地物件之所有人、使用人或占有人即为纳税义务者。行为税，在团体区域内，所为的营业，或其他特定行为，为课税之客体。行为者即为纳税的义务人。但上述三样客体，依法有除外之者，例如关于宗教的建筑物及其基地，国省县区乡镇及其他公共团体之公用或公共用的房屋物件营造物，国之事业、行为，国有土地房屋物件等。其他又如军人从军中之薪俸，及伤病残废军人的抚恤金等，多有免除之者。

又纳税客体有跨踞二团体以上时，其课税由关系团体协定其方法。

税率大概以均一为原则。有课不均一税率的必要时，或附加税有特别加课的必要时，团体应得监督官厅之许可，不能擅断。

第四　县区补助金

凡乡镇办理自治事务上所要经费，本以由自己负担为原则。但因乡镇财政拮据，或乡镇所办理委任事务，非受补助不能举办时，县区自非酌量补助之不可。县区之补助，自应根据法令及自治公约。乡镇在这种范围内，有要求补助之权利。

县区发给补助金，随零费事务之性质，及乡镇之经济状况，或将补助定额一次发给，或分期发给，均属自由。

第五　特别捐

特别捐从字面解释，或可认为独立税之一种。但从第六十二条第一项之"募集"及"不得有强制行为"二语推之，全无税的性质，实是普通私人捐助金。既为私人捐款，私人之应募与否，自是个人之自由，即不规定，"不得有强制行为"，亦何能强制征募。应募与否，既属个人自由，即不用复决权保护，亦不致违反个人之利益。综上推论，特别捐之性质，殊难明了。总之民智未开，地方贫瘠，欲兴办地方事业，非向富户募捐不可。募捐又恐不肖者，利人民之愚懦，而为法外之勒索。立法者之苦心，不无可谅。但条文之拙劣晦涩无由知其法意所在。

特别捐募集总额,由乡镇务会议议决,交由乡镇长募集之。乡镇长及乡镇公民认为无募集之必要,或募额太大时,可付大会复决之。

第二款　乡镇之会计

第一项　预算

预算之意义。预算除乡镇大会创定预算外,由乡镇公所编定(参照第四编第一章第五节第一款第三项第四目)。预算由乡镇长提出于乡镇大会,经大会议决,预算于以成立。成立后应呈报区公所查核,汇报县政府备案。遇有紧急事件,须有预算外之支出时,应提交大会追认。日常实际收支状况,应每三月终公布一次等(参照前述乡镇长关于财政之职权)。以及乡镇大会对于必要支出,故不列入预算时,区公所可根据自治监督权之发动,为强制编入于预算。等等(参照前款)。已述于前。兹将关于预算普通应注意之点,条述之如下。

第一　总预算　部分预算

凡乡镇一切收入,谓之乡镇之岁入。所应支出的经费,谓之乡镇之岁出。岁入岁出均概计的列入者,谓之总预算。部分预算者,即就总预算中所列各项概计之下,再为详细的估配之之谓也。部分预算者实总预算之内容也。

第二　既定预算之追加及改正

既定预算之追加及改正,虽法无规定,然既有预算制度,自无不可。预算成立后,另添设估配项目,或于既定项目之下,增加金额等,谓之追加预算。在既定预算额范围以内,各项目所列估配额,彼此互为增减,或削除项目,将其金额并入于其他项目或分摊各目等,谓之改正预算。预算之追加及改正,均与审核预算同一程序为之。并亦应呈报区公所查核,汇报县政府备案。

第三　会计年度

会计年度云者,依财政之计划及其实行之必要上所定的预算之有效期限也。会计年度为整理财政计划之要件,且为定岁出岁入之标准。以何月何日为会计年度之开始,法无规定。在统一的法令颁布以前,暂由各县区乡镇自定之。

第四　预备费　继续费

预算不过为一会计年度间之收支估配表,已如前述。但在实际施行时,如遇天灾事变,有预算所列项目外支出之必要时,或因物价腾贵及其不能避事故,非有超出预算定额之支出不可时,而其支出金额比较又甚少微,若均一一提交大会追认或批准,将烦不胜烦。普通于预算中许设预备费一项,以资救济。如遇这种场合,即由预备费项下支出之。虽法无规定,依理当然不成问题。预备费者为预备不确定的预算外支出之预算中一项目也。

预算外支出云者,预算中未列入项目之支出及超过预算项目所定金额外之支出之总称也。所以预备费之支出只能限于此二项情形。第六十四条之超过预算支出,应作其所超过额数,预备费亦不能弥缝时的情形解释之。

继续费云者,为一定目的预定数年间逐年摊支其费用,将这种费额规定于预算者之谓也。普通预算是年过年,惟须历数年方能竣功或经营的事业;或金钱上债务,须分年拨还等情事,若将其总数列入预算,或全不列入,均不合实支实收之原则,此所以预算上有继续费制度之设也。预算上光是将其每年应支出金额列入,以维预算上收支之均衡,而不列其总需数。大会对于继续费之审核,在根本的变更继续费以前,不能任意减削,已如前述(参照第四编第一章第五节第一款第三项第四目)。关于继续费之支出即有剩余,亦不编入于次年度之预算,仍为留存以备次年之用。不过为计算便利见,应于该项下附注明残余多少而已。其总结算须俟继续年度终了时为之。

第五　特别会计

于一般预算外,独立的所编造之特别预算,谓之特别会计。例如经营大规模的公营业,收支浩繁,不如分离一般会计,独立的自为计算,较为便利时,设特别会计行之是。特别会计虽为整理收支便利,自成预算。但其经费仍是乡镇全经费之一部分,非实际财政之独立。所以遇特别会计之支浮于收时,可由一般会计补充之。收过于支时,可挹注于一般会计。仍互为周转,初不分离也。其编成之法定程序,自与一般会计同。

第二项　出纳

掌管实际出纳及其他会计事务者,与发收支命令者,普通有一人兼管者,有分管者。现行制关于此点,毫无规定。自是二者均可。但为期收入之公正及防弊端起见,似以分掌为妥。如分掌时,乡镇长当然握支付命令之权。司出纳者,另指定副乡镇长,或闾长充之。

第三项　决算

决算者一年度间收支之总结账也(参照第四编第一章第五节第一款第三项第四目)。一年度之收支,应于年度最终日止闭锁。譬如以四月一日为会计年度之开始,则上年度之收支,应于三月三十一日闭锁。决算即年度开始日起,至年度闭锁日止间之收支总结也。账面上的收支及实际上付出,均可于该日停止,不成问题。然实际上的收入,往往有拖延过期之事。即实际上的收支,往往不能于该日清结。所以决算编成之期,虽法无规定。但从乡镇决算之提交大会审核,在于翌年的第一次常会观之,自在年度完了之后,毫无容疑。但审核决算,不规定于年度开始后第一次常会,而必于第二次常会行之,殊不知立法意之所在。决算由公所编造之(《乡镇》第三十条),由乡镇长提交大会审核。经大会通过后,应呈报区公所查核,汇报县政府备案,与预算同。

村里制之财政关于财政管理权之理论,与乡镇制自无二致。兹就不同者,摘述于后。

第一　财产管理

关于财产管理权之理论,参照乡镇制。村里制关于财产管理,应设财产管理委员会,由村里委员会于委员中互推二人或三人管理之。并兼管村里经费实际出纳之事务。是出纳与发支付命令,由二机关分掌制度也。与乡镇制之毫无权定者不同(《村里》第三十九条)。

第二　村里收入(《村里》第三十八条)

一　村里税　关于村里税已述于前特别捐项。村里起税,要有法令为之根据。在国家以法令指定地方税以前,各村里自不能设立名目随便征课。

二　村里财产之收入,村里公共营业之收入,补助费,此三项与乡镇制同。

三　使用费、手续费及过怠金

使用费者,人民使用村里营造物或其他公共设备时,所征收之金钱。手续费者,村里委员会为特定人民执行特定行为,或处理特定事务时,所收得之反对给付。过怠金者,村里命令人民以特定行为或不行为,如人民不遵守时,所课之罚金也。这类罚金大概预先规定于村里规约。例如违反某禁约者,应课罚金几何等是。

四　私人捐款及寄附金

寄附金,本为日本术语,普通国译为私人捐款,是二者性质相同。兹二者并列,不知法意所在。

私人捐款,为个人的捐助金。捐助与否,自随各人自由。且可由个人预为指定目的而为捐助。捐助由捐助人预定有目的者,村里只能用于其所指定目的,不能移作一般经费。其不然者,自不在此限。

　　第三　村里之会计

　　一　预算　关于预算之理论,参照乡镇预算项。关于预算之规定,村里制较为详密。例如财产表、预备费、预算之追加或修正、特别会计等,均有规定,乡镇制皆付缺如。此等之意义已述于前。惟应注意者。预备费之支用,除限于预算不敷,及预算外之支出外,并不得充市县指驳事件之用。指驳事件云者,预算中所列项目之事项,已为市县驳斥,则该项目之预算已为抹销。因无预算故,村里不能将预备费暗充是项事务之用度,冀背地举办驳斥事务(《村里》第四十条、第四十一条、第四十二条、第四十三条)。

　　预算附同事务报告书及财产表,以及预算之追加或修正,均应呈市县政府核定。经核定后,由村里委员会公告之(《村里》第四十条、第四十二条)。

　　二　决算　决算之理论同乡镇制。决算之审核权者,为市县政府,是有不同。决算经市县政府核定后,亦由村里委员会公告之。

　　此外村里委员会应按月编造收支计算,单据黏存簿,亦同上呈报公告(《村里》第四十四条)。

第七节　闾邻

第一款　闾邻之组织

第一项　闾邻之编成

　　依《县组织法》第十条、《乡镇自治施行法》第六十六条之规定,凡乡镇住户,每五户编为一邻。合五邻编为一闾。各闾邻均冠以第一第二等序数。即以此等序数为闾邻之名称。但一地方因地势阻隔,或因其他特别情形,不便与其他住户合编,而自己又不足法定户数者,得由乡镇长之呈请,经县政府之准许,编成为闾邻。

第二项 闾邻之区域

乡镇之住户,既各依法编成为闾邻。则乡镇即合全闾邻而成,自无待言。闾邻既各圈乡镇之住户为自己范围。换言之,乡镇之区域自非为闾邻所圈占不可。闾邻既各有一定区域为其基础,则各闾邻为事务管辖上,相互间必有明确境界之划分,亦为自明之理。则其境界应如何分划,是一个问题。闾邻之区域,是否应尽圈分乡镇之全区域,又是一个问题。推法意,闾邻之编成,以户为标准,则闾邻之区域,自以住户为中心而划分,可无疑问。此地所谓户者,除人口以外,自系包含住户之房屋及房屋之必要的或固有的附属地带而言。闾邻之区域,即以此等户为其范围。《县组织法》第十条之得依县政府之划定云者,为划分其户数。户划分,户之物的要素亦随之划分,又为理之当然。反之,若闾邻之区域,必尽划分全乡镇之区域,而管辖之。则乡镇之住户,多密集一处。而乡镇之区域,除住户实际上所占有者外,尚有空地,散在四方。在乡镇四周之闾邻,或可由此闾邻为起点,展延到边界止,为其区域。在乡镇住户密集中央之闾邻,将以何者为其空地的区域呢?若仅四周闾邻,有广大区域,则各闾邻所负区域上责任,宁非有偏重侧轻之弊么?假令住户疏散于全乡镇区域即照此划分,亦无偏重侧轻之弊。然以闾邻为中心,划分全乡镇区域,于自治行政,亦徒多麻烦,而少实益。所以除有特别情形地方,将全区域分划与各闾邻负责外,闾邻仅以住户之房屋及房屋固有的或必要的附属地带,为其区域。区域接界处,为相互间之境界。此外由乡镇直辖管理,较为妥当。

第三项 闾邻之改编

闾邻经第一次编定后,闾增至超过三十五户,减少不满十五户;或邻增至超七户,减少不满三户时,由乡镇公所于每年闾长或邻长任满一个月前改编之。闾改编后,应更正全乡镇各闾号数。邻改编后,应更正全闾各邻号数(《乡镇》第六十六条)。如闾虽减少不满十五户,或邻减少不满三户,因地势或其他情形而不便改编时,仍得仍旧(《县组》第十一条)。统由乡镇公所报由区公所转呈县政府备案或核准。

第四项　闾邻人民

闾及邻之人民,即乡镇人民,详前。

第二款　闾邻之法律上性质

关于闾邻之法律上性质,第一应研究者,为闾邻是否法人。即现行制上闾邻是否同乡镇一样,为自治团体之一。抑单为乡镇之自治行政区划,在法律上无人格,不能为权利义务之主体。现行制关于各级自治体是否法人问题,均未明白规定。区乡镇已然,闾邻亦莫不然。推研乡镇制各规定,尚易断定其为法人,已如前述。然闾邻之组织及性质,均不如乡镇之复杂。而规定又多简单,是否法人,更难捉摸。然欲解决此问题,可分二起研究之。第一法人之最少要件如何？闾邻是否具备法人最少要件？第二乡镇制实施后,实际上有认闾邻为法人之必要与否？二个问题是。

第一凡自然人以外的存在,在法律上受自然人一样待遇,与自然人一样可以为权利义务主体者:(一)必其存在有一定目的。(二)为遂行此目的,法律必允许其有自由决定其意思之能力。(三)惟其意思有自由决定之能力,而后方可依己意行使权利负担义务,即为权利义务之主体。即为法人。检观现行制闾邻之实体如何？有具备是项要件否耶？闾邻均含住户人民而组成,是自然人以外之实在存在也。其之所以存在,为遂行自治事务。即以遂行自治事务为其存在目的,是存在之有目的者也。如何遂行自治事务,即如何遂行之意思,由自己所组织的居民会议，为其决定机关。则存在又有自由决定意思之能力者也（《县组》第四十七条，《乡镇》第七十四条）。为遂行自己所决定的事务，需用费用时得由自己筹集之，保管之，支配之，是得为权利义务上之主体的法律规定也（《乡镇》第七十一条）。凡是均为法律所规定所允许，则闾邻在解释上实为法律上有人格者，即法人也。

第二再从乡镇制实际施行后考察。凡聚一姓族居，自成一乡镇者，姑不论。合数小村落而成之乡，且小村落各由一姓而成，向来各有独立会计，各自经营公共事务。今合编而为乡，为统一事务起见，势将此等部分的固有组织，根本取消，由乡镇公所直接指挥办理。则不但使小村落各感不便，且将潜分公产，毁灭其固有公共事务，是岂自治之本旨哉？若闾邻是法人，此等弊害，自可多少缓和或消弭。于各闾邻自动的小规模的事务以外，再加全乡镇之自治行政，自治格外容易发达。且于乡镇大团体之下，再认允许立闾邻的小团体，于法意亦并不矛盾。此从实际政策上观察，亦以闾邻为法律上有人格的团体——法人，较为妥便。

闾邻既为法律上有人格的团体，其对乡镇之关系如何？为第二应研究的问题。闾邻为乡镇之下层组织，乡镇为全体闾邻之总和。则闾邻虽为有人格的闾体，对乡镇仍是主从关系。即闾邻之意思活动，仍服乡镇之监督，自无待言。但闾邻既为乡镇之下层组织，闾邻于经营依自己意思所决定之事外，又应办理县区乡镇所交办事务。县区交办事务，除有特别情形者外，大概多由乡镇转交。即县区交与乡镇，由乡镇再分配与各闾，或由闾分配与各邻。又乡镇或闾的固有事务，普通亦分配责成各闾或邻办理。所以闾邻从这方面观察时，闾一方面又是乡镇的自治行政的区划，邻亦是闾的自治事务的行政区划（《乡镇》第七十二条）。闾或邻以自治团体的资格，办理自己的事务时，直接服乡镇或闾之监督。以乡镇或闾下之自治行政区划的地位，办理乡镇或闾的自治事务时，直接受乡镇或闾之指挥。

第三款　闾邻之机关

第一项　议决机关——闾邻居民会议

闾邻之意思决定机关，为闾邻居民会议。兹亦分组织及职权二目说明之。

第一目　组织

闾邻居民会议，由各闾邻居民组织之（居民之意义及资格详前居民款）。以各闾邻居民之过半数，为开会应出席之法定数。会议之议事，以出席居民过半数之同意决之（《乡镇》第六十七条）。以各该闾邻之闾长或邻长为当然主席。但关于闾长邻长本身事件，其主席由到会居民推定之（《乡镇》第六十七条）。闾会由闾长，邻会由邻长召集之。又闾的住户有十户以上之要求，或邻的住户有二户以上之要求时，闾长或邻长亦应召集之。如闾长邻长推诿不为召集或不能召集时，闾邻无如乡镇之有监察委员会，可以代行召集。在这种场合法无规定，应如何处遇，是一个问题。推居民会议之精神，该时可由上开户数联名召集，或请求乡镇长或闾长代为召集。但均应请乡镇长或闾长莅场监督。本法施行后之第一次各闾会，由乡镇长召集，即以乡镇长为主席（《乡镇》第六十八条）。会议开会之期间，不得过一日（《乡镇》第七十条）。

第二目　职权

第一　选举罢免闾长邻长之权

一　选举之客体　据《乡镇法》第十九条之规定，有出席居民会议之资格者，即居民，方有闾长邻长候选资格，但居民同时可兼公民，所以除居民外，公民有候选资格，自不待言。

二　选举会之预备　闾长选举日期，由乡镇长直接决定之。邻长选举,由闾长报请乡镇长决定之。日期决定后,由乡镇长于选举五日前公布之。并应报区公所查核。开会选举时,在闾会由闾长在邻会由邻长,本法施行后第一次闾邻会由乡镇长制备居民姓名簿,由到会居民签一到字,或画一符号,于自己姓名之下(《乡镇》第八十一条)。

三　选举之方法　闾长由到会居民七人以上联名之推选,邻长由到会居民三人以上之推选,由主席将被推选者——如被推选者,有数人时,依推选之先后,递顺——付会众之赞否表决。得各该会出席过半数同意时,即为当选。如得议会出席过半数同意者,有二人以上时,以得同意较多者当选。如所推选者均不能得过半数同意时,以其中得同意数较多,再付赞否表决;或另行推选;或将同意数较多者,付反决由各会自定之;总之以得法定同意数之当选人为止(《乡镇》第七十八条)。

四　罢免　如闾长邻长有违法失职时,无论何时均可罢免之。罢免会之签到,自应与选举会相同。罢免之方法:或分赞否色票,由到会者投之,检赞否色票二数之多寡而决定之;或由会众举手,以表赞否;均由各会自定之。罢免案之同意数,必达到会者过半数以上时,方为有效,自应与其他决议及选举相同(《县组》第五十条)。

五　改选　乡镇公所认闾长邻长为违法失职时,得通告闾邻居民会议改选之(《县组》第五十条后段)。在这种场合,居民会议结果,不为改选时,乡镇长对此问题,将如何处遇。换言之,乡镇长有自行撤换,另委别人之权否？因法律规定闾长邻长均由居民会议任免,如会议不为改选,乡镇长直接自为撤委时,是否违法？如不为违法,解释上之理由何在？为解决本问题之关键。从闾邻为自治团体之立场着论时,乡镇长对闾邻所能行使之权力,均为根据自治行政之监督权。如遇这种情事,乡镇长只能为再度通告会议改选,如仍不为改选时,除乡镇公约有特别规定,得依规定惩戒之外,别无他法。然从闾邻他方面为乡镇下之自行政区划推论时，则乡镇长对闾邻长所有权力，为直辖主管机关之行政指挥权。行政上有障碍时，自可用指挥权排除之。如闾邻居民会议不为改选违法失职之闾长或邻长时，即自行撤免之，于理法均为不悖。既经撤免后，闾邻为保护团体利益起见，自要补选闾长邻长，当无如罢免时困难情形。但为维护自治精神起见，乡镇长于撤免闾邻不肯罢免之闾长邻长，应依《乡镇法》第四十一条之规定，报由区公所或县政府行之，方合法意。

六　选举罢免之监督及备案　闾会由乡镇长，邻会由闾长奉乡镇长之命监督之。选罢之结果，闾会由闾会主席，报告乡镇公所；邻会由邻会主席，报告闾长转报乡镇公所。统由乡镇公所汇报区公所，转呈县政府备案（《乡镇》第八十二条）。

第二　自治事务议决权

凡法令范围内，一切闾邻自治事务之举办与否，及举办之计划及程序，闾邻会均有决定之之权。即县区乡镇所交办事项，凡有增加闾邻负担者，亦有审议之权。办理事务有需用经费时，决定其筹集方法。如闾邻有此等经费来源的财产时，对于财产之保管及处分，亦握全权。

第三　对于闾长执行事务之监督

闾邻无独立监察机关之组织。闾邻的监察作用，由闾邻会议兼管之。各国所行三权宪法，皆以立法机关兼行监察权，盖闾邻会议亦仿此组织也。闾邻会议欲行使监察权，第一应随时检查闾邻经费之收支（《乡镇》第七十七条），第二检查闾长办理事务之经过情形（《乡镇》第七十五条）。如发觉有浮支滥收及违法失职情事，应提出质问，要求闾邻长明答。如答复不能满足或嫌疑确凿者，由会议报告乡镇公所，或自行行使纠弹及罢免权。惟关于检查办理事务之经过情形，邻会无此规定。盖邻居民较少，事务简单，办理之违失，容易知觉故也。

第二项 执行机关——闾长邻长

闾邻之执行机关,为闾长邻长。兹就闾长邻长之任免职权分述之。

第一目 任免

闾长邻长之任免,均由闾会邻会行之。但闾邻为自治团体兼行政区划,在行政区划的立场,直接受乡镇公所之指挥,所以闾长邻长由闾会邻会罢免外,又得由乡镇公所撤免,命令改选(《县组》第五十条,《乡镇》第八十三条),已如前述。闾长邻长任期一年,得再被选(《乡镇》第八十三条)。

第二目 职权

第一 关于组织上之职权

一 有召集必要,或有法定户数要求时,召集闾会邻会。除关于闾长邻长自身事件者外,自为主席。闾邻会开选举会时,应置备居民姓名簿。但本法施行后第一次会议,由乡镇长闾长召集之,以乡镇长闾长为主席。居民姓名簿,亦由乡镇长闾长备之。(《乡镇》第六十七条、第六十八条、第八十一条)

二 仅关于闾长者 如邻长不能召集邻会时,由闾长召集,自为主席(《乡镇》第六十九条)。邻长选举时,由闾长承乡镇长之命监督之。邻长选举日期,由闾长报请乡镇长决定(《乡镇》第七十九条、第八十条)。邻长选定后,闾长据邻会主席之报告转报乡镇公所(《乡镇》第八十二条)。

第二 关于自治事务上之职权

闾邻为乡镇之自治行政区划,所以闾长邻长承乡镇长闾长之命,掌理区划内行政事务(《乡镇》第七十二条)。即办理县区乡镇间所交办事务(《乡镇》第七十四条第二款)时直接受乡镇长闾长之指挥。闾邻又为自治团体,所以闾长邻长以团体的机关,执行闾邻会议议决的一切自治事务(《乡镇》第七十四条第一项第一款、第二项)。受乡镇长闾长之监督及闾邻会议之监察。因有此二重立场,闾长邻长应将办理事务之经过情形,随时报告闾邻会议外,又应呈报乡镇公所闾长。

第三　关于经费上之职权

闾长邻长依闾邻会议之决议,掌经费之收支,管理闾有邻有财产,并应将经费收支随时报告闾邻会及乡镇公所及闾长。除此项报告外,每半年应布一次(《乡镇》第七十七条)。

第四　闾长邻长对上级团体之职务

闾长受乡镇长之指定时,于办理本闾之事务外,又应襄办乡镇公所之事务(《县组》第四十一条)。在这种场合,亦不能无故拒不受命,已如前述。关于邻长有否襄办闾的事务之义务,法虽无规定,但因邻为闾之行政区划,即邻长为闾长之下属,闾长于办理闾的事务上有必要时,指定邻长襄办,于理自无不可。

第四款　闾邻之财政

关于闾邻财政,法少规定。惟既允许闾邻有自行筹集本闾邻所需经费之权(《乡镇》第七十一条)。则闾邻得独立自营会计,毫无容疑。既得独立自营会计,则凡乡镇所能享有财政权,在闾邻亦自可享受。惟闾邻事务简单,其所需费用不至如乡镇之浩繁,所以其所能享有财政权,亦不能如乡镇之广。例如将来依法赋与之自治款项,在闾邻恐多不能直接均沾。然财产管理权等,为筹划经费上所必要者,自可有之。盖实际各乡镇之情形,亦自非有之不可。已述于前。

关于会计亦少规定。预算决算,因事务简单,故未特别规定。如各闾邻有编制之必要时,自为编制,亦非违法。但因闾邻会议有需用经费时,随时可议定用费之方法及数,且可随时检查闾长邻长之经费收支状况,固毋庸多此编制之形式也。

村里制之闾邻,其编制、性质、机关,多与乡镇制不同。兹分项述之于后。

第一　村里之闾邻组织

以十户为邻，以五邻即五十户为闾。在住户不及十户地方，得随聚处户数为一邻。在居住团结或有习惯便利者，得以十户以上，二十户以下为一邻。但对于闾无此等之例外规定。即不满五邻，或有六七邻地方，可否编为一闾或二闾，自是问题，但依理自无不可。省制未为规定，不知用意所在。又对于改编，亦无规定。如邻之户数，增加超过十五户以上；或闾之邻数，减少不满二邻时，应否分编二邻；或取消闾之编制，变为独立邻；或归并于他闾等；均无所依据。亦惟有随各村里之情形，制宜办理。闾邻亦以序数为名称，与国制同。

闾邻之区域，虽亦无规定，自可与国制同一解释。

第二　闾邻之法律上性质

综观村里制关于闾邻之规定及其组织，闾邻非自治团体，无法律上人格，即非法人。纯粹是村里下之自治行政区划。盖第一，闾邻无由团体员构成的意思决定机关，其意思决定权在于村里委员会(《村里》第二十条)。第二，闾邻无自己固有存立目的。所以有闾邻之组织，完全为便于村里之自治行政起见(同上)。第三，邻长虽由邻住民集会选举(《村里》第十三条)；闾长由本闾所邻长集会选举(《村里》第十五条)；但闾长邻长执行职务，直接受村里委员会之指挥(《村里》第二十条)，不受本闾邻意思之拘束。(盖本闾邻实际上亦无决定意思之机关)所以仅为村里下行政区划之机关，而无团体机关之性质。第四，关于闾邻财政会计事项，无一字提及，更可证明闾邻为行政区划。因为行政区划，则其会计即村里之会计，自己不能为财产权之主体，关于村里财政既有规定，在闾邻自不必重复。综上论断，村里之闾邻，完全为自治行政区划，而非法人，毫无容疑。其与乡镇制之闾邻，性质上大不相同，又岂待论证。

第三　闾邻之机关

闾邻只有执行机关——闾长邻长——及住民选举罢免会。而无其他议决机关。兹就住民选举罢免会及闾长邻长之任免及职权述之。

邻住民选举罢免会由邻公民组织之。构成选举会之公民法定数无规定,依民权原则,自以过半数为最少度限。会之召集者,或集会日期之决定者,亦无任何规定,大概由多数公民之发起或村里委员会决定之。住民会议之主席,由到会住民临时推之。选举之方法:先由主席或住民提出候选人,候选人提出完了后,由主席将各候选人依提出之先后,逐一唱名。每唱一名,住民将预由主席分受之蓝白票,各依赞否投入于盛票之器(例如赞成现唱名之候选人者投蓝票,不赞成者投白票是)。主席检器中之蓝白票数,记于方在唱名之候选人姓名下。再唱一名,再投,再记入票数。如此至候选人之名唱完为止。然后计较各人得赞成票之多寡,得票最多者当选。如票数同者抽签定之。罢免之方法,虽无规定,自可照选举法行之。亦即以所投蓝白票数,为决邻长罢留之标准(《村里》第十三条、第二十三条)。

闾长之任免,同村里长,详前。

闾长邻长之候选资格,亦同村里长,前述。

闾长邻长有违背村里职员服务规律者,得由市县政府撤免,并呈报省政府(《村里》第二十三条)。

闾长邻长均为义务职。但有必要时可支办公费及川旅费,其额数由村里委员决定之(《村里》第二十四条)。

闾长邻长任期一年,连举只得续任一次。当选无故不得谢绝或于任期内告退,与村里长同(《村里》第十七条)。

职务与村里长同受一样规定。但闾邻为村里之构成分子,闾长邻长为村里长之下属机关。其责任范围,自较村里长狭,且服从村里长职权之下，受其指挥，又为当然之事。

第八节　乡镇联合

第一款　联合之意义

乡镇既为办理地方自治事务之团体组织，自以各自独立处理自己所担任事务为原则。惟特种事务，例如道路桥梁堤防之修筑，卫生上之设备，警卫教育之设施等，有一个乡镇不能单独经营者；有单独经营时，必感种种不便不利者。在这种场合，二乡或二镇以上，或乡镇间，往往有协力共同处理之必要。这种合二乡或二镇以上，或乡镇间，为特定有共同利益之事务，订立公约，共同办理之组织，谓之联合。

联合随联合事项之性质及处所，乡与乡，镇与镇，乡与镇，均可联合。可联合乡镇之数，亦无限制。如乡与乡以防疫事务而组联合，即称之为某某防疫乡联合。镇与镇联合时，即称某某防疫镇联合。乡与镇联合，即称乡镇联合。乡镇间之联合，有否省界、县界、区界是一问题。即甲省，县或过之乡镇，可否与乙省，县或区之乡镇联合是。推联合原为举办有共同利益之事务而设，只要可以达同其利益之目的，依理自无不可。且法亦无制限。关于联合事务之监督上，应分受各所属区，县或省之监督而已。

第二款　联合之性质

联合既为处理特定自治事务之组织，其性质应与乡镇相同。即亦为公共团体之一种。法律上为有人格者。详言之，联合即以所联合乡镇之区域，为其区域。联合区域内之人民，同样受联合自治权之支配。但其自治权能只限于所联合的目的事务之范围内为限。目的事务之范围外，即无权能。换言之，关于联合的目的事务之范围内，所联合乡镇之区域及人民，均受联合自治权之支配。又联合的目的事务，本来为各乡镇之事务，因各乡镇不能单独办理，所以设联合。故凡国县区特委任于乡镇机关办理之事务，当然不能设立联合。

第三款　联合之设立

第一项　联合之种类

联合有强制联合及任意联合，部分联合及全部联合之分。部分联合云者，乡镇事务之一部分，组织联合共同办理之者之谓也。例如学校联合、水利土木联合等是。部分联合设立后，各乡镇公所对这一部分事务，消失其职权。因已交由联合办理故也。全部联合云者，将各乡镇全部事务，由联合接办者也。全部联合成立后各乡镇公应同时消灭。在这种场合，从外形上观之，好似为乡镇之合并。但其实不同。各乡镇仍自存在。因各乡镇财政枯竭，单独不能办理任何自治事务，暂设联合协力办理之，原为暂时性质。联合乡镇仍各自有其财产及区域，一旦联合解散，即可自行办理自己事务，不必如分设乡镇时之种种手续。现行制"凡二乡或二镇以上，或乡镇间，有共同利益之事项"之法文推之，似未许有全部联合之设立。

任意联合云者，乡镇间对于特定事务，有设立联合必要时，自动的设立者之谓也。如公园联合等是。强制联合云者，从乡镇间公益着想，非设立联合不可时，由上级团体或官厅之命令，经各乡镇协商后，设立者之谓也。如防疫联合、水利联合等是。

第二项　设立之程序

上述各种联合，除强制联合发意者为官厅外，其他设立程序，均相同。即要联合之乡镇,先由各自公所,将联合提案,及联合公约提交乡镇大会议决;在大会未开时,得呈请区公所核准行之,事后再提交大会追认。经大会通过后,由联合乡镇公所,依照公约着手组织。并将联合公约、联合成立日期,呈报区公所,转报县政府备案。其他手续与乡镇之成立同。

第四款　联合公约

联合无论其为任意联合或强制联合,必须先订立公约而后方可组织。盖联合之任务、职权、范围及存立期限,均须由公约规定,无公约即无联合,公约实联合生命之所系。在强制联合的场合,外观上公约好似半由命令机关指定,其实命令机关不过根据监督权,而为设立之发意。其设立之内容,仍由联合乡镇自定之,初不能任意干涉也。联合公约之内容,即公约上必须订定者为:联合之名称,联合目的之事务,联合乡镇之名称,联合公所之所在地点,联合经费之支办方法,联合机关之组织、职权、任免,联合继续之期限,等等,均应有详密之规定。订定后应呈报区公所,转呈县政府备案。

第五款　联合之消灭

联合既为共同办理特定事务而设立,如这种特定目的事务办理完了时;或公约上订有期限,期限完了时;或期限虽未届满,而联合乡镇均认为已无联合之必要时,由联合乡镇协议解散之。或监督机关认为联合之继续,于公益有损无益时,亦得命令解散之。这种命令解散,特谓之强制解散。联合解散时,应经过大会议决,呈报区公所,转呈县政府备案等与设立同。

第二章　区

区为介乎县与乡镇间之中间组织,亦为自治团体之一。《区自治施行法》中所规定区之组织、性质,大概与《乡镇自治施行法》所规定乡镇之组织、性质相同。二法规之形式及精神亦相同。所不同者,区为乡镇之上级组织。即区为集乡镇而成,而乡镇为区之构成分子。换言之,区对乡镇关系,为总体对分子之关系。因这种关系而生之地位上及权限上,略有不同,为理之当然。区为乡镇之总体,所以区的组织规模,自较乡镇为大。区之地位在乡镇之上,所以乡镇应服区之监督权。关于区法之解释,除因上述二种自然的不同,应依照《乡镇法》而为扩张及提高之解释外,其余与《乡镇法》之解释,大致相同。又区在区长民选以前,区之自治行政,犹如提孩初时学步,在在须监督机关之扶持,尚不能独立自行。较之乡镇,其自治权之范围,自不能同日而语。此在解释上又应注意者也。

第三章　县　市

县为最上级自治组织,即总理所说"县为自治之单位"。从现行《县组织法》中所规定县本身的组织（除区乡镇组织以外）及性质观之，县为自治团体及省下的行政区划。然关于自治方面规定，除县参议会为自治的组织以外，其他有自治色彩的规定很少。所以在县参议会实际组织以前，县只能谓之自治之候补者。实际上还是行政区划。关于行政区划的理论，有行政法要论讲授。关于县对区乡镇的关系，除后述之自治监督为纵的说明其概略外，已分述于乡镇各节中。

市分为特别市及普通市二种。前者直辖于国民政府，与省同级。后者直辖于省政府，与县同级。特别市下之自治组织，将如何处遇，尚无法规颁定，无从论述。普通市既与县同级，市下之自治组织自应与县相同。本省村里制中，虽与县并称，且有明白规定。与县同一处遇，不成问题。但国制关于市下之自治组织无任何规定，不无问题。且检观现行《市组织法》中，除关于市民代表的市参事会外，亦无任何规定。在市参事会实行组织以前，市为自治团体之候补者及省下之行政区划，自与县同断。市下之自治组织，在新市组织法颁布以前，在本省只有根据本省村里制，维持现状。或依照区乡镇制，先为改编，以待新法之颁布。盖国家既认方与县同级，依理其下层组织，自不能与区乡镇之组织迥异故也。

以上区、县市二章，因限于时间，不能详为说明，憾莫甚焉。兹仅就各级自治之监督，综述之于后，以为本讲之结束。

第四章　地方自治之监督

第一节　自治监督之基础观念

国家既以处理一切行政事务,为其存在的使命。则一切行政事务,应由国家自行处理,为理之当然。但国家之地域广阔,应处理的行政事务,又复杂繁多。若一切均由国家自行处理,而能体贴入微,适合全国各地人民之要求者,为事实上不可能之事。事实上国家既不能将一切事务,尽行处理,于是将一部分应理而不能之事务,听由人民自理,国家置之不问不闻,此我国历朝以来,关于地方人民公共事务,取放任主义之原因也。

国家强盛之基础,在于地方事务之健全的发达。国家虽不能将地方事务,尽由自己处理,亦应设法使地方自理,为国家存立上,不可或忽之职责。近代的自治制度,即为此而设,已如前述。国家既将一部分适于地方自营的事务,设地方团体,使之自理。以期地方事务之最合理最健全的发达,用为强盛国家之基础。但地方团体接受国家之委托后,对于委托事务,有否依照委托处理,处理有否违法,有否超越法律所赋与的权限,等等,委任者之国家所应注意而不可忽视者也。如地方团体处理自治事违法越权时,应为之矫正。如义务上应行之事务,而怠忽不行时,应强制使其履行。等等。又为委任者国家之应有的权能。这种权能,即本章之自治监督权。但地方团体有独立人格,在法律范围内,有自行其政之权利。所以监督机关之行使监督权,一切应以法律为其根据。即法外不能无限制行使其监督权。在法律所允许范围外,行使其监督权时,即为侵害团体之自治权。团体对于侵害自治权之监督,可用诉愿及行政诉讼等方法防卫之。

第二节　监督之机关

我国自治制以县为最高自治团体。县以上即为国家行政区划之省。县自治之第一次监督机关,为省政府民政厅。第二次为中央之民政部。县以下自治组织分四层,即区、乡镇、闾、邻。这四层组织,各递上一层,为其第一次监督机关或团体。第二次、第三次监督机关或团体,均依此递升。

第三节　监督之形式

对于自治团体之监督方法,可由观察点之不同,分为种种不同之形式:(一)依监督权发动时期为标准,可分为事前监督及事后监督。事前监督云者,地方团体于特定行为前,受国家监督权之行使者之谓也。区乡镇预算之查核,即属于此类。事后监督云者,地方自治团体所为之特定行为或不行为,若恝置而不理时,于自治上必无好果,于是国家以监督权之发动,将这种不妥当不合理的状态,予以矫正者之谓也。关于此项,法无明文。但为监督作用中,最常行之作用。例如区民大会,或乡镇大会有违法的决议,自非矫正之不可等是。(二)以监督权发动之状态为标准而区分者,为积极监督及消极监督。自治监督普通以消极监督为主。盖自治团体既受国家委任,有办理委托范围内一切事务之权。只要办理时不越权违法,国家自无干涉之必要。但有时有非干涉不可者,不干涉转失设立自治团体之意义时,国家应为积极的干涉。此于消极监督之外,又应有积极监督之行使也。例如《区法》第三十一条、《乡镇法》第三十四条之事务,若不举办时,应设法使之举办,才合自治监督之意义。在这种场合,监督机关应如何使之举办,法无规定。普通以强制预算,最为捷便。监督机关即用强制预算方法监督之。法律既认许监督权,依理自无不可,已如前述。(三)以监督行为之目的为标准而区分时,监督又可分为以指导为目的的监督——指导监督,及以保护公益为目的的监督——保护监督之二种。指导监督云者,使自治团体之行政,循正常程径,向前导诱之监督也。地方团体处理自治事务,本以自动的进行为原则。自动的循常轨进行,往往在自治发达后方可期待。际此自治开始时,人民对于自治,毫无素养。其有意作恶者姑不论。有对于自治素抱十二分热诚,但因无自治知识及经验,往往于无意中,容易导自治于歧途;或于事务进行上发生无谓之纷纠。即无此虞,亦往往由国家用统一的良优的方法导促之,更易收自治发达之效。所以指导监督,在此自治创始时代,实为最紧要事务之一。至自治逐渐发达时,此种监督亦逐渐减少,为理之当然。反之,保护监督,与自治之发达与否无何关系。国家愈进步,自治愈发达,自治事务,亦随国家法令之完备,而益繁多。该时之需保护监督,或较自治未发达时,更为重要,亦属意中事。保护监督云者,自治团体之行政,有违法越权,监督机关矫正之补救之,使循正途发达之之谓也。凡自治团体及团体机关之违法越权等,国家而以矫正补救之监督,均属是类。

第四节　监督权之内容

区乡镇为有人格的团体,即公法人(县市虽亦为自治团体,但现在尚是行政区划,故不并论)。对区乡镇所行使之监督,为对有人格者之监督,与国家对官厅之监督关系,迥然不同。所以对此等自治团体之监督,应以不妨害其独立人格者为限,方为有效。自治团体之人格,是以法律为基础,故监督权之行使,亦应以法律为准据,已如前述。现行制关于各种应监督的场合,除《县组织法》第三条之"监督地方自治事务"的原则规定外,其他均无具体规定。然法律条文中之有"应云云"规定者,在在皆是。即为命令自治团体必如此办理的强制规定。如自治团体违背此种强制规定,应办理而不办理时,国家将如何处遇,宁非问题。若听当该违法团体之第一次监督机关,自由决定,即如何矫正其违法之方法,可由监督机关自定,若其决定之监督方法,适亦违法时,则将如何？岂非欲解决问题,而重以问题答之。况此种决定之违法与否又何所根据？谁为之决定？凡此等法律均应规定而不为之规定,殊不知立法者用意所在。法既无规定,则关于监督权之内容,除由监督机关自由裁定外,在现行制实无他法。监督权之内容既无制限,其行使亦无准则。则监督机关可为在有人格的自治团所不能接受之监督。这种行使,在受者之自治团体起而反拨；或用诉愿等方法,攻击其为违法,经受诉机关裁定其为违法以前,又谁能断其为监督权之滥用哉。且现行制他方面又认许自治团体有莫大之自治权。而目下人民之自治能力,又甚幼稚,在在须官厅之监督。如是则无限制的监权与莫大的自治权,实际接触机会之多,必逾于常,又为势之不可免。接触时因权限不清楚之故,二大必相冲突,即于自治事务之进行上必多恶性的纷争。因此于无形中,妨害自治之发达,当非杞人之忧也。爰为述各国所通行自治监督权之作用于后,以备行使监督权者之参考焉。

第一　监视权

监视权者,监督机关监视自治团体行政之权限也。现行制区乡镇均自有监察机关,自行使监察权。监督机关在监察权范围内,自不能越权侵入,自无待言。区乡镇之监察机关,为团体内部分之组织,究属团体之一部分。如监察机关明知违法或不知违法,为拥护团体自身利益,而不为监察时,监督机关之监视权,就有发动之机会及必要。监视权之内容,大致与监察权相同。有必要时派员或使其呈报,检查其账目及款产之状况,及检查其自治事务之进行状态等是。

第二　取消权及命令权

取消权与命令权,连属一气,故并说明之。取消权第一于区民大会及乡镇大会行之。例如大会之议决案为违法令时,监督机关即将其议案取消之。越权时亦同。取消云者对其议决案宣告无效之行为也。其效果溯及于既往。命令权者,自治团体虽有独立人格,可以独立自营,但究属国家组织之一分子,服于国权之下。国家有必要时,自可命令之,使其为特定行为或不行为。但国家之命令权,亦非无限制,要有法律为根据。

第三　强制预算

关于强制预算,已述于前(参照前述财政之支出项)。

第四　代议决　代执行

代议决云者,议决机关应议决事项而不为议决时,监督机关就该事项,自为决定,以代其议决,至议决有同等效力者之谓也。例如《区法》第十七条第四款、《乡镇法》第二十一条第四款之审议事项,大会应审议而不为审议,或虽审议而其议决为违法时,监督机关得自为决定以代之是。

代执行云者,属于执行机关之事件,监督机关以该团体之费用,或亲自或派员代为执行之之谓也。代执行有二种,一为一部分事务之代执行;一为全部事务之代执行。特定事务为区乡镇公所不能,或拖延不为执行时之代执行,属于前者。区乡镇公所因种种原因,一时不能成立,由监督机关暂为处理其全部事务者,属于后者。无论其为一部分或全部事务,其执行上所要费用,均由当该团体负担之。

浙江省地方自治专修学校1930年版

论文

推行新政与法律教育

一、推行新政与法律知能

建国之新政,如新币制、征兵制、新县制、新财政制、新税制、粮食政策、土地政策、专卖制等,与抗战并进,先后开始实施或设计,其中征兵制、新县制、粮食政策、土地政策等,尤为直接规定人民生活之基本制度。其推行之利钝,不特即为革命建设之成败,并兆中华民国亿万年国运之盛衰。故国人莫不切望其能顺利推行,着着成功,以达建国必成之目的,用以永保抗战胜利之成果。

新政之推行,主在成效之收获,其成效是否能如预期圆满实现,则制度本身是否完备,虽为重要因素;而推行是否得法,更为决定条件。王荆公之新法,不能成为北宋中兴伟业者,由于推行者不得其人之故,已为公认史实。所谓"徒法不足以自行",盖言虽有良法美制,要亦推行在人。考推行制度之人,必备二要件:(一)对制度之意义及作用须明白认识及理解。(二)推行须有诚意。前者为关于法令制度之知识技能问题。后者为尽忠守职之职责问题。职责问题,犹可以甄别任免升降赏罚等鼓励之于事前,纠正之于事后。至知能问题,则全系于各人之教育素养。

试就推行乡镇地方自治,以明推行所必备关于法令制度之知能。凡参加自治之人民,必须理解县各级组织法及地方自治之意义,熟悉民权初步,明了管教养卫四类自治业务有关之法令制度。换言之,关于人民日常生活之一切法令制度,均须有认识,然后方能适应实际需要,发挥自治功能。县政府为乡镇自治之监督指导机关,县长秘书科长及自治指导员实负灌注人民上述自治知识,扶导其实行之责。又县政府为中央行政之最下级机关,新政实施于人民,必多经其手。故县长秘书科长及自治指导员,因其职务之繁杂,及责任之重大,依理应均为大学法学院出身,对于法令制度有充分知识,不仅能切实执行中央政令;且复能优为乡镇长之自治导师者。

  法令制度之推行,由中央以迄县政府,在愈高级机关,愈需要关于法令制度之博洽知能,订立所属层级机关之执行方法及实施步骤。故官吏(特任级政务官及技术人员准技术人员在外)应备之法律知能,亦以职位之高低为比例。自现任县政府县长以下高级职员,推而上之至省中央各级行政机关之科员以上大小官吏,所有法律知能程度如何?因未举行测验,无可据为考论。不过笔者二三年来,就官吏所发表著作,及在机关中实际观察所得者推之,一般官吏对于法律知能之贫乏,殊出人意外;使人感觉政治之不上轨道,新政之不能切实推行,其原因大半即基于此。盖为政治轨道之法律,必先深印于官吏脑海之中,然后其行动方能循法所指而不脱轨。如大学经济系出身之某某县长,对人民捐产奖学请求设立财团法人,而竟批斥为于法无据;留学出身之某省民政厅长,竟不解地方自治之根本意义,等等。因缺乏关于法令制度之常识,而致违法溺职之事例,殆触目皆是。凡依法组织之机关,上自主官秘书司长科长,下迄科员录事,自各有其职位上之权责。凡在同一系统之上下级机关,其相互间自为管隶关系。此类均为制度上不刊定理,行政法之基本常识。最近中央及行政效率研究者,复须为"分层负责""分级负责"之申令及强调者,正所以反证一般机关官吏犹不解上项定理,行政上任意乱层越级,以致责任不分系统紊如之实情也。

多数行政官吏之不备职务上法律知能,其原因在过去法律教育之未能切合国家建设之需要。法律教育未能适应建国需要之主要原因则为:(一)一部分人士尚有轻视法治主义之观念,以致影响于法律教育。(二)因政治未上轨道,行政上不需要法律知能。(三)一般对法律教育意见颇为纷歧等数端。兹分项略述于后:

二、法治与德治

自四维八德之新生活运动推行以来,一部分人士认为孔子之"导之以德,齐之以礼"的德治思想,将优越于"导之以政,齐之以刑"的法治思想,而为今后政治之指导原则。同时,法治主义(大概指先进民主国所行之法治主义而言)复为各方面所强调,认为是政治上轨道之唯一法宝。广义的法治主义,实同先秦法家之说。法家之说在历史的传统观念上与上述德治思想,颇相龃龉。德治乎?法治乎?抑德法并治乎?国民政治思想上颇形淆惑,而莫衷一是。对此若不明白辨别,使国民有一致认识,则根据任何思想之制度,将均不易彻底实行。然此问题牵涉我国历史的整个政治思想及政治组织,问题大而复杂,非数语所能说明详尽,且亦非本文检讨之主题。故兹仅略述个人对此问题之见解,以明轻视法治观念之不当。

考儒家之德治与法家之法治,以其方法之不同,且曾有剧烈斗争之史实，以致在政治观念上积不相容。然若能摒除一切主观先入之见，用社会科学方法加以整理，吾人可以发现两者实相辅相成，而非互斥之矛盾。

儒家之政治原则，为"欲治其国者，必先齐其家"。此语有二义：（一）应以所以齐家之德化礼教方法治国。认家与国及天下为同质之群体，可以直接用同样方法治之平之。（二）治国应以齐家为出发点。国为家之积，若人皆齐其家，则国不治而治，天下不平自平。此其理论，若以近代国家学之理论译之，实即为对家族社会之教化政策。社会教化政策，仅为近代国家诸统治政策之一种，然在儒家殆以此为唯一且基本之治平方法。数千年来，纯粹以此种方法而致"有耻且格"之治平理想，虽迄未实现；而民族受此思想之滋培，以生以育，蔚然成为世界最伟大民族，实为其不可磨灭之丰功伟绩。因政治重心在于家族社会之教化，故其国家统治组织，比较松弛。尤其在列强竞存，"力即正义"之时，愈益暴露其统治力之薄弱。法家则反是，认国家为人设的组织体，须抱法处势而行积极的统治。以其术曾致秦于富强，而收统一天下之大效。然其缺点，在过信法律万能，采取绝对国家主义，不认家族等社会组织之机能，极度干涉人民社会生活，以至"民有二男以上不分异者，倍其赋"。两者为国家为家族社会，偏重偏轻，其失维均。国家统治组织体，与家族社会之以自然事实——血统言语信仰等结合者，不可同日而语。国家与国民之联系，全在赖以组织之法律，犹军队组织以纪律为机纽者相同。故在家族社会因自然的亲疏，固应务行亲亲睦姻仁民爱物之道。在国家则必须任法为统治之术。国家与家族社会各施应行之政策，则德治与法治原可相辅相成，各发挥其功能，并致国族于强盛之域也。两者经周秦二朝一正一反之试验，原已瑕瑜各现，功过互见。至汉以来，实际上虽已取两者之长，分工并用；然因儒者在政治上得势，仇恨焚坑奇辱，所以诋毁法家,不遗余力。故历朝每当盛时,必在"以孝治天下"之旗帜下,而行"信赏必罚综核名实"之政。但终格于儒说,每不能推行畅彻。所以成为上述家族生活之发达远过于国家生活之现象。而现在犹有轻视法治之观念者,即为历来儒者认法家为"刻薄寡恩"之余势耳。

总之,新生活运动纯为复兴民族道德之社会教化运动,并非所谓"后退复古运动"。不仅不排斥国家之法治,而且为推行法治之领导运动。法治将因民族道德之发扬,益易实现政治清明之理想。然为励行法治,则有待于法律教育之普及。

三、法律教育之沿革

普及法律教育问题,因政治未上轨道,在行政上及国民生活上不感法律知能之需要,致不为社会所重视。此观我国法律教育之沿革,可以知其实际演变之经过。

秦始皇"焚书"令中有曰"若有欲学法令,以吏为师"。此盖为我国法律教育之最古成文制度。汉兴废秦酷刑苛法,汉武且尊孔崇儒。然汉之国家及行政组织,多仍秦制之旧。学习法令仍以官吏为师,不另设专科。此制随儒家之支配政治,无甚大变动,以迄于清末。当时所谓刑名钱穀以及刑吏,盖即由此制演变而成之法律专职也。清末,变法自强,废科举,兴学堂,欧西法制渐次输入,所谓法政学堂应运出现于各省通都大邑,不仅打破历史成例,设科教授法令;且代科举为士人出仕唯一阶梯。法政学堂分为法律政治二科,均以法律科目为重心,其所讲授者,除《大清律例》(在民国纪元后则为《现行律》)外,多直接以外国之法制教科书为教材。当时法学最高学府之北京诸大学法学院系,与大理院密切联系,相辅制立《现行律》时代之判例法,为新法学奠一础石,又司法在军阀互讧时代,犹能受强烈三权分立思想之掩护,略树独立基础,凡此数者不能谓非法政学堂之功绩。然在行政上及社会上其成就实鲜。缘军阀乱政割据,在北京则政令不出府院之门,更无所谓新政新法之设施。法政学生之学技无所施展,惟制作奉此等因之公文书,为其仅有职务,亦且为其必备技能。将政令机械的套以"公文程式"经主官画行后,颁行下级机关若布告于民众;下级机关将转令若布达之经过,同样依式递呈,回缴于发令机关。此即普通所谓"办公"。至政令内容如何,是否实际施行,及实行后及于人民影响如何,均非所问。所以二十余年来,国家普通行政(军政及管理国营事业机关在外),成为张江陵所谓"但善事上官,干理簿书,而无实效及于百姓"之局面也。又因机械的套制公文,多责之科长以下人员,故近来又有所谓"科员政治"之谚。其在地方之法政学生有充军阀幕僚者,有营律师职务者,均在"本督办言出法随,决不宽贷"——殆即所谓"朕即国家"之法律观念下,自难以一介书生,一片理论,为人民主正义,与暴力争法序。其狡黠者且利用此弱点,颠倒黑白,挑拨是非。原为人类善意识结晶之法律,往往一变而为鱼肉善良之利器,故法政学堂教育,即无儒者传统的轻蔑观念,亦颇为社会诟病。

嗣后各地法政学堂渐次并入大学,与政治经济二系合称法学院。法律系所授者仍尽可能以法律科目为限,其主要者为宪法、民法、商事法、刑法、民事诉讼法、刑事诉讼法、行政法、国际公法、国际私法、劳工法、土地法、法律哲学等。此外如罗马法、中国法制史、刑事政策学、监狱学、外国法等等;常为一部分法学者所强调应授之科目。又以司法独立之理论,法律系教育目的,在形式上被规定为司法官吏及律师之培养。因此法律系又兼承司法院之指导及监督,以表示司法教育之郑重。

四、法律系教育

我国法律教育经上述沿革,淘成社会一部分人士下列牢不可破之观念:(一)行政官吏为不需要任何法律知能,但谙奉此等因公文程式,任何人均可尝试,亦能胜任之职业。(二)法律学为限于司法人员所专修必修学科,惟诉讼及审判上有适用。然在建国作业日益繁复,愈益需要推行新政的干部人材之时,上述因袭见解,似应加以检讨清理。兹从实际理论两方面,就法律系乃至法学院之法律教育制度,述个人私见于后:

法律系教育形式上虽以养成司法人员及律师为目的,但实际上司法官并非直接取之于法律系,而取之于高考。高考之应试资格,又不限于法律学士。毕业后候补司法官身分既无法定保障,则法律系自不能与英国 Inns of Court, Law Society 等特权法律教育机构比附并论。次从法律系学生实际就业状况言:每年全国法律系毕业生入司法机关或执行律师职务之百分比如何,因手头无是项统计,不得而知。然依历届高考及格司法人员名额估计,为数盖不及百分之二十。其余大概入普通行政机关,充任普通行政官吏。又从各机关之实际需要言:则除机关性质上必用法律专家如参事等外,普通行政机关,如切实执行法令,最感需要者必为有法律知能之人员,此于近来财政部为推行直接税新政,特权收法律系毕业生任吏员之实例可以知之。更从机关以外各种企业组织言之;寇氛肃清后建设新中国之农工商矿各种大规模企业,必从公私各方面兴办。每个企业组织,对外订立各种交易契,对内管理从业人员,在在均需法律人才。如先进国之较大产业组织多设契约课外交课等专司法律事务,即其例也。

普通行政机关及各种公私企业组织之普遍需要法律系学生,而法律系学生之名额,仍以供给司法人员为标准,储材计划与实际需要,不无失却配合上联系。

五、法学院之法律教育

甲　内容

关于法律系教育之质的问题——内容的问题,法律系既系法学院教育之一肢体,与整个法学院之法律教育有密切关系。故合政治经济二系一并检论之,较为便利。

法学院三系中除法律系已于上述外,政治经济二系系分别授以政治学,或经济学之有体系的基本知识。以言学问,不过为各系学科之入门。欲从事于学问深造者,须入法科研究所。故二系之教育内容,通俗的言之,为授学生以各该科之高级应用知识。又从现在国家切迫需要推行新政之干部及毕业生百分之九十九以上入各机关充任官吏,或公私企业组织任事,其数额远过法律系毕业生言之,则现行制全法学院教育之现实目的,实为培养各种机关之官吏及企业之管理人员。

其次,孟德斯鸠氏三权分立说,经各民主国多年实验,立法行政司法三权分由三机关分掌,在实际上为不可能。例如,行政机关之订各种法令之实施规章(其实当今民主国政府实际上兼握立法之实权);及上级行政机关裁决所属下级机关间权限争议等,均为行政机关实际兼行立法司法之例。司法机关之兼行政立法;立法机关之兼行政司法,亦同,不另赘例。在我国为五权宪法,自更不能适用此古典式三权分立之理论。惟据德学者罗达卜鲁夫(Radbruch)"国家为在活动中之法律,法律为在静态中之国家"之言,政府既为国家之机关,其行动自不能离乎法律。从而政府行使治权之方式,不外订立法律、执行法律及适用解释法律之三种。每个机关虽统用三种方式,但亦有主从轻重之分,试就我国现行政府组织言之,则司法人员及监察人员以解释适用法律为其主要职掌。除中央全会为现在最高意思机关外,订立法律应为立法委员及各级参政参议员等之中心职务。此外府院(包括司法立法二院之行政部分)会各级机关之官吏,殆无不以执行法律为其主要职责。订立法律及适用法律,则为其辅助方法。于此可见,在行使治权之三方式中,以执行法律一项为应用最多最广。至其需要正确法律知能,固不亚于适用法律场合;而其影响所及则远过之。普通法官律师之适用法律,仅就人民相互间,或人民与公益间所已发生纠葛事件,引用法律规定为公正的处理。如处理不当时,原被告均有救济方法。故其法律知识,偶不精深,其贻害于人民若国家者,尚系相对的而非重大。若在执行法律场合,则不同。如县或省政府对征兵法,因误解法意(其实此种事例,现在最为普遍),为订不公平不合法的征召手续时,其结果不仅侵害全县或省人民法益,且妨害兵源,影响于全国军政。故执行法律的行政官吏无法律知识之祸害,实远过于适用法律之司法人员。可见所谓法律知识限于诉讼审判有适用之言,显系因多年政治未上轨道,百废未举而生之错觉。最高级行使治权之机关长官(如特任级政务官),其职务多为决定国家政策之订立法律工作,自须有广博而丰富常识。除此以外,机关及职位愈低下,其职务愈为机关的法令之执行或适用。政治经济二系学生初毕业就事时,所担任者,大都为中下级职位之行政工作(会计统计等技术工作在外)。其需要执行或适用法律之知能,反过其专门之政治经济学识。财政部直接税处之实例,即其明证。

再次,政治学、经济学及法律学三者,均同以社会生活现象为研究之对象。就同一对象,因各学之认识目的不同,成为三种各别的科学。所以其相互间为有不能分离之密切关系。试为简括说明其相互间之关系:民生问题为经济学之对象。政治学以研究如何管理公益事务——众人之事为标的。公益事务以民生问题为中心。德人舒太摩拉(Stammler)等多数学者认"经济与法律之关系,乃内容与形式之关系"。所以政治学之应用,第一在决定以如何形式规律内容,或以如何内容建立形式之政策。已经决定政策,就是现行法令制度。法律学即已经决定的政策——法令制度为研究客体。所以政治经济二系之教科,自政治学经济学原论以至各种政策学,若不以现行国家政策——法令制度作对象或参证,则其讲授徒为术语裨贩,其研究易成概念游嬉。是则现行制政治经济二系之教科,尽可能减少法律科目,不仅在教学上为极不合理,且毕业就事时亦缺乏实际应用知能。

同样法律系毕业生无论其从事于执行法律或订立法律工作,对于法令制度之性能纵令知之详悉,倘对其所包涵若规律之政治的理由及经济的内容,不有相当认识或理解,则往往狃于形式逻辑,胶柱鼓瑟,不能应因制宜,而为合理运用。此在以严格解释为原则之适用法律场合亦同。例如,土地所有权原为地主对土地之直接支配权。然因经济情事之发达,所有权无形中已变为地租请求权,甚至为纯粹剩余价值之权能。若就经济情事而无相当学识,则就民法土地所有权之规定,即不能为切当之适用。

　　总之,整个法学院之教育目的,既为培养国家现下切迫需要之推行新政干部——官吏,为适应此种国家需要起见,政治经济二系均应授以官吏所必备的法律知能。同样,法律系应授予经济政治学及政策学之知识。然此并非主张各系应舍弃其专门学术而平均授以同样科目之谓。各系当然仍保持原来基本专门科目,以"养成专门人才"(《大学组织法》第一条);不过各添必要的法律科目,或经济政治科目而已。因此各系课程时间虽须增加,亦无可如何。然亦非无补救办法,各社会科学普通横断的分为法则学、历史及政策学之三部门。法学院教育如前述既在授予实际应用知识,各系关于历史学部门如政治史、经济史及法制史等一类科目,不妨酌量减削其时间,以资调剂。盖此类科目可尽让之于入法科研究所者研究焉。

　　然则,行政官吏所必备的法律知能应为:(一)对于法令制度的意义及性能之理解力,(二)有订法律制度的实施步骤执行方法之技能,以及(三)于其施行后之效果及对其他现行法令制度可能影响而能透见预知等是己。政治经济二系欲得此种知能,笔者以为必授宪法、行政法总各论、民法总则、刑法总则、民刑法各论纲要、法律哲学,以及其他与经济政策有关之社会法学,如劳工法、土地法等。此类科目中之一部,各法学院政治、经济二系现在原亦教授,不过或因时间过少,或因为选修科,每不能切实教学。为适应现下建国需要,欲使学生修得上述法律知能,则应一律改为必修科。法律系所应授之政治经济学科目,除各法学院现所授之政治学及社会学外,为各种政策学,如农工商等政策学之纲要。此外行政法总各论亦应改为必修。至罗马法外国法及法制史等,在现下法律教育状况,如无时间,不授亦可。

乙　学额

自二十二年教育部通令限制文法科学生以来,各法学院中政治法律各系学生数,合四年总计每不过三四十人。每年级十余人或三七人不等,而教授每系至少八九人。浪费国库人力,莫此为甚(此种情形抗战以后尤甚)。究其原因为建国所需要者为理工科人材,法政二系毕业生无出路;而各大学均有特殊理由,不能将法政二系废并集中于一二学院教育之故。此在新政尚未开始实施及行政官吏不需要特殊学能之时,法学院毕业生之有过剩,或非无因。惟新政既已开始,省中央各方面均苦无大量合格干部,自行应急杂凑开班训练,其人数每一训练单位动以千万计之今日及今后,出路问题应成过去。又新政推行之良窳,既影响于国族之盛衰隆替,于对现参与推行新政而能力不称之行政官吏——尤其科长级官吏,应本革命建设之精神,切实调整,使易就力能胜任之职务,而补以法学院出身成绩优秀经切实精神训练之人员。此于实行新县制之县长秘书科长以及自治指导员区长等,更有切迫需要。此类县政府干部每县至少二十人,全国二千县,合计为四万人。此外各级政府机关之行政官吏,及以后逐日激增之公私营企业组织管理人员,其数当数倍渐次递增以至数十倍于此。尽现有各法学院之设备——教授及教室等,随实际需要量,每系逐年加收数十乃至数百名学生,固无须增加大学预算。不仅可免此前人力财力之浪费,且为解除临时杂凑训练的缺陷之根本政策。

综上所述,法学院为适应时代要求,国家需要,就各系教育之量与质,似应有所以酌量实际情形,为设计改进计划,以达成其为国家佣才之任务也。

六、各种训练班之法律教育

以上为就法学院教育所述之私见。次就现在一般临时训练班中法律知识补习教育言之：

自抗战开始以后，为发动前后方政治工作，曾由各种机关招收各等级学力程度之学生，加以短期训练，并授以必要的各种社会科学知识。笔者曾在由六百余名来自文法教育理工农医各院系毕业生所组织之特训班，担任"战时法规"讲课。推此讲□之立案原意，在讲解各个战时所颁布之法令，如整治汉奸条例，军事征用法等等，使得政治工作上□要法律知识。然此立案实不合理。盖必就法律之根本意义，即潜在各种法令规章背后之原理原则。有所认识时，方易理解各个法规之主意及条文之正义。若对素无法学教养之文理教育工农医多种学士，断章取义的为理解各个单行法规，使一知半解几条条文，最为有害而无益。不得已为易讲法律之根本意义及民刑法等普通基本法规之原理原则。惟如此，受训者，或能约略得到关于法律知识的基本纲要之印象；对各个单行法规能有正确之理解力。各方现在及将来举办之各种干部训练班，除军事及精神训练外，训练目的之新政制度（如财务人员训练班为财务法规，地方自治人员训练班为地方自治法规等是），应为最主要课目。惟普通训练班受训人员例多杂凑。如现在各省施行中之地方行政干部训练班，据县各级干部人员训练大纲，受训人员为县政府科长秘书及乡镇长、副乡镇长、乡镇公所股主任以至保甲长等，即其现例。就一般言之，县政府秘书科长虽有大学出身者,乡镇长及其股主任等,至多不过为中学程度,至保甲长则恐多目不识丁者矣。其学力之参差,实无以复加。兹规定授以同样推行制度之法律知能,使其同样负责推行至繁复而至重要之新政——地方自治,其成效如何,揣测非本文目的,姑不具论。惟新政既急待推行,现有法学院毕业生之数量,又不足供应,舍此外实亦无他良法。为暂时弥补此种缺陷,笔者以为亦务必讲授法学通论或概论一类关于法律根本意义——原理原则之知识,以增强其理解若运用法令制度之能力。

于此附述者,为普及法律教育,以增进建国力量,此类关于法律根本意义之知识,实应于中学公民课中详为讲授。盖高中毕业生在现在国民知识程度,为居于乡镇人民之领袖地位,应有领导人民为国家活动之法律知能也。

七、结论

领袖对军法官会议所施"发扬守法精神建立无形的纪律"训词中指示:"一般国民如仍和过去一样不知法律,又没有重法守法的精神和习惯,将来就是军队打了胜仗,敌人不来侵略我们,我们国家也会自取灭亡。所以今后要振刷纲纪挽转颓风……我们最需要的是完备的法律,和严格的军纪,尤其迫切需要有行法守纪律的精神"。德人罗达卜鲁夫言"国与法为一物之两面"。国民不知法重法守法,就是国民不知国不重国不守国。如是国家安得不自行灭亡。故建国第一件事乃为如何使人民知法重法守法乃至行法。惟全国人民知重守行法,国家乃得成为"统一强固的战斗体"。此为领袖所以警惕国民应迅速根绝只知有个人有家族有朋派之自私自利意念,而为知重守行国法之力行。然数千年来在"民可使由之,不可使知之"的统治原则下之人民,欲使其知法重法守法,必先彻扫此传统原则,务由官吏于执行法令时,以自身之守法行动重法精神,现身说法以身作则地教育之诱导之。故领袖对军法官而特为上记之训词,盖即所以指示:凡参加建国,推行新政之官吏,不仅必备职务上法律知能,即负以法治教育人民之责任也。

教育人民知法乃至教育负教导人民知法责任之官吏知法,乃为通社会教育及学校教育之问题。笔者非习教育,所知不多。惟觉现行法律教育制度已不够适应建国之需要,政府为推行新政,虽多方开班训练干部,又因人员杂凑,短期速成,难期理想成效。建国必先树人,如何使法律教育机构能于此时充分发挥其为国储才之机能,以供应建国之需要,根本袪除临时训练之缺陷,实当前亟需研求并解决之事。爰就体验观察所得,益杂书之,以就正于海内明达。

原载《读书通讯》第49—50期(1942年)

国防与宪法

关于统帅权辅佐机构及统帅权之行使方法与范围应否规定于宪法之检讨

一、绪论

现行国际战争为交战国国力之总角斗,一国为抵御敌国之侵略,引起战争以后,能否驱敌出境或消灭其战斗力,胥视其整个国力是否优胜于敌国以为断。故所谓广义国防建设者,简括言之,即是谋整个国力之充实及强盛。然整个国力分析之,不外为财力物力人力之总和,而财力原为物力之价值,物力则产生于人力,故人力为一切国力之源泉,而培养人力实为增进国力之基本条件。勾践之十年生聚,十年教训,即为培养人力,以增进国力之史例。又考人类之所以组织国家者,原为谋国民之安宁康乐,种族之发达繁荣。故培养人力,换言之,即生聚教训,实又为建立国家之基本任务。近代宪法随政治之演进,已由君主与臣民间,关于权利之约束,演变成为全体国民建立国家之基本规程,国家活动之最高准绳。故最近成文宪法例,除国家之根本组织纲领外,凡国家之基本任务，民生经济教育文化等之根本政策纲领均为详密规定，换言之，广义国防建设事项，已为宪法规定之主要内容矣。

我国现所建设者为三民主义、五权宪法之国家，最近各种宪法草案——尤其《五五宪草》，已将关于广义国防建设，即如何生聚教训，如何裕民富国之民生主义基本原则，采为宪法之重要条项。关于广义的国防建设与宪法规定之关系，在原则上已无问题。问题只在宪法颁行后，当国者如何仰体国父建国之理想，本"十年国防计划"之目的，盱衡世界大势，善为运用。关于经济教育之规定，以适应广义的国防建设之需要而已。然此问题非本文之对象，姑不具论。本文所检讨者为狭义的国防建设与宪法规定之问题。所谓狭义的国防建设者，系建设立国于世界所必要之实力，俾对外可以永备敌人不时侵袭，不致再陷沈阳及卢沟桥事变之覆辙，更能进而协同并世国家维护世界正义与和平；对内则足以保障国家统一，社会安宁，此种实力之成分，虽亦不外乎人力物力财力之综合，但已经组织成为可以拒敌奸寇戡乱锄暴之武装力量，即所谓现实的战力——军备。凡独立国家固无不有军备，但各国因立国精神之不同，其所取政策，亦随之而异。尤其在以和平的经济发展为立国精神之国家，在平时极度偃武修文，往往军备废弛，致不能应变于万一，如此次太平洋战事爆发之初，美国对暴日之突击，即无法防御是。盖此类国家在平时虽亦有军备，然全国统率军队之中央辅佐机构，则每患组织不健全，权能过小，一旦事变非常，即不能于咄嗟间出动所需要之军力，作最有效之活动，自此次大战，侵略国家以闪电战侵袭及吞灭他国以来，凡国际间任何信义及法律的约束，均失其保障力量，是故在国际间未有确实保证永久和平方法以前，在具有侵略性之国家尚未彻底解除武装以前，在任何民族均能和平而平等的取得其所必需之生活资源以前，欲保持国家独立，必须经常保持足以抵御敌人不意袭击之军备，即于保持相当的军备以外，尚须常设能于咄嗟间指挥全国武装力量杀敌拒寇之统率机构。保持相当军备，从国家之统治机能言，为属于军事行政权问题；常设统率机构，为属于军事统帅权问题。两者均为立国制国之根本要件，两者均应为宪法之重要规定。然通观欧美各国宪法例，关于元首军事行政权之辅佐机构——如内阁或国务院中之陆海空军事行政部，及方法与范围——如军事行政部与内阁总理或元首之责任关系，军备军额及军事预算须经立法机关之核定等是。至于统帅权虽均无条件规定为元首或最高统治机关之绝对大权。但关于统帅权之辅佐机构及行使统帅权之方法与范围，则除极少数宪法为极简单规定外，多略而不□。我国历次宪法草案，除一二草案外，对于统帅权辅佐机构及统帅权之行使方法与范围，亦多未为规定。然三民主义、五权宪法中，此类保卫国家之重要事项，究竟应否规定，乃为本文检讨之主题，兹就纯粹宪法学之理论及实际政治上之需要，分别加以检讨。

先就欧美各国宪法中关于统帅权辅佐机构及统帅权行使方法与范围之所规定者及其理由加以考察，次及我国现行国防机构，次及统帅权与行政权之关系，最后列举我国三民主义、五权宪法中应有之规定及其条文之草拟。

二、欧美各国宪法例

近代立宪最早者为英国，其一二一五年颁布之《大宪章》（Magna Charta）为近代宪法之权舆。然该宪章原为国王与贵族僧侣间所缔结之一种公契约,其目的为限制国王之滥行征税。其后美国陆续颁订数种重要法律,汇成英国现行宪法。综观其内容,仍不外以规定国王臣民间之租税上财政关系及人民应享受之权利为主。至于军备及其统帅权如何,则于《英国民权法》(一六八八)中有"除经国会核准外,平时在帝国境内招募或养给常备军概应认为非法"之规定,对于军队员额之补充增扩等,亦以事关军费,须得国会同意之故,对国王军备权加以限制。又《权利请愿书》(一六二七年)第十条内有"陛下当撤退派遣各郡之海陆军人"之规定,此种规定虽为对国王统帅权加以干涉,但其原因仍在"俾得将来减轻人民之负担"。由此二规定推断,军政权及统帅权为国王之固有权利,且与人民日常生活少直接关系,而为当时人民所不能轻加限制者。故于宪法中除上述限制而外,即无其他规定矣。美国以殖民地侨民不堪国王乔治三世之苛政,脱离母国而独立。当时在欧洲为反抗君主及贵族之专制暴虐,盛行市民的自由主义思想及三权分立学说。此类思想学说,盖即为美国独立之推进力。故其宪法以政府构造与人民权利,即前者以如何严格三分统治权力,使互相牵制,以防制专制之再现;及后者以如何保障人民之生命自由及快乐的天赋人权为其主要内容。复因联邦组织之故,为划分联邦政府与各邦间权限起见,对于大总统陆海军统帅权之行使,规定须先由国会"宣战,颁发捕获敌船许可状"并"制定关于统辖陆海空之条例","规定召集民团以执行合众国之法律镇压内乱并抵御外侮"(《宪法》第一条第八项第十一、十四、十五各款)。法国宪法虽以美国宪法为范本,但对于大总统之统帅权,则无任何规定。英美法三国宪法及其理论,殆均为第一次欧战前立宪国之宪法典型。一九一九年德国《韦玛宪法》将社会民主主义之经济文化政策大纲列为条项,前此以消极的防阻政府专制,保护人民权利为基本内容之规约,至此一变而为国家应如何积极完成其立国任务之根本规程。宪法既为国家履行立国任务之基本规程,故其内容及方式,应一随其国之民族性格、文化传统、经济条件,及现在政治中心思想而定。即凡建立国家,繁荣民族,认为有必要之事项,均可规定之,初不必拘泥一定格式也。《韦玛宪法》中关于大总统之国防大权——军事行政权及统帅权所规定者,为:"联邦大总统掌握联邦一切国防军之最高命令权"(四七条),"联邦大总统对于联邦中某一邦如不尽其依照邦宪法或联邦法律所规定之义务时,得以兵力强制之","联邦大总统于德意志联邦内之公共安宁及秩序,视为有扰乱或危害时,为回复公共安宁及秩序起见,得取必要之处置,必要时更得使用兵力,以求达到此目的,联邦大总统得临时将本法第一一四、一一五、一一七、一一八、一二三、一二四及一五三各条所规定之(人民)基本权之全部及一部停止","本条第一第二两项规定之处置,应即由联邦大总统通知联邦国会,如联邦要求停止时,此项处置应即停止"。

"遇紧急危险时各邦政府于邦内临时行使第二项规定之处置,但此项处置得由联邦大总统或联邦国会之请求废止之","其详细另以联邦法律定之"(四八条),"国防事务专属于联邦,德意志人民兵役制度应根据各地居民特殊情形由联邦法律统一规定之"(七九条)。以上各条为联邦大总统行使国防大权之方法及范围(但其间如四八条之第一项第四项及七九条均为联邦组织国家之特有规定——如在单一国家即无必要之规定)。至于行使统帅权之辅佐机构,则缺焉不详。

其次波兰宪法关于国防大权之行使及辅佐机构所规定者为"大总统为国家军队之最高长官,但战时不得亲自指挥","战时军队之总司令由军政部长呈请内阁转请大总统任命之,所有指挥行为及一切有关军队之事项,应由军政部长对众议院负责"(四六条)。据其规定波兰国防大权虽专属于大总统,但大总统为国之至尊,对人民直接不负责任,故其实际上行使国防大权,而直接对人民负责者为军政部长。军政部长除掌理军事行政外,在平时直承大总统之命令,统率军队戡乱平扰,维持治安;战时则保举总司令统率军队作战。

其次土耳其宪法为"军事最高指挥,在法律上由总统代表国民大会行使之,在事实上军队之指挥,平时依照特别法属于参谋本部,战时属于国务院提请总统任命之人员"之规定。按此法规定,土耳其之国防大权专属于国民大会,其行使军事统率权之辅佐机构,在法律上为大总统,在事实上平时为参谋本部,战时为国务院提请总统任命之人员。至于军事行政权,则完全由国务院负其责任。西班牙宪法,关于统帅权者,除"大总统并有下列权利……(四)发布关于国家之治安或管理所必要之紧急命令,但须立即报告国会"(七六条)之规定外,无任何规定。一九三六年苏联宪法乃为世界现有宪法中之最新典型。脱却宪法进化史上所有一切因袭及窠臼,比《韦玛宪法》更彻底,为纯粹建立国家之基本规程。宪法之第一章为规定社会主义之社会制度。政府机构及人民权利义务,均以配合第一章社会制度为原则。至于国防大权,则为下列各条之规定,"苏维埃"社会主义共和国联邦,由其权力最高机关及国家行政机关掌理下列诸事……"(7)组织苏联国防及指挥一切武装力量"(十四条);苏联最高苏维埃会议主席团的职权如下……"(9)任免苏联高级军事长官","(10)在苏联最高会议休会期间,如苏联遭受军事侵略或有履行国际互助防御侵略之条约义务,必要时宣布战争","(11)宣布全国总动员及局部动员"(四九条)。就此数条规定观察,苏联之国防大权属于苏联最高会议,其实际辅佐机构为苏联最高苏维埃会议主席团及苏联人民委员会国防人民委员会。

以上为欧美宪法中对于国防事项有较详规定之法例(瑞士联邦宪法关于军事者有较详规定,然瑞士联邦各邦独立性颇强,联邦政府权力微弱,且无军备权;除非当紧急以外,并无对全盟邦军队之统率权,其所规定者为各州之军备权及各州统率权之相互关系而已,故略之)。综合观之，国防大权虽均为国家之最高机关或元首掌握，但其实际行使国防大权之辅佐机构，则至不一致。军事行政权通例由内阁或国务院或行政院掌理。至军事统率权，则另设参谋本部等一类统率作战机构为辅佐机关。但往往又有平时与战时之分。平时由最高统帅之参谋本部负责，战时则另行设总司令指挥作战。又军事行政权与统帅权两者有由一二机关分掌，而不明确划分其权限者。总之，国防大权之行使方法与其辅佐机构之组织等，当立宪制发生之初，以其与人民之财产及权利无直接关系不以之为宪法重要条项，其后民主国宪法，则受三权分说及英国宪例之影响，其重心仍在消极的限制元首之权力，以防专制。对此仍少积极而详细规定。故迄今均无一定法则，一随其国之政治上实际需要而定。

三、我国宪法及历次草案

我国初唱立宪论，远在前清光绪末年，自最初草案光绪三十四年之"宪法大纲"以来，除现行《训政时期约法》外，公私所草拟之宪法草案及国家组织法草案，或曾经施行而废止，或曾经当时制宪机关三读通过，或仅为私人之建议案，总共凡二十余件。就大体言之，因宪法理论及范本完全从外国输入，故历次草案，均受欧美思想之影响，最初为君主立宪思想，对皇帝之权力，加以限制外，对于人民权利加以保障。清亡后，各种草案所根据者，不外美法瑞士等国之宪法例，即其内容仍消极的防止政府之专制，保障人民之基本权利。至国民政府奠都南京后，渐受德国《韦玛宪法》之影响，将生聚教训一类有关建国目的之事项列为宪法之内容，至二十五年五月五日国民政府宣布之宪法草案,即所谓五五宪草,乃为三民主义之五权宪法。将立国主义及建国方略,均采为宪法之重要内容。历次宪草均将国防大权中之军事行政权规定为内阁或行政院之军政部掌管。关于统帅权者则仿欧美法例规定为元首或大总统之大权。(有数案规定为国家最高机关)。至于元首或大总统行使统帅权之方法范围及辅佐机构,仅立法院发表之《宪法草案初稿审查修正案》及《立法院三读通过之宪法草案》则另辟一章专为规定关于军事事项,兹为研究分析其内容于后,惟两案除其中一条稍异外,余均相同,(附原文)故即以"审查修正案"之条文,为检讨之对象。

节录原文

《国民政府立法院公表之宪法草案初稿审查修正案》

第十一章　军事

第一七二条　中华民国军队,为国防而设,属于中央政府,以巩护国权、保卫疆土、捍御外侮、服从法令为职责。

第一七三条　军队以征兵制为原则。

国民参加国防之义务,以法律定之。

第一七四条　陆海空军之编制,以法律定之。

第一七五条　总统之统率陆海空军,其命令权平时由主管部行使之,对外防御战争时,经国民大会或国民大会委员会之同意,任命总司令行使之。但战争终了,总司令即行辞职。

作者按本条在国民政府立法院三读通过之宪法草案为:"总统之统率陆海空军,其命令权平时由主管部行使之对外防御战争时,经立法院之同意,任命总司令行使之,但战争终了,总司令即行解职。"

第一七六条　遇外国先向本国宣战或不宣战而以武力向本国进攻时,总统得先发动员抵御及戒严之命令,并依法请求追认。

第一七七条　全国应按国防需要,划定驻军区域,其详以法律定之。

军区长官,不得以省会为常驻地。

第一七八条　军队应分驻国防地带,除奉中央政府命令,或因紧急事变,经省区或县市政府声请协助外,不得调用。

前项紧急处置,应由省区或县市政府及军区长官,立即呈报中央政府。

第一七九条　军费由国库支出,其数额及官兵员额,于预算中确定之。

军需独立,由国库依法律经理之。

第一八○条　省区及县市政府,不得组织军队,设立军官学校,及军械制造厂。

省区及县市警卫事项以法律定之。

第一八一条　现役军人,不得干预政治,并不得发表政治上之主张。

第一八二条　现役军人,不得兼任行政官。

第一八三条　军事裁判权之行使,及军事裁判之机关组织,以法律定之。

按原文第一七二条为规定国防军之性质,其主意在防制地方军人之拥兵割据。然拥兵割据之事实如不消灭,任何宪法规定,均无从生效。故宪政实行之时,必在全国军权统一之后。更就理论言,既有大总统统率全国陆海空军之规定,且省为纯粹中央政府之地方行政区划,非如邦联或联邦国家之邦有半独立性质,故此类规定实无必要。第一七三条系国民之兵役义务,第一七四、一七九、一八三各条,为关于军事行政之立法及预算事项。第一八一、一八二条,为限制现役军人所有之公民权,然此等规定或已以其他方式见诸其他规定或应以关于军人特别法规定之,似均可不必重列专条。至于第一七五、一七六、一七七、一七八各条,则为统帅权之行使方法及辅佐机关之规定,第一七五条为规定总统行使统帅权之辅佐机构,平时由主管部行使之,所谓主管部由本草案全体结构论,盖系指行政院之军政部,而非总统幕僚机构的参谋本部——军令部。第一七六条之"先发动员抵御"乃为统帅权之问题,至于"戒严",则属行政事项。第一七七条为关系于统率权之事项。第一七八条为军事行政事项。总之上述四条虽为关于国防大权之规定,但对国防大权之辅佐机构,于军政部之外,是否有军令部及其权限如何,均未为规定。盖从"军事"特辟专章之用意言之,实不能谓为完备也。此外张知本之草案,将上述两草案军事章之主要原则缩括为一条规定,其条文为:"中华民国依法律置相当之国防军队,国防军队行征兵制,其驻地以国防地带为限,军人除服从国家命令防卫国土外不得发表政治上之言论,军人因卫国而致死亡或残废者厚恤其家属或本人。"(第十一条)又"天坛宪法""三年约法""曹锟宪法",对于军队之编制,均规定"由法律定之"。"天坛宪法""曹锟宪法"有"对于外国之攻击,大总统得统帅军队先行防御"之规定。

综上所述,我国历次宪法及草案,对于统帅权之行使方法范围及辅佐机构,除二三案有较详规定外,其余均只规定元首或大总统或最高统治机关统率陆海空军而已。然宪法为以各国文化传统、民族性格、经济组织,以及政治理想为根本条件之建国规程,既如上述,则吾人即根据此根本原理检讨吾国狭义国防事项应否规定于宪法,及如何规定之问题。

四、我国现在国防大权辅佐机构之概况

《中华民国训政时期约法》规定国民政府总揽中华民国之治权,及统率陆海空军(《约法》第六五条及第六六条)。又《修正国民政府组织

法》，规定国民政府主席为中华民国元首，对内外代表国民政府。故实际上代表元首负军事行政责任者为行政院长及行政部长。至于直接当统率之任者，非主席而为军事最高长官之军事委员会委员长。考军事委员会之组织及形式，原为合议制机关。合议制机关普通多适宜于集思广益，从长计议之意思决定，不适宜于以敏捷迅速为主之实际行动。军事委员会就其所处之地位及所负之责任言，实为军事统帅权之执行机构，故军委会委员长实为负实际统率责任之主管长官，亦即为现行法上全国军队之最高统帅。各军事委员对最高统帅负辅佐及顾问之责任。委员长之最高幕僚长为参谋总长，其辅佐机构为军令部部长，侍从室及军事参议院等，自抗战开始后，军委会之单位机构大加扩充，除军令部外，将原属于行政院之军事行政机关之军政部，直隶于军委会而兼属于行政院，复将训练总监部改为军训部，亦直隶于会。又应抗战需要，将原有政训处扩大为政治部，增设后方勤务部，再加原有之铨叙厅，已使战时国防机构之军事委员会达于完备境地。吾党为领导全民族抗战建国之需要，中央执行委员会于抗战期间设置国防最高委员会，统一党政军之指挥，并代行中央政治委员会之职权。中央执行委员会所属之各部会及国民政府五院军事委员会及其所属之各部会，兼受国防最高委员会之指挥（《国防最高委员会组织大纲》第一条）。国防最高委员会委员长对于党政军一切事务，得不依平时程序以命令为便宜之措施（同《大纲》第八条）。在抗战期间军事委员会委员长，又受国防最高委员会委员长之指挥，故现时负党政军之最高实际责任者，为国防最高委员会之委员长。在军委会委员长之下，统率指挥一部分军队者，如战区司令长官、集团军总司令、军长师长下迄排班之长，均为军队组织各层级之统率机构，毋庸备述。

　　再从现行法研究军事委员会及委员长之法律地位，《约法》第七一条"国民政府设行政院立法院司法院考试院监察院及部会"，第七四条"各院院长及部会长以国民政府主席之提请由国民政府依法任免之"及《修正国民政府组织法》第九条"国民政府于必要时得设置各直属机关,直隶于国民政府,其组织以法律定之"等规定推研,军委会为直隶于国民政府,并行于行政院之自成系统的军事机关。委员长与五院院长之地位相等,为直隶于国民政府之陆海空军最高统帅。又《修正国民政府组织法》第十四条"国民政府所有命令处分以及关于军事动员之命令由国民政府主席署名行之,前项公布之法律发布之命令由关系院院长副署"之规定中"关系院长"之下,未列"委员会长"字样,似系立法者之疏漏。盖军委会系根据《国民政府组织法》第九条所设立,而实际上又为掌握国防大权之机关。故所有命令处分以及关于军事动员之命令,自必经军委会委员长之副署而后生效也。

更从现在实际统帅权之成长过程加以检讨,自辛亥年国父革命推倒清朝统治后,国家军队统帅权,实际上一时为北洋军阀所窃据,其后因袁氏帝制失败,北洋军阀遂分崩离析,自相杀伐,演成各省督军割据之局面,在实际上已无最高统帅权之存在。吾党国民革命,自十五年由总裁领导发动,率三民主义之革命军,摧廓军阀势力,不数年间,关内肃清,关外内附,于是中华民国军队最高统帅权,无论在法律上及实际上始复正式建立。故现在国防机构之军事委员会,实为革命过程中适应建国的政治上需要而自然长成之政治事实。

五、国防机构应规定于宪法之理由

前述之国防最高委员会,其职掌虽亦以广义的国防事务,即以增进集中人力物力财力为对象,但其终极目的,则在如何利用所有力量以直接而即时消灭敌人之战斗力;非如平时广义国防之在生聚教训,富国裕民。然既为适应抗战需要而设立之战时机关,至抗战胜利,国家复员后,自失其继续存在之理由。惟《五五宪草》所规定关于广义国防建设及国防问题之最高权力即最后决定权,虽操诸总统(《五五宪草》第三八条至第四三条),但总统行使此类大权,必须"依法"为之,所谓"依法"者,盖必须先由行政院设计,后经立法院议决之意。故在《五五宪草》施行后,实际上能参与或决定国防建设或国防问题者,仅为行政立法二院。至于考试监察司法三院,虽亦分掌治权之一部分,但对国防事务,则不能直接参与也。国父指示人民有其权,政府要有能,即政府所有者为统治上之权能。整个政府完全操整个治权。所谓五院者,将政府所有治权之机能,除军事统帅权外,分由五个机关分掌而已;初非某一院特别代表国民大会——或以国民大会休会期间驻会代表之资格行使国民大会之一部分职权。若以中央政府最高机关之一的立法院(《五五宪草》第六三条)独有人民政权性质之权能——如对宣战案、媾和案、法律案、预算案等之有最后决定权,不仅违反权能划分之原则,且消失五院平等分工行使治权之性质,而为国民政府之最高权力机关。故关于国防案,在国民大会休会期间,或在临时国民大会召集以前,应由国民政府全体负其责任,既由国民政府全体对国民或国民大会负责,则国民政府下之五院院长,有关各部会长,及陆海空军统率机构之主管长官,均应负连带责任。依此论结,凡重要国防问题及国防建设,均应由直属于国民政府之中央最高机关主管长官参与之。换言之,凡重要国防案,应由总统召集五院院长、有关部会长及统帅权辅佐机构之主管长官,开最高国防会议决定之。惟如是庶可不离国父政权与治权划分之宗旨也。

至于狭义国防机关之军事委员会,抗战后乃至宪政开始后,应否继续设置,乃为本文研究之核心问题。按之最近数□草案——尤其《五五宪草》关于狭义国防机构,除军事行政机关因属于行政院范围规定于行政院章内外,至于统帅权辅佐机关,则未为规定,其对现在之军事委员会所以持消极态度者,盖将于宪政时期应予□废之意,其为明显。然吾人对此未敢无条件赞同。在世界永久和平尚未有绝对保证以前,立国于世为防不逞国家之不时袭击,实有常设统率机构之必要,已如前述,此其一。最近宪法理论进步之结果,宪法之根本属性已被阐明为建国之根本规程。故其规定之内容,应可视其国家之各种特殊情形及其实际需要,而为因应制宜之适当规定,初无一定格式,更不必为他国先例所拘束。此其二。我国现在统帅权辅佐机构,系在革命过程中根据政治上之需要及效能,逐渐成长者,积十余年之经验,证明其为最适合国情之办法,此其三。《五五宪草》规定总统之行使治权,大都须"依法"为之,且有行政院为之辅佐。而于其统率陆海空军权限之规定,则绝无"依法"等字样加以限制;其重要辅佐机关,如参谋本部等,亦未予以规定。此固基于统帅权之特殊性,即统帅权以如何作战方可消灭敌人力量为内容之特性,为使其充分发挥杀敌致果之效能,故不能以法律限制其行动。然总统乃国家之元首,既不能常自当统率之任,此种辅佐机构,若不于宪法中预为规定,则任何庞大的辅佐机构之设置,乃属总统之自由,行政立法两院对于总统所提出辅佐机构之经费预算案,因碍于统帅权之绝对性,亦不得不承认之。如是必失历次宪法草案草拟者所欲限制政府权力之原意矣。故统帅权之辅佐机构,应于宪法中为之规定,乃为理之当然。此其四。基于上述数点理由,吾人认为统帅大权之辅佐机构及其权能,于宪法中应有明文规定。至于统率大权之辅佐机构——国防机构及其权能应如何规定,详言之,统帅权辅佐机构因其性能特殊,既不能隶属于行政院,则与原属于行政院之军事行政机构应如何取得联系。现在军事委员会,系包有统帅权之辅佐机构及军事行政机构,此种组织对于行政权是否有冲突,对于国防建军是否能发挥作用。如将国防机构规定于宪法后,对于其他治权机关如何取得联系,即对于国防建设及国防问题与其他治权机关应如何协力合作等等,均为应予解答之根本问题。兹先研究统帅权之性质及其与行政权之关系。

六、统帅权之性质与行政权之关系

国防大权系由军事行政权及军队统率权两者组合而成,已屡言之。兹先说明统帅权之性质,然后再及其与行政权之关系。统帅权者,为统率指挥全国陆海空军军事行动之权能,以决定及发布陆海空军统率上之指挥命令为其内容;所以亦可称之为军令权。此种权能为国家统治权之一种,其职志在对外抵御敌人侵袭,保障本国安全;进而扶持弱小,反抗侵略,维持世界和平,对内平乱勘扰,保持国家统一及社会安宁。统帅权在普通宪法例,均由最高军事长官——大元帅掌握,而陆海空军大元帅,法律上通例系由元首兼任。换言之,凡元首必兼握统率指挥全国陆海空军之大权。然此仅能说明统帅权既为国家之最高权力之一,非国家最高机关之元首,不能享有而已(元首若不能有此最高大权,即不成为元首——以机关体如国民政府或国民大会或最高会议主席团为国家最高机构时亦同)。至实际上负统率指挥陆海空军责任者,不必为元首自身,除元首自身亲自统率外,常由元首或最高机关或国会或内阁所选任之最高军事长官。基此理论推绎,凡统率指挥国家军队之一部分,如以我国战时军队体制为例,大自战区司令长官,集团军总司令,军师以下至排班长等,其统率指挥权能,必间接或直接□自上级军事长官分授,或依法取得者;换言之,其权力均渊源于最高统帅权。反是而统率指挥军队者为不法。同样理由,凡不受国家统帅权统率之武力,即为暴力或盗匪集团。又统率军队之指挥命令,其内容及目的为如何消灭敌人战斗力,如何强制暴民集团就范。为达此目的,统率行为必须保持绝对机密敏捷果断及自由,若以普通治理人民之行政行为指挥军队,必不能发挥所期之效果。故国家统帅权机构应常保持独立体系,不能隶属于普通行政机关,亦不能受其牵制。

执行统帅权之机构,上自最高统帅,下迄排班之长,自成为独立体系,与普通行政——包括军事行政——机构分立并行,虽颇为明显,然在实际上行使时,往往与普通国政机构之权限密切接触,甚至相互联结,不易截然区分。兹举下列四种类例,以明两者区分之界限,亦借此以明统帅权能之范围。

一 元首或最高军事长官行使统帅权时之最高辅佐机关为参谋本部——军令部,其职掌为辅佐最高统帅处理国防及用兵事宜。其与陆海空军行政部之职掌,虽可截然划分,但其间往往有两者均可管辖或管辖不明之事务,大者有三:

(1)军队内部组织权 陆海空军之编制、军队舰队机队之编制、管区、军械之配给储备、军人教育、检阅、纪律、礼式、服制、卫戍、城塞、机场及海港、防守、动员、常备兵额之决定、征兵之实施等等军事行政,原均属于军政部管辖。但其中如军队内部之组织编制,率无关于军事预算之变动,可由统率机构自身定之。此普通谓之军队内部组织权。

(2)军事教育权 此为训练军人及军人志愿者之权。因军事训练为军事行动之准备工作,由统率机构自行训练,亦自无不可,如部队中之教导机构,又如陆海空军大学之经办等是。

(3)纪律及惩罚权 惩罚权者为维持军队内部纪律对违反纪律者在部队内自行惩罚之权。纪律为杀敌致果之要件,由统帅权机构自行维持及处罚,或更为适当。

二 性质上虽属于普通行政,但因与统帅权有密切关系,当其处理时,非与统帅权机构协商不可者,约有四类:

(1)军队编制权 国家在决定全体军队之编制及常备兵之员额时,必须同时考量外交财政及其他一般国政之缓急。故此类事务,依理应纯属于军事行政范围,惟军队战斗力之强弱,以其编制如何为要件,故于定编制时,军队之意见,自应尊重之。从而国防计划之设计,应以统率机构之军令部为主干。

(2)外交大权纯属于普通行政系统,固不成问题。然宣战媾和直接有关于军队之行动,且大多数国际条约内常有关于军事之条项,故办理外交事务之机关,须常与军令机关保持密切之联系。

(3)宣告戒严权 戒严之宣告,虽纯为普通行政机关之职权,然宣告戒严之结果,为行政权及司法权之一部移属于军队暂时掌管,故于为戒严宣告之前,自不得不征得军令机关之同意。

(4)武官任免权 文武官吏之任免权为元首统治大权之一,但武官在受任后所执行者为军令机关之指挥命令。故武官之人选,是否相宜,在任命前应征求军令机关之意见,自无待言。

三 性质照原属于普通行政,然为应急起见,而由统帅机构执行者有下举五项:

(1)调兵遣将原属于普通行政范围,军队长官擅自发确□□,为法所严禁。但遇紧急非常之事变,无瑕请命时,军队亦得以兵力为应急之处置。

（2）缔结条约虽为国家行政事务，但休战协定得由军司令官缔结，并依协定得自行停止战斗行为。

（3）在战时如兵营要塞军港及其他需要战略上临时处置之地方，突遭敌人攻击或包围时当地司令官得为临时戒严之宣告。在平时为镇压内乱，而需要临时戒严；但因时机迫促，交通断绝，无法请命时，亦得由当地驻军司令官为戒严之宣告。

（4）对一般人民行使权力为普通行政权之作用，非统率机构所可过问，但在战时或因非常事变而用兵之时，对人民可行使军需品之征发权。

（5）在战时特殊情况下一部分国家之荣典权，有时亦委诸军队行使。

四　在战时及有非常事变时，在一定地域常暂时停止军政分离主义，将一般统治权委任于统率机构，使其兼掌行政及司法权，如戒严地带及战时军事占领地有关行政及司法之公务，均暂由军队接收管理者是。

七、结论

经以上分析研究，军队统率权之性质及与军事行政乃至一般行政权之关系，已可明了。兹综合上述研究，而为下列之结论。

（一）军队统率权之性质既与行政权不同，故其机构不能与行政机构合并，应分别自成一体系，前已屡述，而此体系即普通所谓元首陆海空军统帅权之辅佐机构体系。

（二）军事行政与军队统率在事务之性质上，虽截然不同，然两者均为关于国防,即以国家所有武装力量为对象之机构,其相互间自有不可分脱之密切关系。如国家为警备不逞国家之袭击,常设全国军队之统率机构时,则军事行政机构,亦以与统率机构同隶于一组织体系,更可以发挥国防机构之权能。

(三)基于上述二项理由,国家应常设狭义国防机构,始名之为国防院,总掌军队统率及军事行政,直隶于总统而与其余五院平等。

(四)国防院下设军令、军政、军训、军卫等军统机构,分司国防事宜。

(五)普通行政与统率事务,既有复杂交错关系,则行政院与国防院间,自不能不有联系之办法,在职掌上能为此联系者,莫适于军事行政机构。故军事行政机构,虽为国防院构成单位之一,但关于纯粹行政事务部分之职掌,则应□隶于行政院而为其构成单位之一,直接受行政院长之指挥□□,俾国防院与行政院处理有关国防之事务时,得经常保持密切联系。

(六)国防院除掌管狭义国防事宜外,对于广义国防事宜,自应负设计之责。然广义国防事务,既如上述为生聚教训富国裕民等有关国家存在目的之任务,其执行者非仅国防机构,而为国民政府及其一部所属机构。故国防院之设计国防计划时,自应与政府各主管院部会全体协商共议,而各主管院部会之设计及处理国家目的之事务时,亦应充分配合国防院之国防计划。为使国防院与一般国政机关协力共筹国防建设及解决国防问题,并应设立国防最高会议,由总统召集各院院长、各有关部会长组织之。以总统为主席,会议决定国家之最高国防政策。

八、关于国防宪法条文之拟议

兹根据上述结论,以《五五宪法草案》为底本(此处请参照《五五宪法草案》全文),试为草拟关于国防机构之条文如下:

一 于《五五宪草》第四章中央政府章中第六节后增加"第七节国防院"一节,即:

第七节 国防院

第九八条 国防院承总统之命掌理平时战时国防建设陆海空军及统率军事行政事宜。

第九九条 国防院设院长副院长各一人国防委员若干人由总统任免之。

第一百条 国防院设各部委员会,各部会长由国防院长提请总统任命之。

第百一条 国防院院长副院长、国防委员各部会长各对总统负其责任。

第百二条 下列事项应经国防最高会议议决:

一 最高国防政策

二 国防建设计划

三 建军计划

四 动员计划

第百三条 国防院之组织,以法律定之。

(注:原草案第五章以下条文序数应依次改正)

增添第七节后,其他有关条文应修改者如下:

第四四条　第三八条至第四一条之大权,总统应召集国防最高会议经其议决后行使之。

国家遇有紧急事变,或国家经济上有重大变故,须为急遽处分时,总统经前项会议议决后发布紧急命令,为必要之处置。

前二项之国防最高会议,由六院院长及有关之各部会长组织之,以总统为主席。

第四五条　总统得召集六院院长会商关于二院以上事项及总统咨询事项。

第六一条　下列事项,应经行政会议议决:(一)提出于国防最高会议之法律案预算案;(二)提出于国防最高会议之戒严案大赦案;(三)提出于国防最高会议之宣战案媾和案、条约案及其他有关于重要国际国防事项之议案;(四)各部各委员会间共同关系之事项;(五)总统或行政院院长交议之事项;(六)行政院副院长各政务委员各部各委员会提议之事项。

第六四条　立法院根据国防最高会议所议决之原则,制定法律案、预算案、戒严案、大赦案、宣战案、媾和案、条约案,及其他重要国际国防事项之方案。

三三·二·二六·于中央政校

原载《文风杂志》第 6 期(1944 年)

编后记

一

  吴岐①,生于1894年,浙江奉化裘村吴江泾人,早年留学日本,先后就读于日本第一高等学校、日本名古屋第八高等学校、日本东京帝国大学。② 在日期间,吴岐曾任留日学生总会干事,积极维护留日学生权益。1922年,吴岐与郁达夫二人回浙向当局要求速派经理员赴日办理学生一切事件;又因留日学费累遭停顿,学生备尝困苦,以吴岐为首的浙江留日公费生公开要求政府及时处理。③ 1923年9月关东大地震,吴岐与萨孟武等人竭力相助中华教育团及中华学艺社调查留日学生受灾情

---

① 吴岐的生平材料,所见极为单薄。参见张德龙主编:《上海高等教育系统教授录》,华东师范大学出版社1988年版,第48页;上海社会科学学会联合会研究室编:《上海社会科学界人名辞典》,上海人民出版社1992年,第337页;林吕建主编:《浙江民国人物大辞典》,浙江大学出版社2013年版,第208页;《浙江留日学生同乡录》(1923年出版),收录于田正平主编:《中国近代教育文献丛刊·留学教育卷》,浙江教育出版社2020年版,第309、328页。
② 吴岐出国时间不详。萨孟武曾提及,1917年,其考入日本第一高等学校,在第一部学文法,同学中有吴岐等人。参见萨孟武:《学生时代》,广西师范大学出版社2005年版,第120页。吴岐自述中曾提及与郁达夫系"留日八高同学"。郁达夫曾于1915—1919年在日本名古屋第八高等学校预科学习。
③ 参见《浙江留日学生派出经理员》,《申报》1922年5月5日;《浙江留日公费生来函》,《申报》1922年5月6日。

况。① 1925 年吴岐获日本东京帝国大学法学士学位。

1925—1930 年,吴岐任国民革命军第一路总指挥部政治部国际编译员、国民革命军第二十六军粮服科长,后在浙江省地方自治专修学校②任教员。1931 年,任国立中山大学教授,讲授亲属法等课程。1932 年 9 月,经留日期间同学兼好友胡元义推荐,任武汉大学法学院教授,讲授民法亲属、继承及劳工法等课程。1938 年离开武汉大学,先后任国民政府军事委员会政治部设计委员、国民政府军事委员会战时新闻检查局主任秘书、国民政府社会部计划委员、国家总动员会议人力组成员。③ 1943 年,经胡元义介绍,任中央政治学校教授④,讲授物权、债权等课程,其间频繁往返重庆处理律师事务⑤。1946 年 12 月起,任同济大学法学院教授,讲授民法亲属继承、债编总论、劳动法等课程,并于 1949 年 8 月任同济大学文法学院法律系负责人。1949 年 9 月,同济大学文法学院并入复旦大学,吴岐转到复旦任教。1951 年以后,吴岐响应号召,先后参加皖北土改工作及思想改造运动。1954 年,复旦大学法律系恢复,

---

① 参见《教育团与学艺社之慰劳会纪》,《申报》1923 年 10 月 15 日。
② 浙江省地方自治专修学校以培植地方自治干部人才为办学目的,成立于 1928 年 9 月,首任校长为时任浙江省民政厅厅长朱家骅。
③ 以上履历,见于私人档案记载。感谢华东政法大学龚汝富教授惠示相关材料。
④ "(同济大学)法学院历届教员调查名册(三十六年十月三十一日)"载有吴岐任教经历:"国立中山大学教授;中央政治学校教授;国立武汉大学教授;国立政治大学教授。"抗战胜利后,中央政治学校自川渝迁回南京,并于 1946 年与中央干部学校合并,成立国立政治大学。
⑤ 关于吴岐的律师身份,陈一先生硕士论文《南京国民政府时期旅沪浙江籍律师研究》附录"南京国民政府时期旅沪浙江籍律师名录"载有"吴岐 奉化 男 日本东京帝国大学法律系毕业 外白渡桥礼查大楼 137 号(事务所地址)",该文的"吴岐"应为本书的"吴岐"。参见陈一:《南京国民政府时期旅沪浙江籍律师研究》,华东政法大学硕士学位论文,2017 年。另,1947 年前后的雷启霖案中,有"雷(启霖)、袁(金章)、司(以忠)等聘请吴岐、梁传愈、戴天球三律师为常年法律顾问"的记录,此处的"吴岐"亦应为本书的"吴岐"。见文斐编:《我所知道的马鸿逵家族》,中国文史出版社 2004 年版,第 215 页。

吴岐回到复旦法律系。1957年病故。

吴岐之妻为吴莲贞。吴莲贞，字惇元，生于1895年，浙江奉化人，曾就读于东京女子医学专科学校医科（自费生），回国后从事医护工作，擅长妇科、产科、儿科等。①

二

吴岐的学术研究主要集中在民法、地方自治理论、劳动法等领域，尤其以民法亲属编、继承编之研究见长。本文集收录吴岐的四部讲义及两篇论文，大体汇集了所见吴岐主要著述。兹对其著述作简单介绍。

《地方自治纲要》，刊行于1930年，是吴岐在浙江省地方自治专修学校任教时所编写的讲义。北伐成功后，国家由军政时期进入训政时期，遵循孙中山先生遗教，国民党宣称"训练人民行使四权，实施地方自治，为训政时期主要工作"②。作为孙中山三民主义的追随者，吴岐对地方自治抱持极大的热情，兢兢业业教学，以实现三民主义之理想培养地方自治人才。《地方自治纲要》体现了吴岐广阔的比较法视野，其对地方自治理论之观察横贯古今中外，在剖析古今中外地方制度的基础上，以现行地方自治法律条文为依据建构了符合中国国情的地方自治理论体系。吴岐在《为什么地方自治是建国的基础》一文中，清晰阐述了他对地方自治的基本观点："地方自治不但是解决民权民生二主义的大关键，

---

① 参见《浙江留日学生同乡录》（1923年出版），收录于田正平主编：《中国近代教育文献丛刊·留学教育卷》，浙江教育出版社2020年版，第309、328、329页；"宁波旅渝名医一览"，载《宁波旅渝同乡会会刊》（1942年刊），收录于宁波帮博物馆编：《抗战大后方宁波帮资料：以陪都重庆为中心》，宁波出版社2013年版，第194页。

② 《第三届中央执行委员会第二次全体会议宣言》，载荣孟源主编：《中国国民党历次代表大会及中央全会资料》（上），光明日报出版社1985年版，第754页。

并且还是实现民族主义的发动机。……要三民主义实现,就非地方自治不可,地方自治可以说就是实行三民主义的唯一的方法,所以地方自治为建设三民主义国家的基础。"①

《中国亲属法原理》于1947年由中国文化服务社刊行。该书"例言"称,"本著系就著者自民国二十年起至二十七年秋止,八年间继续在国立中山大学、武汉大学讲授亲属法之讲义稿,加以整理增订而成"。作为教学讲义,该书并未止步于对法律制度与法条的纯粹介绍,而是注重从理论根基、立法原理、历史渊源、以往判例等多角度探索中国亲属法的内核。吴岐重视对亲属法相关法律概念、法律制度历史沿革之梳理,再通过比较德国、瑞士、法国、苏俄、日本等多国的相关立法规定以及其他学者的学术见解,然后阐明自己的学术观点,真正做到了参酌古今、汇通中外。该讲义频繁征引大理院判例,分析裁判要旨,观察法律制度运用到司法实践中的动态过程,突出法学教育的实用性。难能可贵的是,该讲义契合了民主、平等、自由的时代思潮,阐明亲属法链接传统与现代的根基在于对人权的尊重。正是这些特点,使该讲义在今天仍有可资借鉴的价值。

《民法继承编讲义》于1933年由国立武汉大学印行,近来被收录于《民国时期武汉大学讲义汇编》(第九册),由国家图书馆出版社影印出版(2018年)。民法继承编连于亲属编之后,"因继承多以亲属身[分]关系为基础,与身分法之亲属法有特殊密切关系故也"。因《中国亲属法原理》已阐明继承法之编纂沿革等重要概念关系,该讲义实则以《中国亲属法原理》为先修基础。相较于《中国亲属法原理》的旁征博引、跨

---

① 刊载于中国国民党浙江省执行委员会宣传部编:《浙江省地方自治宣传周汇刊》,中国国民党浙江省执行委员会宣传部1931年版,第23—34页,本文集未收录。

文化比较研究,该讲义更注重对《中华民国民法》继承编各法条之详细剖析,发微阐幽,理论性较强,多启发性提问。

《劳工法讲义》亦为吴岐在武汉大学的授课讲义。① 20 世纪以来,社会化取代个人主义,成为世界潮流。南京国民政府紧跟潮流,以立法社会化为原则,陆续订立《工会章程准则》《工厂法》《工厂检查法》《劳资争议处理法》等大量劳动法规。1929 年,国民政府将劳工法列为国立大学法律科必修科目。为顺应这一立法趋势及教育要求,20 世纪 30 年代各国立大学纷纷开设劳工法课程,因此,吴岐在武大讲授民法亲属编、继承编后又加了劳工法课程。

《推行新政与法律教育》和《国防与宪法》两篇论文皆发表于 20 世纪 40 年代初。有感于当时一般官吏法律知能贫乏,阻碍新政推行的现实困境,吴岐认为:"建国必先树人,如何使法律教育机构能于此时充分发挥其为国储才之机能,以供应建国之需要,根本祛除临时训练之缺陷,实当前亟需研求并解决之事。"②吴岐主张,当前法律教育之目的,是培养国家现下切迫需要之推行新政干部。因此,法律教育应以授予干部实际法律应用知识为重。对素无法学教养之临时受训学生,则务必讲授法学通论或概论一类关于法律根本意义之知识,以增强其理解和运用法令制度之能力。在国防与宪法的关系问题上,吴岐从纯粹宪法学理论及实

---

① 本书选用的底本来自"大学数字图书馆国际合作计划"(CADAL)数据库,封面题签"劳工法",正文第一页及书口上端作"劳工法讲义",封面毛笔手写"吴岐先生授本",书口下端印有"国立武汉大学印"字样;国家图书馆民国图书数据库收录本书全文,作者项标明"吴岐著",出版时间项标明"不详"。《民国时期武汉大学讲义汇编》(第九册)收录《劳工法讲义》,未著作者,出版项标注为"国立武汉大学,一九三五年出版"。经与本书底本核对,《民国时期武汉大学讲义汇编》(第九册)收录的《劳工法讲义》当系本书所用底本的修订版本。两书互较,大致可以判定本书所用底本的出版时间大致为民国二十二年(1933)。
② 见本书第 701 页。

际政治需要的角度,探讨狭义的国防建设与宪法规定之问题,主张国防机构当在宪法中有独立之地位,即设立与其他五院处平等地位的国防院。

通览吴岐著述,印象较深刻的有如下几点:其一,历史与比较的眼光和方法。吴岐各讲义及论文,皆以历史的、比较的研究方法,细致梳理法律问题在中外历史中的沿革,着意探寻现行法律制度背后的历史渊源。其二,对于社会现实的关切。吴岐各讲义及论文,其历史与比较的眼光和方法,无不落足于其身处之社会现实,注重从法律制度的理论基础及其在社会中的具体展开两个维度予以讨论。同时,其论说亦多契合时政所需,重视以培养实务性法治人才为讲义撰述、课程教学的基本导向。

三

纵观吴岐一生六十余年,其履历不可谓不丰富。早年留日,回国即以所学投身革命,革命成功又投身教育,先参与地方自治人才培养,后长期任教国内最好的一批大学。抗战期间,参与若干中枢事务,虽其具体事迹已经无从知晓,但就其职位变化及抗战后期仍回归教职来看,其间作为与心路当有若干坎坷。从其履历看,吴岐始终有救国建国的抱负,但仍以高等教育为其归依之地。虽然论社会声望及学术成就,吴岐并非耀眼的人物,但在某种程度上可以说,吴岐的生平亦可为20世纪一批中国爱国知识分子的共同的生平。值此同济大学法学院整理本院先哲著作之契机,出版吴岐文集,虽仅能部分展示吴岐长期任教国内一流大学所积累的学术成绩,但也多少能够为未来历史书写注意到这样一批"寂寥的"爱国知识分子群体,提供一些素材。

感谢同济大学法学院诸位领导的信任,予我机会参与"同济法学先哲文存"丛书编校工作。感谢徐钢、陈颐等老师不厌其烦的指导,为我编校文集、撰写后记提供了许多思路。同时,非常感谢商务印书馆编辑王静老师对我反复拖沓的包容。限于学识,本文集的编校依然存在不少问题,恳请读者诸君批评指正。

杨镕藩

2023 年 9 月 27 日

图书在版编目(CIP)数据

吴岐集 / 吴岐著 ; 杨镕藩编 . — 北京 : 商务印书馆，2023
（同济法学先哲文存）
ISBN 978-7-100-22763-6

Ⅰ. ①吴… Ⅱ. ①吴… ②杨… Ⅲ. ①法学—中国—文集 Ⅳ. ① D920.0-53

中国国家版本馆 CIP 数据核字（2023）第 136645 号

权利保留，侵权必究。

同济法学先哲文存
吴岐集
吴　岐　著
杨镕藩　编

商 务 印 书 馆 出 版
（北京王府井大街36号　邮政编码100710）
商 务 印 书 馆 发 行
江苏凤凰数码印务有限公司印刷
ISBN 978-7-100-22763-6

2023 年 11 月第 1 版　　开本 890×1240　1/32
2023 年 11 月第 1 次印刷　印张 23¼
定价：116.00 元